福建市场占有年鉴

（2010）

国家统计局福建调查总队
福建省工商行政管理局　编
福建省企业信息中心

中国统计出版社
China Statistics Press

（京）新登字 041 号

图书在版编目（CIP）数据

福建市场占有年鉴. 2010／ 国家统计局福建调查总队，福建省工商行政管理局，福建省企业信息中心编. --北京：中国统计出版社，2010.11

ISBN 978-7-5037-6156-0

Ⅰ. ①福… Ⅱ. ①国… ②福… ③福… Ⅲ. ①企业—概况—福建省—2010—年鉴 Ⅳ. ①F279.275.7-54

中国版本图书馆 CIP 数据核字（2010）第 231413 号

福建市场占有年鉴-2010

作　　者 / 国家统计局福建调查总队　福建省工商行政管理局　福建省企业信息中心

责任编辑 / 佘竞雄　钟　钰

责任校对 / 郑　芳

封面设计 / 陈连钦

出版发行 / 中国统计出版社

通信地址 / 北京市丰台区西三环南路甲 6 号　中国统计出版社

邮　　编 / 100073

电　　话 /（010）63376907

E-mail / yearbook@gj.stats.cn

印　　刷 / 福州闽伟印务有限公司

经　　销 / 新华书店

开　　本 / 880×1230 毫米　1/16

字　　数 / 1750 千字

印　　张 / 34

印　　数 / 1-3000 册

版　　别 / 2010 年 12 月第 1 版

版　　次 / 2010 年 12 月第 2 次印刷

书　　号 / ISBN 978-7-5037-6156-0/F・2978

定　　价 / 360.00　元

《福建市场占有年鉴（2010）》
编委会及组成人员

目　录

一、资料篇

二、区域篇

三、行业篇

四、产品篇

五、企业篇

六、排行篇

七、品牌篇

八、论坛篇

九、附　录

1

福建市场占有年鉴

资料篇

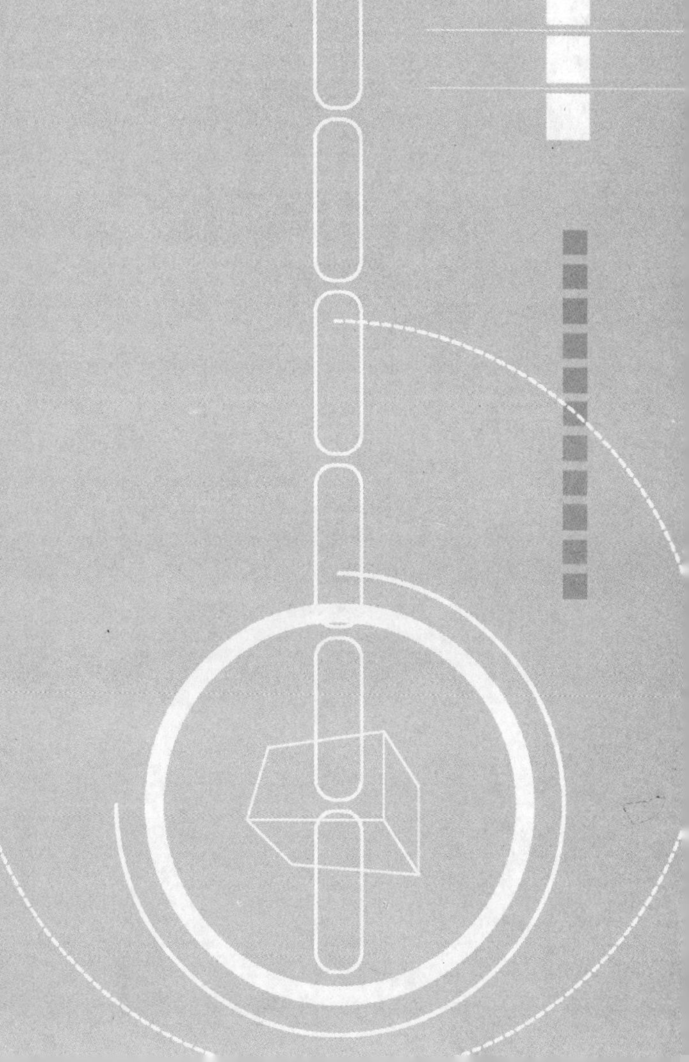

1-1 全国各省（市、区）地区生产总值

（2005-2009 年）

单位：亿元

地区	2005	2006	2007	2008	2009
全国	**184937.37**	**216314.43**	**265810.31**	**314045.43**	**340506.87**
北京	6969.52	8117.78	9846.81	11115.00	12153.03
天津	3905.64	4462.74	5252.76	6719.01	7521.85
河北	10012.11	11467.60	13607.32	16011.97	17235.48
山西	4230.53	4878.61	6024.45	7315.40	7358.31
内蒙古	3905.03	4944.25	6423.18	8496.20	9740.25
辽宁	8047.26	9304.52	11164.30	13668.58	15212.49
吉林	3620.27	4275.12	5284.69	6426.10	7278.75
黑龙江	5513.70	6211.80	7104.00	8314.37	8587.00
上海	9247.66	10572.24	12494.01	14069.86	15046.45
江苏	18598.69	21742.05	26018.48	30981.98	34457.30
浙江	13417.68	15718.47	18753.73	21462.69	22990.35
安徽	5350.17	6112.50	7360.92	8851.66	10062.82
福建	6554.69	7583.85	9248.53	10823.01	12236.53
江西	4056.76	4820.53	5800.25	6971.05	7655.18
山东	18366.87	21900.19	25776.91	30933.28	33896.65
河南	10587.42	12362.79	15012.46	18018.53	19480.46
湖北	6590.19	7617.47	9333.40	11328.89	12961.10
湖南	6596.10	7688.67	9439.60	11555.00	13059.69
广东	22557.37	26587.76	31777.01	36796.71	39482.56
广西	3984.10	4746.16	5823.41	7021.00	7759.16
海南	897.99	1044.91	1254.17	1503.06	1654.21
重庆	3467.72	3907.23	4676.13	5793.66	6530.01
四川	7385.10	8690.24	10562.39	12601.23	14151.28
贵州	2005.42	2338.98	2884.11	3561.56	3912.68
云南	3461.73	3988.14	4772.52	5692.12	6169.75
西藏	248.80	290.76	341.43	394.85	441.36
陕西	3933.72	4743.61	5757.29	7314.58	8169.80
甘肃	1933.98	2276.70	2702.40	3166.82	3387.56
青海	543.32	648.50	797.35	1018.62	1081.27
宁夏	612.61	725.90	919.11	1203.92	1353.31
新疆	2604.19	3045.26	3523.16	4183.21	4277.05

注：2005-2008 年数据在第二次经济普查后作了修订。

1-2　全国各省（市、区）农林牧渔业总产值

（2005-2009 年）　　单位：亿元

地区	2005	2006	2007	2008	2009
全国	**39450.89**	**42424.40**	**48892.96**	**58002.15**	**60361.01**
北京	268.80	270.00	272.30	303.90	314.95
天津	258.40	271.00	240.74	268.10	281.65
河北	2600.80	2771.80	3075.77	3505.20	3640.93
山西	483.80	512.40	498.39	595.90	908.74
内蒙古	980.20	1085.90	1276.44	1525.70	1570.58
辽宁	1671.60	1841.30	2128.00	2476.90	2704.58
吉林	1050.50	1155.50	1359.76	1614.80	1734.26
黑龙江	1294.40	1387.70	1700.65	2123.40	2251.10
上海	233.40	237.00	255.98	280.40	283.15
江苏	2577.00	2707.10	3064.72	3590.60	3816.02
浙江	1428.30	1514.60	1597.15	1780.00	1873.40
安徽	1666.20	1779.90	2070.09	2446.50	2569.46
福建	1396.10	1496.40	1692.16	1965.00	2001.24
江西	1143.00	1228.30	1426.93	1680.50	1733.82
山东	3741.80	4056.60	4766.23	5613.00	6003.09
河南	3309.70	3589.70	3879.93	4669.50	4871.51
湖北	1775.60	1871.00	2296.84	2940.50	2985.19
湖南	2056.20	2131.90	2632.19	3324.50	3207.88
广东	2447.60	2678.30	2821.24	3298.00	3337.59
广西	1448.40	1648.10	2026.22	2389.80	2377.20
海南	475.90	543.90	548.32	665.00	705.04
重庆	662.20	637.20	720.73	871.40	913.11
四川	2457.50	2602.10	3377.00	3903.40	3689.81
贵州	571.80	610.60	697.02	843.80	875.20
云南	1068.60	1209.80	1331.70	1594.50	1706.19
西藏	67.70	70.00	79.80	88.50	93.38
陕西	730.70	818.70	1002.85	1277.90	1337.22
甘肃	521.50	561.40	686.10	808.10	876.28
青海	94.00	100.60	121.25	153.40	157.30
宁夏	138.00	152.20	182.95	227.20	243.50
新疆	831.10	883.50	1063.50	1176.70	1297.61

1-3 全国各省（市、区）农林牧渔业分行业总产值

（2009 年）　　　　　　　　　　　　　　　　　　　　单位：亿元

地区	农林牧渔业总产值	农业	林业	牧业	渔业
全国	**60361.01**	**30611.07**	**2359.41**	**19468.36**	**5626.44**
北京	314.95	140.44	22.90	136.08	10.28
天津	281.65	139.70	2.22	83.57	47.53
河北	3640.93	1927.78	70.68	1350.10	108.38
山西	908.74	556.34	66.70	230.94	5.26
内蒙古	1570.58	731.90	78.25	721.44	12.71
辽宁	2704.58	913.48	69.98	1171.41	441.89
吉林	1734.26	777.45	58.91	825.52	23.47
黑龙江	2251.10	1206.79	85.19	870.24	45.18
上海	283.15	147.53	8.99	64.61	53.53
江苏	3816.02	1948.20	70.79	873.97	719.25
浙江	1873.40	879.05	117.64	404.88	435.48
安徽	2569.46	1289.79	125.10	795.82	257.59
福建	2001.24	826.22	162.20	366.91	565.58
江西	1733.82	729.72	161.79	541.50	231.18
山东	6003.09	3223.99	101.27	1683.83	747.42
河南	4871.51	2833.27	134.09	1654.29	64.94
湖北	2985.19	1511.49	57.67	881.78	413.14
湖南	3207.88	1596.65	174.18	1100.38	188.53
广东	3337.59	1551.03	88.30	917.14	661.23
广西	2377.20	1134.98	128.96	812.46	216.95
海南	705.04	307.57	79.62	142.83	154.51
重庆	913.11	522.84	34.14	319.42	24.27
四川	3689.81	1806.06	112.52	1596.72	119.05
贵州	875.20	501.52	36.92	281.53	11.06
云南	1706.19	850.65	196.13	557.76	41.96
西藏	93.38	39.06	7.12	44.29	0.20
陕西	1337.22	823.60	45.63	387.90	6.50
甘肃	876.28	587.27	24.24	171.89	1.11
青海	157.30	61.31	2.31	90.09	0.07
宁夏	243.50	146.78	8.38	70.67	7.05
新疆	1297.61	898.62	26.65	318.37	11.14

1-4 全国各省（市、区）主要农产品产量

（2009 年）

地区	粮食（万吨）						
		谷物（万吨）	稻谷（万吨）	小麦（万吨）	玉米（万吨）	豆类（万吨）	薯类（万吨）
全国	**53082.08**	**48156.30**	**19510.30**	**11511.51**	**16397.36**	**1930.30**	**2995.48**
北京	124.77	121.50	0.24	31.00	89.76	1.61	1.66
天津	156.29	154.13	11.25	54.03	88.74	1.71	0.45
河北	2910.17	2801.83	57.45	1229.84	1465.22	34.93	73.41
山西	942.00	895.81	0.50	211.11	654.27	21.53	24.66
内蒙古	1981.70	1677.23	64.80	171.22	1341.27	143.19	161.28
辽宁	1591.00	1517.20	506.00	4.50	963.10	32.10	41.70
吉林	2460.00	2348.00	505.00	1.00	1810.00	85.00	27.00
黑龙江	4353.01	3641.67	1574.50	116.32	1920.22	618.49	92.85
上海	121.68	119.49	90.01	22.12	2.40	1.89	0.30
江苏	3230.10	3100.32	1802.89	1004.42	216.17	87.19	42.59
浙江	789.15	716.13	666.67	23.24	11.65	31.18	41.84
安徽	3069.87	2895.93	1405.61	1177.16	304.70	127.24	46.70
福建	666.86	532.74	515.33	1.12	14.56	18.04	116.08
江西	2002.56	1916.13	1905.90	1.91	7.29	26.89	59.54
山东	4316.30	4088.09	112.01	2047.30	1921.50	41.88	186.33
河南	5389.00	5159.87	451.00	3056.00	1634.00	93.00	136.13
湖北	2309.10	2179.84	1591.92	331.67	244.12	44.45	84.81
湖南	2902.70	2750.40	2578.60	6.40	159.90	38.10	114.20
广东	1314.50	1136.65	1058.10	0.24	74.70	18.07	159.78
广西	1463.20	1373.80	1145.90	0.60	225.20	25.60	63.80
海南	187.60	153.93	145.93		7.95	1.87	31.81
重庆	1137.20	812.97	511.30	51.68	244.45	39.83	284.40
四川	3194.60	2632.20	1520.20	423.30	643.00	100.30	462.10
贵州	1168.27	922.53	453.17	44.52	405.20	36.90	208.84
云南	1576.92	1274.38	636.23	92.30	542.67	130.36	172.18
西藏	90.53	87.78	0.52	24.56	2.55	2.43	0.32
陕西	1131.40	1012.92	82.50	383.10	526.10	46.52	71.96
甘肃	906.20	681.09	3.90	261.10	312.60	33.71	191.40
青海	102.69	53.59		39.04	4.30	10.80	38.30
宁夏	340.70	298.38	64.55	73.56	156.38	3.26	39.06
新疆	1152.00	1099.77	48.32	627.15	403.39	32.23	20.00

1-4 续表 1　　　　　　　　　　　　　　（2009 年）

地区	油料（万吨）				棉花（万吨）	麻类（万吨）	
		花生（万吨）	油菜籽（万吨）	芝麻（万吨）			黄红麻（万吨）
全国	**3154.29**	**1470.79**	**1365.71**	**62.20**	**637.68**	**38.80**	**7.53**
北京	1.81	1.77			0.08		
天津	0.54	0.34			7.09		
河北	143.27	133.99	3.00	1.01	60.46	0.07	0.07
山西	17.02	2.18	0.69	0.39	8.40		
内蒙古	119.62	2.91	22.38	0.22	0.12	0.98	
辽宁	55.35	53.47	0.08	0.08	0.10		
吉林	50.40	30.51		0.82	0.20	0.05	
黑龙江	28.16	5.87	0.29	0.24		4.47	
上海	3.39	0.28	3.09		0.26		
江苏	162.23	38.67	121.69	1.85	25.53	0.26	
浙江	43.24	5.39	37.02	0.83	2.81	0.06	
安徽	240.35	75.09	157.77	6.62	34.60	2.28	1.18
福建	26.27	24.62	1.46	0.15	0.03		
江西	102.02	38.20	60.96	2.76	12.51	1.07	0.09
山东	334.51	330.89	3.07	0.14	92.12	0.06	
河南	532.98	412.56	93.07	26.17	51.75	4.62	4.56
湖北	314.05	62.62	236.51	14.21	48.05	3.82	0.14
湖南	179.24	24.67	153.37	1.14	21.20	7.69	0.05
广东	84.64	83.63	0.79	0.23		0.07	0.07
广西	42.08	39.82	1.34	0.56	0.21	0.99	0.85
海南	9.10	8.85		0.26		0.10	0.10
重庆	40.54	8.25	30.95	0.75		1.59	
四川	261.76	60.10	199.91	0.48	1.49	6.58	0.27
贵州	78.68	7.31	70.40		0.09	0.09	
云南	50.16	7.13	41.41			1.84	
西藏	5.79		5.77				
陕西	54.38	9.71	35.63	2.02	8.58		
甘肃	58.54	0.17	33.11		9.54	0.40	
青海	36.60		36.20				
宁夏	13.65						
新疆	63.91	1.80	15.72	1.16	252.42	1.61	

1-4 续表 2 （2009 年）

地区	甘蔗（万吨）	甜菜（万吨）	烟叶（万吨）		蚕茧（万吨）		茶叶（万吨）
				烤烟（万吨）		桑蚕茧（万吨）	
全国	**11558.67**	**717.90**	**306.58**	**281.42**	**83.22**	**76.12**	**135.86**
北京							
天津							
河北		30.73	0.67	0.41	0.15	0.06	
山西		15.42	0.97	0.92	0.46	0.46	
内蒙古		109.58	1.18	0.97	0.57		
辽宁		6.19	3.15	2.92	5.04		
吉林		6.63	6.65	3.45	0.42		
黑龙江		110.00	8.29	7.32	0.30		
上海	1.63						
江苏	11.61		0.05		7.90	7.90	1.57
浙江	81.36		0.37		6.83	6.83	16.74
安徽	21.80		2.94	2.89	2.88	2.88	8.20
福建	65.85		14.56	14.46			26.57
江西	62.20		4.33	4.14	0.84	0.84	2.64
山东		0.06	11.69	11.60	5.25	5.18	1.10
河南	28.27		29.73	29.73	2.83	2.18	3.55
湖北	34.43		15.21	10.90	0.61	0.60	14.42
湖南	78.16		21.78	21.00			9.85
广东	1253.51		5.36	4.80	8.61	8.61	5.14
广西	7509.44		3.74	3.13	22.49	22.49	3.66
海南	479.18						0.11
重庆	11.57		9.99	8.23	1.95	1.95	2.26
四川	93.92	0.22	25.96	21.04	10.70	10.70	15.47
贵州	64.27		39.03	36.92	0.05	0.05	4.19
云南	1761.31	0.10	91.69	88.03	2.66	2.66	18.29
西藏							
陕西	0.16		7.50	7.31	2.58	2.58	2.02
甘肃		20.42	1.23	1.02			0.08
青海		0.06	0.19				
宁夏			0.21	0.21			
新疆		418.41	0.10				

1-4 续表 3 （2009 年）

地区	水果（万吨）	苹果（万吨）	柑桔（万吨）	梨（万吨）	葡萄（万吨）	香蕉（万吨）	橡胶（吨）
全国	**20395.51**	**3168.08**	**2521.10**	**1426.30**	**794.06**	**883.39**	**618866**
北京	120.13	11.97		15.59	4.06		
天津	67.05	6.34		3.31	10.46		
河北	1578.62	276.80		364.07	105.08		
山西	449.20	238.48		47.98	12.94		
内蒙古	208.67	7.86		7.84	4.70		
辽宁	655.60	194.81		110.35	64.21		
吉林	253.48	14.58		14.22	14.47		
黑龙江	267.67	14.07		4.12	4.22		
上海	104.69		23.58	3.27	7.71		
江苏	715.71	57.23	5.98	66.24	27.85		
浙江	712.41		197.54	38.24	39.04		
安徽	745.76	36.90	2.33	86.79	21.40		
福建	645.04		266.83	18.40	9.88	90.60	
江西	497.45		299.37	11.77	2.46		
山东	2728.25	771.05		116.63	93.57		
河南	2228.09	388.63	4.01	92.26	46.11		
湖北	725.81	1.14	274.70	46.85	12.36		
湖南	715.73		338.47	12.86	8.39		
广东	1160.83		322.05	5.51		357.88	13008
广西	1010.74		289.23	19.40	18.08	155.63	382
海南	350.41		4.45			159.58	307062
重庆	212.87	0.69	126.33	26.00	3.11	0.16	
四川	689.51	40.89	277.35	84.52	20.64	3.15	
贵州	119.74	1.62	19.42	16.77	4.17	0.79	
云南	342.74	26.93	38.31	27.87	16.71	115.59	298414
西藏	1.23	0.44		0.14	0.13		
陕西	1366.06	805.17	30.80	62.99	25.88		
甘肃	459.87	185.62	0.31	32.05	11.62		
青海	3.34	0.57		0.48			
宁夏	202.43	32.75		2.28	11.58		
新疆	1056.35	53.51		87.50	193.22		

1-4 续表 4 （2009 年）

地区	松脂（吨）	生漆（吨）	油桐籽（吨）	油茶籽（吨）	核桃（吨）	肉类产量（万吨）	
							猪牛羊肉（万吨）
全国	**1046579**	**20498**	**367287**	**1169289**	**979366**	**7649.75**	**5915.72**
北京					15808	47.19	27.62
天津					654	39.49	30.69
河北					70518	426.58	336.84
山西					70399	69.78	61.08
内蒙古						233.99	204.20
辽宁					67845	389.23	266.84
吉林					11861	226.23	158.63
黑龙江					350	187.64	156.58
上海						26.21	18.12
江苏				174		344.40	215.24
浙江	992		68	47048	20731	170.37	130.95
安徽	13569	257	2656	29973	15317	362.55	261.16
福建	74762	217	20897	89294	11	175.15	146.81
江西	57306	758	12433	268966	501	276.02	222.80
山东					48242	684.13	443.80
河南	2673	1563	72416	19347	44816	615.01	499.45
湖北	38382	7752	13617	65991	4951	367.01	304.77
湖南	36994	2801	37178	418982	5158	476.35	422.14
广东	168542		6254	55144		426.99	269.03
广西	469878	31	69872	133363	631	371.25	248.85
海南	2211					66.05	43.05
重庆	749	617	19761	1967	8990	187.70	154.49
四川	10848	819	24236	3426	123683	632.81	527.41
贵州	7067	1983	54669	28264	13546	169.63	154.73
云南	161745	519	16611	6616	191213	304.59	270.88
西藏					1750	24.03	23.82
陕西	858	3151	16567	734	89648	98.68	90.10
甘肃		30	52		48184	82.88	76.55
青海					272	26.91	26.14
宁夏					47	25.55	23.24
新疆					124240	115.35	99.71

1-4 续表 5　　　　　　　　　　　（2009 年）

地区	猪肉（万吨）	牛肉（万吨）	羊肉（万吨）	奶类（万吨）	牛奶（万吨）	绵羊毛（吨）	细羊毛（吨）
全国	**4890.76**	**635.54**	**389.42**	**3732.59**	**3518.84**	**364002**	**127352**
北京	24.13	2.09	1.40	67.40	67.39	378	10
天津	25.66	3.55	1.48	68.69	68.29	603	44
河北	253.56	55.26	28.02	461.03	451.50	34588	6228
山西	50.66	4.84	5.58	74.08	72.50	5866	510
内蒙古	68.60	47.40	88.20	934.05	903.10	102027	54234
辽宁	218.80	40.20	7.84	115.64	110.00	10136	2511
吉林	113.17	41.82	3.65	44.50	44.50	22011	17088
黑龙江	108.20	36.80	11.58	534.69	528.70	25309	4611
上海	17.55	0.01	0.56	21.25	21.25	44	
江苏	204.48	3.26	7.50	55.40	55.40	351	80
浙江	128.17	1.04	1.74	19.93	19.93	1856	
安徽	229.80	17.54	13.82	20.10	20.10	153	48
福建	142.90	2.17	1.74	15.56	15.20		
江西	210.78	10.91	1.11	11.20	11.20		
山东	341.27	69.63	32.90	258.15	236.28	8660	1633
河南	389.59	83.97	25.89	301.28	281.89	10419	948
湖北	279.90	17.03	7.84	28.30	15.51	3	
湖南	395.41	15.74	11.00	7.67	7.67		
广东	262.09	6.06	0.88	14.37	14.03		
广西	232.33	13.36	3.16	8.07	8.07		
海南	39.66	2.28	1.11	0.36	0.18		
重庆	146.50	5.93	2.06	7.94	7.94	4	4
四川	474.19	28.91	24.30	68.66	68.17	6949	862
贵州	140.10	11.40	3.23	4.49	4.49	434	105
云南	230.82	27.99	12.07	105.93	48.38	1744	231
西藏	1.22	14.22	8.38	28.72	22.98	8837	669
陕西	75.00	7.80	7.30	185.83	149.20	5655	2515
甘肃	45.84	15.07	15.64	37.66	37.66	26127	8544
青海	9.19	8.10	8.85	25.35	25.31	14573	690
宁夏	9.16	7.28	6.80	81.14	81.14	5674	187
新疆	22.03	33.88	43.80	125.15	120.88	71600	25600

1-4 续表 6　　　　　　　　　　　　（2009 年）

地区	半细羊毛（吨）	山羊毛（吨）	羊绒（吨）	禽蛋（万吨）	蜂蜜（万吨）	水产品总产量（万吨）	海水产品（万吨）
全国	**113018**	**49453**	**16964**	**2742.47**	**40.15**	**5116.40**	**2681.56**
北京	53	89	39	15.40	0.28	5.82	0.39
天津	559	1		19.60		33.40	3.95
河北	16998	2980	676	353.21	1.00	100.41	55.39
山西	488	1330	797	75.30	0.30	3.10	
内蒙古	15509	18455	7375	48.87	0.45	10.60	
辽宁	6034	2736	1216	263.10	0.17	400.61	327.53
吉林	4743	1169	130	98.60	1.17	16.52	
黑龙江	20698	1152	770	101.90	1.52	38.07	
上海	44	153		8.04		30.90	15.64
江苏	271	1		185.20	0.51	443.22	130.50
浙江	1856	438		43.28	8.81	440.31	353.81
安徽	105	119		118.19	1.63	183.15	
福建				28.75	0.90	567.52	495.81
江西				41.35	1.12	201.05	
山东	4593	4576	925	377.12	0.81	753.59	626.39
河南	6823	4887	885	382.85	10.09	53.77	
湖北		11		128.94	0.92	333.89	
湖南		2		88.89	1.00	188.06	
广东		5		33.90	1.44	702.60	387.15
广西				19.34		262.28	149.02
海南				3.19	0.06	145.49	114.28
重庆				35.97	1.08	20.39	
四川	4039	516	27	144.10	4.50	100.13	
贵州	329	38	3	12.20	0.20	8.03	
云南	1002	104		20.75	0.69	27.12	
西藏	1501	1224	550	0.28		0.05	
陕西	1507	2152	1217	48.05	0.41	5.60	
甘肃	5516	1762	359	13.90	0.09	1.19	
青海	4531	805	416	1.52	0.10	0.14	
宁夏	2319	349	317	7.48	0.08	8.18	
新疆	13500	4400	1261	23.20	0.77	9.50	

1-4 续表 7 （2009 年）

地区	天然生产（万吨）	人工养殖（万吨）	鱼类（万吨）	虾蟹类（万吨）	贝类（万吨）	藻类（万吨）	其他（万吨）
全国	**1276.33**	**1405.22**	**880.82**	**303.59**	**1120.02**	**148.41**	**131.00**
北京							
天津	2.54	1.41	1.07	1.47	0.39		0.12
河北	25.33	30.06	15.15	7.29	28.29		4.66
山西							
内蒙古							
辽宁	113.21	214.32	59.45	21.98	178.34	24.84	29.24
吉林							
黑龙江							
上海	15.64		1.15	0.99			
江苏	57.00	73.50	39.05	18.06	63.50	3.35	5.80
浙江	277.35	76.46	187.62	75.24	62.49	4.22	13.54
安徽							
福建	202.79	293.03	157.12	36.47	217.68	55.54	12.14
江西							
山东	244.96	381.43	164.21	43.60	322.51	50.75	37.45
河南							
湖北							
湖南							
广东	152.53	234.62	126.68	56.27	173.52	6.88	12.85
广西	66.77	82.25	42.57	28.21	68.85		8.91
海南	96.11	18.17	86.75	14.01	4.45	2.84	6.24
重庆							
四川							
贵州							
云南							
西藏							
陕西							
甘肃							
青海							
宁夏							
新疆							

1-4 续表 8 （2009 年）

地区	淡水产品(万吨)	天然生产（万吨）	人工养殖（万吨）	鱼类（万吨）	虾蟹类（万吨）	贝类（万吨）	其他（万吨）
全国	**2434.85**	**218.39**	**2216.46**	**2109.90**	**228.83**	**51.96**	**44.16**
北京	5.42	0.40	5.03	5.37			
天津	29.46	0.87	28.58	24.06	5.10	0.10	0.20
河北	45.02	8.77	36.25	41.60	2.65	0.31	0.46
山西	3.10	0.07	3.03	3.08			
内蒙古	10.60	2.96	7.64	10.36	0.14		0.10
辽宁	73.08	5.63	67.45	66.01	5.85	0.10	1.12
吉林	16.52	1.92	14.60	16.43	0.07		
黑龙江	38.07	4.31	33.76	37.54	0.49		
上海	15.26	0.48	14.79	9.20	5.94		0.11
江苏	312.73	32.07	280.65	227.45	71.10	9.66	4.53
浙江	86.51	9.03	77.47	56.42	12.78	4.56	12.75
安徽	183.15	30.73	152.42	143.91	27.37	8.22	3.65
福建	71.71	7.81	63.90	60.84	4.26	4.98	1.64
江西	201.05	22.75	178.30	176.90	12.23	7.59	4.33
山东	127.20	12.83	114.37	118.87	7.08	0.86	0.40
河南	53.77	3.06	50.71	51.32	1.79	0.16	0.50
湖北	333.89	26.22	307.67	287.88	40.02	3.20	2.79
湖南	188.06	11.02	177.04	179.94	2.68	3.05	2.39
广东	315.45	12.65	302.79	276.25	26.35	6.61	6.23
广西	113.26	11.26	102.00	109.02	1.28	1.66	1.29
海南	31.21	1.92	29.29	29.99	0.19	0.19	
重庆	20.39	0.99	19.40	20.23	0.08		
四川	100.13	5.77	94.36	98.34	0.62	0.50	0.67
贵州	8.03	1.10	6.93	7.84	0.15		
云南	27.12	2.34	24.78	26.57	0.46		0.07
西藏	0.05						
陕西	5.60	0.42	5.18	5.58			
甘肃	1.19		1.19	1.19			
青海	0.14		0.14	0.13			
宁夏	8.18		8.17	8.13	0.05		
新疆	9.50	0.92	8.59	9.40	0.06		

1-5 全国各省（市、区）工业主营业务收入

（2005-2009 年）　　单位：亿元

地区	2005	2006	2007	2008	2009
全国	**248544.00**	**313592.45**	**399717.06**	**500020.07**	**542522.43**
北京	7278.96	8914.16	10440.17	11275.82	12173.06
天津	7125.93	8794.35	10180.91	12914.20	13243.33
河北	10745.98	13124.58	17109.89	22474.08	24119.47
山西	4784.59	5849.43	7855.75	10130.61	9139.67
内蒙古	3050.96	4205.33	5775.35	8470.30	10410.15
辽宁	10747.31	13997.96	17965.81	24372.24	27870.09
吉林	3634.64	4456.24	5906.21	8119.17	9690.67
黑龙江	4765.42	5773.81	6518.43	8212.36	7729.74
上海	16353.73	19266.93	23112.35	26058.02	25421.08
江苏	32098.48	41015.28	52594.30	66481.84	71724.90
浙江	23044.63	28577.90	35248.46	39630.60	39873.57
安徽	4523.27	5863.07	7868.85	10980.44	12787.17
福建	7848.24	9661.48	12227.31	14816.17	16338.61
江西	2909.13	4173.74	6241.14	8526.41	9921.50
山东	30023.87	38116.06	49186.24	62034.19	70826.13
河南	10114.44	13809.07	18936.82	25389.80	28246.65
湖北	5962.54	7314.81	9390.43	13081.90	15331.62
湖南	4585.31	5968.67	8348.97	11285.44	13077.27
广东	34781.58	43550.87	53927.94	63371.65	66117.81
广西	2466.79	3176.21	4287.36	5668.99	6554.72
海南	449.76	598.44	937.20	1077.81	1009.34
重庆	2515.17	3197.97	4262.99	5667.61	6626.55
四川	6008.12	7711.35	10611.52	14286.43	17479.21
贵州	1577.16	1948.57	2430.62	2922.35	3234.59
云南	2569.71	3357.53	4306.61	4961.12	4987.32
西藏	28.39	33.71	36.73	45.20	48.88
陕西	3302.51	4380.18	5512.63	7194.60	8188.52
甘肃	1984.67	2513.89	3193.35	3752.44	3866.99
青海	462.83	657.08	785.91	1044.94	1092.31
宁夏	647.47	841.77	1041.14	1334.19	1390.09
新疆	2152.45	2742.02	3475.69	4439.14	4001.38

1-6 全国各省（市、区）主要工业产品产量

（2009 年）

地区	原煤（万吨）	原油（万吨）	天然气（亿立方米）	原盐（万吨）	成品糖（万吨）	啤酒（万千升）
全国	**29.73**	**18948.96**	**852.69**	**6662.79**	**1338.35**	**4162.18**
北京	0.06					161.28
天津		2296.96	14.30	227.53		31.69
河北	0.85	599.09	10.87	393.76	3.66	111.59
山西	5.94				3.42	25.44
内蒙古	6.01			216.98	15.42	99.65
辽宁	0.66	1000.02	8.10	152.48	5.62	246.98
吉林	0.44	639.90	11.62			125.32
黑龙江	0.87	4000.70	30.04	0.18	29.59	175.99
上海		9.10	4.03			67.40
江苏	0.24	184.03	0.57	522.96	0.25	230.90
浙江				16.70	0.15	260.51
安徽	1.28			143.55		156.48
福建	0.25			43.76	5.86	190.83
江西	0.30			197.60		88.19
山东	1.44	2828.21	9.05	2372.89	0.87	476.94
河南	2.30	474.50	29.58	296.95	0.53	372.60
湖北	0.11	80.89	1.67	515.20		251.01
湖南	0.66			208.93	2.38	82.68
广东		1345.14	58.43	15.12	123.94	350.55
广西	0.05	2.89		6.35	824.08	100.91
海南		18.36	1.86	12.86	42.90	17.05
重庆	0.43		0.60	158.77	2.01	72.77
四川	0.90	21.68	193.56	797.75	10.87	168.43
贵州	1.37		0.12		1.34	28.01
云南	0.56		0.02	89.19	223.91	48.17
西藏						11.30
陕西	2.96	2695.89	189.52	39.47		89.98
甘肃	0.39	49.23	0.29	11.50	0.78	59.47
青海	0.13	186.37	43.07	92.97		10.48
宁夏	0.55	3.14				12.00
新疆	0.76	2512.86	245.39	129.35	40.77	37.57

1-6 续表 1　　　　　　　　　　　　　　　　（2009 年）

地区	卷烟（亿支）	纱（万吨）	布（亿米）	机制纸及纸板（万吨）	硫酸（万吨）	烧碱（万吨）
全国	**22901.50**	**2393.46**	**753.42**	**8965.13**	**5960.91**	**1832.37**
北京	193.22	0.56	0.11	9.47		6.74
天津	207.00	4.32	2.58	31.23	29.45	109.32
河北	742.50	105.09	45.38	375.95	58.86	71.23
山西	145.00	3.79	0.52	16.50	26.33	34.33
内蒙古	240.00	2.03	0.80	46.69	189.98	90.07
辽宁	260.28	15.45	5.04	71.37	81.19	45.77
吉林	359.00	5.67	0.44	78.91	29.15	21.12
黑龙江	426.00	1.77	0.41	50.29	7.27	6.83
上海	865.65	3.76	1.27	70.24	27.02	72.98
江苏	924.57	401.93	122.61	1033.54	403.06	232.30
浙江	804.20	195.62	194.18	1377.28	100.37	98.48
安徽	1189.97	48.27	6.13	201.54	357.51	26.59
福建	798.17	158.04	29.84	324.18	50.75	21.64
江西	529.00	60.88	6.95	139.64	213.90	24.49
山东	1300.16	668.78	167.75	1539.46	484.14	395.90
河南	1613.50	340.45	36.43	956.96	209.96	111.24
湖北	1278.58	147.05	41.11	171.26	733.81	55.55
湖南	1692.80	58.95	5.17	347.11	225.78	69.48
广东	1262.08	36.08	36.12	1281.61	160.44	19.77
广西	686.25	9.37	2.10	168.80	216.00	33.18
海南	82.50			23.67		
重庆	476.00	13.07	25.55	168.36	202.96	14.58
四川	873.95	48.31	11.50	246.52	336.01	85.78
贵州	1161.22	1.45	0.23	10.31	513.94	7.37
云南	3457.90	0.62	0.03	39.39	873.70	20.56
西藏						
陕西	805.00	24.67	9.35	73.99	94.96	24.62
甘肃	392.00	0.55	0.17	10.60	254.07	12.24
青海		0.29			21.06	1.40
宁夏		0.08		77.21	31.12	38.04
新疆	135.00	36.57	1.65	23.04	28.11	80.77

1-6 续表 2 （2009 年）

地区	纯碱（万吨）	农用氮、磷、钾化肥（万吨）	乙烯（万吨）	化学农药原药（万吨）	初级形态的塑料（万吨）	化学纤维（万吨）
全国	**1944.77**	**6385.01**	**1072.62**	**226.22**	**3629.97**	**2747.28**
北京		0.22	84.13		120.81	0.30
天津	82.97	13.58	18.91	0.67	188.57	10.34
河北	199.45	214.35		3.39	68.47	23.55
山西	13.61	374.38		0.12	16.26	0.89
内蒙古	71.98	148.80		5.47	66.55	
辽宁		75.01	47.98	4.16	108.55	21.41
吉林		20.20	83.85	2.64	97.68	29.05
黑龙江		70.33	58.34	0.62	125.34	13.26
上海		2.68	180.30	5.08	304.90	37.91
江苏	248.42	267.60	141.60	64.44	541.83	903.08
浙江	15.58	47.88		25.65	389.45	1210.90
安徽	35.58	274.08	1.96	16.97	50.59	19.76
福建	19.28	60.00	20.28	0.73	59.83	183.66
江西		49.70		2.16	12.53	13.51
山东	359.09	854.30	76.01	31.07	279.84	89.18
河南	213.08	503.47	20.58	10.83	123.66	53.60
湖北	137.70	829.50		10.56	66.81	12.10
湖南	40.99	359.20		18.34	45.18	4.83
广东	37.88	52.65	220.14	2.97	419.33	43.87
广西	4.73	91.39		2.05	12.53	0.05
海南		60.63		0.26	22.81	5.14
重庆	99.15	155.58		0.98	1.62	7.00
四川	168.63	461.13		13.74	98.30	43.46
贵州		345.62		0.08	3.46	
云南	14.09	350.67		0.13	21.41	3.63
西藏						
陕西	30.01	88.11		0.50	34.34	2.44
甘肃	12.77	83.80	69.38	0.16	115.45	0.35
青海	119.78	281.35		0.01	2.44	
宁夏	8.66	91.77		2.44	44.44	
新疆	11.35	157.03	49.15		186.99	14.01

1-6 续表 3　　　　　　　　　　　　　　　（2009 年）

地区	水泥（万吨）	平板玻璃（万重量箱）	生铁（万吨）	粗钢（万吨）	钢材（万吨）	金属切削机床（万台）
全国	**164397.78**	**58574.07**	**55283.46**	**57218.20**	**69405.40**	**58.55**
北京	1080.33		442.67	464.85	769.72	0.65
天津	699.51	679.55	1763.40	2124.20	4079.67	0.31
河北	10684.55	10964.52	13321.78	13536.27	15158.01	0.07
山西	2753.18	1275.70	3166.84	2648.49	2288.99	0.10
内蒙古	4333.75	1564.89	1437.07	1261.94	1294.87	
辽宁	4704.83	1674.16	5094.30	4803.34	4935.55	14.10
吉林	3679.57	380.63	780.20	803.64	870.74	0.15
黑龙江	2603.76	777.49	494.56	565.96	506.04	0.44
上海	754.19	1.11	1787.48	2032.24	2181.37	0.56
江苏	14475.68	5257.84	4593.03	5551.93	7892.42	9.66
浙江	10822.25	3372.48	817.11	1063.31	2364.69	9.79
安徽	7278.35	1035.77	1663.40	1763.20	2119.95	1.02
福建	5477.91	2091.67	553.24	767.06	1342.26	0.19
江西	6200.55	449.98	1447.01	1621.18	1648.72	0.10
山东	14057.69	6091.77	5274.43	5082.13	5877.95	12.03
河南	11874.13	2771.62	1967.18	2329.48	2888.24	0.58
湖北	7006.40	3528.15	1957.84	2055.61	2177.35	0.38
湖南	7652.23	1664.21	1425.83	1437.30	1509.21	0.31
广东	10043.18	8102.61	757.01	1126.64	2296.58	2.60
广西	6435.27	453.92	971.03	1003.10	1179.79	0.28
海南	938.52		2.12	23.24	10.68	
重庆	3640.74	291.64	331.17	334.41	481.32	0.49
四川	9003.64	3368.05	1533.32	1510.40	1834.42	0.44
贵州	2883.63	32.44	395.85	343.53	338.64	0.07
云南	5046.45	500.83	1294.30	1049.05	973.30	2.04
西藏	187.65					
陕西	4501.66	1453.49	512.69	522.50	888.27	1.34
甘肃	1854.80	511.89	612.14	626.36	644.54	0.49
青海	610.99	50.33	109.54	126.72	125.06	0.09
宁夏	1066.50		36.33		38.01	0.29
新疆	2045.88	227.33	740.57	640.15	689.01	

注：据中国钢铁协会测算，2009 年扣除重复钢材后的社会最终钢材产量为 55708 万吨（下表同）。

1-6 续表 4 （2009 年）

地区	大中型拖拉机（万台）	汽车（万吨）		家用洗衣机（万台）	家用电冰箱（万台）	房间空气调节器（万台）
			轿车（万辆）			
全国	37.13	1379.53	748.48	4973.63	5930.45	8078.25
北京		127.06	53.81	0.37		
天津	1.48	60.24	52.90	23.65	53.87	375.40
河北	0.11	51.43	7.79	19.43		
山西		0.15				
内蒙古		3.28				
辽宁		50.85	26.04		96.15	172.04
吉林	0.20	110.64	86.19			
黑龙江	0.05	28.37	3.38			
上海	1.05	125.03	122.46	207.79	189.15	317.78
江苏	9.36	50.62	21.47	748.62	667.06	331.15
浙江	3.07	28.17	22.37	1608.38	761.81	303.09
安徽		86.34	47.87	1002.27	1565.81	1022.79
福建		13.50	8.17			
江西	0.39	28.47	8.13	0.03	91.27	132.72
山东	8.45	55.77	18.08	532.23	825.09	325.14
河南	6.44	12.46		4.46	319.24	7.72
湖北	0.26	108.17	38.84	36.00	39.51	514.28
湖南	0.11	11.95	7.51	64.60	15.64	5.07
广东		113.08	100.51	339.69	1058.47	4117.64
广西	0.02	118.45	6.90			
海南		9.16	8.67			
重庆		118.65	62.62	175.25	0.23	381.23
四川	0.80	7.62		201.36	51.90	72.18
贵州		0.18	0.13		168.16	
云南	5.17	7.27				
西藏						
陕西		50.68	42.77		27.05	
甘肃		1.87	1.87	9.50	0.06	
青海						
宁夏						
新疆	0.15	0.07				

1-6 续表 5

（2009 年）

地区	移动通信手持机（万部）	微型电子计算机设备（万台）	集成电路（亿块）	彩色电视机（万台）	发电量（亿千瓦小时）	
						水电（亿千瓦小时）
全国	61924	18215.07	414.40	9898.79	37146.51	6156.44
北京	21355	842.66	18.29		242.65	0.37
天津	8559	1.52	6.16	140.50	415.77	
河北			0.08		1742.46	5.71
山西		0.09			1873.80	21.66
内蒙古				217.42	2242.37	14.82
辽宁	47	0.18	0.86	441.38	1162.51	28.81
吉林	50			20.09	541.83	56.28
黑龙江		2.94			722.95	17.09
上海	316	7320.15	72.29	195.51	778.20	
江苏	2045	8180.94	163.70	1151.31	2928.41	2.23
浙江	2778	89.20	21.35	518.35	2246.28	152.67
安徽	12	0.03		336.84	1320.24	16.39
福建	672	607.20	0.11	681.84	1170.71	275.92
江西	591	5.31		90.97	532.91	85.07
山东	5455	25.37	1.71	1090.03	2859.90	1.74
河南				43.49	2055.46	93.15
湖北	832	87.38	0.01		1818.06	1205.92
湖南				24.07	1027.95	409.43
广东	18092	1046.99	96.45	4092.79	2757.61	269.34
广西		1.00			944.45	516.77
海南					127.56	14.95
重庆	375	0.21		38.16	474.32	165.74
四川	630		0.37	743.22	1578.78	1065.41
贵州	118		0.17	72.56	1380.02	400.88
云南					1170.86	622.80
西藏					18.00	15.27
陕西		3.90		0.26	908.94	74.59
甘肃			32.85		696.65	250.21
青海					377.94	276.32
宁夏					479.85	17.36
新疆					549.07	79.55

1-7　全国工业分行业企业数

（2005-2009 年）　　单位：户

行业名称	2005	2006	2007	2008	2009
合　计	**271835**	**301961**	**336768**	**426113**	**434364**
煤炭开采和洗选业	5787	6797	7537	9212	8798
石油和天然气开采业	174	175	184	299	323
黑色金属矿采选业	2087	2495	2899	3984	4004
有色金属矿采选业	1529	1862	2183	2539	2457
非金属矿采选业	2242	2601	3004	3953	4267
其他采矿业	14	16	24	26	27
农副食品加工业	14575	16356	18140	22800	24550
食品制造业	5553	6056	6644	8108	8735
饮料制造业	3519	3914	4422	5411	5904
烟草制品业	190	179	150	156	158
纺织业	22569	25345	27914	33133	32412
纺织服装、鞋、帽制造业	11865	13072	14770	18237	18265
皮革、毛皮、羽毛（绒）及其制品业	6227	6859	7452	8622	8520
木材加工及木、竹、藤、棕、草制品业	5397	6374	7852	10314	10765
家具制造业	3074	3603	4110	5386	5576
造纸及纸制品业	7461	7892	8376	10011	9937
印刷业和记录媒介的复制	4826	5029	5083	6481	6618
文教体育用品制造业	3378	3633	4087	4797	4752
石油加工、炼焦及核燃料加工业	1990	2160	2149	2416	2337
化学原料及化学制品制造业	18716	20715	22981	28224	28793
医药制造业	4971	5368	5748	6524	6807
化学纤维制造业	1306	1402	1556	2029	1944
橡胶制品业	3034	3353	3695	4649	4720
塑料制品业	12041	13504	15376	19484	19894
非金属矿物制品业	20111	21936	24278	30524	32544
黑色金属冶炼及压延加工业	6649	6999	7161	8012	7773
有色金属冶炼及压延加工业	5163	5863	6701	8200	8041
金属制品业	13802	15573	18008	24547	24771
通用设备制造业	19981	22905	26757	36919	37374
专用设备制造业	10260	11615	13409	18685	19147
交通运输设备制造业	11315	12586	14091	18808	19441
电气机械及器材制造业	15366	16905	19322	25727	26443
通信设备、计算机及其他电子设备制造业	8868	9709	11220	14347	14284
仪器仪表及文化、办公用机械制造业	3723	4084	4526	5620	5716
工艺品及其他制造业	5131	5764	6416	7692	7797
废弃资源和废旧材料回收加工业	438	529	652	1087	1165
电力、热力的生产和供应业	5527	5731	5565	6242	6332
燃气生产和供应业	484	526	591	856	909
水的生产和供应业	2492	2476	1735	2052	2064

1-8　全国各省（市、区）工业企业数

（2005-2009 年）　　单位：户

地区	2005	2006	2007	2008	2009
全国	**271835**	**301961**	**336768**	**426113**	**434364**
北京	6300	6400	6397	7205	6890
天津	6144	6301	6361	7950	8326
河北	9936	10634	10870	12447	13096
山西	4441	4668	4472	4415	4023
内蒙古	2447	3075	3364	3993	4465
辽宁	11510	14754	16556	21876	23364
吉林	2774	3249	3984	5257	5936
黑龙江	2887	2956	3172	4392	4408
上海	14809	14404	15099	18792	17906
江苏	32224	36319	41841	65495	60817
浙江	40275	45686	51604	58816	59971
安徽	5277	6523	8111	11392	14122
福建	12396	13755	15178	17212	18154
江西	4403	5333	6028	7367	7539
山东	27540	31936	36145	42629	45518
河南	10867	11895	13510	18700	18105
湖北	6813	7546	8996	12067	14027
湖南	8022	8999	10201	12391	13311
广东	35157	37494	42260	52574	52188
广西	3687	4051	4408	5427	5678
海南	616	595	488	548	494
重庆	2943	3208	3916	6119	6412
四川	7959	8995	10709	13725	13267
贵州	2585	2594	2296	2676	2791
云南	2362	2602	2698	3320	3489
西藏	197	204	100	88	90
陕西	2997	3375	3372	4025	4480
甘肃	1733	1733	1841	1940	1987
青海	404	435	471	515	523
宁夏	685	761	745	901	969
新疆	1445	1481	1575	1859	2018

1-9 全国各省（市、区）建筑业总产值

（2005-2009 年）　　单位：亿元

地区	2005	2006	2007	2008	2009
全国	**34552.10**	**41557.16**	**51043.71**	**62036.81**	**76807.74**
北京	1894.04	2167.92	2576.77	3066.17	4059.70
天津	754.37	983.93	1221.94	1453.79	1911.48
河北	1285.29	1448.73	1614.69	2044.81	2525.05
山西	849.22	939.67	1060.70	1355.44	1826.10
内蒙古	381.30	467.01	681.10	780.05	964.73
辽宁	1481.65	1774.99	2100.04	2505.17	3384.65
吉林	485.58	607.69	738.34	994.65	1142.84
黑龙江	572.90	699.84	875.88	1036.75	1342.39
上海	1889.25	2285.38	2524.18	3245.77	3830.54
江苏	4368.95	5424.85	7010.57	8601.51	10265.11
浙江	4718.74	5655.61	6971.71	8156.06	9588.72
安徽	963.54	1168.24	1516.98	1854.64	2239.57
福建	873.98	1161.99	1544.17	1852.74	2204.13
江西	566.04	668.89	786.14	1032.94	1323.24
山东	2509.10	2791.81	3289.05	3821.93	4579.15
河南	1066.15	1530.93	2151.72	2824.05	3596.49
湖北	1349.32	1667.00	2110.80	2605.08	3421.89
湖南	1219.35	1462.88	1828.81	2115.44	2507.40
广东	2199.59	2592.58	2999.51	3270.28	3809.30
广西	425.21	512.83	612.74	753.21	934.38
海南	59.69	64.94	82.18	111.18	143.94
重庆	783.57	895.09	1128.71	1496.32	1915.25
四川	1469.00	1753.23	2109.98	2592.95	3337.45
贵州	271.23	312.34	348.79	393.67	523.91
云南	539.37	672.35	756.68	906.91	1196.22
西藏	40.61	49.36	60.29	72.91	94.93
陕西	658.51	830.41	1173.10	1651.18	2309.14
甘肃	313.40	344.33	436.90	481.27	579.89
青海	90.93	108.37	125.44	143.00	204.34
宁夏	112.96	130.84	154.95	191.54	259.22
新疆	359.25	383.11	450.83	625.37	786.59

1-10 全国各省（市、区）建筑业企业数

（2005-2009 年）

单位：户

地区	2005	2006	2007	2008	2009
全国	**58750**	**60166**	**62074**	**71095**	**70817**
北京	2613	2634	2689	3209	3226
天津	1077	1088	1094	1329	1365
河北	2007	1952	1916	2230	2139
山西	1403	1353	1360	1774	1696
内蒙古	658	677	716	753	782
辽宁	3053	3221	3171	3803	4367
吉林	889	862	870	1092	945
黑龙江	1725	1781	1733	1971	1919
上海	2386	2687	2694	3047	2957
江苏	5909	6371	7012	8412	8629
浙江	3941	4113	4328	4639	4772
安徽	1923	1985	2129	2313	2363
福建	1703	1776	1823	2003	2086
江西	1230	1180	1166	1335	1292
山东	5591	5437	5536	6349	6217
河南	2458	2464	3023	3827	4082
湖北	2072	2213	2490	2972	2860
湖南	1753	1754	1782	1925	1843
广东	4129	4114	4145	4311	4255
广西	994	978	1029	1122	994
海南	122	120	100	149	139
重庆	2198	2373	2403	2382	2365
四川	3500	3384	3180	3887	3380
贵州	580	586	581	608	574
云南	1528	1714	1721	1941	1927
西藏	168	153	128	171	165
陕西	784	815	872	964	985
甘肃	776	807	781	860	837
青海	372	362	368	411	383
宁夏	473	472	470	483	474
新疆	735	740	764	823	799

1-11 全国各省（市、区）建筑业分行业总产值

（2009年） 单位：亿元

地区	建筑业总产值	房屋和土木工程建筑业	建筑安装业	建筑装饰业	其他建筑业
全国	**76807.74**	**67268.37**	**5818.74**	**2621.21**	**1099.43**
北京	4059.70	3410.83	348.60	250.92	49.34
天津	1911.48	1495.65	223.38	107.93	84.52
河北	2525.05	2312.71	158.11	35.12	19.10
山西	1826.10	1693.82	69.82	23.18	39.29
内蒙古	964.73	913.55	37.66	3.97	9.55
辽宁	3384.65	2875.31	336.80	138.96	33.57
吉林	1142.84	969.49	153.25	15.06	5.04
黑龙江	1342.39	1134.89	183.51	13.80	10.19
上海	3830.54	3058.84	486.02	259.19	26.50
江苏	10265.11	8778.23	849.12	438.81	198.95
浙江	9588.72	8926.81	325.97	260.90	75.04
安徽	2239.57	1943.39	209.08	63.32	23.79
福建	2204.13	1953.66	127.11	79.81	43.54
江西	1323.24	1181.98	90.48	28.04	22.75
山东	4579.15	3916.00	478.46	117.91	66.78
河南	3596.49	3128.50	289.46	81.62	96.91
湖北	3421.89	3061.19	209.65	65.32	85.74
湖南	2507.40	2303.20	143.87	33.09	27.23
广东	3809.30	2939.56	365.67	449.35	54.72
广西	934.38	831.79	84.93	8.41	9.25
海南	143.94	131.21	7.55	1.25	3.93
重庆	1915.25	1756.35	90.32	39.79	28.79
四川	3337.45	3090.52	175.84	48.35	22.74
贵州	523.91	467.09	48.71	4.21	3.90
云南	1196.22	1078.92	79.26	18.04	19.99
西藏	94.93	94.77	0.07	0.09	0.01
陕西	2309.14	2176.16	93.99	16.03	22.97
甘肃	579.89	500.14	63.71	8.21	7.82
青海	204.34	187.12	13.16	1.76	2.30
宁夏	259.22	250.30	4.24	3.71	0.98
新疆	786.59	706.39	70.93	5.06	4.22

1-12 全国各省（市、区）交通、邮电行业主要产品概况

（2009 年）

地区	客运量（万人）	货运量（万吨）	邮政业务总量（亿元）	函　件（亿件）	快　递（万件）	报刊期发数（万份）
全国	**2976898**	**2825222**	**1639.88**	**75.32**	**185784.81**	**13909.52**
北京	129534	20470	88.89	6.43	14986.45	679.74
天津	23337	42324	26.08	1.12	2598.08	198.10
河北	77773	123065	50.55	2.69	4506.80	289.43
山西	36474	109534	36.06	0.83	1237.41	340.14
内蒙古	22077	113916	12.06	0.37	1196.43	232.66
辽宁	95505	135055	47.34	0.75	3497.28	356.11
吉林	58580	34771	21.62	0.81	1445.76	176.49
黑龙江	43365	54208	37.10	0.87	2052.90	112.73
上海	9571	76669	194.70	12.98	34178.35	842.13
江苏	200713	152581	154.34	9.47	17498.18	1138.62
浙江	199068	151566	111.38	8.36	14764.71	1035.83
安徽	141229	196654	38.82	2.44	2362.41	518.20
福建	75009	58163	57.23	2.59	6960.61	511.40
江西	70496	86057	32.26	1.74	2203.31	362.68
山东	234564	284086	83.25	5.22	7254.25	868.27
河南	144203	169942	58.78	1.98	4079.91	808.51
湖北	94334	78984	45.52	1.45	3840.25	564.05
湖南	140572	128921	42.09	1.02	2738.57	708.75
广东	418938	169653	301.78	7.98	42206.51	766.73
广西	68593	94466	22.47	0.73	1689.30	380.05
海南	40735	18393	7.81	0.14	429.45	86.46
重庆	113981	68566	25.23	0.56	2240.17	733.11
四川	220020	118253	54.93	1.63	4527.65	598.08
贵州	64918	34803	12.34	0.68	929.99	308.31
云南	35556	46039	15.40	0.65	1849.70	305.00
西藏	7844	943	1.71	0.05	184.01	38.77
陕西	84303	92557	30.88	0.87	2070.01	364.97
甘肃	49968	26605	9.28	0.38	696.55	200.31
青海	10071	9874	2.72	0.04	181.39	36.88
宁夏	12629	29242	3.28	0.23	356.04	50.87
新疆	29886	45046	14.02	0.28	1022.40	296.13

1-12 续表 （2009 年）

地区	集邮业务（万枚）	电信业务总量（亿元）	固定长途电话通话时长（亿分钟）	移动电话通话时长（亿分钟）	移动电话年末用户（万户）	互联网上网人数（万人）
全国	110088.50	25553.58	823.35	35351.02	74721.40	38400.00
北京	17816.90	881.55	27.55	963.66	1825.50	1103.00
天津	5740.30	364.06	7.26	487.06	992.50	564.00
河北	2439.01	1149.28	28.34	1742.02	3783.20	1842.00
山西	1452.91	599.00	16.73	861.74	1952.30	1064.00
内蒙古	1423.78	542.20	10.71	860.82	1616.00	575.00
辽宁	4159.54	917.77	29.03	1263.67	2882.10	1595.00
吉林	1981.49	504.32	9.70	785.15	1574.20	726.00
黑龙江	3387.15	660.05	19.41	1020.37	1865.90	912.00
上海	3838.89	840.02	26.96	875.98	2113.20	1171.00
江苏	8217.27	1658.54	76.06	2218.38	4940.30	2765.00
浙江	6331.06	1625.30	72.70	2168.85	4456.30	2452.00
安徽	971.70	664.60	13.12	847.82	2154.60	1069.00
福建	4196.80	941.95	28.67	1359.13	2639.10	1629.00
江西	2923.56	560.42	13.73	859.24	1548.00	790.00
山东	5346.79	1593.35	37.13	2310.26	5334.50	2769.00
河南	6063.70	1219.77	34.74	1857.01	3987.20	2007.00
湖北	4162.63	796.26	36.09	1071.59	3136.90	1469.00
湖南	2350.89	858.31	24.63	1295.38	2752.40	1406.00
广东	7929.54	3847.33	147.03	4491.50	8923.30	4860.00
广西	1284.35	671.82	29.00	987.60	1960.10	1030.00
海南	323.37	184.17	6.05	294.70	496.40	244.00
重庆	771.78	465.66	8.29	715.99	1440.90	803.00
四川	4664.41	1118.15	28.09	1656.04	3466.90	1635.00
贵州	748.75	453.24	9.13	718.95	1453.40	573.00
云南	1820.27	663.58	18.21	1018.15	1936.40	844.00
西藏	284.85	51.28	3.69	64.17	124.00	53.00
陕西	3399.58	715.68	23.23	1064.35	2337.40	995.00
甘肃	1609.23	352.47	13.04	515.99	1194.70	535.00
青海	744.73	88.10	4.35	117.14	301.00	154.00
宁夏	1183.17	116.71	2.90	171.97	382.80	141.00
新疆	2520.10	448.62	17.80	686.35	1113.00	634.00

1-13 全国各省（市、区）批发和零售业、住宿和餐饮业社会消费品零售总额

（2005-2009 年）

单位：亿元

地区	2005	2006	2007	2008	2009
全国	**67176.60**	**76410.00**	**89210.00**	**114830.10**	**132678.40**
北京	2902.80	3275.22	3800.20	4645.50	5309.90
天津	1190.10	1356.79	1603.70	2078.70	2430.80
河北	2952.90	3397.42	3986.20	4991.10	5764.90
山西	1401.20	1613.44	1914.10	2421.10	2809.00
内蒙古	1344.10	1595.27	1904.10	2463.00	2855.30
辽宁	2999.00	3434.65	4030.10	5032.40	5812.60
吉林	1460.80	1675.84	1999.20	2549.20	2957.30
黑龙江	1760.10	1997.71	2331.10	2928.30	3401.80
上海	2973.00	3360.41	3847.80	4577.20	5173.20
江苏	5699.90	6623.18	7838.10	9905.10	11484.10
浙江	4631.70	5325.35	6214.00	7533.30	8622.30
安徽	1765.00	2029.40	2403.70	3045.20	3527.80
福建	2345.80	2704.23	3187.90	3866.70	4481.00
江西	1236.20	1428.02	1683.10	2142.00	2484.40
山东	6126.40	7122.55	8438.80	10658.80	12363.00
河南	3358.40	3880.47	4597.50	5815.40	6746.40
湖北	2964.60	3412.00	4028.50	5109.70	5928.40
湖南	2459.10	2834.22	3356.50	4222.60	4913.70
广东	7882.60	9118.08	10598.10	12986.60	14891.80
广西	1397.00	1600.84	1897.90	2395.80	2790.70
海南	268.60	308.30	362.00	463.20	537.50
重庆	1215.80	1403.58	1661.20	2147.10	2479.00
四川	2981.40	3421.65	4015.60	4944.80	5758.70
贵州	606.90	689.77	821.80	1075.20	1247.30
云南	1034.40	1188.88	1394.60	1764.70	2051.10
西藏	73.10	89.70	112.00	130.00	156.60
陕西	1322.40	1522.00	1800.90	2317.10	2699.70
甘肃	632.80	717.47	833.30	1023.60	1183.00
青海	160.50	180.11	208.30	259.70	300.50
宁夏	174.30	198.96	233.30	295.40	339.30
新疆	637.80	727.59	847.70	1041.50	1177.50

注：2008 年数据为第二次经济普查后修订数据。

1-14 全国各省（市、区）批发和零售业、住宿和餐饮业企业数

（2005-2009 年）　　单位：户

地区	2005	2006	2007	2008	2009
全国	**67064**	**73879**	**80778**	**138086**	**130660**
北京	7101	7189	8304	11914	12566
天津	1908	2006	2232	3999	3891
河北	1385	1520	1574	2664	2507
山西	1424	1403	1572	2116	2151
内蒙古	1001	1127	1171	1862	1883
辽宁	2848	2897	3185	6130	5129
吉林	906	838	889	1267	1257
黑龙江	1192	1122	1125	1718	1706
上海	3313	5143	4799	10796	7351
江苏	3751	5344	5774	15300	13388
浙江	5173	5687	6213	11424	10991
安徽	1275	1367	1544	2596	2726
福建	3107	3100	3294	4480	4356
江西	942	1003	1059	1416	1326
山东	4802	5620	7525	14583	14153
河南	4441	5388	6233	8879	8404
湖北	1940	1947	2011	2924	3256
湖南	1716	1819	1948	3625	3320
广东	8601	8797	9223	13184	13219
广西	1295	1357	1368	1919	1853
海南	586	593	608	816	848
重庆	1274	1339	1474	2859	3026
四川	1528	1536	1675	3429	3117
贵州	452	459	488	943	945
云南	1699	1763	1671	2004	2017
西藏	90	94	104	117	109
陕西	901	1024	1216	2011	2263
甘肃	713	647	662	767	813
青海	211	216	232	298	247
宁夏	392	399	407	489	500
新疆	1097	1135	1198	1557	1342

1-15 全国按主要国别（地区）出口总额

（2005-2009 年）　　单位：万美元

地　区	2005	2006	2007	2008	2009
亚洲	**36640758**	**45572692**	**56787403**	**66411850**	**56865091**
＃中国香港	12447325	15530907	18443625	19072903	16622857
中国澳门	160507	218539	264099	260212	185009
日本	8398628	9162267	10200859	11613245	9786766
东南亚	3974554	5222455	6678092	7852956	7155981
阿联酋	872984	1140478	1702362	2364369	1863180
欧洲	**16562821**	**21536973**	**28784856**	**34342205**	**26465129**
＃德国	3252713	4031460	4871429	5920895	4991638
法国	1163936	1391066	2032739	2330592	2146006
意大利	1168889	1597198	2116961	2662879	2024319
芬兰	362594	495843	656417	734953	452605
英国	1897647	2416321	3165627	3607274	3127794
丹麦	278888	364599	458985	556830	422496
瑞典	257650	327786	454885	511628	415659
瑞士	194696	250948	360046	390935	265783
西班牙	843966	1148882	1652846	2079868	1406304
北美洲	**17466840**	**21911386**	**25211509**	**27427243**	**23855383**
＃加拿大	1165367	1551672	1935569	2179588	1767458
美国	16289075	20344842	23267655	25238355	22080222
大洋洲及太平洋群岛	**1288713**	**1600926**	**2110096**	**2587812**	**2492696**
＃澳大利亚	1106150	1362488	1798966	2224726	2064177
拉丁美洲及非洲	**4236210**	**6271583**	**8883713**	**12300196**	**10482882**

注：本表中东南亚仅包括菲律宾、马来西亚、新加坡、泰国。

1-16 福建省农林牧渔业分行业总产值

（2005-2009 年）　　单位：亿元

行业名称	2005	2006	2007	2008	2009
农林牧渔业总产值	**1373.01**	**1449.78**	**1692.16**	**1965.02**	**2001.24**
＃农业	552.74	602.00	685.34	763.02	826.22
林业	96.92	105.79	120.72	149.76	162.20
牧业	266.82	266.75	340.27	425.68	366.91
渔业	396.78	410.75	474.32	549.35	565.58

注：2005-2007 年数据根据 2006 年农业普查结果进行了调整。

1-17　福建省工业分行业工业总产值

（2005-2009 年）　　　　　　　　　　　　　　　　单位：亿元

行业名称	2005	2006	2007	2008	2009
合　计	**9995.89**	**10005.08**	**12517.91**	**15212.81**	**16762.82**
煤炭开采和洗选业	60.91	63.30	74.57	114.94	127.60
黑色金属矿采选业	38.44	37.43	64.44	124.43	124.09
有色金属矿采选业	17.45	25.42	38.55	52.03	47.08
非金属矿采选业	84.16	36.40	48.86	60.15	74.83
农副食品加工业	466.55	446.95	575.09	775.27	927.16
食品制造业	210.75	202.66	270.99	348.10	412.96
饮料制造业	161.20	127.66	178.78	243.72	297.43
烟草制品业	87.73	102.23	128.00	144.15	153.43
纺织业	592.34	589.14	709.49	795.99	889.23
纺织服装、鞋、帽制造业	618.57	553.75	701.41	862.03	979.45
皮革、毛皮、羽毛（绒）及其制品业	605.45	616.99	835.59	1052.61	1216.82
木材加工及木、竹、藤、棕、草制品业	174.00	128.42	194.71	279.59	361.49
家具制造业	117.72	104.17	120.60	160.65	168.50
造纸及纸制品业	273.77	235.73	291.41	363.73	400.31
印刷业和记录媒介的复制	89.58	57.03	64.58	77.06	83.01
文教体育用品制造业	89.50	89.99	109.54	131.35	131.01
石油加工、炼焦及核燃料加工业	125.92	167.70	174.89	209.43	339.81
化学原料及化学制品制造业	392.00	387.29	467.06	542.27	566.59
医药制造业	67.49	80.47	93.02	108.33	121.67
化学纤维制造业	134.91	179.48	226.55	237.32	250.69
橡胶制品业	154.40	161.53	192.89	229.38	254.30
塑料制品业	378.63	342.37	432.66	541.52	610.14
非金属矿物制品业	755.75	616.51	827.41	975.89	1089.93
黑色金属冶炼及压延加工业	368.53	430.24	562.73	757.26	734.77
有色金属冶炼及压延加工业	131.01	196.14	275.16	333.45	327.16
金属制品业	221.94	213.16	291.12	360.62	356.66
通用设备制造业	242.83	207.47	304.85	429.89	480.56
专用设备制造业	203.82	192.90	253.94	318.47	371.89
交通运输设备制造业	344.70	376.15	525.28	647.15	729.04
电气机械及器材制造业	384.49	454.80	570.06	706.88	710.86
通信设备、计算机及其他电子设备制造业	1304.48	1472.13	1580.62	1717.86	1713.20
仪器仪表及文化、办公机械制造业	122.20	109.45	126.16	145.84	140.04
工艺品及其他制造业	305.18	263.43	330.82	376.79	429.72
废弃资源和废旧材料回收加工业	6.82	1.48	1.54	4.52	9.93
电力、热力的生产和供应业	631.47	702.88	836.95	942.39	1068.50
燃气生产和供应业	7.50	8.87	11.56	13.34	33.60
水的生产和供应业	23.69	23.35	26.04	28.43	29.36

1-18 福建省工业分行业主营业务收入

（2005-2009 年）

单位：亿元

行业名称	2005	2006	2007	2008	2009
合 计	**7848.24**	**9661.48**	**12227.31**	**14816.17**	**16338.61**
煤炭开采和洗选业	50.83	62.91	79.42	118.72	130.14
黑色金属矿采选业	31.59	36.72	61.00	123.59	123.46
有色金属矿采选业	12.84	24.89	37.60	47.02	41.66
非金属矿采选业	25.71	35.59	47.10	60.76	75.17
农副食品加工业	360.69	421.50	563.64	743.14	900.80
食品制造业	157.33	192.93	258.23	335.27	394.40
饮料制造业	93.18	121.90	175.48	239.48	288.95
烟草制品业	93.63	101.08	127.82	142.76	152.18
纺织业	445.55	556.79	677.54	765.58	866.58
纺织服装、鞋、帽制造业	425.63	536.34	687.03	844.20	960.04
皮革、毛皮、羽毛（绒）及其制品业	471.49	599.76	821.45	1044.11	1192.42
木材加工及木、竹、藤、棕、草制品业	88.76	120.19	188.88	267.68	354.53
家具制造业	84.13	97.56	116.31	154.73	164.40
造纸及纸制品业	188.54	227.76	281.22	349.43	385.51
印刷业和记录媒介的复制	44.40	56.35	63.80	77.09	81.53
文教体育用品制造业	71.99	87.10	105.17	126.28	125.75
石油加工、炼焦及核燃料加工业	125.12	166.55	187.72	198.64	315.51
化学原料及化学制品制造业	323.24	376.14	459.24	543.69	549.39
医药制造业	58.82	72.74	85.46	97.22	111.59
化学纤维制造业	124.99	160.59	211.89	230.00	227.42
橡胶制品业	113.93	159.24	199.74	234.45	255.36
塑料制品业	260.01	330.20	421.72	522.41	586.51
非金属矿物制品业	447.88	607.32	822.80	950.13	1068.04
黑色金属冶炼及压延加工业	321.24	407.71	556.68	734.17	731.09
有色金属冶炼及压延加工业	121.74	195.84	274.74	329.32	318.78
金属制品业	162.43	206.13	284.86	346.68	340.31
通用设备制造业	158.88	203.81	301.34	423.12	471.58
专用设备制造业	148.85	180.34	245.47	314.90	362.30
交通运输设备制造业	286.84	355.55	506.74	615.78	687.26
电气机械及器材制造业	335.09	444.22	557.98	678.02	685.83
通信设备、计算机及其他电子设备制造业	1286.29	1434.44	1509.04	1672.92	1702.41
仪器仪表及文化、办公机械制造业	95.73	105.60	123.71	143.12	136.81
工艺品及其他制造业	192.40	249.61	318.39	361.49	417.00
废弃资源和废旧材料回收加工业	1.03	1.46	1.52	4.70	9.46
电力、热力的生产和供应业	609.00	693.54	830.87	935.18	1061.29
燃气生产和供应业	8.68	8.84	11.07	13.15	32.61
水的生产和供应业	19.75	22.24	24.64	27.24	30.54

1-19 福建省工业分行业企业数

（2005-2009 年）　　　　　　　　　　　　单位：户

行业名称	2005	2006	2007	2008	2009
合 计	**12396**	**13755**	**15178**	**17212**	**18154**
煤炭开采和洗选业	153	192	201	208	208
黑色金属矿采选业	60	72	81	89	88
有色金属矿采选业	55	79	101	105	94
非金属矿采选业	109	133	154	182	201
农副食品加工业	625	684	746	881	974
食品制造业	343	359	386	429	480
饮料制造业	214	228	283	364	431
烟草制品业	6	6	5	5	6
纺织业	828	883	939	1004	1029
纺织服装、鞋、帽制造业	1018	1071	1157	1248	1313
皮革、毛皮、羽毛（绒）及其制品业	893	941	1030	1136	1161
木材加工及木、竹、藤、棕、草制品业	480	622	814	989	991
家具制造业	171	199	238	287	291
造纸及纸制品业	480	532	558	610	627
印刷业和记录媒介的复制	203	205	205	234	254
文教体育用品制造业	163	173	205	228	237
石油加工、炼焦及核燃料加工业	17	20	22	23	23
化学原料及化学制品制造业	460	526	592	726	757
医药制造业	77	89	95	111	119
化学纤维制造业	66	76	81	88	84
橡胶制品业	180	191	201	232	243
塑料制品业	689	777	837	931	980
非金属矿物制品业	1517	1647	1805	1924	1992
黑色金属冶炼及压延加工业	153	168	193	187	178
有色金属冶炼及压延加工业	89	109	128	139	137
金属制品业	331	372	439	525	603
通用设备制造业	381	456	548	701	757
专用设备制造业	260	309	333	395	473
交通运输设备制造业	354	411	452	559	567
电气机械及器材制造业	373	421	471	571	630
通信设备、计算机及其他电子设备制造业	348	385	403	467	495
仪器仪表及文化、办公机械制造业	168	185	193	218	227
工艺品及其他制造业	709	781	846	936	1009
废弃资源和废旧材料回收加工业	6	8	7	17	22
电力、热力的生产和供应业	316	342	347	370	379
燃气生产和供应业	8	8	7	12	11
水的生产和供应业	93	95	75	81	83

1-20 福建省各银行年末人民币存款余额

（2005-2009 年）　　单位：亿元

银行名称	2005	2006	2007	2008	2009
中国人民银行	113.85	173.94	310.40	323.90	442.16
中国工商银行	1157.57	1306.81	1372.65	1707.09	1977.81
中国农业银行	1211.34	1476.40	1565.82	1760.33	2120.93
中国银行	683.59	787.95	806.62	1001.12	1280.41
中国建设银行	1404.54	1699.63	1966.24	2246.09	2835.01
交通银行	136.70	179.24	222.02	269.51	354.01
兴业银行	639.85	802.53	929.06	1084.99	1464.97
招商银行	126.91	175.59	188.95	244.60	316.97
中信银行	130.26	186.13	259.28	257.41	367.78
中国光大银行	110.04	155.83	167.56	158.30	209.36
中国民生银行	115.43	152.30	205.27	231.74	304.45
城市商业银行	259.68	378.56	494.04	469.18	685.22
农业发展银行	7.08	11.78	21.96	30.52	150.93
国家开发银行	7.67	17.38	24.76	48.15	57.54
华夏银行	15.61	25.65	44.83	63.57	73.95
农村合作银行		60.18	168.74	208.21	245.49
农村信用社	626.86	705.03	738.68	920.16	1110.15
村镇银行					1.83
信托投资公司	17.27	0.93	0.35	0.35	0.39
邮政储蓄银行	443.53	494.03	458.13	549.28	671.50
中资财务公司					20.08
浦发银行					55.91

1-21 福建省批发和零售业、住宿和餐饮业分行业社会消费品零售总额

（2005-2009 年）　　单位：亿元

行业名称	2005	2006	2007	2008	2009
社会消费品零售总额	**2351.72**	**2717.62**	**3212.34**	**3866.69**	**4480.99**
#批发和零售业	2016.93	2335.82	2754.75	3335.48	3819.11
住宿和餐饮业	287.56	331.35	401.31	466.36	580.73
其他行业	47.23	50.45	56.28	64.85	81.16

注：2005-2008 年数据在第二次经济普查后作了修订。

1-22 重点商品福建省销售业态排行

（2009 年）　　　　单位：%

重点商品名称	超市	百货	专卖店	专业店	其他
食用油	94.13	1.81	1.36	1.92	0.78
盒装牛奶	91.69	1.06	5.13	2.09	0.03
凉茶饮料	84.24	1.15	7.31	2.69	4.61
矿泉水	81.80	4.66	3.51	3.08	6.95
啤酒	63.67	3.59	5.93	8.49	18.32
男式西服	7.25	25.79	61.34	3.88	1.74
衬衫	4.51	42.50	45.05	3.75	4.19
女装	2.30	33.72	58.82	1.69	3.47
茄克衫	4.72	43.06	44.97	3.30	3.95
西裤	2.22	34.34	49.37	1.72	12.35
运动鞋	2.89	30.03	53.14	9.27	4.67
皮鞋	6.53	39.56	42.34	6.54	5.03
电池	57.90	27.27	5.46	2.76	6.61
床上用品	20.17	49.04	26.00	1.85	2.94
彩电	10.72	18.56	28.67	39.97	2.08
冰箱	13.98	14.47	23.53	47.48	0.54
洗衣机	4.35	21.79	32.97	37.90	2.99
电热水器	6.10	14.62	26.46	45.53	7.29
空调	6.57	18.62	26.34	42.08	6.39
传真机	14.19	15.05	24.45	40.48	5.83
电话机	21.18	21.29	14.82	25.19	17.52
影碟机	15.82	20.72	24.32	32.24	6.90
计算器	43.70	25.90	12.00	16.12	2.28
电脑	7.44	3.62	42.13	45.76	1.05
小家电	36.98	15.28	14.33	21.20	12.21

注：资料来源于 2009 年福建省 165 户大型商场、超市的抽样调查。

1-23 重点商品福建省最佳促销方式排行

（2009 年）　　单位：%

重点商品名称	打折	送小礼品	抽彩	会员制	广告促销	其他
食用油	46.11	22.12	2.68	7.14	19.08	2.87
盒装牛奶	29.89	25.34	6.83	12.50	25.43	0.01
凉茶饮料	35.78	11.37	10.67	12.98	27.21	1.99
矿泉水	34.28	17.30	2.01	13.81	22.19	10.41
啤酒	30.87	11.60	0.04	13.98	33.31	10.20
男式西服	79.41	0.54	2.89	7.93	7.73	1.50
衬衫	82.05	8.88	2.89	3.99	1.39	0.80
女装	74.78	1.22	5.04	9.26	8.00	1.70
茄克衫	83.59	2.35	0.32	10.51	2.45	0.78
西裤	80.44	5.46	0.03	7.46	5.70	0.91
运动鞋	70.52	5.97	2.20	4.39	14.02	2.90
皮鞋	74.54	9.00	1.70	7.65	3.31	3.80
电池	29.36	25.69	5.53	8.50	14.03	16.89
床上用品	56.18	11.34	3.92	1.91	20.29	6.36
彩电	39.29	13.17	16.56	5.08	22.33	3.57
冰箱	37.92	17.59	19.82	3.95	18.09	2.63
洗衣机	38.62	17.23	13.66	9.15	20.20	1.14
电热水器	48.63	19.86	3.73	6.99	19.26	1.53
空调	44.83	21.57	10.67	1.22	17.12	4.59
传真机	38.72	13.15	9.99	6.25	15.73	16.16
电话机	45.64	13.34	4.24	8.91	13.60	14.27
影碟机	32.33	26.84	14.53	0.86	19.37	6.07
计算器	35.04	17.43	10.54	3.16	13.53	20.30
电脑	43.41	15.07	5.55	14.53	18.81	2.63
小家电	45.93	21.00	5.39	6.50	15.32	5.86

注：资料来源于 2009 年福建省 165 户大型商场、超市的抽样调查。

1-24 重点商品福建消费者选购因素排行

（2009 年） 单位：%

重点商品名称	品 牌	质 量	价 格
食用油	29.90	58.80	11.30
盒装牛奶	38.95	49.92	11.13
凉茶饮料	37.75	36.95	25.30
矿泉水	43.61	34.31	22.08
啤酒	47.50	35.33	17.17
男式西服	66.01	23.66	10.33
衬衫	52.89	30.67	16.44
女装	36.95	30.37	32.68
茄克衫	46.24	34.49	19.27
西裤	51.00	33.51	15.49
运动鞋	42.01	40.84	17.15
皮鞋	54.02	41.32	4.66
电池	33.74	48.04	18.22
床上用品	19.27	56.22	24.51
彩电	53.54	30.36	16.10
冰箱	50.77	38.25	10.98
洗衣机	47.99	43.14	8.87
电热水器	35.67	56.41	7.92
空调	43.84	47.24	8.92
传真机	34.57	50.65	14.78
电话机	17.08	55.64	27.28
影碟机	35.89	41.40	22.71
计算器	12.44	47.46	40.10
电脑	48.22	31.69	20.09
小家电	23.81	52.66	23.53

注：资料来源于 2009 年福建省 165 户大型商场、超市的抽样调查。

1-25 重点商品福建消费者最容易接受价格分布情况

（2009 年）

重点商品名称	价格范围	选择比重（%）	价格范围	选择比重（%）	价格范围	选择比重（%）
食用油（5 升/瓶）	40 元以下	32.35	40-60 元	62.85	60 元以上	4.80
盒装牛奶（250 毫升/盒）	1.5 元以下	5.86	1.5-2.2 元	87.25	2.5 元以上	6.89
凉茶饮料（350 毫升/瓶）	1.5 元以下	24.14	1.5-2.0 元	45.35	2.0 元以上	30.51
矿泉水（350 毫升/瓶）	1.2 元以下	28.25	1.2-1.8 元	47.48	1.8 元以上	24.27
啤酒（听）	2.5 元以下	14.79	2.5-4.5 元	71.40	4.5 元以上	13.81
男式西服（套）	800 元以下	23.98	800-1500 元	53.02	1500 元以上	23.00
衬衫（件）	100 元以下	17.76	100-300 元	69.70	300 元以上	12.54
女装（套）	150 元以下	17.59	150-400 元	69.83	400 元以上	12.58
茄克衫（件）	150 元以下	10.14	150-250 元	72.55	250 元以上	17.31
西裤（件）	100 元以下	12.23	100-200 元	66.06	200 元以上	21.71
运动鞋（双）	150 元以下	23.37	150-300 元	65.62	300 元以上	11.01
皮鞋（双）	150 元以下	12.72	150-400 元	69.81	400 元以上	17.47
电池（个）	0.8 元以下	6.29	0.8-2.5 元	87.24	2.5 元以上	6.47
床上用品（套）	500 元以下	20.22	500-1000 元	63.38	1000 元以上	16.40
彩电（29 寸/台）	1800 元以下	13.61	1800-2700 元	68.62	2700 元以上	17.77
冰箱（台）	1200 元以下	18.37	1200-2000 元	63.08	2000 元以上	18.55
洗衣机（台）	1000 元以下	14.71	1000-2000 元	72.84	2000 元以上	12.45
电热水器（台）	800 元以下	23.44	800-1000 元	57.69	1000 元以上	18.87
空调（台）	1000 元以下	21.27	1000-2000 元	65.91	2000 元以上	12.82
传真机（台）	800 元以下	11.45	800-1500 元	71.14	1500 元以上	17.41
电话机（台）	50 元以下	24.81	50-100 元	55.54	100 元以上	19.65
影碟机（台）	300 元以下	15.83	300-800 元	64.02	800 元以上	20.15
计算器（台）	20 元以下	15.35	20-60 元	68.50	60 元以上	16.15
电脑（台式机/台）	5000 元以下	14.49	5000-8000 元	66.91	8000 元以上	18.60
小家电（台）	80 元以下	14.24	80-200 元	73.89	200 元以上	11.87

注：资料来源于 2009 年福建省 165 户大型商场、超市的抽样调查。

1-26 福建省按主要国别（地区）出口总额

（2005-2009 年） 单位：万美元

地 区	2005	2006	2007	2008	2009
亚洲	**1451213**	**1657543**	**1982670**	**2273738**	**2219567**
＃中国香港	287749	306116	359411	372959	350678
中国澳门	1049	923	1781	1554	1401
日本	575271	604052	621943	659531	507220
东南亚	180886	219447	305910	381409	446477
阿联酋	54608	64566	81862	97129	108139
欧洲	**782456**	**964977**	**1261120**	**1465109**	**1264698**
＃德国	129290	151468	200119	270675	254420
法国	51731	60607	85408	84134	83939
意大利	59350	68507	89109	103286	94084
芬兰	11766	14505	24238	27411	15801
英国	86154	101557	114538	153166	145678
丹麦	11986	22531	26328	32525	23301
瑞典	14360	14350	20756	57260	20234
瑞士	30875	46713	83521	57206	21942
西班牙	50610	60514	80134	83551	88787
北美洲	**934389**	**1094134**	**1194448**	**1290114**	**1177783**
＃加拿大	70914	86366	107706	108199	93524
美国	863366	1007757	1086714	1181903	1084240
大洋洲	**58104**	**73376**	**93024**	**108836**	**112401**
＃澳大利亚	49842	61027	78549	94332	94761
拉丁美洲及非洲	**258032**	**336144**	**462776**	**561387**	**557453**

注：本表中东南亚仅包括菲律宾、马来西亚、新加坡、泰国。

1-27 福建省各设区市地区生产总值

(2005-2009 年) 单位：亿元

地 区	2005	2006	2007	2008	2009
福州市	1476.31	1664.05	1974.58	2284.16	2604.04
厦门市	1006.58	1168.02	1387.85	1560.02	1737.23
莆田市	359.91	423.68	511.70	609.96	691.42
三明市	392.84	453.58	545.69	666.92	800.24
泉州市	1626.30	1900.76	2283.70	2705.29	3069.50
漳州市	628.53	716.91	854.81	1002.02	1178.01
南平市	348.00	393.19	466.58	559.14	621.65
龙岩市	385.63	450.01	553.44	672.85	824.88
宁德市	343.60	384.00	457.46	542.67	612.28

1-28 福建省各设区市农林牧渔业总产值

(2005-2009 年) 单位：万元

地 区	2005	2006	2007	2008	2009
福州市	2907871	3132626	3461207	4023099	4108816
厦门市	349719	310591	297853	348594	332630
莆田市	841364	932107	1078154	1249210	1273745
三明市	1527664	1691297	1890678	2212071	2332157
泉州市	1690222	1711183	1881209	2110929	2051708
漳州市	2690061	2943968	3296612	3765113	3864279
南平市	1482222	1621031	1816124	2185056	2291153
龙岩市	1335817	1420754	1597038	1939628	1896662
宁德市	1433856	1523471	1602696	1873372	1965314

1-29 福建省各设区市农林牧渔业分行业总产值

（2009 年）

单位：万元

地 区	农林牧渔业总产值	农业	林业	牧业	渔业
福州市	4108816	1093168	101706	582075	2168011
厦门市	332630	135043	2369	112371	52822
莆田市	1273745	432497	20580	270564	445908
三明市	2332157	1289455	531903	347808	102028
泉州市	2051708	732041	29077	526155	713430
漳州市	3864279	1834318	120283	464210	1250040
南平市	2291153	1065752	474297	508057	142219
龙岩市	1896662	748762	224140	797425	77669
宁德市	1965314	931176	117642	164439	703708

1-30 福建省各设区市主要农产品产量

（2009 年）

单位：吨

地 区	粮食	油料	甘蔗	茶叶	水果	肉类	水产品
福州市	619245	45557	25718	15537	338370	244802	1691129
厦门市	44837	9894	3679	1369	17469	64055	36826
莆田市	310295	43627	56946	3694	153229	124034	708800
三明市	1132565	22237	44238	25469	887033	150203	70838
泉州市	826021	54535	9862	49336	454326	228591	984363
漳州市	685571	37041	370810	46614	2441099	244278	1418656
南平市	1434810	27398	91896	45850	696766	259658	86062
龙岩市	960690	17531	14978	11935	363897	429212	60217
宁德市	654722	4842	40417	65855	288659	75692	639825

1-31 福建省各设区市工业总产值

（2005-2009 年） 单位：亿元

地　区	2005	2006	200	2008	2009
福州市	1860.18	2230.45	2751.60	3276.52	3634.66
厦门市	2040.80	2382.28	2751.96	2978.07	2812.76
莆田市	376.88	482.79	627.16	800.42	959.09
三明市	386.29	478.84	636.61	877.88	974.28
泉州市	2117.02	2674.42	3416.63	4271.40	4883.59
漳州市	620.36	785.43	998.87	1244.26	1436.18
南平市	252.29	318.51	419.25	526.67	599.31
龙岩市	294.57	388.47	538.03	716.12	845.61
宁德市	187.29	263.90	377.80	521.46	617.33

1-32 福建省各设区市工业主营业务收入

（2005-2009 年） 单位：万元

地　区	2005	2006	2007	2008	2009
福州市	17117508	20285939	25515645	29889665	33421829
厦门市	20019415	23111482	26572926	29389402	27724933
莆田市	3246108	4542928	6055240	7715048	9277243
三明市	3598434	4456094	6199803	8451197	9496304
泉州市	19382480	25072606	32650074	40955360	46590477
漳州市	5741352	7178884	9233936	11556873	13484507
南平市	2270605	2875284	3858749	4843375	5497553
龙岩市	2751810	3667460	5140326	6852221	8090540
宁德市	1779255	2488216	3570683	4793913	5643049

1-33 福建省各设区市工业分行业主营业务收入

（2009 年）　　　　单位：万元

行业名称	合计	福州市	厦门市	莆田市	三明市
煤炭开采和洗选业	1301430	27871			355535
黑色金属矿采选业	1234585				184395
有色金属矿采选业	416587				176694
非金属矿采选业	751651	217919	2204	18296	214416
农副食品加工业	9008007	2400958	1099598	1003420	223085
食品制造业	3944002	623714	241778	186188	212224
饮料制造业	2889502	341766	663812	293874	86997
烟草制品业	1521822	1050	652049		11084
纺织业	8665788	2974660	607338	207539	1048200
纺织服装、鞋、帽制造业	9600370	770336	779104	667940	78996
皮革、毛皮、羽毛（绒）及其制品业	11924223	966250	390882	1648096	7955
木材加工及木、竹、藤、棕、草制品业	3545253	250786	24652	89701	1185464
家具制造业	1643972	417318	214962	65714	29222
造纸及纸制品业	3855073	266579	315041	307750	328320
印刷业和记录媒介的复制	815315	198235	197208	59616	6645
文教体育用品制造业	1257526	105471	449775	112672	3946
石油加工、炼焦及核燃料加工业	3155081	261299	15341		11739
化学原料及化学制品制造业	5493943	472282	1637352	193469	947374
医药制造业	1115886	388561	164314	41913	73353
化学纤维制造业	2274218	1233943	118850		17876
橡胶制品业	2553641	45434	1067352	477342	63309
塑料制品业	5865114	2093530	901081	611815	128774
非金属矿物制品业	10680360	1732592	622333	151043	715174
黑色金属冶炼及压延加工业	7310865	2434821	212675	33673	1796507
有色金属冶炼及压延加工业	3187779	574416	583549	40162	123029
金属制品业	3403134	501702	955022	443775	63975
通用设备制造业	4715815	1055839	584450	141646	538803
专用设备制造业	3622985	506007	859341	137693	231385
交通运输设备制造业	6872594	2224132	1848751	147827	173354
电气机械及器材制造业	6858324	1712692	2024494	42397	78336
通信设备、计算机及其他电子设备制造业	17024082	5735739	9491367	427862	25412
仪器仪表及文化、办公机械制造业	1368091	444794	215938	421955	7078
工艺品及其他制造业	4170048	695293	340100	758946	35666
废弃资源和废旧材料回收加工业	94622	11094	6339	24126	19294
电力、热力的生产和供应业	10612885	1631414	322529	252521	281084
燃气生产和供应业	326056	55486		244508	1982
水的生产和供应业	305447	47848	115354	23765	9624

1-33 续表　　　　　　　　　　（2009 年）　　　　　　　　　　单位：万元

行业名称	泉州市	漳州市	南平市	龙岩市	宁德市
煤炭开采和洗选业	119123		19281	779620	
黑色金属矿采选业	916119	4198	7137	121493	1243
有色金属矿采选业	57989	787	82254	75288	23575
非金属矿采选业	78986	43581	75457	75603	25188
农副食品加工业	986629	2042774	465691	366391	419461
食品制造业	1400920	839187	220872	104974	114146
饮料制造业	719138	243325	153208	128567	258815
烟草制品业			8746	848893	
纺织业	3152547	137641	268285	260183	9395
纺织服装、鞋、帽制造业	6695767	333962	48204	205179	20883
皮革、毛皮、羽毛（绒）及其制品业	8669095	143013	14067	27464	57401
木材加工及木、竹、藤、棕、草制品业	101429	208950	1306288	249162	128822
家具制造业	211323	578660	65584	45229	15960
造纸及纸制品业	1534945	765018	195839	85987	55596
印刷业和记录媒介的复制	267141	50983	4397	30334	756
文教体育用品制造业	219718	287943	15765	48141	14094
石油加工、炼焦及核燃料加工业	2790475	50029	3578	22620	
化学原料及化学制品制造业	840367	456971	505990	351686	88454
医药制造业	107418	69424	134504	25241	111159
化学纤维制造业	874391	4342	1035	696	23086
橡胶制品业	837366	8105	30427	9433	14873
塑料制品业	1292694	250532	72130	80372	434186
非金属矿物制品业	5571545	507647	161991	975752	242284
黑色金属冶炼及压延加工业	752545	1045873	203746	315443	515583
有色金属冶炼及压延加工业	450104	147282	313726	636855	318656
金属制品业	562722	663202	30149	36515	146072
通用设备制造业	1132790	459725	78215	274697	449650
专用设备制造业	842965	112878	67315	779027	86375
交通运输设备制造业	440621	1095533	95984	397559	448835
电气机械及器材制造业	655499	761138	549593	117660	916517
通信设备、计算机及其他电子设备制造业	642132	569739	12953	112521	6358
仪器仪表及文化、办公机械制造业	45269	181660	26404	6394	18601
工艺品及其他制造业	2063522	204630	14855	35296	21738
废弃资源和废旧材料回收加工业		24822		8947	
电力、热力的生产和供应业	1458375	1175673	237446	445980	648228
燃气生产和供应业	22500			1581	
水的生产和供应业	76311	15283	6439	3761	7062

1-34 福建省各设区市建筑业企业总收入

（2005-2009 年）　　　　　　　　单位：万元

地 区	2005	2006	2007	2008	2009
福州市	3839605	4275075	5584030	7180818	8827725
厦门市	1534549	2147035	3024111	3620549	4304040
莆田市	314744	384169	447116	592500	778022
三明市	268123	320089	416272	572987	895968
泉州市	1407571	1870819	2592660	3105327	3795746
漳州市	542138	622507	1179920	1321432	1106483
南平市	186256	235809	353967	395872	410233
龙岩市	492327	683967	989816	1264193	1709960
宁德市	246919	300739	413832	518700	527754

1-35 福建省各设区市建筑业企业数

（2005-2009 年）　　　　　　　　单位：户

地 区	2005	2006	2007	2008	2009
福州市	578	556	585	688	704
厦门市	335	355	387	448	463
莆田市	96	98	99	128	146
三明市	92	97	101	120	132
泉州市	310	337	370	425	440
漳州市	134	129	131	167	164
南平市	109	117	122	137	137
龙岩市	133	137	140	172	179
宁德市	91	88	87	113	114

1-36 福建省各设区市金融系统各项存款额

（2005-2009 年）　　单位：亿元

地　区	2005	2006	2007	2008	2009
福州市	2375.75	2896.25	3290.11	3858.76	4740.58
厦门市	1489.56	1830.70	2234.58	2430.42	3160.42
莆田市	296.87	377.84	398.81	474.17	637.24
三明市	338.07	402.20	425.51	513.12	594.96
泉州市	1374.85	1646.04	1851.28	2175.04	621.74
漳州市	430.29	519.21	603.15	707.94	485.63
南平市	343.36	400.99	419.36	498.11	2685.74
龙岩市	295.88	351.71	410.70	520.70	856.47
宁德市	218.85	271.21	292.03	364.61	683.64

注：以上数据不含外资银行。

1-37 福建省各设区市批发和零售业、住宿和餐饮业社会消费品零售总额

（2005-2009 年）　　单位：万元

地　区	2005	2006	2007	2008	2009
福州市	6630451	7755301	9409928	11343731	13386447
厦门市	2718615	3149439	3620463	4189207	5661225
莆田市	1281680	1458794	1728578	2061362	2461311
三明市	1100847	1259868	1492830	1829244	2066536
泉州市	5624041	6469016	7556644	9061139	10552000
漳州市	2299415	2583480	3022806	3637827	4002101
南平市	1337029	1509149	1743973	2088797	2252168
龙岩市	1286515	1459041	1677214	2083577	2619733
宁德市	1238171	1398219	1626422	1985562	2020255

1-38 福建省各县（市、区）地区生产总值

（2005-2009 年） 单位：亿元

地 区	2005	2006	2007	2008	2009
福州市辖区	715.11	804.42	957.13	1111.61	1327.98
福清市	263.96	296.21	352.40	401.51	411.35
长乐市	159.83	180.47	213.15	238.95	254.67
闽侯县	90.48	102.04	122.01	138.58	196.89
连江县	86.57	99.65	116.96	135.92	157.75
罗源县	41.06	47.39	58.66	70.65	78.88
闽清县	49.35	56.01	62.57	69.67	73.78
永泰县	29.77	33.01	39.13	44.16	61.60
平潭县	40.19	44.85	52.56	60.49	73.58
厦门市	1006.58	1168.02	1387.85	1560.02	1737.23
莆田市辖区	291.53	344.71	417.54	499.49	572.04
仙游县	68.38	78.97	94.16	110.47	119.38
三明市辖区	91.71	105.22	127.78	166.00	186.89
永安市	76.86	89.25	107.20	128.05	149.92
明溪县	13.96	16.39	19.83	23.31	26.61
清流县	13.80	15.75	19.43	23.60	35.07
宁化县	21.86	25.20	31.10	37.17	48.14
大田县	28.62	33.06	39.39	48.74	66.00
尤溪县	45.37	52.32	61.65	70.81	83.14
沙 县	42.45	48.92	59.14	72.79	85.80
将乐县	22.15	25.65	30.46	36.19	44.08
泰宁县	20.58	24.18	28.71	34.49	39.53
建宁县	15.49	17.64	21.01	25.77	35.08
泉州市辖区	340.10	407.90	488.05	583.20	703.57
石狮市	170.33	200.52	240.17	287.80	325.32
晋江市	422.75	492.50	588.51	697.72	798.89
南安市	215.55	251.67	300.26	364.13	413.43
惠安县	189.09	221.02	269.52	315.21	344.52
安溪县	136.33	157.89	192.85	239.15	248.95
永春县	90.89	104.03	123.89	143.71	148.81
德化县	51.26	60.36	72.30	84.30	88.64
漳州市辖区	156.51	180.93	220.00	257.74	299.82
龙海市	155.38	175.52	209.84	244.42	294.79

1-38 续表　　　　　　　　　　（2005-2009 年）　　　　　　　　　　单位：亿元

地　区	2005	2006	2007	2008	2009
云霄县	31.13	35.08	41.50	49.46	58.32
漳浦县	71.16	81.21	97.22	111.67	125.60
诏安县	44.23	50.05	58.60	68.74	80.91
长泰县	26.66	32.11	39.09	47.01	61.75
东山县	32.61	37.36	43.42	51.09	59.00
南靖县	50.25	55.86	63.88	74.93	89.49
平和县	42.60	48.44	56.09	65.83	72.50
华安县	18.01	20.35	25.18	31.12	35.83
南平市辖区	91.58	102.83	120.53	142.26	152.74
邵武市	49.74	56.02	66.19	80.67	89.31
武夷山市	30.18	34.30	41.66	49.39	55.90
建瓯市	46.25	52.76	63.19	76.89	87.19
建阳市	34.28	40.01	47.72	58.35	66.38
顺昌县	26.81	29.46	35.10	40.37	44.91
浦城县	30.05	34.25	40.73	49.15	54.92
光泽县	15.82	17.57	20.57	26.59	29.20
松溪县	11.53	12.88	15.43	18.16	20.49
政和县	11.74	13.11	15.45	18.25	20.61
龙岩市辖区	157.67	184.82	228.24	275.13	342.32
漳平市	39.06	45.31	54.28	65.14	82.96
长汀县	29.84	34.57	43.19	52.96	72.69
永定县	54.95	63.74	76.51	93.84	94.62
上杭县	45.32	54.53	68.29	84.45	108.34
武平县	28.89	32.89	39.79	48.19	61.56
连城县	29.90	34.15	43.14	53.27	62.40
宁德市辖区	57.12	64.21	76.89	90.03	108.36
福安市	75.98	88.50	109.47	130.63	142.84
福鼎市	60.01	63.42	75.90	90.51	107.56
霞浦县	51.12	55.77	62.99	73.95	79.87
古田县	40.28	45.29	53.66	63.63	69.19
屏南县	16.21	18.17	21.62	25.89	28.80
寿宁县	17.73	19.92	22.84	27.07	29.95
周宁县	13.43	15.33	18.10	21.41	22.91
柘荣县	11.72	13.39	15.99	19.55	22.81

1-39 福建省各县（市、区）农林牧渔业总产值

（2005-2009 年）　　　　单位：万元

地　区	2005	2006	2007	2008	2009
福州市辖区	236851	192098	190162	201303	204177
福清市	664040	702880	796777	917010	913423
长乐市	358901	386060	380730	436982	450179
闽侯县	236151	257050	264268	325181	339460
连江县	604776	698947	814503	963961	986398
罗源县	181449	205558	238954	274591	277285
闽清县	155516	171025	180225	206052	217923
永泰县	206836	226689	256011	302368	317580
平潭县	263350	292319	339577	395652	402390
厦门市	349719	310591	297853	348594	332630
莆田市辖区	841364	687720	806738	941818	962389
仙游县	223584	244387	271416	307392	311356
三明市辖区	100616	112264	118269	136882	142440
永安市	176270	194645	221019	258759	271392
明溪县	77450	86596	104068	121039	132482
清流县	86927	96455	108998	128200	137033
宁化县	156851	173283	201337	238467	250005
大田县	171860	191531	211343	247683	259625
尤溪县	294677	324240	351692	403804	429747
沙　县	168280	186697	213660	250588	258553
将乐县	110983	122410	131685	154838	163458
泰宁县	85278	93653	109385	129297	135306
建宁县	98472	109523	119222	142514	152116
泉州市辖区	221973	219602	212277	243312	230054
石狮市	183310	207481	227103	259004	251395
晋江市	200257	198531	221932	251201	251239
南安市	230595	233775	250494	285900	275015
惠安县	332269	312802	358248	382572	362629
安溪县	233204	241399	284237	326804	330445
永春县	181114	185927	203930	223581	219690
德化县	111547	114859	122988	138555	131242
漳州市辖区	137054	141680	170761	204482	180669
龙海市	419776	452509	507441	571052	581214

1-39 续表　　（2005-2009 年）　　单位：万元

地　区	2005	2006	2007	2008	2009
云霄县	216385	238299	262116	304837	317291
漳浦县	492708	525294	594804	676147	688851
诏安县	303110	328549	365293	416231	430953
长泰县	121387	131219	141606	163529	168579
东山县	225103	247305	258775	302218	309095
南靖县	310806	347212	391986	443241	465259
平和县	336281	389699	444594	507662	542676
华安县	127450	142202	159235	175714	179692
南平市辖区	217922	236161	272168	332819	324575
邵武市	184289	200471	221170	260996	272865
武夷山市	115946	127218	144672	171383	180702
建瓯市	260314	287549	322222	380962	404040
建阳市	185944	203515	221832	262452	281169
顺昌县	106671	114587	127915	151389	160477
浦城县	165258	180971	205375	242908	256398
光泽县	101258	112349	117836	166777	182782
松溪县	73259	80961	95147	112343	119450
政和县	71360	77251	87788	103028	108695
龙岩市辖区	222033	232182	267189	340497	318512
漳平市	143296	156898	174578	199898	204673
长汀县	198719	207850	241374	287321	284941
永定县	200061	215364	233638	276871	269574
上杭县	227385	236756	260192	328711	311327
武平县	180059	195264	221879	270804	268685
连城县	164222	176440	198188	235525	238952
宁德市辖区	213150	236244	248314	292466	294689
福安市	231539	255954	269816	312601	326743
福鼎市	244281	213830	214295	251278	265107
霞浦县	286710	310886	298997	354336	368965
古田县	204428	228993	263125	304455	328128
屏南县	75427	82194	90709	106061	112002
寿宁县	90423	99205	109401	126169	134892
周宁县	43699	47501	55298	64495	67727
柘荣县	44198	48665	52741	61512	67061

1-40 福建省各县（市、区）农林牧渔业分行业总产值

（2009 年）　　　　单位：万元

地 区	农林牧渔业总产值	农业	林业	牧业	渔业
福州市辖区	204177	95800	4197	45127	49625
福清市	913423	182865	2318	248746	440294
长乐市	450179	109443	804	71439	255796
闽侯县	339460	206430	3971	80676	33683
连江县	986398	78713	3079	27614	843540
罗源县	277285	68821	2249	17736	171539
闽清县	217923	151357	19161	28414	16618
永泰县	317580	173705	65662	45179	24823
平潭县	402390	26033	264	17144	332094
厦门市	332630	135043	2369	112371	52822
莆田市辖区	962389	242964	8926	207063	417580
仙游县	311356	189533	11653	63501	28328
三明市辖区	142440	73218	32644	26465	6287
永安市	271392	127189	65767	49503	12881
明溪县	132482	86851	30401	9560	3995
清流县	137033	73176	29943	18835	13626
宁化县	250005	140908	54655	38655	9382
大田县	259625	165432	35339	51821	5067
尤溪县	429747	266873	101454	43872	10584
沙　县	258553	117140	65372	56680	10245
将乐县	163458	87853	44509	19696	8604
泰宁县	135306	58406	39369	17896	14744
建宁县	152116	92410	32452	14828	6613
泉州市辖区	230054	56442	497	53834	116426
石狮市	251395	10229	27	5001	235959
晋江市	251239	53605	47	60549	127037
南安市	275015	118446	4846	129067	15055
惠安县	362629	57548	429	80226	214276
安溪县	330445	230024	4163	84489	1569
永春县	219690	147573	8615	53386	1365
德化县	131242	58175	10453	59602	1743
漳州市辖区	180669	56850	3021	98685	13992
龙海市	581214	200181	8007	82561	256035

1-40 续表　　　　　　　　　　（2009 年）　　　　　　　　　　单位：万元

地　区	农林牧渔业总产值	农业	林业	牧业	渔业
云霄县	317291	132236	7520	26261	136923
漳浦县	688851	248035	6920	60347	327375
诏安县	430953	164050	2064	25471	217028
长泰县	168579	100402	10941	38174	13913
东山县	309095	20601	409	7651	265884
南靖县	465259	338447	44289	55536	9969
平和县	542676	441563	20926	45115	6760
华安县	179692	131954	16187	24409	2161
南平市辖区	324575	86934	49719	152861	11691
邵武市	272865	127389	55046	41685	38515
武夷山市	180702	97524	37357	31586	8158
建瓯市	404040	203195	116272	42828	24227
建阳市	281169	151654	63964	40275	15025
顺昌县	160477	73216	45634	19339	15108
浦城县	256398	146522	37515	41348	17401
光泽县	182782	41010	16000	116157	4946
松溪县	119450	75480	23870	11031	4868
政和县	108695	62827	28919	10947	2279
龙岩市辖区	318512	65840	22133	215732	8857
漳平市	204673	105574	34898	44905	12703
长汀县	284941	124346	35609	105484	12553
永定县	269574	108615	25090	117078	7611
上杭县	311327	117939	31320	143048	13598
武平县	268685	127839	31608	94633	8316
连城县	238952	98610	43480	76545	14031
宁德市辖区	294689	61917	6936	28315	187260
福安市	326743	175591	21438	38699	86337
福鼎市	265107	101258	12213	15392	131665
霞浦县	368965	73616	10576	18302	258798
古田县	328128	251745	18686	21217	23994
屏南县	112002	76242	11674	15018	6859
寿宁县	134892	99720	19559	10802	2244
周宁县	67727	44924	6520	8944	4016
柘荣县	67061	46163	10041	7750	2536

1-41 福建省各县（市、区）工业总产值

（2005-2009 年）

单位：亿元

地　区	2005	2006	2007	2008	2009
福州市辖区	799.60	877.93	1081.67	1303.15	1396.83
福清市	509.53	629.43	726.53	845.14	851.68
长乐市	307.75	392.69	504.75	590.02	677.41
闽侯县	130.78	153.43	207.86	233.07	303.34
连江县	37.02	55.40	80.04	108.42	140.65
罗源县	27.18	46.31	62.58	90.25	143.20
闽清县	36.48	60.51	66.85	76.98	87.00
永泰县	8.68	10.74	14.98	18.51	19.46
平潭县	3.16	4.01	6.33	10.99	15.08
厦门市	2040.80	2382.28	2751.96	2978.07	2812.76
莆田市辖区	333.77	425.77	547.59	698.12	840.69
仙游县	43.11	57.02	79.57	102.30	118.40
三明市辖区	171.91	190.86	243.71	342.96	307.11
永安市	79.95	100.61	131.44	169.36	214.05
明溪县	5.86	8.69	12.11	17.30	20.70
清流县	7.92	10.23	13.77	19.49	24.85
宁化县	6.05	9.50	13.86	20.78	26.71
大田县	23.40	30.92	41.13	58.71	73.99
尤溪县	21.15	30.95	43.76	57.14	62.47
沙　县	43.84	58.80	82.24	121.90	150.73
将乐县	11.83	17.58	25.64	31.85	42.59
泰宁县	7.79	11.22	14.85	19.88	25.85
建宁县	6.60	9.48	14.10	18.52	25.22
泉州市辖区	576.14	729.71	898.53	1121.07	1322.12
石狮市	194.44	250.94	316.61	394.90	459.27
晋江市	715.12	897.81	1125.84	1335.50	1515.28
南安市	235.80	295.67	403.64	521.63	592.46
惠安县	188.29	237.81	311.01	410.03	492.46
安溪县	106.25	130.66	190.19	278.20	278.85
永春县	51.40	68.79	89.43	115.57	130.66
德化县	49.57	63.04	81.38	94.50	92.48
漳州市辖区	173.64	224.16	280.39	324.48	364.68
龙海市	267.17	313.71	387.56	485.07	541.82

1-41 续表　　（2005-2009 年）　　单位：亿元

地　区	2005	2006	2007	2008	2009
云霄县	10.29	14.18	21.43	33.46	41.17
漳浦县	26.65	37.33	50.31	61.20	76.87
诏安县	19.12	28.76	39.28	52.19	65.11
长泰县	24.62	40.01	58.41	78.85	99.10
东山县	23.62	32.83	40.26	48.08	62.21
南靖县	60.89	71.55	85.88	108.93	122.77
平和县	8.23	12.65	18.98	26.79	30.67
华安县	6.12	10.24	16.37	25.21	31.79
南平市辖区	117.70	142.82	173.57	196.48	197.69
邵武市	38.37	50.08	68.01	90.85	107.64
武夷山市	6.65	9.55	14.80	20.22	26.93
建瓯市	20.87	28.36	41.40	56.06	72.96
建阳市	20.91	29.29	41.75	59.95	74.28
顺昌县	20.49	22.48	28.65	33.01	37.10
浦城县	13.00	18.24	23.61	31.28	35.56
光泽县	8.78	10.16	15.42	21.80	25.11
松溪县	2.76	3.40	6.55	8.81	11.44
政和县	3.06	4.13	5.49	8.21	10.60
龙岩市辖区	190.05	236.05	322.63	414.29	480.23
漳平市	20.71	27.41	36.37	50.23	60.45
长汀县	11.63	18.10	27.48	39.80	54.23
永定县	26.34	36.22	49.46	69.61	76.00
上杭县	26.21	43.02	59.92	79.08	88.43
武平县	8.62	11.65	16.26	23.98	33.49
连城县	11.02	16.01	25.90	39.13	52.78
宁德市辖区	17.61	33.97	61.57	52.27	94.25
福安市	72.97	104.82	146.38	226.97	218.83
福鼎市	37.97	48.92	68.26	99.49	127.22
霞浦县	11.42	11.51	16.37	24.10	30.72
古田县	16.34	21.88	29.02	39.06	49.07
屏南县	6.66	8.77	12.04	16.51	19.69
寿宁县	9.13	12.22	13.84	19.20	23.60
周宁县	6.92	9.54	13.33	19.45	23.44
柘荣县	8.27	12.26	16.99	24.40	30.50

1-42 福建省各县（市、区）工业主营业务收入

（2005-2009 年）　　单位：万元

地　区	2005	2006	2007	2008	2009
福州市辖区	6794620	7441523	9413778	11398494	12170111
福清市	5056730	6098562	7066597	7832402	8061799
长乐市	2909858	3734157	4820589	5645097	6394800
闽侯县	1294942	1415510	1973562	2069422	2851920
连江县	331685	462402	778963	1017243	1368998
罗源县	256521	408313	586395	873874	1415146
闽清县	348836	582719	661974	760339	852089
永泰县	93009	103532	152092	185191	197899
平潭县	31307	39222	61694	107602	109066
厦门市	20019415	23111482	26572926	29389402	27724933
莆田市辖区	2863358	3995813	5285826	6712116	8111939
仙游县	382750	547115	769414	1002932	1165304
三明市辖区	1668384	1850456	2450279	3284176	3012707
永安市	668715	834365	1204860	1634120	2066269
明溪县	52834	81196	117128	166453	197781
清流县	72579	90104	135023	179006	228578
宁化县	57417	89456	135004	201014	263018
大田县	223944	294086	403994	577042	722920
尤溪县	202203	293684	419639	530532	616453
沙　县	415072	560325	798324	1192478	1467466
将乐县	99751	159272	247498	308479	416846
泰宁县	76768	111636	148607	194510	256772
建宁县	60767	91514	139448	183387	247496
泉州市辖区	4884448	6281142	8107930	10007751	11777878
石狮市	1877268	2497698	3148417	3915870	4595248
晋江市	6872982	8694771	10896501	13159930	14606886
南安市	2220046	2891808	3987032	5076482	5821029
惠安县	1770124	2276301	3054575	3984457	4784884
安溪县	794135	1147820	1801471	2745553	2772497
永春县	486733	679257	865254	1141469	1319040
德化县	476744	603811	788893	923848	913015
漳州市辖区	1446991	1945904	2531378	2866340	3221367
龙海市	2621994	2946876	3585281	4469357	5105392

1-42 续表　　　　　　　　　　　　（2005-2009 年）　　　　　　　　　　　　单位：万元

地　区	2005	2006	2007	2008	2009
云霄县	100856	137786	208924	323661	402103
漳浦县	242757	335973	460575	585979	730284
诏安县	184785	279621	392138	519602	643591
长泰县	215001	341506	529107	757805	980019
东山县	213865	300280	385570	470357	613515
南靖县	577515	677635	799780	1054169	1184213
平和县	78078	118528	189933	266037	300801
华安县	59511	94775	151250	243566	303223
南平市辖区	994123	1258880	1525578	1706363	1697675
邵武市	419526	466608	670168	875015	1051352
武夷山市	57474	87184	146557	185725	253643
建瓯市	200156	281724	402411	535796	695605
建阳市	202049	279278	405722	550328	695226
顺昌县	156690	175007	230229	327729	363640
浦城县	98790	151471	210435	283819	312059
光泽县	85096	99061	151486	215693	226740
松溪县	27637	36402	64763	79519	104397
政和县	29065	39669	51400	83389	97216
龙岩市辖区	1730028	2185521	3008895	3906309	4572887
漳平市	207521	267519	357478	488766	588308
长汀县	112813	174317	265812	377105	515355
永定县	260867	356653	493222	683105	745544
上杭县	257517	420684	605643	787211	845140
武平县	82711	113862	157699	230963	326566
连城县	100353	148904	251579	378762	496741
宁德市辖区	133850	270093	523636	406961	810922
福安市	713538	1006194	1416179	2091198	1966838
福鼎市	369941	468028	648056	934989	1202882
霞浦县	111814	112879	158113	236900	305030
古田县	156705	213106	279678	349791	412637
屏南县	62415	84288	117757	165010	195294
寿宁县	83943	117194	136110	182637	224663
周宁县	66841	90765	128009	189721	228749
柘荣县	80209	125669	163146	236707	296034

注：2005-2007 年数据不包括福建省电力公司和福建水泥股份有限公司数据。

1-43 福建省各县（市、区）批发和零售业、住宿和餐饮业社会消费品零售总额

（2005-2009 年）

单位：万元

地　区	2005	2006	2007	2008	2009
福州市辖区	4639941	5524748	6832867	8265793	9712232
福清市	758526	833096	949737	1133407	1335169
长乐市	364194	378298	429919	506640	603851
闽侯县	233060	278937	329373	406226	516240
连江县	179772	213930	253604	303882	364159
罗源县	109617	125354	146227	171572	202292
闽清县	109380	121935	138375	164015	194697
永泰县	101990	120400	139842	165082	195068
平潭县	133971	158605	189986	227116	262738
厦门市	2718615	3149439	3620463	4189207	5661225
莆田市辖区	1042843	1198087	1436123	1716594	2053885
仙游县	238837	260707	292455	344768	407426
三明市辖区	301671	346272	413845	499028	579046
永安市	226874	259892	302540	369132	400283
明溪县	36280	41581	50241	60306	66683
清流县	43347	49538	58167	69180	77940
宁化县	66315	75882	90768	113276	128947
大田县	94397	105804	126809	151152	169249
尤溪县	98197	112960	131365	166001	178592
沙　县	102286	117099	140367	178558	213813
将乐县	47858	55088	65153	81380	91560
泰宁县	43822	50214	60168	74678	87015
建宁县	39802	45539	53408	66553	73408
泉州市辖区	1401217	1688917	2007903	2366371	2844000
石狮市	900297	1026931	1184275	1432053	1652600
晋江市	1153763	1270744	1496728	1811647	2089400
南安市	808263	913497	1046954	1273071	1468000
惠安县	545571	627854	728705	877109	1005600
安溪县	403437	473465	555211	671251	786500
永春县	234000	264056	302273	359756	403700
德化县	177493	203551	234595	269880	302200
漳州市辖区	709580	790560	961926	1155457	1301822
龙海市	412077	467422	536621	641193	702449

1-43 续表　　（2005-2009 年）　　单位：万元

地　区	2005	2006	2007	2008	2009
云霄县	154176	175606	197850	234454	253117
漳浦县	290291	326955	376898	456682	494970
诏安县	215453	241086	271322	323371	349849
长泰县	66931	74638	85503	107102	115673
东山县	115397	130029	148743	180090	195913
南靖县	121459	136871	170263	205259	220626
平和县	173704	194433	221052	269960	297428
华安县	40347	45880	52622	64260	70255
南平市辖区	346633	384578	450376	534170	578396
邵武市	215793	243361	279861	339903	386895
武夷山市	118046	136909	155766	190740	212712
建瓯市	167718	187990	216615	262955	292574
建阳市	118782	138042	162322	194788	201498
顺昌县	89572	99532	113807	135291	140604
浦城县	123990	142284	162718	192392	193164
光泽县	53998	59362	68975	81402	88940
松溪县	48495	56614	64807	76291	78002
政和县	54002	60479	68727	80866	79385
龙岩市辖区	516182	593593	684285	869336	1113524
漳平市	130289	146657	168720	208133	257381
长汀县	120034	135385	155561	191633	245207
永定县	159886	179471	206546	248968	302650
上杭县	139048	156154	178641	226422	282355
武平县	105414	117734	134747	161822	195138
连城县	115661	130048	148715	177263	223478
宁德市辖区	216182	243834	281872	356056	436032
福安市	276900	313315	366892	434956	385310
福鼎市	219289	247797	288684	359738	360575
霞浦县	185441	209170	243102	307944	331613
古田县	149685	169144	196715	233698	208445
屏南县	49010	55282	63961	76696	74746
寿宁县	65194	73410	84495	98573	93211
周宁县	44542	50284	58782	69260	75674
柘荣县	31928	35983	41920	48641	54649

2

福建市场占有年鉴

区域篇

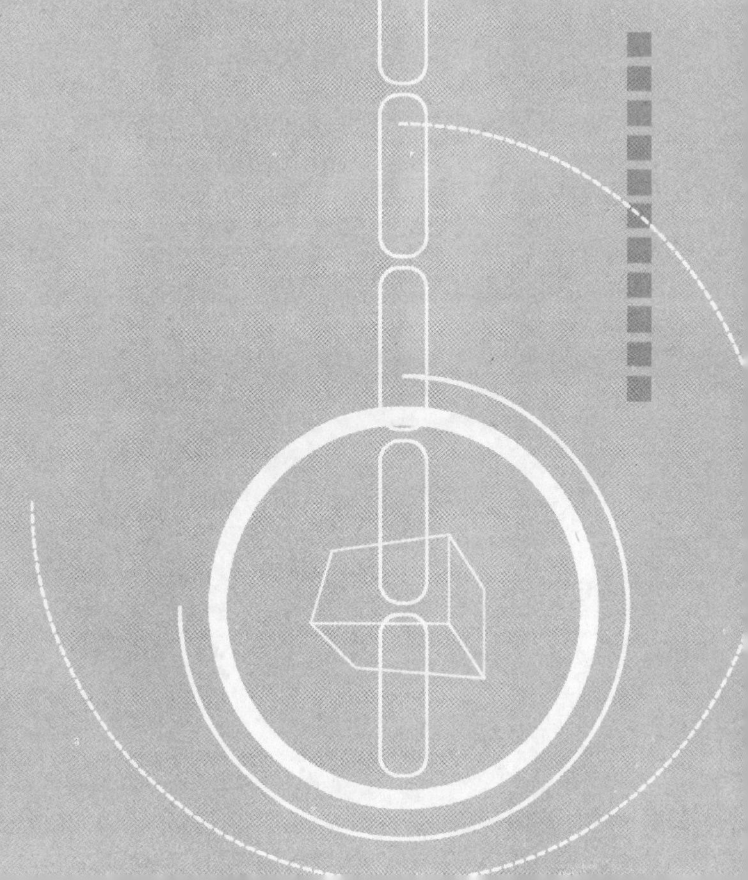

2-1　全国各省（市、区）地区生产总值占全国比重及位次

（2005-2009 年）

单位：%

地区	2005		2006		2007		2008		2009	
	比重	位次	比重	位次	比重	位次	比重	位次	比重	位次
北京	3.50	10	3.49	10	3.52	10	3.33	12	3.33	13
天津	1.96	20	1.92	21	1.88	22	2.02	21	2.06	20
河北	5.03	6	4.93	6	4.86	6	4.80	6	4.72	6
山西	2.12	16	2.10	17	2.15	17	2.19	17	2.01	21
内蒙古	1.96	21	2.12	16	2.30	16	2.55	15	2.67	15
辽宁	4.04	8	4.00	8	3.99	8	4.10	8	4.16	7
吉林	1.82	22	1.84	22	1.89	21	1.93	22	1.99	22
黑龙江	2.77	14	2.67	14	2.54	15	2.49	16	2.35	16
上海	4.64	7	4.54	7	4.47	7	4.22	7	4.12	8
江苏	9.34	2	9.34	3	9.30	2	9.30	2	9.43	2
浙江	6.74	4	6.75	4	6.70	4	6.44	4	6.29	4
安徽	2.69	15	2.63	15	2.63	14	2.66	14	2.75	14
福建	3.29	13	3.26	13	3.31	13	3.25	13	3.35	12
江西	2.04	17	2.07	18	2.07	19	2.09	20	2.10	19
山东	9.22	3	9.41	2	9.21	3	9.28	3	9.28	3
河南	5.31	5	5.31	5	5.37	5	5.41	5	5.33	5
湖北	3.31	12	3.27	12	3.34	12	3.40	11	3.55	11
湖南	3.31	11	3.30	11	3.37	11	3.47	10	3.58	10
广东	11.32	1	11.42	1	11.36	1	11.04	1	10.81	1
广西	2.00	18	2.04	19	2.08	18	2.11	19	2.12	18
海南	0.45	28	0.45	28	0.45	28	0.45	28	0.45	28
重庆	1.74	23	1.68	24	1.67	24	1.74	23	1.79	23
四川	3.71	9	3.73	9	3.78	9	3.78	9	3.87	9
贵州	1.01	26	1.00	26	1.03	26	1.07	26	1.07	26
云南	1.74	24	1.71	23	1.71	23	1.71	24	1.69	24
西藏	0.12	31	0.12	31	0.12	31	0.12	31	0.12	31
陕西	1.97	19	2.04	20	2.06	20	2.19	18	2.24	17
甘肃	0.97	27	0.98	27	0.97	27	0.95	27	0.93	27
青海	0.27	30	0.28	30	0.29	30	0.31	30	0.30	30
宁夏	0.31	29	0.31	29	0.33	29	0.36	29	0.37	29
新疆	1.31	25	1.31	25	1.26	25	1.26	25	1.17	25

2-2 全国各省（市、区）农林牧渔业总产值占全国比重及位次

（2005-2009 年）

单位：%

地区	2005		2006		2007		2008		2009	
	比重	位次	比重	位次	比重	位次	比重	位次	比重	位次
北京	0.68	26	0.64	27	0.56	26	0.52	26	0.52	26
天津	0.65	27	0.64	26	0.49	28	0.46	28	0.47	28
河北	6.59	3	6.53	3	6.29	4	6.04	5	6.03	5
山西	1.23	24	1.21	25	1.02	25	1.03	25	1.51	22
内蒙古	2.48	18	2.56	18	2.61	18	2.63	18	2.60	18
辽宁	4.24	9	4.34	9	4.35	9	4.27	9	4.48	9
吉林	2.66	17	2.72	17	2.78	16	2.78	16	2.87	15
黑龙江	3.28	14	3.27	14	3.48	12	3.66	12	3.73	12
上海	0.59	28	0.56	28	0.52	27	0.48	27	0.47	27
江苏	6.53	4	6.38	4	6.27	5	6.19	4	6.32	3
浙江	3.62	12	3.57	12	3.27	14	3.07	14	3.10	14
安徽	4.22	10	4.20	10	4.23	10	4.22	10	4.26	10
福建	3.54	13	3.53	13	3.46	13	3.39	13	3.32	13
江西	2.90	15	2.90	15	2.92	15	2.90	15	2.87	16
山东	9.48	1	9.56	1	9.75	1	9.68	1	9.95	1
河南	8.39	2	8.46	2	7.94	2	8.05	2	8.07	2
湖北	4.50	8	4.41	8	4.70	8	5.07	8	4.95	8
湖南	5.21	7	5.03	7	5.38	7	5.73	6	5.31	7
广东	6.20	6	6.31	5	5.77	6	5.69	7	5.53	6
广西	3.67	11	3.88	11	4.14	11	4.12	11	3.94	11
海南	1.21	25	1.28	24	1.12	24	1.15	24	1.17	25
重庆	1.68	21	1.50	21	1.47	21	1.50	21	1.51	21
四川	6.23	5	6.13	6	6.91	3	6.73	3	6.11	4
贵州	1.45	22	1.44	22	1.43	22	1.45	22	1.45	24
云南	2.71	16	2.85	16	2.72	17	2.75	17	2.83	17
西藏	0.17	31	0.16	31	0.16	31	0.15	31	0.15	31
陕西	1.85	20	1.93	20	2.05	20	2.20	19	2.22	19
甘肃	1.32	23	1.32	23	1.40	23	1.39	23	1.45	23
青海	0.24	30	0.24	30	0.25	30	0.26	30	0.26	30
宁夏	0.35	29	0.36	29	0.37	29	0.39	29	0.40	29
新疆	2.11	19	2.08	19	2.18	19	2.03	20	2.15	20

2-3 全国各省（市、区）主要农产品国内市场占有率及位次

（2009 年）　　　　单位：%

地区	粮食													
			谷物		稻谷		小麦		玉米		豆类		薯类	
	占有率	位次	占有率	位次	占有率	位次	占有率	位次	占有率	位次	占有率	位次	占有率	位次
北京	0.24	28	0.25	28			0.27	20	0.55	22	0.08	31	0.06	28
天津	0.29	27	0.32	26	0.06	26	0.47	16	0.54	23	0.09	30	0.02	29
河北	5.48	7	5.82	6	0.29	24	10.68	3	8.94	5	1.81	15	2.45	14
山西	1.77	21	1.86	20			1.83	11	3.99	8	1.12	22	0.82	26
内蒙古	3.73	12	3.48	12	0.33	22	1.49	12	8.18	6	7.42	2	5.38	7
辽宁	3.00	13	3.15	13	2.59	14	0.04	25	5.87	7	1.66	18	1.39	21
吉林	4.63	9	4.88	9	2.59	15	0.01	28	11.04	3	4.40	8	0.90	25
黑龙江	8.20	2	7.56	3	8.07	5	1.01	13	11.71	2	32.04	1	3.10	12
上海	0.23	29	0.25	29	0.46	20	0.19	23	0.01	31	0.10	28	0.01	31
江苏	6.09	4	6.44	4	9.24	3	8.73	5	1.32	19	4.52	7	1.42	19
浙江	1.49	23	1.49	22	3.42	10	0.20	22	0.07	26	1.62	19	1.40	20
安徽	5.78	6	6.01	5	7.20	7	10.23	4	1.86	15	6.59	4	1.56	18
福建	1.26	24	1.11	24	2.64	12	0.01	27	0.09	25	0.93	24	3.88	10
江西	3.77	11	3.98	11	9.77	2	0.02	26	0.04	28	1.39	20	1.99	17
山东	8.13	3	8.49	2	0.57	19	17.78	2	11.72	1	2.17	11	6.22	5
河南	10.15	1	10.71	1	2.31	17	26.55	1	9.97	4	4.82	6	4.54	9
湖北	4.35	10	4.53	10	8.16	4	2.88	9	1.49	17	2.30	10	2.83	13
湖南	5.47	8	5.71	7	13.22	1	0.06	24	0.98	20	1.97	13	3.81	11
广东	2.48	16	2.36	16	5.42	9			0.46	24	0.94	23	5.33	8
广西	2.76	15	2.85	14	5.87	8	0.01	29	1.37	18	1.33	21	2.13	16
海南	0.35	26	0.32	27	0.75	18			0.05	27	0.10	29	1.06	24
重庆	2.14	19	1.69	21	2.62	13	0.45	17	1.49	16	2.06	12	9.49	2
四川	6.02	5	5.47	8	7.79	6	3.68	7	3.92	9	5.20	5	15.43	1
贵州	2.20	17	1.92	19	2.32	16	0.39	18	2.47	12	1.91	14	6.97	3
云南	2.97	14	2.65	15	3.26	11	0.80	14	3.31	10	6.75	3	5.75	6
西藏	0.17	31	0.18	30			0.21	21	0.02	30	0.13	27	0.01	30
陕西	2.13	20	2.10	18	0.42	21	3.33	8	3.21	11	2.41	9	2.40	15
甘肃	1.71	22	1.41	23	0.02	27	2.27	10	1.91	14	1.75	16	6.39	4
青海	0.19	30	0.11	31			0.34	19	0.03	29	0.56	25	1.28	23
宁夏	0.64	25	0.62	25	0.33	23	0.64	15	0.95	21	0.17	26	1.30	22
新疆	2.17	18	2.28	17	0.25	25	5.45	6	2.46	13	1.67	17	0.67	27

2-3 续表 1　　　　　　　　　　　　（2009 年）　　　　　　　　　　　　单位：%

地区	油料								棉花		麻类			
			花生		油菜籽		芝麻						黄红麻	
	占有率	位次	占有率	位次	占有率	位次	占有率	位次	占有率	位次	占有率	位次	占有率	位次
北京	0.06	30	0.12	25					0.01	22				
天津	0.02	31	0.02	26					1.11	13				
河北	4.54	8	9.11	3	0.22	20	1.63	9	9.48	3	0.18	17	0.95	8
山西	0.54	25	0.15	23	0.05	24	0.63	15	1.32	12				
内蒙古	3.79	9	0.20	22	1.64	15	0.35	19	0.02	19	2.53	12		
辽宁	1.75	15	3.64	8	0.01	26	0.13	22	0.02	20				
吉林	1.60	17	2.07	12			1.32	11	0.03	18	0.13	21		
黑龙江	0.89	23	0.40	20	0.02	25	0.39	17			11.55	4		
上海	0.11	29	0.02	27	0.23	18			0.04	16				
江苏	5.14	7	2.63	10	8.91	5	2.98	6	4.00	7	0.67	14		
浙江	1.37	19	0.37	21	2.71	10	1.34	10	0.44	14	0.16	20		
安徽	7.62	5	5.11	5	11.55	3	10.66	3	5.43	6	5.89	6	15.99	2
福建	0.83	24	1.67	14	0.11	21	0.24	20						
江西	3.23	10	2.60	11	4.46	8	4.45	4	1.96	9	2.76	10	1.22	7
山东	10.60	2	22.50	2	0.22	19	0.23	21	14.45	2	0.16	19		
河南	16.90	1	28.05	1	6.81	6	42.15	1	8.12	4	11.94	3	61.79	1
湖北	9.96	3	4.26	6	17.32	1	22.89	2	7.54	5	9.87	5	1.90	5
湖南	5.68	6	1.68	13	11.23	4	1.84	8	3.32	8	19.87	1	0.68	10
广东	2.68	11	5.69	4	0.06	23	0.37	18			0.18	18	0.95	9
广西	1.33	20	2.71	9	0.10	22	0.90	13	0.03	17	2.56	11	11.52	3
海南	0.29	27	0.60	16			0.42	16			0.26	15	1.36	6
重庆	1.29	21	0.56	17	2.27	14	1.21	12			4.11	9		
四川	8.30	4	4.09	7	14.64	2	0.77	14	0.23	15	17.00	2	3.66	4
贵州	2.49	12	0.50	18	5.15	7			0.01	21	0.23	16		
云南	1.59	18	0.48	19	3.03	9					4.75	7		
西藏	0.18	28			0.42	17								
陕西	1.72	16	0.66	15	2.61	12	3.25	5	1.35	11				
甘肃	1.86	14	0.01	28	2.42	13			1.50	10	1.03	13		
青海	1.16	22			2.65	11								
宁夏	0.43	26												
新疆	2.03	13	0.12	24	1.15	16	1.87	7	39.59	1	4.16	8		

2-3 续表 2　　（2009 年）　　单位：%

地区	甘蔗		甜菜		烟叶				蚕茧				茶叶	
							烤烟				桑蚕茧			
	占有率	位次	占有率	位次	占有率	位次	占有率	位次	占有率	位次	占有率	位次	占有率	位次
北京														
天津														
河北			4.28	4	0.22	21	0.15	21	0.18	19	0.08	15		
山西			2.15	6	0.32	20	0.33	20	0.55	16	0.61	14		
内蒙古			15.27	3	0.38	19	0.34	19	0.69	15				
辽宁			0.86	8	1.03	16	1.04	16	6.06	7				
吉林			0.92	7	2.17	12	1.23	14	0.51	17				
黑龙江			15.32	2	2.70	10	2.60	10	0.36	18				
上海	0.01	16												
江苏	0.10	14			0.02	26			9.50	4	10.40	4	1.16	15
浙江	0.70	6			0.12	22			8.22	5	8.99	5	12.32	3
安徽	0.19	13			0.96	17	1.03	17	3.46	8	3.79	7	6.04	7
福建	0.57	8			4.75	7	5.14	6					19.56	1
江西	0.54	10			1.41	14	1.47	13	1.01	13	1.11	12	1.94	12
山东			0.01	11	3.81	8	4.12	7	6.32	6	6.82	6	0.81	16
河南	0.24	12			9.70	3	10.57	3	3.40	9	2.87	10	2.61	11
湖北	0.30	11			4.96	6	3.87	8	0.73	14	0.79	13	10.61	5
湖南	0.68	7			7.10	5	7.46	5					7.25	6
广东	10.84	3			1.75	13	1.71	12	10.36	3	11.33	3	3.78	8
广西	64.97	1			1.22	15	1.11	15	27.06	1	29.60	1	2.69	10
海南	4.15	4											0.08	17
重庆	0.10	15			3.26	9	2.92	9	2.35	12	2.57	11	1.66	13
四川	0.81	5	0.03	9	8.47	4	7.48	4	12.87	2	14.08	2	11.39	4
贵州	0.56	9			12.73	2	13.12	2	0.06	20	0.07	16	3.08	9
云南	15.24	2	0.01	10	29.91	1	31.28	1	3.20	10	3.50	8	13.46	2
西藏														
陕西					2.45	11	2.60	11	3.10	11	3.40	9	1.49	14
甘肃			2.84	5	0.40	18	0.36	18					0.06	18
青海			0.01	12	0.06	24								
宁夏					0.07	23	0.07	22						
新疆			58.29	1	0.03	25								

（2009 年）　　单位：%

地区	水果		苹果		柑桔		梨		葡萄		香蕉		橡胶	
	占有率	位次	占有率	位次	占有率	位次	占有率	位次	占有率	位次	占有率	位次	占有率	位次
北京	0.59	26	0.38	16			1.09	19	0.51	25				
天津	0.33	29	0.20	18			0.23	26	1.32	18				
河北	7.74	3	8.74	4			25.53	1	13.23	2				
山西	2.20	18	7.53	5			3.36	10	1.63	14				
内蒙古	1.02	24	0.25	17			0.55	23	0.59	22				
辽宁	3.21	14	6.15	6			7.74	3	8.09	4				
吉林	1.24	22	0.46	14			1.00	20	1.82	13				
黑龙江	1.31	21	0.44	15			0.29	25	0.53	23				
上海	0.51	28			0.94	12	0.23	27	0.97	21				
江苏	3.51	11	1.81	8	0.24	14	4.64	8	3.51	7				
浙江	3.49	12			7.84	8	2.68	12	4.92	6				
安徽	3.66	8	1.16	11	0.09	17	6.08	6	2.70	9				
福建	3.16	15			10.58	7	1.29	17	1.24	19	10.26	5		
江西	2.44	16			11.87	3	0.83	22	0.31	27				
山东	13.38	1	24.34	2			8.18	2	11.78	3				
河南	10.92	2	12.27	3	0.16	16	6.47	4	5.81	5				
湖北	3.56	9	0.04	20	10.90	6	3.28	11	1.56	15				
湖南	3.51	10			13.43	1	0.90	21	1.06	20				
广东	5.69	5			12.77	2	0.39	24			40.51	1	2.10	3
广西	4.96	7			11.47	4	1.36	16	2.28	11	17.62	3	0.06	4
海南	1.72	19			0.18	15					18.06	2	49.62	1
重庆	1.04	23	0.02	21	5.01	9	1.82	15	0.39	26	0.02	8		
四川	3.38	13	1.29	10	11.00	5	5.93	7	2.60	10	0.36	6		
贵州	0.59	27	0.05	19	0.77	13	1.18	18	0.53	24	0.09	7		
云南	1.68	20	0.85	13	1.52	10	1.95	14	2.10	12	13.08	4	48.22	2
西藏	0.01	31	0.01	23			0.01	30	0.02	28				
陕西	6.70	4	25.42	1	1.22	11	4.42	9	3.26	8				
甘肃	2.25	17	5.86	7	0.01	18	2.25	13	1.46	16				
青海	0.02	30	0.02	22			0.03	29						
宁夏	0.99	25	1.03	12			0.16	28	1.46	17				
新疆	5.18	6	1.69	9			6.13	5	24.33	1				

2-3 续表 4　　（2009 年）　　单位：%

地区	松脂		生漆		油桐籽		油茶籽		核桃		肉类产量			
													猪牛羊肉	
	占有率	位次	占有率	位次	占有率	位次	占有率	位次	占有率	位次	占有率	位次	占有率	位次
北京									1.61	12	0.62	26	0.47	27
天津									0.07	20	0.52	27	0.52	26
河北									7.20	5	5.58	6	5.69	5
山西									7.19	6	0.91	24	1.03	24
内蒙古											3.06	14	3.45	14
辽宁									6.93	7	5.09	7	4.51	9
吉林									1.21	15	2.96	15	2.68	15
黑龙江									0.04	23	2.45	17	2.65	16
上海											0.34	29	0.31	31
江苏							0.01	15			4.50	11	3.64	13
浙江	0.09	13			0.02	14	4.02	7	2.12	11	2.23	19	2.21	20
安徽	1.30	8	1.25	10	0.72	13	2.56	8	1.56	13	4.74	10	4.41	10
福建	7.14	4	1.06	11	5.69	6	7.64	4			2.29	18	2.48	19
江西	5.48	5	3.70	7	3.39	11	23.00	2	0.05	22	3.61	13	3.77	12
山东									4.93	8	8.94	1	7.50	3
河南	0.26	11	7.63	5	19.72	1	1.65	10	4.58	10	8.04	3	8.44	2
湖北	3.67	6	37.82	1	3.71	10	5.64	5	0.51	18	4.80	9	5.15	6
湖南	3.53	7	13.66	3	10.12	4	35.83	1	0.53	17	6.23	4	7.14	4
广东	16.10	2			1.70	12	4.72	6			5.58	5	4.55	8
广西	44.90	1	0.15	12	19.02	2	11.41	3	0.06	21	4.85	8	4.21	11
海南	0.21	12									0.86	25	0.73	25
重庆	0.07	15	3.01	8	5.38	7	0.17	13	0.92	16	2.45	16	2.61	18
四川	1.04	9	4.00	6	6.60	5	0.29	12	12.63	3	8.27	2	8.92	1
贵州	0.68	10	9.67	4	14.88	3	2.42	9	1.38	14	2.22	20	2.62	17
云南	15.45	3	2.53	9	4.52	8	0.57	11	19.52	1	3.98	12	4.58	7
西藏									0.18	19	0.31	31	0.40	29
陕西	0.08	14	15.37	2	4.51	9	0.06	14	9.15	4	1.29	22	1.52	22
甘肃			0.15	13	0.01	15			4.92	9	1.08	23	1.29	23
青海									0.03	24	0.35	28	0.44	28
宁夏											0.33	30	0.39	30
新疆									12.69	2	1.51	21	1.69	21

2-3 续表 5　　（2009 年）　　单位：%

地区	猪肉		牛肉		羊肉		奶类		牛奶		绵羊毛		细羊毛	
	占有率	位次	占有率	位次	占有率	位次	占有率	位次	占有率	位次	占有率	位次	占有率	位次
北京	0.49	26	0.33	29	0.36	27	1.81	14	1.92	13	0.10	20	0.01	21
天津	0.52	25	0.56	25	0.38	26	1.84	12	1.94	11	0.17	18	0.03	20
河北	5.18	7	8.69	3	7.20	4	12.35	3	12.83	3	9.50	3	4.89	5
山西	1.04	22	0.76	24	1.43	19	1.98	11	2.06	10	1.61	13	0.40	14
内蒙古	1.40	21	7.46	4	22.65	1	25.02	1	25.66	1	28.03	1	42.59	1
辽宁	4.47	11	6.33	6	2.01	14	3.10	8	3.13	8	2.78	9	1.97	8
吉林	2.31	18	6.58	5	0.94	20	1.19	16	1.26	16	6.05	6	13.42	3
黑龙江	2.21	19	5.79	7	2.97	10	14.32	2	15.02	2	6.95	5	3.62	6
上海	0.36	28			0.14	31	0.57	21	0.60	20	0.01	23		
江苏	4.18	13	0.51	26	1.93	16	1.48	15	1.57	14	0.10	21	0.06	18
浙江	2.62	17	0.16	30	0.45	25	0.53	23	0.57	22	0.51	16		
安徽	4.70	10	2.76	11	3.55	8	0.54	22	0.57	21	0.04	22	0.04	19
福建	2.92	15	0.34	28	0.45	24	0.42	24	0.43	24				
江西	4.31	12	1.72	18	0.29	28	0.30	26	0.32	26				
山东	6.98	4	10.96	2	8.45	3	6.92	5	6.71	5	2.38	11	1.28	9
河南	7.97	3	13.21	1	6.65	5	8.07	4	8.01	4	2.86	8	0.74	10
湖北	5.72	5	2.68	12	2.01	15	0.76	19	0.44	23				
湖南	8.08	2	2.48	13	2.82	11	0.21	29	0.22	29				
广东	5.36	6	0.95	22	0.23	30	0.38	25	0.40	25				
广西	4.75	8	2.10	16	0.81	22	0.22	27	0.23	27				
海南	0.81	24	0.36	27	0.29	29	0.01	31	0.01	31				
重庆	3.00	14	0.93	23	0.53	23	0.21	28	0.23	28				
四川	9.70	1	4.55	9	6.24	6	1.84	13	1.94	12	1.91	12	0.68	11
贵州	2.86	16	1.79	17	0.83	21	0.12	30	0.13	30	0.12	19	0.08	17
云南	4.72	9	4.40	10	3.10	9	2.84	9	1.37	15	0.48	17	0.18	15
西藏	0.02	31	2.24	15	2.15	13	0.77	18	0.65	19	2.43	10	0.53	13
陕西	1.53	20	1.23	20	1.87	17	4.98	6	4.24	6	1.55	15	1.97	7
甘肃	0.94	23	2.37	14	4.02	7	1.01	17	1.07	17	7.18	4	6.71	4
青海	0.19	29	1.27	19	2.27	12	0.68	20	0.72	18	4.00	7	0.54	12
宁夏	0.19	30	1.15	21	1.75	18	2.17	10	2.31	9	1.56	14	0.15	16
新疆	0.45	27	5.33	8	11.25	2	3.35	7	3.44	7	19.67	2	20.10	2

2-3 续表 6　　（2009 年）　　单位：%

地区	半细羊毛		山羊毛		羊绒		禽蛋		蜂蜜		水产品总产量		海水产品	
	占有率	位次	占有率	位次	占有率	位次	占有率	位次	占有率	位次	占有率	位次	占有率	位次
北京	0.05	22	0.18	19	0.23	15	0.56	24	0.70	21	0.11	26	0.01	12
天津	0.49	17					0.71	22			0.65	17	0.15	11
河北	15.04	2	6.03	4	3.99	9	12.88	3	2.49	10	1.96	13	2.07	9
山西	0.43	18	2.69	8	4.70	7	2.75	12	0.75	20	0.06	28		
内蒙古	13.72	3	37.32		43.48	1	1.78	13	1.12	18	0.21	22		
辽宁	5.34	6	5.53	5	7.17	4	9.59	4	0.42	23	7.83	6	12.21	5
吉林	4.20	8	2.36	10	0.77	14	3.60	10	2.92	7	0.32	21		
黑龙江	18.31	1	2.33	11	4.54	8	3.72	9	3.79	5	0.74	16		
上海	0.04	23	0.31	16			0.29	27			0.60	18	0.58	10
江苏	0.24	20					6.75	5	1.27	17	8.66	4	4.87	7
浙江	1.64	13	0.89	14			1.58	15	21.97	2	8.61	5	13.19	4
安徽	0.09	21	0.24	17			4.31	8	4.06	4	3.58	11		
福建							1.05	19	2.24	13	11.09	3	18.49	2
江西							1.51	16	2.79	8	3.93	9		
山东	4.06	9	9.25	2	5.45	5	13.75	2	2.02	14	14.73	1	23.36	1
河南	6.04	5	9.88	1	5.22	6	13.96	1	25.16	1	1.05	15		
湖北			0.02	21			4.70	7	2.29	12	6.53	7		
湖南							3.24	11	2.49	11	3.68	10		
广东			0.01	22			1.24	18	3.59	6	13.73	2	14.44	3
广西							0.71	23			5.13	8	5.56	6
海南							0.12	29	0.15	27	2.84	12	4.26	8
重庆							1.31	17	2.69	9	0.40	20		
四川	3.57	11	1.04	13	0.16	16	5.25	6	11.22	3	1.96	14		
贵州	0.29	19	0.08	20	0.02	17	0.44	26	0.50	22	0.16	25		
云南	0.89	16	0.21	18			0.76	21	1.72	16	0.53	19		
西藏	1.33	15	2.48	9	3.24	10	0.01	31						
陕西	1.33	14	4.35	6	7.17	3	1.75	14	1.02	19	0.11	27		
甘肃	4.88	7	3.56	7	2.12	12	0.51	25	0.22	25	0.02	29		
青海	4.01	10	1.63	12	2.45	11	0.06	30	0.25	24				
宁夏	2.05	12	0.71	15	1.87	13	0.27	28	0.20	26	0.16	24		
新疆	11.94	4	8.90	3	7.43	2	0.85	20	1.92	15	0.19	23		

2-3 续表 7　　　　　　　　　　　　　　（2009 年）　　　　　　　　　　　　　　单位：%

地区	天然生产		人工养殖		鱼类		虾蟹类		贝类		藻类		其他	
	占有率	位次	占有率	位次	占有率	位次	占有率	位次	占有率	位次	占有率	位次	占有率	位次
北京														
天津	0.20	11	0.10	10	0.12	11	0.48	10	0.03	10			0.09	10
河北	1.99	9	2.14	8	1.72	9	2.40	9	2.53	8			3.56	9
山西														
内蒙古														
辽宁	8.87	5	15.25	4	6.75	6	7.24	6	15.92	3	16.74	3	22.33	2
吉林														
黑龙江														
上海	1.23	10			0.13	10	0.33	11						
江苏	4.47	8	5.23	7	4.43	8	5.95	7	5.67	6	2.26	6	4.43	8
浙江	21.74	1	5.44	6	21.30	1	24.78	1	5.58	7	2.84	5	10.34	3
安徽														
福建	15.89	3	20.85	2	17.84	3	12.01	4	19.44	2	37.42	1	9.27	5
江西														
山东	19.20	2	27.14	1	18.64	2	14.36	3	28.80	1	34.19	2	28.60	1
河南														
湖北														
湖南														
广东	11.95	4	16.70	3	14.38	4	18.53	2	15.49	4	4.64	4	9.81	4
广西	5.23	7	5.85	5	4.83	7	9.29	5	6.15	5			6.80	6
海南	7.53	6	1.29	9	9.85	5	4.61	8	0.40	9	1.91	7	4.77	7
重庆														
四川														
贵州														
云南														
西藏														
陕西														
甘肃														
青海														
宁夏														
新疆														

2-3 续表 8　　　　（2009 年）　　　　单位：%

地区	淡水产品		天然生产		人工养殖		鱼类		虾蟹类		贝类		其他	
	占有率	位次	占有率	位次	占有率	位次	占有率	位次	占有率	位次	占有率	位次	占有率	位次
北京	0.22	27	0.18	26	0.23	27	0.25	27						
天津	1.21	17	0.40	23	1.29	17	1.14	18	2.23	10	0.19	16	0.46	15
河北	1.85	14	4.02	10	1.64	14	1.97	14	1.16	13	0.60	12	1.06	13
山西	0.13	28	0.03	27	0.14	28	0.15	28						
内蒙古	0.44	22	1.36	16	0.34	24	0.49	21	0.06	21			0.23	17
辽宁	3.00	11	2.58	13	3.04	11	3.13	10	2.56	9	0.19	15	2.59	10
吉林	0.68	20	0.88	19	0.66	21	0.78	20	0.03	23				
黑龙江	1.56	15	1.97	14	1.52	15	1.78	15	0.21	17				
上海	0.63	21	0.22	24	0.67	20	0.44	23	2.60	8			0.25	16
江苏	12.84	3	14.69	1	12.66	3	10.78	3	31.08	1	18.67	1	10.48	3
浙江	3.55	10	4.14	9	3.50	10	2.67	12	5.59	5	8.81	6	29.49	1
安徽	7.52	6	14.08	2	6.88	6	6.82	6	11.96	3	15.88	2	8.44	5
福建	2.95	12	3.58	11	2.88	12	2.88	11	1.86	11	9.62	5	3.79	8
江西	8.26	4	10.42	4	8.04	4	8.38	5	5.35	6	14.67	3	10.02	4
山东	5.22	7	5.88	5	5.16	7	5.63	7	3.09	7	1.66	10	0.93	14
河南	2.21	13	1.40	15	2.29	13	2.43	13	0.78	14	0.31	14	1.16	12
湖北	13.71	1	12.01	3	13.88	1	13.64	1	17.49	2	6.18	7	6.45	6
湖南	7.72	5	5.05	8	7.99	5	8.53	4	1.17	12	5.89	8	5.53	7
广东	12.96	2	5.79	6	13.66	2	13.09	2	11.52	4	12.77	4	14.41	2
广西	4.65	8	5.16	7	4.60	8	5.17	8	0.56	15	3.21	9	2.98	9
海南	1.28	16	0.88	18	1.32	16	1.42	16	0.08	19	0.37	13		
重庆	0.84	19	0.45	21	0.88	19	0.96	19	0.03	22				
四川	4.11	9	2.64	12	4.26	9	4.66	9	0.27	16	0.97	11	1.55	11
贵州	0.33	25	0.50	20	0.31	25	0.37	25	0.07	20				
云南	1.11	18	1.07	17	1.12	18	1.26	17	0.20	18			0.16	18
西藏														
陕西	0.23	26	0.19	25	0.23	26	0.26	26						
甘肃	0.05	29			0.05	29	0.06	29						
青海	0.01	30			0.01	30	0.01	30						
宁夏	0.34	24			0.37	23	0.39	24	0.02	25				
新疆	0.39	23	0.42	22	0.39	22	0.45	22	0.03	24				

2-4 全国各省（市、区）工业国内市场占有率及位次

（2005-2009 年）　　单位：%

地区	2005		2006		2007		2008		2009	
	占有率	位次	占有率	位次	占有率	位次	占有率	位次	占有率	位次
北京	2.93	10	2.84	10	2.61	11	2.26	14	2.24	15
天津	2.87	11	2.80	11	2.55	12	2.58	12	2.44	12
河北	4.32	7	4.19	8	4.28	8	4.49	8	4.45	8
山西	1.93	14	1.87	16	1.97	16	2.03	16	1.68	19
内蒙古	1.23	20	1.34	20	1.44	20	1.69	18	1.92	16
辽宁	4.32	6	4.46	6	4.49	7	4.87	7	5.14	6
吉林	1.46	18	1.42	18	1.48	19	1.62	20	1.79	18
黑龙江	1.92	15	1.84	17	1.63	17	1.64	19	1.42	21
上海	6.58	5	6.14	5	5.78	5	5.21	5	4.69	7
江苏	12.91	2	13.08	2	13.16	2	13.30	1	13.22	1
浙江	9.27	4	9.11	4	8.82	4	7.93	4	7.35	4
安徽	1.82	17	1.87	15	1.97	15	2.20	15	2.36	14
福建	3.16	9	3.08	9	3.06	9	2.96	9	3.01	10
江西	1.17	21	1.33	21	1.56	18	1.71	17	1.83	17
山东	12.08	3	12.15	3	12.31	3	12.41	3	13.05	2
河南	4.07	8	4.40	7	4.74	6	5.08	6	5.21	5
湖北	2.40	13	2.33	13	2.35	13	2.62	11	2.83	11
湖南	1.84	16	1.90	14	2.09	14	2.26	13	2.41	13
广东	13.99	1	13.89	1	13.49	1	12.67	2	12.19	3
广西	0.99	24	1.01	24	1.07	23	1.13	22	1.21	23
海南	0.18	30	0.19	30	0.23	29	0.22	29	0.19	30
重庆	1.01	23	1.02	23	1.07	24	1.13	23	1.22	22
四川	2.42	12	2.46	12	2.65	10	2.86	10	3.22	9
贵州	0.63	27	0.62	27	0.61	27	0.58	27	0.60	27
云南	1.03	22	1.07	22	1.08	22	0.99	24	0.92	24
西藏	0.01	31	0.01	31	0.01	31	0.01	31	0.01	31
陕西	1.33	19	1.40	19	1.38	21	1.44	21	1.51	20
甘肃	0.80	26	0.80	26	0.80	26	0.75	26	0.71	26
青海	0.19	29	0.21	29	0.20	30	0.21	30	0.20	29
宁夏	0.26	28	0.27	28	0.26	28	0.27	28	0.26	28
新疆	0.87	25	0.87	25	0.87	25	0.89	25	0.74	25

2-5 全国各省（市、区）主要工业产品国内市场占有率及位次

（2009 年）　　　　单位：%

地区	原煤		原油		天然气		原盐		成品糖		啤酒	
	占有率	位次	占有率	位次	占有率	位次	占有率	位次	占有率	位次	占有率	位次
北京	0.20	24									3.87	11
天津			12.12	5	1.68	8	3.41	7			0.76	25
河北	2.88	10	3.16	9	1.27	10	5.91	5	0.27	11	2.68	14
山西	20.13	2							0.26	12	0.61	27
内蒙古	20.37	1					3.26	8	1.15	7	2.39	16
辽宁	2.24	12	5.28	7	0.95	12	2.29	12	0.42	10	5.93	6
吉林	1.49	16	3.38	8	1.36	9					3.01	13
黑龙江	2.95	9	21.11	1	3.52	6			2.21	6	4.23	9
上海			0.05	17	0.47	13					1.62	21
江苏	0.81	21	0.97	12	0.07	17	7.85	3	0.02	19	5.55	7
浙江							0.25	19	0.01	20	6.26	4
安徽	4.34	7					2.15	13			3.76	12
福建	0.85	20					0.66	17	0.44	9	4.58	8
江西	1.02	19					2.97	10			2.12	18
山东	4.88	5	14.93	2	1.06	11	35.61	1	0.07	16	11.46	1
河南	7.79	4	2.50	10	3.47	7	4.46	6	0.04	18	8.95	2
湖北	0.37	23	0.43	13	0.20	15	7.73	4			6.03	5
湖南	2.24	13					3.14	9	0.18	13	1.99	19
广东			7.10	6	6.85	4	0.23	20	9.26	3	8.42	3
广西	0.17	25	0.02	19			0.10	23	61.57	1	2.42	15
海南			0.10	16	0.22	14	0.19	21	3.21	4	0.41	28
重庆	1.46	17			0.07	16	2.38	11	0.15	14	1.75	20
四川	3.05	8	0.11	15	22.70	2	11.97	2	0.81	8	4.05	10
贵州	4.64	6			0.01	19			0.10	15	0.67	26
云南	1.90	14					1.34	16	16.73	2	1.16	23
西藏											0.27	30
陕西	10.03	3	14.23	3	22.23	3	0.59	18			2.16	17
甘肃	1.32	18	0.26	14	0.03	18	0.17	22	0.06	17	1.43	22
青海	0.44	22	0.98	11	5.05	5	1.40	15			0.25	31
宁夏	1.86	15	0.02	18							0.29	29
新疆	2.58	11	13.26	4	28.78	1	1.94	14	3.05	5	0.90	24

2-5 续表 1　　　　　　　　　　　　　　（2009 年）　　　　　　　　　　　　　　单位：%

地区	卷烟		纱		布		机制纸及纸板		硫酸		烧碱	
	占有率	位次	占有率	位次	占有率	位次	占有率	位次	占有率	位次	占有率	位次
北京	0.84	25	0.02	26	0.01	26	0.11	29			0.37	28
天津	0.90	24	0.18	19	0.34	16	0.35	23	0.49	22	5.97	4
河北	3.24	15	4.39	7	6.02	4	4.19	6	0.99	19	3.89	10
山西	0.63	26	0.16	20	0.07	21	0.18	26	0.44	26	1.87	15
内蒙古	1.05	23	0.08	22	0.11	20	0.52	21	3.19	14	4.92	6
辽宁	1.14	22	0.65	15	0.67	15	0.80	18	1.36	18	2.50	13
吉林	1.57	21	0.24	18	0.06	22	0.88	15	0.49	23	1.15	21
黑龙江	1.86	19	0.07	23	0.05	23	0.56	20	0.12	28	0.37	27
上海	3.78	11	0.16	21	0.17	19	0.78	19	0.45	25	3.98	9
江苏	4.04	9	16.79	2	16.27	3	11.53	4	6.76	5	12.68	2
浙江	3.51	13	8.17	4	25.77	1	15.36	2	1.68	16	5.37	5
安徽	5.20	7	2.02	11	0.81	13	2.25	10	6.00	6	1.45	17
福建	3.49	14	6.60	5	3.96	8	3.62	8	0.85	20	1.18	20
江西	2.31	17	2.54	8	0.92	12	1.56	14	3.59	11	1.34	19
山东	5.68	4	27.94	1	22.27	2	17.17	1	8.12	4	21.61	1
河南	7.05	3	14.22	3	4.84	6	10.67	5	3.52	12	6.07	3
湖北	5.58	5	6.14	6	5.46	5	1.91	11	12.31	2	3.03	12
湖南	7.39	2	2.46	9	0.69	14	3.87	7	3.79	9	3.79	11
广东	5.51	6	1.51	13	4.79	7	14.30	3	2.69	15	1.08	23
广西	3.00	16	0.39	17	0.28	17	1.88	12	3.62	10	1.81	16
海南	0.36	28					0.26	24				
重庆	2.08	18	0.55	16	3.39	9	1.88	13	3.40	13	0.80	24
四川	3.82	10	2.02	10	1.53	10	2.75	9	5.64	7	4.68	7
贵州	5.07	8	0.06	24	0.03	24	0.12	28	8.62	3	0.40	26
云南	15.10	1	0.03	25			0.44	22	14.66	1	1.12	22
西藏												
陕西	3.52	12	1.03	14	1.24	11	0.83	17	1.59	17	1.34	18
甘肃	1.71	20	0.02	27	0.02	25	0.12	27	4.26	8	0.67	25
青海			0.01	28					0.35	27	0.08	29
宁夏							0.86	16	0.52	21	2.08	14
新疆	0.59	27	1.53	12	0.22	18	0.26	25	0.47	24	4.41	8

2-5 续表 2　　(2009 年)　　单位：%

地区	纯碱		农用氮、磷、钾化肥		乙烯		化学农药原药		初级形态的塑料		化学纤维	
	占有率	位次	占有率	位次	占有率	位次	占有率	位次	占有率	位次	占有率	位次
北京					7.84	4			3.33	10	0.01	25
天津	4.27	9	0.21	28	1.76	13	0.30	20	5.19	6	0.38	17
河北	10.26	4	3.36	12			1.50	12	1.89	15	0.86	10
山西	0.70	18	5.86	5			0.05	26	0.45	25	0.03	23
内蒙古	3.70	10	2.33	15			2.42	9	1.83	17		
辽宁			1.17	20	4.47	10	1.84	11	2.99	12	0.78	11
吉林			0.32	27	7.82	5	1.17	14	2.69	14	1.06	9
黑龙江			1.10	21	5.44	8	0.27	21	3.45	8	0.48	15
上海			0.04	29	16.81	2	2.25	10	8.40	4	1.38	8
江苏	12.77	2	4.19	11	13.20	3	28.49	1	14.93	1	32.87	2
浙江	0.80	16	0.75	26			11.34	3	10.73	3	44.08	1
安徽	1.83	13	4.29	10	0.18	14	7.50	5	1.39	19	0.72	12
福建	0.99	15	0.94	23	1.89	12	0.32	19	1.65	18	6.69	3
江西			0.78	25			0.95	16	0.35	26	0.49	14
山东	18.46	1	13.38	1	7.09	6	13.73	2	7.71	5	3.25	4
河南	10.96	3	7.89	3	1.92	11	4.79	7	3.41	9	1.95	5
湖北	7.08	6	12.99	2			4.67	8	1.84	16	0.44	16
湖南	2.11	11	5.63	6			8.11	4	1.24	20	0.18	20
广东	1.95	12	0.82	24	20.52	1	1.31	13	11.55	2	1.60	6
广西	0.24	22	1.43	17			0.91	17	0.35	27		
海南			0.95	22			0.11	23	0.63	23	0.19	19
重庆	5.10	8	2.44	14			0.43	18	0.04	30	0.25	18
四川	8.67	5	7.22	4			6.07	6	2.71	13	1.58	7
贵州			5.41	8			0.04	27	0.10	28		
云南	0.72	17	5.49	7			0.06	25	0.59	24	0.13	21
西藏												
陕西	1.54	14	1.38	18			0.22	22	0.95	22	0.09	22
甘肃	0.66	19	1.31	19	6.47	7	0.07	24	3.18	11	0.01	24
青海	6.16	7	4.41	9					0.07	29		
宁夏	0.45	21	1.44	16			1.08	15	1.22	21		
新疆	0.58	20	2.46	13	4.58	9			5.15	7	0.51	13

2-5 续表 3　　（2009 年）　　单位：%

地区	水泥		平板玻璃		生铁		粗钢		钢材		金属切削机床	
	占有率	位次	占有率	位次	占有率	位次	占有率	位次	占有率	位次	占有率	位次
北京	0.66	25			0.80	25	0.81	25	1.11	22	1.11	9
天津	0.43	29	1.16	17	3.19	9	3.71	7	5.88	5	0.53	17
河北	6.50	5	18.72	1	24.10	1	23.66	1	21.84	1	0.12	26
山西	1.67	21	2.18	14	5.73	5	4.63	5	3.30	9	0.17	23
内蒙古	2.64	17	2.67	12	2.60	13	2.21	14	1.87	17		
辽宁	2.86	15	2.86	10	9.21	3	8.39	4	7.11	4	24.07	1
吉林	2.24	18	0.65	22	1.41	18	1.40	19	1.25	21	0.26	22
黑龙江	1.58	22	1.33	16	0.89	24	0.99	23	0.73	25	0.75	14
上海	0.46	28			3.23	8	3.55	9	3.14	10	0.96	11
江苏	8.81	1	8.98	4	8.31	4	9.70	2	11.37	2	16.49	4
浙江	6.58	4	5.76	6	1.48	17	1.86	16	3.41	7	16.72	3
安徽	4.43	9	1.77	15	3.01	10	3.08	10	3.05	12	1.74	8
福建	3.33	13	3.57	9	1.00	22	1.34	20	1.93	16	0.32	21
江西	3.77	12	0.77	21	2.62	12	2.83	11	2.38	14	0.17	24
山东	8.55	2	10.40	3	9.54	2	8.88	3	8.47	3	20.54	2
河南	7.22	3	4.73	8	3.56	6	4.07	6	4.16	6	0.99	10
湖北	4.26	10	6.02	5	3.54	7	3.59	8	3.14	11	0.65	16
湖南	4.65	8	2.84	11	2.58	14	2.51	13	2.17	15	0.53	18
广东	6.11	6	13.83	2	1.37	19	1.97	15	3.31	8	4.44	5
广西	3.91	11	0.77	20	1.76	16	1.75	18	1.70	18	0.48	20
海南	0.57	27					0.04	29	0.02	30		
重庆	2.21	19	0.50	23	0.60	27	0.58	27	0.69	26	0.84	12
四川	5.48	7	5.75	7	2.77	11	2.64	12	2.64	13	0.75	15
贵州	1.75	20	0.06	26	0.72	26	0.60	26	0.49	27	0.12	27
云南	3.07	14	0.86	19	2.34	15	1.83	17	1.40	19	3.48	6
西藏	0.11	31										
陕西	2.74	16	2.48	13	0.93	23	0.91	24	1.28	20	2.29	7
甘肃	1.13	24	0.87	18	1.11	21	1.09	22	0.93	24	0.84	13
青海	0.37	30	0.09	25	0.20	28	0.22	28	0.18	28	0.15	25
宁夏	0.65	26			0.07	29			0.05	29	0.50	19
新疆	1.24	23	0.39	24	1.34	20	1.12	21	0.99	23		

2-5 续表4 （2009年） 单位：%

地区	大中型拖拉机		汽车		轿车		家用洗衣机		家用电冰箱		房间空气调节器	
	占有率	位次	占有率	位次	占有率	位次	占有率	位次	占有率	位次	占有率	位次
北京			9.21	1	7.19	5	0.01	15				
天津	3.99	6	4.37	9	7.07	6	0.48	11	0.91	11	4.65	5
河北	0.30	13	3.73	11	1.04	17	0.39	12				
山西			0.01	27								
内蒙古			0.24	24								
辽宁			3.69	12	3.48	10			1.62	9	2.13	10
吉林	0.54	11	8.02	6	11.52	3						
黑龙江	0.13	15	2.06	16	0.45	20						
上海	2.83	7	9.06	2	16.36	1	4.18	6	3.19	7	3.93	8
江苏	25.22	1	3.67	14	2.87	12	15.05	3	11.25	5	4.10	6
浙江	8.27	5	2.04	17	2.99	11	32.34	1	12.85	4	3.75	9
安徽			6.26	8	6.40	7	20.15	2	26.40	1	12.66	2
福建			0.98	18	1.09	15						
江西	1.05	9	2.06	15	1.09	16			1.54	10	1.64	11
山东	22.77	2	4.04	10	2.42	13	10.70	4	13.91	3	4.02	7
河南	17.35	3	0.90	19			0.09	14	5.38	6	0.10	13
湖北	0.70	10	7.84	7	5.19	9	0.72	10	0.67	13	6.37	3
湖南	0.30	14	0.87	20	1.00	18	1.30	9	0.26	15	0.06	14
广东			8.20	5	13.43	2	6.83	5	17.85	2	50.97	1
广西	0.05	16	8.59	4	0.92	19						
海南			0.66	21	1.16	14						
重庆			8.60	3	8.37	4	3.52	8			4.72	4
四川	2.16	8	0.55	22			4.05	7	0.88	12	0.89	12
贵州			0.01	26	0.02	22			2.84	8		
云南	13.93	4	0.53	23								
西藏												
陕西			3.67	13	5.71	8			0.46	14		
甘肃			0.14	25	0.25	21	0.19	13				
青海												
宁夏												
新疆	0.40	12	0.01	28								

2-5 续表 5　　　　(2009 年)　　　　单位：%

地区	移动通信手持机		微型电子计算机		集成电路		彩色电视机		发电量		水电	
	占有率	位次	占有率	位次	占有率	位次	占有率	位次	占有率	位次	占有率	位次
北京	34.48	1	4.63	4	4.41	6			0.65	29	0.01	29
天津	13.82	3	0.01	12	1.49	7	1.42	11	1.12	27		
河北					0.02	13			4.69	9	0.09	26
山西									5.04	7	0.35	19
内蒙古							2.20	9	6.04	5	0.24	25
辽宁	0.08	15			0.21	9	4.46	7	3.13	15	0.47	18
吉林	0.08	14					0.20	17	1.46	23	0.91	17
黑龙江			0.02	11					1.95	20	0.28	21
上海	0.51	12	40.19	2	17.44	3	1.98	10	2.09	19		
江苏	3.30	6	44.91	1	39.50	1	11.63	2	7.88	1	0.04	27
浙江	4.49	5	0.49	6	5.15	5	5.24	6	6.05	4	2.48	12
安徽	0.02	16					3.40	8	3.55	12	0.27	22
福建	1.09	8	3.33	5	0.03	12	6.89	5	3.15	14	4.48	8
江西	0.95	10	0.03	9			0.92	12	1.43	24	1.38	14
山东	8.81	4	0.14	8	0.41	8	11.01	3	7.70	2	0.03	28
河南							0.44	14	5.53	6	1.51	13
湖北	1.34	7	0.48	7					4.89	8	19.59	1
湖南							0.24	16	2.77	16	6.65	5
广东	29.22	2	5.75	3	23.27	2	41.35	1	7.42	3	4.37	9
广西			0.01	13					2.54	17	8.39	4
海南									0.34	30	0.24	24
重庆	0.61	11					0.39	15	1.28	26	2.69	11
四川	1.02	9			0.09	10	7.51	4	4.25	10	17.31	2
贵州	0.19	13			0.04	11	0.73	13	3.72	11	6.51	6
云南									3.15	13	10.12	3
西藏									0.05	31	0.25	23
陕西			0.02	10					2.45	18	1.21	16
甘肃					7.93	4			1.88	21	4.06	10
青海									1.02	28	4.49	7
宁夏									1.29	25	0.28	20
新疆									1.48	22	1.29	15

2-6 全国各省（市、区）建筑业总产值占全国比重及位次

（2005-2009 年）　　单位：%

地区	2005		2006		2007		2008		2009	
	比重	位次	比重	位次	比重	位次	比重	位次	比重	位次
北京	5.48	5	5.22	6	5.05	5	4.94	6	5.29	4
天津	2.18	17	2.37	15	2.39	15	2.34	17	2.49	17
河北	3.72	10	3.49	12	3.16	12	3.30	12	3.29	11
山西	2.46	15	2.26	16	2.08	18	2.18	18	2.38	18
内蒙古	1.10	24	1.12	24	1.33	23	1.26	23	1.26	23
辽宁	4.29	7	4.27	7	4.11	10	4.04	10	4.41	9
吉林	1.41	22	1.46	22	1.45	22	1.60	21	1.49	22
黑龙江	1.66	19	1.68	19	1.72	19	1.67	19	1.75	19
上海	5.47	6	5.50	5	4.95	6	5.23	5	4.99	5
江苏	12.64	2	13.05	2	13.73	1	13.87	1	13.36	1
浙江	13.66	1	13.61	1	13.66	2	13.15	2	12.48	2
安徽	2.79	13	2.81	13	2.97	14	2.99	13	2.92	14
福建	2.53	14	2.80	14	3.03	13	2.99	14	2.87	15
江西	1.64	20	1.61	21	1.54	20	1.67	20	1.72	20
山东	7.26	3	6.72	3	6.44	3	6.16	3	5.96	3
河南	3.09	12	3.68	10	4.22	7	4.55	7	4.68	7
湖北	3.91	9	4.01	9	4.14	8	4.20	8	4.46	8
湖南	3.53	11	3.52	11	3.58	11	3.41	11	3.26	12
广东	6.37	4	6.24	4	5.88	4	5.27	4	4.96	6
广西	1.23	23	1.23	23	1.20	24	1.21	24	1.22	24
海南	0.17	30	0.16	30	0.16	30	0.18	30	0.19	30
重庆	2.27	16	2.15	17	2.21	17	2.41	16	2.49	16
四川	4.25	8	4.22	8	4.13	9	4.18	9	4.35	10
贵州	0.78	27	0.75	27	0.68	27	0.63	27	0.68	27
云南	1.56	21	1.62	20	1.48	21	1.46	22	1.56	21
西藏	0.12	31	0.12	31	0.12	31	0.12	31	0.12	31
陕西	1.91	18	2.00	18	2.30	16	2.66	15	3.01	13
甘肃	0.91	26	0.83	26	0.86	26	0.78	26	0.75	26
青海	0.26	29	0.26	29	0.25	29	0.23	29	0.27	29
宁夏	0.33	28	0.31	28	0.30	28	0.31	28	0.34	28
新疆	1.04	25	0.92	25	0.88	25	1.01	25	1.02	25

2-7 全国各省（市、区）批发和零售业、住宿和餐饮业国内消费市场份额及位次

（2005-2009 年）

单位：%

地区	2005		2006		2007		2008		2009	
	市场份额	位次	市场份额	位次	市场份额	位次	市场份额	位次	市场份额	位次
北京	4.27	11	4.19	11	4.13	11	4.05	10	4.00	10
天津	1.75	23	1.73	23	1.74	23	1.81	23	1.83	23
河北	4.35	10	4.34	9	4.34	9	4.35	8	4.35	8
山西	2.06	17	2.06	17	2.08	17	2.11	18	2.12	18
内蒙古	1.98	19	2.04	19	2.07	18	2.14	17	2.15	17
辽宁	4.41	6	4.39	6	4.38	6	4.38	7	4.38	7
吉林	2.15	16	2.14	16	2.17	16	2.22	16	2.23	16
黑龙江	2.59	15	2.55	15	2.54	15	2.55	15	2.56	15
上海	4.37	8	4.30	10	4.18	10	3.99	11	3.90	11
江苏	8.39	3	8.47	3	8.52	3	8.63	3	8.66	3
浙江	6.82	4	6.81	4	6.76	4	6.56	4	6.50	4
安徽	2.60	14	2.59	14	2.61	14	2.65	14	2.66	14
福建	3.45	13	3.46	13	3.47	13	3.37	13	3.38	13
江西	1.82	21	1.83	21	1.83	21	1.87	21	1.87	21
山东	9.01	2	9.10	2	9.18	2	9.28	2	9.32	2
河南	4.94	5	4.96	5	5.00	5	5.06	5	5.08	5
湖北	4.36	9	4.36	8	4.38	7	4.45	6	4.47	6
湖南	3.62	12	3.62	12	3.65	12	3.68	12	3.70	12
广东	11.60	1	11.66	1	11.53	1	11.31	1	11.22	1
广西	2.06	18	2.05	18	2.06	19	2.09	19	2.10	19
海南	0.40	28	0.39	28	0.39	28	0.40	28	0.41	28
重庆	1.79	22	1.79	22	1.81	22	1.87	22	1.87	22
四川	4.39	7	4.37	7	4.37	8	4.31	9	4.34	9
贵州	0.89	27	0.88	27	0.89	27	0.94	25	0.94	25
云南	1.52	24	1.52	24	1.52	24	1.54	24	1.55	24
西藏	0.11	31	0.11	31	0.12	31	0.11	31	0.12	31
陕西	1.95	20	1.95	20	1.96	20	2.02	20	2.03	20
甘肃	0.93	26	0.92	26	0.91	26	0.89	27	0.89	26
青海	0.24	30	0.23	30	0.23	30	0.23	30	0.23	30
宁夏	0.26	29	0.25	29	0.25	29	0.26	29	0.26	29
新疆	0.94	25	0.93	25	0.92	25	0.91	26	0.89	27

2-8 全国各省（市、区）交通、邮电行业主要产品国内市场占有率及位次

（2009 年）

单位：%

地区	客运量		货运量		邮政业务总量		函件		快递		报刊期发数	
	占有率	位次	占有率	位次	占有率	位次	占有率	位次	占有率	位次	占有率	位次
北京	4.35	9	0.72	28	5.42	5	8.54	5	8.07	4	4.89	9
天津	0.78	26	1.50	23	1.59	19	1.49	14	1.40	14	1.42	25
河北	2.61	14	4.36	9	3.08	10	3.57	7	2.43	9	2.08	22
山西	1.23	23	3.88	12	2.20	16	1.10	18	0.67	23	2.45	18
内蒙古	0.74	27	4.03	11	0.74	26	0.49	26	0.64	24	1.67	23
辽宁	3.21	11	4.78	7	2.89	11	1.00	20	1.88	12	2.56	17
吉林	1.97	19	1.23	25	1.32	22	1.08	19	0.78	22	1.27	26
黑龙江	1.46	21	1.92	20	2.26	15	1.16	16	1.10	19	0.81	27
上海	0.32	30	2.71	17	11.87	2	17.23	1	18.40	2	6.05	4
江苏	6.74	4	5.40	5	9.41	3	12.57	2	9.42	3	8.19	1
浙江	6.69	5	5.36	6	6.79	4	11.10	3	7.95	5	7.45	2
安徽	4.74	7	6.96	2	2.37	14	3.24	9	1.27	15	3.73	12
福建	2.52	15	2.06	19	3.49	8	3.44	8	3.75	7	3.68	13
江西	2.37	16	3.05	15	1.97	17	2.31	11	1.19	17	2.61	16
山东	7.88	2	10.06	1	5.08	6	6.93	6	3.90	6	6.24	3
河南	4.84	6	6.02	3	3.58	7	2.63	10	2.20	10	5.81	5
湖北	3.17	12	2.80	16	2.78	12	1.93	13	2.07	11	4.06	11
湖南	4.72	8	4.56	8	2.57	13	1.35	15	1.47	13	5.10	8
广东	14.07	1	6.00	4	18.40	1	10.59	4	22.72	1	5.51	6
广西	2.30	17	3.34	13	1.37	21	0.97	21	0.91	21	2.73	14
海南	1.37	22	0.65	29	0.48	28	0.19	29	0.23	28	0.62	28
重庆	3.83	10	2.43	18	1.54	20	0.74	24	1.21	16	5.27	7
四川	7.39	3	4.19	10	3.35	9	2.16	12	2.44	8	4.30	10
贵州	2.18	18	1.23	24	0.75	25	0.90	22	0.50	26	2.22	19
云南	1.19	24	1.63	21	0.94	23	0.86	23	1.00	20	2.19	20
西藏	0.26	31	0.03	31	0.10	31	0.07	30	0.10	30	0.28	30
陕西	2.83	13	3.28	14	1.88	18	1.16	17	1.11	18	2.62	15
甘肃	1.68	20	0.94	27	0.57	27	0.50	25	0.37	27	1.44	24
青海	0.34	29	0.35	30	0.17	30	0.05	31	0.10	31	0.27	31
宁夏	0.42	28	1.04	26	0.20	29	0.31	28	0.19	29	0.37	29
新疆	1.00	25	1.59	22	0.85	24	0.37	27	0.55	25	2.13	21

2-8 续表　　（2009 年）　　单位：%

地区	集邮业务		电信业务总量		固定长途电话通话时长		移动电话通话时长		移动电话用户		互联网用户	
	占有率	位次	占有率	位次	占有率	位次	占有率	位次	占有率	位次	占有率	位次
北京	16.18	1	3.45	10	3.35	12	2.73	16	2.44	19	2.87	13
天津	5.21	6	1.42	26	0.88	27	1.38	27	1.33	27	1.47	26
河北	2.22	17	4.50	6	3.44	10	4.93	6	5.06	6	4.80	6
山西	1.32	22	2.34	19	2.03	19	2.44	18	2.61	16	2.77	15
内蒙古	1.29	23	2.12	21	1.30	23	2.44	19	2.16	20	1.50	24
辽宁	3.78	11	3.59	9	3.53	7	3.57	10	3.86	9	4.15	9
吉林	1.80	19	1.97	22	1.18	24	2.22	22	2.11	21	1.89	22
黑龙江	3.08	14	2.58	18	2.36	16	2.89	13	2.50	18	2.37	18
上海	3.49	12	3.29	12	3.27	13	2.48	17	2.83	14	3.05	12
江苏	7.46	2	6.49	2	9.24	2	6.28	3	6.61	3	7.20	3
浙江	5.75	4	6.36	3	8.83	3	6.14	4	5.96	4	6.38	4
安徽	0.88	26	2.60	16	1.59	21	2.40	21	2.88	13	2.78	14
福建	3.81	9	3.69	8	3.48	9	3.84	8	3.53	11	4.24	8
江西	2.66	15	2.19	20	1.67	20	2.43	20	2.07	22	2.06	21
山东	4.86	7	6.24	4	4.51	4	6.54	2	7.14	2	7.21	2
河南	5.51	5	4.77	5	4.22	6	5.25	5	5.34	5	5.23	5
湖北	3.78	10	3.12	13	4.38	5	3.03	11	4.20	8	3.83	10
湖南	2.14	18	3.36	11	2.99	14	3.66	9	3.68	10	3.66	11
广东	7.20	3	15.06	1	17.86	1	12.71	1	11.94	1	12.65	1
广西	1.17	24	2.63	15	3.52	8	2.79	15	2.62	15	2.68	16
海南	0.29	30	0.72	28	0.73	28	0.83	28	0.66	28	0.64	28
重庆	0.70	27	1.82	23	1.01	26	2.03	24	1.93	24	2.09	20
四川	4.24	8	4.38	7	3.41	11	4.68	7	4.64	7	4.26	7
贵州	0.68	28	1.77	24	1.11	25	2.03	23	1.95	23	1.49	25
云南	1.65	20	2.60	17	2.21	17	2.88	14	2.59	17	2.20	19
西藏	0.26	31	0.20	31	0.45	30	0.18	31	0.17	31	0.14	31
陕西	3.09	13	2.80	14	2.82	15	3.01	12	3.13	12	2.59	17
甘肃	1.46	21	1.38	27	1.58	22	1.46	26	1.60	25	1.39	27
青海	0.68	29	0.34	30	0.53	29	0.33	30	0.40	30	0.40	29
宁夏	1.07	25	0.46	29	0.35	31	0.49	29	0.51	29	0.37	30
新疆	2.29	16	1.76	25	2.16	18	1.94	25	1.49	26	1.65	23

2-9　全国主要国别（地区）出口市场分布

（2005-2009 年）　　　　单位：%

地区	2005	2006	2007	2008	2009
亚洲	**48.09**	**47.03**	**46.63**	**46.42**	**47.32**
#中国香港	16.34	16.03	15.15	13.33	13.83
中国澳门	0.21	0.23	0.22	0.18	0.15
日本	11.02	9.46	8.38	8.12	8.14
东南亚	5.22	5.39	5.48	5.49	5.96
阿联酋	1.15	1.18	1.40	1.65	1.55
欧洲	**21.74**	**22.23**	**23.64**	**24.00**	**22.02**
#德国	4.27	4.16	4.00	4.14	4.15
法国	1.53	1.44	1.67	1.63	1.79
意大利	1.53	1.65	1.74	1.86	1.68
芬兰	0.48	0.51	0.54	0.51	0.38
英国	2.49	2.49	2.60	2.52	2.60
丹麦	0.37	0.38	0.38	0.39	0.35
瑞典	0.34	0.34	0.37	0.36	0.35
瑞士	0.26	0.26	0.30	0.27	0.22
西班牙	1.11	1.19	1.36	1.45	1.17
北美洲	**22.92**	**22.61**	**20.70**	**19.17**	**19.85**
#加拿大	1.53	1.60	1.59	1.52	1.47
美国	21.38	21.00	19.11	17.64	18.38
大洋洲	**1.69**	**1.65**	**1.73**	**1.81**	**2.07**
#澳大利亚	1.45	1.41	1.48	1.55	1.72
拉丁美洲及非洲	**5.56**	**6.47**	**7.30**	**8.60**	**8.72**

注：本表中东南亚仅包括菲律宾、马来西亚、新加坡、泰国。

2-10 福建市场三大产地（区域）商品类值销售比重

（2008-2009 年）

类值名称	类值代码	2008			
		销售合计（万元）	商品产地区域（%）		
			省内	省外	境外
商品类值总计	01	38280384.00	42.06	51.65	6.29
食品、饮料、烟酒	11	12892914.90	40.34	55.45	4.21
#肉禽蛋类	13	510449.39	95.63	4.37	
其它食品类	14	3128647.70	25.59	71.38	3.03
饮料类	15	1355515.10	48.95	47.88	3.17
烟酒类	16	7898302.70	41.13	53.74	5.13
服装鞋帽、针、纺织品	17	5607624.04	48.00	44.82	7.18
#服装类	18	3952056.23	52.39	39.04	8.57
鞋帽类	19	1186408.25	33.29	61.76	4.95
针、纺织品	20	469159.56	48.27	50.63	1.10
化妆品类	21	253399.48	16.96	75.32	7.72
金银珠宝类	22	189248.24	66.20	28.25	5.55
日用品类	23	917767.24	33.68	64.22	2.10
#洗涤用品类	24	494447.10	22.15	76.01	1.84
儿童玩具类	25	78749.17	25.17	72.61	2.22
五金、电料类	26	167394.90	55.81	43.23	0.96
体育、娱乐用品类	27	240413.04	30.80	67.57	1.63
书报、杂志类	28	561238.68	20.04	75.26	4.70
电子出版物及音像制品类	29	272324.36	21.94	78.00	0.06
家用电器和音像器材类	30	2457926.66	13.49	80.92	5.59
中西药品类	31	3316801.75	38.35	55.93	5.72
#西药	32	1955867.74	12.22	78.03	9.75
中草药及中成药	33	774425.28	37.48	62.52	
文化办公用品类	34	410100.52	31.24	66.33	2.43
通讯器材类	35	537700.24	20.68	72.93	6.39
其他类	36	10455529.96	53.06	37.27	9.67

2-10续表　　　　　　　　（2008-2009年）

类值名称	类值代码	2009			
		销售合计（万元）	商品产地区域（%）		
			省内	省外	境外
商品类值总计	01	44809900.00	41.55	52.52	5.93
食品、饮料、烟酒	11	16246715.70	40.23	54.76	5.01
#肉禽蛋类	13	600084.21	94.16	5.84	
其它食品类	14	3971907.09	23.20	74.35	2.45
饮料类	15	1605078.04	49.66	48.83	1.51
烟酒类	16	10069646.36	42.23	50.89	6.88
服装鞋帽、针、纺织品	17	7475779.56	48.71	44.91	6.38
#服装类	18	5285504.98	54.11	39.48	6.41
鞋帽类	19	1586800.06	31.01	60.59	8.40
针、纺织品	20	603474.52	47.92	51.28	0.80
化妆品类	21	294851.68	14.22	76.23	9.55
金银珠宝类	22	208162.40	65.69	26.29	8.02
日用品类	23	1132129.00	31.86	61.69	6.45
#洗涤用品类	24	624586.10	23.72	75.31	0.97
儿童玩具类	25	100773.12	22.26	69.97	7.77
五金、电料类	26	210050.50	56.90	42.23	0.87
体育、娱乐用品类	27	309673.60	28.19	70.12	1.69
书报、杂志类	28	715094.48	21.12	74.45	4.43
电子出版物及音像制品类	29	362978.24	22.56	77.25	0.19
家用电器和音像器材类	30	3059865.90	14.05	80.06	5.89
中西药品类	31	4367875.58	38.45	53.27	8.28
#西药	32	2538892.78	11.98	78.82	9.20
中草药及中成药	33	1026404.24	35.92	64.08	
文化办公用品类	34	479588.28	31.85	66.42	1.73
通讯器材类	35	650986.88	21.61	71.83	6.56
其他类	36	9296148.20	54.40	38.95	6.65

注：本表商品销售类值包括限额以上和限额以下批发、零售业。

2-11 福建省主要国别（地区）出口市场分布

（2005-2009 年）

单位：%

地 区	2005	2006	2007	2008	2009
亚洲	**41.65**	**40.17**	**39.70**	**39.90**	**41.63**
#中国香港	8.26	7.42	7.20	6.55	6.58
中国澳门	0.03	0.02	0.04	0.03	0.03
日本	16.51	14.64	12.45	11.57	9.51
东南亚	5.19	5.32	6.13	6.69	8.37
阿联酋	1.57	1.56	1.64	1.70	2.03
欧洲	**22.46**	**23.39**	**25.25**	**25.71**	**23.72**
#德国	3.71	3.67	4.01	4.75	4.77
法国	1.48	1.47	1.71	1.48	1.57
意大利	1.70	1.66	1.78	1.81	1.76
芬兰	0.34	0.35	0.49	0.48	0.30
英国	2.47	2.46	2.29	2.69	2.73
丹麦	0.34	0.55	0.53	0.57	0.44
瑞典	0.41	0.35	0.42	1.00	0.38
瑞士	0.89	1.13	1.67	1.00	0.41
西班牙	1.45	1.47	1.60	1.47	1.67
北美洲	**26.82**	**26.52**	**23.92**	**22.64**	**22.09**
#加拿大	2.04	2.09	2.16	1.90	1.75
美国	24.78	24.42	21.76	20.74	20.33
大洋洲	**1.67**	**1.78**	**1.86**	**1.91**	**2.11**
#澳大利亚	1.43	1.48	1.57	1.66	1.78
南美洲及非洲	**7.41**	**8.15**	**9.27**	**9.85**	**10.46**

注：本表中东南亚仅包括菲律宾、马来西亚、新加坡、泰国。

2-12 福建省各设区市地区生产总值占全省比重及位次

（2005-2009 年）

单位：%

地区	2005		2006		2007		2008		2009	
	比重	位次	比重	位次	比重	位次	比重	位次	比重	位次
福州市	22.47	2	22.03	2	21.85	2	21.54	2	21.45	2
厦门市	15.32	3	15.46	3	15.36	3	14.71	3	14.31	3
莆田市	5.48	7	5.61	7	5.66	7	5.75	7	5.70	7
三明市	5.98	5	6.00	5	6.04	6	6.29	6	6.59	6
泉州市	24.76	1	25.16	1	25.27	1	25.51	1	25.29	1
漳州市	9.57	4	9.49	4	9.46	4	9.45	4	9.70	4
南平市	5.30	8	5.20	8	5.16	8	5.27	8	5.12	8
龙岩市	5.87	6	5.96	6	6.12	5	6.35	5	6.80	5
宁德市	5.23	9	5.08	9	5.06	9	5.12	9	5.04	9

2-13 福建省各设区市农林牧渔业总产值占全省比重及位次

（2005-2009 年）

单位：%

地区	2005		2006		2007		2008		2009	
	比重	位次	比重	位次	比重	位次	比重	位次	比重	位次
福州市	20.39	1	20.49	1	20.45	1	20.41	1	20.43	1
厦门市	2.45	9	2.03	9	1.76	9	1.77	9	1.65	9
莆田市	5.90	8	6.10	8	6.37	8	6.34	8	6.33	8
三明市	10.71	4	11.06	4	11.17	3	11.22	3	11.59	3
泉州市	11.85	3	11.19	3	11.12	4	10.71	5	10.20	5
漳州市	18.87	2	19.26	2	19.48	2	19.11	2	19.21	2
南平市	10.40	5	10.60	5	10.73	5	11.09	4	11.39	4
龙岩市	9.37	7	9.29	7	9.44	7	9.84	6	9.43	7
宁德市	10.06	6	9.97	6	9.47	6	9.51	7	9.77	6

2-14 福建省各设区市农林牧渔业分行业总产值占全省比重及位次

（2009 年）

单位：%

地 区	农林牧渔业		农业		林业		牧业		渔业	
	比重	位次	比重	位次	比重	位次	比重	位次	比重	位次
福州市	20.43	1	13.23	3	6.27	6	15.43	2	38.33	1
厦门市	1.65	9	1.63	9	0.15	9	2.98	9	0.93	9
莆田市	6.33	8	5.23	8	1.27	8	7.17	7	7.88	5
三明市	11.59	3	15.61	2	32.79	1	9.22	6	1.80	7
泉州市	10.20	5	8.86	7	1.79	7	13.94	3	12.61	3
漳州市	19.21	2	22.20	1	7.42	4	12.30	5	22.10	2
南平市	11.39	4	12.90	4	29.24	2	13.47	4	2.51	6
龙岩市	9.43	7	9.06	6	13.82	3	21.13	1	1.37	8
宁德市	9.77	6	11.27	5	7.25	5	4.36	8	12.44	4

2-15 福建省各设区市工业总产值占全省比重及位次

（2005-2009 年）

单位：%

地 区	2005		2006		2007		2008		2009	
	比重	位次	比重	位次	比重	位次	比重	位次	比重	位次
福州市	22.86	3	22.29	3	21.98	3	21.54	2	21.68	2
厦门市	25.08	2	23.81	2	21.98	2	19.58	3	16.78	3
莆田市	4.63	6	4.83	5	5.01	6	5.26	6	5.72	6
三明市	4.75	5	4.79	6	5.09	5	5.77	5	5.81	5
泉州市	26.02	1	26.73	1	27.29	1	28.08	1	29.13	1
漳州市	7.62	4	7.85	4	7.98	4	8.18	4	8.57	4
南平市	3.10	8	3.18	8	3.35	8	3.46	8	3.58	9
龙岩市	3.62	7	3.88	7	4.30	7	4.71	7	5.04	7
宁德市	2.30	9	2.64	9	3.02	9	3.43	9	3.68	8

2-16 福建省各设区市工业省内市场占有率及位次

（2005-2009年）

单位：%

地　区	2005		2006		2007		2008		2009	
	占有率	位次	占有率	位次	占有率	位次	占有率	位次	占有率	位次
福州市	22.55	3	21.65	3	21.48	3	20.69	2	20.99	2
厦门市	26.37	1	24.67	2	22.37	2	20.35	3	17.41	3
莆田市	4.28	6	4.85	5	5.10	6	5.34	6	5.83	6
三明市	4.74	5	4.76	6	5.22	5	5.85	5	5.96	5
泉州市	25.53	2	26.76	1	27.48	1	28.35	1	29.26	1
漳州市	7.56	4	7.66	4	7.77	4	8.00	4	8.47	4
南平市	2.99	8	3.07	8	3.25	8	3.35	8	3.45	9
龙岩市	3.63	7	3.91	7	4.33	7	4.74	7	5.08	7
宁德市	2.34	9	2.66	9	3.01	9	3.32	9	3.54	8

2-17 福建省各设区市工业分行业省内市场占有率及位次

（2009年）

单位：%

地　区	煤炭开采和洗选业		黑色金属矿采选业		有色金属矿采选业		非金属矿采选业		农副食品加工业	
	占有率	位次	占有率	位次	占有率	位次	占有率	位次	占有率	位次
福州市	2.14	4					28.99	1	26.65	1
厦门市							0.29	9	12.21	3
莆田市							2.43	8	11.14	4
三明市	27.32	2	14.94	2	42.41	1	28.53	2	2.48	9
泉州市	9.15	3	74.20	1	13.92	4	10.51	3	10.95	5
漳州市			0.34	5	0.19	6	5.80	6	22.68	2
南平市	1.48	5	0.58	4	19.74	2	10.04	5	5.17	6
龙岩市	59.90	1	9.84	3	18.07	3	10.06	4	4.07	8
宁德市			0.10	6	5.66	5	3.35	7	4.66	7

2-17 续表 1　　（2009 年）　　单位：%

地　区	食品制造业		饮料制造业		烟草制品业		纺织业		纺织服装、鞋、帽制造业	
	占有率	位次	占有率	位次	占有率	位次	占有率	位次	占有率	位次
福州市	15.81	3	11.83	3	0.07	5	34.33	2	8.02	3
厦门市	6.13	4	22.97	2	42.85	2	7.01	4	8.12	2
莆田市	4.72	7	10.17	4			2.39	7	6.96	4
三明市	5.38	6	3.01	9	0.73	3	12.10	3	0.82	7
泉州市	35.52	1	24.89	1			36.38	1	69.74	1
漳州市	21.28	2	8.42	6			1.59	8	3.48	5
南平市	5.60	5	5.30	7	0.57	4	3.10	5	0.50	8
龙岩市	2.66	9	4.45	8	55.78	1	3.00	6	2.14	6
宁德市	2.89	8	8.96	5			0.11	9	0.22	9

2-17 续表 2　　（2009 年）　　单位：%

地　区	皮革、毛皮、羽毛（绒）及其制品业		木材加工及木、竹、藤、棕、草制品业		家具制造业		造纸及纸制品业		印刷业和记录媒介的复制	
	占有率	位次	占有率	位次	占有率	位次	占有率	位次	占有率	位次
福州市	8.10	3	7.07	3	25.38	2	6.92	6	24.31	2
厦门市	3.28	4	0.70	9	13.08	3	8.17	4	24.19	3
莆田市	13.82	2	2.53	8	4.00	5	7.98	5	7.31	4
三明市	0.07	9	33.44	2	1.78	8	8.52	3	0.82	7
泉州市	72.70	1	2.86	7	12.85	4	39.82	1	32.77	1
漳州市	1.20	5	5.89	5	35.20	1	19.84	2	6.25	5
南平市	0.12	8	36.85	1	3.99	6	5.08	7	0.54	8
龙岩市	0.23	7	7.03	4	2.75	7	2.23	8	3.72	6
宁德市	0.48	6	3.63	6	0.97	9	1.44	9	0.09	9

2-17 续表 3 （2009 年） 单位：%

地 区	文教体育用品制造业		石油加工、炼焦及核燃料加工业		化学原料及化学制品制造业		医药制造业		化学纤维制造业	
	占有率	位次	占有率	位次	占有率	位次	占有率	位次	占有率	位次
福州市	8.39	5	8.28	2	8.60	5	34.82	1	54.26	1
厦门市	35.77	1	0.49	5	29.80	1	14.72	2	5.23	3
莆田市	8.96	4			3.52	8	3.76	8		
三明市	0.31	9	0.37	6	17.24	2	6.57	6	0.79	5
泉州市	17.47	3	88.44	1	15.30	3	9.63	5	38.45	2
漳州市	22.90	2	1.59	3	8.32	6	6.22	7	0.19	6
南平市	1.25	7	0.11	7	9.21	4	12.05	3	0.05	7
龙岩市	3.83	6	0.72	4	6.40	7	2.26	9	0.03	8
宁德市	1.12	8			1.61	9	9.96	4	1.02	4

2-17 续表 4 （2009 年） 单位：%

地 区	橡胶制品业		塑料制品业		非金属矿物制品业		黑色金属冶炼及压延加工业		有色金属冶炼及压延加工业	
	占有率	位次	占有率	位次	占有率	位次	占有率	位次	占有率	位次
福州市	1.78	5	35.69	1	16.22	2	33.30	1	18.02	3
厦门市	41.80	1	15.36	3	5.83	5	2.91	7	18.31	2
莆田市	18.69	3	10.43	4	1.41	9	0.46	9	1.26	9
三明市	2.48	4	2.20	7	6.70	4	24.57	2	3.86	8
泉州市	32.79	2	22.04	2	52.17	1	10.29	4	14.12	4
漳州市	0.32	9	4.27	6	4.75	6	14.31	3	4.62	7
南平市	1.19	6	1.23	9	1.52	8	2.79	8	9.84	6
龙岩市	0.37	8	1.37	8	9.14	3	4.31	6	19.98	1
宁德市	0.58	7	7.40	5	2.27	7	7.05	5	10.00	5

2-17 续表 5　　　　（2009 年）　　　　单位：%

地　区	金属制品业		通用设备制造业		专用设备制造业		交通运输设备制造业	
	占有率	位次	占有率	位次	占有率	位次	占有率	位次
福州市	14.74	4	22.39	2	13.97	4	32.36	1
厦门市	28.06	1	12.39	3	23.72	1	26.90	2
莆田市	13.04	5	3.00	8	3.80	6	2.15	8
三明市	1.88	7	11.43	4	6.39	5	2.52	7
泉州市	16.54	3	24.02	1	23.27	2	6.41	5
漳州市	19.49	2	9.75	5	3.12	7	15.94	3
南平市	0.89	9	1.66	9	1.86	9	1.40	9
龙岩市	1.07	8	5.83	7	21.50	3	5.78	6
宁德市	4.29	6	9.53	6	2.38	8	6.53	4

2-17 续表 6　　　　（2009 年）　　　　单位：%

地　区	电气机械及器材制造业		通信设备、计算机及其他电子设备制造业		仪器仪表及文化、办公用机械制造业		工艺品及其他制造业	
	占有率	位次	占有率	位次	占有率	位次	占有率	位次
福州市	24.97	2	33.69	2	32.51	1	16.67	3
厦门市	29.52	1	55.75	1	15.78	3	8.16	4
莆田市	0.62	9	2.51	5	30.84	2	18.20	2
三明市	1.14	8	0.15	7	0.52	8	0.86	6
泉州市	9.56	5	3.77	3	3.31	5	49.48	1
漳州市	11.10	4	3.35	4	13.28	4	4.91	5
南平市	8.01	6	0.08	8	1.93	6	0.36	9
龙岩市	1.72	7	0.66	6	0.47	9	0.85	7
宁德市	13.36	3	0.04	9	1.36	7	0.52	8

2-17 续表 7　　（2009 年）　　单位：%

地　区	废弃资源和废旧材料回收加工业		电力、热力的生产和供应业		燃气生产和供应业		水的生产和供应业	
	占有率	位次	占有率	位次	占有率	位次	占有率	位次
福州市	11.72	4	25.28	1	17.02	2	15.66	3
厦门市	6.70	6	5.00	6			37.77	1
莆田市	25.50	2	3.91	8	74.99	1	7.78	4
三明市	20.39	3	4.36	7	0.61	4	3.15	6
泉州市			22.60	2	6.90	3	24.98	2
漳州市	26.23	1	18.22	3			5.00	5
南平市			3.68	9			2.11	8
龙岩市	9.46	5	6.91	5	0.48	5	1.23	9
宁德市			10.04	4			2.31	7

2-18　福建省各设区市建筑业省内市场占有率及位次

（2005-2009 年）　　单位：%

地　区	2005		2006		2007		2008		2009	
	占有率	位次	占有率	位次	占有率	位次	占有率	位次	占有率	位次
福州市	43.47	1	39.44	1	37.22	1	38.66	1	39.49	1
厦门市	17.37	2	19.81	2	20.16	2	19.49	2	19.25	2
莆田市	3.56	6	3.54	6	2.98	6	3.19	6	3.48	7
三明市	3.04	7	2.95	7	2.77	7	3.09	7	4.01	6
泉州市	15.94	3	17.26	3	17.28	3	16.72	3	16.98	3
漳州市	6.14	4	5.74	5	7.87	4	7.12	4	4.95	5
南平市	2.11	9	2.18	9	2.36	9	2.13	9	1.84	9
龙岩市	5.57	5	6.31	4	6.60	5	6.81	5	7.65	4
宁德市	2.80	8	2.77	8	2.76	8	2.79	8	2.36	8

2-19　福建省各设区市金融系统各项存款占全省比重及位次

（2005-2009 年）　　　　单位：%

地　区	2005		2006		2007		2008		2009	
	比重	位次	比重	位次	比重	位次	比重	位次	比重	位次
福州市	33.16	1	33.31	1	33.15	1	33.43	1	32.64	1
厦门市	20.79	2	21.05	2	22.51	2	21.06	2	21.76	2
莆田市	4.14	7	4.34	7	4.02	8	4.11	8	4.10	8
三明市	4.72	6	4.63	5	4.29	5	4.45	6	4.39	6
泉州市	19.19	3	18.93	3	18.65	3	18.84	3	18.49	3
漳州市	6.01	4	5.97	4	6.08	4	6.13	4	5.90	4
南平市	4.79	5	4.61	6	4.23	6	4.32	7	4.28	7
龙岩市	4.13	8	4.04	8	4.14	7	4.51	5	4.71	5
宁德市	3.06	9	3.12	9	2.94	9	3.16	9	3.34	9

2-20　福建省各设区市批发和零售业、住宿和餐饮业省内消费市场份额及位次

（2005-2009 年）　　　　单位：%

地　区	2005		2006		2007		2008		2009	
	市场份额	位次	市场份额	位次	市场份额	位次	市场份额	位次	市场份额	位次
福州市	28.19	1	28.68	1	29.52	1	29.63	1	29.73	1
厦门市	11.56	3	11.65	3	11.36	3	10.94	3	12.57	3
莆田市	5.45	7	5.39	7	5.42	6	5.38	7	5.47	6
三明市	4.68	9	4.66	9	4.68	9	4.78	9	4.59	8
泉州市	23.92	2	23.92	2	23.70	2	23.67	2	23.44	2
漳州市	9.78	4	9.55	4	9.48	4	9.50	4	8.89	4
南平市	5.69	5	5.58	5	5.47	5	5.46	5	5.00	7
龙岩市	5.47	6	5.40	6	5.26	7	5.44	6	5.82	5
宁德市	5.27	8	5.17	8	5.10	8	5.19	8	4.49	9

2-21　福建省各县（市、区）地区生产总值占全省比重及位次

（2005-2009 年）

单位：%

地　区	2005		2006		2007		2008		2009	
	比重	位次	比重	位次	比重	位次	比重	位次	比重	位次
福州市辖区	10.90	2	10.66	2	10.60	2	10.49	2	10.91	2
福清市	4.03	6	3.92	6	3.90	6	3.79	6	3.38	7
长乐市	2.44	10	2.39	12	2.36	12	2.25	14	2.09	13
闽侯县	1.38	18	1.35	18	1.35	17	1.31	18	1.62	15
连江县	1.32	19	1.32	19	1.30	19	1.28	19	1.30	17
罗源县	0.63	38	0.63	38	0.65	36	0.67	35	0.65	37
闽清县	0.75	31	0.74	29	0.69	33	0.66	36	0.61	38
永泰县	0.45	49	0.44	50	0.43	51	0.42	52	0.51	47
平潭县	0.61	40	0.59	41	0.58	41	0.57	41	0.60	39
厦门市	15.35	1	15.47	1	15.37	1	14.72	1	14.27	1
莆田市辖区	4.45	5	4.57	5	4.63	5	4.71	5	4.70	5
仙游县	1.04	23	1.05	23	1.04	23	1.04	23	0.98	23
三明市辖区	1.40	15	1.39	15	1.42	15	1.57	15	1.54	16
永安市	1.17	20	1.18	20	1.19	21	1.21	21	1.23	19
明溪县	0.21	62	0.22	62	0.22	62	0.22	63	0.22	63
清流县	0.21	63	0.21	63	0.22	63	0.22	62	0.29	59
宁化县	0.33	55	0.33	55	0.34	54	0.35	54	0.40	53
大田县	0.44	51	0.44	49	0.44	50	0.46	49	0.54	44
尤溪县	0.69	33	0.69	34	0.68	34	0.67	34	0.68	33
沙　县	0.65	37	0.65	36	0.66	35	0.69	33	0.70	32
将乐县	0.34	54	0.34	54	0.34	55	0.34	55	0.36	55
泰宁县	0.31	56	0.32	56	0.32	56	0.33	56	0.32	56
建宁县	0.24	61	0.23	60	0.23	60	0.24	61	0.29	58
泉州市辖区	5.19	4	5.40	4	5.41	4	5.50	4	5.78	4
石狮市	2.60	9	2.66	9	2.66	9	2.71	9	2.67	10
晋江市	6.45	3	6.52	3	6.52	3	6.58	3	6.56	3
南安市	3.29	7	3.33	7	3.33	7	3.43	7	3.40	6
惠安县	2.88	8	2.93	8	2.99	8	2.97	8	2.83	8
安溪县	2.08	14	2.09	14	2.14	14	2.26	13	2.04	14
永春县	1.39	17	1.38	16	1.37	16	1.36	16	1.22	20
德化县	0.78	27	0.80	27	0.80	27	0.80	28	0.73	30
漳州市辖区	2.39	12	2.40	11	2.44	11	2.43	11	2.46	11
龙海市	2.37	13	2.32	13	2.32	13	2.31	12	2.42	12
云霄县	0.47	44	0.46	44	0.46	47	0.47	46	0.48	50

2-21 续表　　（2005-2009 年）　　单位：%

地 区	2005		2006		2007		2008		2009	
	比重	位次	比重	位次	比重	位次	比重	位次	比重	位次
漳浦县	1.09	22	1.08	22	1.08	22	1.05	22	1.03	22
诏安县	0.67	35	0.66	35	0.65	37	0.65	37	0.66	35
长泰县	0.41	53	0.43	52	0.43	52	0.44	51	0.51	46
东山县	0.50	43	0.49	43	0.48	43	0.48	45	0.48	49
南靖县	0.77	29	0.74	30	0.71	30	0.71	31	0.74	28
平和县	0.65	36	0.64	37	0.62	38	0.62	38	0.60	41
华安县	0.27	57	0.27	57	0.28	57	0.29	57	0.29	57
南平市辖区	1.40	16	1.36	17	1.34	18	1.34	17	1.25	18
邵武市	0.76	30	0.74	28	0.73	29	0.76	29	0.73	29
武夷山市	0.46	45	0.45	46	0.46	46	0.47	47	0.46	51
建瓯市	0.71	32	0.70	33	0.70	31	0.73	30	0.72	31
建阳市	0.52	42	0.53	42	0.53	42	0.55	42	0.55	43
顺昌县	0.41	52	0.39	53	0.39	53	0.38	53	0.37	54
浦城县	0.46	46	0.45	47	0.45	48	0.46	48	0.45	52
光泽县	0.24	60	0.23	61	0.23	61	0.25	59	0.24	61
松溪县	0.18	67	0.17	67	0.17	67	0.17	67	0.17	67
政和县	0.18	65	0.17	66	0.17	66	0.17	66	0.17	66
龙岩市辖区	2.40	11	2.45	10	2.53	10	2.60	10	2.81	9
漳平市	0.60	41	0.60	39	0.60	39	0.61	39	0.68	34
长汀县	0.46	48	0.46	45	0.48	44	0.50	44	0.60	40
永定县	0.84	26	0.84	25	0.85	25	0.89	24	0.78	27
上杭县	0.69	34	0.72	32	0.76	28	0.80	27	0.89	25
武平县	0.44	50	0.44	51	0.44	49	0.45	50	0.51	48
连城县	0.46	47	0.45	48	0.48	45	0.50	43	0.51	45
宁德市辖区	0.87	25	0.85	24	0.85	24	0.85	26	0.89	24
福安市	1.16	21	1.17	21	1.21	20	1.23	20	1.17	21
福鼎市	0.92	24	0.84	26	0.84	26	0.85	25	0.88	26
霞浦县	0.78	28	0.74	31	0.70	32	0.70	32	0.66	36
古田县	0.61	39	0.60	40	0.59	40	0.60	40	0.57	42
屏南县	0.25	59	0.24	59	0.24	59	0.24	60	0.24	62
寿宁县	0.27	58	0.26	58	0.25	58	0.26	58	0.25	60
周宁县	0.20	64	0.20	64	0.20	64	0.20	64	0.19	64
柘荣县	0.18	66	0.18	65	0.18	65	0.18	65	0.19	65

2-24 福建省各县（市、区）工业总产值占全省比重及位次

（2005-2009 年）

单位：%

地 区	2005		2006		2007		2008		2009	
	比重	位次	比重	位次	比重	位次	比重	位次	比重	位次
福州市辖区	9.83	2	8.77	3	8.64	3	8.57	3	8.33	3
福清市	6.26	5	6.29	5	5.80	5	5.56	5	5.08	5
长乐市	3.78	7	3.92	7	4.03	7	3.88	7	4.04	7
闽侯县	1.61	15	1.53	15	1.66	15	1.53	16	1.81	15
连江县	0.46	27	0.55	26	0.64	24	0.71	23	0.84	22
罗源县	0.33	29	0.46	29	0.50	29	0.59	28	0.85	21
闽清县	0.45	28	0.60	23	0.53	28	0.51	31	0.52	32
永泰县	0.11	52	0.11	55	0.12	55	0.12	62	0.12	64
平潭县	0.04	65	0.04	66	0.05	66	0.07	65	0.09	65
厦门市	25.08	1	23.81	1	21.98	1	19.58	1	16.78	1
莆田市辖区	4.10	6	4.26	6	4.37	6	4.59	6	5.02	6
仙游县	0.53	24	0.57	25	0.64	25	0.67	24	0.71	26
三明市辖区	2.11	14	1.91	14	1.95	14	2.25	13	1.83	14
永安市	0.98	18	1.01	19	1.05	19	1.11	19	1.28	18
明溪县	0.07	64	0.09	64	0.10	63	0.11	63	0.12	62
清流县	0.10	56	0.10	57	0.11	61	0.13	58	0.15	59
宁化县	0.07	63	0.09	61	0.11	59	0.14	55	0.16	55
大田县	0.29	35	0.31	37	0.33	38	0.39	35	0.44	36
尤溪县	0.26	36	0.31	36	0.35	35	0.38	36	0.37	39
沙 县	0.54	23	0.59	24	0.66	22	0.80	20	0.90	20
将乐县	0.15	45	0.18	46	0.20	46	0.21	47	0.25	45
泰宁县	0.10	57	0.11	54	0.12	56	0.13	57	0.15	56
建宁县	0.08	61	0.09	62	0.11	58	0.12	61	0.15	57
泉州市辖区	7.08	4	7.29	4	7.18	4	7.37	4	7.89	4
石狮市	2.39	10	2.51	10	2.53	11	2.60	12	2.74	12
晋江市	8.79	3	8.97	2	8.99	2	8.78	2	9.04	2
南安市	2.90	9	2.96	9	3.22	8	3.43	8	3.53	8
惠安县	2.31	12	2.38	11	2.48	12	2.70	11	2.94	10
安溪县	1.31	17	1.31	17	1.52	16	1.83	15	1.66	16
永春县	0.63	21	0.69	21	0.71	20	0.76	21	0.78	23
德化县	0.61	22	0.63	22	0.65	23	0.62	26	0.55	30
漳州市辖区	2.13	13	2.24	13	2.24	13	2.13	14	2.18	13
龙海市	3.28	8	3.14	8	3.10	9	3.19	9	3.23	9
云霄县	0.13	49	0.14	48	0.17	48	0.22	45	0.25	46

2-24 续表 （2005-2009 年） 单位：%

地 区	2005		2006		2007		2008		2009	
	比重	位次	比重	位次	比重	位次	比重	位次	比重	位次
漳浦县	0.33	30	0.37	32	0.40	33	0.40	33	0.46	33
诏安县	0.24	41	0.29	39	0.31	40	0.34	39	0.39	38
长泰县	0.30	33	0.40	31	0.47	32	0.52	30	0.59	28
东山县	0.29	34	0.33	35	0.32	39	0.32	41	0.37	40
南靖县	0.75	20	0.72	20	0.69	21	0.72	22	0.73	25
平和县	0.10	55	0.13	49	0.15	49	0.18	49	0.18	52
华安县	0.08	62	0.10	56	0.13	52	0.17	50	0.19	50
南平市辖区	1.45	16	1.43	16	1.39	17	1.29	18	1.18	19
邵武市	0.47	25	0.50	27	0.54	27	0.60	27	0.64	27
武夷山市	0.08	60	0.10	59	0.12	57	0.13	56	0.16	54
建瓯市	0.26	38	0.28	40	0.33	37	0.37	37	0.44	37
建阳市	0.26	37	0.29	38	0.33	36	0.39	34	0.44	35
顺昌县	0.25	40	0.22	42	0.23	43	0.22	46	0.22	47
浦城县	0.16	44	0.18	44	0.19	47	0.21	48	0.21	48
光泽县	0.11	51	0.10	58	0.12	54	0.14	54	0.15	58
松溪县	0.03	67	0.03	67	0.05	65	0.06	66	0.07	66
政和县	0.04	66	0.04	65	0.04	67	0.05	67	0.06	67
龙岩市辖区	2.34	11	2.36	12	2.58	10	2.72	10	2.86	11
漳平市	0.25	39	0.27	41	0.29	41	0.33	40	0.36	41
长汀县	0.14	46	0.18	45	0.22	44	0.26	42	0.32	42
永定县	0.32	31	0.36	33	0.40	34	0.46	32	0.45	34
上杭县	0.32	32	0.43	30	0.48	31	0.52	29	0.53	31
武平县	0.11	53	0.12	52	0.13	53	0.16	53	0.20	49
连城县	0.14	48	0.16	47	0.21	45	0.26	43	0.31	43
宁德市辖区	0.22	42	0.34	34	0.49	30	0.34	38	0.56	29
福安市	0.90	19	1.05	18	1.17	18	1.49	17	1.31	17
福鼎市	0.47	26	0.49	28	0.55	26	0.65	25	0.76	24
霞浦县	0.14	47	0.12	53	0.13	51	0.16	52	0.18	51
古田县	0.20	43	0.22	43	0.23	42	0.26	44	0.29	44
屏南县	0.08	59	0.09	63	0.10	64	0.11	64	0.12	63
寿宁县	0.11	50	0.12	51	0.11	60	0.13	60	0.14	60
周宁县	0.09	58	0.10	60	0.11	62	0.13	59	0.14	61
柘荣县	0.10	54	0.12	50	0.14	50	0.16	51	0.18	53

2-25 福建省各县（市、区）工业省内市场占有率及位次

（2005-2009 年）

单位：%

地　区	2005		2006		2007		2008		2009	
	占有率	位次	占有率	位次	占有率	位次	占有率	位次	占有率	位次
福州市辖区	8.95	3	7.94	3	7.92	3	7.89	3	7.64	3
福清市	6.66	4	6.51	5	5.95	5	5.42	5	5.06	6
长乐市	3.83	6	3.99	7	4.06	7	3.91	7	4.02	7
闽侯县	1.71	15	1.51	15	1.66	15	1.43	17	1.79	15
连江县	0.44	28	0.49	28	0.66	24	0.70	23	0.86	22
罗源县	0.34	31	0.44	30	0.49	30	0.60	28	0.89	21
闽清县	0.46	27	0.62	23	0.56	27	0.53	30	0.54	30
永泰县	0.12	50	0.11	55	0.13	53	0.13	59	0.12	62
平潭县	0.04	65	0.04	66	0.05	66	0.07	65	0.07	65
厦门市	26.37	1	24.67	1	22.37	1	20.35	1	17.41	1
莆田市辖区	3.77	7	4.27	6	4.45	6	4.65	6	5.09	5
仙游县	0.50	25	0.58	25	0.65	25	0.69	24	0.73	26
三明市辖区	2.20	13	1.98	14	2.06	14	2.27	13	1.89	14
永安市	0.88	19	0.89	19	1.01	19	1.13	19	1.30	17
明溪县	0.07	64	0.09	64	0.10	64	0.12	63	0.12	63
清流县	0.10	57	0.10	60	0.11	60	0.12	62	0.14	59
宁化县	0.08	63	0.10	61	0.11	61	0.14	55	0.17	54
大田县	0.30	33	0.31	35	0.34	37	0.40	34	0.45	35
尤溪县	0.27	37	0.31	36	0.35	35	0.37	37	0.39	39
沙　县	0.55	24	0.60	24	0.67	22	0.83	20	0.92	20
将乐县	0.13	48	0.17	45	0.21	45	0.21	47	0.26	44
泰宁县	0.10	56	0.12	54	0.13	56	0.13	56	0.16	55
建宁县	0.08	60	0.10	58	0.12	58	0.13	60	0.16	57
泉州市辖区	6.43	5	6.70	4	6.83	4	6.93	4	7.40	4
石狮市	2.47	10	2.67	10	2.65	10	2.71	11	2.89	11
晋江市	9.05	2	9.28	2	9.17	2	9.11	2	9.17	2
南安市	2.92	9	3.09	9	3.36	8	3.51	8	3.66	8
惠安县	2.33	11	2.43	11	2.57	11	2.76	10	3.01	10
安溪县	1.05	17	1.23	17	1.52	16	1.90	15	1.74	16
永春县	0.64	21	0.73	20	0.73	20	0.79	21	0.83	23
德化县	0.63	22	0.64	22	0.66	23	0.64	26	0.57	29
漳州市辖区	1.91	14	2.08	13	2.13	13	1.98	14	2.02	13
龙海市	3.45	8	3.15	8	3.02	9	3.09	9	3.21	9
云霄县	0.13	46	0.15	48	0.18	48	0.22	46	0.25	46

2-25 续表　　（2005-2009 年）　　单位：%

地区	2005		2006		2007		2008		2009	
	比重	位次	比重	位次	比重	位次	比重	位次	比重	位次
漳浦县	0.32	32	0.36	33	0.39	34	0.41	33	0.46	34
诏安县	0.24	40	0.30	38	0.33	39	0.36	38	0.40	38
长泰县	0.28	34	0.36	32	0.45	31	0.52	31	0.62	28
东山县	0.28	35	0.32	34	0.32	40	0.33	40	0.39	40
南靖县	0.76	20	0.72	21	0.67	21	0.73	22	0.74	25
平和县	0.10	55	0.13	50	0.16	49	0.18	49	0.19	52
华安县	0.08	61	0.10	57	0.13	55	0.17	50	0.19	51
南平市辖区	1.31	16	1.34	16	1.28	17	1.18	18	1.07	19
邵武市	0.55	23	0.50	27	0.56	26	0.61	27	0.66	27
武夷山市	0.08	62	0.09	62	0.12	57	0.13	58	0.16	56
建瓯市	0.26	39	0.30	37	0.34	38	0.37	36	0.44	36
建阳市	0.27	38	0.30	39	0.34	36	0.38	35	0.44	37
顺昌县	0.21	42	0.19	43	0.19	46	0.23	45	0.23	47
浦城县	0.13	49	0.16	46	0.18	47	0.20	48	0.20	49
光泽县	0.11	51	0.11	56	0.13	54	0.15	54	0.14	60
松溪县	0.04	67	0.04	67	0.05	65	0.06	67	0.07	66
政和县	0.04	66	0.04	65	0.04	67	0.06	66	0.06	67
龙岩市辖区	2.28	12	2.33	12	2.53	12	2.70	12	2.87	12
漳平市	0.27	36	0.29	41	0.30	41	0.34	39	0.37	41
长汀县	0.15	44	0.19	44	0.22	43	0.26	43	0.32	42
永定县	0.34	29	0.38	31	0.42	33	0.47	32	0.47	33
上杭县	0.34	30	0.45	29	0.51	29	0.54	29	0.53	31
武平县	0.11	53	0.12	52	0.13	52	0.16	53	0.21	48
连城县	0.13	47	0.16	47	0.21	44	0.26	42	0.31	43
宁德市辖区	0.18	43	0.29	40	0.44	32	0.28	41	0.51	32
福安市	0.94	18	1.07	18	1.19	18	1.45	16	1.24	18
福鼎市	0.49	26	0.50	26	0.55	28	0.65	25	0.76	24
霞浦县	0.15	45	0.12	53	0.13	51	0.16	51	0.19	50
古田县	0.21	41	0.23	42	0.24	42	0.24	44	0.26	45
屏南县	0.08	59	0.09	63	0.10	63	0.11	64	0.12	64
寿宁县	0.11	52	0.13	51	0.11	59	0.13	61	0.14	61
周宁县	0.09	58	0.10	59	0.11	62	0.13	57	0.14	58
柘荣县	0.11	54	0.13	49	0.14	50	0.16	52	0.19	53

2-26 福建省各县（市、区）批发和零售业、住宿和餐饮业省内消费市场份额及位次

（2005-2009 年）

单位：%

地 区	2005		2006		2007		2008		2009	
	市场份额	位次	市场份额	位次	市场份额	位次	市场份额	位次	市场份额	位次
福州市辖区	19.73	1	20.43	1	21.43	1	21.59	1	21.57	1
福清市	3.23	8	3.08	8	2.98	9	2.96	9	2.97	8
长乐市	1.55	14	1.40	15	1.35	15	1.32	15	1.34	14
闽侯县	0.99	21	1.03	19	1.03	19	1.06	19	1.15	17
连江县	0.76	28	0.79	27	0.80	27	0.79	28	0.81	25
罗源县	0.47	45	0.46	45	0.46	45	0.45	46	0.45	43
闽清县	0.47	46	0.45	46	0.43	48	0.43	49	0.43	48
永泰县	0.43	49	0.45	47	0.44	47	0.43	48	0.43	47
平潭县	0.57	36	0.59	35	0.60	35	0.59	35	0.58	34
厦门市	11.56	2	11.65	2	11.36	2	10.94	2	12.57	2
莆田市辖区	4.43	5	4.43	5	4.50	5	4.48	5	4.56	5
仙游县	1.02	19	0.96	21	0.92	22	0.90	24	0.90	20
三明市辖区	1.28	16	1.28	16	1.30	16	1.30	16	1.29	15
永安市	0.96	22	0.96	22	0.95	20	0.96	20	0.89	22
明溪县	0.15	66	0.15	66	0.16	66	0.16	66	0.15	66
清流县	0.18	63	0.18	63	0.18	63	0.18	63	0.17	61
宁化县	0.28	54	0.28	53	0.28	53	0.30	53	0.29	53
大田县	0.40	51	0.39	51	0.40	51	0.39	51	0.38	51
尤溪县	0.42	50	0.42	50	0.41	50	0.43	47	0.40	50
沙 县	0.43	48	0.43	49	0.44	46	0.47	44	0.47	40
将乐县	0.20	60	0.20	60	0.20	58	0.21	57	0.20	56
泰宁县	0.19	62	0.19	62	0.19	61	0.20	61	0.19	58
建宁县	0.17	65	0.17	65	0.17	64	0.17	64	0.16	64
泉州市辖区	5.96	3	6.25	3	6.30	3	6.18	3	6.32	3
石狮市	3.83	6	3.80	6	3.71	6	3.74	6	3.67	6
晋江市	4.91	4	4.70	4	4.70	4	4.73	4	4.64	4
南安市	3.44	7	3.38	7	3.28	7	3.33	7	3.26	7
惠安县	2.32	10	2.32	10	2.29	10	2.29	10	2.23	11
安溪县	1.72	13	1.75	12	1.74	12	1.75	12	1.75	12
永春县	1.00	20	0.98	20	0.95	21	0.94	21	0.90	21
德化县	0.75	29	0.75	29	0.74	29	0.71	30	0.67	30
漳州市辖区	3.02	9	2.92	9	3.02	8	3.02	8	2.89	9
龙海市	1.75	12	1.73	13	1.68	13	1.67	13	1.56	13
云霄县	0.66	33	0.65	33	0.62	33	0.61	33	0.56	36

2-26 续表 （2005-2009 年） 单位：%

地　区	2005		2006		2007		2008		2009	
	市场份额	位次	市场份额	位次	市场份额	位次	市场份额	位次	市场份额	位次
漳浦县	1.23	17	1.21	17	1.18	17	1.19	17	1.10	18
诏安县	0.92	26	0.89	26	0.85	26	0.84	26	0.78	27
长泰县	0.28	53	0.28	54	0.27	54	0.28	54	0.26	54
东山县	0.49	44	0.48	44	0.47	43	0.47	43	0.44	45
南靖县	0.52	39	0.51	41	0.53	37	0.54	38	0.49	39
平和县	0.74	30	0.72	30	0.69	30	0.71	29	0.66	31
华安县	0.17	64	0.17	64	0.17	65	0.17	65	0.16	65
南平市辖区	1.47	15	1.42	14	1.41	14	1.40	14	1.28	16
邵武市	0.92	25	0.90	25	0.88	25	0.89	25	0.86	23
武夷山市	0.50	42	0.51	40	0.49	41	0.50	42	0.47	41
建瓯市	0.71	31	0.70	31	0.68	31	0.69	31	0.65	32
建阳市	0.51	41	0.51	39	0.51	40	0.51	39	0.45	44
顺昌县	0.38	52	0.37	52	0.36	52	0.35	52	0.31	52
浦城县	0.53	38	0.53	38	0.51	39	0.50	40	0.43	49
光泽县	0.23	57	0.22	57	0.22	56	0.21	56	0.20	57
松溪县	0.21	59	0.21	58	0.20	59	0.20	60	0.17	60
政和县	0.23	56	0.22	56	0.22	57	0.21	58	0.18	59
龙岩市辖区	2.19	11	2.20	11	2.15	11	2.27	11	2.47	10
漳平市	0.55	37	0.54	37	0.53	38	0.54	37	0.57	35
长汀县	0.51	40	0.50	42	0.49	42	0.50	41	0.54	37
永定县	0.68	32	0.66	32	0.65	32	0.65	32	0.67	29
上杭县	0.59	35	0.58	36	0.56	36	0.59	36	0.63	33
武平县	0.45	47	0.44	48	0.42	49	0.42	50	0.43	46
连城县	0.49	43	0.48	43	0.47	44	0.46	45	0.50	38
宁德市辖区	0.92	24	0.90	24	0.88	24	0.93	23	0.97	19
福安市	1.18	18	1.16	18	1.15	18	1.14	18	0.86	24
福鼎市	0.93	23	0.92	23	0.91	23	0.94	22	0.80	26
霞浦县	0.79	27	0.77	28	0.76	28	0.80	27	0.74	28
古田县	0.64	34	0.63	34	0.62	34	0.61	34	0.46	42
屏南县	0.21	58	0.20	59	0.20	60	0.20	59	0.17	63
寿宁县	0.28	55	0.27	55	0.27	55	0.26	55	0.21	55
周宁县	0.19	61	0.19	61	0.18	62	0.18	62	0.17	62
柘荣县	0.14	67	0.13	67	0.13	67	0.13	67	0.12	67

3

福建市场占有年鉴

行业篇

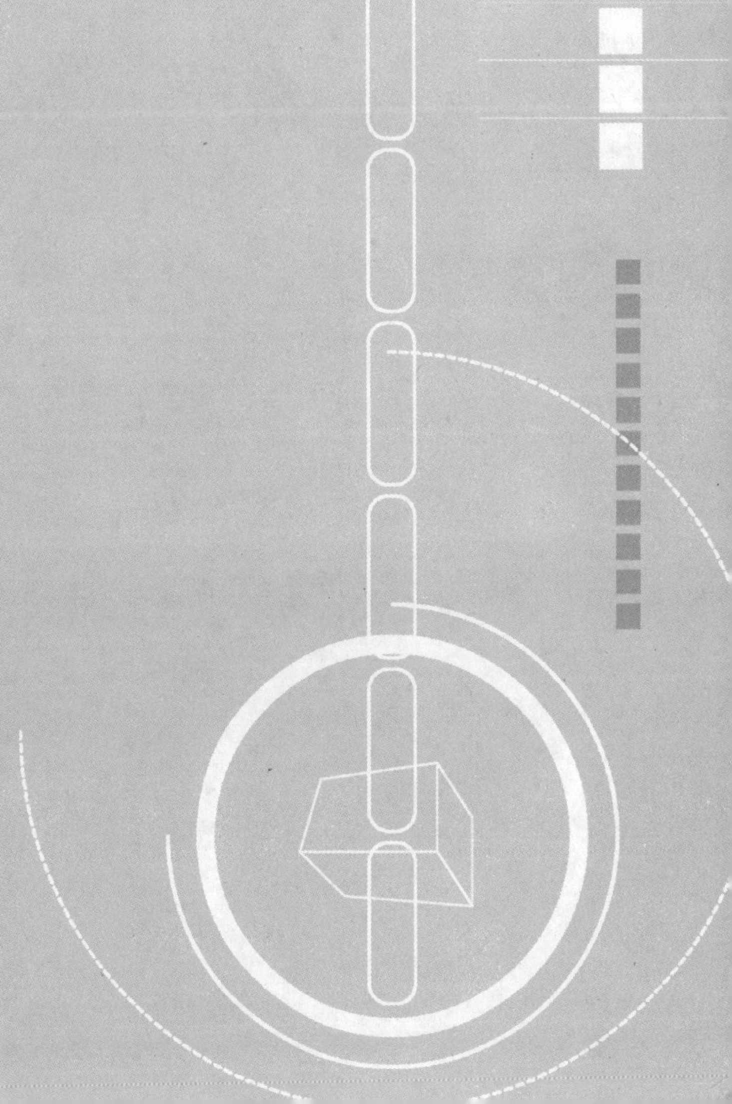

3-1 农林牧渔业分行业总产值占全国比重排名前5个省（市、区）

（2007-2009年） 单位：%

行业名称	2007					
	福建	第1位	第2位	第3位	第4位	第5位
农林牧渔业	第13位 3.46	山东 9.75	河南 7.94	四川 6.91	河北 6.29	江苏 6.27
#农业	第15位 2.78	山东 10.56	河南 9.14	河北 6.65	江苏 6.26	广东 5.39
林业	第4位 6.48	云南 8.38	湖南 7.74	江西 6.79	福建 6.48	河南 5.63
牧业	第18位 2.11	四川 11.33	河南 8.22	山东 8.14	河北 7.11	湖南 6.29
渔业	第4位 10.62	山东 13.02	江苏 12.99	广东 12.16	福建 10.62	浙江 8.30

3-1 续表1 （2007-2009年） 单位：%

行业名称	2008					
	福建	第1位	第2位	第3位	第4位	第5位
农林牧渔业	第13位 3.39	山东 9.68	河南 8.05	四川 6.73	江苏 6.19	河北 6.04
#农业	第17位 2.72	山东 10.33	河南 9.13	河北 6.28	江苏 6.23	四川 5.73
林业	第4位 6.96	云南 8.53	湖南 7.22	江西 7.00	福建 6.96	广西 5.77
牧业	第17位 2.07	四川 9.89	河南 8.56	山东 8.28	湖南 7.11	河北 6.85
渔业	第4位 10.56	山东 13.19	江苏 12.79	广东 12.54	福建 10.56	浙江 7.84

3-1 续表2 （2007-2009年） 单位：%

行业名称	2009					
	福建	第1位	第2位	第3位	第4位	第5位
农林牧渔业	第13位 3.32	山东 9.95	河南 8.07	江苏 6.32	四川 6.11	河北 6.03
#农业	第16位 2.70	山东 10.53	河南 9.26	江苏 6.36	河北 6.30	四川 5.90
林业	第3位 6.87	云南 8.31	湖南 7.38	福建 6.87	江西 6.86	河南 5.68
牧业	第19位 1.88	山东 8.65	河南 8.50	四川 8.20	河北 6.93	辽宁 6.02
渔业	第4位 10.05	山东 13.28	江苏 12.78	广东 11.75	福建 10.05	辽宁 7.85

3-2　全国工业分行业主营业务收入占全国比重及位次

（2005-2009 年）　　　　单位：%

行业名称	2005		2006		2007		2008		2009	
	比重	位次	比重	位次	比重	位次	比重	位次	比重	位次
煤炭开采和洗选业	2.38	16	2.38	16	2.40	15	3.06	13	3.20	13
石油和天然气开采业	2.47	14	2.48	14	2.13	16	2.21	16	1.46	21
黑色金属矿采选业	0.40	34	0.44	34	0.52	32	0.73	30	0.67	30
有色金属矿采选业	0.45	33	0.55	31	0.56	31	0.54	32	0.53	33
非金属矿采选业	0.30	35	0.32	35	0.32	35	0.36	35	0.41	35
农副食品加工业	4.17	9	4.05	11	4.29	11	4.71	8	5.09	7
食品制造业	1.47	21	1.47	21	1.46	21	1.49	20	1.63	19
饮料制造业	1.23	23	1.25	23	1.25	22	1.23	22	1.38	22
烟草制品业	1.15	24	1.01	25	0.94	26	0.85	26	0.90	26
纺织业	4.98	7	4.77	8	4.54	7	4.15	10	4.14	10
纺织服装、鞋、帽制造业	1.92	18	1.88	18	1.84	18	1.81	18	1.87	17
皮革、毛皮、羽毛（绒）及其制品业	1.33	22	1.28	22	1.24	23	1.14	23	1.15	23
木材加工及木、竹、藤、棕、草制品业	0.70	29	0.75	29	0.84	28	0.93	25	1.04	24
家具制造业	0.56	31	0.58	30	0.59	30	0.60	31	0.62	31
造纸及纸制品业	1.62	19	1.58	19	1.54	19	1.50	19	1.47	20
印刷业和记录媒介的复制	0.56	32	0.53	33	0.51	33	0.52	33	0.53	32
文教体育用品制造业	0.58	30	0.54	32	0.51	34	0.48	34	0.47	34
石油加工、炼焦及核燃料加工业	4.84	8	4.80	7	4.49	8	4.53	9	3.92	11
化学原料及化学制品制造业	6.50	4	6.48	4	6.63	4	6.66	3	6.69	4
医药制造业	1.62	20	1.50	20	1.49	20	1.48	21	1.67	18
化学纤维制造业	1.03	26	1.00	26	1.00	25	0.78	29	0.70	29
橡胶制品业	0.86	27	0.85	27	0.85	27	0.83	27	0.86	27
塑料制品业	1.99	17	1.99	17	1.98	17	1.92	17	1.95	16
非金属矿物制品业	3.56	11	3.62	12	3.75	12	4.07	12	4.44	9
黑色金属冶炼及压延加工业	8.69	2	8.22	2	8.74	2	9.13	1	8.09	2
有色金属冶炼及压延加工业	3.16	12	4.10	10	4.48	9	4.13	11	3.87	12
金属制品业	2.57	13	2.66	13	2.78	13	2.91	14	2.86	15
通用设备制造业	4.10	10	4.24	9	4.46	10	4.77	7	4.91	8
专用设备制造业	2.39	15	2.46	15	2.57	14	2.82	15	3.04	14
交通运输设备制造业	6.26	5	6.42	5	6.66	3	6.58	4	7.57	3
电气机械及器材制造业	5.38	6	5.63	6	5.81	6	5.87	6	5.97	6
通信设备、计算机及其他电子设备制造业	10.80	1	10.54	1	9.76	1	8.64	2	8.15	1
仪器仪表及文化、办公用机械制造业	1.10	25	1.12	24	1.05	24	0.97	24	0.91	25
工艺品及其他制造业	0.79	28	0.80	28	0.83	29	0.81	28	0.81	28
废弃资源和废旧材料回收加工业	0.11	38	0.14	38	0.17	38	0.23	37	0.27	37
电力、热力的生产和供应业	7.48	3	7.09	3	6.56	5	6.05	5	6.23	5
燃气生产和供应业	0.27	36	0.28	36	0.28	36	0.32	36	0.35	36
水的生产和供应业	0.22	37	0.21	37	0.19	37	0.18	38	0.18	38

3-3 工业分行业国内市场占有率排名前5个省（市、区）

（2005-2007 年） 单位：%

行业名称	2005					
	福建	第 1 位	第 2 位	第 3 位	第 4 位	第 5 位
煤炭开采和洗选业	第 19 位 0.86	山西 24.17	山东 16.92	河南 13.60	内蒙古 5.94	河北 5.24
石油和天然气开采业		黑龙江 24.67	新疆 13.02	山东 12.20	陕西 10.26	天津 7.19
黑色金属矿采选业	第 7 位 3.19	河北 28.72	辽宁 10.26	山东 8.42	山西 5.83	内蒙古 5.10
有色金属矿采选业	第 17 位 1.15	山东 20.64	河南 19.60	陕西 8.39	湖南 7.34	云南 5.29
非金属矿采选业	第 10 位 3.50	山东 24.75	河南 9.37	江苏 7.21	浙江 6.74	湖北 6.13
农副食品加工业	第 9 位 3.48	山东 27.65	河南 8.83	广东 6.93	江苏 6.62	辽宁 5.06
食品制造业	第 9 位 4.29	山东 17.50	广东 10.92	河南 8.04	上海 6.85	内蒙古 6.36
饮料制造业	第 11 位 3.05	山东 13.99	四川 11.17	广东 10.21	浙江 8.77	江苏 7.36
烟草制品业	第 12 位 3.28	云南 20.22	湖南 9.08	上海 7.20	江苏 6.03	广东 5.99
纺织业	第 5 位 3.60	江苏 24.20	浙江 23.24	山东 18.00	广东 8.30	福建 3.60
纺织服装、鞋、帽制造业	第 5 位 8.90	江苏 21.43	浙江 19.43	广东 19.39	山东 9.76	福建 8.90
皮革、毛皮、羽毛（绒）及其制品业	第 3 位 14.22	浙江 24.39	广东 20.10	福建 14.22	山东 10.44	江苏 7.11
木材加工及木、竹、藤、棕、草制品业	第 5 位 5.07	山东 16.35	江苏 15.99	浙江 12.10	广东 9.36	福建 5.07
家具制造业	第 6 位 6.06	广东 28.76	浙江 14.72	山东 10.16	上海 9.90	江苏 6.73
造纸及纸制品业	第 6 位 4.67	山东 23.99	广东 15.98	浙江 11.40	江苏 10.97	河南 6.03
印刷业和记录媒介的复制	第 8 位 3.20	广东 26.12	浙江 11.18	上海 9.46	江苏 7.52	山东 6.48
文教体育用品制造业	第 6 位 5.01	广东 32.92	浙江 16.47	江苏 15.59	山东 12.30	上海 10.38
石油加工、炼焦及核燃料加工业	第 20 位 1.04	辽宁 14.61	山东 11.05	广东 7.60	上海 6.90	浙江 5.98
化学原料及化学制品制造业	第 14 位 2.00	江苏 19.32	山东 15.74	广东 10.16	浙江 7.83	上海 6.50

3-3 续表 1　　（2005-2007 年）　　单位：%

行业名称	2005					
	福建	第 1 位	第 2 位	第 3 位	第 4 位	第 5 位
医药制造业	第 20 位 1.46	山东 12.79	江苏 11.29	浙江 10.25	广东 6.32	上海 5.69
化学纤维制造业	第 4 位 4.87	浙江 37.43	江苏 30.05	山东 5.60	福建 4.87	河南 3.15
橡胶制品业	第 6 位 5.31	山东 29.05	江苏 11.70	浙江 10.43	广东 8.28	上海 6.94
塑料制品业	第 6 位 5.26	广东 24.72	浙江 17.82	江苏 12.99	山东 8.29	上海 7.20
非金属矿物制品业	第 6 位 5.06	山东 19.47	广东 11.18	河南 9.23	江苏 9.10	浙江 6.92
黑色金属冶炼及压延加工业	第 18 位 1.49	河北 15.57	江苏 14.01	山东 9.51	辽宁 8.58	上海 6.89
有色金属冶炼及压延加工业	第 21 位 1.55	江苏 10.45	浙江 9.38	河南 8.89	山东 8.35	广东 8.17
金属制品业	第 9 位 2.54	广东 22.49	江苏 17.51	浙江 12.60	山东 9.73	上海 9.36
通用设备制造业	第 14 位 1.56	江苏 18.58	浙江 15.51	山东 14.74	上海 11.95	辽宁 6.23
专用设备制造业	第 12 位 2.51	山东 17.09	江苏 14.07	广东 8.86	浙江 8.19	河南 7.41
交通运输设备制造业	第 17 位 1.84	上海 10.08	广东 10.06	江苏 8.73	山东 7.96	吉林 7.86
电气机械及器材制造业	第 9 位 2.51	广东 27.21	江苏 15.16	浙江 12.92	山东 12.07	上海 7.58
通信设备、计算机及其他电子设备制造业	第 6 位 4.79	广东 35.76	江苏 19.56	上海 13.18	北京 6.73	天津 6.25
仪器仪表及文化、办公用机械制造业	第 7 位 3.50	广东 33.33	江苏 16.86	上海 10.77	浙江 10.59	北京 5.90
工艺品及其他制造业	第 4 位 9.77	广东 23.27	浙江 19.47	山东 17.20	福建 9.77	江苏 6.84
废弃资源和废旧材料回收加工业	第 20 位 0.37	浙江 33.63	广东 24.79	江苏 11.01	湖南 5.52	上海 5.04
电力、热力的生产和供应业	第 10 位 3.28	广东 12.77	浙江 10.66	江苏 7.81	山东 7.54	河北 5.52
燃气生产和供应业	第 18 位 1.31	广东 24.90	上海 8.81	北京 8.21	江苏 6.84	四川 5.84
水的生产和供应业	第 9 位 3.64	广东 21.96	浙江 8.62	江苏 6.82	湖北 5.52	山东 5.12

3-3 续表 2 （2005-2007 年） 单位：%

行业名称	2006					
	福建	第 1 位	第 2 位	第 3 位	第 4 位	第 5 位
煤炭开采和洗选业	第 19 位 0.84	山西 23.91	山东 15.84	河南 14.60	内蒙古 6.99	河北 5.06
石油和天然气开采业		黑龙江 24.62	新疆 13.62	山东 11.43	陕西 10.09	天津 8.16
黑色金属矿采选业	第 11 位 2.67	河北 29.08	辽宁 10.92	山东 10.08	内蒙古 6.21	山西 5.01
有色金属矿采选业	第 16 位 1.45	河南 21.64	山东 13.88	青海 7.18	云南 7.15	湖南 6.97
非金属矿采选业	第 10 位 3.58	山东 23.48	河南 8.01	江苏 7.06	湖北 6.34	浙江 6.15
农副食品加工业	第 10 位 3.32	山东 27.18	河南 8.97	江苏 6.74	广东 6.52	辽宁 5.90
食品制造业	第 9 位 4.19	山东 18.43	广东 10.16	河南 8.90	内蒙古 6.44	河北 6.26
饮料制造业	第 8 位 3.11	山东 13.23	四川 11.79	广东 9.18	浙江 9.03	江苏 6.98
烟草制品业	第 12 位 3.18	云南 19.30	湖南 9.21	上海 7.25	江苏 6.34	广东 5.97
纺织业	第 5 位 3.72	江苏 24.25	浙江 22.70	山东 19.08	广东 8.26	福建 3.72
纺织服装、鞋、帽制造业	第 5 位 9.07	江苏 23.56	浙江 18.20	广东 18.13	山东 10.57	福建 9.07
皮革、毛皮、羽毛（绒）及其制品业	第 3 位 14.94	浙江 23.56	广东 19.88	福建 14.94	山东 10.51	江苏 7.12
木材加工及木、竹、藤、棕、草制品业	第 6 位 5.14	山东 17.35	江苏 16.69	浙江 10.33	广东 9.23	河南 5.21
家具制造业	第 7 位 5.33	广东 27.45	浙江 15.22	山东 10.48	上海 9.51	江苏 6.32
造纸及纸制品业	第 6 位 4.61	山东 23.38	广东 15.85	浙江 11.51	江苏 11.39	河南 7.01
印刷业和记录媒介的复制	第 8 位 3.41	广东 24.73	浙江 11.46	上海 8.56	江苏 7.65	山东 7.23
文教体育用品制造业	第 6 位 5.11	广东 33.71	浙江 16.18	江苏 15.97	山东 12.34	上海 9.08
石油加工、炼焦及核燃料加工业	第 20 位 1.11	辽宁 14.14	山东 12.00	广东 8.31	上海 6.13	浙江 5.59
化学原料及化学制品制造业	第 14 位 1.85	江苏 19.62	山东 16.72	广东 9.81	浙江 7.85	上海 6.48

3-3 续表 3　　（2005-2007 年）　　单位：%

行业名称	2006					
	福建	第 1 位	第 2 位	第 3 位	第 4 位	第 5 位
医药制造业	第 18 位 1.54	山东 12.80	江苏 10.99	浙江 9.80	广东 6.90	上海 5.23
化学纤维制造业	第 3 位 5.11	浙江 38.78	江苏 31.45	福建 5.11	广东 4.20	山东 3.63
橡胶制品业	第 6 位 5.97	山东 27.83	江苏 12.97	浙江 10.24	广东 8.27	上海 6.42
塑料制品业	第 6 位 5.30	广东 24.60	浙江 17.56	江苏 12.82	山东 9.05	上海 6.46
非金属矿物制品业	第 6 位 5.35	山东 18.67	广东 11.65	河南 10.27	江苏 8.76	浙江 6.47
黑色金属冶炼及压延加工业	第 18 位 1.58	河北 15.25	江苏 14.84	山东 9.29	辽宁 8.09	上海 6.36
有色金属冶炼及压延加工业	第 19 位 1.52	江苏 10.83	浙江 9.29	河南 8.58	山东 8.08	广东 8.02
金属制品业	第 10 位 2.47	广东 23.05	江苏 17.80	浙江 12.65	山东 9.70	上海 8.17
通用设备制造业	第 14 位 1.53	江苏 18.38	山东 15.64	浙江 14.67	上海 11.15	辽宁 7.31
专用设备制造业	第 13 位 2.33	山东 17.12	江苏 14.14	广东 8.55	浙江 8.27	河南 7.60
交通运输设备制造业	第 18 位 1.77	上海 10.55	广东 10.36	江苏 8.48	山东 8.24	浙江 7.69
电气机械及器材制造业	第 9 位 2.52	广东 26.50	江苏 16.38	浙江 12.70	山东 11.36	上海 7.32
通信设备、计算机及其他电子设备制造业	第 8 位 4.34	广东 35.58	江苏 19.29	上海 12.23	北京 7.27	天津 6.27
仪器仪表及文化、办公用机械制造业	第 8 位 3.02	广东 31.22	江苏 18.36	浙江 11.13	上海 8.83	山东 5.94
工艺品及其他制造业	第 4 位 10.00	广东 23.81	浙江 18.57	山东 17.27	福建 10.00	江苏 6.54
废弃资源和废旧材料回收加工业	第 20 位 0.34	浙江 32.42	广东 19.75	湖南 10.51	上海 9.12	江苏 7.37
电力、热力的生产和供应业	第 10 位 3.12	广东 13.19	浙江 9.00	江苏 8.10	山东 7.40	河南 5.74
燃气生产和供应业	第 21 位 1.00	广东 21.85	上海 10.85	江苏 8.07	北京 8.04	山东 6.29
水的生产和供应业	第 10 位 3.32	广东 26.61	浙江 8.65	江苏 6.46	湖北 5.33	山东 5.19

3-3 续表 4　　（2005-2007 年）　　单位：%

行业名称	2007					
	福建	第 1 位	第 2 位	第 3 位	第 4 位	第 5 位
煤炭开采和洗选业	第 20 位 0.83	山西 23.57	河南 14.40	山东 14.11	内蒙古 8.09	河北 5.51
石油和天然气开采业		黑龙江 23.57	新疆 14.29	山东 10.89	陕西 10.66	天津 8.13
黑色金属矿采选业	第 10 位 2.94	河北 27.53	辽宁 12.92	山东 9.60	内蒙古 5.97	山西 4.75
有色金属矿采选业	第 15 位 1.68	河南 23.57	山东 14.49	内蒙古 7.62	湖南 7.17	云南 6.22
非金属矿采选业	第 11 位 3.64	山东 21.51	河南 9.75	江苏 6.84	湖北 6.28	广东 5.74
农副食品加工业	第 8 位 3.29	山东 26.49	河南 9.23	江苏 6.81	广东 6.58	辽宁 6.00
食品制造业	第 7 位 4.41	山东 19.47	广东 9.91	河南 9.15	内蒙古 6.32	河北 5.98
饮料制造业	第 8 位 3.51	山东 12.73	四川 12.19	广东 8.71	浙江 8.25	江苏 6.75
烟草制品业	第 12 位 3.42	云南 19.54	湖南 9.48	上海 7.54	江苏 6.44	广东 6.14
纺织业	第 6 位 3.73	江苏 23.37	浙江 22.50	山东 19.93	广东 7.86	河南 3.82
纺织服装、鞋、帽制造业	第 5 位 9.37	江苏 22.78	广东 18.19	浙江 17.54	山东 11.18	福建 9.37
皮革、毛皮、羽毛（绒）及其制品业	第 3 位 16.54	浙江 21.44	广东 19.35	福建 16.54	山东 9.97	江苏 7.51
木材加工及木、竹、藤、棕、草制品业	第 6 位 5.60	山东 17.98	江苏 15.90	浙江 9.49	广东 8.76	河南 5.71
家具制造业	第 7 位 4.93	广东 27.65	浙江 15.67	山东 10.78	上海 8.40	江苏 6.58
造纸及纸制品业	第 6 位 4.57	山东 22.55	广东 15.60	江苏 11.47	浙江 11.38	河南 8.03
印刷业和记录媒介的复制	第 9 位 3.13	广东 24.43	浙江 11.38	上海 8.24	山东 8.04	江苏 7.65
文教体育用品制造业	第 6 位 5.18	广东 34.68	浙江 16.66	江苏 15.60	山东 11.08	上海 8.30
石油加工、炼焦及核燃料加工业	第 21 位 1.05	山东 13.26	辽宁 12.58	广东 8.59	山西 5.81	上海 5.56
化学原料及化学制品制造业	第 15 位 1.73	江苏 19.73	山东 16.31	广东 9.54	浙江 8.17	上海 6.22

3-3 续表 5 （2005-2007 年） 单位：%

行业名称	2007					
	福建	第 1 位	第 2 位	第 3 位	第 4 位	第 5 位
医药制造业	第 20 位 1.43	山东 14.08	江苏 10.69	浙江 9.15	广东 6.42	河南 5.32
化学纤维制造业	第 3 位 5.32	浙江 37.56	江苏 31.73	福建 5.32	广东 4.12	河南 3.40
橡胶制品业	第 5 位 5.91	山东 28.10	江苏 12.92	浙江 10.42	广东 7.97	福建 5.91
塑料制品业	第 6 位 5.34	广东 25.07	浙江 17.01	江苏 12.13	山东 10.18	上海 5.83
非金属矿物制品业	第 6 位 5.49	山东 18.13	河南 11.36	广东 11.30	江苏 8.55	浙江 5.95
黑色金属冶炼及压延加工业	第 19 位 1.59	河北 15.60	江苏 14.83	山东 8.65	辽宁 7.38	上海 5.12
有色金属冶炼及压延加工业	第 20 位 1.53	江苏 10.36	河南 9.34	山东 8.89	广东 8.19	浙江 7.71
金属制品业	第 9 位 2.57	广东 23.11	江苏 17.57	浙江 12.64	山东 10.41	上海 7.62
通用设备制造业	第 14 位 1.69	江苏 18.30	山东 15.57	浙江 14.11	上海 10.52	辽宁 7.83
专用设备制造业	第 12 位 2.39	山东 16.50	江苏 13.56	广东 8.71	浙江 8.11	河南 7.64
交通运输设备制造业	第 18 位 1.90	广东 11.02	上海 10.02	江苏 8.97	山东 8.84	浙江 7.57
电气机械及器材制造业	第 8 位 2.40	广东 26.27	江苏 16.82	浙江 12.68	山东 10.74	上海 6.79
通信设备、计算机及其他电子设备制造业	第 8 位 3.87	广东 34.16	江苏 20.77	上海 13.18	北京 7.27	山东 5.04
仪器仪表及文化、办公用机械制造业	第 7 位 2.94	广东 31.48	江苏 18.91	浙江 11.30	上海 7.50	山东 5.98
工艺品及其他制造业	第 4 位 9.65	广东 25.00	浙江 17.61	山东 16.61	福建 9.65	江苏 7.14
废弃资源和废旧材料回收加工业	第 20 位 0.22	浙江 24.14	广东 24.06	湖南 15.01	上海 7.48	江苏 7.13
电力、热力的生产和供应业	第 11 位 3.17	广东 12.71	浙江 8.75	江苏 8.02	山东 7.31	河南 6.20
燃气生产和供应业	第 21 位 0.97	广东 21.75	上海 8.66	江苏 8.07	山东 7.04	北京 6.82
水的生产和供应业	第 10 位 3.30	广东 26.12	浙江 9.14	江苏 6.89	山东 5.54	湖北 5.00

注：2008 年、2009 年无数据。

3-4 建筑业分行业总产值占全国比重排名前5个省（市、区）

（2007-2009年） 单位：%

行业名称	2007					
	福建	第1位	第2位	第3位	第4位	第5位
建筑业	第13位 3.03	江苏 13.73	浙江 13.66	山东 6.44	广东 5.88	北京 5.05
#房屋和土木工程建筑业	第13位 3.06	浙江 14.61	江苏 13.75	山东 6.30	广东 5.17	北京 4.58
建筑安装业	第14位 2.74	江苏 12.34	山东 8.53	广东 8.33	上海 7.20	河南 6.73
建筑装饰业	第8位 3.20	广东 17.40	江苏 14.67	北京 12.43	浙江 11.17	上海 11.03
其他建筑业	第15位 2.29	江苏 18.03	湖北 7.84	河南 7.79	上海 7.78	浙江 7.02

3-4 续表1 （2007-2009年） 单位：%

行业名称	2008					
	福建	第1位	第2位	第3位	第4位	第5位
建筑业	第14位 2.99	江苏 13.87	浙江 13.15	山东 6.16	广东 5.27	上海 5.23
#房屋和土木工程建筑业	第14位 2.99	浙江 14.1	江苏 13.63	山东 6.06	上海 4.74	广东 4.67
建筑安装业	第16位 2.64	江苏 14.45	上海 8.28	山东 7.82	北京 6.55	广东 6.43
建筑装饰业	第7位 3.24	广东 17.27	江苏 16.28	上海 10.95	北京 10.79	浙江 10.57
其他建筑业	第9位 4.08	江苏 18.25	河南 9.96	浙江 7.27	湖北 7.12	山东 6.22

3-4 续表2 （2007-2009年） 单位：%

行业名称	2009					
	福建	第1位	第2位	第3位	第4位	第5位
建筑业	第15位 2.87	江苏 13.36	浙江 12.48	山东 5.96	北京 5.29	上海 4.99
#房屋和土木工程建筑业	第14位 2.90	浙江 13.27	江苏 13.05	山东 5.82	北京 5.07	河南 4.65
建筑安装业	第17位 2.18	江苏 14.59	上海 8.35	山东 8.22	广东 6.28	北京 5.99
建筑装饰业	第10位 3.04	广东 17.14	江苏 16.74	浙江 9.95	上海 9.89	北京 9.57
其他建筑业	第9位 3.96	江苏 18.10	河南 8.81	湖北 7.8	天津 7.69	浙江 6.83

3-5　全国农林牧渔业分行业总产值占全国比重及位次

（2005-2009 年）　　单位：%

行业名称	2005		2006		2007		2008		2009	
	比重	位次	比重	位次	比重	位次	比重	位次	比重	位次
农业	49.72	1	50.79	1	50.43	1	48.35	1	50.71	1
林业	3.61	4	3.78	4	3.81	4	3.71	4	3.91	4
牧业	33.74	2	32.15	2	32.98	2	35.49	2	32.25	2
渔业	10.18	3	10.45	3	9.12	3	8.97	3	9.32	3

3-6　全国建筑业分行业总产值占全国比重及位次

（2005-2009 年）　　单位：%

行业名称	2005		2006		2007		2008		2009	
	比重	位次	比重	位次	比重	位次	比重	位次	比重	位次
房屋和土木工程建筑业	86.49	1	86.88	1	86.69	1	86.66	1	87.58	1
建筑安装业	8.47	2	8.01	2	8.17	2	8.30	2	7.58	2
建筑装饰业	3.58	3	3.67	3	3.62	3	3.53	3	3.41	3
其他建筑业	1.46	4	1.44	4	1.52	4	1.51	4	1.43	4

3-7　福建省农林牧渔业分行业总产值占全省比重及位次

（2005-2009 年）　　单位：%

行业名称	2005		2006		2007		2008		2009	
	比重	位次	比重	位次	比重	位次	比重	位次	比重	位次
农业	40.90	1	42.01	1	40.50	1	38.83	1	41.29	1
林业	6.94	4	7.07	4	7.13	4	7.62	4	8.10	4
牧业	19.80	3	18.69	3	20.11	3	21.66	3	18.33	3
渔业	31.11	2	30.97	2	28.03	2	27.96	2	28.26	2

3-8　福建省工业分行业主营业务收入占全省比重及位次

（2005-2009 年）　　单位：%

行业名称	2005		2006		2007		2008		2009	
	比重	位次	比重	位次	比重	位次	比重	位次	比重	位次
煤炭开采和洗选业	0.61	32	0.65	30	0.65	30	0.80	30	0.80	28
黑色金属矿采选业	0.38	33	0.38	32	0.50	32	0.83	29	0.76	30
有色金属矿采选业	0.17	35	0.26	34	0.31	34	0.32	34	0.25	34
非金属矿采选业	0.84	30	0.37	33	0.39	33	0.41	33	0.46	33
农副食品加工业	4.67	7	4.36	8	4.61	7	5.02	7	5.51	6
食品制造业	2.11	17	2.00	18	2.11	18	2.26	17	2.41	15
饮料制造业	1.61	20	1.26	23	1.44	24	1.62	21	1.77	22
烟草制品业	0.88	29	1.05	26	1.05	25	0.96	27	0.93	26
纺织业	5.93	6	5.76	5	5.54	6	5.17	6	5.30	7
纺织服装、鞋、帽制造业	6.19	4	5.55	6	5.62	5	5.70	5	5.88	5
皮革、毛皮、羽毛（绒）及其制品业	6.06	5	6.21	4	6.72	4	7.05	2	7.30	2
木材加工及木、竹、藤、棕、草制品业	1.74	19	1.24	24	1.54	22	1.81	20	2.17	18
家具制造业	1.18	26	1.01	27	0.95	27	1.04	25	1.01	25
造纸及纸制品业	2.74	14	2.36	14	2.30	16	2.36	15	2.36	16
印刷业和记录媒介的复制	0.90	27	0.58	31	0.52	31	0.52	32	0.50	32
文教体育用品制造业	0.90	28	0.90	28	0.86	28	0.85	28	0.77	29
石油加工、炼焦及核燃料加工业	1.26	24	1.72	20	1.54	23	1.34	24	1.93	21
化学原料及化学制品制造业	3.92	8	3.89	10	3.76	11	3.67	11	3.36	12
医药制造业	0.68	31	0.75	29	0.70	29	0.66	31	0.68	31
化学纤维制造业	1.35	22	1.66	21	1.73	20	1.55	23	1.39	24
橡胶制品业	1.54	21	1.65	22	1.63	21	1.58	22	1.56	23
塑料制品业	3.79	10	3.42	12	3.45	12	3.53	12	3.59	11
非金属矿物制品业	7.56	2	6.29	3	6.73	3	6.41	3	6.54	3
黑色金属冶炼及压延加工业	3.69	11	4.22	9	4.55	9	4.96	8	4.47	8
有色金属冶炼及压延加工业	1.31	23	2.03	17	2.25	17	2.22	18	1.95	20
金属制品业	2.22	16	2.13	15	2.33	15	2.34	16	2.08	19
通用设备制造业	2.43	15	2.11	16	2.46	14	2.86	13	2.89	13
专用设备制造业	2.04	18	1.87	19	2.01	19	2.13	19	2.22	17
交通运输设备制造业	3.45	12	3.68	11	4.14	10	4.16	10	4.21	9
电气机械及器材制造业	3.85	9	4.60	7	4.56	8	4.58	9	4.20	10
通信设备、计算机及其他电子设备制造业	13.05	1	14.85	1	12.34	1	11.29	1	10.42	1
仪器仪表及文化、办公用机械制造业	1.22	25	1.09	25	1.01	26	0.97	26	0.84	27
工艺品及其他制造业	3.05	13	2.58	13	2.60	13	2.44	14	2.55	14
废弃资源和废旧材料回收加工业	0.07	37	0.02	37	0.01	37	0.03	37	0.06	37
电力、热力的生产和供应业	6.32	3	7.18	2	6.80	2	6.31	4	6.50	4
燃气生产和供应业	0.08	36	0.09	36	0.09	36	0.09	36	0.20	35
水的生产和供应业	0.24	34	0.23	35	0.20	35	0.18	35	0.19	36

3-9 福建省各银行各项存款比重及位次

（2005-2009 年）　　　　单位：%

银行名称	2005		2006		2007		2008		2009	
	比重	位次	比重	位次	比重	位次	比重	位次	比重	位次
中国人民银行	1.58	13	1.98	12	3.12	9	2.80	9	3.00	9
中国工商银行	16.06	3	14.87	3	13.80	3	14.75	3	13.41	3
中国农业银行	16.81	2	16.80	2	15.74	2	15.21	2	14.38	2
中国银行	9.48	4	8.96	5	8.11	5	8.65	5	8.68	5
中国建设银行	19.49	1	19.34	1	19.77	1	19.41	1	19.22	1
交通银行	1.90	9	2.04	10	2.23	11	2.33	10	2.40	11
兴业银行	8.88	5	9.13	4	9.34	4	9.37	4	9.93	4
招商银行	1.76	11	2.00	11	1.90	13	2.11	12	2.15	12
中信银行	1.81	10	2.12	9	2.61	10	2.22	11	2.49	10
中国光大银行	1.53	14	1.77	13	1.68	15	1.37	15	1.42	15
中国民生银行	1.60	12	1.73	14	2.06	12	2.00	13	2.06	13
城市商业银行	3.60	8	4.31	8	4.97	7	4.05	8	4.65	7
农业发展银行	0.10	18	0.13	18	0.22	18	0.26	18	1.02	16
国家开发银行	0.11	17	0.20	17	0.25	17	0.42	17	0.39	18
华夏银行	0.22	16	0.29	16	0.45	16	0.55	16	0.50	17
农村合作银行			0.68	15	1.70	14	1.80	14	1.66	14
农村信用社	8.70	6	8.02	6	7.43	6	7.95	6	7.53	6
村镇银行									0.01	21
信托投资公司	0.24	15	0.01	19						
邮政储蓄银行	6.15	7	5.62	7	4.61	8	4.75	7	4.55	8
中资财务公司									0.14	20
浦发银行									0.38	19

3-10 福建省批发和零售业、住宿和餐饮业分行业社会消费品零售总额占全省比重及位次

（2005-2009 年）　　　　单位：%

行业名称	2005		2006		2007		2008		2009	
	比重	位次	比重	位次	比重	位次	比重	位次	比重	位次
批发和零售业	85.76	1	85.95	1	85.76	1	85.58	1	85.23	1
住宿和餐饮业	12.23	2	12.19	2	12.49	2	12.73	2	12.96	2
其他行业	2.01	3	1.86	3	1.75	3	1.69	3	1.81	3

3-11 福建省工业分行业三大市场销售比重

（2008-2009 年）

行业名称	代码	2008			
		销售收入（万元）	销售区域（%）		
			省内	省外	境外
一、全部工业		**163617455.23**	**38.21**	**29.03**	**32.76**
二、采掘业、制造业		**153659621.42**	**34.21**	**30.91**	**34.88**
（一）按轻重分					
（1）轻工业		62476350.15	35.40	28.22	36.38
（2）重工业		91183271.27	33.39	32.75	33.85
（二）按行业分					
（1）采掘业		4245654.23	70.24	27.79	1.97
煤炭开采和洗选业	06	1298073.29	88.45	11.55	
黑色金属矿采选业	08	1269035.47	66.14	33.86	
有色金属矿采选业	09	506624.87	48.14	51.86	
非金属矿采选业	10	1171920.60	64.08	28.80	7.12
（2）制造业		149413967.19	33.18	31.00	35.82
农副食品加工业	13	8118330.49	57.09	22.25	20.66
食品制造业	14	3682328.49	30.43	38.47	31.10
饮料制造业	15	2900270.20	55.52	39.99	4.49
烟草制品业	16	1420768.60	83.57	16.38	0.05
纺织业	17	8696373.81	44.15	29.60	26.25
纺织服装、鞋、帽制造业	18	9760868.14	19.73	31.82	48.45
皮革、毛皮、羽毛（绒）及其制品业	19	11503106.95	15.72	31.94	52.34
木材加工及木、竹、藤、棕、草制品业	20	3329298.60	37.74	39.73	22.53
家具制造业	21	1727282.35	18.45	11.66	69.89

3-11 续表 1　　　　(2008-2009 年)

行业名称	代码	2008			
		销售收入（万元）	销售区域（%）		
			省内	省外	境外
造纸及纸制品业	22	4231251.48	67.81	27.44	4.75
印刷业和记录媒介的复制	23	1150091.99	57.94	25.26	16.80
文教体育用品制造业	24	1351621.06	4.02	8.97	87.01
石油加工、炼焦及核燃料加工业	25	2003796.58	67.77	32.12	0.11
化学原料及化学制品制造业	26	5901593.55	46.73	41.78	11.49
医药制造业	27	982205.85	21.58	59.29	19.13
化学纤维制造业	28	2259121.95	55.28	35.82	8.90
橡胶制品业	29	2645392.50	28.88	36.97	34.15
塑料制品业	30	6015822.52	33.73	22.41	43.86
非金属矿物制品业	31	12069271.72	38.21	35.64	26.15
黑色金属冶炼及压延加工业	32	7566741.12	73.26	23.79	2.95
有色金属冶炼及压延加工业	33	3420394.24	22.56	47.67	29.77
金属制品业	34	3977545.62	36.66	25.67	37.67
通用设备制造业	35	4906730.00	36.85	38.43	24.72
专用设备制造业	36	3516645.53	27.16	60.07	12.77
交通运输设备制造业	37	6477636.16	22.87	37.82	39.31
电气机械及器材制造业	39	6859504.39	21.69	35.05	43.26
通信设备、计算机及其他电子设备制造业	40	16690406.78	5.81	23.43	70.76
仪器仪表及文化、办公用机械制造业	41	1556837.73	13.74	26.48	59.78
工艺品及其他制造业	42	4606085.88	11.86	10.46	77.68
废弃资源和废旧材料回收加工业	43	86642.91	84.89	15.11	

3-11 续表 2 （2008-2009 年）

行业名称	代码	2009			
		销售收入（万元）	销售区域（%）		
			省内	省外	境外
一、全部工业		**180866569.17**	**39.61**	**30.05**	**30.34**
二、采掘业、制造业		**168846379.27**	**35.31**	**32.19**	**32.50**
（一）按轻重分					
（1）轻工业		70678598.47	36.51	29.10	34.39
（2）重工业		98167780.80	34.44	34.41	31.15
（二）按行业分					
（1）采掘业		4308725.78	73.52	25.73	0.75
煤炭开采和洗选业	06	1286197.66	88.09	11.91	
黑色金属矿采选业	08	1301026.71	70.88	29.12	
有色金属矿采选业	09	473074.29	46.85	53.15	
非金属矿采选业	10	1248427.12	71.38	26.03	2.60
（2）制造业		164537653.49	34.31	32.36	33.33
农副食品加工业	13	9513977.52	54.31	22.20	23.49
食品制造业	14	4326902.18	29.34	42.46	28.20
饮料制造业	15	3526478.20	56.70	38.30	5.00
烟草制品业	16	1528189.52	57.52	42.38	0.10
纺织业	17	9556938.99	46.87	29.18	23.95
纺织服装、鞋、帽制造业	18	11175209.17	22.83	26.57	50.61
皮革、毛皮、羽毛（绒）及其制品业	19	13160736.84	20.24	34.30	45.46
木材加工及木、竹、藤、棕、草制品业	20	4401021.68	41.69	37.66	20.65
家具制造业	21	1978603.73	20.81	11.73	67.46

3-11 续表 3　　　　（2008-2009 年）

行业名称	代码	2009			
		销售收入（万元）	销售区域（%）		
			省内	省外	境外
造纸及纸制品业	22	4532283.26	69.62	25.67	4.71
印刷业和记录媒介的复制	23	1359056.29	58.37	26.44	15.20
文教体育用品制造业	24	1441604.26	4.80	10.10	85.10
石油加工、炼焦及核燃料加工业	25	2601408.49	70.30	29.60	0.10
化学原料及化学制品制造业	26	5928055.09	46.25	41.98	11.77
医药制造业	27	1160380.35	22.84	61.94	15.23
化学纤维制造业	28	2252000.26	53.93	38.46	7.61
橡胶制品业	29	2740710.63	27.57	44.16	28.27
塑料制品业	30	6765494.65	34.77	26.08	39.15
非金属矿物制品业	31	13008796.38	38.02	37.84	24.14
黑色金属冶炼及压延加工业	32	7420590.52	71.73	25.61	2.66
有色金属冶炼及压延加工业	33	3243647.55	21.03	53.49	25.48
金属制品业	34	4230901.34	39.40	25.69	34.91
通用设备制造业	35	5702173.64	37.74	42.06	20.20
专用设备制造业	36	4157735.33	28.32	57.51	14.17
交通运输设备制造业	37	7395828.16	28.09	41.75	30.17
电气机械及器材制造业	39	7306025.08	22.60	37.41	39.99
通信设备、计算机及其他电子设备制造业	40	17355279.38	6.78	23.39	69.83
仪器仪表及文化、办公用机械制造业	41	1601387.10	17.48	29.36	53.16
工艺品及其他制造业	42	5038656.69	15.36	16.79	67.85
废弃资源和废旧材料回收加工业	43	127581.21	85.47	14.53	

注：本表所指工业包括规模以上和规模以下工业。

3-12 福建省农林牧渔业分行业总产值占全省比重排名前5个设区市

（2007-2009年） 单位：%

行业名称	2007				
	第1位	第2位	第3位	第4位	第5位
农林牧渔业	福州市 20.45	漳州市 19.48	三明市 11.17	泉州市 11.12	南平市 10.73
#农业	漳州市 22.82	三明市 15.13	福州市 13.41	南平市 12.32	宁德市 11.05
林业	三明市 31.72	南平市 29.74	龙岩市 14.48	宁德市 7.26	漳州市 6.87
牧业	龙岩市 19.87	福州市 15.65	泉州市 15.40	漳州市 13.13	南平市 11.80
渔业	福州市 37.71	漳州市 21.84	泉州市 13.74	宁德市 11.88	莆田市 8.17

3-12 续表1 （2007-2009年） 单位：%

行业名称	2008				
	第1位	第2位	第3位	第4位	第5位
农林牧渔业	福州市 20.41	漳州市 19.11	三明市 11.22	南平市 11.09	泉州市 10.71
#农业	漳州市 22.31	三明市 15.49	福州市 13.20	南平市 12.70	宁德市 11.17
林业	三明市 31.93	南平市 29.99	龙岩市 13.92	宁德市 7.28	漳州市 7.11
牧业	龙岩市 21.21	福州市 15.77	泉州市 14.73	漳州市 13.21	南平市 12.54
渔业	福州市 38.06	漳州市 22.02	泉州市 13.06	宁德市 12.22	莆田市 8.06

3-12 续表2 （2007-2009年） 单位：%

行业名称	2009				
	第1位	第2位	第3位	第4位	第5位
农林牧渔业	福州市 20.43	漳州市 19.21	三明市 11.59	南平市 11.39	泉州市 10.20
#农业	漳州市 22.20	三明市 15.61	福州市 13.23	南平市 12.90	宁德市 11.27
林业	三明市 32.79	南平市 29.24	龙岩市 13.82	漳州市 7.42	宁德市 7.25
牧业	龙岩市 21.13	福州市 15.43	泉州市 13.94	南平市 13.47	漳州市 12.30
渔业	福州市 38.33	漳州市 22.10	泉州市 12.61	宁德市 12.44	莆田市 7.88

3-13 福建省工业分行业省内市场占有率排名前5个设区市

（2007-2009年） 单位：%

行业名称	2007				
	第1位	第2位	第3位	第4位	第5位
煤炭开采和洗选业	龙岩市 55.71	三明市 24.89	泉州市 10.67	南平市 1.37	漳州市 0.11
石油和天然气开采业					
黑色金属矿采选业	泉州市 64.09	龙岩市 22.75	三明市 15.85	漳州市 0.54	南平市 0.37
有色金属矿采选业	三明市 44.12	南平市 21.56	龙岩市 18.99	泉州市 10.00	漳州市 3.19
非金属矿采选业	福州市 36.14	三明市 18.24	泉州市 15.54	南平市 10.00	龙岩市 8.29
农副食品加工业	福州市 26.39	漳州市 18.15	厦门市 16.97	莆田市 13.64	泉州市 11.04
食品制造业	泉州市 38.12	漳州市 24.17	福州市 13.31	厦门市 7.55	南平市 6.15
饮料制造业	厦门市 25.28	泉州市 23.11	莆田市 15.28	福州市 13.67	宁德市 6.97
烟草制品业	龙岩市 54.59	厦门市 43.19	三明市 0.66	南平市 0.30	
纺织业	泉州市 40.02	福州市 33.09	厦门市 10.07	三明市 9.20	南平市 3.11
纺织服装、鞋、帽制造业	泉州市 68.92	福州市 8.88	厦门市 7.37	莆田市 6.98	漳州市 3.66
皮革、毛皮、羽毛（绒）及其制品业	泉州市 68.32	莆田市 15.63	福州市 8.68	厦门市 4.75	漳州市 1.31
木材加工及木、竹、藤、棕、草制品业	南平市 35.74	三明市 32.87	福州市 9.47	龙岩市 7.54	漳州市 4.69
家具制造业	漳州市 34.29	福州市 24.36	厦门市 18.37	泉州市 13.04	莆田市 3.33
造纸及纸制品业	泉州市 40.53	漳州市 14.73	三明市 10.44	厦门市 9.62	福州市 8.45
印刷业和记录媒介的复制	厦门市 27.92	福州市 27.84	泉州市 27.12	莆田市 6.86	漳州市 5.48
文教体育用品制造业	厦门市 45.40	漳州市 17.27	泉州市 17.24	福州市 9.99	莆田市 8.84
石油加工、炼焦及核燃料加工业	泉州市 78.20	漳州市 5.82	福州市 2.93	厦门市 2.06	龙岩市 1.31
化学原料及化学制品制造业	厦门市 40.65	泉州市 14.20	三明市 12.14	南平市 9.08	福州市 8.43

3-13 续表 1　　（2007-2009 年）　　单位：%

行业名称	2007				
	第 1 位	第 2 位	第 3 位	第 4 位	第 5 位
医药制造业	福州市 43.65	厦门市 13.75	南平市 11.69	泉州市 9.45	宁德市 8.45
化学纤维制造业	泉州市 40.23	福州市 39.65	厦门市 18.83	三明市 3.31	莆田市 2.02
橡胶制品业	厦门市 36.49	泉州市 31.72	莆田市 20.21	福州市 2.64	南平市 1.72
塑料制品业	福州市 40.33	厦门市 24.02	泉州市 17.28	莆田市 7.26	漳州市 4.08
非金属矿物制品业	泉州市 52.64	福州市 15.26	厦门市 8.85	龙岩市 7.64	三明市 5.52
黑色金属冶炼及压延加工业	福州市 28.48	三明市 27.70	漳州市 13.10	泉州市 11.57	龙岩市 6.56
有色金属冶炼及压延加工业	厦门市 31.90	福州市 16.64	龙岩市 13.52	泉州市 11.59	南平市 11.18
金属制品业	厦门市 32.68	漳州市 23.68	福州市 15.47	泉州市 13.13	莆田市 9.44
通用设备制造业	福州市 23.67	泉州市 21.24	厦门市 16.86	漳州市 11.73	宁德市 9.79
专用设备制造业	厦门市 31.08	龙岩市 20.05	泉州市 19.42	福州市 12.57	三明市 5.80
交通运输设备制造业	厦门市 34.73	福州市 32.40	漳州市 12.93	宁德市 8.00	泉州市 5.45
电气机械及器材制造业	厦门市 31.87	福州市 22.39	漳州市 13.36	宁德市 12.12	南平市 9.35
通信设备、计算机及其他电子设备制造业	厦门市 60.77	福州市 34.38	漳州市 3.13	泉州市 2.22	莆田市 1.73
仪器仪表及文化、办公用设备制造业	莆田市 28.96	福州市 28.31	厦门市 22.91	漳州市 12.45	泉州市 3.33
工艺品及其他制造业	泉州市 56.46	福州市 21.60	厦门市 10.99	莆田市 5.82	漳州市 4.49
废弃资源和废旧材料回收加工业	厦门市 40.51	福州市 30.28	三明市 21.65	莆田市 7.20	
电力、热力的生产和供应业	福州市 26.34	泉州市 22.30	漳州市 13.27	厦门市 9.20	龙岩市 6.84
燃气生产和供应业	福州市 64.75	泉州市 19.44	厦门市 15.40	三明市 1.56	
水的生产和供应业	厦门市 36.64	泉州市 27.05	福州市 20.33	漳州市 5.41	莆田市 4.55

3-13 续表 2　　　　　　　　　　（2007-2009 年）　　　　　　　　　　单位：%

行业名称	2008				
	第 1 位	第 2 位	第 3 位	第 4 位	第 5 位
煤炭开采和洗选业	龙岩市 61.23	三明市 25.42	南平市 16.27	泉州市 11.01	福州市 0.72
石油和天然气开采业					
黑色金属矿采选业	泉州市 72.54	龙岩市 15.33	三明市 11.12	南平市 0.54	漳州市 0.31
有色金属矿采选业	三明市 39.89	龙岩市 19.61	南平市 18.33	泉州市 11.35	宁德市 8.02
非金属矿采选业	福州市 33.56	三明市 22.33	泉州市 14.37	南平市 10.00	龙岩市 9.47
农副食品加工业	福州市 24.68	漳州市 19.22	泉州市 14.98	厦门市 14.41	莆田市 12.49
食品制造业	泉州市 36.14	漳州市 24.10	福州市 14.79	厦门市 6.87	南平市 5.42
饮料制造业	泉州市 26.54	厦门市 23.40	莆田市 12.96	福州市 11.39	宁德市 8.16
烟草制品业	龙岩市 55.25	厦门市 43.75	三明市 0.56	南平市 0.44	
纺织业	泉州市 37.82	福州市 33.65	三明市 10.59	厦门市 8.51	南平市 3.14
纺织服装、鞋、帽制造业	泉州市 69.21	福州市 8.27	莆田市 8.08	厦门市 7.52	漳州市 3.33
皮革、毛皮、羽毛（绒）及其制品业	泉州市 72.39	莆田市 13.50	福州市 7.98	厦门市 3.95	漳州市 1.10
木材加工及木、竹、藤、棕、草制品业	南平市 37.50	三明市 30.56	福州市 8.11	龙岩市 7.37	漳州市 6.35
家具制造业	漳州市 34.29	福州市 24.36	厦门市 18.37	泉州市 13.04	莆田市 3.33
造纸及纸制品业	泉州市 40.14	漳州市 16.11	厦门市 9.61	三明市 9.51	莆田市 7.70
印刷业和记录媒介的复制	泉州市 28.57	厦门市 28.22	福州市 26.24	莆田市 6.61	漳州市 5.97
文教体育用品制造业	厦门市 45.56	漳州市 18.72	泉州市 15.17	莆田市 8.95	福州市 8.69
石油加工、炼焦及核燃料加工业	泉州市 83.94	福州市 8.14	漳州市 4.08	厦门市 1.80	龙岩市 1.31
化学原料及化学制品制造业	厦门市 35.62	三明市 15.53	泉州市 14.18	南平市 9.84	福州市 8.37

3-13 续表 3　　(2007-2009 年)　　单位：%

行业名称	2008				
	第 1 位	第 2 位	第 3 位	第 4 位	第 5 位
医药制造业	福州市 37.13	厦门市 14.68	南平市 11.69	泉州市 10.28	宁德市 9.67
化学纤维制造业	福州市 46.15	泉州市 35.79	厦门市 14.24	莆田市 2.17	三明市 0.86
橡胶制品业	厦门市 40.94	泉州市 32.45	莆田市 20.47	福州市 2.22	三明市 1.79
塑料制品业	福州市 37.77	厦门市 20.57	泉州市 20.28	莆田市 8.95	宁德市 5.06
非金属矿物制品业	泉州市 52.83	福州市 16.39	龙岩市 8.13	厦门市 7.26	三明市 5.99
黑色金属冶炼及压延加工业	三明市 31.75	福州市 27.21	漳州市 12.41	泉州市 10.96	龙岩市 5.49
有色金属冶炼及压延加工业	厦门市 24.95	福州市 19.10	龙岩市 16.24	泉州市 13.52	南平市 10.38
金属制品业	厦门市 31.18	漳州市 21.03	福州市 14.67	泉州市 13.79	莆田市 10.37
通用设备制造业	福州市 22.94	泉州市 21.05	厦门市 18.02	宁德市 10.71	漳州市 10.26
专用设备制造业	厦门市 28.05	龙岩市 20.97	泉州市 10.61	福州市 14.99	三明市 5.37
交通运输设备制造业	厦门市 36.84	福州市 25.78	漳州市 13.44	宁德市 7.25	泉州市 7.13
电气机械及器材制造业	厦门市 30.39	福州市 23.52	宁德市 13.38	漳州市 11.26	南平市 9.52
通信设备、计算机及其他电子设备制造业	厦门市 56.26	福州市 34.85	漳州市 3.51	泉州市 2.75	莆田市 2.09
仪器仪表及文化、办公用设备制造业	莆田市 32.74	福州市 28.11	厦门市 20.11	漳州市 11.88	泉州市 3.34
工艺品及其他制造业	泉州市 56.26	福州市 17.28	厦门市 10.71	莆田市 9.29	宁德市 4.77
废弃资源和废旧材料回收加工业	漳州市 39.29	福州市 19.16	厦门市 15.72	莆田市 13.08	三明市 9.77
电力、热力的生产和供应业	福州市 14.44	泉州市 13.46	漳州市 10.93	宁德市 5.69	龙岩市 4.85
燃气生产和供应业	福州市 61.23	泉州市 19.26	厦门市 17.41	三明市 1.40	龙岩市 0.71
水的生产和供应业	厦门市 32.78	泉州市 28.14	福州市 17.05	莆田市 6.58	漳州市 6.06

3-13 续表 4　　（2007-2009 年）　　单位：%

行业名称	2009				
	第 1 位	第 2 位	第 3 位	第 4 位	第 5 位
煤炭开采和洗选业	龙岩市 59.90	三明市 27.32	泉州市 9.15	福州市 2.14	南平市 1.48
石油和天然气开采业					
黑色金属矿采选业	泉州市 74.20	三明市 14.94	龙岩市 9.84	南平市 0.58	漳州市 0.34
有色金属矿采选业	三明市 42.41	南平市 19.74	龙岩市 18.07	泉州市 13.92	宁德市 5.66
非金属矿采选业	福州市 28.99	三明市 28.53	泉州市 10.51	龙岩市 10.06	南平市 10.04
农副食品加工业	福州市 26.65	漳州市 22.68	厦门市 12.21	莆田市 11.14	泉州市 10.95
食品制造业	泉州市 35.52	漳州市 21.28	福州市 15.81	厦门市 6.13	南平市 5.60
饮料制造业	泉州市 24.89	厦门市 22.97	福州市 11.83	莆田市 10.17	宁德市 8.96
烟草制品业	龙岩市 55.78	厦门市 42.85	三明市 0.73	南平市 0.57	福州市 0.07
纺织业	泉州市 36.38	福州市 34.33	三明市 12.10	厦门市 7.01	南平市 3.10
纺织服装、鞋、帽制造业	泉州市 69.74	厦门市 8.12	福州市 8.02	莆田市 6.96	漳州市 3.48
皮革、毛皮、羽毛（绒）及其制品业	泉州市 72.70	莆田市 13.82	福州市 8.10	厦门市 3.28	漳州市 1.20
木材加工及木、竹、藤、棕、草制品业	南平市 36.85	三明市 33.44	福州市 7.07	龙岩市 7.03	漳州市 5.89
家具制造业	漳州市 35.20	福州市 25.38	厦门市 13.08	泉州市 12.85	莆田市 4.00
造纸及纸制品业	泉州市 39.82	漳州市 19.84	三明市 8.52	厦门市 8.17	莆田市 7.98
印刷业和记录媒介的复制	泉州市 32.77	福州市 24.31	厦门市 24.19	莆田市 7.31	漳州市 6.25
文教体育用品制造业	厦门市 35.77	漳州市 22.90	泉州市 17.47	莆田市 8.96	福州市 8.39
石油加工、炼焦及核燃料加工业	泉州市 88.44	福州市 8.28	漳州市 1.59	龙岩市 0.72	厦门市 0.49
化学原料及化学制品制造业	厦门市 29.80	三明市 17.24	泉州市 15.30	南平市 9.21	福州市 8.60

3-13 续表 5　　（2007-2009 年）　　单位：%

行业名称	2009				
	第 1 位	第 2 位	第 3 位	第 4 位	第 5 位
医药制造业	福州市 34.82	厦门市 14.72	南平市 12.05	宁德市 9.96	泉州市 9.63
化学纤维制造业	福州市 54.26	泉州市 38.45	厦门市 5.23	宁德市 1.02	三明市 0.79
橡胶制品业	厦门市 41.80	泉州市 32.79	莆田市 18.69	三明市 2.48	福州市 1.78
塑料制品业	福州市 35.69	泉州市 22.04	厦门市 15.36	莆田市 10.43	宁德市 7.40
非金属矿物制品业	泉州市 52.17	福州市 16.22	龙岩市 9.14	三明市 6.70	厦门市 5.83
黑色金属冶炼及压延加工业	福州市 33.3	三明市 24.57	漳州市 14.31	泉州市 10.29	宁德市 7.05
有色金属冶炼及压延加工业	龙岩市 19.98	厦门市 18.31	福州市 18.02	泉州市 14.12	宁德市 10.00
金属制品业	厦门市 28.06	漳州市 19.49	泉州市 16.54	福州市 14.74	莆田市 13.04
通用设备制造业	泉州市 24.02	福州市 22.39	厦门市 12.39	三明市 11.43	漳州市 9.75
专用设备制造业	厦门市 23.72	泉州市 23.27	龙岩市 21.50	福州市 13.97	三明市 6.39
交通运输设备制造业	福州市 32.36	厦门市 26.90	漳州市 15.94	宁德市 6.53	泉州市 6.41
电气机械及器材制造业	厦门市 29.52	福州市 24.97	宁德市 13.36	漳州市 11.10	泉州市 9.56
通信设备、计算机及其他电子设备制造业	厦门市 55.75	福州市 33.69	泉州市 3.77	漳州市 3.35	莆田市 2.51
仪器仪表及文化、办公用设备制造业	福州市 32.51	莆田市 30.84	厦门市 15.78	漳州市 13.28	泉州市 3.31
工艺品及其他制造业	泉州市 49.48	莆田市 18.20	福州市 16.67	厦门市 8.16	漳州市 4.91
废弃资源和废旧材料回收加工业	漳州市 26.23	莆田市 25.50	三明市 20.39	福州市 11.72	龙岩市 9.46
电力、热力的生产和供应业	福州市 25.28	泉州市 22.60	漳州市 18.22	宁德市 10.04	龙岩市 6.91
燃气生产和供应业	莆田市 74.99	福州市 17.02	泉州市 6.90	三明市 0.61	龙岩市 0.48
水的生产和供应业	厦门市 37.77	泉州市 24.98	福州市 15.66	莆田市 7.78	漳州市 5.00

3-14　福建省农林牧渔业分行业总产值占全省比重排名前5个县（市、区）

（2007-2009年）　　单位：%

行业名称	2007				
	第1位	第2位	第3位	第4位	第5位
农林牧渔业	连江县 4.81	莆田市辖区 4.77	福清市 4.71	漳浦县 3.52	龙海市 3.00
#农业	平和县 5.29	南靖县 4.15	漳浦县 3.17	尤溪县 3.14	古田县 2.90
林业	建瓯市 7.04	尤溪县 6.66	永安市 4.57	建阳市 4.14	永泰县 4.07
牧业	福清市 6.65	龙岩市辖区 5.22	莆田市辖区 5.06	南安市 3.72	南平市辖区 3.64
渔业	连江县 14.49	福清市 7.68	莆田市辖区 7.39	漳浦县 5.80	平潭县 5.73

3-14 续表1　　（2007-2009年）　　单位：%

行业名称	2008				
	第1位	第2位	第3位	第4位	第5位
农林牧渔业	连江县 4.89	莆田市辖区 4.78	福清市 4.65	漳浦县 3.43	龙海市 2.90
#农业	平和县 5.26	南靖县 4.09	尤溪县 3.19	漳浦县 3.09	古田县 2.96
林业	建瓯市 7.25	尤溪县 6.35	永泰县 4.40	建阳市 4.16	永安市 4.07
牧业	福清市 6.62	龙岩市辖区 5.62	莆田市辖区 5.13	上杭县 3.92	南平市辖区 3.85
渔业	连江县 14.93	福清市 7.64	莆田市辖区 7.39	平潭县 5.86	漳浦县 5.82

3-14 续表2　　（2007-2009年）　　单位：%

行业名称	2009				
	第1位	第2位	第3位	第4位	第5位
农林牧渔业	连江县 4.90	莆田市辖区 4.78	福清市 4.54	漳浦县 3.42	龙海市 2.89
#农业	平和县 5.34	南靖县 4.10	尤溪县 3.23	古田县 3.05	漳浦县 3.00
林业	建瓯市 7.17	尤溪县 6.25	永安市 4.05	永泰县 4.05	沙　县 4.03
牧业	福清市 6.59	龙岩市辖区 5.72	莆田市辖区 5.49	南平市辖区 4.05	上杭县 3.79
渔业	连江县 14.91	福清市 7.78	莆田市辖区 7.38	平潭县 5.87	漳浦县 5.79

4

福建市场占有年鉴

产品篇

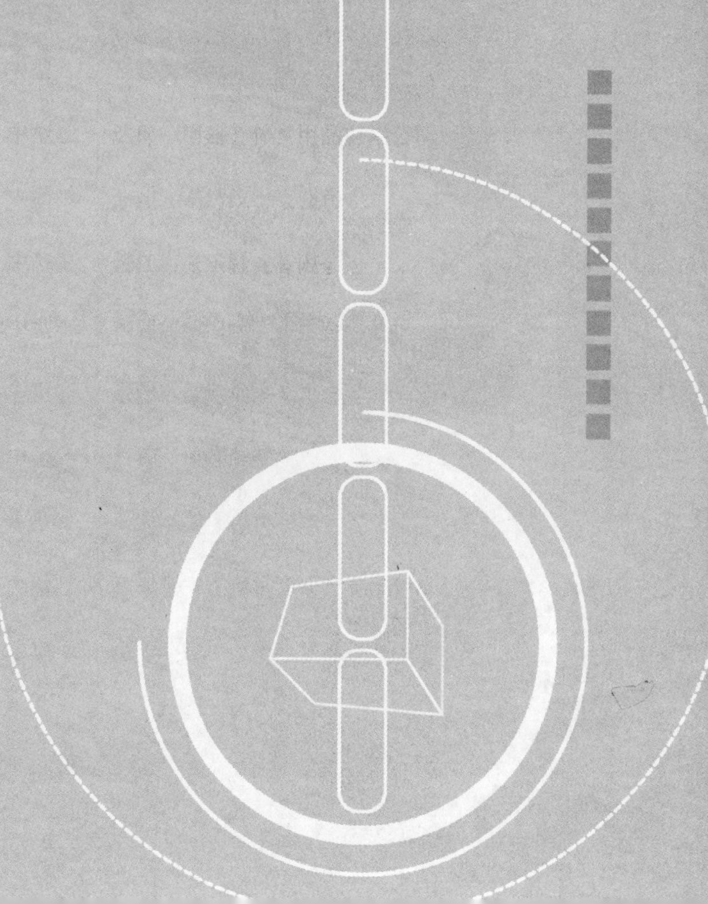

4-1 主要农产品国内市场占有率排名前5个省（市、区）

（2007-2009年） 单位：%

产品名称	2007					
	福建	第1位	第2位	第3位	第4位	第5位
粮食	第24位 1.27	河南10.46	山东 8.72	黑龙江 6.90	江苏 6.24	四川 6.03
#谷物	第24位 1.13	河南11.01	山东 8.61	江苏 6.59	黑龙江 6.51	安徽 5.99
稻谷	第13位 2.69	湖南13.04	江西 9.71	江苏 9.47	湖北 7.99	四川 7.63
小麦	第28位 0.01	河南27.27	山东18.26	河北10.92	安徽10.17	江苏 8.91
玉米	第25位 0.08	山东11.93	吉林11.82	河南10.39	黑龙江 9.47	河北 9.34
豆类	第24位 0.89	黑龙江25.74	内蒙古 9.08	安徽 7.06	四川 6.15	吉林 5.36
薯类	第11位 3.71	四川14.16	重庆 9.34	甘肃 7.36	贵州 7.09	山东 6.29
油料	第22位 0.91	河南18.84	山东12.79	湖北 9.92	四川 7.95	安徽 7.75
#花生	第13位 1.68	河南28.68	山东24.99	河北10.03	广东 5.88	安徽 4.74
油菜籽	第22位 0.12	湖北18.28	四川14.43	安徽12.29	江苏10.35	湖南 8.61
芝麻	第21位 0.23	河南40.06	湖北21.72	安徽13.17	江西 4.83	江苏 3.16
棉花	第21位 0.01	新疆39.52	山东13.13	河南 9.84	河北 9.51	湖北 7.31
麻类		黑龙江24.72	湖南19.74	新疆12.18	四川 9.47	湖北 7.30
#黄红麻		河南47.23	安徽30.17	广西10.80	四川 3.53	湖北 2.12
甘蔗	第 9 位 0.50	广西68.50	云南13.20	广东10.45	海南 3.59	四川 0.90
甜菜		新疆50.82	黑龙江23.20	内蒙古13.23	河北 5.94	甘肃 3.11
烟叶	第 6 位 5.21	云南33.03	贵州13.99	河南 9.99	四川 7.06	湖南 7.02
#烤烟	第 5 位 5.69	云南35.20	贵州14.33	河南10.81	湖南 7.29	福建 5.69
蚕茧		广西24.58	江苏11.80	四川11.48	浙江10.17	广东 8.88
#桑蚕茧		广西26.46	江苏12.70	四川12.36	浙江10.95	广东 9.56
茶叶	第 1 位19.21	福建19.21	云南14.58	浙江13.75	四川11.18	湖北 9.01

4-1 续表 1 （2007-2009 年） 单位：%

产品名称	2007					
	福建	第 1 位	第 2 位	第 3 位	第 4 位	第 5 位
水果	第 13 位 3.28	山东14.01	河南11.52	河北 8.22	陕西 6.20	广东 5.83
＃苹果		山东26.02	陕西25.18	河南12.65	河北 8.90	山西 6.72
柑桔	第 3 位 11.59	湖南13.51	广东12.47	福建11.59	广西11.40	四川11.29
梨	第 16 位 1.28	河北26.83	山东 9.09	安徽 7.21	四川 6.36	河南 6.21
葡萄	第 17 位 1.31	新疆24.71	河北14.14	山东13.71	辽宁 7.37	河南 6.26
香蕉	第 4 位 11.34	广东45.04	海南18.24	广西18.02	福建11.34	云南 6.93
橡胶		云南47.97	海南47.69	广东 4.21	广西 0.13	
松脂	第 5 位 8.32	广西45.07	广东16.22	云南11.44	江西 8.36	福建 8.32
生漆	第 11 位 1.16	湖北39.94	河南10.81	陕西10.08	贵州 9.02	四川 7.05
油桐籽	第 6 位 6.01	贵州18.80	广西18.36	河南13.54	湖南10.48	四川 8.68
油茶籽	第 4 位 8.59	湖南37.05	江西22.18	广西13.05	福建 8.59	浙江 4.67
核桃	第 26 位 0.01	云南20.04	四川12.18	新疆10.27	河北 8.29	山西 7.49
肉类产量	第 19 位 2.19	山东 9.01	四川 8.22	河南 7.91	湖南 6.16	河北 5.77
＃猪牛羊肉	第 19 位 2.37	四川 8.72	河南 8.45	山东 7.61	湖南 7.07	河北 5.82
＃猪肉	第 16 位 2.84	四川 9.53	湖南 8.13	河南 7.91	山东 7.00	湖北 5.53
牛肉	第 28 位 0.34	河南13.39	山东11.29	河北 9.41	吉林 7.75	内蒙古 6.42
羊肉	第 26 位 0.38	内蒙古21.12	新疆15.83	山东 8.62	河南 6.61	河北 6.36
奶类	第 23 位 0.46	内蒙古25.81	黑龙江14.08	河北13.70	山东 6.67	河南 6.18
＃牛奶	第 23 位 0.46	内蒙古25.81	黑龙江14.42	河北13.88	山东 6.21	河南 6.12
绵羊毛		内蒙古27.05	新疆24.53	河北 8.82	黑龙江 6.86	甘肃 6.15
＃细羊毛		内蒙古43.03	新疆21.67	吉林11.46	甘肃 6.04	河北 5.52

4-1 续表 2 （2007-2009 年） 单位：%

产品名称	2007					
	福建	第 1 位	第 2 位	第 3 位	第 4 位	第 5 位
半细羊毛		新疆20.49	黑龙江14.83	河北13.57	内蒙古12.64	辽宁 6.12
山羊毛		内蒙古24.24	山东13.41	新疆10.94	河北 9.07	河南 7.86
羊绒		内蒙古36.10	河南14.88	辽宁 7.82	新疆 6.85	陕西 5.57
禽蛋	第 15 位 1.57	河北15.68	山东14.23	河南13.31	辽宁 8.07	江苏 6.57
蜂蜜	第 14 位 2.35	浙江25.35	河南17.06	四川11.88	广东 4.10	安徽 4.05
水产品总产量	第 3 位 11.21	山东15.01	广东13.99	福建11.21	浙江 8.74	江苏 8.61
#海水产品	第 2 位 18.29	山东23.45	福建18.29	广东14.63	浙江13.24	辽宁11.85
#天然生产	第 3 位 15.45	浙江20.22	山东19.67	福建15.45	广东12.08	辽宁 9.38
人工养殖	第 2 位 20.99	山东27.04	福建20.99	广东17.05	辽宁14.19	浙江 6.59
#鱼类	第 2 位 18.19	浙江18.51	福建18.19	山东17.94	广东15.15	海南 8.62
虾蟹类	第 4 位 10.84	浙江23.41	广东17.32	山东15.74	福建10.84	辽宁 9.36
贝类	第 2 位 19.95	山东28.02	福建19.95	广东16.10	辽宁14.85	浙江 6.50
藻类	第 2 位 33.63	山东37.37	福建33.63	辽宁18.32	广东 3.11	浙江 3.03
其他	第 4 位 7.86	山东25.98	浙江18.91	辽宁12.19	福建 7.86	广东 6.65
淡水产品	第 11 位 2.98	湖北13.57	广东13.26	江苏13.16	江西 8.22	湖南 7.74
#天然生产	第 10 位 3.47	湖北16.13	江苏14.25	安徽13.81	江西 9.87	湖南 6.85
人工养殖	第 11 位 2.93	广东14.18	湖北13.28	江苏13.03	江西 8.04	湖南 7.85
#鱼类	第 10 位 2.96	湖北13.96	广东13.32	江苏11.10	湖南 8.51	江西 8.40
虾蟹类	第 11 位 1.69	江苏32.38	广东13.43	湖北12.62	安徽11.48	浙江 7.23
贝类	第 5 位 8.46	安徽18.04	江苏15.56	江西13.84	广东13.15	福建 8.46
其他	第 1 位 27.82	福建27.82	河南11.30	安徽11.27	海南 8.97	江西 8.23

4-1 续表 3 （2007-2009 年） 单位：%

产品名称	2008					
	福建	第 1 位	第 2 位	第 3 位	第 4 位	第 5 位
粮食	第 24 位 1.23	河南10.15	山东 8.06	黑龙江 7.99	江苏 6.01	四川 5.94
#谷物	第 24 位 1.10	河南10.71	山东 8.44	黑龙江 7.32	江苏 6.37	安徽 5.95
稻谷	第 14 位 2.65	湖南13.17	江西 9.70	江苏 9.23	湖北 7.99	黑龙江 7.91
小麦	第 28 位 0.01	河南27.13	山东18.09	河北10.86	安徽10.38	江苏 8.88
玉米	第 25 位 0.08	吉林12.55	山东11.38	黑龙江10.98	河南 9.73	河北 8.69
豆类	第 23 位 0.85	黑龙江32.64	内蒙古 7.62	安徽 6.36	四川 5.69	云南 5.49
薯类	第 10 位 3.68	四川13.69	重庆 9.27	贵州 7.21	甘肃 7.20	内蒙古 6.57
油料	第 24 位 0.86	河南17.11	山东11.53	湖北 9.68	四川 8.46	安徽 7.72
#花生	第 13 位 1.68	河南26.92	山东23.60	河北 9.81	广东 5.63	安徽 5.45
油菜籽	第 21 位 0.11	湖北17.76	四川15.56	安徽11.59	江苏 9.32	湖南 9.08
芝麻	第 22 位 0.17	河南37.88	湖北21.67	安徽12.46	江西 4.44	江苏 3.24
棉花		新疆40.39	山东13.89	河北 9.84	河南 8.69	湖北 6.85
麻类		黑龙江26.40	湖南16.96	四川10.88	新疆 9.76	湖北 7.68
#黄红麻		河南52.38	安徽22.62	广西11.90	四川 3.57	湖北 2.38
甘蔗	第 9 位 0.57	广西66.17	云南15.29	广东 9.66	海南 4.18	四川 0.94
甜菜		新疆43.70	黑龙江25.89	内蒙古16.93	河北 5.91	吉林 2.42
烟叶	第 6 位 4.90	云南30.41	贵州14.02	河南 9.41	四川 8.03	湖南 6.80
#烤烟	第 6 位 5.26	云南31.99	贵州14.37	河南10.18	湖南 7.13	四川 6.94
蚕茧		广西24.53	四川11.66	江苏10.89	广东 9.24	浙江 9.02
#桑蚕茧		广西26.84	四川12.76	江苏11.91	广东10.11	浙江 9.87
茶叶	第 1 位19.63	福建19.63	云南13.67	浙江12.88	四川11.05	湖北10.33

4-1 续表 4 （2007-2009 年） 单位：%

产品名称	2008					
	福建	第 1 位	第 2 位	第 3 位	第 4 位	第 5 位
水果	第 14 位 3.29	山东13.59	河南11.08	河北 7.98	陕西 6.49	广东 5.63
#苹果		山东25.57	陕西24.98	河南12.54	河北 8.76	山西 7.47
柑桔	第 5 位 11.00	湖南12.77	广东12.03	广西11.39	四川11.05	福建11.00
梨	第 17 位 1.25	河北26.15	山东 8.79	辽宁 6.93	河南 6.48	陕西 6.31
葡萄	第 19 位 1.34	新疆23.06	河北13.82	山东12.66	辽宁 8.59	河南 6.11
香蕉	第 5 位 11.26	广东44.43	海南19.35	广西12.38	云南12.10	福建11.26
橡胶		海南50.64	云南46.94	广东 2.36	广西 0.06	
松脂	第 4 位 8.14	广西49.75	广东14.77	云南13.64	福建 8.14	江西 5.68
生漆	第 11 位 1.37	湖北43.30	贵州12.26	陕西12.19	河南 9.11	四川 5.42
油桐籽	第 7 位 5.74	广西18.60	河南17.96	贵州16.95	湖南10.32	四川 7.62
油茶籽	第 4 位 7.73	湖南40.54	江西19.33	广西12.85	福建 7.73	浙江 5.01
核桃		云南23.97	四川11.00	陕西10.21	新疆 9.77	河北 7.43
肉类产量	第 19 位 2.33	山东 9.07	四川 8.13	河南 8.03	湖南 6.13	河北 5.79
#猪牛羊肉	第 18 位 2.63	四川 9.16	河南 8.95	湖南 7.41	河北 6.17	湖北 5.32
#猪肉	第 15 位 2.96	四川 9.44	湖南 8.01	河南 7.95	山东 6.95	湖北 5.64
牛肉	第 29 位 0.34	河南13.71	山东11.53	河北 9.26	内蒙古 7.03	吉林 6.52
羊肉	第 25 位 0.42	内蒙古22.30	新疆12.10	山东 8.73	河北 6.97	河南 6.97
奶类	第 25 位 0.39	内蒙古24.36	河北13.63	黑龙江13.56	河南 7.90	山东 6.47
#牛奶	第 24 位 0.41	内蒙古25.65	黑龙江14.30	河北14.19	河南 7.85	山东 6.48
绵羊毛		内蒙古26.21	新疆22.85	河北 9.29	甘肃 6.73	黑龙江 6.38
#细羊毛		内蒙古41.86	新疆19.57	吉林13.40	甘肃 6.27	河北 5.66

4-1 续表 5　　（2007-2009 年）　　单位：%

产品名称	2008					
	福建	第 1 位	第 2 位	第 3 位	第 4 位	第 5 位
半细羊毛		黑龙江16.53	新疆16.05	河北13.25	内蒙古12.25	辽宁 6.70
山羊毛		内蒙古22.05	新疆14.19	河南14.01	山东10.05	河北 7.89
羊绒		内蒙古44.47	辽宁 7.98	新疆 6.73	西藏 5.43	河南 5.22
禽蛋	第 18 位 1.22	河北15.21	河南13.76	山东13.51	辽宁 9.41	江苏 6.37
蜂蜜	第 14 位 2.00	河南25.50	浙江21.25	四川10.50	安徽 3.75	广东 3.25
水产品总产量	第 3 位 11.07	山东14.92	广东13.90	福建11.07	江苏 8.68	浙江 8.55
#海水产品	第 2 位 18.32	山东23.46	福建18.32	广东14.50	浙江12.99	辽宁12.17
#天然生产	第 3 位 15.76	浙江20.23	山东19.72	福建15.76	广东12.23	辽宁 9.06
人工养殖	第 2 位 20.73	山东26.96	福建20.73	广东16.64	辽宁15.08	浙江 6.20
#鱼类	第 3 位 17.82	山东19.60	浙江19.32	福建17.82	广东15.24	海南 9.78
虾蟹类	第 4 位 11.81	浙江23.27	广东17.56	山东16.14	福建11.81	广西 9.14
贝类	第 2 位 19.58	山东27.98	福建19.58	辽宁15.81	广东15.53	浙江 6.32
藻类	第 1 位 36.05	福建36.05	山东35.90	辽宁17.36	广东 4.22	浙江 2.46
其他	第 5 位 9.66	山东26.62	内蒙古24.41	广东10.97	江苏 9.75	福建 9.66
淡水产品	第 11 位 2.87	湖北13.64	广东13.22	江苏13.05	江西 6.29	湖南 7.77
#天然生产	第 11 位 3.38	江苏14.32	安徽13.79	湖北13.48	江西10.72	湖南 7.12
人工养殖	第 11 位 2.81	广东14.05	湖北13.66	江苏12.91	江西 8.02	湖南 7.85
#鱼类	第 11 位 2.79	湖北13.84	广东13.31	江苏10.91	湖南 8.51	江西 8.48
虾蟹类	第 10 位 1.95	江苏32.89	湖北14.90	广东11.99	安徽11.76	浙江 6.24
贝类	第 5 位 9.38	江苏18.36	安徽17.56	江西13.77	广东13.37	福建 9.38
其他	第 8 位 3.62	浙江29.46	广东14.73	江西10.08	安徽 8.79	江苏 8.53

4-1 续表 6　　（2007-2009 年）　　单位：%

产品名称	2009					
	福建	第 1 位	第 2 位	第 3 位	第 4 位	第 5 位
粮食	第 24 位 1.26	河南10.15	黑龙江 8.20	山东 8.13	江苏 6.09	四川 6.02
#谷物	第 24 位 1.11	河南10.71	山东 8.49	黑龙江 7.56	江苏 6.44	安徽 6.01
稻谷	第 12 位 2.64	湖南13.22	江西 9.77	江苏 9.24	湖北 8.16	黑龙江 8.07
小麦	第 27 位 0.01	河南26.55	山东17.78	河北10.86	安徽10.23	江苏 8.73
玉米	第 25 位 0.09	山东11.72	黑龙江11.71	吉林11.04	河南 9.97	河北 8.94
豆类	第 24 位 0.93	黑龙江32.04	内蒙古 7.42	云南 6.75	安徽 6.59	四川 5.20
薯类	第 10 位 3.88	四川15.43	重庆 9.49	贵州 6.97	甘肃 6.39	山东 6.22
油料	第 24 位 0.83	河南16.90	山东10.60	湖北 9.96	四川 8.30	安徽 7.62
#花生	第 14 位 1.67	河南28.05	山东22.50	河北 9.11	广东 5.69	安徽 5.11
油菜籽	第 21 位 0.11	湖北17.32	四川14.64	安徽11.55	湖南11.23	江苏 8.91
芝麻	第 20 位 0.24	河南42.15	湖北22.89	安徽10.66	江西 4.45	陕西 3.25
棉花		新疆39.59	山东14.45	河北 9.48	河南 8.12	湖北 7.54
麻类		湖南19.87	四川17.00	河南11.94	黑龙江11.55	湖北 9.87
#黄红麻		河南61.79	安徽15.99	广西11.52	四川 3.66	湖北 1.90
甘蔗	第 8 位 0.57	广西64.97	云南15.24	广东10.84	海南 4.15	四川 0.81
甜菜		新疆58.29	黑龙江15.32	内蒙古15.27	河北 4.28	甘肃 2.84
烟叶	第 7 位 4.75	云南29.91	贵州12.73	河南 9.70	四川 8.47	湖南 7.10
#烤烟	第 6 位 5.14	云南31.28	贵州13.12	河南10.57	四川 7.48	湖南 7.46
蚕茧		广西27.06	四川12.87	广东10.36	江苏 9.50	浙江 8.22
#桑蚕茧		广西29.60	四川14.08	广东11.33	江苏10.40	浙江 8.99
茶叶	第 1 位 19.56	福建19.56	云南13.46	浙江12.32	四川11.39	湖北10.61

4-1 续表 7　　(2007-2009 年)　　单位：%

产品名称	2009					
	福建	第 1 位	第 2 位	第 3 位	第 4 位	第 5 位
水果	第 15 位 3.16	山东13.38	河南10.92	河北 7.74	陕西 6.70	广东 5.69
#苹果		陕西25.42	山东24.34	河南12.27	河北 8.74	山西 7.53
柑桔	第 7 位 10.58	湖南13.43	广东12.77	江西11.87	广西11.47	四川11.00
梨	第 17 位 1.29	河北25.53	山东 8.18	辽宁 7.74	河南 6.47	新疆 6.13
葡萄	第 19 位 1.24	新疆24.33	河北13.23	山东11.78	辽宁 8.09	河南 5.81
香蕉	第 5 位 11.26	广东40.51	海南18.06	广西17.62	云南13.08	福建10.26
橡胶		海南49.62	云南48.22	广东 2.10	广西 0.06	
松脂	第 4 位 7.14	广西44.90	广东16.10	云南15.45	福建 7.14	江西 5.48
生漆	第 11 位 1.06	湖北37.82	陕西15.37	湖南13.66	贵州 9.67	河南 7.63
油桐籽	第 6 位 5.69	河南19.72	广西19.02	贵州14.88	湖南10.12	四川 6.60
油茶籽	第 4 位 7.64	湖南35.83	江西23.00	广西11.41	福建 7.64	湖北 5.64
核桃		云南19.52	新疆12.69	四川12.63	陕西 9.15	河北 7.20
肉类产量	第 18 位 2.29	山东 8.94	四川 8.27	河南 8.04	湖南 6.23	广东 5.58
#猪牛羊肉	第 19 位 2.48	四川 8.92	河南 8.44	山东 7.50	湖南 7.14	河北 5.69
#猪肉	第 15 位 2.92	四川 9.70	湖南 8.08	河南 7.97	山东 6.98	湖北 5.72
牛肉	第 28 位 0.34	河南13.21	山东10.96	河北 8.69	内蒙古 7.46	吉林 6.58
羊肉	第 24 位 0.45	内蒙古22.65	新疆11.25	山东 8.45	河北 7.20	河南 6.65
奶类	第 24 位 0.42	内蒙古25.02	黑龙江14.32	河北12.35	河南 8.07	山东 6.92
#牛奶	第 24 位 0.43	内蒙古25.66	黑龙江15.02	河北12.83	河南 8.01	山东 6.71
绵羊毛		内蒙古28.03	新疆19.67	河北 9.50	甘肃 7.18	黑龙江 6.95
#细羊毛		内蒙古42.59	新疆20.10	吉林13.42	甘肃 6.71	河北 4.89

4-1 续表 8　　（2007-2009 年）　　单位：%

产品名称	2009					
	福建	第 1 位	第 2 位	第 3 位	第 4 位	第 5 位
半细羊毛		黑龙江18.31	河北15.04	内蒙古13.72	新疆11.94	河南 6.04
山羊毛		内蒙古37.32	河南 9.88	山东 9.25	新疆 8.90	河北 6.03
羊绒		内蒙古43.48	新疆 7.43	陕西 7.17	辽宁 7.17	山东 5.45
禽蛋	第 19 位 1.05	河南13.96	山东13.75	河北12.88	辽宁 9.59	江苏 6.75
蜂蜜	第 13 位 2.24	河南25.16	浙江21.97	四川11.22	安徽 4.06	黑龙江 3.79
水产品总产量	第 3 位 11.09	山东14.73	广东13.73	福建11.09	江苏 8.66	浙江 8.61
#海水产品	第 2 位 18.49	山东23.36	福建18.49	广东14.44	浙江13.19	辽宁12.21
#天然生产	第 3 位 15.89	浙江21.74	山东19.20	福建15.89	广东11.95	辽宁 8.87
人工养殖	第 2 位 20.85	山东27.14	福建20.85	广东16.70	辽宁15.25	广西 5.85
#鱼类	第 3 位 17.84	浙江21.30	山东18.64	福建17.84	广东14.38	海南 9.85
虾蟹类	第 4 位 12.01	浙江24.78	广东18.53	山东14.36	福建12.01	广西 9.29
贝类	第 2 位 19.44	山东28.80	福建19.44	辽宁15.92	广东15.49	广西 6.15
藻类	第 1 位 37.42	福建37.42	山东34.19	辽宁16.74	广东 4.64	浙江 2.84
其他	第 5 位 9.27	山东28.60	辽宁22.33	浙江10.34	广东 9.81	福建 9.27
淡水产品	第 12 位 2.95	湖北13.71	广东12.96	江苏12.84	江西 8.26	湖南 7.72
#天然生产	第 11 位 3.58	江苏14.69	安徽14.08	湖北12.01	江西10.42	山东 5.88
人工养殖	第 12 位 2.88	湖北13.88	广东13.66	江苏12.66	江西 8.04	湖南 7.99
#鱼类	第 11 位 2.88	湖北13.64	广东13.09	江苏10.78	湖南 8.53	江西 8.38
虾蟹类	第 11 位 1.86	江苏31.08	湖北17.49	安徽11.96	广东11.52	浙江 5.59
贝类	第 5 位 9.62	江苏18.67	安徽15.88	江西14.67	广东12.77	福建 9.62
其他	第 8 位 3.79	浙江29.49	广东14.41	江苏10.48	江西10.02	安徽 8.44

4-2 主要工业产品国内市场占有率排名前5个省（市、区）

（2007-2009年） 单位：%

产品名称	2007					
	福建	第1位	第2位	第3位	第4位	第5位
原煤	第21位 0.81	山西24.95	内蒙古14.03	陕西 8.06	河南 7.64	山东 5.75
天然原油		黑龙江22.38	山东14.99	新疆13.98	陕西12.16	天津10.33
天然气		新疆30.36	四川27.07	陕西15.90	广东 7.58	青海 4.91
铁矿石原矿量	第12位 1.44	河北43.80	辽宁15.37	内蒙古 7.93	四川 6.48	山西 4.46
硫铁矿石（折含硫35%）	第18位 0.40	广东27.44	安徽19.14	江西12.39	辽宁 6.30	陕西 5.43
磷矿石（五氧化二磷30%）		湖北30.67	云南30.52	贵州26.40	四川11.26	河北 0.47
原盐	第17位 0.99	山东38.27	四川 8.73	江苏 8.28	湖北 7.21	河北 6.43
小麦粉	第15位 0.65	河南36.57	山东24.02	河北 8.90	江苏 7.49	安徽 5.70
精制食用植物油	第15位 2.39	山东18.22	广东11.00	江苏 9.96	河南 7.16	湖北 6.02
成品糖	第 9 位 0.42	广西60.65	云南14.70	广东10.83	新疆 5.11	海南 3.00
乳制品	第24位 0.83	内蒙古20.83	河北14.19	黑龙江 8.96	山东 7.74	辽宁 6.27
罐头	第 1 位21.70	福建21.70	浙江14.11	新疆 9.98	山东 9.63	湖南 9.32
饮料酒	第 9 位 4.23	山东11.98	河南 8.42	浙江 7.81	广东 6.54	四川 6.12
＃啤酒	第 8 位 4.86	山东10.96	河南 8.37	浙江 7.66	广东 7.35	江苏 6.11
方便面	第16位 1.81	河南26.76	河北15.71	山东 7.77	广东 5.88	浙江 5.24
配混合饲料	第15位 2.79	广东13.06	山东12.49	河南 8.90	辽宁 7.62	四川 6.79
卷烟	第13位 3.31	云南15.63	湖南 7.40	河南 7.24	山东 5.83	湖北 5.66
纱	第 6 位 5.28	山东27.12	江苏20.33	河南11.93	浙江 7.09	湖北 6.22
布	第 8 位 3.73	浙江27.09	山东20.40	江苏15.37	广东 6.64	湖北 5.42
印染布	第 5 位 6.20	浙江54.71	江苏10.95	山东 9.32	广东 8.86	福建 6.20
绒线（毛线）	第 7 位 2.04	江苏26.56	山东20.20	河北18.28	广东12.86	河南 7.20
丝		浙江33.47	江苏18.06	四川15.27	辽宁12.28	广西 5.77
帘子布		浙江37.68	江苏26.47	山东13.34	河南11.22	广东 5.54
机制纸及纸板	第 7 位 3.05	山东18.05	浙江15.64	江苏12.51	河南12.06	广东11.94
＃新闻纸	第 4 位 7.09	山东47.18	河北10.23	广东10.20	福建 7.09	吉林 4.06

4-2 续表 1　　　　（2007-2009 年）　　　　单位：%

产品名称	2007					
	福建	第 1 位	第 2 位	第 3 位	第 4 位	第 5 位
汽油	第 19 位 1.65	辽宁16.79	山东 9.32	陕西 7.78	广东 6.97	黑龙江 6.72
柴油	第 21 位 1.10	辽宁16.58	山东 8.96	广东 8.36	新疆 6.63	浙江 6.14
润滑油	第 15 位 1.12	辽宁17.60	江苏15.92	北京10.62	新疆 9.96	广东 8.03
燃料油	第 20 位 0.97	辽宁22.42	山东14.81	江苏12.39	广东11.37	浙江 8.89
焦炭	第 27 位 0.27	山西29.50	河北11.39	山东 8.16	河南 5.78	辽宁 4.84
#机焦	第 27 位 0.30	山西31.50	河北12.13	山东 8.22	河南 6.16	辽宁 5.32
液化石油气	第 21 位 1.13	广东11.27	辽宁11.23	山东10.61	黑龙江 7.73	江苏 7.57
硫酸（折 100%）	第 21 位 1.00	云南15.83	山东 8.97	湖北 8.80	江苏 8.69	贵州 8.08
浓硝酸（折 100%）		安徽30.46	山东22.19	江苏11.26	广西 8.19	河南 7.69
盐酸（含量 31%以上）	第 18 位 1.82	江苏12.07	山东11.74	湖北 7.29	内蒙古 5.70	浙江 5.70
氢氧化钠（烧碱）（折100%）	第 17 位 1.78	山东19.04	江苏12.67	天津 7.64	浙江 6.32	河南 6.12
碳酸钠（纯碱）	第 16 位 1.12	江苏16.40	山东16.19	河北11.62	河南11.36	四川 7.05
农用氮、磷、钾化学肥料总计（折纯）	第 22 位 1.10	山东13.68	湖北 9.60	河南 9.18	四川 7.08	山西 6.30
#氮肥	第 21 位 1.40	山东16.36	河南11.45	山西 8.43	四川 7.30	湖北 6.44
磷肥	第 22 位 0.37	湖北21.39	云南14.23	贵州13.59	山东 7.78	四川 7.72
合成氨	第 14 位 1.94	山东14.39	河南11.65	山西 8.39	四川 7.68	河北 7.21
乙烯		广东19.50	上海18.22	江苏14.17	新疆12.89	北京 8.84
化学农药原药（折有效成分 100%）	第 19 位 0.71	江苏28.21	山东14.96	浙江14.43	湖南 7.37	安徽 6.14
初级形态的塑料（塑料树脂及共聚物）	第 21 位 1.29	江苏14.72	广东10.08	上海 9.58	山东 8.43	浙江 8.22
合成橡胶		江苏23.79	上海12.16	北京11.77	山东10.48	湖南 8.44
合成洗涤剂	第 24 位 0.26	广东27.51	四川10.67	浙江 8.36	安徽 7.95	湖南 6.95
化学药品原药（化学原料药）	第 24 位 0.21	河北27.51	山东19.76	浙江13.37	内蒙古11.16	河南 6.45
中成药	第 24 位 0.43	四川14.24	广东12.09	河南10.32	广西 9.37	山东 5.93
化学纤维	第 3 位 5.71	浙江40.31	江苏34.53	福建 5.71	山东 2.97	上海 2.34
橡胶轮胎外胎（轮胎外胎）	第 5 位 3.86	山东34.32	江苏22.06	浙江 9.94	广东 7.81	福建 3.86

4-2 续表 2　　（2007-2009 年）　　单位：%

产品名称	2007					
	福建	第 1 位	第 2 位	第 3 位	第 4 位	第 5 位
塑料制品	第 9 位 3.23	浙江23.26	广东22.83	江苏 9.90	山东 9.54	辽宁 4.82
水泥	第 12 位 3.31	山东11.04	江苏 8.78	浙江 7.75	广东 7.20	河北 7.17
平板玻璃	第 12 位 1.37	山东 3.80	江苏 5.04	浙江 2.14	广东 4.50	河北 7.37
生铁	第 21 位 1.00	河北22.08	山东10.30	辽宁 8.52	江苏 7.98	山西 7.82
粗钢	第 21 位 1.20	河北21.60	江苏 9.65	山东 9.01	辽宁 8.46	山西 5.12
钢材	第 16 位 1.85	河北18.23	江苏12.95	山东 8.77	辽宁 7.72	天津 5.11
#大型型钢		山东36.41	安徽24.68	河北17.92	内蒙古 4.46	黑龙江 4.30
中小型型钢	第 5 位 6.39	河北34.97	辽宁15.88	山东 7.85	天津 7.45	福建 6.39
钢筋	第 13 位 2.82	江苏15.35	河北13.00	山东10.61	河南 5.42	安徽 4.88
盘条（线材）	第 12 位 2.81	河北14.80	江苏11.99	河南 8.34	山东 8.06	山西 5.88
热轧薄板		河北29.39	上海14.45	江苏13.33	辽宁11.21	山西 8.14
中厚宽钢带	第 21 位 0.08	河北25.44	辽宁15.22	江苏 9.68	山东 8.61	上海 7.88
无缝钢管	第 23 位 0.14	江苏19.84	天津14.67	山东10.01	浙江 7.32	辽宁 6.28
焊接钢管	第 13 位 1.32	天津24.74	河北20.14	江苏 8.44	浙江 7.32	山东 6.71
铁合金	第 20 位 0.69	内蒙古17.56	广西11.22	贵州10.26	四川 8.08	湖南 8.06
精炼铜（铜）	第 16 位 0.39	江西18.61	安徽14.13	云南11.67	甘肃 9.23	浙江 8.61
铅	第 20 位 0.06	河南32.95	湖南17.68	云南13.44	安徽11.15	广西 5.26
锌	第 16 位 0.17	湖南20.96	云南19.99	辽宁 9.77	陕西 8.44	广西 7.62
原铝（电解铝）	第 19 位 0.61	河南24.77	山东11.20	山西 8.57	内蒙古 8.30	青海 7.67
氧化铝		河南38.48	山东32.68	山西15.69	贵州 6.59	广西 4.96
铜材（铜加工材）	第 16 位 0.33	江苏22.39	浙江21.54	广东14.89	江西 8.68	安徽 6.70
金属切削工具	第 13 位 0.39	江苏72.23	浙江10.39	广东 5.80	上海 2.95	黑龙江 1.49
工业锅炉		河南20.62	江苏18.34	山东10.55	辽宁 7.82	吉林 5.94
内燃机	第 16 位 0.30	江苏16.46	上海14.87	广西13.43	山东13.00	辽宁10.82
金属切削机床	第 19 位 0.43	辽宁23.19	山东18.58	浙江17.14	江苏12.21	云南 4.28

4-2 续表 3　　（2007-2009 年）　　单位：%

产品名称	2007					
	福建	第 1 位	第 2 位	第 3 位	第 4 位	第 5 位
大中型拖拉机		山东27.00	河南26.26	江苏24.00	浙江 8.70	天津 6.12
汽车	第 19 位 0.97	吉林 9.24	上海 9.24	广东 8.87	湖北 8.16	重庆 7.96
#轿车	第 17 位 0.83	上海16.71	广东15.14	吉林12.02	天津 9.47	重庆 8.58
摩托车	第 12 位 0.62	广东34.24	重庆25.45	浙江11.66	江苏 8.01	河南 5.88
两轮自行车		天津33.28	浙江20.11	广东18.32	江苏14.38	上海 9.08
发电设备	第 13 位 0.64	四川25.46	黑龙江24.06	上海21.86	天津 6.72	山东 5.77
变压器	第 22 位 0.51	江苏16.13	山东14.28	河北 9.98	陕西 8.15	辽宁 7.94
家用洗衣机		浙江35.77	江苏15.69	安徽14.26	山东10.81	上海 7.58
家用电冰箱		安徽20.50	广东18.29	山东15.51	浙江12.96	江苏11.24
家用电风扇	第 3 位 1.89	广东93.00	浙江 2.43	福建 1.89	上海 1.04	江苏 0.85
房间空气调节器		广东52.66	江苏 8.83	安徽 7.58	山东 6.79	天津 6.65
程控交换机	第 11 位 0.02	北京50.77	广东32.71	上海 8.31	浙江 4.00	山东 2.89
电话单机	第 2 位 3.50	广东89.49	福建 3.50	江苏 1.99	上海 1.43	天津 1.40
传真机	第 6 位 0.07	山东52.39	广东43.45	上海 3.08	天津 0.87	江苏 0.13
移动通信手持机	第 7 位 2.00	北京41.42	广东19.48	天津17.83	浙江 7.60	山东 6.41
微型电子计算机	第 5 位 4.25	江苏41.59	上海36.26	广东 9.59	北京 6.89	福建 4.25
彩色显象管	第 3 位15.59	陕西26.60	广东17.50	福建15.59	江苏12.47	北京11.83
集成电路	第 8 位 0.14	江苏31.19	上海21.65	广东21.00	甘肃11.56	浙江 8.97
彩色电视机	第 5 位 6.06	广东42.73	山东10.62	内蒙古 9.79	四川 8.39	福建 6.06
组合音响	第 6 位 0.08	广东94.48	浙江 2.19	江苏 1.87	天津 0.84	四川 0.43
照相机	第 5 位 2.54	广东47.53	江苏37.00	天津 8.21	上海 4.76	福建 2.54
表	第 2 位15.70	广东72.81	福建15.70	天津 4.30	山东 2.77	上海 1.34
发电量	第 13 位 3.16	广东 8.33	山东 8.22	江苏 8.15	内蒙古5.89	河南 5.85
#火电	第 13 位 2.66	山东 9.88	江苏 9.47	广东 8.03	内蒙古6.89	河南 6.72
水电	第 7 位 6.42	湖北19.32	四川16.78	云南 8.88	贵州 7.02	广西 6.67

4-2 续表 4　　（2007-2009 年）　　单位：%

产品名称	2008					
	福建	第 1 位	第 2 位	第 3 位	第 4 位	第 5 位
原煤	第 21 位 0.22	山西23.53	内蒙古16.97	陕西 8.72	河南 7.50	山东 4.99
原油		黑龙江21.16	山东14.73	新疆14.29	陕西12.97	天津10.49
天然气		新疆29.90	四川24.41	陕西18.22	广东 7.60	青海 5.55
原盐	第 18 位 0.53	山东31.23	江苏10.54	四川 9.40	湖北 8.00	河北 6.09
成品糖	第 8 位 0.52	广西64.24	云南14.50	广东 8.83	新疆 3.71	海南 3.27
啤酒	第 9 位 4.80	山东11.55	河南 9.31	广东 7.32	浙江 6.90	江苏 5.84
卷烟	第 14 位 3.38	云南15.31	湖南 7.42	河南 7.14	山东 5.73	湖北 5.61
纱	第 6 位 5.80	山东28.83	江苏17.35	河南14.37	浙江 7.43	湖北 5.94
布	第 7 位 3.78	山东18.56	浙江17.10	江苏10.50	湖北 5.12	河北 5.04
机制纸及纸板	第 7 位 3.53	山东18.20	浙江15.29	广东13.75	河南11.79	江苏11.73
硫酸	第 21 位 0.92	云南15.89	湖北10.31	山东 8.44	江苏 7.18	贵州 6.60
烧碱	第 17 位 1.57	山东19.72	江苏13.45	天津 7.51	河南 6.37	浙江 5.79
纯碱	第 17 位 1.00	江苏15.94	山东15.74	河南12.04	河北11.75	四川 6.28
农用氮、磷、钾化肥	第 22 位 1.01	山东14.55	湖北10.03	河南 8.92	山西 7.08	四川 6.30
化学农药原药	第 17 位 0.60	江苏28.33	浙江13.00	山东12.55	安徽10.63	湖南 9.28
初级形态的塑料	第 23 位 0.97	江苏14.07	广东11.21	上海 9.05	浙江 8.93	山东 8.76
化学纤维	第 3 位 6.28	浙江43.83	江苏32.88	福建 6.28	山东 3.26	河南 1.93
水泥	第 13 位 3.25	山东10.00	江苏 9.14	河南 7.37	浙江 7.35	广东 6.83

4-2 续表 5　　（2007-2009 年）　　单位：%

产品名称	2008					
	福建	第 1 位	第 2 位	第 3 位	第 4 位	第 5 位
平板玻璃	第 10 位 2.85	河北15.72	广东11.58	江苏10.27	山东10.18	浙江 7.85
生铁	第 20 位 1.10	河北24.13	山东 9.89	辽宁 8.71	江苏 8.20	山西 5.91
粗钢	第 20 位 1.27	河北23.16	江苏 9.72	山东 8.91	辽宁 8.13	山西 4.69
钢材	第 16 位 1.90	河北19.89	江苏12.66	山东 8.64	辽宁 7.37	天津 5.17
金属切削机床	第 18 位 0.49	辽宁23.62	山东23.30	浙江14.72	江苏13.75	云南 4.21
大中型拖拉机		山东26.41	江苏24.24	河南24.10	浙江 9.17	天津 5.90
汽车	第 22 位 0.64	广东 9.44	吉林 9.22	上海 8.63	重庆 8.22	北京 8.20
＃轿车	第 19 位 0.60	广东16.19	上海15.63	吉林11.90	天津10.68	重庆 8.08
家用洗衣机		浙江34.87	安徽16.43	江苏15.36	山东10.21	广东 7.50
家用电冰箱		安徽23.76	广东16.89	江苏12.67	山东12.53	浙江12.37
房间空气调节器		广东47.60	江苏 8.53	安徽 8.00	天津 6.07	湖北 6.00
移动通信手持机	第 8 位 1.26	北京37.00	广东25.33	天津16.09	山东 8.65	浙江 3.88
微型电子计算机	第 5 位 4.73	上海42.20	江苏38.56	广东 8.29	北京 5.06	福建 4.73
集成电路	第 9 位 0.18	江苏34.80	广东27.40	上海19.91	甘肃 7.36	北京 4.31
彩色电视机	第 5 位 6.47	广东45.23	内蒙古 9.60	江苏 9.15	四川 8.85	福建 6.47
发电量	第 14 位 3.13	江苏 8.01	广东 7.99	山东 7.94	内蒙古 6.16	浙江 6.06
＃水电	第 8 位 5.67	湖北20.69	四川14.68	云南10.63	广西 8.86	贵州 6.51

4-2 续表 6　　（2007-2009 年）　　单位：%

产品名称	2009					
	福建	第 1 位	第 2 位	第 3 位	第 4 位	第 5 位
原煤	第 20 位 0.85	内蒙古20.37	山西20.13	陕西10.03	河南 7.79	山东 4.88
原油		黑龙江21.11	山东14.93	陕西14.23	新疆13.26	天津12.12
天然气		新疆28.78	四川22.70	陕西22.23	广东 6.85	青海 5.05
原盐	第 17 位 0.66	山东35.61	四川11.97	江苏 7.85	湖北 7.73	河北 5.91
成品糖	第 9 位 0.44	广西61.57	云南16.73	广东 9.26	海南 3.21	新疆 3.05
啤酒	第 8 位 4.58	山东11.46	河南 8.95	广东 8.42	浙江 6.26	湖北 6.03
卷烟	第 14 位 3.49	云南15.10	湖南 7.39	河南 7.05	山东 5.68	湖北 5.58
纱	第 5 位 6.60	山东27.94	江苏16.79	河南14.22	浙江 8.17	福建 6.60
布	第 8 位 3.96	浙江25.77	山东22.27	江苏16.27	河北 6.02	湖北 5.46
机制纸及纸板	第 8 位 3.62	山东17.17	浙江15.36	广东14.30	江苏11.53	河南10.67
硫酸	第 20 位 0.85	云南14.66	湖北12.31	贵州 8.62	山东 8.12	江苏 6.76
烧碱	第 20 位 1.18	山东21.61	江苏12.68	河南 6.07	天津 5.97	浙江 5.37
纯碱	第 15 位 0.99	山东18.46	江苏12.77	河南10.96	河北10.26	四川 8.67
农用氮、磷、钾化肥	第 23 位 0.94	山东13.38	湖北12.99	河南 7.89	四川 7.22	山西 5.86
乙烯	第 12 位 1.89	广东20.52	上海16.81	江苏13.20	北京 7.84	吉林 7.82
化学农药原药	第 19 位 0.32	江苏28.49	山东13.73	浙江11.34	湖南 8.11	安徽 7.50
初级形态的塑料	第 18 位 1.65	江苏14.93	广东11.55	浙江10.73	上海 8.40	山东 7.71
化学纤维	第 3 位 6.69	浙江44.08	江苏32.87	福建 6.69	山东 3.25	河南 1.95
水泥	第 13 位 3.33	江苏 8.81	山东 8.55	河南 7.22	浙江 6.58	河北 6.50

4-2 续表 7　　（2007-2009 年）　　单位：%

产品名称	2009					
	福建	第 1 位	第 2 位	第 3 位	第 4 位	第 5 位
平板玻璃	第 9 位 3.57	河北18.72	广东13.83	山东10.40	江苏 8.98	湖北 6.02
生铁	第 22 位 1.00	河北24.10	山东 9.54	辽宁 9.21	江苏 8.31	山西 5.73
粗钢	第 20 位 1.34	河北23.66	江苏 9.70	山东 8.88	辽宁 8.39	山西 4.63
钢材	第 16 位 1.93	河北21.84	江苏11.37	山东 8.47	辽宁 7.11	天津 5.88
金属切削机床	第 21 位 0.32	辽宁24.07	山东20.54	浙江16.72	江苏16.49	广东 4.44
大中型拖拉机		江苏25.22	山东22.77	河南17.35	云南13.93	浙江 8.27
汽车	第 18 位 0.98	北京 9.21	上海 9.06	重庆 8.60	广西 8.59	广东 8.20
#轿车	第 15 位 1.09	上海16.36	广东13.43	吉林11.52	重庆 8.37	北京 7.19
家用洗衣机		浙江32.34	安徽20.15	江苏15.05	山东10.70	广东 6.83
家用电冰箱		安徽26.40	广东17.85	山东13.91	浙江12.85	江苏11.25
房间空气调节器		广东50.97	安徽12.66	湖北 6.37	重庆 4.72	天津 4.65
移动通信手持机	第 8 位 1.09	北京34.48	广东29.22	天津13.82	山东 8.81	浙江 4.49
微型电子计算机	第 5 位 3.33	江苏44.91	上海40.19	广东 5.75	北京 4.63	福建 3.33
集成电路	第 12 位 0.03	江苏39.50	广东23.27	上海17.44	甘肃 7.93	浙江 5.15
彩色电视机	第 5 位 6.89	广东41.35	江苏11.63	山东11.01	四川 7.51	福建 6.89
发电量	第 14 位 3.15	江苏 7.88	山东 7.70	广东 7.42	浙江 6.05	内蒙古 6.04
#水电	第 8 位 4.48	湖北19.59	四川17.31	云南10.12	广西 8.39	湖南 6.65

4-3 交通、邮电行业主要产品国内市场占有率排名前5个省（市、区）

（2007-2009年） 单位：%

产品名称	2007					
	福建	第1位	第2位	第3位	第4位	第5位
客运量	第15位 2.86	四川 9.30	广东 8.94	浙江 8.53	江苏 8.41	山东 5.57
货运量	第17位 2.25	山东 8.58	山西 6.82	浙江 6.78	广东 6.65	江苏 6.20
邮政业务总量	第7位 3.60	广东 15.87	上海 13.36	江苏 9.03	浙江 6.59	北京 5.77
#函件	第7位 3.65	上海 16.07	广东 11.71	江苏 11.14	浙江 10.72	北京 8.86
特快专递	第7位 3.74	上海 20.17	广东 19.12	北京 7.91	江苏 7.85	浙江 7.00
报刊期发数	第11位 3.83	江苏 9.21	浙江 7.40	上海 6.84	广东 6.66	山东 5.86
集邮业务	第11位 3.85	北京 10.10	江苏 9.18	河南 6.06	广东 5.99	浙江 5.16
电信业务总量	第7位 4.07	广东 16.02	浙江 6.89	江苏 6.51	山东 6.28	河南 4.76
#固定电话长途通话时长	第10位 3.49	广东 17.38	浙江 10.16	江苏 9.62	山东 4.10	河南 4.07
移动电话长途通话时长	第4位 6.24	广东 21.92	浙江 11.61	江苏 9.39	福建 6.24	河南 4.72
移动电话用户	第10位 3.30	广东 14.33	山东 6.83	浙江 6.45	江苏 6.05	河南 5.33
互联网上网人数	第6位 4.12	广东 15.92	江苏 8.37	浙江 7.19	山东 5.98	河南 4.55

4-3 续表1 （2007-2009年） 单位：%

产品名称	2008					
	福建	第1位	第2位	第3位	第4位	第5位
客运量	第15位 2.52	广东 16.68	浙江 7.61	山东 7.50	四川 7.19	江苏 6.44
货运量	第19位 2.26	山东 9.66	安徽 7.11	广东 5.62	江苏 5.52	浙江 5.49
邮政业务总量	第8位 3.47	广东 17.71	上海 12.39	江苏 9.13	北京 6.26	浙江 6.19
#函件	第8位 3.60	上海 16.41	江苏 11.98	广东 11.15	浙江 10.17	北京 9.21
特快专递	第7位 3.69	广东 21.49	上海 19.33	北京 8.91	江苏 7.88	浙江 6.52
报刊期发数	第13位 3.30	江苏 8.80	浙江 6.69	上海 6.10	湖北 5.81	山西 5.71
集邮业务	第11位 3.42	北京 19.50	江苏 9.51	广东 6.36	河南 5.37	浙江 5.18
电信业务总量	第8位 3.78	广东 15.47	浙江 6.69	江苏 6.54	山东 6.41	河南 4.84
#固定电话长途通话时长	第9位 3.46	广东 18.08	江苏 10.83	浙江 8.85	河南 4.44	山东 4.31
移动电话长途通话时长	第4位 5.94	广东 18.68	浙江 11.57	江苏 8.42	福建 5.94	山东 5.05
移动电话用户	第10位 3.69	广东 13.09	山东 7.22	浙江 6.20	江苏 6.17	河南 5.46
互联网上网人数	第5位 4.63	广东 15.28	浙江 7.07	江苏 6.99	山东 6.65	福建 4.63

4-3 续表2 （2007-2009年） 单位：%

产品名称	2009					
	福建	第1位	第2位	第3位	第4位	第5位
客运量	第15位 2.52	广东 14.07	山东 7.88	四川 7.39	江苏 6.74	浙江 6.69
货运量	第19位 2.06	山东 10.06	安徽 6.96	河南 6.02	广东 6.00	江苏 5.40
邮政业务总量	第8位 3.49	广东 18.40	上海 11.87	江苏 9.41	浙江 6.79	北京 5.42
#函件	第8位 3.44	上海 17.23	江苏 12.57	浙江 11.10	广东 10.59	北京 8.54
特快专递	第7位 3.75	广东 22.72	上海 18.40	江苏 9.42	北京 8.07	浙江 7.95
报刊期发数	第13位 3.68	江苏 8.19	浙江 7.45	山东 6.24	上海 6.05	河南 5.81
集邮业务	第9位 3.81	北京 16.18	江苏 7.46	广东 7.20	浙江 5.75	河南 5.51
电信业务总量	第8位 3.69	广东 15.06	江苏 6.49	浙江 6.36	山东 6.24	河南 4.77
#固定电话长途通话时长	第9位 3.48	广东 17.86	江苏 9.24	浙江 8.83	山东 4.51	湖北 4.38
移动电话通话时长	第8位 3.84	广东 12.71	山东 6.54	江苏 6.28	浙江 6.14	河南 5.25
移动电话用户	第11位 3.53	广东 11.94	山东 7.14	江苏 6.61	浙江 5.96	河南 5.34
互联网用户	第8位 4.24	广东 12.65	山东 7.21	江苏 7.20	浙江 6.38	河南 5.23

4-4 福建若干产品出口市场占有率

（2008-2009年）

单位：%

产品名称	2008	2009	产品名称	2008	2009
水海产品	5.93	13.90	电容器	4.89	4.25
蔬菜	12.03	10.73	二极管及类似半导体器件	0.98	1.60
茶叶	7.74	8.14	电线电缆	2.68	3.07
蘑菇罐头	52.12	58.53	照相机	5.73	7.11
天然硫酸钡（重晶石）	13.93	14.96	自行车	0.45	0.50
成品油	0.29	0.41	汽车零件	4.81	4.99
医药品	2.23	2.31	船舶	6.43	4.34
新的充气橡胶轮胎	5.01	4.94	医疗仪器及器械	4.92	5.19
纸及纸板（未切成形）	2.92	2.17	手表	3.19	3.24
玻璃制品	1.32	1.83	日用钟	28.08	22.82
家用陶瓷器皿	2.87	4.13	家具及其零件	5.93	7.36
钢材	0.87	1.26	玩具	1.30	0.32
手用或机用工具	3.28	3.92	足球、篮球、排球	13.81	13.39
电扇	0.87	0.97	伞	38.37	45.94
纺织机械及零件	2.78	3.11	塑料制品	7.92	7.80
金属加工机床	1.04	0.92	机电产品	3.27	3.10
电子计算器	6.36	6.19	高新技术产品	3.05	2.78
轴承	2.16	2.83	电动机及发电机	5.95	5.17
静止式变流器	1.43	1.15	自动数据处理设备的零件	0.47	15.24
蓄电池	1.48	1.64	竹编结品	16.35	15.90
原电池	4.77	4.59	草编结品	10.27	10.01
电话机	0.50	0.41	塑料编织袋（周转袋除外）	2.53	2.42
收音设备（包括收录音组合机）	1.93	1.45	松香及树脂酸	11.42	6.65
电视机（包括整套散件）	11.03	11.94			

4-5 福建省各设区市主要农产品省内市场占有率及位次

（2009 年）　　单位：%

产品名称	福州市		厦门市		莆田市		三明市		泉州市	
	占有率	位次	占有率	位次	占有率	位次	占有率	位次	占有率	位次
粮食	9.29	7	0.67	9	4.65	8	16.98	2	12.39	4
油料	17.34	2	3.77	8	16.61	3	8.47	6	20.76	1
甘蔗	3.91	6	0.56	9	8.65	3	6.72	4	1.50	8
茶叶	5.85	6	0.52	9	1.39	8	9.59	5	18.57	2
水果	6.00	6	0.31	9	2.72	8	15.73	2	8.05	4
肉类	13.45	3	3.52	9	6.81	7	8.25	6	12.56	5
水产品	29.69	1	0.65	9	12.44	4	1.24	7	17.28	3

4-5 续表　　（2009 年）　　单位：%

产品名称	漳州市		南平市		龙岩市		宁德市	
	占有率	位次	占有率	位次	占有率	位次	占有率	位次
粮食	10.28	5	21.52	1	14.41	3	9.82	6
油料	14.10	4	10.43	5	6.67	7	1.84	9
甘蔗	56.31	1	13.95	2	2.27	7	6.14	5
茶叶	17.55	3	17.26	4	4.49	7	24.79	1
水果	43.28	1	12.35	3	6.45	5	5.12	7
肉类	13.42	4	14.26	2	23.58	1	4.16	8
水产品	24.90	2	1.51	6	1.06	8	11.23	5

5

福建市场占有年鉴

企业篇

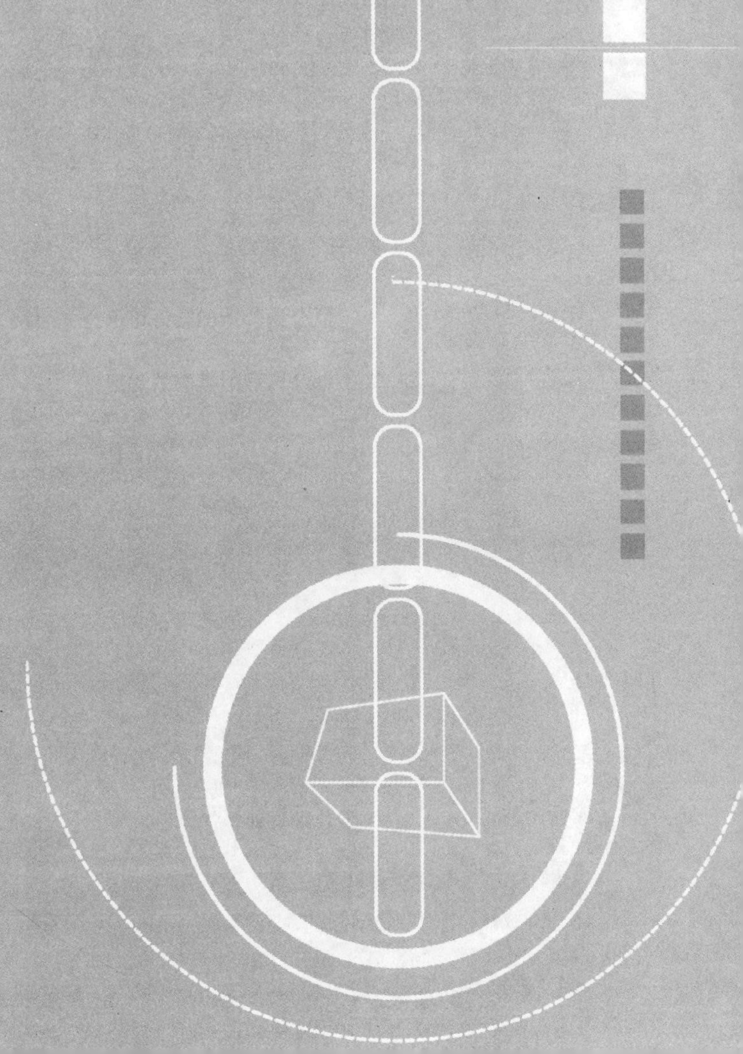

5-1　全国工业分行业企业数占全国比重及位次

（2005-2009年）　　　单位：%

行业名称	2005		2006		2007		2008		2009	
	比重	位次	比重	位次	比重	位次	比重	位次	比重	位次
煤炭开采和洗选业	2.13	16	2.25	16	2.24	15	2.16	15	2.03	15
石油和天然气开采业	0.06	38	0.06	38	0.05	37	0.07	37	0.07	37
黑色金属矿采选业	0.77	31	0.83	30	0.86	30	0.93	29	0.92	30
有色金属矿采选业	0.56	33	0.62	33	0.65	31	0.60	31	0.57	31
非金属矿采选业	0.82	30	0.86	29	0.89	29	0.93	30	0.98	29
其他采矿业	0.01	39	0.01	39	0.01	39	0.01	39	0.01	39
农副食品加工业	5.36	6	5.42	6	5.39	6	5.35	7	5.65	7
食品制造业	2.04	17	2.01	18	1.97	19	1.90	18	2.01	16
饮料制造业	1.29	25	1.30	25	1.31	25	1.27	25	1.36	24
烟草制品业	0.07	37	0.06	37	0.04	38	0.04	38	0.04	38
纺织业	8.30	1	8.39	1	8.29	1	7.78	2	7.46	3
纺织服装、鞋、帽制造业	4.36	9	4.33	9	4.39	9	4.28	11	4.20	11
皮革、毛皮、羽毛（绒）及其制品业	2.29	15	2.27	15	2.21	16	2.02	16	1.96	17
木材加工及木、竹、藤、棕、草制品业	1.99	19	2.11	17	2.33	14	2.42	13	2.48	13
家具制造业	1.13	27	1.19	27	1.22	26	1.26	26	1.28	26
造纸及纸制品业	2.74	13	2.61	13	2.49	13	2.35	14	2.29	14
印刷业和记录媒介的复制	1.78	23	1.67	23	1.51	23	1.52	22	1.52	22
文教体育用品制造业	1.24	26	1.20	26	1.21	27	1.13	27	1.09	27
石油加工、炼焦及核燃料加工业	0.73	32	0.72	32	0.64	32	0.57	32	0.54	32
化学原料及化学制品制造业	6.89	4	6.86	4	6.82	4	6.62	4	6.63	4
医药制造业	1.83	22	1.78	22	1.71	21	1.53	21	1.57	21
化学纤维制造业	0.48	34	0.46	34	0.46	34	0.48	34	0.45	34
橡胶制品业	1.12	28	1.11	28	1.10	28	1.09	28	1.09	28
塑料制品业	4.43	8	4.47	8	4.57	8	4.57	8	4.58	8
非金属矿物制品业	7.40	2	7.26	3	7.21	3	7.16	3	7.49	2
黑色金属冶炼及压延加工业	2.45	14	2.32	14	2.13	17	1.88	19	1.79	20
有色金属冶炼及压延加工业	1.90	20	1.94	19	1.99	18	1.92	17	1.85	18
金属制品业	5.08	7	5.16	7	5.35	7	5.76	6	5.70	6
通用设备制造业	7.35	3	7.59	2	7.95	2	8.66	1	8.60	1
专用设备制造业	3.77	11	3.85	11	3.98	11	4.38	10	4.41	10
交通运输设备制造业	4.16	10	4.17	10	4.18	10	4.41	9	4.48	9
电气机械及器材制造业	5.65	5	5.60	5	5.74	5	6.04	5	6.09	5
通信设备、计算机及其他电子设备制造业	3.26	12	3.22	12	3.33	12	3.37	12	3.29	12
仪器仪表及文化、办公用机械制造业	1.37	24	1.35	24	1.34	24	1.32	24	1.32	25
工艺品及其他制造业	1.89	21	1.91	20	1.91	20	1.81	20	1.80	19
废弃资源和废旧材料回收加工业	0.16	36	0.18	35	0.19	35	0.26	35	0.27	35
电力、热力的生产和供应业	2.03	18	1.90	21	1.65	22	1.46	23	1.46	23
燃气生产和供应业	0.18	35	0.17	36	0.18	36	0.20	36	0.21	36
水的生产和供应业	0.92	29	0.82	31	0.52	33	0.48	33	0.48	33

5-2 全国各省（市、区）工业企业数占全国比重及位次

（2005-2009 年）　　单位：%

地区	2005		2006		2007		2008		2009	
	比重	位次	比重	位次	比重	位次	比重	位次	比重	位次
北京	2.32	13	2.12	14	1.90	14	1.69	16	1.59	16
天津	2.26	14	2.09	15	1.89	15	1.87	14	1.92	14
河北	3.66	9	3.52	9	3.23	9	2.92	10	3.01	13
山西	1.63	16	1.55	17	1.33	17	1.04	20	0.93	23
内蒙古	0.90	24	1.02	22	1.00	22	0.94	23	1.03	21
辽宁	4.23	7	4.89	5	4.92	5	5.13	5	5.38	5
吉林	1.02	22	1.08	20	1.18	19	1.23	19	1.37	18
黑龙江	1.06	21	0.98	23	0.94	23	1.03	21	1.01	22
上海	5.45	5	4.77	6	4.48	7	4.41	6	4.12	8
江苏	11.85	3	12.03	3	12.42	3	15.37	1	14.00	1
浙江	14.82	1	15.13	1	15.32	1	13.80	2	13.81	2
安徽	1.94	15	2.16	13	2.41	13	2.67	13	3.25	9
福建	4.56	6	4.56	7	4.51	6	4.04	8	4.18	6
江西	1.62	17	1.77	16	1.79	16	1.73	15	1.74	15
山东	10.13	4	10.58	4	10.73	4	10.00	4	10.48	4
河南	4.00	8	3.94	8	4.01	8	4.39	7	4.17	7
湖北	2.51	12	2.50	12	2.67	12	2.83	12	3.23	10
湖南	2.95	10	2.98	10	3.03	11	2.91	11	3.06	11
广东	12.93	2	12.42	2	12.55	2	12.34	3	12.01	3
广西	1.36	18	1.34	18	1.31	18	1.27	18	1.31	19
海南	0.23	29	0.20	29	0.14	29	0.13	29	0.11	30
重庆	1.08	20	1.06	21	1.16	20	1.44	17	1.48	17
四川	2.93	11	2.98	11	3.18	10	3.22	9	3.05	12
贵州	0.95	23	0.86	25	0.68	25	0.63	25	0.64	25
云南	0.87	25	0.86	24	0.80	24	0.78	24	0.80	24
西藏	0.07	31	0.07	31	0.03	31	0.02	31	0.02	31
陕西	1.10	19	1.12	19	1.00	21	0.94	22	1.03	20
甘肃	0.64	26	0.57	26	0.55	26	0.46	26	0.46	27
青海	0.15	30	0.14	30	0.14	30	0.12	30	0.12	29
宁夏	0.25	28	0.25	28	0.22	28	0.21	28	0.22	28
新疆	0.53	27	0.49	27	0.47	27	0.44	27	0.46	26

5-3 全国各省（市、区）建筑业企业数占全国比重及位次

（2005-2009 年）

单位：%

地区	2005		2006		2007		2008		2009	
	比重	位次	比重	位次	比重	位次	比重	位次	比重	位次
北京	4.45	7	4.38	8	4.33	9	4.51	8	4.56	8
天津	1.83	20	1.81	20	1.76	20	1.87	20	1.93	19
河北	3.42	12	3.24	13	3.09	13	3.14	13	3.02	13
山西	2.39	18	2.25	18	2.19	18	2.50	18	2.39	18
内蒙古	1.12	26	1.13	26	1.15	26	1.06	26	1.10	26
辽宁	5.20	6	5.35	6	5.11	6	5.35	7	6.17	4
吉林	1.51	22	1.43	22	1.40	23	1.54	22	1.33	23
黑龙江	2.94	15	2.96	14	2.79	16	2.77	15	2.71	16
上海	4.06	9	4.47	7	4.34	8	4.29	9	4.18	9
江苏	10.06	1	10.59	1	11.30	1	11.83	1	12.18	1
浙江	6.71	4	6.84	4	6.97	3	6.53	3	6.74	3
安徽	3.27	13	3.30	12	3.43	12	3.25	12	3.34	12
福建	2.90	16	2.95	15	2.94	14	2.82	14	2.95	14
江西	2.09	19	1.96	19	1.88	19	1.88	19	1.82	20
山东	9.52	2	9.04	2	8.92	2	8.93	2	8.78	2
河南	4.18	8	4.10	9	4.87	7	5.38	6	5.76	6
湖北	3.53	11	3.68	11	4.01	10	4.18	10	4.04	10
湖南	2.98	14	2.92	16	2.87	15	2.71	17	2.60	17
广东	7.03	3	6.84	3	6.68	4	6.06	4	6.01	5
广西	1.69	21	1.63	21	1.66	21	1.58	21	1.40	21
海南	0.21	31	0.20	31	0.16	31	0.21	31	0.20	31
重庆	3.74	10	3.94	10	3.87	11	3.35	11	3.34	11
四川	5.96	5	5.62	5	5.12	5	5.47	5	4.77	7
贵州	0.99	27	0.97	27	0.94	27	0.86	27	0.81	27
云南	2.60	17	2.85	17	2.77	17	2.73	16	2.72	15
西藏	0.29	30	0.25	30	0.21	30	0.24	30	0.23	30
陕西	1.33	23	1.35	23	1.40	22	1.36	23	1.39	22
甘肃	1.32	24	1.34	24	1.26	24	1.21	24	1.18	24
青海	0.63	29	0.60	29	0.59	29	0.58	29	0.54	29
宁夏	0.81	28	0.78	28	0.76	28	0.68	28	0.67	28
新疆	1.25	25	1.23	25	1.23	25	1.16	25	1.13	25

5-4 全国各省（市、区）批发和零售业、住宿和餐饮业企业数占全国比重及位次

（2005-2009 年）　　单位：%

地区	2005		2006		2007		2008		2009	
	比重	位次	比重	位次	比重	位次	比重	位次	比重	位次
北京	10.59	2	9.73	2	10.28	2	8.63	4	9.62	4
天津	2.85	11	2.72	10	2.76	10	2.90	10	2.98	10
河北	2.07	16	2.06	15	1.95	15	1.93	15	1.92	16
山西	2.12	15	1.90	16	1.95	16	1.53	17	1.65	18
内蒙古	1.49	22	1.53	21	1.45	22	1.35	21	1.44	20
辽宁	4.25	9	3.92	9	3.94	9	4.44	8	3.93	8
吉林	1.35	24	1.13	25	1.10	25	0.92	25	0.96	25
黑龙江	1.78	20	1.52	22	1.39	23	1.24	22	1.31	22
上海	4.94	7	6.96	7	5.94	7	7.82	6	5.63	7
江苏	5.59	6	7.23	6	7.15	6	11.08	1	10.25	2
浙江	7.71	3	7.70	3	7.69	5	8.27	5	8.41	5
安徽	1.90	18	1.85	17	1.91	17	1.88	16	2.09	15
福建	4.63	8	4.20	8	4.08	8	3.24	9	3.33	9
江西	1.40	23	1.36	24	1.31	24	1.03	24	1.01	24
山东	7.16	4	7.61	4	9.32	3	10.56	2	10.83	1
河南	6.62	5	7.29	5	7.72	4	6.43	7	6.43	6
湖北	2.89	10	2.64	11	2.49	11	2.12	13	2.49	12
湖南	2.56	12	2.46	12	2.41	12	2.63	11	2.54	11
广东	12.83	1	11.91	1	11.42	1	9.55	3	10.12	3
广西	1.93	17	1.84	18	1.69	19	1.39	20	1.42	21
海南	0.87	27	0.80	27	0.75	27	0.59	27	0.65	27
重庆	1.90	19	1.81	19	1.82	18	2.07	14	2.32	14
四川	2.28	14	2.08	14	2.07	13	2.48	12	2.39	13
贵州	0.67	28	0.62	28	0.60	28	0.68	26	0.72	26
云南	2.53	13	2.39	13	2.07	14	1.45	19	1.54	19
西藏	0.13	31	0.13	31	0.13	31	0.08	31	0.08	31
陕西	1.34	25	1.39	23	1.51	20	1.46	18	1.73	17
甘肃	1.06	26	0.88	26	0.82	26	0.56	28	0.62	28
青海	0.31	30	0.29	30	0.29	30	0.22	30	0.19	30
宁夏	0.58	29	0.54	29	0.50	29	0.35	29	0.38	29
新疆	1.64	21	1.54	20	1.48	21	1.13	23	1.03	23

5-5 福建省内资企业工商登记注册情况

（2009年）　　　　　　　　　　单位：个

项　目	年末企业单位合　计	#企业法人			
		户数	注册资金（亿元）	本　年开业数	本　年注销数
总　计	**54228**	**25457**	**3485.52**	**1075**	**2277**
农、林、牧、渔业	2103	1357	54.74	28	96
采矿业	454	366	17.46	5	12
制造业	7255	6548	511.46	113	415
电力、燃气及水的生产和供应业	1940	1432	237.75	81	59
建筑业	2525	1051	287.24	59	87
交通运输、仓储和邮政业	2797	1084	276.41	53	72
信息传输、计算机服务和软件业	862	205	91.65	13	44
批发和零售业	20082	6756	373.89	275	792
住宿和餐饮业	932	545	20.58	14	30
金融业	6570	187	187.59	50	55
房地产业	1457	1182	381.57	72	111
租赁和商务服务业	3382	2418	783.59	199	298
科学研究、技术服务和地质勘查业	1462	805	85.90	28	84
水利、环境和公共设施管理业	332	284	40.09	13	14
居民服务和其他服务业	1568	844	63.44	55	84
教育	85	69	2.32	2	5
卫生、社会保障和社会福利业	68	49	0.48	1	1
文化、体育和娱乐业	322	255	25.29	12	12
其他	32	20	44.05	2	6

5-6 福建省私营企业工商登记注册情况

（2009 年）

项 目	户数（户）	投资者人数（人）	雇工人数（人）	出资金额（亿元）
总 计	**230577**	**530688**	**2147972**	**7235.49**
#本期开业	39608	89603	333202	1169.24
#城镇	181429	432255	1650413	5488.52
按注册类型分				
#独资企业	33583	32833	300351	113.92
合伙企业	6193	25264	65794	58.96
有限责任公司	190129	469043	1770508	6798.50
股份有限公司	672	3548	11319	264.11
按行业分				
农、林、牧、渔业	6902	15470	63701	151.22
采矿业	1545	3660	15466	34.32
制造业	59563	133095	825449	2114.72
电力、燃气及水的生产和供应业	3976	18015	31945	243.64
建筑业	9962	23164	86350	517.51
交通运输、仓储和邮政业	5405	13288	42144	210.83
信息传输、计算机服务和软件业	8507	17496	59966	118.56
批发和零售业	78674	172251	584983	1528.90
住宿和餐饮业	3802	6629	40805	54.97
金融业	1393	3521	6706	202.98
房地产业	7321	18367	58171	719.88
租赁和商务服务业	24194	62018	182712	1025.93
科学研究、技术服务和地质勘查业	6015	15951	45981	136.11
水利、环境和公共设施管理业	992	2676	8141	45.35
居民服务和其他服务业	9593	20054	70912	89.54
教育	353	887	3155	2.86
卫生、社会保障和社会福利业	666	895	6011	8.08
文化、体育和娱乐业	1598	2998	14670	24.54
其他	116	253	704	5.55

注：合伙企业的出资金额为认缴出资金额，有限责任公司和股份有限公司的出资金额为注册资本。

5-7 福建省外资企业工商登记注册情况

（2009 年） 单位：亿美元

项 目	年末企业数（个）	注册资本	投资总额
总 计	**23609**	**653.56**	**1174.52**
农、林、牧、渔业	**635**	**12.18**	**21.63**
#农业	392	6.74	12.30
林业	56	2.32	3.92
畜牧业	56	0.78	1.19
渔业	91	1.30	2.11
农、林、牧、渔服务业	40	1.04	2.11
采矿业	**56**	**1.45**	**2.55**
#煤炭开采和洗选业			
石油和天然气开采业	1	0.30	0.60
黑色金属矿采选业	5	0.05	0.08
有色金属矿采选业	10	0.47	0.95
非金属矿采选业	38	0.43	0.67
其他采矿业	2	0.21	0.26
制造业	**14174**	**446.73**	**789.30**
#农副食品加工业	568	14.63	25.01
食品制造业	364	7.89	14.09
饮料制造业	166	5.29	10.30
纺织服装、鞋、帽制造业	3347	70.29	98.96
皮革、毛皮、羽毛（绒）及其制品业	494	9.69	17.53
木材加工及木、竹、藤、棕、草制品业	367	5.55	9.52
家具制造业	257	5.35	9.10
造纸及纸制品业	277	8.82	15.21

5-7 续表 1　　　　　　　　　　（2009 年）　　　　　　　　　　单位：亿美元

项　目	年末企业数（个）	注册资本	投资总额
印刷业和记录媒介的复制	120	2.32	3.20
文教体育用品制造业	362	8.93	15.16
石油加工、炼焦及核燃料加工业	36	26.62	76.76
化学原料及化学制品制造业	517	21.83	33.45
医药制造业	101	3.77	6.76
化学纤维制造业	68	8.81	13.10
橡胶制品业	135	6.79	15.86
塑料制品业	661	16.27	29.15
非金属矿物制品业	819	25.26	43.76
黑色金属冶炼及压延加工业	39	9.69	14.76
有色金属冶炼及压延加工业	67	7.42	15.82
金属制品业	561	17.68	33.16
通用设备制造业	408	10.09	18.39
专用设备制造业	517	13.68	24.82
交通运输设备制造业	441	22.28	42.08
电气机械及器材制造业	655	26.53	48.82
通信设备、计算机及其他电子设备制造业	671	35.80	67.47
仪器仪表及文化、办公用机械制造业	417	7.97	15.02
工艺品及其他制造业	980	14.23	21.86
废弃资源和废旧材料回收加工业	23	0.78	1.58
电力、燃气及水的生产和供应业	**188**	**18.90**	**58.30**
#电力、热力的生产和供应业	119	15.00	52.28
燃气生产和供应业	41	2.20	3.21
水的生产和供应业	28	1.70	2.81
建筑业	**177**	**6.45**	**12.92**
#房屋和土木工程建筑业	56	4.88	10.63
建筑安装业	17	0.18	0.22

5-7 续表 2　　（2009 年）　　单位：亿美元

项　目	年末企业数（个）	注册资本	投资总额
建筑装饰业	92	0.82	0.95
其他建筑业	12	0.58	1.12
交通运输、仓储和邮政业	**448**	**19.28**	**32.03**
＃铁路运输业	4	0.06	0.07
道路运输业	35	0.76	1.12
城市公共交通业	16	0.84	1.55
水上运输业	94	11.20	17.79
航空运输业	24	0.28	0.28
管道运输业	1	0.02	0.02
装卸搬运和其他运输服务业	170	2.31	3.91
仓储业	98	3.82	7.30
邮政业	6		
信息传输、计算机服务和软件业	**1506**	**11.69**	**14.54**
＃电信和其他信息传输服务业	1139	7.13	7.70
计算机服务业	77	1.47	2.13
软件业	290	3.09	4.71
批发和零售业	**2521**	**15.33**	**25.23**
＃批发业	1580	12.40	21.53
零售业	941	2.93	3.70
住宿和餐饮业	**527**	**11.35**	**20.86**
＃住宿业	138	8.90	16.82
餐饮业	389	2.46	4.04
金融业	**147**	**8.38**	**8.84**
＃银行业	27	1.70	1.70
证券业	6	0.13	0.13
保险业	94	0.35	0.35
其他金融活动	20	6.20	6.66
房地产业	**1161**	**74.57**	**138.59**
＃房地产业	1161	74.57	138.59

5-7 续表 3　　　　(2009 年)　　　　单位：亿美元

项　目	年末企业数（个）	注册资本	投资总额
租赁和商务服务业	**1576**	**12.94**	**21.81**
#租赁业	30	0.65	0.81
商务服务业	1546	12.29	21.00
科学研究、技术服务和地质勘查业	**181**	**4.41**	**7.47**
#研究与试验发展	101	2.86	4.63
专业技术服务业	62	1.07	2.15
科技交流和推广服务业	15	0.15	0.19
地质勘查业	3	0.33	0.50
水利、环境和公共设施管理业	**61**	**3.14**	**5.98**
#水利管理业	2	0.04	0.08
环境管理业	30	2.03	3.86
公共设施管理业	29	1.07	2.05
居民服务和其他服务业	**206**	**3.69**	**8.20**
#居民服务业	81	0.29	0.37
其他服务业	125	3.40	7.84
教育	**4**	**0.01**	**0.02**
#教育	4	0.01	0.02
卫生、社会保障和社会福利业	**5**	**0.52**	**1.50**
#卫生	4	0.52	1.50
社会保障业	1		
社会福利业			
文化、体育和娱乐业	**36**	**2.53**	**4.73**
#新闻出版业			
广播、电视、电影和音像业	3	0.48	1.11
文化艺术业	5	0.02	0.02
体育	7	0.51	1.21
娱乐业	21	1.52	2.40

5-8 福建省个体户工商登记注册情况

（2009 年）

项　目	户数（户）	从业人员（人）	资金数额（亿元）
总　计	**650499**	**1758218**	**276.24**
#本期开业	174794	427274	77.99
城镇	399138	1112995	155.25
按行业分			
农、林、牧、渔业	5567	22292	13.73
采矿业	1246	5615	2.31
制造业	38199	150942	28.76
电力、燃气及水的生产和供应业	857	2737	4.07
建筑业	367	1324	0.36
交通运输、仓储和邮政业	3059	7509	1.57
信息传输、计算机服务和软件业	4374	7797	0.65
批发和零售业	455582	1119240	172.29
住宿和餐饮业	57414	201965	20.73
金融业	4	20	
房地产业	1512	4537	0.41
租赁和商务服务业	6098	14092	3.10
科学研究、技术服务和地质勘查业	243	1131	0.18
水利、环境和公共设施管理业	72	237	0.05
居民服务和其他服务业	68893	201793	23.32
教育	57	131	0.02
卫生、社会保障和社会福利业	851	2032	0.50
文化、体育和娱乐业	6091	14727	4.19
其他	13	97	

5-9 福建省各设区市私营企业工商登记注册情况

(2009 年)

地 区	户数(户)	从业人员(人)	出资金额(亿元)
总 计	**230577**	**2147972**	**7235.49**
省局本部	2029	14788	623.87
福州市	50811	402255	1421.54
厦门市	64179	513432	1282.32
莆田市	9114	77723	312.44
三明市	11688	136080	380.71
泉州市	45035	560642	1585.09
漳州市	14787	126915	496.84
南平市	11698	112365	367.73
龙岩市	9685	117188	376.26
宁德市	11551	86584	388.69

5-10 福建省各设区市个体户工商登记注册情况

(2009 年)

地 区	户数(户)	从业人员(人)	资金数额(亿元)
总 计	**650499**	**1758218**	**276.24**
福州市	115366	230173	48.05
厦门市	85277	682216	30.63
莆田市	35543	75981	27.17
三明市	55490	100319	21.21
泉州市	120451	245138	63.69
漳州市	76420	126333	21.09
南平市	56933	107817	23.85
龙岩市	54475	102942	23.38
宁德市	50544	87299	17.17

5-11　2009年福建省工业企业概况

2009年，面对复杂的国际、国内经济环境，福建省认真贯彻落实中央和省委、省政府应对危机的一系列决策部署，紧紧围绕保增长、扩内需、调结构，力保全省工业平稳健康运行。2009年二季度开始工业运行出现积极变化，下行势头得到遏制，市场信心得以恢复，工业生产呈现出持续稳步回升，经济效益明显回暖的良好势头。

2009年，全省规模以上工业实现工业增加值4675.31亿元，完成出口交货值3940.70亿元，完成主营业务收入16338.61亿元，实现利税总额1753.17亿元，实现利润1104.05亿元。分轻重工业看，轻工业完成工业总产值7768.75亿元，占规模以上工业总产值的46.3%，比上年提高0.9个百分点；重工业完成工业总产值8994.06亿元，占规模以上工业总产值的53.7%。分行业观察，全省37个工业行业全部实现增长，其中，25个行业实现两位数增长，增速超过30%的有：燃气生产和供应业（141.2%）、废弃资源和废旧材料回收加工业（102.1%）、石油加工炼焦及核燃料加工业（75.3%）、黑色金属矿采选业（30.5%）。实现工业增加值100亿元以上的行业有19个，分别是：农副食品加工业（207.93亿元），食品制造业（108.92亿元），饮料制造业（100.90亿元），烟草制品业（122.15亿元），纺织业（241.23亿元），纺织服装、鞋、帽制造业（340.73亿元），皮革、毛皮、羽毛（绒）及其制品业401.11亿元），木材加工及木、竹、藤、棕、草制品业（114.41亿元），造纸及纸制品业（113.78亿元），化学原料及化学制品制造业（141.91亿元），塑料制品业（172.06亿元），非金属矿物制品业（306.93亿元），黑色金属冶炼及压延加工业（125.09亿元），通用设备制造业（141.91亿元），交通运输设备制造业（195.07亿元），电气机械及器材制造业（199.76亿元），通信设备、计算机及其电子设备制造业（346.42亿元），工艺品及其他制造业（34.99亿元），电力热力的生产和供应业（277.02亿元）。

2009年全省规模以上工业经济效益综合指数达197.5，比上年提高7.2个点。计算工业经济效益综合指数的七项指标中，总资产贡献率为15.3%，比上年提高0.4个百分点；资产负债率（逆指标）为53.4%，比上年下降0.3个百分点；成本费用利润率为7.3%，比上年提高2.1个百分点；产品销售率为97.3%，比上年下降0.2个百分点；流动资产周转率为2.7次，比上年增加0.1次。

从全国范围看，福建工业发展仍处于全国上游水平。2009年，全省规模以上工业完成工业总产值16762.82亿元，占全国比重为3.1%，位居全国第十位；实现主营业务收入16338.61亿元，占全国比重为3.0%，位居全国第十位，与排名前3位的江苏（占全国比重为13.2%）、山东（占全国比重为13.1%）、广东（占全国比重为12.2%）相比，差距不断拉大。

截止2009年，全省拥有规模以上企业18154户，比上年增加942户，主要分布在福州、厦门、泉州等地区。2005-2009年福建规模以上工业分行业企业数占全省比重及位次见表5-12。

电子信息产业

2009年福建省电子信息产业实现销售收入2610亿元，比上年增长6.5%；增加值694.50亿元，增长10.2%。

2009年全省电子信息产业主要呈现以下亮点：

一是平板显示产业实现逆势增长，产业发展后劲有所增强。随着液晶显示产品替代CRT产品的步伐继续加快，福建省与液晶显示产业链相关的企业大多实现逆势增长，从CRT成功转型液晶显示领域的四家公司生产的液晶显示模组产量增长35.1%。新项目引进工作也有明显进展，与美国VIZIO高清电视公司合作生产LED液晶电视、与韩国LG Display公司合作生产液晶显示模组和显示器项目将在2010年投产，冠捷集团和韩国LG集团合资的乐捷显示科技（厦门）有限公司已正式签约落户厦门火炬（翔安）产业区，投产后将带来200亿元新增产值。

二是受益国家推进3G和三网融合，通讯设备产业实现较快增长。2009年，主要通讯设备厂商福建三元达通讯股份有限公司销售收入首次突破4亿元，比上年增长250%。福建星网锐捷通讯股份有限公司完成产值19.1亿元，增长50%，并与科技部合作建设“网络通讯终端产业国际科技合作基地”，与华中科技大学合作建设“下一代互联网接入系统国家工程实验室”。通讯设备集成商国脉科技股份有限公司亦增长50%。厦门联想移动通信科技有限公司抓住3G时代的创新浪潮，不断从“制造”向“创造”跃升，2009年企业实现总收入28.8元，利润突破1亿元。9月，泉州顺利通过国家创新基金泉州微波通讯产业集群项目专家评审，成为全国第一个“创新基金产业集群”试点。目前，泉州市微波通信产业相关企业已达到130多家，拥有直放站、对讲机、卫星接收终端设备三大主导产品，其中，微波通信直放站和对讲机占据国内50%以上市场份额。

三是LED和太阳能光伏产业得益政策推动，实现快速增长。2009年是国家重视并积极推进LED和太阳能光伏产业发展的重要一年，国家相继出台多项扶持LED和太阳能光伏产业发展的政策。受益政策推动，2009年全省LED和太阳能光伏产业实现快速增长，据初步统计，2009年全省LED和太阳能光伏产业实现产值约130亿元，增长30%，其中，LED产业产值约90亿元，光伏产业产值约40亿元。外延片、芯片产能继续占全国50%以上。

四是新兴产业稳步发展，新经济增长点初现端倪。一方面IC设计业继续保持较快增长。在全球IC产业普遍不景气的大背景下，福建省IC设计业仍取得了两位数的增长，实现产值13.30亿元，增长21%。龙头企业福州瑞芯微电子有限公司2009年成功推出65纳米的音视频芯片，公司产品从低端到高端，涵盖便携式多媒体主控芯片主要市场，占据国内80%以上的市场份额，并成功打入国际高端市场。另一方面动漫游戏产业取得长足进步，2009年全省动漫游戏产业实现收入27.50亿元，增长20%。全行业相关企业约130家，从业人员超过1万人。中国移动总公司已确定将全国唯一的“手机动漫游戏研发营运基地”设在福州。动漫游戏龙头企业福建网龙计算机网络信息技术有限公司旗下产品《魔域》、《征服》等已成功推广至全球6大语言区，成为中国第二大网络游戏出口商。另外物联网产业崭露头角。全年销售收入达到100亿元。新大陆、星网锐捷、联迪、欣创摩尔等企业的研发团队在电子回执、2.4G射频读卡器、自助终端、制造业MES等方面的研发及应用走在国内前列。

五是科技创新型中小企业凸显较强竞争力，产业自主创新能力不断增强。福州福昕软件开发有限公司开发的PDF阅读器软件，国际市场占有率第二，仅次于PDF格式发明公司Adobe；福州锐达数码有限公司自主研发交互式电子白板核心软件IQBoard畅销北欧、俄罗斯、美国、加拿大、巴西等地，位居国际市场前三位；贝莱特集成电路（福州）有限公司自主研发设计、具有完全自主知识产权的第一款芯片FBS101摄像自动聚焦芯片成功面市，填补省内空白；福州软件博思软件公司自主创新的票据电子化改革软件得到国家监察部和财政部的认可与推荐，全省已有1.6万多家用户，省外已推广到北京、广西、黑龙江等省市；厦门敏讯信息技术股份有限公司在无线语音交换技术和VOIP上拥有多项软件著作权和专利，是国内掌握VOIP核心系统底层代码的7家厂商之一，其无线语音终端产品国内市场占有率30%，稳居行业第一，2009年完成销售收入5.71亿元，比上年增长74.7%；福建联迪商用设备有限公司蝉联国家金卡工程“金蚂蚁奖”

和中国企业产品创新设计奖，是电子支付设备领域的唯一获奖者，进一步巩固其金融POS机市场第一品牌的地位。2009年，联迪商用完成产值3.4亿元，增长49.2%。

——**福州信息产业集群**。福州信息产业以光显示、新型电子元器件、集成电路、计算机及网络通讯、应用软件、动漫创意等产业集群为主，现有各类电子信息企业300多家。2009年福州共有规模以上通信设备、计算机及其他电子设备制造业企业134个，完成工业总产值590.02亿元，出口交货值达409.25亿元，实现主营业务收入573.57亿元，实现利润总额为41.30亿元。

近年来，福清依托融侨开发区（国家显示器产业园）原有的液晶显示产业，着力打造承接台湾地区电子信息产业转移的重要基地。目前，福清光电科技园已入驻七大项目，在海关注册备案6个，投资总额达2.53亿元，初步形成了以冠捷、捷联、华冠等台资企业为龙头，福强精密印制线路板、冠茂金属制品、正茂塑胶、鑫铭电子等58家电子信息企业组成的显示器产业链，集合了模组、主控板、升压板、转轴、铝电解电容器、模具等生产于一体的显示器加工配套协作体系。预计2012年园区年产值将超100亿元。

——**福厦软件企业群体**。2009年厦门市共有124家软件企业销售收入超过千万元，其中，销售过亿元的软件企业19家，比上年增加5家；平均销售额达25722.62万元。该群体主要分布在福州、厦门两地。2000年以来，福建省软件产业步入快速发展阶段，全省软件产业销售收入从2000年25亿元增长到2009年410亿元，年均增长36.4%，增长了16.4倍，规模居全国软件产业第九位。截止2009年底，全省有33家软件企业收入超过1亿元，其中，10亿元以上企业4家，5-10亿元企业5家。2009年全国软件百强入围门槛为3.1亿元，比上届提高14.8%，是五年前的两倍。2009年新申报计算机信息系统集成资质企业12家。其中，新增一级资质一家，一级资质企业累计有11家；全省共有1036人获得项目经理资质证书，共有258人获高级项目经理资质。

光电产业

近年，包括光电显示、半导体照明、太阳能光伏、光通信、光存储在内的光电产业成了福建信息产业发展最快的行业之一。光电显示是福建省规模最大的光电产业领域，在闽具有较长的发展历史，上世纪90年代，在福州马尾、福清就形成了当时全国最大、最完整的CRT显示产业集群。

半导体、发光二极管（LED）是福建省起步较早、发展较快的特色光电产业，2009年福建省LED产业实现产值约90亿元，成为信息产业新的增长点。福建省LED产业发展基础良好，厦门是国家科技部授予的全国首批4个“国家半导体照明工程产业化基地”之一，以厦门为中心，辐射漳州、泉州、福州的海峡西岸LED产业大基地格局基本形成。从外延片、芯片、成品封装到应用，福建省LED产业基本涵盖了产业链上、中、下游，涌现了三安、华联、通士达、苍乐、鸿博、富顺等一批规模较大、具有部分自主知识产权的企业。在LED芯片领域，厦门三安电子有限公司已经成为国内较大的芯片、外延片生产企业，厦门华联电子有限公司一直是全国LED封装领域的龙头企业，福建鸿博光电科技有限公司拥有全国领先的封装设备。目前，福建省LED产业共有相关企业一百多家，年创产值200多亿元人民币。

自2004年起厦门将LED产业作为最有发展前景的新兴产业来扶持，编制了《厦门市光电子产业发展规划》和《厦门半导体照明产业化基地发展规划》，制定了《厦门市贯彻落实省促进LED和太阳能光伏产业发展政策的实施意见》，大力支持发展具有厦门特色和国际竞争力的半导体照明产业，2004年4月成为首批四个“国家半导体照明工程产业化基地”之一。LED产品涉及红外、紫外，可见光和白光等波段，产业涉及衬底材料、外延、芯片、荧光粉、支架、封装、应用、驱动IC设计等领域，技术工艺处于国内领先水平。主要应用产品有数码显示、大屏幕显示、背光源、景观照明、灯饰灯具等，涵盖产业链上、中、下游。目前厦门LED企业已发展到80多家，其中，有4家LED外延片、芯片生产企业，即厦门三安、明达光电、乾照光电、晶宇光电，2008年芯片总产量占大陆芯片产量的60%以上，超过230亿粒，是国内LED外延片、芯片生产最大的基地。三安、乾照、华联、通士达等龙头企业作用显著，光莆、环维、爱的等一批中小企业迅速发展，产业链相对完整、产业的聚集效应显著增强。2009年厦门市光电产业完成工业总产值404.39亿元，比上年增长23.0%；实现销售收入398.72亿元，增长23.0%。

2003-2009年厦门市光电产业产值和销售额均连续七年保持20%以上的增长速度，其中，平板显示产业产值和销售额分别为305.87亿元和304.55亿元，成为厦门光电产值和销售额贡献最大的专业领域。在友达光电、厦华电子的强势带动下，并随着宸鸿科技第三期扩产的完工和乐捷显示等企业建成投产，平板显示将继续成为厦门光电产业的主力军。

厦门现已发展成为大陆知名LED基地和福建光电产业的龙头，下一步将把光电产业打造成厦门首个千亿元产业集群。到2011年，厦门市LED产业以加大投入发展普通照明和应用产品为主攻方向，达到LED光转化效率100lm/W的产业化技术目标，LED产业产值达到30亿元；到2013年，厦门市LED产业从外延、封装到应用形成完整的产业链，LED产品质量和档次得到较大提高，在功率型红黄光、小功率及功率兰绿光和白光普通照明领域实现产业化，掌握一批具有自主知识产权的核心技术，LED产业产值达到45亿元。

初步统计，2009年漳州市光电产业产值达30亿元，全市光电相关企业50多家。主要产品有节能灯、二极管、LED显示屏、LED装饰灯、数码音乐景观灯、数码幻彩变色灯、数码万年历、晶体硅太阳能电池等。2009年，漳州光电产业基地被国家商务部、科技部认定为国家科技兴贸创新基地，云霄、华安2个光电产业园区获得“福建省光电产业园区”称号，跻身全省八大光电产业园之列。

目前，漳州蓝田开发区已拥有富顺、锦达、亚明工贸、吉德龙等多家LED企业，创办较早，技术水平较领先；长泰县形成以立达信、科明为龙头的节能照明产业集群，已发展30多家上下游配套企业，其中，有2家国家半导体照明工程产业化基地骨干企业、2家国家级高新技术企业、9家福建省级高新技术企业。

漳州市积极与厦门共建国家半导体照明产业化基地，已有立达信、科明、富顺、锦达、亚明、国绿等6家企业入选国家半导体照明工程产业化基地骨干企业。闽能光电、福建宝润光电、海莱照明、矽明光电、福建三铁能源、创大太阳能、高圣电子、台玻光伏玻璃项目等光电项目正在建设中，这些项目将进一步拓展漳州市光电产业链。所有光电项目投产后，预计产值可超100亿元，将形成位居全国前列的节能照明产业基地。

汽车产业

福建省汽车产业在全国已有一定的影响，逐步形成了以“东南汽车”和厦门“金龙汽车”为主体的汽车产业群，拥有400多家整车及零配件生产企业，形成了闽中、闽南、闽西北三大汽车产业群。

——福州汽车及零部件产业集群。截至目前，东南、三菱、奔驰、克莱斯勒四大汽车品牌齐聚青口，汽车配套厂达140多家，一个现代汽车产业城已经初具规模。汽车产业占主导地位的青口投资区，2009年实现工业总产值近170亿元人民币，比上年增长27.8%，其中，汽车配套厂规模以上工业福州汽车制造业的龙头企业是东南（福建）汽车工业有限公司，2009年销售量多达83852辆，达到了

2004年至今的最高年销量，同时，高销也带来了高产，东南汽车 2009 年产量也是成绩喜人，双线并进让东南汽车2009年实现五年来最有效益的一年。

——厦门汽车及零部件产业集群。2009年厦门规模以上汽车制造业共完成工业产值112.88亿元，占全市规模以上工业总产值的 4.0%。从具体生产企业看，面对 2009 年来势汹汹的全球金融危机，厦门金龙联合汽车工业有限公司（即“大金龙”）把新能源客车开发作为拓展海内外市场的亮点来抓，组建由多部门组成的新能源客车研发中心。在2009年初与东风电动汽车公司联合研制生产出100辆混合动力客车交付武汉市公交公司后，又于2009年5月成功开发批量新能源大客车进入新加坡，实现国内自主品牌混合动力客车首次出口，迈出了大金龙拓展海外市场的第一大步。2009 年下半年，“大金龙”客车摸索出一条多线并行、划阶段重点突破的发展策略，一手抓混合动力，一手抓纯电动与氢燃料电池等新技术的研发，成功开发出XMQ6120G 混合动力、XMQ6118G 双能源电动客车等系列新能源环保型大客、轻客、公交投入国内外市场，取得了显著的销售业绩。2009年“大金龙”全年实现客车销售4062台，比上年增长282.5%，总销量行业排名前六，产值突破 50 亿元。其中，新能源客车出口1561台，增长48%，销售总值达12亿元，位列全国客车行业出口排名前列。

——泉州特种汽车基地。近年来，泉州从事汽车工程机械配件产业的企业已逾 1000 家，从事汽车工程机械配件产业的人员达到 10 多万人，年交易额达200多亿元，其中，生产企业600多家，产值达180多亿元。目前泉州的工程机械、汽车配件已实现30%出口，境外市场以东南亚和中东地区为主。

——载货汽车产业集群。三明永安是福建省汽车工业的发源地，福建第一辆汽车和第一辆重型卡车在这里诞生。福建新龙马汽车股份有限公司永安汽车厂是福建省汽车工业的载货汽车生产制造基地，主要生产5大系列产品，130多个品种，年载货车生产能力已达到1.5万辆。永安载重汽车零部件配套项目，2006-2008 年连续三年被福建省政府列为省重点建市项目。

龙岩市现有近百家汽车协作配套企业，拥有较强的汽车零部件加工配套能力，是福建省内载货车和专用车门类最多、规模最大的制造基地。全市现有汽车、专用汽车及配件生产企业106家，主要汽配产品有汽车前后桥、制动器、汽车线束及电器等100 多种，其中，龙岩市的载货车零部件“本地配套率”可达 70%。2009 年全行业实现产值 60.12亿元，比上年增长 130.3%，呈现了逆势高速增长的态势。

船舶产业

船舶制造业是福建重要的出口产业之一，目前主要分布于福州、厦门、漳州、宁德。

——宁德船舶产业集群。宁德是福建省四大民间船舶修造基地之一，是福建省船台、船坞数量最多的船舶修造基地，船坞、船台总容量分别占全省78%、82%。拥有全省综合实力最强的民营船舶企业（闽东丛贸船舶实业有限公司），拥有福建省目前最大的干船坞（10万吨级船坞2座）。2009年宁德市船舶修造业产值达50多亿元。

福安是中国民间三大船舶基地之一。2009年全行业共完成工业总产值52.25亿元，占全省船舶工业比重的34.4%，造船量达30.34万载重吨，占全省造船完工量的 32.3%。2010 年一季度，福安船舶修造业共完工19艘各式船舶，总载重吨位达6.16万吨，占全省造船业完工量的三分之一强，同比增长两倍多；目前在建船舶 24 艘，其中，两艘国内最大的1.2万吨沥青运输船在福建白马船厂开工，国内最大 1.52 万马力海工船也即将在福建省华海船业有限公司完成图审并交付建造。福安市船舶骨干企业目前正在陆续承接一些三大主力船舶的订单，这些高附加值、高准入门槛、高技术含量的船型订单，将有力带动福安船舶修造业的升级。2010年5月4日，福建福宁船舶重工有限公司制造出口新加坡的6800吨货油轮在福安下水，标志着福建福安的船舶工业实现产业升级。2010年上半年，该市船舶产业已完成产值25.9亿元。

——泉州船舶产业集群。10年前泉州的船舶工业几乎是个空白，现在船舶工业已成为泉州五大新兴产业之一。2006年年底，泉州造船项目正式列入《国家船舶工业中长期发展布局规划》，并获国家发改委批准正式开展前期工作。目前泉州修造船项目取得实质性进展，万吨级造船区一期工程已实现分段投产。

泉州市政府规划至2010年造船能力要达到150万吨，年造船产量100万载重吨，修船坞容量30万吨，船舶工业总产值达到58亿元；同时形成年修17万吨散货船、15万吨油轮等百余艘的能力，泉州将成为中国东南沿海最大规模的船舶修造基地。

游艇业被称为“继后汽车时代的消费巨人”，它是兼具劳动密集、技术密集、知识密集、资金密集的长链产业，对经济发展具有极大的拉动作用。当前在全球游艇业久盛不衰、蓬勃发展的同时，福建省的游艇业也出现了蓄势待发的好势头。目前泉州市已有晋江、南安、惠安三地分别建成了游艇生产基地、游艇俱乐部，包括晋江高湖工业区的意大利玛诺玛尼公司游艇生产基地、南安市石井镇的哈德森（福建）游艇有限公司以及位于惠安斗尾港的福建泉州船舶配套产业园。

在晋江设立游艇生产基地的意大利玛诺玛尼公司位居全世界游艇制造业的第十七位，主要生产运动艇、公务艇以及私家豪华艇等，具有雄厚的开发、制造、设计能力。该公司位于晋江高湖工业区的项目投资总额达8000万美元，项目三期全部投产后，产值可分别达到5亿元、10亿元和35亿元人民币。

位于南安市石井镇西南海岸的哈德森游艇公司，项目总投资4500万人民币，主要制造45-150尺单艇，类型包括超千万美元的顶级豪华游艇、铝艇、充气艇等。目前初步规划年产60艘中小型游艇、10艘大型游艇、5艘帆船。产品将主要销往美欧、澳大利亚、新西兰等地，同时也将在国内市场做推广性销售。

位于惠安斗尾港的福建泉州船舶配套产业园项目规划占地面积约18公顷，总投资额达3亿元，项目内容涉及游艇制造厂、游艇俱乐部、游艇别墅、游艇码头等。项目全部建成后，将成为中国最大的游艇工业联合企业。

工程机械产业

近年来，福建省充分发挥临海、临港的优势，推动机械装备制造业的快速发展，初步建立了福州（青口）汽车及零部件、厦门汽车及零部件、福安电机电器、厦门工程机械四大产业集群。

截至2009年底，福建省机械装备制造业规模以上企业3278家，拥有总资产2168.97亿元；2009年全省机械装备制造业实现工业总产值2791.84亿元，占全省规模以上工业的比重为15.9%。

目前，福建已形成以厦门ABB开关、太古飞机维修、南平电线电缆、龙岩环保机械等为龙头的区域产业生产基地；行业内拥有“中国名牌产品”9项、“中国驰名商标”10个，其中，厦工机械、金龙客车、东南汽车、金旅客车4个品牌被列入2009年“中国500最具价值品牌排行榜”。

——厦门工程机械产业集群。厦门市工程机械产品整机生产企业主要有林德叉车、厦工、厦装机械、三家乐、厦盛、厦鑫以及嘉丰等十余家。零部件生产企业主要有厦门桥箱、劲龙机械等十余家。厦门工程机械产品的年产值规模约70亿元。周边知名整机生产企业主要有晋工和龙工，泉州地区拥有各类零配件生产厂家百余家。

厦门市生产的工程机械整机产品主要有装载机、叉车、压路机和挖掘机等，其中，装载机在全国已形成产业集群优势。此外，厦门工程机械本地配套完备，结构件、油缸、铲斗、轮胎、变速箱、齿轮件、驱动桥和制动器等大部分零部件均可在闽南地区采购与配送。国内知名品牌玉柴发动机也已入驻。比较完备的配套体系使得厦市装载机成本低于国内其他地区，也催生了厦门装载机行业，使得中小装载机装配厂得以在厦门生存和发展。

石化产业

石化产业是福建省三大主导产业之一，近年来，福建省通过重点建设湄洲湾、漳州古雷两大石化基地和福清江阴、三都澳溪南半岛石化园区等，不断推进闽台石化产业对接，形成了具有一定规模和实力的石化产业集群。2009 年，全省有规模以上石化企业 970 家，实现工业总产值 1103.69 亿元，比上年增长 28.4%，占全省规模以上工业总产值的 6.6%，占全国石化产业总产值的 1.7%，居全国第十八位；全行业实现销售产值 1070.96 亿元，增长 14.1%；产销率达 97.0%；完成出口交货值 93.24 亿元，下降 11.3%。在石化十个分行业中，石油加工、合成材料、橡胶加工、基础化学原料、专用化学品 5 个分行业总产值占全行业 85%。从支柱企业看，福建省 56 家大中型重点企业 2009 年实现工业总产值占全行业 70%以上。一批石化产品产能居全国同行业前列，如：翔鹭石化股份有限公司的 PTA、翔鹭涤纶纺纤（厦门）有限公司的聚酯、福州一化集团有限公司的氯酸盐、赢创嘉联白炭黑（南平）有限公司的硅酸钠和白炭黑、浦城正大生化有限公司的饲料级金霉素、邵化化工有限公司的草酸以及永安化工厂的炸药等产品生产规模均居全国前位。从新建投产企业看，新建成投产的福建联合石化公司炼化一体化一期工程，迅速形成年产 1200 万吨炼油、80 万吨乙烯、130 万吨聚烯烃、70 万吨对二甲苯生产能力。2009 年石化行业的快速增长，有八成左右得利于福建联合石化有限公司新建项目全面投产，拉动了行业增长 22.7 个百分点。从主要产品产量看，2009 年 8 月以后，多数产品生产出现恢复性增长。重点监控的 47 种主要石化产品中，有 29 个品种增长，占 61.7%，特别是原油加工、汽油、煤油、柴油、燃料油、液化石油气油品类增长特别快，而硫酸、纯苯、涂料、精甲醇、初级形态的塑料、聚丙烯、涂料、胶鞋等产品增长在 10%以上。

石材产业

——罗源石材产业集群。罗源县是福建石材的重要产地之一。2009 年全年石材产值达到 31 亿元，占该县工业总产值的 20%。目前，罗源全县共有石板材加工企业 455 家，为实现产业结构升级和解决石材产业发展中带来的环境问题，罗源县政府采取了关停拆除部分石材企业的整治措施。按照省、市的要求，在 2009 年矿山开采量削减 5%、拆除石材加工企业 9 家的基础上，2010 年矿山开采量比上年削减 10%，到 2010 年年底，罗源县 455 家石材加工企业将削减 225 家以上，拆除率达到 50%。

——闽南石材产业集群。石材是泉州国民经济重要的产业之一，年产量和出口量均占全国 45%以上，年出口货值 10 亿美元以上。目前已形成以南安、惠安、晋江、安溪、泉港为主要集聚地的泉州石材产业集群。

南安是全国重要的“中国建材之乡”，经过近年来的迅猛发展，已形成国内极具规模的石材产业集群和全国石材加工贸易基地以及石材循环经济产品生产基地。目前，南安拥有石材企业 1500 多家，年产板材总量 1.50 亿平方米，工艺石材 5000 万才，占中国石材产量的 50%和石材产品市场份额的 70%，是国内最大的石材产业集群、全国最大的石材加工贸易基地和石材循环经济产品生产基地，被业界誉为中国“卡拉拉”。

目前，南安石材业已由过去对本土矿石的开发转变为从美国、加拿大、意大利、韩国、印度、西班牙、埃及、南非等国家和地区进口荒料名石，经过深加工制成精品后再销往海内外，生产领域不断扩大，科技创新能力不断提高。尤其是近年来，南安市在建立辐射全球的石材集散中心、提升石材产业整体竞争力的同时，石材企业走出国门开拓市场，与国外贸易机构和采购商建立贸易伙伴关系，扩大产品的出口量和市场份额，不断提升南安石材产业影响力。

为开拓市场，南安市除每年举办“石博会”邀请国外客商前来采购订货外，还积极联系国外各类石材专业展会，引导南安石企海外“淘金”，每年对企业外出参展的补助达 700 多万元。截至 2009 年 10 月，已有泉州厦东集团有限公司、泉州南星大理石有限公司等 28 家石材企业走出国门，在埃及、坦桑尼亚、西班牙等国家设立公司或办事处，部分企业更是直接承包起当地的矿山进行开采加工。

在 2009 年严峻的市场环境下，欧盟、美国等传统境外市场萎缩的情形下，南安主动拓展境外新兴市场。2009 年，南安 55 家石材企业分别在卡塔尔国际建材展、沙特建材展亮相，从而使南安石材产品出口中东地区增长 35.0%，成为南安外贸出口的一大亮点。2009 年，至上石业、溪石、天天发石业等南安石材企业已经过省外经贸厅批准，在中东地区设立加工厂或办事处，初步形成中东（南安）石材销售网络。中东等境外新兴市场的开拓，使南安石材在全球经济严峻形势下，2009 年 1-9 月仍出口 13814 万美元，同比增长近 7.0%。

——厦门石材产业集群。作为“中国石材出口基地”，目前，厦门有 4 个大的荒料集散地和销售市场，集中了世界各地的各类优质石材；专业石材进出口企业 1000 多家，周边 6000 多家石材加工贸易企业常年直接从厦门进口、采购、出口石材。

2009 年，厦门口岸石材进出口 960.80 万吨，金额达 29.40 亿美元，占全国石材进出口的 60%以上。意大利、西班牙、印度、巴西等全球主要石材生产大国主要的矿山所有者，大多在厦门有事务所、办事处或者分公司。厦门已成为中国最大的石材加工贸易中心和石材进出口集散物流中心。

陶瓷产业

陶瓷行业不仅是福建重要的支柱产业，在全国陶瓷行业中占有重要的地位，是我国陶瓷四大产区及主要的集散地之一，而且作为福建传统产业中最具代表性的行业之一，主要分布在晋江、德化、南安、闽清等地。

——泉州陶瓷产业集群。泉州日用陶瓷主要出口到美国、欧盟、日本、韩国、埃及、中国香港等 50 多个国家和地区。其中，德化日用瓷出口量已占福建省的 80%以上。2009 年泉州检验检疫局德化办事处共检验出口日用陶瓷 3353 批、货值 6053 万美元，比上年分别增长 46.3%和 46.4%，呈现大幅度增长态势，创历史新记录。

泉州日用陶瓷出口大幅增长的主要原因有四：一是国际需求旺盛。2009 年 10 月以来，国际市场需求趋旺，国外客户持续下单，出口企业订单增多。二是产品升级换代快。泉州陶瓷企业年开发个性化新产品达 2 万多种，特别是针对“轻质陶”易碰易碎特点，重点研发的“重质陶”约占新产品的 40%-50%。三是受益文化创意和对台合作。德化瓷企与台湾金门等 17 家酒类企业合作，正在建设国际陶瓷艺术家创作基地和海峡两岸（德化）陶瓷文化创意产业基地等项目，扩大陶瓷影响力，促进出口。四是应对国际贸易技术壁垒能力提高。检验检疫部门积极引导企业积极进行生产工艺和生产设备的改进，提高企业管理水平，加强检验监管，有效确保日用陶瓷铅镉溶出量 100%不超标，不仅日用陶瓷产能提高，而且应对国际贸易技术壁垒能力大大提高。2009 年德化有八家企业获“日用陶瓷质量许可证”和“输美日用陶瓷生产厂认证”，共有 64 家企业获证，2010 年上半年泉州辖区又有 6 家出口陶瓷企业获得“日用陶瓷质量许可证”和“输美日用陶瓷生产厂认证”。这不仅使日用陶瓷产能得到提高，还使企业应对国外技术性贸易措施的能力得到大大提高。目前，泉州市共有 76 家出口陶瓷企业获得双认证，占福建省的95%。

——**福州陶瓷产业集群**。陶瓷业是闽清最具特色的支柱产业，建筑陶瓷和电瓷产量分别占全国的1/10和1/6，成为我国重要的建筑陶瓷和电瓷生产出口基地，被评为“中国陶瓷生产基地县”。2009年，全县陶瓷生产总值达48.90亿元，占全县规模以上工业总产值的 56.2%，其中，44 家规模以上陶瓷企业产值35.50亿元，占规模以上工业总产值的 40.9%；35 家规模以上电瓷企业产值 13.40 亿元，占规模以上工业总产值的15.4%。

近年来，闽清县着力改造提升陶瓷传统产业，实施陶瓷产业“瘦身强体”战略，鼓励陶瓷企业兼并重组，中小陶瓷企业关停 11 家，整合 34 家。闽清县现有规模以上工业企业 119 家，其中，陶瓷业77 家。近年来，闽清把加快推进工业产业转型升级作为全县重点工作，加快促进陶瓷产品结构调整。2010年以来全县共有16家建陶企业实施技改扩产，预计年新增产值2.10亿元，新上的盛利达、金大地等4个抛光砖项目投产后预计年新增产值8亿元。

目前闽清陶瓷产业的提升也取得了明显效果。闽清豪业陶瓷有限公司的“精艺瓷”仿古砖，闽清三得利陶瓷有限公司的“华尔顿”内墙砖是省名牌产品，“富美斯”、“华尔顿”、“飞天”等被评为省著名商标。闽清豪业陶瓷有限公司、闽清腾龙陶瓷有限公司、闽清自力瓷业有限公司、闽清旭日陶瓷有限公司、闽清红叶陶瓷建材有限公司、闽清前程陶瓷有限公司、闽清大世界陶瓷实业有限公司、闽清飞天陶瓷有限公司、闽清金德利陶瓷实业有限公司、闽清欧美陶瓷有限公司等 10 家公司被福州市人民政府评为“福州市十大陶瓷品牌”。

纺织服装产业

目前已成为福建省产业集聚最为明显、产业集群发展最为成型的行业。泉州纺织服装、长乐纺织、泉州、莆田鞋业等产业集群已初具规模。

——**泉州服装产业集群**。泉州市是我国最大的休闲男装、童装、体育运动服装生产基地，现有从业企业10000多家、人员100多万人，2010年产业产值将突破1400亿元。

纺织服装业是泉州市第一大支柱产业，2009年，泉州共有规模以上纺织业企业358户，比上年增加 3 户，实现工业总产值 324.94 亿元，出口交货值达60.30亿元；共有规模以上纺织服装、鞋、帽制造业企业 723 个，增加 11 个，实现工业总产值682.86亿元，出口交货值达368.67亿元。2009年，泉州出口纺织原料及纺织制品达2.62亿美元。2010年上半年，泉州检验检疫局检验出口各类纺织服装2.36万批、7.28亿美元，分别同比增长27.3%、50.6%，持续保持良好增长态势。

在该产业快速发展的同时，当前出口面临四大压力，主要包括：一是原材料价格大幅上涨。从2010年年初至6月，棉花价格暴涨20%-30%，国内328级棉花从每吨1.1万元攀升至目前的每吨1.7万元以上，由此导致棉纱价格大幅上涨，造成企业原材料成本同比上涨 20%-30%。二是用工紧张，成本提升。2010年全国纺织产业劳动力成本上涨幅度已超10%。目前我国人工成本大约是印度的2倍、越南的3倍，廉价劳动力优势逐渐丧失。三是竞争对手实力增强。近年来，印度、越南、巴基斯坦等周边国家纺织服装业发展迅猛，一些纺织贸易订单也逐渐向上述国家转移。中国海关数据显示，2010年1-4 月，我国对日本纺织品服装出口额同比下滑，而日本从越南、泰国分别进口纺织品服装 4.18 亿美元、2.04亿美元，分别同比增长3.6%、5.5%。四是国外技术壁垒森严。欧美、日本等发达国家相继出台的禁用偶氮染料指令、PFOS指令、REACH法规等涉及安全、卫生、环保等方面的标准法规，给纺织服装产业出口造成很大压力。

——**长乐纺织产业集群**。纺织服装是福州市重要的支柱产业之一。2009年，福州市共有规模以上纺织企业 256 户，比上年增加 10 户，实现工业总产值 305.37 亿元，出口交货值达 19.22 亿元；规模以上纺织服装鞋帽制造业 125 户，比上年减少 3 户，实现工业总产值 80.00 亿元，出口交货值达 48.75 亿元。

长乐是我国涤纶纱产品最集中的区域，拥有“中国纺织产业基地市”、“中国经编名镇”、“中国花边名镇”等名片，是中国三个百万纱锭区域之一，棉纺业拥有 350 万锭的生产规模，纱线产量占全国同类产品的三分之一；化纤纺织产业链比较完整，年产化纤原材料短纤、长丝、混纺纱近 120 万吨，锦纶民用丝产能达 20 万吨，位居亚洲同类产品前列；经编年产量约 20 万吨，占全国市场份额的五分之一。无论是原料供应、设备采购、人才技术还是市场主导权，长乐纺织产业集群内的企业都具有较大的优势和较强的竞争力。

作为引领福建纺织业发展的重心区，目前，长乐纺织业已形成集棉纺、化纤、经编、印染、服装等于一体的产业集群，拥有各类纺织企业 800 多家，从业人员 10 万余人。2009 年长乐市纺织行业总产值达 427 亿元，比上年增长 15.4%。2009 年长乐市化纤行业产量达 140 万吨，产值达 131.10 亿元，增长 19.6%；其中，锦纶民用丝发展迅速，产能达 20 万吨，产值 40 亿元，居亚洲同类产品产能前列。2009 年长乐市棉纺行业纱锭超 400 万，产值达 170.6 亿元，增长 14.5%；针织、经编、印染、服装等行业产值 125.8 亿元，增长 15.3%，其中，以经编、纬编为主的面料、花边产业占全国市场的 20%。

“长乐纱”品牌一向左右着全国乃至国际涤纶纱市场的价格风向。从 2009 年下半年开始，纯涤纱不再是长乐棉纺唯一的主打产品。在激烈的市场竞争中，长乐棉纺企业加快产品结构调整，实行差别化生产，增加了粘胶、涤粘、涤棉等多种主导产品，并在市场上取得了主导权。正隆、华源等企业还开发了竹纤维、新型纤维、功能性纤维纱线，长乐市金磊纺织有限公司正计划建立新产品研发生产线。

——晋江鞋业产业集群。鞋类也是泉州纺织服装、鞋、帽制造业的重点产品。经受了国际金融危机冲击的泉州鞋业，在 2009 年并没有收缩与回落，而是在接受考验中持续发展，抢占赛事资源、上市、境外并购、增开终端网点等等，种种举措显示出了该行业的强大发展后劲。2009 年，三六一度（中国）有限公司、福建泉州匹克（集团）公司、星泉（福建）鞋材有限公司、晋江喜得狼控股有限公司、福建鸿星沃登卡集团有限公司、喜得龙（中国）有限公司等公司相继在海外上市。随着一批企业分别在香港、新加坡、韩国、马来西亚、美国等地上市，泉州运动鞋企海外上市的队伍正在不断壮大。截至 2009 年年底，泉州境内外上市企业 45 家。目前泉州还有乔丹、金莱克、德尔惠、贵人鸟、美克、宝峰等知名品牌都在 2010 年提出上市计划。

——泉州箱包产业集群。2009 年，我国箱包行业在全球危机阴霾下，工业总产值仍保持了 10%的增长。作为国内三大箱包袋生产基地之一，泉州包袋产业占全国总量的 45%。近几年，泉州市包袋产业年均增长 30%以上，发展势头十分强劲。泉州市已拥有包袋生产企业 1000 多家，皮革面料箱包出口居第二位，年产值 100 多亿元。目前，泉州包袋产业已形成包袋机械、发泡材料、合成革、织带、拉链、五金扣具等较为完整的产业链条，初步具备了产业集群的协作配套机制，已成为中国包袋出口和世界包袋生产的重要基地。为了争取在新一轮市场竞争中扩大份额，增强泉州市包袋集群产业的竞争力，提高泉州市包袋业的知名度，形成强劲的行业集聚效应，把泉州市包袋行业做强做大，泉州市提出要全力打造“中国包袋之都”。

（执笔：郑芳）

5-12 福建省工业分行业企业数占全省比重及位次

（2005-2009 年） 单位：%

行业名称	2005		2006		2007		2008		2009	
	比重	位次	比重	位次	比重	位次	比重	位次	比重	位次
煤炭开采和洗选业	1.23	25	1.40	22	1.32	23	1.21	25	1.15	25
黑色金属矿采选业	0.48	32	0.52	33	0.53	31	0.52	31	0.48	31
有色金属矿采选业	0.44	33	0.57	31	0.67	29	0.61	30	0.52	30
非金属矿采选业	0.88	27	0.97	27	1.01	27	1.06	27	1.11	26
农副食品加工业	5.04	7	4.97	7	4.92	8	5.12	8	5.37	8
食品制造业	2.77	15	2.61	16	2.54	16	2.49	16	2.64	16
饮料制造业	1.73	19	1.66	19	1.86	19	2.11	19	2.37	18
烟草制品业	0.05	36	0.04	37	0.03	37	0.03	37	0.03	37
纺织业	6.68	4	6.42	4	6.19	4	5.83	4	5.67	4
纺织服装、鞋、帽制造业	8.21	2	7.79	2	7.62	2	7.25	2	7.23	2
皮革、毛皮、羽毛（绒）及其制品业	7.20	3	6.84	3	6.79	3	6.60	3	6.40	3
木材加工及木、竹、藤、棕、草制品业	3.87	8	4.52	8	5.36	7	5.75	5	5.46	6
家具制造业	1.38	22	1.45	21	1.57	20	1.67	20	1.60	20
造纸及纸制品业	3.87	9	3.87	9	3.68	10	3.54	11	3.45	12
印刷业和记录媒介的复制	1.64	20	1.49	20	1.35	21	1.36	21	1.40	21
文教体育用品制造业	1.31	24	1.26	25	1.35	22	1.32	23	1.31	23
石油加工、炼焦及核燃料加工业	0.14	34	0.15	34	0.14	34	0.13	34	0.13	34
化学原料及化学制品制造业	3.71	10	3.82	10	3.90	9	4.22	9	4.17	9
医药制造业	0.62	30	0.65	30	0.63	30	0.64	29	0.66	29
化学纤维制造业	0.53	31	0.55	32	0.53	32	0.51	32	0.46	32
橡胶制品业	1.45	21	1.39	23	1.32	24	1.35	22	1.34	22
塑料制品业	5.56	6	5.65	6	5.51	6	5.41	7	5.40	7
非金属矿物制品业	12.24	1	11.97	1	11.89	1	11.18	1	10.97	1
黑色金属冶炼及压延加工业	1.23	26	1.22	26	1.27	25	1.09	26	0.98	27
有色金属冶炼及压延加工业	0.72	29	0.79	28	0.84	28	0.81	28	0.75	28
金属制品业	2.67	16	2.70	15	2.89	14	3.05	14	3.32	13
通用设备制造业	3.07	11	3.32	11	3.61	11	4.07	10	4.17	10
专用设备制造业	2.10	18	2.25	18	2.19	18	2.29	17	2.61	17
交通运输设备制造业	2.86	13	2.99	13	2.98	13	3.25	13	3.12	14
电气机械及器材制造业	3.01	12	3.06	12	3.10	12	3.32	12	3.47	11
通信设备、计算机及其他电子设备制造业	2.81	14	2.80	14	2.66	15	2.71	15	2.73	15
仪器仪表及文化、办公用机械制造业	1.36	23	1.34	24	1.27	26	1.27	24	1.25	24
工艺品及其他制造业	5.72	5	5.68	5	5.57	5	5.44	6	5.56	5
废弃资源和废旧材料回收加工业	0.05	37	0.06	35	0.05	35	0.10	35	0.12	35
电力、热力的生产和供应业	2.55	17	2.49	17	2.29	17	2.15	18	2.09	19
燃气生产和供应业	0.06	35	0.06	36	0.05	36	0.07	36	0.06	36
水的生产和供应业	0.75	28	0.69	29	0.49	33	0.47	33	0.46	33

5-13 2009 年福建省建筑业企业概况

建筑业作为国民经济的先导性和基础性产业，2009年，福建省完成建筑行业总产值2302.37亿元，其中，总承包和专业承包企业完成建筑业总产值首次突破2000亿元，达到2204.12亿元。全省实现建筑业增加值756.18亿元，占全省GDP的6.2%，为保增长做出重要贡献；全省建筑业税收总收入90.40亿元，比上年增长13.5%，占全省税收总收入的14.6%。2010年上半年全省完成建筑行业总产值875.00亿元，增长10.9%，其中，总承包和专业承包企业共完成建筑业总产值795.00亿元，增长9.2%。新签工程施工合同额955.00亿元，增长16.7%；与上年结转的合计2394.00亿元，增长13.9%。全省建筑业税收总收入44.50亿元，增长0.6%。八个“建筑之乡”县市完成建筑业产值219.00亿元，占全省总产值的27.5%，增长6.8%。2009年福建省建筑业企业主要经济指标见下表。

福建省建筑业企业主要经济指标

（2007-2009 年）

项 目	2007	2008	2009
企业单位数（个）	2022	2398	2479
总产值（亿元）	1596.69	1921.26	2302.37
增加值（亿元）	440.45	632.77	756.18
竣工产值（亿元）	980.70	1243.69	1387.78
房屋施工面积（万平方米）	17745.89	20028.29	21690.97
#本年新开工	9142.47	8700.55	9704.00
房屋竣工面积（万平方米）	6010.26	7637.76	7435.06
#住宅	3100.71	4370.06	4468.37
职工年末人数（万人）	124.97	153.90	182.97
流动资产年末数（亿元）	832.35	982.78	1136.30
固定资产原值（亿元）	198.70	262.82	285.95
企业总收入（亿元）	1500.17	1857.24	2235.59
利润总额（亿元）	37.91	52.40	66.05
#工程结算利润	83.46	109.97	127.54
利税总额（亿元）	95.42	124.16	160.87

2009年，全省建筑业产值10亿元以上的企业有51家，比上年增加14家，产值合计892.00亿元，占全省产值的41.0%。其中，产值超过40亿元的企业1家，产值超过30亿元的3家，产值超过20亿元的8家。重点骨干企业在拓展省外市场也取得突出业绩，全省完成省外产值超过5亿元的企业40家，完成省外产值455.00亿元，占全省省外产值的55.0%。其中，完成省外产值超过20亿元的企业2家，超过10亿元的20家。

分行业看，2009年，福建省拥有房屋和土木工程建筑业企业1313户，比上年增加59户；其中，房屋建筑业企业964户全年共完成总产值1987.61亿元，占全部建筑业总产值的86.3%，比上年增加1.8个百分点；建筑安装业企业374户，减少2户，全年共完成总产值128.44亿元，占全部建筑业总产值的5.6%，增幅减少1.5个百分点；建筑装饰业企业466户，比上年减少25户，全年共完成总产值80.16亿元，占全部建筑业总产值的3.5%。2005-2009年福建省各设区市建筑业企业数占全省比重及位次见表5-14。

2009年5月，福建省建设厅发出通知要求在全省范围内开展建筑市场中介机构清理整顿，结合工程建设主体行为综合整治行动，规范中介机构行为，提高其执业水平和服务质量。清理整顿对象为省内工程招标代理、造价咨询、监理、检测企业及省外来闽已办理分支机构备案的中介机构，重点核查资质条件和执业行为。福建省建设厅要求各地建设行政主管部门加大执法力度，规范完善举报投诉处理、案件移送等机制，依法依规行政执法，重点查办典型案件，及时解决整顿中发现的问题，同时严格市场准入清出，完善日常监管机制，强化层级监督，认真组织资质核查，严肃查处弄虚作假行为，对未办理备案的招标代理、造价分支机构按规定提交工商行政管理机关处理。

2009年6月，福建省建筑业协会、福建省工程建筑质量安全协会公布了2009年福建省《闽江杯》优质工程奖（建筑装修工程）的名单，共有66个项目获奖。

从全国看，2009年中央政府实行了积极的财政政策和适度宽松的货币政策，以及一揽子经济刺激计划，尤其是投资4万亿元加快基础设施、民生工程建设等举措，为建筑业的发展带来了机遇。全国具有资质等级的总承包和专业承包建筑业企业（不含劳务分包建筑业企业）共完成建筑业总产值75864亿元，比上年增加13827亿元，增长22.3%；全社会建筑业增加值22333亿元，增长18.2%。从房屋施工情况来看，2009年共完成房屋建筑施工面积58.73亿平方米，增加5.68亿平方米，增长10.7%。全国具有资质等级的总承包和专业承包建筑业企业共实现利润2663亿元，增长21.0%，其中，国有及国有控股企业697亿元，增长23.9%。

（摘编：张琛）

5-14 福建省各设区市建筑业企业数占全省比重及位次

（2005-2009年）

单位：%

地区	2005		2006		2007		2008		2009	
	比重	位次	比重	位次	比重	位次	比重	位次	比重	位次
福州市	30.78	1	29.05	1	28.93	1	28.69	1	28.40	1
厦门市	17.84	2	18.55	2	19.14	2	18.68	2	18.68	2
莆田市	5.11	7	5.12	7	4.90	8	5.34	7	5.89	6
三明市	4.90	8	5.07	8	5.00	7	5.00	8	5.32	8
泉州市	16.51	3	17.61	3	18.30	3	17.72	3	17.75	3
漳州市	7.14	4	6.74	5	6.48	5	6.96	5	6.62	5
南平市	5.80	6	6.11	6	6.03	6	5.71	6	5.53	7
龙岩市	7.08	5	7.16	4	6.92	4	7.17	4	7.22	4
宁德市	4.85	9	4.60	9	4.30	9	4.71	9	4.60	9

5-15　2009年福建省批发和零售业、住宿和餐饮业企业概况

2009年，在全省经济平稳较快发展、城乡居民收入稳步提高以及中央和省委、省政府扩大消费一揽子刺激政策的综合作用下，全省消费品市场保持了平稳较快的增长势头。全年，全省实现社会消费品零售总额突破4000亿元，达4480.99亿元，比上年增长16.5%。2009年福建省限额以上批发和零售业、住宿和餐饮业企业基本情况见下表。

分城乡观察，城乡市场共同增长，城市市场仍居主导。随着"家电下乡"、"汽车、摩托车下乡"等政策措施在福建省的全面推进，加之全省农民收入的稳步增长，直接推动了农村消费的大幅度升温，使福建省出现了多年少有的城乡市场全面繁荣的局面，成为2009年消费品市场的一大亮点。2009年，城市市场实现社会消费品零售额3015.67亿元，比上年增长16.6%；农村实现零售额1465.33亿元，增长16.3%。农村市场的拉动力进一步增强，农村市场拉动社会消费品零售总额增长由2008年的5.1个百分点提高到2009年的5.3个百分点。这充分表明福建省消费品市场发展更趋协调，全省城乡市场呈现同步运行的发展格局和共同繁荣的可喜局面。

分行业观察，住宿和餐饮业持续增长，批发和零售业稳步运行。随着全省城乡居民生活水平提高及现代生活节奏加快，住宿和餐饮业面临越来越广阔的市场需求空间，住宿餐饮市场规模持续扩大。同时，旅游、会展业的快速发展和各类公务、商务活动的增加，也进一步推动了住宿和餐饮业的持续走高。2009年全省住宿和餐饮业实现零售额达580.73亿元，再创历史新高，比上年增长18.4%。住宿餐饮业已逐渐成为新经济增长点，住宿和餐饮业对消费市场起到较大的拉动作用，占社会消费品零售总额的比重达到13.0%，增幅提高0.3个百分点，拉动全省社会消费品零售总额增长2.3个百分点。批发零售业仍是支撑福建省消费品市场发展的主要力量。2009年，全省批发和零售业实现零售额3819.11亿元，增长16.0%，对全省社会消费品零售总额增长的贡献率达83.2%；其他行业实现零售额81.16亿元，增长25.1%，增幅提高9.0个百分点。

从企业注册类型看，外国和港、澳、台商投资企业蓬勃发展。近年来，全省流通行业组织结构、经营方式逐步转变，各种登记注册类型，尤其是外资企业在流通领域得到迅速发展。2009年，全省限额以上批发零售企业中，外商投资企业129家，比上年增加39家，共实现零售额290.79亿元，增长1.8%；港、澳、台商投资企业67家，增加29家，实现零售额32.32亿元，增长82.4%；内资企业3429家，实现零售额1025.35亿元，增长19.1%，占全省限额以上批发零售业零售总额的76.0%。

从各种零售业态看，随着商业经营形式发生巨大变革，多种零售业态遍地开花，超级市场、便利店、专卖店、购物中心、仓储式商场、无店铺销售等显示了强大的生命力。2009年，全省限额以上零售企业中，专卖店实现零售额234.63亿元，比上年增长35.0%；便利店实现零售额3.47亿元，增长2.6%；百货商店实现零售额70.05亿元，增长23.9%；大型超市实现零售额127.88亿元，增长25.8%。

从各地区看，各设区市发展不平衡，福厦泉支撑作用明显。2009年全省各设区市社会消费品零售均保持两位数以上的增长速度。沿海的福州、厦门、泉州三个设区市2009年分别实现社会消费品零售总额1335.79亿元、488.62亿元和1055.46亿元，分别比上年增长18.0%、15.3%和15.7%，分别拉动全省社会消费品零售总额增长5.3、1.7和3.7个百分点，三市零售额占全省的比重达64.3%。

（摘编：张琛）

5-16 福建省批发和零售业、住宿和餐饮业分注册类型企业数占全省比重

（2005-2009 年）

单位：%

项 目	2005	2006	2007	2008	2009
总 计	**100.00**	**100.00**	**100.00**	**100.00**	**100.00**
内资企业	**96.69**	**95.70**	**95.44**	**95.34**	**94.03**
国有企业	12.49	11.62	9.50	7.77	8.36
集体企业	4.11	3.09	2.95	2.24	2.18
股份合作企业	0.66	0.51	0.69	0.65	0.48
联营企业	0.98	1.07	0.99	0.70	0.62
国有联营企业	0.76	0.59	0.55	0.42	0.41
集体联营企业	0.04	0.04	0.07		
国有与集体联营企业	0.04	0.11	0.07	0.07	0.07
其他联营企业	0.15	0.33	0.31	0.20	0.14
有限责任公司	23.04	26.10	25.45	23.99	26.65
国有独资企业	0.69	0.51	0.58	0.47	0.44
其他有限责任公司	22.35	25.59	24.87	23.52	26.22
股份有限公司	3.02	2.76	2.23	2.04	2.11
私营企业	51.55	49.49	52.38	56.83	51.68
私营独资企业	3.68	4.30	6.35	6.85	7.48
私营合伙企业	1.49	1.65	2.47	2.64	3.01
私营有限责任公司	44.41	41.43	41.44	45.52	39.33
私营股份有限公司	1.97	2.10	2.13	1.82	1.86
其他企业	0.84	1.07	1.23	1.12	1.95
港澳台商投资企业	**1.38**	**1.73**	**2.02**	**1.99**	**2.87**
合资企业	0.25	0.29	0.41	0.57	0.99
合作企业	0.04	0.07	0.07	0.07	0.21
独资企业	1.06	1.32	1.51	1.22	1.54
外商投资企业	**1.93**	**2.57**	**2.54**	**2.67**	**3.10**
中外合资	0.98	1.10	0.89	0.97	1.24
中外合作				0.02	0.14
外资企业	0.91	1.47	1.61	1.52	1.54
外商投资股份有限公司	0.04		0.03	0.15	0.18

5-17 福建省主要批发和零售业企业

（2009 年）

序号	企业名称	序号	企业名称
1	厦门建发股份有限公司	26	福建陆地石油有限公司
2	中石化森美（福建）石油有限公司	27	永恩投资（集团）有限公司
3	福建中烟工业公司	28	福建省福农农资集团有限公司
4	厦门国贸集团股份有限公司	29	厦门七匹狼服装营销有限公司
5	中国石油化工股份有限公司福建石油分公司	30	福建省烟草公司莆田分公司
6	福建省烟草公司泉州分公司	31	福州华闽进出口有限公司
7	厦门信达股份有限公司	32	福建省烟草公司宁德分公司
8	厦门安踏贸易有限公司	33	厦门佳事通贸易有限公司
9	福建省烟草公司福州分公司	34	福建炼油化工有限公司
10	永辉超市股份有限公司福州鼓楼分公司	35	厦门夏商农产品集团有限公司
11	福建省烟草公司漳州分公司	36	厦门海沧经济贸易发展总公司
12	福建省烟草公司三明市公司	37	住重中骏（厦门）建机有限公司
13	厦门市嘉晟对外贸易有限公司	38	厦门航空开发股份有限公司
14	福建恒安集团厦门商贸有限公司	39	中国石油天然气股份有限公司福建福州销售分公司
15	厦门市中信隆进出口有限公司	40	国投京闽（福建）工贸有限公司
16	厦门市海翼国际贸易有限公司	41	福建东百集团股份有限公司
17	福建省龙岩烟草分公司	42	石狮市龙整进出口贸易有限公司
18	福建省烟草公司厦门烟草分公司	43	厦门嘉联恒进出口有限公司
19	福建省烟草公司南平市公司	44	福建省电力物资有限公司
20	厦门象屿股份有限公司	45	福建省三农碳酸钙有限责任公司
21	福建同春药业股份有限公司	46	厦门明鑫达贸易发展有限公司
22	福州闽台茶业有限公司	47	龙岩鸿裕贸易有限公司
23	福建新华发行（集团）有限公司	48	厦门英南进出口有限公司
24	福建凯西钢铁集团有限公司	49	晋江市进出口有限公司
25	福建省闽侯永辉商业有限公司	50	厦门兴海龙石油有限公司

5-17 续表 1 （2009 年）

序号	企业名称	序号	企业名称
51	中国航空技术厦门有限公司	76	厦门海润进出口有限公司
52	福州喜盈门实业有限公司	77	内蒙古伊利实业集团股份有限公司福州分公司
53	沃尔玛深国投百货有限公司福州山姆会员商店	78	福州福大自动化科技有限公司
54	厦门青岛啤酒东南营销有限公司	79	福州麦多万嘉超市有限公司
55	厦门华融实业有限公司	80	福建阳光实业发展股份有限公司
56	中国卷烟销售公司厦门卷烟调拨站	81	福建省新世纪经贸发展有限公司
57	漳州新鑫贸易有限公司	82	福州中宝销售服务有限公司
58	福州国美电器有限公司	83	福建省医药（集团）有限责任公司
59	厦门市旺紫洲工贸有限公司	84	泉州市华田工贸有限公司
60	泉州新华都购物广场有限公司	85	福建省饲料工业公司
61	福建超大畜牧业有限公司	86	福建省泉州万国发展有限公司
62	厦门医药采购供应站	87	厦门育哲进出口有限公司
63	厦门森那美信昌机器工程有限公司	88	厦门宇信兴业进出口贸易有限公司
64	中国石油天然气股份有限公司福建厦门销售分公司	89	泉州闽中燃港丰石化有限公司
65	厦门路桥工程物资有限公司	90	厦门新五菱汽车销售有限公司
66	厦门协力五金矿产进出口有限公司	91	厦门中兵贸易有限公司
67	厦门中宝汽车有限公司	92	南安市石井苏闽石油公司
68	莆田市宏发钢材交易市场有限公司	93	福州轻工业进出口有限公司
69	福建省旅游贸易有限公司	94	中国石油天然气股份有限公司泉州销售分公司
70	福建九州通医药有限公司	95	三明市永达物资贸易有限公司
71	厦门骏泰通用机械有限公司	96	福州永力通汽车贸易有限公司
72	福建新华都购物广场股份有限公司	97	厦门市明穗粮油贸易有限公司
73	厦门市中鹭达进出口有限公司	98	五矿钢铁福州有限公司
74	鑫东森集团有限公司	99	福建荣源钢铁有限公司
75	厦门富山诚达百货商业广场有限公司	100	福建新华都综合百货有限公司

5-17 续表 2　　（2009 年）

序号	企业名称	序号	企业名称
101	厦门协力粮油食品进出口有限公司	126	厦门市成易进出口有限公司
102	福建省漳州市对外贸易公司	127	厦门锦厦科技有限公司
103	厦门市天虹商场有限公司	128	福州瑞联贸易有限公司
104	福建申泰邮电器材有限公司	129	福州之星汽车贸易有限公司
105	福建苏宁电器有限公司	130	福建和盛集团有限公司
106	厦门森宝集团有限公司	131	福建省石狮市长江实业有限公司
107	厦门空港航星汽车维修服务有限公司	132	福建省莆田市华闽进出口有限公司
108	泉州福宝汽车销售服务有限公司	133	福州玖玖丰田汽车销售有限公司
109	中国石油天然气股份有限公司福建省漳州销售分公司	134	厦门银鹭集团有限公司
110	鹭燕（福建）药业股份有限公司	135	厦门合鑫铜金属材料有限公司
111	沃尔玛深国投百货有限公司厦门世贸分店	136	泉州五矿（集团）公司
112	福州常春药业有限公司	137	福建闽钢实业发展有限公司
113	福建中鹭医药有限公司	138	厦门美泽鑫源商贸有限公司
114	福建福泰钢铁有限公司	139	厦门信和达电子有限公司
115	漳州宝鼎贸易有限公司	140	厦门振华实业公司
116	厦门展志投资有限公司	141	福建省榕江进出口公司
117	厦门亿力电力物资有限公司	142	中国轻鑫工程厦门有限公司
118	福建浩伦东方资源物产有限公司	143	福建高龙物流有限公司
119	泉州化建物流有限公司	144	厦门森宝电子科技集团有限公司
120	厦门金华南进出口有限公司	145	三六一度（厦门）工贸有限公司
121	泉州市烟草公司城区分公司	146	福州华物实业（集团）有限公司
122	厦门华特集团有限公司	147	厦门海翼厦工金属材料有限公司
123	厦门市荣鑫行化工有限公司	148	福建新吉福企业有限公司
124	厦门鹏联工贸有限公司	149	厦门市鹭欣嘉贸易有限公司
125	鸿星尔克（厦门）投资管理有限公司	150	厦门拓兴成贸易有限公司

5-17 续表 3　　　　　　　　　　　（2009 年）

序号	企业名称	序号	企业名称
151	厦门高煦有限公司	176	福建众和营销有限公司
152	厦门大嘉企业有限公司	177	福州恒瑞金属材料有限公司
153	福州中城大洋百货有限公司	178	福建东南医药有限公司
154	泉州恒义贸易发展有限公司	179	厦门厦工国际贸易有限公司
155	厦门好聚合进出口有限公司	180	厦门欧华晨进出口有限公司
156	厦门夏商贸易有限公司	181	泉州市七匹狼体育用品有限公司
157	福建小松工程机械有限公司	182	厦门海宏物流有限公司
158	中骏重工（厦门）有限公司	183	福建省鹭明鑫能源发展有限公司
159	福建省燃料有限责任公司	184	福州建发实业有限公司
160	泉州市泉港区爱德利贸易有限公司	185	厦门华澄贸易有限公司
161	福建省储备粮管理有限公司	186	厦门古龙进出口有限公司
162	福建诺奇股份有限公司	187	厦门大邦通商汽车贸易有限公司
163	福建中农农业生产资料有限公司	188	深圳市天音通信发展有限公司厦门分公司
164	厦门永乐思文家电有限公司	189	厦门昌和贸易发展有限公司
165	厦门中谷粮油贸易有限公司	190	福建省泉州市侨乡建材有限公司
166	厦门三峡国际贸易有限公司	191	三明三化联合化肥销售有限公司
167	福建省大东石油化工有限公司	192	三和进出口贸易（三明）有限公司
168	福建格力电器销售有限公司	193	福建天福茗茶销售有限公司
169	广州宝钢南方贸易有限公司厦门分公司	194	厦门国美电器有限公司
170	厦门本钢钢铁销售有限公司	195	中国石油天然气股份有限公司福建莆田销售分公司
171	厦门东南融通系统工程有限公司	196	福建闽东医药集团有限公司
172	厦门福厦苏宁电器有限公司	197	厦门市嘉华进出口贸易有限公司
173	福州家乐福商业有限公司	198	福州中机中泰汽车销售有限公司
174	厦门塞尔福汽车有限公司	199	厦门美的制冷产品销售有限公司
175	福建建州闽光物资有限公司	200	福建中邮普泰移动通信设备有限公司

5-17 续表 4　　　　　　　　　　　　（2009 年）

序号	企业名称	序号	企业名称
201	厦门市海澳石油有限公司	226	厦门中马进出口有限公司
202	厦门华闽进出口有限公司	227	福建省医药公司
203	泉州嘉太中外名酒有限公司	228	厦门百城商贸有限公司
204	海富特（福州）进出口有限公司	229	厦门市份隆实业有限公司
205	厦门市盈众汽车销售有限公司	230	厦门中升丰田汽车销售服务有限公司
206	龙岩瑞荣通用金属材料有限公司	231	厦门翰达进出口贸易有限公司
207	厦门夏商粮食发展有限公司	232	重庆海尔家电销售有限公司福州分公司
208	福州中升丰田汽车销售有限公司	233	福建天成集团针棉毛织品进出口有限公司
209	石狮中油通用石油销售有限公司	234	福州 TCL 电器销售有限公司
210	福建驿缘通信设备有限公司	235	福建美的制冷产品销售有限公司
211	厦门信达诺汽车销售服务有限公司	236	厦门利亿化工有限公司
212	厦门卓信进行出口有限公司	237	厦门市华东海石油仓储有限公司
213	厦门华润燃气有限公司	238	福州中升雷克萨斯汽车有限公司
214	福建省福维尔进出口有限公司	239	福建省盐业公司
215	福州好又多百货有限公司	240	福建省嘉记食品有限公司
216	厦门协力医药保健品进出口有限公司	241	福州鹭燕医药有限公司
217	厦门森宝食品贸易有限公司	242	厦门中达丰田汽车服务有限公司
218	福州神州数码有限公司	243	厦门永辉商业有限公司
219	福建省莆田富力进出口有限公司	244	福建中糖糖业发展有限公司
220	福建省丰吉汽车贸易有限公司	245	福建省优拓贸易有限公司
221	龙岩市丰洲贸易有限公司	246	福建省晋江市福明鑫化建贸易有限公司
222	厦门中舜进出口有限公司	247	福建省晋江市金煌建材有限公司
223	厦门银祥食品有限公司	248	福建盈众汽车有限公司
224	福建吉马集团有限公司	249	厦门克利尔能源工程有限公司
225	福建荣强贸易有限公司	250	福建省化工建材有限公司

5-17 续表 5　　　　　　　　　　　（2009 年）

序号	企业名称	序号	企业名称
251	福建省荣泰物流集团有限公司	276	厦门市金海顺石油有限公司
252	福州开发区福燃煤碳有限公司	277	福建闽迈特五矿有限责任公司
253	厦门福慧达果蔬供应链有限公司	278	厦门仲盛贸易有限公司
254	福州天浩贸易有限公司	279	厦门宏仁医药有限公司
255	厦门黄金香食品有限公司	280	福建华夏汽车城发展有限公司
256	福建省润通汽车销售服务有限公司	281	厦门凯昇贸易有限公司
257	厦门市泰成汽车服务有限公司	282	福建省新特药业有限公司
258	福州保税区东港实业有限公司	283	福建省金属材料有限公司
259	长乐市对外贸易公司	284	福建图图儿童用品有限责任公司
260	福建省晋江市对外贸易有限公司	285	协励行（厦门）电气有限公司
261	福州龙泽投资有限公司	286	BP（福建）石油有限公司
262	漳州开发区天运贸易有限公司	287	中国抽纱福建进出口公司
263	厦门海德信进出口有限公司	288	厦门市三德洲机械有限公司
264	东山县裕华石油化工有限公司	289	福建省泉州闽星汽车销售服务有限公司
265	深圳创维 RGB 电子有限公司福建分公司	290	厦门恒立兴机械有限公司
266	厦门源海石化有限公司	291	福建榕泰汽车销售服务有限公司
267	福建福日实业发展有限公司	292	福州联合实业有限公司
268	福建省漳州市医药有限公司	293	福州计通信息技术有限公司
269	厦门市国光工贸发展有限公司	294	厦门市四美达科技发展有限公司
270	福州嘉利德斯汽车贸易有限公司	295	厦门集力发展股份有限公司
271	福建五丰大商场有限公司	296	福建省安溪县对外贸易公司
272	厦门市格朗经贸有限公司	297	福建省建瓯市闽芝物资有限公司
273	南安市中油油品经销有限公司	298	厦门钢立投资有限公司
274	厦门龙怀进出口贸易有限公司	299	泉州市粮油食品进出口公司
275	泉州华奥汽车销售服务有限公司	300	福州蒙鑫贸易有限公司

5-18　2009年福州市工业企业概况

2009年，福州市积极应对国际金融危机的冲击，全力以赴保增长、保民生、保稳定，经济社会发展呈现平稳较快的良好势头，全市工业经济运行逐月回升，总体上呈现出较为稳健的增长势头，197项工业新增长点项目新增产值195亿元，南北"两翼"对工业增长贡献率为43.2%，戴姆勒汽车、德盛镍合金等50项重大工业项目建成投产。全市完成全部工业总产值3949.28亿元，比上年增长13.6%，其中，规模以上工业总产值3618.29亿元，增长14.5%；实现全部工业增加值1008.95亿元，增长12.4%，其中，规模以上工业增加值906.60亿元，增长14.1%。

分注册类型看，完成国有控股工业总产值531.97亿元，比上年增长18.6%；股份制工业总产值1428.37亿元，增长26.3%；外商及港澳台商投资工业总产值1827.59亿元，增长9.3%。

分产品看，规模以上工业主要产品产量增势良好：汽车比上年增长101.0%，商品混凝土增长64.2%，化纤增长32.5%，钢材增长28.0%，发电量增长17.1%。

2009年福州市工业经济运行呈现以下特点：

一是支柱产业增长明显。电子信息、汽车、冶金、纺织等支柱产业继续主导全市工业层面，产品竞争力不断增强。分行业看，通信设备、计算机及电子设备制造业规模以上工业总产值584.86亿元，比上年增长3.0%；纺织服装、化纤制造业产值526.82亿元，增长24.9%；黑色金属冶炼及压延加工业产值246.60亿元，增长44.9%；交通运输设备制造业产值233.01亿元，增长33.5%；食品制造业产值49.60亿元，增长27.0%。

二是科技创新能力不断增强。高新技术产业增势强劲，福州瑞芯微电子有限公司、福建网龙计算机网络信息技术有限公司、福州福大自动化科技有限公司等一批企业已走在全国同行业前列，福州申报国家动画产业基地通过验收。突出发展高新技术产业，建设创新型城市迈出新的步伐。全市重新认定高新技术企业159家，其中，上市公司18家，实现高新技术产业工业产值1503亿元，增长20%。拥有民营科技企业300家，其中，年产值超亿元的民营科技企业8家。福州市高新区拥有企业201家，福州软件园拥有企业395家。福州市高新区实现高新技术产品产值321亿元，增长14.0%，利税29亿元，出口创汇11.40亿美元。

三是质量技术监督不断加强。全市质量技术监督部门共抽查2800家企业产（商）品，批次合格率为93.1%，其中，生产领域抽检2315家企业产品2327批次，批次合格率为92.7%。全市共有11家企业15项产品采用国际标准或国外先进标准，共有法定计量技术机构8个，强制检定计量器具6.27万台件。

2009年，福州共有规模以上工业企业2887户，比上年减少12户，占全省规模以上工业企业总数的15.9%，居全省第二位。

福州市大中型工业企业详见表5-19。

注：本文数据均采用快报数。

5-19 福州市大中型工业企业

（2009 年）

企业规模	企业名称	企业规模	企业名称
大型	福建省经纬集团有限公司	大型	福建省电力有限公司
大型	东南（福建）汽车工业有限公司	大型	福建星网锐捷股份有限公司
大型	闽侯闽兴编织品有限公司	大型	明达工业（福建）有限公司
大型	福建清禄鞋业有限公司	大型	华映光电股份有限公司
大型	福建嘉达纺织股份有限公司	大型	福建省长乐市华源纺织有限公司
大型	福建捷联电子有限公司	大型	福建省长乐市正隆纺织有限公司
大型	福建鑫海冶金有限公司	大型	福建亿鑫钢铁有限公司
大型	福建省长乐市金磊纺织有限公司	大型	福建华冠光电有限公司
大型	福建德盛镍业有限公司	大型	福建省冠海造船工业有限公司
大型	福建省长乐市金源纺织有限公司	大型	连江清禄鞋业有限公司
中型	福州市自来水总公司	中型	福州市煤气公司
中型	福州市耀隆化工集团公司	中型	福州机床厂有限公司
中型	福州晚报印刷厂	中型	福建宏达机械有限公司
中型	福州一化化学品股份有限公司	中型	福建新大陆电脑股份有限公司
中型	福建省连江县供电有限公司	中型	福建省长乐市供电有限公司
中型	福建省长乐市金林生织造有限公司	中型	福建省长乐市金鹤毛绒有限公司
中型	福建省长乐市新联纺织有限公司	中型	福建省长乐市第二棉纺织厂
中型	福建永丰针纺有限公司	中型	福建省长乐市金鑫纺织有限公司
中型	福建省长乐市华良染整有限公司	中型	福建省长乐市金林来纺织有限公司
中型	福建省长乐市立峰纺织有限公司	中型	福建光阳蛋业股份有限公司
中型	福建省福清供电有限公司	中型	福建省蓝建集团公司
中型	福建实达集团股份有限公司	中型	福建福晶科技股份有限公司
中型	福建省东南造船厂	中型	福建新华印刷厂
中型	福建省马尾造船股份有限公司	中型	福州茶花家居塑料日用品有限公司
中型	福州大世界橄榄有限公司	中型	福州天一同益电气有限公司
中型	福州通尔达电线电缆有限公司	中型	福建腾新食品股份有限公司

5-19 续表 1　　　　　　　　(2009 年)

企业规模	企业名称	企业规模	企业名称
中型	福州市琴声电子有限公司	中型	福州金飞鱼柴油机有限公司
中型	福建省金得利集团有限公司	中型	福建省康利特集团有限公司
中型	福州叶下塑革有限公司	中型	福州广胜玩具有限公司
中型	福建三丰鞋业有限公司	中型	中铝瑞闽铝板带有限公司
中型	福建华科光电有限公司	中型	升兴（福建）集团有限公司
中型	福建闽东本田发动机有限公司	中型	欧浦登（福建）光学有限公司
中型	福建福强精密印制线路板有限公司	中型	福建正盛日用品有限公司
中型	中国国际钢铁制品有限公司	中型	南方铝业（中国）有限公司
中型	福建日立工机有限公司	中型	中国福万（福建）玩具有限公司
中型	福耀玻璃工业集团股份有限公司	中型	福州和声钢琴有限公司
中型	福建富士通信息软件有限公司	中型	福建融林塑胶五金实业有限公司
中型	福州大福有限公司	中型	福建万丰鞋业有限公司
中型	福建省建乐鞋业有限公司	中型	丽珠集团福州福兴医药有限公司
中型	台福（福州）有限公司	中型	福州天虹舞蹈鞋有限公司
中型	福清茂山塑料制品有限公司	中型	福州日光照明电器有限公司
中型	福州佳宁化妆品有限公司	中型	福建海壹食品饮料有限公司
中型	福州福华纺织印染有限公司	中型	冠捷电子（福建）有限公司
中型	福建顺大运动品有限公司	中型	福清东丰制衣有限公司
中型	福清龙威水产食品有限公司	中型	福建冠良汽车配件工业有限公司
中型	绿星（福州）居室用品有限公司	中型	福清市谊华水产食品有限公司
中型	福州祥龙鞋业有限公司	中型	祥兴（福建）箱包集团有限公司
中型	福清永超鞋革制品有限公司	中型	诚丰家具（中国）有限公司
中型	福清市振云塑料科技有限公司	中型	福建吴航不锈钢制品有限公司
中型	福州华鹰塑胶模具有限公司	中型	福清洪良染织有限公司
中型	福州明扬交通器材有限公司	中型	青岛啤酒（福州）有限公司
中型	福建源光电装有限公司	中型	福州瑞华印制线路板有限公司

5-19 续表 2　　　　　　　　　　　　　（2009 年）

企业规模	企业名称	企业规模	企业名称
中型	福州新易制模有限公司	中型	福州瑞达电子有限公司
中型	福州航港铝业有限公司	中型	福建省苍乐电子企业有限公司
中型	福建亚通新材料科技股份有限公司	中型	福州闽侯兰顿塑胶有限公司
中型	福清达人塑胶有限公司	中型	福清利亚塑胶有限公司
中型	福州华冠针纺织品有限公司	中型	福州丰大包装工业有限公司
中型	福建闽威电路板实业有限公司	中型	福建联福林业有限公司
中型	东芝照明（福州）有限公司	中型	福州联泓交通器材有限公司
中型	福州福亨汽车工业有限公司	中型	协展（福建）机械工业有限公司
中型	福州大亿灯具工业有限公司	中型	福州东阳塑料制品有限公司
中型	福建日新塑料制品有限公司	中型	利莱森玛电机科技（福州）有限公司
中型	福州百洋海味食品有限公司	中型	福州福田工艺品有限公司
中型	福州闽侯富盛工艺品有限公司	中型	福耀玻璃工业集团股份有限公司
中型	福建缔邦实业有限公司	中型	福州大同纤维纺织有限公司
中型	飞毛腿（福建）电子有限公司	中型	福清福捷塑胶有限公司
中型	全兴汽车配件（福州）有限公司	中型	福州云飞编织品有限公司
中型	福州光国运动器材有限公司	中型	福建中日达金属有限公司
中型	福州德克士食品有限公司	中型	福建顶益食品有限公司
中型	福建爱普生有限公司	中型	福州高意通讯有限公司
中型	福州开发区福禄鞋业有限公司	中型	福州利亚船舶工程有限公司
中型	福清市玉树家具有限公司	中型	福建东龙针纺有限公司
中型	福建省长乐市广丰纺织有限公司	中型	福州新密机电有限公司
中型	斯美伦（福州）防水服装有限公司	中型	福建新祥龙鞋业有限公司
中型	福州钜立机动车配件有限公司	中型	福清三照电子有限公司
中型	福州龙腾伟业机电有限公司	中型	福建三和混凝土桩杆有限公司
中型	福建乾达重型机械有限公司	中型	福建省东南电化股份有限公司
中型	福建福日电子股份有限公司	中型	福建鸿博印刷股份有限公司

5-19 续表 3　　　　　　　　　　（2009 年）

企业规模	企业名称	企业规模	企业名称
中型	福建省长乐市三磊实业有限公司	中型	长乐市雪人制冷设备有限公司
中型	福建长隆纺织有限公司	中型	福建省闽侯县华源工艺品有限公司
中型	闽清豪业陶瓷有限公司	中型	闽清环宇陶瓷有限公司
中型	福建省闽清三得利陶瓷有限公司	中型	闽清金盛钢业有限公司
中型	福建省长乐市华威化纤有限公司	中型	福建福田服装集团有限公司
中型	福建省长乐市华亚纺织有限公司	中型	福州奥特帕斯工业有限公司
中型	福州福大自动化科技有限公司	中型	福清市嘉叶蔬果四季保鲜有限公司
中型	福建省长乐市金沙港针纺实业有限公司	中型	福清贸旺水产发展公司
中型	福建恒杰塑业新材料有限公司	中型	福建水口发电有限公司
中型	福州开发区钜联鞋业有限公司	中型	福州六和机械有限公司
中型	福建省长乐市宏顺型材有限公司	中型	福州万德电气有限公司
中型	福清市福盛达塑胶制品有限公司	中型	长乐联丰染整有限公司
中型	福清福星塑胶制品有限公司	中型	福建五友模具科技有限公司
中型	福建省长乐市天梭纺织实业有限公司	中型	福州海王福药制药有限公司
中型	福建鑫诺通讯技术有限公司	中型	福州统一企业有限公司
中型	福建璋南电池科技有限公司	中型	东北理光（福州）印刷设备有限公司
中型	福建省长乐市创造者锦纶实业有限公司	中型	福州金锻工业有限公司
中型	福建新大陆电脑股份有限公司	中型	福州富成味精食品公司
中型	LG 伊诺特（福州）有限公司	中型	福建华夏塑胶有限公司
中型	福建友通实业有限公司	中型	福建省冠林科技有限公司
中型	福州山崎环境用品有限公司	中型	福建和盛塑业有限公司
中型	福州高意光学有限公司	中型	福州富鸿齐电子有限公司
中型	福建省福抗药业股份有限公司	中型	福建升腾资讯有限公司
中型	福建祥鑫铝业有限公司	中型	福建建华管桩有限公司
中型	福建顶津食品有限公司	中型	福州茂盛投资有限公司
中型	福建省长乐市泰源纺织实业有限公司	中型	罗源县雄丰纸业有限公司

5-19 续表 4　　（2009 年）

企业规模	企业名称	企业规模	企业名称
中型	福建中能电气股份有限公司	中型	福清佳宁化妆品有限公司
中型	安波电机（福州）有限公司	中型	福建省长乐市德盛织染有限公司
中型	福清市东威水产食品实业有限公司	中型	福州宜美电子有限公司
中型	福州业通家居制造有限公司	中型	长乐市同源染织有限公司
中型	福建上润精密仪器有限公司	中型	福州跃升鞋业有限公司
中型	福州名成食品工业有限公司	中型	福州源田针织服装有限公司
中型	长乐力源锦纶实业有限公司	中型	福州华昆赛车配件技研有限公司
中型	福清市福新家具有限公司	中型	福建骏鹏五金有限公司
中型	福建海源自动化机械股份有限公司	中型	福州中澳科技有限公司
中型	长乐佳纶纺织实业有限公司	中型	福建省闽清县金陶瓷业有限公司
中型	福建省大地管桩有限公司	中型	福建省闽清金城陶瓷有限公司
中型	福建省金纶高纤股份有限公司	中型	福州华映视讯有限公司
中型	福州佳新创辉机电有限公司	中型	福清市加华塑胶有限公司
中型	福建省长乐市同升纺织有限公司	中型	北京同仁堂健康药业（福州）有限公司
中型	福州宝井钢材有限公司	中型	福州汇和科技有限公司
中型	福建华映显示科技有限公司	中型	福建省长乐市圆方纺织实业有限公司
中型	福清宏福鞋业有限公司	中型	福清登峰鞋业有限公司
中型	福清市朝辉水产食品有限公司	中型	福州钜全金属工业有限公司
中型	合泰（福建）鞋业有限公司	中型	福建省闽清新东方陶瓷有限公司
中型	福建省天海东方食品集团有限公司	中型	双翔（福建）电子有限公司
中型	丰生（福州）制动器有限公司	中型	福建源盛纺织服装城有限公司
中型	福建三元达通讯股份有限公司	中型	福建腾龙鞋业有限公司
中型	福州永德吉光电有限公司	中型	福清冠威塑料工业有限公司
中型	福州住电装有限公司	中型	福州大通机电有限公司
中型	福建元盛食品工业有限公司	中型	福建省长乐市正鑫纺织有限公司
中型	冠鸿光电科技（福建）有限公司	中型	雅致集成房屋股份有限公司福州分公司

5-19 续表 5　　　　　　　　（2009 年）

企业规模	企业名称	企业规模	企业名称
中型	福清威霖鞋业有限公司	中型	长乐力恒锦纶科技有限公司
中型	飞毛腿（福建）电池有限公司	中型	福建联迪商用设备有限公司
中型	闽清县供电有限公司	中型	平潭县供电有限公司
中型	福建丞翔家具有限公司	中型	福清华森塑胶有限公司
中型	长乐市长源纺织有限公司	中型	福州思迈特数码科技有限公司
中型	福建兴中艺轻工制品有限公司	中型	福清日强塑料制品有限公司
中型	福建省长乐市星艺毛纺有限公司	中型	福州闽泉编织有限公司
中型	福建顺邦纺织科技有限公司	中型	福建永强力加动力设备有限公司
中型	福建省永泰县金泰纺织有限公司	中型	福州正源铝业有限公司
中型	福建省长乐市恒源纺织有限公司	中型	福州力鼎动力有限公司
中型	福建联合动力机电科技有限公司	中型	福建凯邦锦纶科技有限公司
中型	福州天宇电气股份有限公司	中型	福建馥华食品有限公司
中型	福州民天集团有限公司	中型	福建福马企业集团公司
中型	福建福人木业有限公司	中型	福建龙和食品实业有限公司
中型	福建捷福服装有限公司	中型	福州百事可乐饮料有限公司
中型	福建新代实业有限公司	中型	福清华丰塑胶制品有限公司
中型	福州钜全汽车配件有限公司	中型	福州山昌电子有限公司
中型	福建省万达汽车玻璃工业有限公司	中型	福建宝利特集团有限公司
中型	日本电产三协（福州）有限公司	中型	福建富的乐运动品有限公司
中型	福州新裕电装有限公司	中型	福州福光橡塑有限公司
中型	福建实达电脑设备有限公司	中型	福建德盛能源有限公司
中型	日立数字映像（中国）有限公司	中型	福州恒鑫轻工制品有限公司
中型	福清宏太鞋业有限公司	中型	福清东晖运动用品公司
中型	濠锦化纤（福州）有限公司	中型	福州尚飞制衣有限公司
中型	长乐永德纺织有限公司	中型	福建华电可门发电有限公司
中型	福建三金钢铁有限公司	中型	福州汇邦制衣有限公司
中型	福建福顺半导体制造有限公司	中型	福建省永泰县供电有限公司
中型	福建锦江科技有限公司	中型	华能国际电力股份有限公司福州电厂
中型	福州华信矿业有限公司	中型	福州市仓山潘墩永达鞋业制品厂

5-20 2009 年厦门市工业企业概况

2009 年，为应对国际金融危机，厦门市委、市政府密切跟踪国内外经济形势变化制定新的应对方案，加强调控与监测，帮助企业开拓国内外市场，解决实际困难，下半年以来，工业生产回升速度加快，产能基本恢复至金融危机前水平，全年工业经济实现正增长。

2009 年，厦门市规模以上工业完成工业总产值 2784.02 亿元，比上年增长 1.6%（可比价增长），产值总量位列全省第三；实现工业增加值 654.62 亿元，增长 2.8%，占全市 GDP 的比重 40.3%；实现出口交货值 1178.93 亿元，下降 13.0%；出口交货值率为 42.7%，下降 3.3 个百分点。

分轻重行业看，规模以上工业中，重工业完成产值 1867.42 亿元，比上年增长 2.2%；轻工业完成产值 916.60 亿元，增长 0.4%，重工业与轻工业之比为 2.0∶1。

分产品看，规模以上工业产品中，彩色电视机 291.97 万台，增长 69.1%；软饮料 177.17 万吨，增长 33.4%；低压开关板 3.21 万面，增长 51.4%；罐头 36.69 万吨，增长 31.7%。

2009 年全市工业经济运行呈现以下特点：

一是 13 条百亿产值产业链规模接近 1800 亿元。为有效应对金融危机，厦门市委、市政府根据实际情况，进一步明确了工业发展重点和产业发展方向，精心梳理厦门的产业需求，着力培育 13 条百亿产值产业链。2009 年，13 条产业链共完成产值 1786.14 亿元，其中，计算机与通讯设备、平板显示、汽车、农副产品与食品加工这 4 条产业链已超百亿元，工程机械、现代照明和太阳能、输配电及控制设备这 3 条产业链接近百亿规模。在严峻的经济形势下，13 条产业链中有 6 条实现增长，其中，平板显示产业链的增幅达到 42.5%，为厦门工业的回升做出积极贡献。

二是工业产销率稳居全省第一。2009 年规模以上工业完成工业销售产值 2764.51 亿元，产销率 99.3%，比全省平均水平高出 1.9 个百分点。从经济类型看，国有企业和其他经济类型企业的产销率较高，分别达到 100.4%和 99.7%，全年产值上亿元的 350 家企业中，产销率达 100%的有 190 家，占 54.3%。

三是工业经济效益稳步提高。2009 年规模以上工业经济效益综合指数为 179.5，比上年上升 13.8 个百分点。其中，总资产贡献率 12.2%，上升 2.6 个百分点；资本保值增值率 115.9%，上升 0.8 个百分点；资产负债率 54.1%，下降 2.6 个百分点；流动资产周转率 1.9 次，减缓 0.2 次；成本费用利润率 7.2%，上升 3.3 个百分点；全员劳动生产率 11.50 万元/人，净减 0.31 万元/人。全市规模以上工业实现利润 185.08 亿元，比上年增长 67.7%。

四是三大支柱行业增长乏力。2009 年全市电子、机械、化工三大支柱行业共有规模以上工业企业 1231 家，占全市企业数 55.9%；完成工业总产值 2049.59 亿元，较上年下降 7.2%（现价），占全市规模以上工业的 73.6%。其中，电子行业完成工业总产值 935.96 亿元，下降 3.1%；化工行业完成工业总产值 386.05 亿元，下降 8.8%；机械行业完成工业总产值 727.58 亿元，下降 11.2%。

五是减量企业急剧增多。全市 2203 家企业中，产值比上年下降的企业有 1309 家，共完成产值 1457.50 亿元。其中，产值减量上亿元的企业有 67 家。至年末处于停产状态的企业有 66 家，这些企业主要因生产成本上升亏损、当月无订单以及季节性因素而停产，一小部分企业则由于注销、转行和搬迁等特殊原因停产。

2009 年，全市有规模以上工业企业 2265 家，比上年增加 189 家，占全省规模以上工业企业总数的 12.5%，居全省第三位。厦门市大中型工业企业详见表 5-21。

注：本文数据均采用快报数。

5-21 厦门市大中型工业企业

（2009 年）

企业规模	企业名称	企业规模	企业名称
大型	厦门宏发电声股份有限公司	大型	厦门厦工机械股份有限公司
大型	厦门法拉电子股份有限公司	大型	明达实业（厦门）有限公司
大型	厦门金龙联合汽车工业有限公司	大型	厦门正新橡胶工业有限公司
大型	路达（厦门）工业有限公司	大型	厦门建霖工业有限公司
大型	厦门新凯复材科技有限公司	大型	厦门多威电子有限公司
大型	厦门金龙旅行车有限公司	大型	亚美（厦门）皮件有限公司
大型	厦门太古飞机工程有限公司	大型	戴尔（中国）有限公司
大型	厦门华侨电子股份有限公司	大型	厦门 TDK 有限公司
大型	利胜电光源（厦门）有限公司	大型	厦门通士达照明有限公司
大型	厦门银鹭食品有限公司	大型	厦门大统皮革制品有限公司
大型	厦门钢宇工业有限公司	大型	联想移动通信科技有限公司
大型	厦门正新实业有限公司	大型	宸鸿科技（厦门）有限公司
大型	友达光电（厦门）有限公司	大型	达运精密工业（厦门）有限公司
大型	欣贺（厦门）服饰有限公司	大型	厦门松下电子信息有限公司
大型	世纪宝姿服装（厦门）有限公司	中型	厦门达真电机有限公司
中型	厦门星鲨药业集团有限公司	中型	厦门华纶印染有限公司
中型	厦门绿泉实业有限公司	中型	厦门钨业股份有限公司
中型	厦门瀚盛游艇有限公司	中型	厦门烟草工业有限责任公司
中型	美吉斯制药（厦门）有限公司	中型	厦门厦化实业有限公司
中型	厦门中药厂有限公司	中型	厦门星际电器有限公司
中型	厦门福立鞋业有限公司	中型	厦门市逸超汽车配件有限公司
中型	厦门嵘源日用品有限公司	中型	厦门工程机械制动器厂
中型	厦门中盛粮油企业有限公司	中型	厦门银华机械有限公司
中型	厦门兴盛食品有限公司	中型	厦门市同安源水水产有限公司
中型	厦门蒙发利科技（集团）股份有限公司	中型	厦门安妮股份有限公司
中型	厦门厦工宇威重工有限公司	中型	厦门古龙罐头食品有限公司
中型	厦门市路桥建材有限公司	中型	厦门市如意集团有限公司
中型	科维彤创（厦门）电子工业有限公司	中型	厦门宏泰发展有限公司

5-21 续表 1 （2009 年）

企业规模	企业名称	企业规模	企业名称
中型	厦门侨兴工业有限公司	中型	厦门宏达洋伞工业有限公司
中型	太阳城（厦门）雨具有限公司	中型	厦门帝尔特企业有限公司
中型	厦门鸿佳地毯有限公司	中型	亚昱（厦门）皮件有限公司
中型	厦门进雄企业有限公司	中型	厦门义芳鞋业股份有限公司
中型	厦门佛大工业有限公司	中型	厦门集立工业有限公司
中型	厦门民兴工业有限公司	中型	厦门台和电子有限公司
中型	华夏山二实业有限公司	中型	波特（厦门）鞋业有限公司
中型	厦门圣源金属制造有限公司	中型	厦门悠来斯球业有限公司
中型	厦门金鹏人造花有限公司	中型	瑞声达听力技术（中国）有限公司
中型	来明工业（厦门）有限公司	中型	厦门理研工业有限公司
中型	英科新创（厦门）科技有限公司	中型	厦门金鹭特种合金有限公司
中型	厦门台松精密电子有限公司	中型	厦门新福莱科斯电子有限公司
中型	厦门亚东眼镜企业有限公司	中型	厦门鑫兴鞋业有限公司
中型	坤联（厦门）照相器材有限公司	中型	厦门厦晖橡胶金属工业有限公司
中型	厦门福太洋伞有限公司	中型	诚益光学（厦门）有限公司
中型	拥华（厦门）家用品有限公司	中型	同致电子科技（厦门）有限公司
中型	万益皮革（厦门）有限公司	中型	厦门福祥礼服有限公司
中型	厦门喜盈门家具制品有限公司	中型	厦门泰利眼镜工业有限公司
中型	中日电热（厦门）有限公司	中型	厦门恒耀金属有限公司
中型	厦门舫昌佛具有限公司	中型	厦门迈昕电子科技有限公司
中型	信华科技（厦门）有限公司	中型	厦门厦昌针织工业有限公司
中型	厦门尚贸家饰工业有限公司	中型	厦门香江塑化有限公司
中型	厦门金日制药有限公司	中型	厦门智丞电子有限公司
中型	厦门宁利电子有限公司	中型	华懋（厦门）织造染整有限公司
中型	茂泰食品（厦门）有限公司	中型	厦门西华家俱有限公司
中型	厦门纬嘉运动器材有限公司	中型	厦门安发纸业有限公司
中型	厦门飞鹏运动器材有限公司	中型	厦门永裕机械工业有限公司
中型	厦门元保运动器材有限公司	中型	玉晶光电（厦门）有限公司

5-21 续表 2　　（2009 年）

企业规模	企业名称	企业规模	企业名称
中型	厦门 ABB 开关有限公司	中型	厦门厦杏摩托有限公司
中型	厦门惠尔康食品有限公司	中型	厦门新长诚钢构浪板有限公司
中型	杰宏（厦门）电子有限公司	中型	厦门美美餐具工业有限公司
中型	厦门新技术集成有限公司	中型	厦门合兴包装印刷股份有限公司
中型	厦门罗玛制衣有限公司	中型	明达玻璃（厦门）有限公司
中型	台慧（厦门）运动器材有限公司	中型	麦克奥迪实业集团有限公司
中型	厦门升明电子有限公司	中型	隆基（厦门）塑胶有限公司
中型	林德（中国）叉车有限公司	中型	厦门市洪氏企业有限公司
中型	厦门柏恩氏电子有限公司	中型	厦门华庆轻工制品有限公司
中型	厦门 ABB 低压电器设备有限公司	中型	厦门兴联电子有限公司
中型	厦门华夏国际电力发展有限公司	中型	厦门富士电气化学有限公司
中型	厦门瑞丰密封件有限公司	中型	亚洲酿酒（厦门）有限公司
中型	厦门士林电机有限公司	中型	厦门飞鹏运动器材有限公司
中型	厦门恒兴彩印有限公司	中型	厦门太古可口可乐饮料有限公司
中型	宇科塑料（厦门）有限公司	中型	福建华诚鞋业有限公司
中型	厦门德大食品有限公司	中型	厦门建松电器有限公司
中型	华茂光学工业（厦门）有限公司	中型	厦门峰裕汽车配件有限公司
中型	海堡（厦门）橡胶有限公司	中型	厦门安德鲁森食品有限公司
中型	厦门金达威维生素股份有限公司	中型	厦门明蓓塑胶有限公司
中型	厦门富华兴印刷有限公司	中型	柯达（中国）股份有限公司厦门分公司
中型	安保（厦门）塑胶工业有限公司	中型	厦门群鑫机械工业有限公司
中型	翔鹭石化企业（厦门）有限公司	中型	厦门飞鹏高科技铝业有限公司
中型	厦门歌乐电子企业有限公司	中型	新视电子（厦门）有限公司
中型	厦门唯美制衣有限公司	中型	厦门东纶股份有限公司
中型	厦门谊瑞货架有限公司	中型	厦门宇诠复材科技有限公司
中型	厦门顶尖电子有限公司	中型	厦门兴立工业有限公司
中型	厦高金属工业（厦门）有限公司	中型	富德士服装（厦门）有限公司
中型	裕兴螺丝（厦门）工业有限公司	中型	飞利浦照明电子（厦门）有限公司

5-21 续表 3　　　　　　　　　　(2009 年)

企业规模	企业名称	企业规模	企业名称
中型	厦门天能电子有限公司	中型	厦门新鸿洲精密科技有限公司
中型	厦门蒙发利科技（集团）股份有限公司	中型	厦门革新塑胶制品有限公司
中型	厦门凯立五金企业有限公司	中型	厦门欧特电子有限公司
中型	东洲（厦门）纺织有限公司	中型	厦门金霖电子有限公司
中型	厦门立扬光学科技有限公司	中型	赫比（厦门）精密塑胶制品有限公司
中型	贝莱胜电子（厦门）有限公司	中型	厦门锡华木业有限公司
中型	嘉诚（厦门）工业有限公司	中型	厦门五发电子有限公司
中型	厦门海莱照明有限公司	中型	厦门王氏明发打火机有限公司
中型	厦门华铃织造有限公司	中型	厦门弘乐电子有限公司
中型	朗美（厦门）健身器材有限公司	中型	厦门鹏拓塑胶制品有限公司
中型	巨茂光电（厦门）有限公司	中型	厦门正新海燕轮胎有限公司
中型	厦门汇科电子有限公司	中型	良盛家饰品（厦门）有限公司
中型	腾龙特种树脂（厦门）有限公司	中型	麦克奥迪（厦门）电气有限公司
中型	弘大（厦门）旅行用品有限公司	中型	厦门高比特电子有限公司
中型	钛积光电（厦门）有限公司	中型	锐铭运动用品（厦门）有限公司
中型	厦门威迪亚科技有限公司	中型	厦门珏荣运动用品有限公司
中型	杏晖光学（厦门）有限公司	中型	厦门革新金属制造有限公司
中型	厦门松德电子有限公司	中型	三箭电子（厦门）有限公司
中型	厦门大自然纸业有限公司	中型	受兴家居饰品（厦门）有限公司
中型	际诺思（厦门）轻工制品有限公司	中型	鹏威（厦门）工业有限公司
中型	通达（厦门）科技有限公司	中型	厦门日上实业有限公司
中型	厦门市振威安全技术发展有限公司	中型	厦门市东林电子有限公司
中型	厦门雅迅网络股份有限公司	中型	厦门三德盛实业有限公司
中型	厦门蒙特实业有限公司	中型	厦门海鲜鸿食品有限公司
中型	玛立克（厦门）电气有限公司	中型	松大电子（厦门）有限公司
中型	厦门康乐佳运动器材有限公司同安分公司	中型	博格步（厦门）轻工制品有限公司
中型	厦门市信达光电科技有限公司	中型	厦门京东方电子有限公司
中型	厦门市三安光电科技有限公司	中型	联达科技（厦门）有限公司

5-21 续表 4　　　　　　　　　　（2009 年）

企业规模	企业名称	企业规模	企业名称
中型	厦门市建潘卫厨有限公司	中型	厦门市佳贝美集团有限公司
中型	厦门科华恒盛股份有限公司	中型	厦门鑫叶印务有限公司
中型	厦门瑞尔特卫浴工业有限公司	中型	厦门迈士通电器有限公司
中型	辑美彩印（厦门）有限公司	中型	厦门贸联电子有限公司
中型	厦门市亿同新包装企业有限公司	中型	厦门荣兴达旅游用品有限公司
中型	厦门达尔电子有限公司	中型	厦门莱恩迪贸易发展有限公司
中型	厦门康先电子科技有限公司	中型	厦门宏发电力电器有限公司
中型	厦门市台亚塑胶有限公司	中型	厦门华顺民生食品有限公司
中型	厦门科鑫电子有限公司	中型	厦门向阳坊食品有限公司
中型	厦门市万杰隆集团有限公司	中型	厦门爱普生电子科技有限公司
中型	厦门金伟电子器材有限公司	中型	青岛啤酒（厦门）有限公司
中型	厦门船舶重工股份有限公司	中型	厦门优尔电器有限公司
中型	厦门立林科技有限公司	中型	厦门埃菲铁件有限公司
中型	厦门新福莱科斯电子有限公司	中型	厦门市凌拓通信科技有限公司
中型	厦门谊和商业道具有限公司	中型	厦门水务集团有限公司
中型	厦门银祥肉业有限公司	中型	厦门路桥翔通股份有限公司
中型	安费诺电子装配（厦门）有限公司	中型	厦门弘信电子科技有限公司
中型	厦门鑫汇源制造有限公司	中型	厦门市吉宏印刷有限公司
中型	敦吉机电（厦门）有限公司	中型	厦门市易洁卫浴有限公司
中型	厦门康乐佳运动器材有限公司	中型	厦门栢科富翔彩印有限公司
中型	厦门味之素来福如意食品有限公司	中型	厦门松霖科技有限公司
中型	厦门泓信特种纤维有限公司	中型	ECCO（厦门）有限公司
中型	柠檬（厦门）电气有限公司	中型	厦门市美家龙健身器材有限公司
中型	厦门科际精密器材有限公司	中型	厦门姚明织带饰品有限公司
中型	惠尔康东方（厦门）食品有限公司	中型	厦门市润泓健康科技有限公司
中型	厦门翔邦高分子科技有限公司	中型	戴尔（厦门）有限公司
中型	厦门市泓信超细纤维材料有限公司	中型	雅米食品（厦门）有限公司
中型	厦门水务中环制水有限公司	中型	厦门水务中环污水处理有限公司

5-21 续表 5 （2009 年）

企业规模	企业名称	企业规模	企业名称
中型	阿海珐输配电华电开关（厦门）有限公司	中型	恩比尔（厦门）机械制造有限公司
中型	厦门银祥肉制品有限公司	中型	厦门美驰汽配工业有限公司
中型	厦门 EPCOS 有限公司	中型	厦门日上钢圈有限公司
中型	富尔泰（福建）实业有限公司	中型	厦门奥龙体育器材有限公司
中型	厦门立达信光电有限公司	中型	柯达（厦门）数码影像有限公司
中型	海盟（厦门）服饰股份有限公司	中型	厦门讯扬电子科技有限公司
中型	峻凌电子（厦门）有限公司	中型	辅讯光电（厦门）有限公司
中型	乔丹（厦门）实业有限公司	中型	崇仁（厦门）医疗器械有限公司
中型	威鸿（厦门）光学有限公司	中型	安踏（厦门）体育用品有限公司
中型	宝格丽（厦门）运动服饰有限公司	中型	厦门尚达电子绝缘材料有限公司
中型	厦门长天企业有限公司	中型	厦门银鹭食品有限公司
中型	厦门玉柴发动机有限公司	中型	冠捷显示科技（厦门）有限公司
中型	厦门永红科技有限公司	中型	莱尼电气线缆（厦门）有限公司
中型	厦门振维电子有限公司	中型	厦门通士达新光源有限公司
中型	厦门华联电子有限公司	中型	厦门市育明工程机械有限公司
中型	厦门三圈电池有限公司	中型	厦门厦顺铝箔有限公司
中型	厦门翔鹭化纤股份有限公司	中型	厦门东亚机械有限公司
中型	厦门福岛工业有限公司	中型	厦门虹鹭钨钼工业有限公司
中型	厦门三荣陶瓷开发有限公司	中型	厦门陆宝陶瓷有限公司
中型	厦门宏美电子有限公司	中型	NEC 东金电子（厦门）有限公司
中型	厦门春保精密钨钢制品有限公司	中型	高时（厦门）石业有限公司
中型	厦门龙胜达照明电器有限公司	中型	厦门万里石板材有限公司
中型	景智光电有限公司	中型	厦门市华德康塑胶制品公司
中型	厦门哈隆电子有限公司	中型	厦门敏讯信息技术股份有限公司
中型	百得（厦门）工业有限公司	中型	宸阳光电科技（厦门）有限公司
中型	州巧科技（厦门）有限公司	中型	厦门华洋鑫电子科技有限公司
中型	厦门夏纺纺织有限公司		

5-22　2009 年莆田市工业企业概况

2009 年，莆田市委、市政府沉着应对国际金融危机，抢抓机遇，逆势奋起，力挽狂澜，全力保增长、保民生、保稳定，取得明显成效。全市经济运行逐步向积极方向转化，回暖趋势逐步走强，经济增长逐季加快，结构调整趋优。2009 年，全市实现工业增加值 342.34 亿元，按可比价格计算比上年增长 14.3%。实现工业总产值 1060.18 亿元，增长 19.4%，其中，规模以上工业产值 959.26 亿元，增长 20.7%。规模以上工业产品销售率 98.6%，比上年提高 0.5 个百分点。规模以上工业企业实现利润 32.60 亿元，比上年增长 88.3%。其中，股份制企业实现利润 12.42 亿元，增长 87.2%；外商及港澳台投资企业实现利润 17.65 亿元，增长 93.9%；国有及国有控股企业实现利润 0.05 亿元，下降 82.6%。规模以上工业企业经济效益综合指数为 205.8，比上年提高 13.1 个百分点。

分行业看，规模以上工业产值中，非金属矿物制品工业增长 104.3%，化学原料及化学制品制造业增长 40.6%，通用设备制造业增长 48.4%，电气机械及器材制造业增长 35.6%，交通运输设备制造业增长 21.6%，通信设备、计算机及其他电子设备制造业增长 22.9%，家具制造业增长 41.2%。

2009 年莆田市工业经济运行呈现以下特点：

一是重工业增长加快，比重提高。2009 年全市重工业企业在 LNG 系列生产拉动下实现工业总产值 283.55 亿元，比上年增长 32.4%；轻工业企业实现工业总产值 675.71 亿元，增长 15.3%。重工业增幅比轻工业高 17.1 个百分点，对规模以上工业经济增长的贡献率为 43.6%，比上年提高 18.0 个百分点；轻重工业比重从上年的 73.3∶26.7 调整为 70.4∶29.6。

二是企业规模扩大，亿元企业生产良好。2009 年超亿元企业达 218 家，比上年底增加 34 家，实现工业总产值 653.34 亿元，增长 19.4%。其中，超 10 亿元以上企业有 8 家，比上年多 1 家，实现工业总产值 137.05 亿元，增长 33.8%，高于全市平均水平 13.9 个百分点。

三是能源、工艺美术产业高速增长。受 LNG、莆田燃气电厂、福煤风力发电投产和工艺美术产业扶持力度加大等因素的拉动，能源和工艺美术产业全年分别实现工业总产值 67.11 亿元和 65.25 亿元，增幅分别达 99.7%和 89.0%，增幅居十大产业之首，成为拉动工业经济加快增长的新亮点。2009 年制鞋产业突破 200 亿元大关，达 237 亿元，食品产业产值超 100 亿元，达 147 亿元，机械制造产业产值 94.8 亿元，接近 100 亿元，这三大产业居全市十大产业榜首。

四是民营工业、小型企业拉动明显。2009 年 1033 家民营企业实现工业总产值 711.06 亿元，比上年增长 20.7%，增幅比全市平均水平高 0.8 个百分点，拉动规模以上工业经济增长 15.3 个百分点；规模以上工业中小型企业应对国际金融危机充分显现出“船小好调头”的经营灵活性，2009 年完成工业总产值 594.36 亿元，增长 27.3%，增幅分别比规模以上工业、大中型企业高 7.4、17.8 个百分点，拉动规模以上工业经济增长 16.0 个百分点。

五是内销市场增速较快。随着政府保增长、扩内需一揽子政策的实施，特别是在制鞋、工艺等产业大力开拓国内市场促进库存不断消化的拉动下，国内市场需求对工业的拉动作用不断增强。2009 年规模以上工业实现销售产值 945.89 亿元，比上年增长 20.4%，其中，完成内销产值 723.92 亿元，增长 25.4%，占规模以上工业销售产值的 76.5%，提高 2.9 个百分点。

2009 年，莆田市规模以上工业企业共有 1124 户，比上年增加 127 户，占全省规模以上工业企业总数的 6.2%，居全省第八位。

莆田市大中型工业企业详见表 5-23。

注：本文数据均采用快报数。

5-23　莆田市大中型工业企业

（2009 年）

企业规模	企业名称	企业规模	企业名称
大型	福建省新威电子工业有限公司	大型	英博雪津啤酒有限公司
大型	福建佳通轮胎有限公司	中型	莆田市自来水公司
中型	福建君合集团有限公司	中型	福建省莆田市涵江北方蔬菜有限公司
中型	福建省莆田市山中集团公司	中型	福建省莆田市华丰鞋业有限公司
中型	福建亿发集团有限公司	中型	福建省莆田市闽中彩印包装公司
中型	莆田市磁性材料有限公司	中型	福建省莆田盐场
中型	莆田市泰盛包装彩印厂	中型	福建汇达时装有限公司
中型	福建省莆田大吉利鞋业有限公司	中型	福建莆田达福塑料工业有限公司
中型	福建省莆田协丰模具有限公司	中型	福建协丰鞋业有限公司
中型	福建省黄石鞋业有限公司	中型	莆田市涵江大福鞋业有限公司
中型	福建莆田笏立鞋业有限公司	中型	莆田新果鞋业有限公司
中型	莆田涵江鞋业有限公司	中型	福建荔丰鞋业开发有限公司
中型	福建莆田侨发鞋业有限公司	中型	汇鑫（莆田）鞋业有限公司
中型	福建莆田腾丰鞋业有限公司	中型	莆田立丰鞋业有限公司
中型	莆田立昌塑胶有限公司	中型	莆田立足鞋业有限公司
中型	郭氏（福建）鞋业有限公司	中型	福建省莆田市协龙鞋业有限公司
中型	百花（福建）文具有限公司	中型	莆田市胜丰鞋业有限公司
中型	莆田永生鞋业有限公司	中型	福建仙游大老古食品有限公司
中型	莆田德信电子有限公司	中型	福建云敦服饰有限公司
中型	莆田市集友艺术框业有限公司	中型	莆田市三迪鞋服有限公司
中型	莆田星昌鞋业有限公司	中型	莆田市涵江怡丰鞋业有限公司
中型	福建省莆田市宝龙鞋业有限公司	中型	莆田市荣兴机械有限公司
中型	莆田市恒盛鞋业有限公司	中型	福建省仙游亿承鞋业有限公司
中型	福建东亚机械有限公司	中型	福建省莆田市双驰体育用品有限公司
中型	福建奥帝斯服饰有限公司	中型	英博雪津啤酒有限公司二厂

5-23 续表 1 （2009 年）

企业规模	企业名称	企业规模	企业名称
中型	莆田恒昱鞋业有限公司	中型	莆田市步远国汇鞋业有限公司
中型	莆田市荔城区众艺工艺品开发有限公司	中型	福建省莆田荔兴轻工实业有限责任公司
中型	福建省莆田嘉裕华制鞋工业有限公司	中型	莆田市华昌首饰有限公司
中型	福建省闽中有机食品有限公司	中型	福建省莆田鞋业集团有限公司
中型	福建省莆田三路鞋业有限公司	中型	莆田市华峰工贸有限公司
中型	莆田市荔城区兴达不锈钢管有限公司	中型	莆田市鑫峰食品工业有限公司
中型	莆田市日欣粘胶制品有限公司	中型	莆田市涵江区章圣鞋业有限公司
中型	莆田市荔城区胜利印刷包装厂	中型	福建省莆田新美食品有限公司
中型	莆田市荔城区双凤鞋业有限公司	中型	莆田市涵兴食品有限公司
中型	莆田市成果鞋革有限公司	中型	莆田市兴和食品工业有限公司
中型	莆田市东南香米业发展有限公司	中型	莆田市永丰鞋业有限公司
中型	福建省莆田市华伦企业有限公司	中型	福建众和股份有限公司
中型	莆田市德荣电子有限公司	中型	莆田市鑫龙鞋业有限公司
中型	仙游县宝峰钢木家具有限公司	中型	福建省新益电子有限公司
中型	莆田金旅鞋楦有限公司	中型	莆田新飞天鞋业有限公司
中型	仙游县南湖鞋业有限公司	中型	莆田市三箭塑胶五金有限公司
中型	莆田华达电子有限公司	中型	莆田市明宝树脂化学有限公司
中型	福建省安特半导体有限公司	中型	莆田市协诚鞋业有限公司
中型	莆田浩步鞋业有限公司	中型	莆田市范氏至尊电子有限公司
中型	莆田新盈液晶科技有限公司	中型	莆田市来克体育用品有限公司
中型	莆田艾力艾鞋服有限公司	中型	福建省仙游电机股份有限公司
中型	莆田市祥冠鞋业有限公司	中型	莆田市启源鞋业实业有限公司
中型	莆田市莆罐食品工业有限公司	中型	莆田市奥力仕鞋服有限公司
中型	莆田市精艺五金塑胶有限公司	中型	莆田市益欣鞋业技术研发有限公司

5-23 续表 2　　　　　　　　（2009 年）

企业规模	企业名称	企业规模	企业名称
中型	莆田市宏龙木业有限公司	中型	三棵树涂料股份有限公司
中型	莆田市辉特体育用品有限公司	中型	福建新世纪电子材料有限公司
中型	莆田市昌盛鞋业有限公司	中型	中海福建天然气责任有限公司
中型	莆田市龙海鞋业有限公司	中型	莆田市华盛包装有限公司
中型	莆田市荔城区胜凯纸管有限公司	中型	莆田市金鑫模具塑胶有限公司
中型	莆田市清华防水防腐技术有限公司	中型	莆田市莆辉方显光电子有限公司
中型	福建锐鹰鞋塑有限公司	中型	莆田市成进鞋业有限公司
中型	莆田市宏兴鞋材有限公司	中型	莆田绿森庄园酒业有限公司
中型	福建鼎盛五金制品有限公司	中型	福建省威龙鞋服有限公司
中型	合众天成（福建）运动用品有限公司	中型	莆田市新日鞋服有限公司
中型	莆田市元泰鞋业有限公司	中型	莆田市双雕气垫有限公司
中型	福建省艾力爱体育用品有限公司	中型	福建省莆田市三利包装印刷有限公司
中型	福建省莆田市双迪鞋业有限公司	中型	莆田市金利莱斯服饰织造有限公司
中型	福建省新路体育用品有限公司	中型	福建东方猎狼服装织造有限公司
中型	福建省仙游县供电有限公司	中型	莆田市华昇鞋业有限公司
中型	莆田市步威鞋业有限公司	中型	莆田市步远体育用品有限公司
中型	福建省莆田市双洋鞋业有限公司	中型	莆田市荔城区浩翔织造有限公司
中型	莆田市日晶玻璃制品有限公司	中型	福建华兴玻璃有限公司
中型	莆田市维琪鞋业有限公司	中型	才子服饰股份有限公司
中型	福建省莆田市中茂集团公司	中型	福建省仙游亿承鞋业有限公司
中型	福建省莆田市兴达织带厂	中型	莆田涵江金星鞋业有限公司
中型	福建仙游泰立鞋业有限公司	中型	莆田市涵江步峰鞋业有限公司
中型	福建省莆田市德基电子有限公司	中型	莆田市永晟体育用品有限公司
中型	莆田市力天红木艺雕有限公司	中型	莆田力奴鞋业有限公司
中型	莆田市荔城区鑫丰鞋服有限公司	中型	莆田市长江鞋业有限公司

5-24 2009年三明市工业企业概况

2009年以来，三明市紧紧围绕“保增长、扩内需、调结构”总体要求，加快实施“强化主轴，壮大两翼，‘块状’推进，连片发展”的区域发展思路和“突出工业、提升工业，加强农业、做特农业，培育三产、搞活三产”的产业发展思路，积极有效应对国际金融危机，全市经济运行稳步向好，主要指标持续回升，增长势头良好，基本实现预期目标。

2009年，全市规模以上工业实现增加值303.91亿元，比上年增长16.7%；实现工业总产值971.69亿元，增长22.3%，增幅均居全省第二位。从行业看，有33个行业的增加值实现增长，其中，增加值超亿元的行业达到28个，比上年增加1个，占75.7%。从企业规模看，规模以上工业企业中，大中型企业64家，实现增加值86.89亿元，下降1.9%。从经济类型看，股份制企业、外商及港澳台投资企业分别完成增加值230.99亿元和25.49亿元，分别增长20.7%和17.6%；国有企业完成增加值14.28亿元，下降16.9%。工业产品销售率为98.6%，比上年提高0.7个百分点。全年规模以上工业经济效益综合指数为201.3，比上年提高2.8点；实现销售收入953.55亿元，增长12.6%；利税总额48.00亿元，下降17.3%，其中，利润总额15.52亿元，下降29.4%；亏损面为14.3%，亏损企业亏损额11.89亿元，增长1.1倍。规模以上工业产品中，粗钢产量423.53万吨，增长5.6%；钢材产量496.51万吨，增长4.9%；发电量56.62亿千瓦小时，下降22.0%；原煤664.66万吨，增长18.2%；水泥1473.77万吨，增长31.1%。

2009年三明市工业经济运行中呈现的特点：

一是八大产业带动显著。2009年，规模以上八大产业实现产值880.24亿元，增长24.1%，拉动全市规模工业增长21.7个百分点；实现增加值273.66亿元，增长23.0%，拉动全市规模工业增长20.3个百分点。对全市规模以上经济增长的贡献率为97.4%。其中，林产加工业、机械、生物医药分别增长37.6%、41.6%和45.6%。纺织、化工、建材三大传统产业分别增长36.3%、34.6%和29.4%。产值跨百亿元产业增加至四个，分别是林产加工业、冶金产业、纺织产业和机械产业。

二是非公经济增势强劲。全市非公规模以上工业企业1348家，占规模以上工业企业数的88.6%，实现产值635.46亿元，实现增加值200.99亿元，占规模以上工业增加值的66.1%，比上年增长36.0%。

三是主轴贡献突出，两翼发展加快。2009年，“主轴”的市区、永安、沙县规模工业实现产值670.26亿元，占全市规模工业的69.0%，对全市规模工业的贡献率达到60.5%；“西北一翼”的六个县共实现产值165.83亿元，占全市规模工业的17.1%，比上年提高2.5个百分点，全年产值增长35.9%，增幅高于全市平均水平13.6个百分点；“东南一翼”的尤溪、大田实现产值135.60亿元，增长27.1%，增幅高于全市平均水平4.8个百分点。

四是园区聚集作用显现。全市33个工业园区（集中区）入园工业企业875家，其中，规模以上工业企业430家，新增规模以上入园企业64家，规模以上工业完成工业增加值99亿元，增长35.5%，拉动全市规模工业增长10.0个百分点。

五是高耗能行业增速趋缓。2009年占工业增加值约31.8%的钢铁、有色金属、建材、化工等高耗能行业，工业增加值同比增长11.3%，比上年回落9.8个百分点。

2009年，三明市规模以上工业企业共有1521户，占全省规模以上工业企业总数的8.0%，比上年增长46.1%，居全省第五位。其中，产值超亿元企业177家，比上年增加45家。

三明市大中型工业企业详见表5-25。

注：本文数据均采用快报数。

5-25　三明市大中型工业企业

（2009 年）

企业规模	企业名称	企业规模	企业名称
大型	福建省永安煤业有限责任公司	大型	福建三钢（集团）三明化工有限责任公司
大型	福建省三钢（集团）有限责任公司	大型	福建纺织化纤集团有限公司
大型	福建省青山纸业股份有限公司	中型	福建汇天生物药业有限公司
中型	福建省三明纺织有限公司	中型	厦工（三明）重型机器有限公司
中型	福建省三明钢铁厂小蕉轧钢厂	中型	福建省三明齿轮箱有限责任公司
中型	英博雪津（三明）啤酒有限公司	中型	福建三农集团股份有限公司
中型	福建省三明钢铁厂劳动服务公司	中型	三明福维纺织有限公司
中型	福建省三明双轮化工机械有限公司	中型	福建省清流县供电有限公司
中型	福建海峡科化股份有限公司烽林分公司	中型	福建省大田县供电有限公司
中型	福建省清流县氨盛化工有限公司	中型	福建省铙山纸业集团公司
中型	福建省尤溪县供电有限公司	中型	福建省青州造纸有限责任公司
中型	福建海峡科化股份有限公司永安分公司	中型	福建省永安煤业有限责任公司上京分公司
中型	福建永安机械厂	中型	福建省三联化工股份有限公司
中型	福建省永安林业（集团）股份有限公司	中型	永安市田龙纺织染整有限公司
中型	永安市供电有限公司	中型	永安市宝福纺织有限公司
中型	永安市浩宇纺织有限公司	中型	永安市启胜矿产有限公司

5-25 续表 1　　　　　　　　(2009 年)

企业规模	企业名称	企业规模	企业名称
中型	福建省尤溪洋益纺织服装有限公司	中型	永安市宝华林实业发展有限公司
中型	建宁县联丰造纸有限公司（铙纸集团）	中型	智胜化工股份有限公司
中型	福建华橡自控技术股份有限公司	中型	福建汇华集团东南汽车缸套有限公司
中型	福建省尤溪县三林木业有限责任公司	中型	沙县宏盛塑料有限公司
中型	福建金林凯轻纺实业有限公司	中型	福建闽光冶炼有限公司
中型	福建省尤溪县乾盛纺织有限责任公司	中型	福建省闽光新型材料有限公司
中型	福建环科集团三明市高科橡胶有限公司	中型	三明市尤溪广益纺织染整有限责任公司
中型	福建水泥股份有限公司建福水泥厂	中型	福建将乐安信煤业有限公司
中型	永安市川龙纺织有限公司	中型	福建省华融禽业有限公司
中型	福建省宁化县供电有限公司	中型	宁化行洛坑钨矿有限公司
中型	福建省诚明金属冶炼有限公司	中型	福建金牛水泥有限公司
中型	福建新龙马汽车股份有限公司永安汽车厂	中型	三明市丰润化工有限公司
中型	大亚木业（福建）有限公司	中型	福建日丰布业有限公司
中型	尤溪华港电源科技有限公司	中型	福建省永安轴承有限责任公司
中型	福建省清流县源益竹木业有限公司	中型	福建省沙县供电有限公司
中型	永安市兴发针织有限公司		

5-26　2009年泉州市工业企业概况

2009年泉州市委、市政府按照科学发展观和海西建设四求先行要求，及时了解金融危机下企业存在的困难，多管齐下扶持企业发展并取得一定成效。2009年，实现工业增加值1662.02亿元，比上年增长13.4%，工业对经济增长的贡献率达59.7%。全市完成工业总产值5688.13亿元，增长15.5%。

2009年泉州市工业经济运行中呈现的特点：

一是工业品出口实现扭降为升。针对有效需求不足的状况，各级政府加强对企业生产、销售、要素保障等环节的服务和扶持，紧紧抓住全球市场需求出现回暖的机会，加紧落实稳外需、扩市场、保份额的政策，着力扶持企业拓展国际市场，取得了一定成效。2009年全市规模以上工业实现出口交货值938.43亿元，比上年增长0.7%。分行业看，出口交货值总量居前列的分别为纺织服装、鞋、帽制造业，皮革、毛皮、羽毛（绒）及其制品业，非金属矿物制品业，工艺品及其他制造业，纺织业。

二是五大传统产业是工业增长的主要支撑点。2009年规模以上五大传统产业完成工业产值3156.82亿元，占全市规模以上工业产值的64.7%，比上年现价增长13.2%，拉动全市规模以上工业增长约10.4个百分点。其中，纺织鞋服业完成产值1816.86亿元，现价增长16.1%；食品饮料业完成产值313.77亿元，现价增长6.1%；机械制造业完成产值321.73亿元，现价增长17.9%；建筑建材业完成产值489.68亿元，现价增长9.1%；工艺制品完成产值214.78亿元，现价增长4.0%。

三是五大新兴产业快速增长。为加快培育新兴产业，泉州市对新兴行业给予优惠政策的支持，新兴产业日渐成为对外招商的新亮点并逐渐成为泉州市经济增长的新引擎。2009年泉州市规模以上五大新兴产业完成产值718.39亿元，占规模以上工业产值比重的14.7%，比上年现价增长33.1%，提高14.0个百分点，拉动规模以上工业增长4.6个百分点。其中，受益于联合石化新建项目顺利投产，石油化工业完成产值594.71亿元，现价增长35.4%，增速提高19.7个百分点；国家《电子信息产业调整和振兴规划》的出台刺激了电子信息业的发展，电子信息业完成产值72.73亿元，现价增长31.5%；汽车及配件业完成产值35.17亿元，现价增长21.6%；生物制药业完成产值11.10亿元，现价增长12.9%；由于航运市场仍未恢复，修船造船业完成产值4.68亿元，现价下降25.1%。

四是工业品产销衔接良好。2009年，在国际需求不足的情况下，全市工业品产销衔接状况处于较好水平。全市规模以上工业完成销售产值4716.37亿元，比上年现价增长14.3%，产品销售率达到96.7%。分行业看，农副食品加工业、煤炭开采和洗选业、燃气生产和供应业、有色金属矿采选业、水的生产和供应业、电力热力的生产和供应业六个行业产销率分别达到101.5%、100.2%、100.0%、99.9%、99.6%和99.2%。五大传统产业产销率为97.1%，与上年持平，其中，建筑建材、工艺制品、食品饮料产销率同比分别提高0.2、0.9和2.1个百分点。

五是工业经济效益综合指数稳步提高。2009年泉州市规模以上工业经济效益综合指数达195.1，比上年提高10.1点。计算工业经济效益综合指数的七项指标中，总资产贡献率达15.5%，提高1.0点；成本费用利润率达6.3%，提高0.9点；全员劳动生产率为118763元/人，增加17817元/人；资本保值增值率、流动资产周转效率和产品销售率分别下降3.0、0.3和0.1点。

2009年，泉州市规模以上工业企业共有5043户，比上年增加151户，占全省规模以上工业企业总数的27.8%，居全省第一位。其中，产值超亿元企业数达925家，比上年增加121家。

泉州市大中型工业企业详见表5-27。

注：本文数据均采用快报数。

5-27 泉州市大中型工业企业

（2009 年）

企业规模	企业名称	企业规模	企业名称
大型	石狮市富贵鸟集团公司	大型	福建福马食品集团有限公司
大型	乔丹体育股份有限公司	大型	福建省闽发铝业有限公司
大型	福建省天湖山能源实业有限公司	大型	中宇建材集团有限公司
大型	福建浔兴拉链科技股份有限公司	大型	石狮市益兴针织服装有限公司
大型	福建柒牌集团有限公司	大型	福建达利食品集团有限公司
大型	福建通达集团有限公司	大型	泉州匹克鞋业有限公司
大型	福建德尔惠体育用品有限公司	大型	特步（中国）有限公司
大型	福建美克运动休闲股份有限公司	大型	福建贵人鸟体育用品有限公司
大型	九牧集团有限公司	大型	福建鸿星尔克体育用品有限公司
大型	安踏（中国）有限公司	大型	福建大帝实业有限公司
大型	福建联合石油化工有限公司	大型	福建三安钢铁有限公司
大型	金莱克（中国）体育用品有限公司	大型	泉州鸿荣轻工有限公司
大型	清美（中国）有限公司	大型	福建百宏聚纤科技实业有限公司
大型	九牧王（中国）有限公司	大型	喜得龙（中国）有限公司
大型	三六一度（中国）有限公司	大型	利郎（中国）有限公司
大型	福建加多宝饮料有限公司	大型	福建省安溪集荣矿业有限公司
大型	安踏（泉州）体育用品有限公司	大型	泉州寰球鞋服有限公司
大型	福建省安溪新田矿产开发有限公司	大型	福建冠福现代家用股份有限公司
中型	福建省晋江市大自然彩色印刷有限公司	中型	晋江市嘉利服装有限公司
中型	艾派集团（中国）有限公司	中型	福建南鹰陶瓷有限公司
中型	晋江市成达齿轮有限公司	中型	石狮市木仕美鞋服有限公司
中型	石狮市皇鑫服饰有限公司	中型	石狮市达鑫奇服饰发展有限公司
中型	兴业皮革科技股份有限公司	中型	福建省晋江西园豪达建材厂
中型	晋江市迪盛陶瓷建材有限公司	中型	晋江华星鞋业有限公司
中型	福建八匹马鞋业发展有限公司	中型	晋江市温克王鞋业有限公司

5-27 续表 1　　　　　　　　　　　　（2009 年）

企业规模	企业名称	企业规模	企业名称
中型	晋江金益鞋服有限公司	中型	晋江市顺超鞋服有限公司
中型	福建省晋江市新纪元鞋业发展有限公司	中型	福建省晋江市陈埭龙德鞋服实业公司
中型	福建省晋江市永源建材有限公司	中型	康踏（福建）体育用品有限公司
中型	晋江市助乐体育用品有限公司	中型	福建省南安市隆鹰鞋业有限公司
中型	福建省南安市剑桥鞋服有限公司	中型	福建白沙消防工贸有限公司
中型	福建省南安市富源鞋业有限公司	中型	泉州市三星消防设备有限公司
中型	泉州市自来水有限公司	中型	泉州市艺达车用电器有限公司
中型	福建先创电子有限公司	中型	晋江市金帅威鞋业有限公司
中型	福建省晋江步美斯鞋服有限公司	中型	福建省晋江晋成陶瓷有限公司
中型	福建省晋江市深沪维顺服装厂	中型	晋江市阿一波食品工贸有限公司
中型	福建省晋江市内坑社仔顺兴陶瓷建材厂	中型	福建晋江市祥达陶瓷有限公司
中型	福建省晋江市矿建釉面砖厂	中型	福建宏发集团有限公司
中型	福建省南安轴承有限责任公司	中型	福建省南安市华盛陶瓷建材厂
中型	福建南安市万家美针织有限公司	中型	南安市金枪王家居用品有限公司
中型	福建省南安市新厅皮塑有限公司	中型	福建省安溪茶厂有限公司
中型	福建省曲斗香酒业有限公司	中型	福建省安溪荣德选矿厂
中型	福建泰兴特纸有限公司	中型	福建省永春县供电有限责任公司
中型	福建省德化县供电有限责任公司	中型	福建省德化县佳美工艺品有限责任公司
中型	福建省德化县佳美彩印包有限公司	中型	晋江市远力鞋业有限公司
中型	福建省晋江市磁灶汇丰陶瓷建材厂	中型	福建晋江振华雨具制品有限公司
中型	福建省晋江诚达陶瓷厂	中型	佳辉（福建）陶瓷有限公司
中型	晋江现代彩色印刷有限公司	中型	福建燕京啤酒股份有限公司
中型	福建湄洲湾氯碱工业有限公司	中型	福建亲亲股份有限公司
中型	福建省石狮市电力有限责任公司	中型	石狮市祥华集团有限公司
中型	石狮市富热服装鞋帽有限公司	中型	石狮市华宝集团有限公司
中型	泉州市长江工程机械厂	中型	泉州海天材料科技股份有限公司

5-27 续表 2　　　　　　　　　（2009 年）

企业规模	企业名称	企业规模	企业名称
中型	福建省晋江市丹豪陶瓷有限公司	中型	福建华泰集团有限公司
中型	福建省晋江市小虎陶瓷有限公司	中型	福建省晋江市永和富华食品有限公司
中型	福建省晋江市浩沙制衣有限公司	中型	福建省晋江七彩陶瓷有限公司
中型	石狮市亿祥染整有限公司	中型	石狮市鑫达工业有限公司
中型	福建省南安市三恒密胺制品有限公司	中型	福建省天广消防器材有限公司
中型	福建恒利集团有限公司	中型	泉州市泉港三青制衣厂
中型	福建省惠香粮油食品有限公司	中型	泉州市洛江区双阳金刚石工具有限公司
中型	福建南方路面机械有限公司	中型	福建晋江富兴伞业有限公司
中型	威兰西（中国）服饰有限公司	中型	惠安县双喜制衣有限公司
中型	福建凤竹纺织科技股份有限公司	中型	福建省石狮市威明制衣实业有限公司
中型	泉州丰登制鞋有限公司	中型	晋江福联织造有限公司
中型	福建省晋江远通鞋业有限公司	中型	福建恒安集团有限公司
中型	福建野豹儿童用品有限公司	中型	宏发集团（中国）有限公司
中型	福建晋江恒达利鞋业有限公司	中型	福建省南安市南晶针织时装（中国）有限公司
中型	福建省晋江万利瓷业有限公司	中型	福建省昇邦电子科技有限公司
中型	晋江前兴陶瓷有限公司	中型	泉州格林服装有限公司
中型	泉州三盛橡塑发泡鞋材有限公司	中型	福建省南安鹏程石业有限公司
中型	福建省晋江乐登鞋业有限公司	中型	石狮市猛士达鞋业有限公司
中型	福建玛莱特针织制衣有限公司	中型	南安市南星工业机械有限公司
中型	晋江恒盛玩具有限公司	中型	南安市南华纺织有限公司
中型	南安南发毛织有限公司	中型	泉州梅洋塑胶五金制品有限公司
中型	依凌（泉州）服饰有限公司	中型	泉州中侨（集团）股份有限公司
中型	福建石狮市通达五金有限公司	中型	福建省晋江市帝星鞋塑有限公司
中型	泉州南新漂染有限公司	中型	联泰（泉州）轻工有限公司
中型	泉州嘉禾食品有限公司	中型	惠安县达利包装有限公司

5-27 续表 3 （2009 年）

企业规模	企业名称	企业规模	企业名称
中型	石狮名流制衣有限公司	中型	晋江市闽南水产开发有限公司
中型	福建省晋江市国辉鞋服有限公司	中型	福建恩东体育用品有限公司
中型	惠安县集龙石制品有限公司	中型	亚伦集团（福建）有限公司
中型	港龙（泉州）石材有限公司	中型	南安南泰时装针织有限公司
中型	南安南益纺织有限公司	中型	南安协进建材有限公司
中型	晋江市恒达陶瓷有限公司	中型	福建省晋江磁灶钱埔泉盛建材厂
中型	石狮市锦荣塑料五金有限公司	中型	石狮华飞制衣有限公司
中型	石狮市祥鸿织造漂染有限公司	中型	石狮市利美斯制衣有限公司
中型	华润雪花啤酒（福建）有限公司	中型	福建晋江市华利鞋业有限公司
中型	晋江远东陶瓷有限公司	中型	晋江市永信达织造制衣有限公司
中型	晋江福兴拉链有限公司	中型	晋江好利来玩具电子有限公司
中型	晋江华坤鞋业有限公司	中型	福建大帝实业有限公司
中型	晋江奇峰食品有限公司	中型	劲霸男装股份有限公司
中型	福建省强力体育用品有限公司	中型	晋江市天守服装织造有限公司
中型	泉州联兴工艺有限公司	中型	泉州罡晟服装有限公司
中型	晋江市华鑫织造发展有限公司	中型	石狮市爱登堡制衣发展有限公司
中型	泉州圣莎拉制衣发展有限公司	中型	联邦印染（泉州）有限公司
中型	福建南安市东和轻工有限公司	中型	晋江明伟鞋服有限公司
中型	福建大发集团有限公司	中型	晋江大森制衣有限公司
中型	福建安溪永发工艺品有限公司	中型	泉州华夏鞋服有限公司
中型	福建泉州大华蓄电池有限公司	中型	福建晋江市越峰鞋塑有限公司
中型	泉州万兴泰包袋制品有限公司	中型	三斯达（福建）鞋业有限公司
中型	泉州市兴达轻工（集团）有限公司	中型	晋江万裕达纺织服装有限公司
中型	泉州宝马鞋业有限公司	中型	晋江市宏伟服饰发展有限公司
中型	晋江洋森服装有限公司	中型	福建省晋江优兰发纸业有限公司

5-27 续表 4　　　　　　（2009 年）

企业规模	企业名称	企业规模	企业名称
中型	晋江市亿泰鞋用材料有限公司	中型	石狮市豪德盛实业有限公司
中型	福建天辉织造有限公司	中型	泉州市富士石业有限公司
中型	福建和诚鞋业有限公司	中型	晋江市远大服装织造有限公司
中型	晋江腾达陶瓷有限公司	中型	石狮市鸿泰织造漂染有限公司
中型	晋江市盛隆纺织实业有限公司	中型	诚安（福建）鞋业有限公司
中型	福建省晋江市时兴鞋服有限公司	中型	晋江市趋时鞋服有限公司
中型	梅花伞业股份有限公司	中型	泉州隆泉制衣有限公司
中型	福建省晋江市太平洋鞋业有限公司	中型	建德（泉州）工程机械制造有限公司
中型	福建晋江万泰盛鞋服有限公司	中型	泉州文宝轻工有限公司
中型	菲莉集团（福建）有限公司	中型	福建亚伦电子电器科技有限公司
中型	福建省百凯弹性织造有限公司	中型	嘉华建材（福建）有限公司
中型	福建圣莎拉集团制衣有限公司	中型	晋江连捷纺织印染实业有限公司
中型	波特（安溪）鞋业有限公司	中型	泉州子燕轻工有限公司
中型	泉州泉昱实业有限公司	中型	福建冠达星五金制品有限公司
中型	南安金格纸业有限公司	中型	福建泉州鸿星迪路普鞋业有限公司
中型	华珠（泉州）鞋业有限公司	中型	惠安惠诚手袋有限公司
中型	福建安溪聚丰工艺品有限公司	中型	福建省德化协发光洋陶器有限公司
中型	福建石狮市福盛鞋业有限公司	中型	晋江市恒安卫生材料有限公司
中型	泉州嘉庆轻工有限公司	中型	汇盈化学品实业（泉州）有限公司
中型	福建省泉州变压器制造有限公司	中型	石狮市拼牌体育用品有限公司
中型	福马咪咪（福建）食品工业有限公司	中型	石狮市尊贵鞋业发展有限公司
中型	中绿（福建）农业综合开发有限公司	中型	泉州鸿绮轻工有限公司
中型	福建格林集团有限公司	中型	福建晋江市贝斯特织造有限公司
中型	恒发（福建）轻工业发展有限公司	中型	泉州运城制版有限公司
中型	爱奇（福建）鞋塑有限公司	中型	鳄莱特（福建）轻工发展有限公司

5-27 续表 5 （2009 年）

企业规模	企业名称	企业规模	企业名称
中型	九牧王（中国）有限公司晋江公司	中型	福建泉州大盛塑胶制品有限公司
中型	鑫威（福建）轻工有限公司	中型	富士达（福建）鞋塑有限公司
中型	爱乐服装鞋业（福建）有限公司	中型	盛辉（福建）鞋材有限公司
中型	福建省安溪闽华电池有限公司	中型	晋江市三荣印花织造有限公司
中型	晋江兴安皮业有限公司	中型	福建隆盛轻工有限公司
中型	佳亿（福建）鞋塑有限公司	中型	晋江华峰织造印染实业有限公司
中型	福建省晋江市中利鞋材有限公司	中型	太阳海（福建）制衣有限公司
中型	福联（福建）鞋塑有限公司	中型	福建省康利体育用品有限公司
中型	冠宏（中国）有限公司	中型	惠安县华美塑胶制品有限公司
中型	晋江思梦发织造制衣有限公司	中型	泉州荣达陶瓷有限公司
中型	泉州市恒裕轻工发展有限公司	中型	石狮市斯舒郎体育用品有限公司
中型	泉州荣祺食品有限公司	中型	泉州大和金属包装制品有限公司
中型	泉州恒诚鞋业有限公司	中型	石狮市韦蓝琪服装织造有限公司
中型	泰亚鞋业股份有限公司	中型	福建省晋江福源食品有限公司
中型	福建省晋江市喜得狼体育用品有限公司	中型	晋江奇美宠物礼品工业有限公司
中型	晋江市三福纺织实业有限公司	中型	泉州建文艺品有限公司
中型	晋江振兴鞋塑有限公司	中型	泉州宝峰鞋业有限公司
中型	晋江市达丽服装织造有限公司	中型	晋江市龙兴隆染织实业有限公司
中型	晋江万兴隆染织实业有限公司	中型	安溪县英发家具装饰有限公司
中型	福建东南陶瓷有限公司	中型	申鹭达集团有限公司
中型	泉州市金华油脂食品有限公司	中型	泉州市群峰机械制造有限公司
中型	福建省安记食品有限公司	中型	福建省晋江市陈埭爱尔美制鞋有限公司
中型	福建省脚王体育用品有限公司	中型	福建省晋江市东石耐特克机械有限公司
中型	晋江市兆克鞋塑有限公司	中型	福建省晋江市小兄弟食品工业有限公司
中型	福建省晋江市加来盟鞋塑有限公司	中型	福建省晋江市佶龙机械工业有限公司
中型	福建晋江市佳信轻工发展有限公司	中型	道崎（福建）制鞋有限公司

5-27 续表 6 （2009 年）

企业规模	企业名称	企业规模	企业名称
中型	金戴斯（福建）轻工有限公司	中型	锦兴（福建）化纤纺织实业有限公司
中型	福建省足友体育用品有限公司	中型	福建省南安市森源木业有限公司
中型	南安市环亚泡塑企业有限公司	中型	福建南安市南华鞋业有限公司
中型	石狮市威敌狼鞋业有限公司	中型	石狮市伊思曼鞋服有限公司
中型	石狮市天皇星服饰有限公司	中型	石狮市凯而来体育用品有限公司
中型	福建惠安县怡德塑胶有限公司	中型	泉州盛达轻工有限公司
中型	泉州市金百利包装用品有限公司	中型	泉州芳源旅游用品有限公司
中型	福建泉州市金穗米业有限公司	中型	泉州市美加美仿瓷餐具有限公司
中型	福建省南安市帮登鞋业有限公司	中型	晋江市维盛织造漂染有限公司
中型	晋江华闽织造有限公司	中型	福建省泉州双恒集团有限公司
中型	石狮市非凡运动器材有限公司	中型	石狮市恒祥漂染实业有限公司
中型	泉州海天染整有限公司	中型	晋江富永雨具有限公司
中型	进源（福建）鞋业有限公司	中型	泰亚鞋业股份有限公司
中型	福建华诚鞋业有限公司	中型	泉州市宏利达橡塑制品有限公司
中型	星泉（福建）鞋塑有限公司	中型	通亿（泉州）轻工有限公司
中型	东华（泉州）洋伞有限公司	中型	福建宏远集团有限公司
中型	飞亚世（石狮）体育用品有限公司	中型	福建泉州南星大理石有限公司
中型	兴盛（福建）织造有限公司	中型	蜡笔小新（福建）食品工业有限公司
中型	惠安县宝利特箱包制品有限公司	中型	福建省泉州美岭水泥有限公司
中型	福建省晋江市电力有限责任公司	中型	福建大自然茶业科技有限公司
中型	福建溪石股份有限公司	中型	峰安皮业股份有限公司
中型	福建省上水明珠发展有限公司	中型	福建省惠安县供电有限责任公司
中型	福建省南安市电力有限责任公司	中型	泉州市新天骄箱包有限公司
中型	金时达（福建）电子科技有限公司	中型	福建纬璇织造有限公司
中型	德化县新隆泰化工实业有限公司	中型	福建鑫华股份有限公司
中型	福建省惠安老爸食品有限公司	中型	福建省晋江市东风鞋塑有限公司

5-27 续表 7　　（2009 年）

企业规模	企业名称	企业规模	企业名称
中型	福建省石狮市壁虎王制衣有限公司	中型	福建省南安市驰之狼制衣有限公司
中型	福建南安市新鹏飞石材有限公司	中型	泉州梅峰扣具有限公司
中型	福建省泉州喜多多食品有限公司	中型	福建省泉州市华邦电子有限公司
中型	福建省泉州市力达机械有限公司	中型	福建省安溪县富达纸品包装厂
中型	福建安溪城关祥发茶罐制品厂	中型	德化县顺尔美工艺品有限公司
中型	德化县顺德包装彩印有限公司	中型	福建省德化龙峰陶瓷有限公司
中型	福建省石狮供水股份有限公司	中型	石狮市雄豹狼服装发展有限公司
中型	石狮市永丰印染有限公司	中型	福建省晋江八哥鞋业有限公司
中型	福建省晋江保日达体育用品有限公司	中型	福建省晋江市华宇织造有限公司
中型	福建省晋江市宝马鞋塑实业有限公司	中型	福建省晋江市恒人鞋业有限公司
中型	福建久久王食品工业有限公司	中型	福建省晋江市陈埭爱利宝鞋服有限公司
中型	福建省德化鑫阳矿业有限公司	中型	福建省晋江市嘉雄服装织造有限公司
中型	福建省晋江市元冠服饰有限公司	中型	福建省晋江市联兴建材有限公司
中型	晋江华威电源有限公司	中型	福建省德化县友盛陶瓷有限公司
中型	石狮市贝瑞特服装洗染有限公司	中型	福建神州电子有限公司
中型	福建省南安市鹰山陶瓷有限公司	中型	福建省晋江市群英包装有限公司
中型	福建省晋江市三力机车有限公司	中型	福建省晋江市联兴建材有限公司
中型	泉州奎生工艺有限公司	中型	泉州道崎鞋业有限公司
中型	福建省泉州南琦鞋业有限公司	中型	福建百凯纺织化纤实业有限公司
中型	晋江爱尔特服饰有限公司	中型	泉州伟宝时装有限公司
中型	泉州市凯鹰电源电器有限公司	中型	泉州贵格纸业有限公司
中型	福建省联丰盛漂染植绒有限公司	中型	泉州芳源文体用品有限公司
中型	福建宏玮鞋塑有限公司	中型	福建宝德服饰有限公司
中型	福建惠康食品工业有限公司	中型	泉州鸿豪服装有限公司
中型	福建宝通电子有限公司	中型	福建新纪元鞋材发展有限公司

5-27 续表 8　　　　　　　　（2009 年）

企业规模	企业名称	企业规模	企业名称
中型	泉州东海轻工有限公司	中型	泉州明恒纺织有限公司
中型	福建省安溪县纬凯服装厂	中型	福建正和鞋业有限公司
中型	泉州新豪鞋业有限公司	中型	福建省华辉石业股份有限公司
中型	泉州合昌织造有限公司	中型	福建墩煌服装有限公司
中型	福建省东升石材股份有限公司	中型	鸿泰（福建）雨件有限公司
中型	东方骆驼制衣织造（中国）有限公司	中型	福建彬晖轻工有限公司
中型	石狮市华润织造印染有限公司	中型	福建晋江凤竹鞋业发展有限公司
中型	福建省老人城服装发展有限公司	中型	泉州益源鞋业有限公司
中型	福建省南安市恒盛仿瓷餐具有限公司	中型	晋江市港龙陶瓷有限公司
中型	福建美明达鞋业发展有限公司	中型	超越服饰（中国）有限公司
中型	南安市南泉制衣有限公司	中型	福建好来屋食品工业有限公司
中型	福建龙峰纺织科技实业有限公司	中型	泉州奇星机械有限公司
中型	福建森羽鞋服有限公司	中型	福建霸岛鞋服有限公司
中型	晋江市金威体育用品有限公司	中型	晋江市翔诚鞋塑有限公司
中型	泉州宝树包装有限公司	中型	福时来（中国）体育用品有限公司
中型	福建省泉州市亿达机电有限公司	中型	泉州力声电子有限公司
中型	泉州三德建材有限公司	中型	福建省名乐体育用品有限公司
中型	晋江鸿盛雨具有限公司	中型	福建省求质体育用品有限公司
中型	石狮雷腾服饰有限公司	中型	晋江市浪仕服装织造有限公司
中型	泉州洛江泰华轻工实业有限公司	中型	泉州海日星工艺美术有限公司
中型	晋江市金鼠王鞋业有限公司	中型	福建溪石股份有限公司
中型	泉州克拉克体育用品有限公司	中型	石狮市吉祥鸟鞋业有限公司
中型	晋江大赢家服饰织造有限公司	中型	福建省好邻居食品工业有限公司
中型	惠安科丰鞋服有限公司	中型	晋江国盛鞋材有限公司
中型	泉州亚伦轻工有限公司	中型	泉州富信鞋业有限公司

5-27 续表 9　　　　　　　　　　　　（2009 年）

企业规模	企业名称	企业规模	企业名称
中型	南安市水头康利石材有限公司	中型	晋江市联盟服装织造有限公司
中型	石狮市彬伊奴休闲服饰有限公司	中型	泉州金科服装有限公司
中型	泉州恒发工艺品有限公司	中型	石狮市犹斯顿服饰有限公司
中型	惠安金旺食品有限公司	中型	福建省南安市远达石材有限公司
中型	福建飞越鞋服有限公司	中型	福建省南安市南源针织时装有限公司
中型	泉州益龙纺织有限公司	中型	泉州亿豪石业有限公司
中型	泉州市宏利伞业有限公司	中型	石狮市信佳电子有限公司
中型	源兴包装（中国）有限公司	中型	晋江市锦福化纤聚合有限公司
中型	晋江亿利亿鞋塑发展有限公司	中型	晋江金德织造有限公司
中型	晋江金豪雀服装织造有限公司	中型	泉州瑞麦食品有限公司
中型	泉州市嘉利儿童用品有限公司	中型	福建利豪电子科技股份有限公司
中型	福建惠安县浪情运动休闲用品有限公司	中型	福建省百凯拉链服饰有限公司
中型	晋江市胜洋服装织造有限公司	中型	泉州福海粮油工业有限公司
中型	福建省金鹿日化有限公司	中型	晋江市恒祥服装织造有限公司
中型	晋江市天姿纺织实业有限公司	中型	福建三豪织造有限公司
中型	泉州祥嘉鞋服有限公司	中型	泉州市辉达服装织造有限公司
中型	福建劲霸经编有限公司	中型	福建省晋江市励精汽配有限公司
中型	福建德和铁塔设备制造有限公司	中型	石狮市鼎盛漂染织造有限公司
中型	石狮市龙兴隆染织实业有限公司	中型	福建鸿星沃登卡集团有限公司
中型	福建省永春宏泰实业有限公司	中型	福建新文行灯饰有限公司
中型	泉州华岩石业有限公司	中型	石狮市佐岸服饰有限公司
中型	福建莱克石化有限公司	中型	泉州盛克鞋服有限公司
中型	石狮市华迪服饰有限公司	中型	福建雅客食品有限公司
中型	福建腾茂轻工有限公司	中型	晋江汇辉纺织有限公司
中型	泉州红瑞兴纺织有限公司	中型	永春县南德针织时装有限公司

5-27 续表 10　　　　　　　　　　(2009 年)

企业规模	企业名称	企业规模	企业名称
中型	晋江盛川鞋业有限公司	中型	泉州利昌塑胶有限公司
中型	晋江市浚龙服装织造有限公司	中型	福建南安市振华副食品有限公司
中型	晋江市合盛轻工发展有限公司	中型	福建金莱克体育用品有限公司
中型	金冠（中国）食品有限公司	中型	晋江市恒兴雨具玩具有限公司
中型	晋江市慷慨橡塑制品有限公司	中型	晋江市永盟服装织造有限公司
中型	南安市华益塑胶制造有限公司	中型	福建省泉州冠杰陶瓷有限公司
中型	石狮市青灿五金工艺品有限公司	中型	泉州市三星电控设备有限公司
中型	福建省百凯经编实业有限公司	中型	晋江市鸿达五金皮具有限公司
中型	泉州天宇化纤织造实业有限公司	中型	泉州市华瑞电源有限公司
中型	福建省南安市瑞达石业有限公司	中型	南安市利达五金工业有限公司
中型	福建雨丝梦洋伞实业有限公司	中型	福建维斯凯鞋业有限公司
中型	晋江喜伯登体育用品有限公司	中型	福建燕京啤酒股份有限公司
中型	安溪县贤发工艺制品有限公司	中型	卡宾服饰（中国）有限公司
中型	晋江亿兴隆纺织实业有限公司	中型	泉州丰泰鞋业有限公司
中型	石狮市利成水产有限公司	中型	泉州鑫泰鞋材有限公司
中型	石狮市润峰服装织染有限公司	中型	晋江市健远服装织造有限公司
中型	晋江市佳福化纤实业有限公司	中型	石狮市拼牌体育用品有限公司
中型	泉州市世为鞋业有限公司	中型	福建省安泰建材实业有限公司
中型	泉州市华德机电设备有限公司	中型	泉州市金太阳电子科技有限公司
中型	百佳（泉州）内衣有限公司	中型	晋江市振祥服饰织造有限公司
中型	石狮市聚祥漂染有限公司	中型	晋江恒安家庭生活用纸有限公司
中型	达派（中国）箱包有限公司	中型	福建兰峰制革有限公司
中型	安溪茂盛工艺品有限公司	中型	石狮市清源印染发展有限公司
中型	福建泉工机械有限公司	中型	晋江市菲萌服装织造有限公司
中型	石狮市小玩皮服装织造有限公司	中型	晋江市鹏腾服装织造有限公司

5-27 续表 11 （2009 年）

企业规模	企业名称	企业规模	企业名称
中型	泉州迪雅妮时装有限公司	中型	福建万家鑫轻工发展有限公司
中型	福建普斯特服饰有限公司	中型	福建协盛协丰印染实业有限公司
中型	泉州市泉港宏力鞋业有限公司	中型	福建华丰纺织有限公司
中型	福建省南安市巨轮机械有限公司	中型	泉州市振兴陶瓷工艺有限公司
中型	福建集成伞业有限公司	中型	三六一度（福建）体育用品有限公司
中型	泉州市伊望奇体育用品有限公司	中型	福建宝峰轻工有限公司
中型	福建省霸克体育用品有限公司	中型	至和（福建）科技有限公司
中型	泉州市华圣食品有限公司	中型	福建和益塑料有限公司
中型	泉州溶盛鞋业有限公司	中型	新华宝（福建）体育用品有限公司
中型	泉州沥阳手袋有限公司	中型	泉州华欣轻工有限公司
中型	福建金迈王鞋服制品有限公司	中型	福建省泉州成达鞋业有限公司
中型	福建省凤山石材集团有限公司	中型	福建泉州群发包装纸品有限公司
中型	福建固美金属有限公司	中型	福建峰达轻纺有限公司
中型	福建省南安市泉隆石业有限公司	中型	石狮市飞鹰塑胶有限公司
中型	福建南安劲达鞋服有限公司	中型	福建合德轻工有限公司
中型	晋江兴德织造有限公司	中型	福建省泉州市八哥运动休闲用品有限公司
中型	南安市宗艺石材有限公司	中型	石狮市宏太纺织发展有限公司
中型	福建华仁油脂有限公司	中型	虎都（中国）服饰有限公司
中型	福建省锐高服装化纤纺织有限公司	中型	泉州锦兴皮业有限公司
中型	泉州正明鞋服有限公司	中型	福建省长立体育用品有限公司
中型	石狮市日祥海洋食品有限公司	中型	凯斯特（福建）体育用品有限公司
中型	福建省兴达阀门制造有限公司	中型	福建南安市新东源石业有限公司
中型	福建安溪茶叶生物科技有限公司	中型	泉州海都轻工有限公司
中型	石狮市锦祥漂染有限公司	中型	泉州船舶工业有限公司

5-27 续表 12　　　　　　　　（2009 年）

企业规模	企业名称	企业规模	企业名称
中型	浪漫公子服饰有限公司	中型	晋江新龙泰服装织造有限公司
中型	石狮市周织制衣有限公司	中型	福建翔升纺织有限公司
中型	福建雅客食品有限公司	中型	福建省安溪恒星家俱有限公司
中型	福建著龙服装有限公司	中型	石狮市好田服饰实业有限公司
中型	泉州新一天体育用品有限公司	中型	安溪县颖鑫工艺有限公司
中型	永春县泉永机械配件有限公司	中型	泉州市三源塑胶轻工有限公司
中型	宏玮协志（中国）有限公司	中型	福建泉州匹克体育用品有限公司
中型	福建日盛化工有限公司	中型	泉州市恒泰鸿伟鞋业有限公司
中型	永春县西萍煤矿有限责任公司	中型	永春县铅坑煤矿有限责任公司
中型	永春县大蔗沟煤矿有限责任公司	中型	石狮市宝益织造印染有限公司
中型	晋江市特步体育用品有限公司	中型	诗葳琦服饰（福建）有限公司
中型	福建省辉源达钢铁制品有限公司	中型	恒安（中国）纸业有限公司
中型	福建省南安市立丰微晶石材发展有限公司	中型	名志体育用品（中国）有限公司
中型	露友（中国）有限公司	中型	鹏程实业有限公司
中型	三舒体育用品（福建）有限公司	中型	晋江市东盛服饰配件有限公司
中型	天线宝宝（福建）食品有限公司	中型	福建荣欣体育用品有限公司
中型	晋江七匹狼服装制造有限公司	中型	福建泉州福源纸塑有限公司
中型	福建安盈轻工有限公司	中型	福建恒利集团有限公司
中型	福建格来德服饰实业有限公司	中型	泉州万华世旺超纤有限公司
中型	晋江市通亿针织服饰有限公司	中型	福建日香茶业有限公司
中型	福建可利得皮革纤维有限公司	中型	泉州恒昂工贸有限公司
中型	旗牌王（中国）纺织服饰有限公司	中型	科一（福建）超纤股份有限公司
中型	泉州市燃气有限公司	中型	劲霸男装股份有限公司
中型	恒安（中国）卫生用品有限公司	中型	福建申利卡铝业发展有限公司

5-27 续表 13　　　　　　　　　　　（2009 年）

企业规模	企业名称	企业规模	企业名称
中型	佳泰（福建）实业有限公司	中型	福建省安溪县德远矿业有限公司
中型	泉州市至诚纤维织造有限公司	中型	冠科（福建）电子科技有限公司
中型	卡丁（福建）儿童用品有限公司	中型	福建万家美轻纺服饰有限公司
中型	泉州华祥纸业有限公司	中型	晋江毅恒鞋材有限公司
中型	福建省泉州市鹏翔岗石有限公司	中型	福建省德荣纺织科技有限公司
中型	耀利（中国）有限公司	中型	雀氏（福建）实业发展有限公司
中型	鑫晟精密电脑模具（福建）有限公司	中型	文创太阳能（福建）科技有限公司
中型	福建柒牌集团有限公司	中型	福建万龙金刚石工具有限公司
中型	名郎（福建）鞋业有限公司	中型	泉州市天纶纺织科技有限公司
中型	福建省盈丰服装织造有限公司	中型	石狮市新奇达服饰有限公司
中型	福建省辉源金属制品有限公司	中型	福建省铭盛陶瓷发展有限公司
中型	福建省大远鞋材发展有限公司	中型	泉州来亚丝卫生用品有限公司
中型	匹克（中国）有限公司	中型	福建省安溪供电有限公司
中型	环球石材（福建）有限公司	中型	福建美克体育用品有限公司
中型	泉州鸿霖制衣有限公司	中型	达郎（福建）体育用品有限公司
中型	福建华城实业有限公司	中型	泉州胜鹏纺织有限公司
中型	福建晋工机械有限公司	中型	晋江市派乐鞋业有限公司
中型	福建飘戴服饰有限公司	中型	福建省辉煌水暖集团有限公司
中型	福建省安溪八马茶业有限公司	中型	泉州市创意集团公司
中型	福建烟草机械有限公司	中型	石狮市迪娜胸围内衣公司
中型	福建省晋江豪山建材公司	中型	石狮市赛琪体育用品有限公司
中型	福建东纶织造企业有限公司	中型	福建省晋江爱尔达鞋服有限公司
中型	福建省南安市福山五金机电有限公司	中型	福建省晋江市明益鞋服有限公司
中型	泉州市新兴石材工艺有限公司	中型	盖奇（中国）织染服饰有限公司

5-27 续表 14　　（2009 年）

企业规模	企业名称	企业规模	企业名称
中型	福建安溪富华工艺品有限公司	中型	福建省德化必德陶瓷有限公司
中型	泉州皇星轻工有限公司	中型	福建松立带钢有限公司
中型	晋江南方织造有限公司	中型	闽发（福建）鞋材有限公司
中型	富隆（福建）洋伞有限公司	中型	汇磊石业（泉州）有限公司
中型	舒华（中国）有限公司	中型	国发（福建）塑胶有限公司
中型	福建石狮市斯得雅服饰有限公司	中型	南安市源兴塑胶制品有限公司
中型	石狮市豪迈鞋业有限公司	中型	南安市三晶硅品精制有限公司
中型	泉州腾辉陶瓷有限公司	中型	福建钧石能源有限公司
中型	福建惠安惠兴工贸有限公司	中型	福建省晋江市龙湖雷马服装实业有限公司
中型	福建省晋江市佳美食品有限公司	中型	晋江市达胜纺织实业有限公司
中型	福建利瑶纺织制衣有限公司	中型	惠安县南江针织时装有限公司
中型	泉州市泉港亿丰鞋业有限公司	中型	泉州明益轻工有限公司
中型	惠安恒茂塑胶有限公司	中型	泉州安超鞋业有限公司
中型	福建高科日化有限公司	中型	石狮市金宏盛织造漂染公司
中型	晋江市品质陶瓷建材有限公司	中型	福建省晋江协隆陶瓷有限公司
中型	晋江市世兴达服饰织造有限公司	中型	福建宝德集团有限公司
中型	福建华翔服饰有限公司	中型	晋江源丰雨具有限公司
中型	福建欧美龙体育用品有限公司	中型	石狮市万峰盛漂染织造有限公司
中型	泉州宝鑫合成革有限公司	中型	福建省南安市九洲瓷业有限公司
中型	泉州稳踏鞋服有限公司	中型	泉州市顺通艺品有限公司
中型	泉州市沪辉卫浴洁具有限公司	中型	泉州集友鞋业有限公司
中型	晋江市七彩狐服装织造有限公司	中型	福建金锋钢业有限公司
中型	福建奥特斯汀灯饰有限公司	中型	安溪县恒珀利锰铁矿有限公司
中型	福建省晋江陈埭江头茂泰橡塑厂	中型	福建福泉集团有限公司
中型	南安市嘉华制衣厂		

5-28　2009年漳州市工业企业概况

随着全球经济逐渐回暖，在中央扩大内需政策拉动下，有效促进了漳州市工业生产的复苏。2009年全市工业总产值1652.83亿元，比上年增长17.6%；实现工业增加值440.41亿元，增长14.3%。工业生产的较快复苏是2009年全市国民经济持续回升的主要力量，在全年GDP增长12.8%中，工业对经济增长贡献率为44.2%，拉动GDP增长达到5.9个百分点，工业强市的导向作用十分突出。

2009年漳州市工业经济运行中呈现以下特点：

一是工业企稳回升、复苏走势突显。一方面企业开工率进一步提高。2009年12月，全市规模以上工业企业已开工的企业达2080家，开工率为98.5%，基本达到前年同期水平。另一方面多数企业达到正常生产状态。2009年1-12月，用电增长30%以上的规模企业有789家，占全部规模以上工业的37.4%；用电增长10%-30%的企业有267家，占12.6%；用电增长10%以内的企业有236家，占11.2%。目前规模以上工业生产达到正常生产状态的企业已有61%左右，基本接近正常年份的水平，说明大多数企业生产经营已恢复到正常的状态。其次企业减产面进一步缩小。规模以上工业企业减产面持续缩小，全市规模工业34个大类行业中，有29个行业产值实现正增长，产值增长速度较快的行业有：黑色金属冶炼及压延加工业增长39.9%，橡胶制品业增长74.2%，废弃资源和废旧材料回收加工业增长331.3%；产值总量最大的行业有：农副食品加工业212.06亿元，增长45.5%；电力热力的生产和供应业147.41亿元，增长10.3%；交通运输设备制造业116.79亿元，增长33.4%。

二是工业产业实力增强。规模工业"4+4"产业实现工业总产值1003.16亿元，比上年增长18.2%，其中，四大主导产业产值833.70亿元，增长15.9%，在主导产业中，食品工业完成产值325.03亿元，增长31.9%。四大战略产业完成产值288.37亿元，增长31.7%，在战略产业中，钢铁工业完成产值103.53亿元，增长35.3%；船舶工业完成产值12.56亿元，增长20.0%。

三是亿元企业实现"双突破"。规模以上工业亿元企业数突破260家，比上年增加31家；产值突破900亿元大关，达到989.74亿元，增长22.0%，对规模以上工业增长的贡献率达到77.5%，拉动规模以上工业增长14.9个百分点。

四是私营工业增势强劲。2009年，漳州市私营工业实现工业总产值420.96亿元，比上年增长37.2%，比全部规模工业高出18.0个百分点，对规模工业增长的贡献率达49.0%，是支撑规模工业增长的生力军。

五是品牌战略取得新成效。新增中国驰名商标6件，福建著名商标34件，福建名牌42件。3家企业获得"福建省品牌农业企业金奖"，新增14个绿色食品认证、2个有机产品，36家企业获得无公害农（水）产品认证。

2009年，漳州市规模以上工业企业数达2025家，比上年增加164家，占全省规模以上工业企业总数的11.2%，居全省第四位。其中，产值超亿元企业265家，增加31家，实现产值989.74亿元，占全市规模以上工业的68.7%，对规模以上工业增长的贡献率达77.5%，拉动规模以上工业增长14.9个百分点。

漳州市大中型工业企业详见表5-29。

注：本文数据均采用快报数。

5-29 漳州市大中型工业企业

（2009 年）

企业规模	企业名称	企业规模	企业名称
大型	正兴车轮集团有限公司	大型	漳州金龙客车有限公司
大型	漳州灿坤实业有限公司	大型	漳州新福达底盘有限公司
大型	漳州蒙发利实业有限公司	大型	南靖万利达科技有限公司
中型	漳州水仙药业有限公司	中型	长泰南华糖业有限公司
中型	福建双飞日化有限公司	中型	漳州市荣昌企业发展有限公司
中型	福建国安船业有限公司	中型	龙海市永利来食品有限公司
中型	福建紫山集团股份有限公司	中型	漳州市孚美实业有限公司
中型	福建东山县顺发水产有限公司	中型	福建省东山县供电有限公司
中型	福建龙溪轴承（集团）股份有限公司	中型	福建南海食品有限公司
中型	亚细亚食品（龙海）有限公司	中型	漳州申荣木制品有限公司
中型	龙海协祥电池有限公司	中型	龙海鞋业有限公司
中型	龙海万里川工业发展有限公司	中型	漳州奇美实业有限公司
中型	东山新福水产加工有限公司	中型	东山东兴水产品加工有限公司
中型	华阳电业有限公司	中型	雅歌乐器（漳州）有限公司
中型	漳州泉丰食品开发有限公司	中型	泰山企业（漳州）食品有限公司
中型	福建漳州市港昌罐头食品有限公司	中型	福建省长泰厦广实业有限公司
中型	福建（长泰）星泰体育用品有限公司	中型	龙海市嘉荣食品有限公司
中型	丰笙实业（漳州）有限公司	中型	诺尔起重设备（中国）有限公司
中型	漳州天福茶业有限公司	中型	全世好（漳州）家具有限公司
中型	福建三宝钢铁有限公司	中型	漳州金鑫辉包装有限公司
中型	友联船厂（漳州）有限公司	中型	漳浦隆宝工业有限公司
中型	金冠（龙海）塑料包装有限公司	中型	福建凯景钢铁开发有限公司
中型	福建标新集团（漳州）制罐有限公司	中型	福建元吉体育用品有限公司
中型	漳州宏源表业有限公司	中型	漳州科能电器有限公司
中型	英特（东山）食品有限公司	中型	东山欧凯金属塑料制品有限公司
中型	大闽食品（漳州）有限公司	中型	信华食品（漳州）有限公司
中型	龙海市嘉昌水产有限公司	中型	福建福贞金属包装有限公司
中型	福建省东山县海魁水产集团有限公司	中型	福建华艺钟表集团有限公司

5-29 续表 1　　　　　　　　　　（2009 年）

企业规模	企业名称	企业规模	企业名称
中型	福建东方食品集团有限公司	中型	福建省欣龙包装制品有限公司
中型	漳州市龙海集友塑料有限公司	中型	福建永得利食品有限公司
中型	漳州市益泉食品有限公司	中型	漳州市恒丽电子有限公司
中型	富华（漳州）光学工业有限公司	中型	尧富家具（漳州）有限公司
中型	东山东毅食品有限公司	中型	新利达（漳州）包装纸品有限公司
中型	福建省龙海市供电有限公司	中型	福建荣树实业有限公司
中型	福建省南靖县供电有限公司	中型	漳州旗滨玻璃有限公司
中型	长泰南华糖业有限公司	中型	漳州宝丰冷冻食品有限公司
中型	福建海大饲料有限公司	中型	漳州科晖专用汽车制造有限公司
中型	漳州市东林电子有限公司	中型	福建省平和县供电有限公司
中型	安安（中国）有限公司	中型	漳州裕兴进出口贸易有限公司
中型	漳州立兴罐头食品有限公司	中型	漳州片仔癀药业股份有限公司
中型	福建力佳股份有限公司	中型	福建永嘉家具有限公司
中型	福建省漳浦县扬绿化工有限公司	中型	漳州新园轻工实业有限责任公司
中型	福建红旗股份有限公司	中型	漳州市闽达印铁有限公司
中型	漳州立泰医疗康复器材有限公司	中型	福建凯西不锈钢有限公司
中型	东山县东亚水产有限公司	中型	漳州金之榕食品工业有限公司
中型	龙海盛记食品工业有限公司	中型	漳州神舟造船工业有限公司
中型	福建科能电子科技开发有限公司	中型	漳州市忠东钢木家俱有限公司
中型	漳州港兴纸业有限公司	中型	漳州仂元工业有限公司
中型	福建省厨师食品集团有限公司	中型	东山县华昌食品有限公司
中型	漳州达林五金有限公司	中型	东山县东盛食品有限公司
中型	漳州市同发食品工业有限公司	中型	漳州中集集装箱有限公司
中型	长春化工（漳州）有限公司	中型	漳州市迈克鞋服有限公司
中型	龙海市九龙座椅有限公司	中型	福建省诏安县海利水产有限公司
中型	漳州市旭利照明电器有限公司	中型	漳州新三和管桩有限公司
中型	福建东林家俱有限公司	中型	诏安县安邦水产食品有限公司
中型	漳州喜盈门家具制品有限公司	中型	漳浦县南顺时装针织有限公司

5-29 续表 2 （2009 年）

企业规模	企业名称	企业规模	企业名称
中型	漳州市红梅家具有限公司	中型	福建省海新食品有限公司
中型	福建权昱工业有限公司	中型	漳州长鼎精密光学有限公司
中型	漳州朝良工业有限公司	中型	福建省漳州鑫盛钢结构工程有限公司
中型	优科能源（漳州）有限公司	中型	漳浦菲普斯照明有限公司
中型	漳州科华技术有限责任公司	中型	东山县东协成水产食品有限公司
中型	太平洋制罐（漳州）有限公司	中型	桑德美耐皿制品（福建）有限公司
中型	漳浦桂宏工业有限公司	中型	优科实业（漳州）有限公司
中型	福建豪氏威马钢铁制品有限公司	中型	漳州闽航发钢管有限公司
中型	漳州万晖洁具有限公司	中型	新佳美（漳州）日用品有限公司
中型	福建新胜海船业有限公司	中型	漳州西华工业有限公司
中型	漳州市燕锋水产食品有限公司	中型	利胜电光源厦门有限公司华安分公司
中型	漳州永裕隆精密五金有限公司	中型	漳州永裕隆塑胶制品有限公司
中型	漳州一帆重工有限公司	中型	漳州华荣纸业有限公司
中型	福建三宝特钢有限公司	中型	漳浦县供电有限公司
中型	福建多棱铸造有限公司	中型	漳州龙达利健身器材有限公司
中型	环讯机械科技（漳州）有限公司	中型	福建希源纸业有限公司
中型	福建华发包装有限公司	中型	漳州紫金建材有限公司
中型	福建省正舜汽车车轮有限公司	中型	漳州市天辰纸品包装有限公司
中型	龙翔实业有限公司	中型	漳州新格有色金属有限公司
中型	漳州市百乐家具有限公司	中型	漳州富亿纸品有限公司
中型	福建省诏安县供电有限公司	中型	福建省云霄县供电有限公司
中型	漳州三川钢管制品有限公司	中型	漳州科晖机械电子有限公司
中型	福建统一马口铁有限公司	中型	福建肯博纺织工业有限公司
中型	漳州万利达光催化科技有限公司	中型	漳州市国辉工贸有限公司
中型	漳州大众兴纺织工业有限公司	中型	福建平和宝峰罐头食品有限公司
中型	福建长泰承义工业有限公司	中型	福建长信纸业包装有限公司
中型	东山融丰食品有限公司	中型	俪人鞋业（福建）有限公司

5-30 2009年南平市工业企业概况

2009年以来，在各级政府和有关部门大力支持下，南平市工业企业努力克服金融危机带来的不利影响，紧紧围绕“调结构、保增长、扩内需”，突出项目和品牌带动，积极开拓市场，全力推进工业总量做大、结构调优、产业提升，工业经济保持逐步回升积极向好的态势。2009年，南平市全社会工业实现增加值200.45亿元，比上年增长16.7%，其中，规模以上工业实现工业增加值182.70亿元，增长18.6%，高出全省平均水平5.6个百分点；完成产值597.10亿元，增长20.2%，高出全省平均水平4.5个百分点。

分注册类型看，在规模以上工业中，国有企业实现增加值10.04亿元，比上年下降0.2%；集体企业实现增加值1.10亿元，增长38.2%；股份合作企业实现增加值2.27亿元，增长31.4%；股份制企业实现增加值124.57亿元，增长20.8%；外商及港澳台投资企业实现增加值33.54亿元，增长11.7%；其他经济类型企业实现增加值11.12亿元，增长35.9%；非公有制企业和私营企业实现增加值分别为151.31亿元和98.04亿元，分别增长22.9%和31.9%。

分行业看，规模以上工业34个行业大类中有24个增加值增速在两位数以上。其中，黑色金属冶炼及压延加工业比上年增长86.7%，农副食品加工业增长51.3%，有色金属矿采选业增长42.2%，饮料制造业增长40.2%，通用设备制造业增长36.3%，木材加工及木、竹、藤、棕、草制品业增长31.6%。

2009年南平市工业经济运行呈现以下特点：

一是七大重点产业总体平稳发展。七大重点产业实现工业总产值386.40亿元，比上年增长21.2%，占全市规模工业产值的64.7%，比上年提高1.4个百分点，呈稳步增长势头。其中，食品加工业、竹木加工业继续保持强劲发展势头，分别增长38.8%和32.5%；纺织服装、精细化工、汽车配件也分别增长18.3%、8.6%、14.9%；受市场需求不足，产品价格下跌等因素影响，纸及纸制品产业、电线电缆产业工业总产值分别下降2.3%、9.9%。

二是工业企业产销衔接趋好。2009年南平市规模以上工业完成工业销售产值576.03亿元，比上年现价增长14.2%；工业产品销售率96.5%，比上年高0.7个百分点，居全省第八位。十个县（市、区）有八个县市工业产品销售率高于上年水平。

三是工业经济效益持续向好。2009年，全市规模以上工业实现经济效益综合指数为170.8，比上年提高5.2点。全市规模以上工业企业实现主营业务收入546.93亿元，比上年增长13.8%；利润总额18.88亿元，增长6.0%，增幅比上年提高15.2个百分点；亏损企业亏损面为14.9%，下降4.2个百分点，亏损企业亏损总额为6.75亿元，增长91.0%。

四是工业投资成果逐步显现。南纸6号纸机建成投产，南缆500千伏超高压交联电缆项目、南铝铝合金圆棒等一批重大工业项目进展顺利。太阳电缆、圣农发展同时在深交所上市。发挥资源和生态优势，着力培育旅游养生、生物、创意等特色产业。闽北经济开发区、南平工业园区和荣华山产业组团等园区建设初具规模，全年完成基建投资12.77亿元，建成标准厂房25.74万平方米，引进企业57家，入园企业达201家。县级工业平台也进一步加快拓展，一批工业项目入驻，成效明显。

2009年，南平市规模以上工业企业数达1187家，比上年增加55家，占全省规模以上工业企业总数的6.5%，居全省第七位。

南平市大中型工业企业详见表5-31。

注：本文数据均采用快报数。

5-31　南平市大中型工业企业

（2009年）

企业规模	企业名称	企业规模	企业名称
大型	福建南纺股份有限公司	大型	福建省南纸股份有限公司
大型	福建省圣农实业有限公司	大型	福建省南平铝业有限公司
中型	福建榕昌化工有限公司	中型	中国人民解放军第七三一八工厂
中型	福建南平太阳电缆股份有限公司	中型	福建省华银铝业有限公司
中型	福建省南平南线电缆有限公司	中型	南平市延发竹木有限公司
中型	福建三山集团南平市钢铁有限公司	中型	福建源光亚明电器有限公司
中型	福建省邵化化工有限公司	中型	南平市电力联营公司
中型	福建省建阳市汽车锻压件厂	中型	福建省顺昌富宝实业有限公司
中型	福建省建瓯市供电有限公司	中型	福建省建瓯黄华山酿酒有限公司
中型	福建南平南孚电池有限公司	中型	赢创嘉联白炭黑（南平）有限公司
中型	福建省建瓯市特艺竹木有限公司	中型	福建明良集团有限公司
中型	福煤（邵武）煤业有限公司	中型	福建省壹是壹竹木有限公司
中型	福建三爱药业有限公司	中型	福建省南平元力活性炭有限公司
中型	福建省光泽沪千人造板制造有限公司	中型	福建长富乳品有限公司
中型	福建华电邵武发电有限公司	中型	福建亚亨动力科技集团有限公司
中型	福建篁城科技竹业有限公司	中型	武夷山市绿美竹木制品有限公司
中型	福建青松股份有限公司	中型	福建武夷烟叶发展有限公司
中型	福建省南平市新华安制衣有限公司	中型	福建亚达集团有限公司
中型	福建省邵武市正兴武夷轮胎有限公司	中型	邵武中竹林纸有限责任公司
中型	福建省丙午绿洲兔业有限公司	中型	福建南电股份有限公司
中型	武夷山市祥龙纺织有限公司	中型	浦城绿康生化有限公司
中型	福建省建瓯市华宇竹业有限公司	中型	浦城县闽城光学眼镜有限责任公司
中型	福建王斌装饰材料有限公司	中型	福建福人木业有限公司
中型	福建省建瓯市新叶食品有限公司	中型	福建省南平市天平武夷水泥有限公司
中型	福建南平永丰纺织有限公司	中型	华闽南配集团股份有限公司
中型	福建省顺昌县供电有限公司	中型	福建省建阳市供电有限公司
中型	福建省浦城县供电有限公司	中型	福建省南铝板带加工有限公司
中型	福建省光泽县供电有限公司	中型	福建杜氏木业有限公司
中型	福建省建阳市鑫泉木业有限公司	中型	建阳森岚木业有限责任公司
中型	浦城县正大生化有限公司	中型	福建省建阳武夷味精有限公司
中型	福建水泥股份有限公司炼石水泥厂	中型	福建建阳龙翔科技开发有限公司

5-32　2009年龙岩市工业企业概况

2009年，龙岩市深入贯彻落实科学发展观，全面落实中央和全省应对危机保增长、保民生、保稳定的决策部署，认真贯彻国家支持海西建设和原中央苏区发展的政策，经济发展呈现企稳回升、持续向好的良好态势，全市经济总量壮大，结构优化。2009年龙岩市实现工业增加值338.97亿元，比上年增长13.2%，其中，规模以上工业增加值327.82亿元，比上年增长14.6%。产品销售率97.4%，比上年回落0.1个百分点。规模以上工业中，烟草加工、机械制造、矿产三大产业完成工业总产值350.80亿元，比上年增长12.4%，占规模以上工业总产值的42.0%，对全市规模以上工业增长的贡献率达32.2%，拉动全市规模以上工业现价增长5.4个百分点。其中，烟草加工业完成工业总产值85.62亿元，现价增长7.3%；机械制造工业完成工业总产值159.99亿元，现价增长28.0%；矿产完成工业总产值105.20亿元，现价下降1.9%。规模以上工业企业实现利润84.15亿元，增长6.6%。其中，股份制企业实现利润53.84亿元，增长9.3%；外商及港澳台投资企业12.98亿元，增长86.9%；私营企业11.38亿元，增长36.6%；国有及国有控股企业49.25亿元，下降9.8%。

从产量看，规模以上工业主要产品产量中，原煤1533.51万吨，比上年增长7.9%；卷烟409.77亿支，增长7.1%；水泥2776万吨，增长24.9%；生铁39.10万吨，下降6.2%；粗钢28.85万吨，下降13.6%；黄金20731千克，增长13.3%；发电量65.88亿千瓦时，下降25.9%。

2009年全市规模以上工业企业电力消费保持稳定增长，原煤消费下降，油品消费大幅下降。全市规模以上工业电力消费量66.32亿千瓦时，较上年增长11.6%；原煤消费量595.99万吨，下降11.3%；成品油消费5.88万吨，下降23.3%。

2009年，电力、热力的生产和供应业、非金属矿物制品业、黑色金属冶炼及压延加工业、化学原料及化学制品制造业四大高耗能行业累计消费能源439.15万吨标准煤，占规模以上工业能耗总量的比重达90.9%，而产值总量和企业数量分别只占27.4%和27.0%。2009年这四大高耗能行业产值能耗二升二降，其中，非金属矿物制品业的能耗比重最大，综合能源消费量为270.51万吨标准煤，占能源消费总量的56.0%，产值能耗上升6.6%；化学原料及化学制品制造业产值能耗上升3.0%，电力、热力的生产和供应业产值能耗下降30.5%，黑色金属冶炼及压延加工业下降20.9%，这两大高耗能行业产值能耗下降是工业能耗持续下降的主导力量。

2009年，全市规模以上工业企业数达1256家，较上年增加115家，占全省规模以上工业企业总数的6.9%，居全省第六位。

2009年，全市超亿元产值的工业企业达159家，比上年净增25家，其中，超5亿元产值的企业有23家，比上年增加8家。159家亿元企业工业总产值达573.0亿元，占全部规模以上工业总产值的68.5%，比上年现价增长18.6%，拉动全市工业现价产值增长12.6个百分点，对全市工业增长的贡献率为74.8%。

龙岩市大中型工业企业详见表5-33。

注：本文数据均采用快报数。

5-33　龙岩市大中型工业企业

（2009 年）

企业规模	企业名称	企业规模	企业名称
大型	福建紫金矿业股份有限公司	大型	福建煤电股份有限公司
大型	福建龙净环保股份有限公司	中型	福建省连城县锰矿
中型	龙岩烟草工业有限责任公司	中型	福建马坑矿业股份有限公司
中型	福建华电漳平火电有限公司	中型	龙岩市新罗区东方煤矿
中型	福建省龙岩龙化化工有限公司	中型	福建省长汀县供电有限公司
中型	龙岩市新罗联合铸造有限公司	中型	连城县供电有限公司
中型	福建省永定县供电有限公司	中型	福建省潘洛铁矿有限责任公司
中型	福建省连城红心地瓜干（集团）有限公司	中型	福建标致食品饮料有限公司
中型	三德（中国）水泥股份有限公司	中型	福建漳平发电有限公司
中型	福建三华彩印有限公司	中型	福建省漳平木村林产有限公司
中型	福建森宝食品集团股份有限公司	中型	福建东源环保有限公司
中型	福建塔牌水泥有限公司	中型	福建省民爆化工股份有限公司
中型	长汀铭郎服饰有限公司	中型	福建海华纺织有限公司
中型	福建龙马环卫装备股份有限公司	中型	福建省新华都工程有限责任公司
中型	福建紫金矿业股份有限公司	中型	福建省祥鸿纺织服装股份有限公司
中型	上杭县盛先纺织有限公司	中型	福建省长汀威鸿制衣有限公司
中型	龙岩畅丰车桥制造有限公司	中型	龙岩市港昌化工有限公司
中型	龙岩成冠纺织有限公司	中型	福建省上杭县金山建设工程公司
中型	福建省亿隆家庭装饰品有限公司	中型	龙岩卓鹰制铁有限公司

5-33 续表 1　　　　　　　　　　　　（2009 年）

企业规模	企业名称	企业规模	企业名称
中型	连城百冠人造板有限责任公司	中型	福建天守服装织造发展有限公司
中型	福建龙麟集团有限公司	中型	福建春驰集团新丰水泥有限公司
中型	龙岩市新罗区东方煤矿	中型	福建华平纺织服装实业有限公司
中型	国产实业（福建）水泥有限公司	中型	福建省武平县龙兴木业有限公司
中型	福建天守文兴纺织发展有限公司	中型	龙工（福建）机械有限公司
中型	福建省长汀鸿程纺织有限公司	中型	福建紫金铜业有限公司
中型	长汀华闽织造有限公司	中型	福建省长汀盼盼食品有限公司
中型	龙岩陆家地煤矿有限公司	中型	福建省永定闽福建材有限公司
中型	福建森华实业有限公司	中型	福建省武平县供电有限公司
中型	上杭华强电池有限公司	中型	福建凯鲍汽车制造有限公司
中型	福建省漳平市供电有限公司	中型	龙工（福建）桥箱有限公司
中型	漳平红狮水泥有限公司	中型	安踏（长汀）体育用品有限公司
中型	美家龙（龙岩）健身器材有限公司	中型	福建金山黄金冶炼有限公司
中型	龙岩盛丰机械制造有限公司	中型	福建佳丽斯家纺有限公司
中型	千百汇（漳平）工艺有限公司	中型	福建龙岩春驰集团水泥有限公司
中型	龙岩喜鹊纺织有限公司	中型	福建省上杭县电力公司
中型	福建省长汀金龙稀土有限公司	中型	龙岩高岭土有限公司
中型	福煤（漳平）煤业有限公司	中型	长汀长诚鞋业有限公司
中型	福建省漳平市正盛化工有限公司		

5-34 2009年宁德市工业企业概况

2009年，宁德市工业战线认真贯彻落实“保增长、保民生、保稳定”的各项措施，积极应对国际金融危机的影响，全市规模以上工业回升态势喜人。全年规模以上工业实现产值突破600亿元大关，达617.10亿元，比上年增长22.7%；实现增加值164.47亿元，增长19.8%，增加值和产值增速分别比全省平均水平高6.8和7.0个百分点，增幅连续五年双双居全省各设区市首位。分轻重工业看，规模以上工业中，重工业产值460.56亿元，增长20.6%，所占比重由上年的72.8%提高到74.6%；轻工业产值156.54亿元，增长29.6%。分注册类型看，非公有制企业实现总产值531.83亿元，增长24.1%，增幅比规模以上工业高1.4个百分点，其所占比重达86.2%。分行业看，全市32个行业中，30个行业产值实现增长。从重点特色产业看，七大重点特色产业实现产值363.76亿元，增长11.5%，其中，电机电器实现产值101.68亿元，增长6.9%；电力实现产值76.01亿元，增长17.0%；食品实现产值80.53亿元，增长18.3%；船舶修造实现产值36.03亿元，增长16.4%；汽摩配件实现产值24.06亿元，增长4.8%；建材实现产值24.33亿元，下降6.1%；医药化工实现产值21.11亿元，增长16.6%。从出口看，通过企业恢复和扩大出口市场，政府鼓励金融机构支持出口企业融资、建立风险补偿机制、推动担保机构开展外贸订单融资担保业务、降低出口信用保险保费率等政策的扶持和传导，宁德市出口总额逼近上年水平，降幅不断收窄。2009年，全市规模以上工业出口交货值79.50亿元，下降1.5%。出口超亿元且增长较快的行业有：农副食品加工业（13.43亿元）增长65.6%，木材加工及竹、藤、棕、草制品业（2.19亿元）增长28.9%，工艺品及其他制造业（1.66亿元）增长44.0%。

2009年宁德市工业运行呈现以下特点：

一是电力生产创新高。大唐火电四台机组的全部投产，成为宁德市电力生产发展的强大支撑。全市电力、热力的生产和供应业产值达76.00亿元，比上年增长17.0%。其中，电力生产的产值47.06亿元，增长30.4%，增幅提高22.1个百分点；发电量创下历史新高，达140.02亿千瓦小时，增长25.4%。

二是塑料制品业和农副食品加工业崭露头角。两年来，20家新企业的投入生产，有力地推动了宁德市塑料制品业的快速发展。全市塑料制品业实现产值48.42亿元，比上年增长73.7%，比上半年提高21.6个百分点，成为拉动宁德市工业增长贡献最大的行业。由于政府各种优惠政策的出台和近段水产品价格的不断上涨，宁德市农副食品加工业生产实现了较大飞跃。全年共完成产值41.71亿元，增长40.1%，增幅比上年提高26.3个百分点。

三是电机及相关行业回暖复苏。随着国内外经济的回暖和新兴市场的开拓，在金融危机中受到较大影响的电机产业得到了复苏，漆包线等有色金属压延业的生产也得到带动。2009年，电气机械及器材制造业和通用设备制造业实现产值96.26亿元和58.59亿元，分别比上年增长8.5%和29.4%；有色金属冶炼及压延加工业全年实现产值32.87亿元，增长39.1%。

四是船舶修造业稳步增长。由于波罗的海干散货运价格指数（BDI）的回升以及上年的船舶出口订单延期到2009年交货，2009年交通运输设备制造业生产稳步增长，产值达60.21亿元，比上年增长11.6%。其中，船舶及浮动装置制造业实现产值36.03亿元，增长16.5%。

2009年，全市规模以上工业企业数达901家，较上年增加71家，占全省规模以上企业总数的5.0%，居全省第九位；新增规模以上工业企业108家。

宁德市大中型工业企业详见表5-35。

注：本文数据均采用快报数。

5-35 宁德市大中型工业企业

（2009 年）

企业规模	企业名称	企业规模	企业名称
中型	福建惠丰电机有限公司	中型	福安市港福食品开发有限公司
中型	福安市太平洋电机有限公司	中型	福建古田药业有限公司
中型	福建省（屏南）榕屏化工有限公司	中型	福建省闽东力捷迅药业有限公司
中型	华电福建发电有限公司古田溪水力发电厂	中型	福建省白马船厂
中型	福建华龙化油器有限公司	中型	福建三祥工业新材料有限公司
中型	福建福鼎海鸥水产食品有限公司	中型	福安市闽东安波电器有限公司
中型	闽东亚南电机有限公司	中型	福建闽东德丰电机有限公司
中型	福建福安东大电机有限公司	中型	福安市新永隆电机有限公司
中型	福安市远东华美电机有限公司	中型	福建铁王精密铸造有限公司
中型	福建万达电机有限公司	中型	福建银嘉机电有限公司
中型	福建邦德合成革有限公司	中型	福建闽东电力股份有限公司
中型	福建省银象电器有限公司	中型	闽东赛岐经济开发区申银船舶工程有限公司
中型	福安市力源电机有限公司	中型	闽东丛贸船舶实业有限公司
中型	福建仁升食品有限公司	中型	福建燕京惠泉啤酒福鼎有限公司
中型	宁德市泰格动力机械有限公司	中型	福建鉴明电机有限公司
中型	安波电机（宁德）有限公司	中型	福建大唐国际宁德发电有限责任公司
中型	福建省福安市供电有限公司	中型	福建省屏南县供电有限公司
中型	福建省霞浦县供电有限公司	中型	福建省福鼎市供电有限公司
中型	福建金诚合成革有限公司	中型	福建宏福皮革有限公司
中型	福建福宁船舶重工有限公司	中型	福建鼎盛超纤皮塑有限公司
中型	福建省洪泰铜业有限公司	中型	福建省古田县华强特钢有限公司
中型	福安市瑞丽船务有限公司	中型	福建省大众金属有限公司
中型	宁德特波电机有限公司	中型	福建省福鼎永强合成革有限公司
中型	福鼎富视光学有限公司	中型	福建正利发合成革实业有限公司
中型	古田天宝矿业有限公司	中型	安诺纸业（福建）有限公司
中型	福建一洲动力科技有限公司	中型	福建省霞浦三沙华美实业有限公司
中型	宁德市顶丰食品有限公司	中型	宁德市顺丰胶合板有限公司
中型	福鼎市时代船舶修造有限公司	中型	福建华泰皮革有限公司
中型	福鼎市华益机车部件厂		

5-36 福建省获全国“守合同重信用”企业名单

（2001-2006 年）

2001 年度（18 家）

企业名称	企业名称
福州人造板厂	石狮市华宝集团公司
福建万友企业集团	漳州片仔癀药业股份有限公司
福建新代实业有限公司	福建龙溪轴承股份有限公司
厦门经济特区盛达进出口有限公司	福建紫山集团有限公司
厦门市东区开发公司	福建南平电缆股份有限公司
福建雪津啤酒集团公司	福建源光亚明电器有限公司
三明市商业集团有限公司	福建龙净环保股份有限公司
福建省惠泉啤酒集团股份有限公司	福建省东鼎燃具集团公司
福建省晋江市开关厂	古田县药业有限公司

2002 年度（47 家）

企业名称	企业名称
福建省建筑设计研究院	福建泉州匹克（集团）公司
福建省火电工程承包公司	福建浔兴集团公司
福建省公路物资公司	利郎（福建）时装有限公司
福建省广告公司	福建省晋江市燕山建筑陶瓷厂
福建永同昌建筑工程有限公司	福建省惠安恒惠鞋业有限公司
福州建工（集团）总公司	福建省南安市帮登鞋业有限公司
福州化学漆厂	福建省石狮市盖奇制衣有限公司
福建省闽侯民间工艺品有限公司	福建溪石集团有限公司
福建二建建设集团公司	信诚集团（福建）有限公司
福州市马尾轮船公司	漳州永大不锈钢型材有限公司
福州一化化学品有限公司	福建青山漳州香料有限公司
厦门象屿集团有限公司	福建省海新集团有限公司
厦门涌泉集团有限公司	福建省腾龙工业公司
厦门经济特区工程建设公司	福建省顺昌富宝实业有限公司
厦门经济特区房地产开发公司	福建龙岩喜鹊纺织有限公司
厦门禹州集团股份有限公司	龙岩卷烟厂
厦门中联建设工程有限公司	福建紫金矿业股份有限公司
厦门邮电纵横集团建设开发有限公司	福建漳平电厂
厦门市兴茂贸易公司	福建省福安市农药厂
福建省莆田市医药有限公司	福建省盐业公司宁德分公司
福建省三源金属制品有限公司	福建省霞浦华威机电有限公司
福建省新威电子工业有限公司	福建三祥冶金有限公司
福建永安化工厂	福建白莲花化工有限公司
福建省第五建筑工程公司	

2003 年度（53 家）

企业名称	企业名称
中国水利水电闽江工程局	福建仙游海虹玩具有限公司
福建建工集团总公司	福建省安砂水力发电厂
福建省林业工程承包公司	福建省三明明竹机械有限公司
福建省翔达装修工程有限公司	福建省泉州申鹭达集团有限公司
福建省产权交易中心	福建省晋江市雅仕达食品有限公司
中国建筑第七工程局第三建筑公司	福建省晋江市内坑裕兴陶瓷厂
福建省金得利集团有限公司	泉州建德鲤达里机械有限公司
福州汇诚房地产有限公司	宏发集团（中国）有限公司
福州瑞达电子有限公司	福建省石狮市富兴包装材料有限公司
福州叶下塑革有限公司	福建省晋江市浩沙制衣有限公司
福建东龙针纺有限公司	福建省石狮市长江实业有限公司
福州福兴医药有限公司	福建省德化必德陶瓷有限公司
厦门航空有限公司	福建省惠安恒利石材有限公司
厦门国贸集团股份有限公司	天伦食品（福建）有限公司
厦门邮电纵横集团股份有限公司	福建长富乳业集团股份有限公司
厦门南成房地产开发有限公司	福建顺达房地产开发有限公司
厦门 ABB 开关有限公司	福建省和顺建筑工程有限公司
厦门福满经济开发有限公司	闽西建筑安装工程公司
厦门东南融通系统工程有限公司	福建恒亿建设集团有限公司
厦门通士达照明有限公司	福建省龙岩市天明贸易有限公司
厦门海沧投资总公司	福建成龙建筑工程有限公司
厦门大洲房地产开发有限公司	福建天虹建设工程有限公司
厦门市建安集团有限公司	福建省福鼎大通实业有限公司
福建省莆田市华丰鞋业有限公司	福建省霞浦恒晟建设工程有限公司
莆田市建筑安装工程公司	福建省霞浦县佳美商标织造有限公司
福建移动通信有限责任公司莆田分公司	福安市白马调味品有限公司
金威服装（福建）有限公司	

2006 年度（65 家）

企业名称	企业名称
福建地矿建设集团公司	厦门银祥集团有限公司
中铁二十四局集团福建铁路建设有限公司	福建七建集团有限公司
福建省地质工程勘察院	漳州华辉房地产开发有限公司
福建省贸易信托拍卖行	漳州市万安实业有限公司
福建省华泰电务安装工程有限公司	福建紫山集团有限公司
福建嘉达纺织股份有限公司	泉州现代家具企业有限公司
福建省交通规划设计院	泉州寰球鞋服有限公司
福建北佳信息技术有限公司	福建省晋江优兰发纸业有限公司
福建省通广展览工程有限公司	福建七匹狼实业股份有限公司
福建省拍卖行	安踏（中国）有限公司
福州远洋塑料用品有限公司	三六一度（福建）体育用品有限公司
福建省华威化纤染织有限公司	劲霸（中国）有限公司
福建省闽侯县搪瓷厂	威兰西（中国）服饰有限公司
福建省连江天源水产有限公司	福建省石狮市华联服装配件企业有限公司
福建星美建筑装饰工程有限公司	福建泉州市金穗米业有限公司
福州榕楼摄影视听器材有限公司	福建省桃城建设工程有限公司
福州耀隆化工集团公司	福建省德化县福盛工艺品有限公司
厦门建发股份有限公司	辉煌重工集团有限公司
建发房地产集团有限公司	福建铙山纸业集团有限公司
厦门国贸控股有限公司	福建省第一建筑工程公司
明发集团有限公司	福建省三钢（集团）有限责任公司
厦门通士达有限公司	福建省永安林业（集团）股份有限公司
厦门安妮纸业有限公司	福建才子集团有限公司
厦门市装卸机有限公司	福建汇达时装有限公司
厦门国源房地产开发有限公司	福建煤电股份有限公司
厦门诚毅地产投资管理有限公司	福建森宝食品集团有限公司
厦门福隆置业集团有限公司	福建省南平铝业有限公司
厦门集力发展股份有限公司	福建省南平三红电缆有限公司
厦门市路桥工程物资公司	福建顺达房地产开发有限公司
联发集团有限公司	福建省白马船厂
厦门古龙集团有限公司	福安市闽东安波电器有限公司
厦门信达股份有限公司	福建天虹建筑工程有限公司
厦门福信集团有限公司	

5-37 福建省各设区市“守合同重信用”企业名单

（2003-2008 年）

企业名称	企业名称
2003-2004 年度	福清市兴隆市政工程公司
福　州	中国标准砂厂
福州祥谦建筑工程公司	福建省平潭县第二建筑工程公司
福建东亚鼓风机股份有限公司	福州长辉轻钢结构建筑有限公司
福州苏福贸易有限公司	福州东升建筑工程有限公司
福建省汇源建材供应有限公司	福州市四方建筑工程安装有限公司
福州南兴家俱装璜材料有限公司	中铁第十七工程局远通工程集团公司
福建省天合软件应用开发有限公司	福州市新店供销社
福州西城电子器材有限公司	福州市建设工程监理公司
福建闽潇大厦	福州市城乡建设发展总公司
福州市鼓楼区翰艺堂工艺美术品店	福云会计师事务所
福州明视眼镜有限公司	福州春晖制衣有限公司
福州泰岳印刷广告有限公司	福州国隆石制品有限公司
福州大世界橄榄有限公司	福州新代文具有限公司
福州市仓山建筑工程公司	福州易得装饰装璜有限公司
福州天马制衣有限公司	福建省福州电业局
福州市建新花卉集团公司	福建省福州市水产供销公司
福州第二阀门厂	福州市华捷设计装饰工程有限公司
福州市胪雷阀门厂	福州隆侨建筑装修工程有限公司
福州市仓山天天筷厂	福州人文装修建筑工程有限公司
福州叶下塑革有限公司	福州市闽苏设计装饰工程有限公司
福建省闽侯县砂轮厂	福州得盛设计装饰有限公司
福建省闽侯县搪瓷厂	福州市兴雅达装饰装修工程公司
福建省闽鸿集团公司	福建国际广告装饰工程建设开发有限公司
福建省闽侯秋龙工艺品有限公司	福州华盈装饰装修工程有限公司
福建省闽侯县华源工艺品有限公司	福州居屋建筑工程有限公司
福州银铃食品有限公司	福建省长乐市第二建筑工程公司
福建省台福食品有限公司	福建翔隆酒业有限公司

5-37 续表 1　　　　　　　　　　　　（2003-2008 年）

企业名称	企业名称
福建省长乐市第一制鞋厂	福建省万安科技发展有限公司
福建省长乐市第二棉纺织厂	福建省金得利集团有限公司
福建省长乐市华威化纤染织有限公司	福州昌发建筑工程有限公司
福建省长乐市古槐建筑工程公司	福州双福灯饰有限公司
福建经纬集团有限公司	福州华盈集团有限公司
福建省长乐市东龙针纺有限公司	福建省冠耀砂石开发有限公司
福建省福清制药厂	福州远洋塑料用品有限公司
福清市融旗市政工程有限公司	福州航兴建筑工程有限公司
福清市群盛家具公司	福建万友企业集团有限公司
福建龙旺食品饮料有限公司	福建省官头海运总公司
福建省万友消防工程有限公司	福建省连江龙峰塑胶制品有限公司
福州爱华服务有限公司	福建省连江县第二建筑工程公司
福建国邦房地产有限公司	福建省连江县透堡建筑工程公司
福州龙源电力发展有限公司	福建省连江百洋海威食品有限公司
福州百联食品有限公司	福州市东岱建筑工程公司
福州邦联化工有限公司	福建省马鼻建筑工程公司
福州环宇包装设计印刷有限公司	福州万泽鞋业有限公司
福州三威橡塑化工有限公司	福建省连江市政建设工程总公司
福州安特高压电器有限公司	福州搏达实业有限公司
福州壮阁装修工程有限公司	福建省浦口建筑工程公司
福建省商华纸业有限公司	福建省连江县凤城华兴鞋厂
福建省宏远信息工程有限公司	罗源县升元建筑工程有限公司
福州南方食品工业有限公司	罗源东源石材有限公司
福州山恒塑钢门窗有限公司	罗源县造纸有限公司
福州永元成建材有限公司	福建省烟草公司罗源县公司
福州中得利贸易有限公司	福建省罗源县华宇建筑工程有限公司
福州武凤贸易有限公司	福建省永泰县城峰建筑工程公司
福州盛东贸易有限公司	福建省永泰县第五建筑工程公司
福州弘信工程监理有限公司	福州隆杰贸易有限公司
福建省金海岸发展有限公司	福州双利贸易有限公司

5-37 续表 2　　　　　　　　　　　　　　　　　　　（2003-2008 年）

企业名称	企业名称
福州千金钫贸易有限公司	福州金富琳食品有限公司
福州万大食品有限公司	**厦　门**
福州市晋安区第一建筑工程公司	戴尔（中国）有限公司
福州市福兴水电设备安装公司	厦门 ABB 开关有限公司
福州市晋安工业物资公司	厦门 ABB 华电高压开关有限公司
福州市晋安区温泉建筑工程公司	厦门建发集团房地产有限公司
福州开发区环宇百货有限公司	厦门建发旅游集团有限公司
福州开发区亭江建筑工程公司	厦门建发通讯有限公司
福州市闽安建材模具厂	厦门建发汽车有限公司
福州振华 851 药业有限公司	厦门建发包装有限公司
福州榕湘建筑工程公司	厦门建发化工有限公司
福建汇海建工集团公司	厦门建发轻工有限公司
福州恰昌实业有限公司	厦门建宇实业有限公司
福州光国运动器材有限公司	厦门建发电子有限公司
福州大昌盛饲料有限公司	唯开通信（中国）有限公司
福建省永泰县化工涂料厂	厦门建发集团有限公司
福建省永泰建筑工程公司	厦门建发股份有限公司
福建省闽清四海瓷业有限公司	厦门雄辉房地产开发有限公司
福建省闽清县造纸厂	厦门涌泉集团有限公司
福建省闽清豪业陶瓷有限公司	厦门涌泉科技发展股份有限公司
福建省闽清飞天陶瓷有限公司	明发集团有限公司
福建省闽清前程陶瓷有限公司	厦门明发集团有限公司
福建省闽清三德兴陶瓷有限公司	厦门源昌房地产开发有限公司
福建省闽清自力瓷业有限公司	厦门升汇纺织工业控股有限公司
福建省闽清腾龙陶瓷有限公司	厦门市佳苑房地产开发有限公司
福建认证咨询中心	厦门龙潭房地产开发有限公司
福州市马尾轮船公司	厦门建发工贸有限公司
福州市开发区物资总公司	厦门建发物流有限公司
福建省闽侯民间工艺品有限公司	厦门建弘贸易有限公司
福建省平潭鸿伟装饰工程有限公司	厦门建发艺术陶瓷有限公司

5-37 续表 3　　　　　　　　（2003-2008 年）

企业名称	企业名称
厦门建益达有限公司	中国新兴厦门进出口公司
厦门建发物业管理有限公司	厦门安能建设有限公司
厦门华络通信设计有限公司	厦门市毅宏房地产开发有限公司
厦门国贸集团股份有限公司	厦门毅宏天泉房地产有限公司
厦门国贸汽车股份有限公司	厦门磐基地产投资有限公司
厦门国贸茶叶有限公司	厦门英才房地产开发有限公司
厦门国贸期货经纪有限公司	厦门元利源房地产开发有限公司
厦门国贸地产有限公司	厦门鹭甬石油化工有限公司
厦门国贸纺织品有限公司	厦门市供销社集团公司
厦门泰达国际货运有限公司	厦门大洲房地产集团有限公司
厦门联合发展（集团）有限公司	厦门中祥房地产开发有限公司
厦门联发（集团）房地产有限公司	厦门富璟房地产开发有限公司
厦门联发（集团）物业管理有限公司	宝龙集团发展有限公司
厦门裕发房地产开发有限公司	福建省亿力房地产股份有限公司
厦门联信诚有限公司	中国航空技术进出口厦门公司
厦门纵横集团股份有限公司	厦门鼎茂实业发展有限公司
厦门纵横集团建设开发有限公司	厦门旧城重建有限公司
厦门纵横集团通信实业开发有限公司	厦门三峡国际贸易有限公司
厦门纵横集团置业有限公司	厦门国际会展新城投资建设有限公司
厦门纵横集团建设监理有限公司	厦门市筼筜新市区开发建设公司
厦门纵横集团通信发展有限公司	厦门国际建设股份有限公司
厦门纵横集团科技股份有限公司	厦门大学资产经营有限公司
厦门黄页信息广告有限公司	厦门土生金房地产开发有限公司
厦门集力发展股份有限公司	厦门永同昌集团有限公司
厦门航空有限公司	厦门永同昌房地产开发有限公司
厦门海澳集团有限公司	厦门市商业集团有限公司
厦门国源房地产开发有限公司	厦门福隆置业有限公司
厦门万山禾房地产开发有限公司	繁华（厦门）置业有限公司
厦门新达利房地产开发有限公司	厦门农产品有限公司
厦门汇成建设发展有限公司	厦门嘉盛建设有限公司

5-37 续表 4　　　　　　　　（2003-2008 年）

企业名称	企业名称
厦门兴利房地产综合开发有限公司	厦门辽望广告有限公司
厦门象屿集团有限公司	厦门恒兴彩印有限公司
厦门市东区开发公司	厦门恒达昌房地产开发有限公司
厦门禹洲集团股份有限公司	厦门市电力投资发展总公司
厦门东瑞仕房地产开发有限公司	厦门市南华电器厂
厦门华侨电子股份有限公司	特盈自动化科技（厦门）有限公司
中国厦门国际经济技术合作公司	厦门华电开关有限公司
厦门信达股份有限公司	厦门市技防安全工程有限公司
厦门安宝房地产开发有限公司	厦门市美亚柏科资讯科技有限公司
厦门茶叶进出口有限公司	福建金桥网络通信有限公司
厦门市房地产股份有限公司	厦门恒信网元通信技术有限公司
中国精密机械进出口厦门公司	厦门华联电子有限公司
福建省厦门轮船总公司	厦门清华启迪科技有限公司
厦门福满集团有限公司	厦门福信光电集成有限公司
厦门旺荣房地产开发有限公司	厦门科华恒盛股份有限公司
厦门艺辉石材有限公司	厦门象屿物业管理有限公司
厦门艺辉物流有限公司	厦门华贸物流有限公司
厦门工业开发贸易公司	厦门外运物流有限公司
厦门海投物流有限公司	大通物流（厦门）有限公司
厦门百佳金属制造有限公司	厦门兴大进出口贸易有限公司
厦门佳房合益房地产代理有限公司	厦门成大进出口贸易有限公司
厦门中南房地产开发有限公司	厦门莱宝机械有限公司
厦门市路桥工程物资公司	厦门外代仓储有限公司
厦门南成房地产开发有限公司	厦门市金腾建筑装饰工程有限公司
厦门毅丰房地产开发有限公司	厦门市思明区黎明冶金机械厂
厦门诚毅地产投资管理有限公司	福建四海建设有限公司
厦门毅达房地产开发有限公司	厦门外轮理货劳动服务公司
厦门九天集团有限公司	厦门盛宇工贸有限公司
厦门电力工程集团有限公司	厦门昶达工贸有限公司
厦门化肥厂	厦门市装载机有限公司

5-37 续表 5　　　　　　　　（2003-2008 年）

企业名称	企业名称
厦门兴茂贸易有限公司	厦门市东区建设监理有限公司
厦门泉舜集团有限公司	厦门华丽设计装修工程有限公司
厦门毅丰企业发展有限公司	厦门象屿建设有限公司
厦门商业集团房地产开发公司	厦门市泉安消防工程有限公司
厦门黄金香食品有限公司	厦门市向前家具有限公司
厦门华联百货有限公司	厦门地山市政工程有限公司
厦门淘化大同调味品有限公司	厦门市港龙装修工程有限公司
厦门经济特区工程建设公司	厦门中宸集团有限公司
厦门经济特区房地产开发公司	厦门市宇泽空调设备有限公司
厦门禾兴建设集团有限公司	厦门中新拍卖行有限公司
厦门辉煌装修工程有限公司	福建省宸万和拍卖行有限公司
厦门市开建建设有限公司	厦门鹏翰拍卖有限公司
厦门高诚信建设监理有限公司	福建省顶信拍卖有限公司
厦门中建东北建设监理事务所	福建省一鼎拍卖有限公司
厦门鹭星电子有限公司	厦门非金属矿进出口有限公司
厦门长实工程监理有限公司	厦门安妮纸业有限公司
中国建筑工程总公司厦门分公司	厦门万里石有限公司
厦门住总建设工程监理有限公司	厦门实达电子信息有限公司
福建省四建建筑工程有限公司	厦门鹭升物流有限公司
厦门市厦禾旧城改造物业管理公司	厦门市闽光实业发展有限公司
厦门大学建筑工程公司	厦门齐兴达塑料板材有限公司
厦门市第一民用房屋建筑工程公司	厦门市金鹭首饰有限公司
厦门中联建设工程有限公司	厦门毕升印刷厂
中铁十七局集团第六工程有限公司	厦门千信和进出口有限公司
厦门市第一建筑工程公司	厦门市富众渔具有限公司
厦门市政工程公司	厦门永佳和塑胶有限公司
厦门市华盟装修工程有限公司	厦门市第二民用房屋建筑工程公司
中港第三航务工程局厦门分公司	厦门市住宅建设总公司
厦门市泉艺设计装饰工程有限公司	厦门市广兴建业工程公司
厦门港务工程公司	厦门市东林电子有限公司

5-37 续表 6　　（2003-2008 年）

企业名称	企业名称
厦门市四美达科技发展有限公司	厦门群力金属制品有限公司
厦门协成实业有限公司	厦门市南普陀寺实业社
福建三建工程有限公司厦门分公司	厦门市育兴商场
中国船舶燃料供应福建有限公司	厦门市新华世贸实业有限公司
厦门中平工程监理咨询有限公司	厦门信地实业有限公司
厦门市万安实业有限公司	厦门笔特尔展示设计有限公司
福建省第五建筑工程公司厦门分公司	厦门格力电器销售有限公司
厦门兴海湾监理咨询有限公司	实达科技（福建）软件系统有限公司
厦门市海富装修工程有限公司	厦门市东方龙集团有限公司
厦门市盈众汽车销售有限公司	厦门市东方龙金属材料有限公司
厦门市盈众汽车租赁有限公司	厦门市东方龙建筑材料有限公司
厦门侨隆工贸发展有限公司	厦门惠尔康集团有限公司
厦门新五菱汽车销售有限公司	厦门市香精香料有限公司
厦门象屿胜华元机电有限公司	厦门华远建设集团有限公司
福建厦门申闽汽车有限公司	厦门森宝集团有限公司
厦门塞尔福汽车有限公司	厦门弘信创业股份有限公司
厦门中正拍卖行有限公司	厦门市大顺物流有限公司
厦门国际商品拍卖有限公司	厦门市建安集团有限公司
厦门特拍拍卖有限公司	厦门汇通达贸易发展有限公司
厦门丰盛拍卖行有限公司	厦门福信集团有限公司
厦门求实智能网络设备有限公司	厦门翼航汽车发展有限公司
福建光盘有限公司	厦门中天旭日集邮礼品有限公司
厦门共和工贸有限公司	厦门百联股份有限公司
厦门华特集团有限公司	厦门市建田漆业有限公司
厦门龙安盛装修工程有限公司	厦门市锦久彩印有限公司
厦门铭光机械制造有限公司	厦门天酬进出口有限公司
厦门市瑞祥和纸业有限公司	大成工程股份有限公司
厦门东辉投资有限公司	厦门红旗山股份有限公司
厦门创冠集团有限公司	厦门金达威维生素股份有限公司
厦门威扬广告有限公司	厦门科发交通安全材料有限公司

5-37 续表 7　　（2003-2008 年）

企业名称	企业名称
厦门金运贸易有限公司	厦门市斯特安实业有限公司
厦门远东市政新技术开发有限公司	厦门市吉龙德环境工程有限公司
厦门海峡信息系统工程有限公司	厦门市华林建设发展有限公司
厦门象屿工程咨询监理有限公司	厦门市中林建设工程有限公司
厦门亿力吉奥信息科技有限公司	厦门住安建材开发有限公司
福建亿力电力科技股份有限公司	厦门市华新印刷包装有限公司
厦门环宇卫生处理有限公司	厦门市翼龙装修工程有限公司
厦门市路桥咨询监理有限公司	厦门市思明区建筑工程总公司
厦门新三泰科技有限公司	厦门市思明第三建筑工程有限公司
厦门民航凯亚有限公司	厦门市小鹭达视光学眼镜有限公司
三达工业技术（厦门）有限公司	厦门神鹭稳不落电器有限公司
厦门市建筑科学研究院有限公司	厦门市鼓浪屿园艺建筑公司
厦门东南融通系统工程有限公司	厦门市温馨天天游旅行社有限公司
厦门柏事特信息科技有限公司	厦门市忠明实业发展有限公司
厦门亿创技术开发有限公司	厦门市梦从音响电器有限公司
厦门市金桥科技发展有限公司	厦门市鑫新景地房地产有限公司
厦门精合电气自动化有限公司	厦门市湖里储运公司
中国京冶建设工程承包公司厦门分公司	厦门象兴国际物流服务有限公司
厦门市巨龙软件工程有限公司	厦门市富豪建筑工程有限公司
厦门精图信息技术有限公司	厦门市广厦工程建设有限公司
厦门东翔进出口贸易有限公司	厦门市莲湖建筑工程有限公司
厦门方略房地产营销代理有限公司	厦门市湖里区鹭滨食品有限公司
厦门杏子音响有限公司	厦门市汝南米业有限公司
厦门市南特工贸有限公司	厦门鑫得胜实业有限公司
厦门龙庆有限公司	厦门市鹭声橡塑有限公司
厦门有巢氏房地产代理有限公司	厦门市艺海设计装饰工程有限公司
厦门圣达威工贸有限公司	厦门鹭燕大药房有限公司
厦门新金海房地产开发有限公司	厦门市大金岛科技开发有限公司
厦门港达装修工程有限公司	厦门市呱呱食品有限公司
厦门市思文电器有限公司	厦门市振嵘房地产开发有限公司

5-37 续表 8　　（2003-2008 年）

企业名称	企业名称
厦门瑞维自动化工程有限公司	厦门东科工程建设有限公司
厦门市金中华百货有限公司	厦门唐荣房地产开发有限公司
厦门远丰实业有限公司	厦门市吉兴建筑工程有限公司
厦门惠龙集团有限公司	厦门市集美建筑工程公司
厦门佳德兴工贸有限公司	厦门集美房产有限公司
厦门惠龙装修设计工程有限公司	厦门市杏林环球皮革工业有限公司
厦门海投新阳开发公司	厦门市杏林利民贸易有限公司
厦门众达钢铁有限公司	厦门鹭能电力有限公司
厦门厦信发房地产有限公司	厦门市杏林金富信工贸有限公司
厦门荣阳物流有限公司	厦门建昌房地产开发有限公司
厦门市鑫星河房地产开发有限公司	厦门市杏林建筑安装有限公司
厦门弘盛货柜有限公司	NEC 东金电子（厦门）有限公司
厦门龙达工程建设有限公司	厦门福隆昌印刷有限公司
厦门旭程房地产开发有限公司	厦门富全钢铁有限公司
厦门重工机械设备有限公司	厦门新凯复材科技有限公司
厦门海沧投资总公司	厦门新长诚钢构浪板有限公司
厦门国际货柜码头有限公司	厦门华清房地产有限公司
厦门长天塑化有限公司	厦门市同安恒兴工艺品有限公司
厦门工程机械制动器厂	厦门市同安环球园林绿化有限公司
厦门市环海华建筑工程有限公司	厦门中盛粮油企业有限公司
厦门海投房地产有限公司	厦门同安城南银豪饲料有限公司
厦门海投工程建设公司	厦门银华机械厂
厦门市华东海石油仓储有限公司	厦门市唐鸣房地产开发有限公司
厦门市海澳石油有限公司	厦门市华舫建筑工程有限公司
厦门海沧房地产开发公司	厦门华诚实业有限公司
厦门市清宏实业有限公司	厦门榕兴新世纪石油设备制造有限公司
厦门市宏伟建设集团有限公司	卡斯卡特（厦门）叉车属具有限公司
厦门市美裕装修设计工程有限公司	厦门市杏林建发装修有限公司
厦门基业衡信咨询有限公司	厦门市杏林通利彩印有限公司
厦门市禾顺建筑工程有限公司	厦门市金鸿基建筑工程有限公司

5-37 续表 9　　　　　　　　　　　　（2003-2008 年）

企业名称	企业名称
厦门聚富塑胶制品有限公司	厦门青田食品工业有限公司
厦门市杏林建设开发公司	厦门市三得兴制衣有限公司
厦门正黎明冶金机械有限公司	厦门兴荣国际物流有限公司
厦门广科建设有限公司	厦门永兴盛生物科技有限公司
厦门杏村鳗业有限公司	厦门浦头饲料有限公司
伟士（厦门）体育用品有限公司	厦门银鹭食品有限公司
厦门市利安茶业有限公司	厦门闽光电气实业有限公司
厦门市集三建筑工程有限公司	厦门市同安区第一建筑工程公司
厦门集灌开发有限公司	厦门市同安路桥工程有限公司
厦门吉昌建筑工程有限公司	厦门福寿实业有限公司
厦门市海美建筑工程有限公司	厦门惠尔康食品有限公司
厦门集美建设发展公司	厦门市源利达食品进出口有限公司
厦门百穗行实业有限公司	厦门舫昌佛具有限公司
厦门市同安恒利茶叶有限公司	厦门市昌友粮油食品有限公司
青岛啤酒（厦门）有限公司	厦门华普水产开发有限公司
厦门银祥集团有限公司	厦门市同翔面粉有限公司
厦门金典金属有限公司	厦门市同安源水水产有限公司
厦门如意集团有限公司	厦门联合化学有限公司
厦门洋江蚝油进出口有限公司	厦门市翔安区广益粮食工贸有限公司
厦门美真香佛具艺品有限公司	厦门市菁园果蔬保鲜有限公司
厦门兴盛食品有限公司	厦门新明鸿佛具艺品工贸有限公司
厦门大嶝对台投资发展有限公司	厦门柯依达工贸有限公司
厦门松达石业有限公司	厦门市顺意达食品冷冻有限公司
厦门舫昌佛具有限公司	厦门宏祥食品有限公司
厦门泰茂雨具日用品有限公司	厦门市翔安区华乐塑胶有限公司
厦门海鲜鸿食品有限公司	厦门市恒捷市政建设工程有限公司
厦门市同安区第三建筑工程公司	厦门市源福祥纸品有限公司
同安拍卖行	厦门海林生物饲料有限公司
佳事达购物广场有限公司	厦门新阳洲水产品工贸有限公司
高时（厦门）石业有限公司	

5-37 续表 10　　（2003-2008 年）

企业名称	企业名称
莆　田	福建省莆田市大众汽车服务有限公司
福建众和股份有限公司	莆田亿力电力物资有限公司
福建雪津啤酒有限公司	福建莆田佳通纸制品有限公司
福建省莆田市医药有限公司	福建省莆田市宏达化工轻工材料批发公司
福建莆田日山电子科技实业有限公司	福建正荣建设投资有限公司
福建省莆田市老区建设工程有限公司	福建省莆田市闽中田野汽车贸易有限公司
福建省三源金属制品有限公司	福建莆田双星鞋业有限公司
莆田市建筑工程公司	福建省莆田市水电工程处
樱花（福建）包装文具有限公司	莆田市水利水电勘测设计院
福建省莆田市华丰鞋业有限公司	莆田市荔能物业有限公司
莆田市建筑安装工程公司	莆田市荔冠工程建设有限公司
福建莆田市八重洲饲料科技有限公司	福建欧氏投资（集团）有限公司
福建省莆田电业局	福建省莆田市双驰体育用品有限公司
福建省莆田市电力工程有限公司	福建嘉华拍卖有限公司
莆田市晨光经济开发公司	福建莆田汽车运输股份有限公司
福建仙游海虹玩具有限公司	福建省电信有限公司莆田市分公司
福建移动通信有限责任公司莆田分公司	莆田市宇大装饰设计工程有限公司
福建才子集团有限公司	福建莆田市金桥建筑装饰工程有限公司
莆田市房地产开发总公司	莆田市建安消防工程有限公司
福建省三信集团房地产开发有限公司	福建莆田市兴旺发展有限公司
福建省莆田市新华书店	福建省幸运拍卖有限公司
莆田市自来水公司	莆田市康华饲料有限公司
莆田市金信达电子技术工程有限公司	莆田市涵兴食品有限公司
莆田市宏发钢材交易市场有限公司	莆田新盈液晶科技有限公司
福建省莆田市涵江粮食购销有限责任公司	莆田市涵江华林蔬菜基地
福建莆田汽车运输股份有限公司汽车维修中心	福建省莆田嘉裕华制鞋工业有限公司
莆田市荔宝机械设备有限公司	莆田市东南纸业工贸有限公司
中国人民财产保险股份有限公司莆田市城厢支公司	莆田市城厢区今日家俱有限公司
莆田市农业综合开发总公司	莆田市城厢区西湖彩印包装公司
莆田市市政建设工程公司	莆田市凤凰百货有限公司

5-37 续表 11　　（2003-2008 年）

企业名称	企业名称
中国太平洋人寿保险股份有限公司莆田中心支公司	莆田市胜丰鞋业有限公司
莆田市昌立印务有限公司	莆田启明鞋业有限公司
莆田市鹭飞旅游用品有限公司	莆田市依梦来服饰有限公司
中国人民财产保险股份有限公司莆田市荔城支公司	莆田市蓬兴模具有限公司
中国人寿保险股份有限公司莆田市荔城区支公司	莆田市明光鞋业有限公司
福建省莆田鞋业集团有限公司	莆田市涵秋建筑工程公司
莆田市荔城区建筑工程总公司	莆田东源水产食品有限公司
莆田市荔城区梅峰包装厂	百花（福建）文具有限公司
福建省莆田凯松化工厂	莆田市长丰米业有限公司
莆田市荔城区胜利印刷包装厂	莆田聚诚包装印刷有限公司
莆田市荔城区商业集团有限公司	莆田市亿发工贸有限公司
莆田市荔城区富立鞋用材料有限公司	福建省莆田市涵江国欢鞋业公司
莆田市三江化学工业有限公司	莆田文德线业有限公司
莆田市来克体育用品有限公司	莆田市红日涂料有限公司
中国人寿保险股份有限公司莆田市涵江区支公司	福建莆田荣龙精密机械有限公司
福建省莆田市涵江蜂产品开发中心	莆田市科思摄影器材有限公司
莆田市涵江建成服装有限公司	莆田市莆兴农牧发展基地
莆田市涵江区福利印刷厂	莆田高林鞋业制品有限公司
莆田市江口建筑工程公司	莆田市星光宝石有限公司
中国人民财产保险股份有限公司莆田市涵江支公司	莆田市华兴珠宝首饰有限公司
福建省新威电子工业有限公司	莆田市上得利珠宝首饰有限公司
莆田市涵江自兴纸箱厂	莆田市秀屿区华丰实业有限公司
莆田市兴安运输联运有限公司	福建省莆田市怡诚工艺有限公司
福建和达服装有限公司	福建省莆田市湄洲湾北岸医药公司
福建正源饲料有限公司	莆田市东升涂料有限公司
莆田市精密铸锻有限公司	福建莆田仁德医疗器械有限公司
福建莆田市景田食品饮料有限公司	莆田市涵江怡丰鞋业有限公司
福建省莆田市绿野农业综合开发有限公司	莆田市涵城建筑工程有限公司
福建省红太阳精品有限公司	莆田市涵江第二建筑工程公司
莆田市金日食品工业有限公司	福建涵江大地房地产开发有限公司

5-37 续表 12　　　　　　　　　　　（2003-2008 年）

企业名称	企业名称
福建汇达时装有限公司	福建省仙游县第二建筑工程有限公司
莆田德信电子有限公司	福建省仙游县食品公司
福建省莆田市德基电子有限公司	福建省仙游亨泰工艺品有限公司
金威服装（福建）有限公司	莆田市求美广告装璜公司
福建省仙游县枫亭供销公司	莆田市涵江区江口福利彩印包装有限公司
福建省莆田市胜达工艺品有限公司	莆田市涵江区曙光鞋材厂
仙游县液化石油气有限公司	福建省仙游县宇达化工有限公司
福建省莆田市山立实业公司	福建省仙游县第三建筑工程公司
福建省莆田市海光园艺有限公司	福建省仙游县恒晖印刷包装有限公司
福建省仙游县第五建筑工程有限公司	仙游县园庄供销合作社
中国人寿保险股份有限公司仙游县支公司	莆田市金德化纤有限公司
福建东亚机械有限公司	福建仙游工艺精品有限公司
仙游县度尾供销合作社	福建省仙游县亿豪摩托有限公司
福建省仙游县盖尾瑞沟木制厂	福建省仙游县南丰生化有限公司
仙游县嘉伟机铸有限公司	福建省仙游县供销大商场
福建云敦服饰有限公司	仙游县公交海亭石化加油站
福建省莆田市万鑫金属制品有限公司	福建省仙游县塑料五金厂
仙游大老古食品有限公司	莆田市美丽坚鞋业有限公司
福建省仙游县龙华金溪茶厂	莆田市东南香米业发展有限公司
莆田文德化纤有限公司	莆田市城厢区华照养殖有限公司
福建省莆田市医药酒精有限公司	福建佳通轮胎有限公司
福建挺虎制糖有限公司	莆田广东温氏家禽有限公司
福建省康辉食品有限公司	莆田市伊兰服饰有限公司
仙游县榜头兴龙竹草工艺厂	莆田市顺天商贸有限公司
仙游县佳利工艺有限公司	莆田市恒昌制衣有限公司
莆田市三山木业有限公司	莆田市恒盛鞋业有限公司
莆田市秀屿区南日农村信用合作社	仙游县鑫源机械有限公司
福建莆田鸿达牧业有限公司	福建省仙游县第四建筑工程公司
福建省仙游县九仙溪水电开发总公司	福建省仙游县种子公司
中国人民财产保险股份有限公司仙游支公司	莆田市海神国际旅行社有限公司

5-37 续表 13　　（2003-2008 年）

企业名称	企业名称
福建省莆田市南方机电设备发展有限公司	三明市闽西机电设备有限公司
莆田市华峰工贸有限公司	三明市兴钢冶金物资有限公司
莆田市协龙鞋业有限公司	三明中达实业有限公司
莆田市金东方石材有限公司	三明市梅列区金盛吸塑厂
莆田市恒达机电实业有限公司	三明东方拍卖有限责任公司
福建省闽中有机食品有限公司	三明市华宏建设置业有限公司
三　明	三明市天地环保技术开发有限公司
三明市商业集团有限公司	三明市东南物资贸易有限公司
三明市天立拍卖有限公司	三明康辉旅行社有限公司
中国联通有限公司三明分公司	三明市水利水电工程有限公司
三明市园艺植保有限公司	福建省三明市闽辉建设工程有限公司
三明中国国际旅行社有限公司	三明市碧海乳业有限公司
福建省三明齿轮箱有限责任公司	福建省惠安第三建筑公司永安分公司
福建三农集团股份有限公司	福建省永安煤业有限责任公司
福建三钢冶金建设有限公司	福建永安火电厂
福建省三明钢铁厂小蕉轧钢厂	中国建设银行福建省永安市支行
福建省闽光新型材料有限公司	福建省永安供电局
三明钢铁厂劳动服务公司	中国人寿保险股份有限公司永安市支公司
三明市三元轧辊有限公司	福建省永安轴承有限责任公司
福建省三明盛安机械有限公司	中国人民财产保险股份有限公司永安支公司
三明市兴冶物资贸易有限公司	永安市燕江建筑工程有限责任公司
三明市顺达轮胎有限公司	福建永安机械厂
福建省三明东泉建筑工程有限公司	永安智胜化工有限公司
三明中南拍卖有限公司	福建省三明富兴集团有限公司
福建省三明市神舟物资有限公司	福建省永榕电力集团（三明）发电有限公司
福建省三明市沈东拍卖有限公司	福建省三明市华兴贸易有限责任公司
福建省第一建筑工程公司	三明市国美家电有限公司
福建省安立信集团有限公司	三明市三元春平美味食品厂
福建省三钢（集团）有限责任公司	三明雅特橱柜装饰有限公司
三明市顺通公路物资供应有限公司	福建省永利集团有限公司

5-37 续表 14　　　　　　　　（2003-2008 年）

企业名称	企业名称
福建省三明永榕电力开发有限公司	福建省岩城集团自动塑料复合袋有限公司
福建省三明力亚物资有限公司	福建省大田县华闽纸业有限公司
三明市三元东兴化工机械厂	福建省三明市佳宝科技有限公司
三明市殷宏工程机械有限公司	福建省大田县岩城水泥有限责任公司
福建三明昌盛铁件有限公司	大田县宝山机械厂
三明市三元电控设备有限公司	福建省大田县三和建筑工程有限公司
福建省三明市宏源卫生用品有限公司	福建省大田益源热电有限公司
福建省三明群利锻造实业有限公司	福建省尤溪医药有限责任公司
福建省三明辉煌机械有限公司	福建省烟草公司尤溪县公司
福建省三明明竹机械有限公司	福建省尤溪县华福贸易有限公司
福建二新华印刷有限公司	中国人民财产保险股份有限公司尤溪支公司
福建城建建设有限公司	福建省尤溪洋益纺织服装有限公司
三明市第一建筑工程公司	福建省青山纸业股份有限公司
福建三明智达机械制造有限公司	中国人寿保险股份有限公司沙县支公司
福建省三明毓才玻璃制品有限公司	福建省沙县明福木业有限公司
三明市岩前综合化工厂	福建沙县恒升碳化硅有限公司
三明市长兴机械厂	福建省三明市环科化工橡胶有限公司
三明市鸿发贸易有限公司	沙县环宇包装实业有限公司
三明市农垦开发有限公司	福建省三明市闽辉建设工程有限公司沙县分公司
福建永安化工厂	沙县大洛福利造纸厂
福建闽通长运股份有限公司	福建省三明精锻齿轮有限公司
福建省煤炭工业基本建设公司	福建省沙县华夏汽车贸易有限公司
福建省永安市顺达冶金制造有限公司	福建省麦丹生物集团有限公司
福建华龙集团永安黎明饲料有限公司	福建省三明市虬江食品有限公司
永安市闽中物资燃料有限公司	福建省烟草公司明溪县公司
永安市昌民禽业有限公司	明溪县林业总公司
福建省大田石凤水泥有限公司	明溪县宝石厂
中国人民财产保险股份有限公司大田支公司	福建省明溪县长虹精密铸钢有限公司
福建省大田县昌盛钢铁有限公司	福州榕湘建筑工程公司明溪分公司
福建省大田县明盛矿业有限公司	福建烽林机器厂

5-37 续表 15 （2003-2008 年）

企业名称	企业名称
福建省明溪县长兴炭素化工有限公司	福建省烟草公司建宁县公司
明溪县新夏松木业有限责任公司	福建建宁孟宗笋业有限公司
明溪县房产开发公司	福建铙山纸业集团有限公司
福建三明市圣华助剂有限公司	建宁县农村信用合作社联合社
福建省清流县秋口煤矿有限公司	建宁县星辉食品贸易有限公司
福建省清流县香料厂	福建建宁县翠源副食品有限公司
清流县民政福利印刷厂	建宁县自来水公司
中国人民财产保险股份有限公司清流营业部	中国农业银行建宁县支行
福建省电信有限公司清流县分公司	福建闽江源绿田实业投资发展有限公司
中国农业银行清流县支行	福建省建宁县裕芳粮食加工有限公司
福建省清流县自来水厂	福建省三农碳酸钙有限责任公司
清流县房地产建设开发公司	福建省将乐县第二建筑工程公司
福建省宁化县金元房地产开发有限公司	福建省将乐县隆昌竹木业有限公司
宁化县申达木业有限公司	将乐县鑫诚会计师咨询事务所
中国人民财产保险股份有限公司将乐县支公司	中国石油化工股份有限公司福建三明将乐石油分公司
中国人寿保险股份有限公司将乐县支公司	福建闽通长运股份有限公司将乐汽车站
福建省将乐县黄谭鞋楦厂	福建省将乐县三华交电贸易有限责任公司
福建省将乐县乐洪活性炭有限公司	福建省将乐县素芳彩印工贸有限公司
将乐县雄风电气工业有限公司	福建省将乐三华轴瓦股份有限公司
福建省将乐县黄谭纺织器材厂	**泉　州**
福建省烟草公司将乐县公司	泉州金山石材工具科技有限公司
泰宁县三剑峰食品有限公司	泉州市雷克通信有限公司
泰宁县金湖建设有限责任公司	福建同成装饰设计工程有限公司
福建省泰宁县金海木业有限公司	泉州市煌兴皮塑公司
福建省泰宁县胜达化工有限公司	泉州市宝峰鞋业有限公司
福建省泰宁县金湖炭素有限公司	福建隆恩建筑装饰工程有限公司
福建省泰宁县供电有限公司	泉州雷克微波有限公司
福建省泰宁县华大水力发电有限公司	福建南威软件工程发展有限公司
泰宁县三晶硅品冶炼有限公司	福建泉州市华远电讯有限公司
泰宁县金湖农资有限责任公司	泉州卜硕机械有限公司

5-37 续表 16 （2003-2008 年）

企业名称	企业名称
泉州梅峰扣具有限公司	亚伦集团（福建）有限公司
隆泰凯伟（泉州）房地产有限公司	泉州市益成汽车贸易发展有限公司
泉州市中闽百汇购物有限公司	泉州市科艺装饰工程有限公司
泉州市豪太装饰工程有限公司	泉州市华成物资有限公司
福建省泉州市宏星装璜有限公司	泉州市百乐马装饰礼品有限公司
泉州亚特装璜有限公司	泉州市永溢彩色印刷有限公司
福建嘉华装饰工程有限公司	福建泉州市华邦树脂有限公司
泉州力标房地产发展有限公司	福建匹克集团有限公司
福建金柏体育旅游用品有限公司	泉州市顺源汽车服务有限公司
泉州巨浪手袋有限公司	泉州市建邦混凝土开发有限公司
泉州市快捷汽车出租有限公司	泉州恒阳礼品有限公司
泉州宇源轻工有限公司	福建泉州市金穗米业有限公司
泉州万胜装饰工程发展有限公司	福建省第五建筑工程公司
泉州市丰泽建筑工程有限公司	泉州建工招标造价咨询有限公司
泉州市新园艺绿化工程有限公司	福建泉州市消防安全工程公司
泉州市长江家电有限公司	劲霸（中国）有限公司
福建凯达装饰设计工程有限公司	福建省东城建设工程有限公司
福建冠亚集团有限公司	福建省佳富拍卖行有限公司
福建泉州冠亚装饰发展有限公司	泉州市绿园喷泉工程有限公司
泉州市鲤中食品机械有限公司	泉州市水利水电工程局
泉州市迪克斯照明电器有限公司	福建省泉州市建筑工程公司
泉州寰球鞋服有限公司	旗牌王（泉州）制衣实业有限公司
泉州明奇制衣有限公司	福建泉州四季红广告有限公司
泉州市开元建筑工程有限公司	福建省方圆机电工程有限公司
泉州市铁通电子设备有限公司	厦门国际商品拍卖中心泉州拍卖行
泉州市长兴轻工有限公司	泉州亚太工程有限公司
泉州鲤城联发机械配件有限公司	泉州鸿杰皮塑有限公司
泉州市汉威机械制造有限公司	泉州市新时代装饰工程有限公司
泉州金科服装有限公司	福建省泉州市东海建筑有限公司
福建泉州鸿星迪路普鞋业有限公司	泉州华辉厨具有限公司

5-37 续表 17　　　　　　（2003-2008 年）

企业名称	企业名称
泉州大清房地产开发有限公司	福建泉州大华蓄电池有限公司
泉州盛荣房地产地产房发展有限公司	福建省双阳建筑工程有限公司
泉州市东红广告有限公司	福建泉州市玉丰畜牧有限公司
泉州泉风电机有限公司	泉州特库克汽车零部件有限公司
安利（中国）日用品有限公司泉州分公司	泉州大众汽车销售服务有限公司
泉州市艺声演出器材有限公司	泉州市哲鑫彩色包装用品工贸有限公司
泉州金港实业发展有限公司	泉州电业物资有限公司
福建省泉州市龙头山粮油粮油发展有限公司	泉州市鸿盛汽车贸易有限公司
泉州市竞盛消防设备安装工程有限公司	福建嘉龙房地产开发有限公司
泉州市丰泽豪美艺品有限公司	泉州市艺达车用电器有限公司
泉州市宏泰兴兴交通发展有限公司	泉州市三兴体育用品有限公司
泉州粤港装饰工程有限公司	泉州九牧王洋服时装有限公司
泉州市超盛贸易有限公司	泉州豪利轻工有限公司
泉州现代家具企业有限公司	福建省泉州南琦鞋业有限公司
泉州信洋科技数码有限公司	泉州大和金属包装制品有限公司
泉州三宏化纤有限公司	金冠食品（福建）有限公司
宏远纺织（泉州）有限公司	晋江玉龙翔纺织制品有限公司
泉州丽高食品有限公司	晋江大赢家服饰织造有限公司
福建省泉州市安记食品有限公司	晋江思梦发织造制衣有限公司
福建华星石化有限公司	红瑞兴（晋江）服装有限公司
泉港海鹏实业开发有限公司	福建玛莱特针织制衣有限公司
泉州市宏安工贸发展有限公司	泉州卡帝乐体育用品有限公司
泉港兴通船务有限公司	福建省石狮建富印刷有限公司
泉州浩洋电子机械发展有限公司	泉州市华瑞电源有限公司
泉州市第二建筑工程公司	泉港华榕彩印有限公司
泉州市大创箱包服装有限公司	泉港鸿鑫化工商贸有限公司
泉州威娜制衣有限公司	泉州泉港海洋聚苯树脂有限公司
泉州市大地园艺工程有限公司	泉港区龙盛石业有限公司
泉州诺亚工贸有限公司	泉州市泉港庄园开发有限公司
泉州市明益五金电器有限公司	晋江明伟鞋服有限公司
泉州市信和涂料有限公司	福建省晋江福源食品有限公司

5-37 续表 18　　　　　　　　　　（2003-2008 年）

企业名称	企业名称
福建省晋江大荣鞋业有限公司	石狮市通海汽车配件有限公司
福建省冠达星五金制品有限公司	石狮市健成针纺服装有限公司
福建省康利体育用品有限公司	石狮市益兴针织服装有限公司
福建晋江市诗英团鞋塑有限公司	石狮市星港塑胶包装有限公司
福建省新宇拉链织造有限公司	石狮市金龙鞋服发展有限公司
泉州新百佳针织服装有限公司	石狮市凌峰漂染织造有限公司
晋江市维盛织造漂染有限公司	石狮市彬伊奴休闲服饰有限公司
福建浔兴拉链科技股份有限公司	协盛（石狮市）染织实业有限公司
福建福时来体育用品有限公司	泉州市三联机械制造有限公司
福建晋江万泰盛鞋服有限公司	福建省泉州市福磊石材有限公司
晋江市远大服装织造有限公司	福建省泉州市宗艺石材有限公司
福建东南陶瓷有限公司	南安市鸿兴五金制品有限公司
福建省晋江宝声电子有限公司	福建省泉州市瑞发石材有限公司
福建省晋江华源石材有限公司	福建泉州新同发伞业有限公司
盛辉（福建）鞋材有限公司	溪石集团发展有限公司
晋江市新毅皮塑企业有限公司	福建省宏发集团有限公司
福建百宏纺织化纤实业有限公司	福建省九牧轻工集团有限公司
晋江远东陶瓷有限公司	泉州香江纸业有限公司
晋江前兴陶瓷有限公司	泉州海峡集团公司
晋江万兴隆化工制品有限公司	福建省泉州市日升石业有限公司
晋江市华鑫织造发展有限公司	泉州宝丰石材有限公司
福建省舒华体育用品有限公司	泉州市万隆建材发展有限公司
泉州兴源塑料有限公司	南盈化工（泉州）有限公司
福建霸岛鞋服有限公司	晋江兴华制衣有限公司
石狮市皇宝服装织造有限公司	福建中宇集团有限公司
福建石狮市斯得雅服饰有限公司	泉州市霞里橡塑皮具有限公司
石狮市韦蓝琪服装织造有限公司	泉州市惠兴拍卖行
福建省石狮市威明制衣实业有限公司	福建惠安鑫藤石材制品有限公司
石狮市亚洲塑料电子有限公司	磊鑫（中国）石材有限公司
石狮市豪丰服装有限公司	福建三利源磨具制造有限公司
石狮市香江针织毛衣有限公司	福建省惠安建明石业有限公司

5-37 续表 19　　　　（2003-2008 年）

企业名称	企业名称
福建惠安美中磊实业有限公司	晋江市深沪供销合作社
福建惠安磊艺石材制品有限公司	福建省晋江市永和富华食品有限公司
福建省惠安鑫明轻工有限公司	福建省晋江市磁灶马鞍山陶瓷厂
惠安县天荣石材有限公司	福建省晋江豪万陶瓷有限公司
福建泉州爱格乐制衣有限公司	福建省晋江市华力食品饮料有限公司
泉州豪翔石业有限公司	福建省晋江群辉彩印有限公司
惠安坚石水泥制品有限公司	福建省晋江市磁灶恒生陶瓷厂
惠安裕昌石材有限公司	福建省晋江磁灶岭畔益兴建材厂
福建省燕京惠泉啤酒股份有限公司	福建省晋江市浩沙制衣有限公司
福建省泉州万安石材有限公司	福建省海峡建设发展有限公司
福建坚石电力线路器材有限公司	福建省晋江市平盛钢结构工程有限公司
福建省惠安新宏石材有限公司	福建省晋兴建设有限公司
泉州圣利人服装织造有限公司	晋江市金星五金制品有限公司
福建省永春县医药公司	福建晋江恒达文化用品有限公司
泉州市永春联盛纸品有限公司	福建省晋江市磁灶加福建材一厂
福建省德化世盛陶瓷有限公司	福建省晋工机械有限公司
福建冠福现代家用股份有限公司	福建省晋江市国安家私装饰有限公司
福建省德化县鸿意达陶瓷工艺有限公司	福建省晋江市东石利鑫达机械有限公司
福建省德化福燕陶瓷有限公司	福建省晋江市仁和织造有限公司
泉州市环亚塑胶建材贸易有限公司	福建省凤竹集团有限公司
晋江味佳食品有限公司	福建省晋江市第四建筑工程公司
泉州市建兴服饰织造有限公司	福建省晋江市德荣服装有限公司
泉州市灵源药业有限公司	福建省晋江市菲华织造有限公司
福建南安市斯宝达钟表有限公司	晋江市龙兴隆染织实业有限公司
泉州市河市电教设备有限公司	泉州市鲤城蓝蓝艺品有限公司
泉州市洛江区双阳金刚石工具有限公司	泉州市双塔汽车零件有限公司
泉州市双髻旅游区	泉州市长江工程机械厂
泉州河市花木有限公司	泉州市江南手袋厂
泉州市泉港区山腰盐场	泉州闽信藤木家具工艺有限公司
福建省晋江市第一建筑工程公司	泉州市信富装饰工程有限公司
福建省晋江市南风装璜有限公司	泉州市丰泽区仁风装载机配件厂

5-37 续表 20　　　　　　　　　　（2003-2008 年）

企业名称	企业名称
泉州丰泽成达制鞋厂	福建省晋江市池店赤塘制鞋七厂
泉州洛江建峰包装用品有限公司	晋江市磁灶供销合作社
泉州丰源机械有限公司	石狮市新江南电器贸易有限公司
石狮市迪娜胸围内衣有限公司	福建省惠安安泰运输有限公司
石狮市第一建筑工程公司	福建省惠安第六建筑工程公司
石狮市程威达制衣有限公司	泉州市广海房地产发展有限公司
福建省石狮市蚶江罗达思制衣工艺公司	惠安县土木建筑工程公司
福建省石狮市棒球手鞋业有限公司	惠安县银晖房地产开发有限公司
石狮市霹雳车制衣有限公司	福建惠安县锦绣房地产有限公司
福建省石狮市曾坑远东纸塑彩印公司	福建省惠安东南房地产有限公司
石狮市鸿威贸易有限公司	福建省高德工程建设有限公司
石狮市蓉芳服饰织造有限公司	福建省惠安第一建筑工程公司
石狮市必胜马鞋业有限公司	福建省惠安建筑工程发展公司
石狮市新邑包装有限公司	泉州市宏艺广告有限公司
石狮市永丰商商标发展有限公司	惠安县中大工程建设有限公司
石狮市后山华兴针织厂	惠安县崇武彭艺石雕厂
福建省石狮市鑫匙达时装有限公司	福建省惠安县宏日石材有限公司
石狮市威敌狼鞋业有限公司	惠安隆富石材制品有限公司
石狮市霁江石石英砂有限公司	惠安县潮兴建筑工程有限公司
福建省南安市万事达汽车贸易有限公司	福建惠安县振红鞋业有限公司
福建仙境食品有限公司	惠安县威达兴石制厂
福建南安市丰州狮山电器设备厂	惠安县涂寨合发石材厂
南安市伟志兴体育用品有限公司	福建省惠安新型建材厂
晋江市嘉利服装织造有限公司	福建省南安市联兴石业有限公司
晋江市深沪海上供油有限公司	南安市佳丽毛衫织造有限公司
晋江市宝鸿发服装织造有限公司	福建省南安市东星石材有限公司
福建省晋江豪源陶瓷有限公司	福建省南安市东升石材有限公司
福建省晋江优兰发纸业有限公司	福建省天广消防器材有限公司
福建省金冠集团有限公司	南安市嘉南经贸有限公司
福建省晋江市华银鞋材有限公司	福建南安利达石材有限公司
福建省晋江市茂盛石材实业有限公司	南安市新鹏飞石材有限公司

5-37 续表 21　　　　　　　　　（2003-2008 年）

企业名称	企业名称
福建省南安市佳利鞋业有限公司	惠安县远太石制品厂
南安市源兴塑胶制品有限公司	泉州市兴龙包装用品有限公司
福建省南安市第一建设有限公司	福建泉州市龙珠酿酒有限公司
福建省南安市华成石材有限公司	惠安县嘉豪涂料厂
福建省南安市椿景石业有限公司	福建尧记食品有限公司
南安市恒兴工业机械有限公司	福建惠安县福盛鞋业有限公司
福建省南安市永利源综合食品有限公司	福建省安溪县颖昌茶厂
福建省南安市康美纺织漂染厂	福建省安溪县恒发茶厂
福建省南安市泉顺通讯器材厂	福建省安溪茗芳茶厂
福建省南安市天和妇幼日用有限公司	福建省安溪县蓬莱建筑工程有限公司
福建省惠安房屋建造实业公司	福建省安溪龙山水泥有限公司
福建惠安县振惠家私有限公司	福建省安溪县官桥鑫盛石材厂
福建省惠安天马国际旅行社	福建省安溪县龙门三兴石材加工厂
福建省安溪县碧一石材工艺厂	福建省永春鸿业汽贸有限公司
福建省安泰建筑工程有限公司	德化县嘉顺建筑工程有限公司
福建省安溪县西坪大宝山茶厂	德化县盖德建筑工程有限公司
福建省安溪兴莲服装有限公司	福建省德化县万益陶瓷有限公司
福建省安溪县联溢石材有限公司	德化县竹木投资经营有限公司
福建省湖头水泥有限公司	福建省德化振辉陶瓷有限公司
福建省安溪县同美建筑工程有限公司	福建省德化县信德瓷业有限公司
福建省安溪县电冶厂	德化县正德利包装有限公司
永春县桃城镇七八柑桔场	德化县汤头建筑工程有限公司
永春县新发购物中心	福建省德化林业化工厂
福建省惠东建筑工程有限公司	福建省方正建筑工程有限公司
福建省惠五建设工程有限公司	福建省桃城建设工程有限公司
惠安县新潮石材制品有限公司	永春县皇丽装饰有限公司
惠安县锦兴纸塑制品有限公司	福建省永春县宏益纸业有限公司
惠安县龙步鞋业制品厂	福建省永春市政工程有限公司
福建省惠安县埕边盐场	福建省万利装饰设计工程有限公司
福建惠安县惠九建筑工程有限公司	福建省蓬壶建设工程有限公司
惠安县山霞联青石雕工艺厂	永春县宇豪粉末冶金有限公司

企业名称	企业名称
福建省永春祥达纸塑有限公司	漳州市富顺电子有限公司
福建省永春化肥厂	漳州市福顺达计算机有限公司
福建省德化臻南陶瓷有限公司	漳州天源化工有限公司
福建省德化县东盛陶瓷有限公司	漳州市商贸拍卖有限公司
德化县物资公司	漳州信荣建设监理有限公司
福建省德化秦盛陶瓷有限公司	漳州市建筑工程有限公司
德化县浔益建筑工程有限公司	福建漳州岱山国家粮食储备库
德化县城镇房地产开发公司	漳州华辉房地产开发有限公司
福建省德化佳盛陶瓷有限公司	漳州市阳光绿化工程有限公司
福建省德化县联宏工艺有限公司	漳州市房地产开发公司
福建省阳山铁矿	福建省农资集团漳州公司(福建省漳州市农业生产资料公司)
漳　州	福建省七建装饰工程公司
漳州片仔癀药业股份有限公司	漳州铁路运输贸易公司
福建龙溪轴承（集团）股份有限公司	漳州市奋发广告策划有限公司
福建闽南（漳州）经济发展股份有限公司	漳州市一建工程有限公司
漳州永大不锈钢有限公司	漳州市市政工程公司
天伦食品（福建）有限公司	福建省方景建设工程有限公司
福建省七建工程有限公司	漳州市华怡环境艺术工程有限公司
漳州市芗城拍卖行	福建金宇工程有限公司
福建青山漳州香料有限公司	漳州市桥南印刷有限公司
福建力佳股份有限公司	漳州城市综合开发有限公司
福建糖业股份有限公司	漳州市五建工程有限公司
青岛啤酒（漳州）有限公司	漳州九龙房地产开发有限公司
福建省漳州电业局	漳州市永润装饰设计有限公司
新城房地产集团（福建）有限公司	漳州大地广告有限公司
福建省漳州市漳糖建筑工程有限公司	漳州科恒电子衡器有限公司
福建省豪门装饰工程公司	漳州新源电力工程有限公司
漳州市聚善堂医药连锁有限公司	漳州武夷房地产开发有限公司
漳州市维信监理工程服务有限公司	漳州维德焊接技术开发有限公司
漳州市佳园绿化装饰工程有限公司	福建创新智能科技有限公司
漳州国际商品拍卖有限公司	漳州市第三建筑工程公司

5-37 续表 23　　　　　　　　　　　　（2003-2008 年）

企业名称	企业名称
漳州科龙伟特电子有限公司	漳州国纯制衣有限公司
宝达（漳州）混凝土有限公司	福建东盛集团有限公司
福建省漳州医药有限公司	漳州龙华房地产开发有限公司
漳州市大通物资供应站	漳州市芗城恒生家具日用品有限公司
中铁快运有限公司漳州分公司	漳州市富明贸易有限公司
漳州市建设工程监理中心	福建三宝钢铁有限公司
福建悦华物业管理有限公司	漳州市芗城区建筑工程有限公司
福建省亨立建筑工程有限公司	漳州市明欣桩基础工程有限公司
漳州华佳电子有限公司	漳州市荣昌企业发展有限公司
福建省广告公司漳州分公司	漳州市龙文升源粮业有限公司
福建东方广告装饰工程有限公司	漳州市明欣房地产开发有限公司
漳州市四建工程有限公司	福建东方食品集团有限公司
漳州新明欣管桩有限公司	漳州市龙文区金龙鞋业有限公司
福建省漳州裕和集团有限公司	漳州市神癀化妆品有限公司
福建安华建设工程咨询监理有限公司	漳州柏桦木业有限公司
漳州市闽盛广告有限公司	漳州市和光洋伞有限公司
漳州天马广告有限公司	漳州市龙文区后坂民政制罐厂
漳州市辉达广告有限公司	漳州市龙文区宏发钢木家具厂
漳州佰诚广告事业有限公司	漳州市龙文区兴浦粮行
漳州市华银达装饰工程有限公司	联侨食品冷冻（漳浦）有限公司
漳州市供销农资公司路安化肥经营部	漳州天福茶业有限公司
漳州市芗城吉祥纸业工贸有限公司	招商局漳州开发区供电有限公司
漳州市芗城隆顺彩印包装有限公司	漳州裕恒物流有限公司
漳州科晖机械电子有限公司	漳州市万安实业有限公司
漳州市华强工贸有限公司	中国人寿保险股份有限公司漳州市芗城区支公司
漳州市芗城红梅家具有限公司	中国人民财产保险股份有限公司漳州市芗城支公司
漳州市芗城区合益塑料有限公司	福建恒盛建筑有限公司
漳州市芗城东大海绵厂	漳州市废旧物资回收公司
漳州恒隆包装有限公司	福建大舟建筑工程有限公司
漳州市新大实业有限公司	漳州市芗城晓莉卫生用品有限公司
漳州市诚永不锈钢有限公司	福建鑫泰建筑有限公司

5-37 续表 24　　（2003-2008 年）

企业名称	企业名称
漳浦县苏通供油有限公司	福建省凯第建筑工程有限公司
云霄县台联汽车维修有限公司	漳州市闽华建筑工程有限公司
福建省云霄县臣果经贸有限公司	中国建设银行漳州市分行华安分理处
云霄县莆建建设工程有限公司	漳州市华星装饰广告有限公司
云霄县能源莆美加油中心	福建龙泉工贸有限公司
漳州市绿通塑胶有限公司	福建省华安县电力发展总公司
福建省诏安广告美术装璜有限公司	福建佳艺装璜装饰工程有限公司
福建省诏安县科雅灯饰有限公司	福建省玉津糖业有限公司
福建省诏安三通发装饰品有限公司	福建丽发装饰工程有限公司
诏安县东方家用电器有限公司	福建敦信纸业有限公司
诏安隆大食品有限公司	长泰县广电广告有限公司
福建诏安县金湾食品有限公司	长泰县宏利石业有限公司
福建省东山县海魁水产集团有限公司	长泰县金星石制品有限公司
东山县蓝特水产加工有限公司	福建省长泰县金兴石业制品厂
东山县铜兴渔钓厂	长泰县兴岩建筑工程有限公司
东山县顺达水产食品有限公司	福建省长泰县酱油厂
东山县东鑫装饰材料有限公司	漳州市南源食品有限公司
东山县陈城型砂厂	福建省腾龙工业公司
福建省漳州中达集团有限公司	福建省海新集团有限公司
南靖万利达视听有限公司	福建多棱钢业集团有限公司
中国华电集团福建南靖水力发电厂	福建紫山集团有限公司
漳浦国际经济技术合作公司	福建省永成水泥（南靖）有限公司
中国人寿保险股份有限公司漳浦县支公司	福建闽星集团有限公司
漳浦县金浦钢丝厂	南靖益龙食品有限公司
漳浦广益石业有限公司	福建港兴集团有限公司
漳浦县南方机械配件公司	漳州八达电子有限公司
漳浦县立兴罐头食品有限公司	南靖双龙饼业有限公司
漳浦县云海贸易有限公司	南靖县万辰弓纸品加工厂
地方国营福建省漳浦盐场	福建省电信有限公司南靖县分公司
漳浦锦源石材有限公司	中国联通有限公司南靖分公司
福建省漳州市漳浦拍卖行	福建兴艺建设集团有限公司

5-37 续表 25　　　　　　　　　　（2003-2008 年）

企业名称	企业名称
中国人民财产保险股份有限公司平和支公司	漳州市龙海绿宝食品有限公司
福建省平和永固汽车钢圈厂	漳州市龙海集友塑料有限公司
漳州市广和堂医药连锁有限公司	宏良食品（龙海）有限公司
福建省平和康家工贸有限公司	龙海市海山机械制造有限公司
福建南海食品有限公司	漳州市常常满食品有限公司
平和县阳山茶厂	漳州市闽星家具装饰有限公司
平和县天醇茶业有限公司	龙海市水仙包装有限公司
福建省平和三平矿泉开发有限公司	龙海市珠发味精食品有限公司
福建平和县通达汽车钢圈厂	龙海市良兴商场有限公司
福建省华安水力发电厂电力发展公司	龙海市龙福食品有限公司
龙海市华艺钟表有限公司	龙海市龙江建设有限公司
龙海市榜山民政三星造纸厂	龙海市永盛民政纸箱厂
金冠（龙海）塑料包装有限公司	龙海市紫鑫房地产开发有限公司
龙海市信达纸业有限公司	龙海市漳龙纸业有限公司
龙海市佳鑫家具有限公司	龙海市上全工艺首饰有限公司
龙海市妙雅卫生用品有限公司	福建恒森化工有限公司
龙海市欣龙包装有限公司	漳州东宸房地产开发有限公司
龙海市嘉荣食品有限公司	漳州市金天广告策划有限公司
福建省龙海市东南石油化工有限公司	**龙　岩**
福建国安船业有限公司	福建龙净环保股份有限公司
福建省泷澄建设集团有限公司	福建麒麟股份有限公司
龙海市德鑫机械有限公司	中国石油化工股份有限公司福建龙岩石油分公司
漳州市闽京果蔬有限公司	福建省龙岩市对外贸易总公司
龙海市格林食品有限公司	核工业华南工程勘察院
福建省九龙建设集团有限公司	龙岩市中南房地产综合开发有限公司
龙海市苗圃畜牧有限公司	福建省盐业公司龙岩分公司
龙海市漳龙彩印有限公司	福建省龙岩银河实业有限公司
龙海市第一建设有限公司	福建省成信工程有限公司
龙海市锦城冷藏运输有限公司	龙岩市职工旅行社有限公司
龙海市邮政局	龙岩市时兴家居事业有限公司

5-37 续表 26　　　　（2003-2008 年）

企业名称	企业名称
福建省龙岩市水利电力工程处	龙岩市恒达工程有限公司
龙岩市侨联装修广告有限公司	龙岩卓越新能源发展有限公司
龙岩市新龙门建筑工程有限公司	龙岩通华房地产发展有限公司
福建省龙岩市华宏建筑工程有限公司	龙岩永强岩土工程有限公司
福建龙岩方圆水泥制品有限公司	龙岩市龙达建筑工程有限公司
闽西联华广告装修有限公司	龙岩市排头建筑工程有限公司
龙岩市恒宝房地产开发有限公司	福建省龙岩市三华建筑工程有限公司
龙岩市超时代装饰广告有限公司	龙岩市宏发房地产开发有限公司
龙岩市丹海沙发床垫有限公司	中国人寿保险股份有限公司龙岩市新罗区支公司
龙岩市海神贸易有限公司	中国人民财产保险股份有限公司龙岩市新罗支公司
福建省农资集团闽西公司	龙岩市森龙广告有限公司
龙岩市土木工程监理咨询有限公司	龙岩泰华实业有限公司
龙岩市海德馨科技发展有限公司	龙岩市海特叉车有限公司
龙岩市新罗奔腾贸易有限公司	福建登凯房地产开发有限公司
龙岩市爱特电脑技术有限公司	福建省上杭县万祥建设工程有限公司
龙岩瑞华通用机械有限公司	福建省上杭县金丰矿业有限公司
龙岩瑞荣通用金属材料有限公司	福建省武平县飞龙水泥有限公司
福建省龙岩天宇工业（集团）公司	武平县双龙塑编有限公司
龙岩市新罗区西陂水泥厂	武平县恒昌建筑装饰工程有限公司
福建标致食品饮料有限公司	福建正兴房地产有限公司（原龙岩市正兴房地产开发有限公司）
龙岩市福龙水泥厂	龙岩市市政工程公司
龙岩市实德工贸有限公司	龙岩精通电脑有限公司
龙岩市龙马专用车辆制造有限公司	龙岩市金品装饰工程有限公司
龙岩市中林工业有限公司	福建金港高级装饰有限公司
龙岩市创新建筑装饰广告有限公司	龙岩市金威装璜建设工程有限公司
龙岩市信实电脑有限公司	龙岩中侨实业有限公司
龙岩市中恒兴房地产开发有限公司	龙岩市新罗区三虹超细碳酸钙厂
闽西伍旗机械有限公司	龙岩市浙闽办公设备有限公司
福建龙岩宝源贸易有限公司	龙岩市新罗区闽辉福利水泥厂
龙岩天一工贸有限公司	龙岩市南城建筑工程有限公司
福建省龙岩市天泉生化药业有限公司	福建省龙岩路达水泥厂

5-37 续表 27　　（2003-2008 年）

企业名称	企业名称
福建省龙岩液压有限公司	长汀县鑫达特钢铸造厂
福龙（龙岩）建材制品有限公司	福建省长汀县老区稀土开发中心
龙岩市新罗区蓝田水泥厂	长汀县远山农业发展有限责任公司
永定县广告公司	福建省长汀县电力公司
福建省龙岩高雁水泥集团有限公司	长汀县龙洲超市有限公司
中国人寿保险股份有限公司永定县支公司	长汀县星宇酒厂
福建省永定县能延实业有限公司	福建百花化学股份有限公司
永定县华厦建筑工程有限公司	中国人民财产保险股份有限公司连城支公司
永定县众旺化工有限公司	连城县文川建筑工程有限公司
永定县园东食品有限公司	连城县龙峰建筑工程有限公司
福建省电信有限公司永定县分公司	连城县东方经济开发有限公司
福建省新华都工程有限责任公司	连城县旅游食品厂
福建光大建筑工程有限公司	连城县粮食购销有限公司
福建省上杭县紫金建筑工程有限公司	福建省连城县星纯氏饮料食品有限公司
福建省上杭县临江建筑工程有限公司	连城百冠人造板有限责任公司
福建南阳建筑工程有限公司	连城县合力水泥有限公司
福建省上杭永航建筑工程有限公司	连城东谊精化有限公司
福建华源市政工程有限公司	连城县精鹰科技发展有限公司
福建三和建筑工程有限公司	福建超大连城食品有限公司
福建武平汇邦汽车配件有限公司	福建省上杭县华辉矿建实业有限公司
福建省武平中成房地产开发有限公司	福建省亿鑫建设有限公司
武平县阳民养殖场	福建省恒大建设工程有限公司
福建省武平县十方永恒电解厂	龙岩市虹桥拍卖行
武平县荣华竹木胶合板厂	福建省漳平化肥有限公司
福建省武平县善联花生制品有限公司	福建漳平市丽菁人造板有限公司
武平县华福木业有限公司	福建省红炭山矿业有限责任公司漳平分公司
福建省长汀县兴业建筑工程有限公司	漳平市时兴家居事业有限公司
福建省长汀县古城钢木家具厂	漳平市丰华建筑工程有限公司
福建省长汀县福祥椅业有限公司	漳平医药有限责任公司
福建省长汀县鹿友水泥有限公司	福建省惠口食品饮料有限公司

5-37 续表 28　　　　（2003-2008 年）

企业名称	企业名称
漳平市永福农村信用合作社	福建省友力化油器有限公司
宁　德	福建省霞浦华威机电有限公司
福建省白马船厂	霞浦县制动材料总厂
福建省福安市北门茶厂	中国人民财产保险股份有限公司霞浦支公司
福安市红旗机械厂	中国人寿保险股份有限公司霞浦县支公司
福建银嘉机电有限公司	福建省霞浦恒晟建设工程有限公司
福安市天香茶叶有限公司	福建省霞浦县江海水电工程建设有限公司
福安市白马调味品有限公司	福建霞浦金城建设有限公司
福安市立信商业有限公司	霞浦正阳磨擦工业有限公司
闽东五一电机有限公司	霞浦华泰物资贸易有限公司
福建省福安市医药有限公司	福建省霞浦宏昌拆船有限公司
福建省福安市万宝针织制衣有限公司	福建三祥冶金有限公司
福建福安闽东亚南电机有限公司	中国农业银行寿宁县支行
福安市闽东安波电器有限公司	福建省烟草公司宁德分公司寿宁营销部
福建顶丰食品有限责任公司	中国人民财产保险股份有限公司寿宁营业部
福安市双旺船务有限公司	中国人寿保险股份有限公司寿宁县支公司
福安市福达装饰广告有限公司	福建移动通信有限责任公司寿宁分公司
福安市仁升食品有限公司	福建省电信有限公司寿宁县分公司
福安市黄金源包装有限公司	寿宁县梦龙春酒业有限公司
福建博纳尔电气有限公司	福安市宏腾商贸有限公司
福安市东风机电有限公司	福安市万佳超市
闽东尧庄电机厂	福建省福鼎市第三建筑工程公司
福建省福安市康华电子医疗仪器厂	福鼎市一雄光学仪器有限公司
福安市同创食品有限公司	福鼎市永春摩托车配件有限公司
福建省福安市东锦贸易有限公司	福鼎市丰泰化油器厂
宁德市汽车运输集团通达装饰广告公司	福鼎市安达汽车配件有限公司
福鼎市华益机车部件厂	福建省圣王乳业有限公司
福鼎市沙埕永盛工程塑料厂	福鼎市雄利冲压工艺厂
福鼎市华盛石材有限公司	福建福鼎京科化油器有限公司
宁德市丰源拍卖有限公司	福鼎市康源乳制品有限公司
宁德市太姥广告装璜工程有限公司	福鼎市新源石材有限公司

5-37 续表 29　　　　（2003-2008 年）

企业名称	企业名称
福建欧诺漆科技有限公司	宁德市永发建筑工程有限公司
漳平市祥和房地产开发有限公司	福建省周宁县非标机械厂
宁德市汽车运输公司周宁分公司	福建省鑫海消防工程有限公司
周宁县自来水厂	福建省安消装饰工程有限公司
周宁县宏大铸造厂	宁德市大登服饰有限公司
福建古田药业有限公司	宁德市蕉城区侨星电脑公司
古田县第二建筑工程公司	宁德市东湖商业城开发总公司
福建省教学器材厂	宁德市夏威水产养殖有限公司
福建省古田县冠达胶合板有限公司	宁德市第二建筑工程公司
古田县平湖酒曲厂	宁德市宁安消防设备有限公司
福建古田东信鞋业有限公司	宁德市万佳贸易有限公司
古田溪电力实业总公司	宁德金国酒店
福建省古田县鸳鸯溪水力发电有限公司	宁德市远安消防设备有限公司
福建省古田县凤埔建筑工程公司	宁德市富海物业管理有限公司
福建省古田县正红石材有限公司	宁德市岳海水产有限公司
福建天虹建筑工程有限公司	宁德市时新设计装饰工程有限公司
福建省九建建筑工程有限公司	宁德市泓发电力有限公司
福建元宏建筑工程有限公司	福建省宁德市宝信经济发展有限公司
宁德市金源石材有限公司	**2005-2006 年度**
屏南县建筑工程公司	福建建工集团总公司
屏南县城乡房地产开发公司	中铁二十四局集团福建铁路建设有限公司
福建大创水电集团有限公司	福建协盛装饰设计工程有限公司
福建屏南大创食品有限公司	福建省鸿达电子技术开发有限公司
福建广生堂药业有限公司	福建省金盛拍卖有限公司
福建省闽东力捷迅药业有限公司	福建省先行电力设备有限公司
闽东张一元茶叶有限公司	福建国正拍卖行有限公司
中国人寿保险股份有限公司柘荣县支公司	福建省拍卖行
柘荣县城镇房地产开发公司	福建省公路物资公司
福建省柘荣县医药有限公司	福建省工业设备安装有限公司
柘荣县环保技术设备服务部	福建省协顺建筑工程有限公司
福建省柘荣县巨龙包装彩印厂	福建省警声建设发展有限公司

5-37 续表 30　　　　　　　　　　（2003-2008 年）

企业名称	企业名称
福建地矿建设集团公司	福建省建设工程管理有限公司
福建省地质工程公司	福建省工程咨询监理有限公司
中国武夷实业股份有限公司	福建省广业拍卖有限公司
福建龙旺食品饮料有限公司	福建正得房地产有限公司
福建北佳信息技术有限公司	福建汇德丰拍卖行有限公司
福建省交通建设工程监理咨询公司	福建乾坤工程造价咨询有限公司
福建思进拍卖有限公司	福建省地质工程勘察院
福建华兴拍卖行	福建勘察基础工程公司
福建省华泰电务安装工程有限公司	福建亿力电力拍卖有限公司
福建长城冷气设备安装有限公司	福建唐码新奥传媒有限公司
福建省室内成套用品设计装修公司	福州汇诚房地产有限公司
福建省外国机构服务中心	福建国广一叶建筑装饰设计工程有限公司
福建省建筑设计研究院	福建星美建筑装饰工程有限公司
福建同春药业股份有限公司	福州华品住宅发展有限公司
福建纵横建筑工程有限公司	福州市第一建筑工程公司
福建省通广展览工程有限公司	福州奇东电线电缆有限公司
福建省永盛建设发展有限公司	核工业福州粉末冶金双金属轴瓦材料厂
福建省林业勘察设计院	福州闽发建筑工程有限公司
福建省土木建设实业有限公司	福州市第三建筑工程公司
中国水利水电闽江工程局	福建省盛辉物流集团
福建省林业工程承包公司	福建二建建设集团公司
福建省火电工程承包公司	福建省温泉建设工程有限公司
福建东南医药有限公司	福州远洋塑料用品有限公司
福建省富通信息产业有限公司	福州第七建筑工程有限公司
福建省贸易信托拍卖行	福建发展建设有限公司
福建嘉达纺织股份有限公司	福州榕楼摄影视听器材有限公司
福建建州物产集团股份有限公司	福建省天健拍卖有限公司
福建万泉拍卖有限公司	福州叶下塑革有限公司
福建思嘉环保材料科技有限公司	化工部福州地质工程勘察院
福建省药材公司	福州天辉建筑装饰工程有限公司
福建省交通规划设计院	福建省福州电业局
福建省广电智能系统集成工贸有限公司	福建省永富建筑工程有限公司

5-37 续表 31 （2003-2008 年）

企业名称	企业名称
福建省建安工程发展有限公司	福建省长乐市红梅网具有限公司
福州春晖制衣有限公司	福建省吴航建筑工程有限公司
福建省海峡拍卖行有限公司	福州市东岱建筑工程有限公司
福州市桦汇防火防爆有限公司	福建省中马建设工程有限公司
福州瑞达电子有限公司	福建省琯头建筑工程有限公司
福建百联实业有限公司	福建省连江天源水产有限公司
福州龙峰建筑工程有限公司	福建富源不锈钢有限公司
福州建工（集团）总公司	福建省长乐市民生针织有限公司
福州海王福药制药有限公司	福建省高华建设工程有限公司
福州海王金象中药制药有限公司	东南电器（福建）有限公司
福州耀隆化工集团公司	福清市新福兴玻璃有限公司
福州金凤涂料有限公司	福建省闽清飞天陶瓷有限公司
福州星光灯饰有限公司	神州建设有限公司
福建省金盛钢业有限公司	福州三威橡塑化工有限公司
福州荣清橡胶有限公司	福州成建工程监理有限公司
闽清聚福工艺品有限公司	福建省闽清第一建筑工程公司
福建省闽清县三得利陶瓷有限公司	戴尔（中国）有限公司
福州青隆建筑工程有限公司	厦门 ABB 华电高压开关有限公司
福建省耀华建设开发有限公司	厦门航空有限公司
福州金蔷薇工艺品有限公司	厦门建发集团有限公司
福建省闽侯县搪瓷厂	建发房地产集团有限公司
福清市阳光食品有限公司	厦门建发股份有限公司
福清市隆兴工程机械厂	厦门建发旅游集团有限公司
福建省隆盛建设工程有限公司	厦门国贸集团股份有限公司
福建省榕源建设工程有限公司	联发集团有限公司
福建东龙针纺有限公司	厦门联发（集团）房地产有限公司
福建省华航建设工程有限公司	厦门市路桥工程物资公司
福建省华威化纤染织有限公司	厦门住宅建设集团有限公司
福建省长乐市新纪建筑工程有限责任公司	厦门经济特区房地产开发集团有限公司
福建省长乐市二轻安装工程有限公司	厦门南成房地产开发有限公司

5-37 续表 32　　　　（2003-2008 年）

企业名称	企业名称
厦门市筼筜新市区开发建设公司	福建省鹏翰拍卖有限公司
厦门经济特区工程建设公司	中国厦门国际经济技术合作公司
厦门市东区开发公司	厦门市东林电子有限公司
明发集团有限公司	厦门国贸地产有限公司
厦门禹洲集团股份有限公司	厦门中联建设工程有限公司
厦门集力发展股份有限公司	福建四海建设有限公司
厦门福满集团有限公司	厦门市路桥咨询监理有限公司
厦门磐基地产投资有限公司	福建省厦门轮船总公司
厦门纵横集团股份有限公司	厦门市建安集团有限公司
厦门纵横集团建设开发有限公司	厦门艺辉石材有限公司
厦门大洲房地产集团有限公司	厦门华远建设集团有限公司
厦门国源房地产开发有限公司	厦门东科工程建设有限公司
厦门通士达有限公司	厦门涌泉集团有限公司
厦门恒兴彩印有限公司	厦门浦头饲料有限公司
厦门市金鹭首饰有限公司	厦门银鹭食品有限公司
厦门市海澳石油有限公司	厦门海沧投资总公司
厦门市装载机有限公司	厦门海投房地产有限公司
厦门诚毅地产投资管理有限公司	厦门聚富塑胶制品有限公司
厦门源昌房地产开发有限公司	厦门卷烟厂
厦门东瑞仕房地产开发有限公司	厦门福隆置业集团有限公司
厦门泉舜集团有限公司	厦门福信集团有限公司
厦门九天集团有限公司	厦门火炬集团有限公司
厦门东南融通系统工程有限公司	厦门旧城重建有限公司
厦门安妮纸业有限公司	厦门夏商集团有限公司
厦门国际商品拍卖有限公司	厦门市环海华建设集团有限公司
厦门中正拍卖行有限公司	厦门如意集团有限公司
厦门特拍拍卖有限公司	福建龙溪轴承（集团）股份有限公司
福建省顶信拍卖有限公司	福建漳州岱山国家粮食储备库
福建省宸万和拍卖行有限公司	漳州市芗城拍卖行
福建省中新拍卖行有限公司	福建东盛集团股份有限公司

5-37 续表 33　　　　　　　　　（2003-2008 年）

企业名称	企业名称
福建富顺电子有限公司	南靖万利达视听有限公司
漳州永大不锈钢有限公司	福建闽星集团有限公司
福建省豪门装饰工程有限公司	福建省漳州中达集团有限公司
福建七建集团有限公司	福建省凯第建筑工程有限公司
漳州片仔癀药业股份有限公司	福建佳艺装璜装饰工程有限公司
青岛啤酒（漳州）有限公司	东山县蓝特水产加工有限公司
漳州水仙药业有限公司	福建省德鑫机械制造有限公司
漳州华辉房地产开发有限公司	福建省玉津糖业有限公司
漳州新源电力工程有限公司	福建南海食品有限公司
福建省方景建设工程有限公司	福建东兴建筑工程有限公司
漳州国纯制衣有限公司	南靖益龙食品有限公司
漳州市万安实业有限公司	漳州市闽华建筑工程有限公司
福建三宝钢铁有限公司	福建大舟建筑工程有限公司
福建鑫泰建筑有限公司	福建恒盛建筑有限公司
漳州市芗城晓莉卫生用品有限公司	福建恒业建筑工程有限公司
福建东方食品集团有限公司	坚实（福建）集团有限公司
福建紫山集团有限公司	福建省水利水电工程有限公司
福建多棱钢业集团有限公司	福建泉州市消防安全工程公司
福建省腾龙工业公司	福建省泉州市环亚塑胶有限公司
漳州市龙海绿宝食品有限公司	福建省第五建筑工程公司
龙海市锦城冷藏运输有限公司	福建省泉州市恒达信装饰工程有限公司
漳州市南源食品有限公司	泉州市长江工程机械有限公司
龙海市格林食品有限公司	泉州市绿园喷泉工程有限公司
龙海市榜山民政三星造纸厂	福建南威软件工程发展有限公司
漳州天福茶业有限公司	福建刺桐拍卖有限公司
漳浦县金浦钢丝厂	泉州市汉威机械制造有限公司
漳浦县立兴罐头食品有限公司	福建鸿星沃登卡体育用品有限公司
福建兴艺建设集团有限公司	虎都（中国）服饰有限公司
漳州永固汽车钢圈有限公司	泉州三盛橡塑发泡鞋材有限公司
平和县阳山茶厂	福建省南安市南利斯织造制衣有限公司

5-37 续表 34　　　　（2003-2008 年）

企业名称	企业名称
泉州市中闽百汇购物有限公司	石狮市韦蓝琪服装织造有限公司
泉州宝峰鞋业有限公司	石狮市罗达思制衣工艺有限公司
泉州市铁通电子设备有限公司	福建省石狮市棒球手鞋业有限公司
泉州市双塔汽车零件有限公司	福建省金鹿日化股份有限公司
泉州金山石材工具科技有限公司	福建省南安市帮登鞋业有限公司
福建省泉州市东海建筑有限公司	宏发集团（中国）有限公司
福建天友拍卖有限公司	福建恒利集团有限公司
泉州市艺声演出器材有限公司	福建省南安市第一建设有限公司
泉州粤港装饰工程有限公司	福建泉州市金穗米业有限公司
泉州现代家具企业有限公司	泉州宝丰石材有限公司
泉州市丰泽建筑工程有限公司	福建省泉州市宗艺石材有限公司
福建大清集团有限公司	福建省东升石业股份有限公司
福建省泉州南琦鞋业有限公司	福建省泉州市瑞发石材有限公司
泉州九牧王洋服时装有限公司	福建省华辉石业股份有限公司
福建省泉州市安记食品有限公司	九牧集团有限公司
泉州市信和涂料有限公司	福建省燕京惠泉啤酒股份有限公司
福建泉州大华蓄电池有限公司	福建省惠安新宏石材有限公司
泉州市河市电教设备有限公司	福建省惠一建设工程有限公司
泉州市洛江区双阳金刚石工具有限公司	福建泉州市龙珠酿酒有限公司
泉州市泉港区山腰盐场	惠安县山霞联青石雕工艺厂
泉州市泉港区龙盛石业有限公司	福建省惠五建设工程有限公司
泉州市泉港华榕彩印有限公司	惠安县崇武彭艺石雕厂
福建省石狮市华联服装配件企业有限公司	福建惠安美中磊实业有限公司
石狮市彬伊奴休闲服饰有限公司	福建尧记食品有限公司
福建石狮市斯得雅服饰有限公司	泉州市宏艺广告有限公司
福建省石狮市长江实业有限公司	泉州市广海房地产发展有限公司
福建省石狮市富兴包装材料有限公司	福建省八方建筑工程有限公司
石狮市迪娜胸围内衣有限公司	福建省安溪八马茶业有限公司
福建省石狮市第一建筑工程有限公司	福建省安溪县电冶厂
石狮市程威达制衣有限公司	福建省安泰建筑工程有限公司

5-37 续表 35　　（2003-2008 年）

企业名称	企业名称
福建省安溪县碧一石材工艺厂	福建省晋江豪万陶瓷有限公司
福建省安溪县恒发茶厂	晋江市华鑫织造发展有限公司
福建省永春鸿业汽贸有限公司	福建省晋江福源食品有限公司
福建省天湖山能源实业有限公司	泉州大和金属包装制品有限公司
福建省泉州双恒集团有限公司	福建南鹰陶瓷有限公司
福建省桃城建设工程有限公司	福建晋工机械有限公司
福建省佳美集团公司	安踏（中国）有限公司
福建冠福现代家用股份有限公司	三六一度（福建）体育用品有限公司
福建省德化县福盛工艺品有限公司	威兰西（中国）服饰有限公司
福建省海峡建设发展有限公司	辉煌重工集团有限公司
泉州寰球鞋服有限公司	福建铙山纸业集团有限公司
福建省晋江优兰发纸业有限公司	福建省第一建筑工程公司
佳亿（福建）鞋塑有限公司	三明市商业集团有限公司
福建七匹狼实业股份有限公司	福建三钢冶金建设有限公司
福建省晋江群辉彩印有限公司	福建省三钢（集团）有限责任公司
福建华丰运输有限公司	福建省三明明竹机械有限公司
福建省清美鞋材发展有限公司	福建省三明市神舟物资有限公司
福建省晋江市德荣服装有限公司	福建省三明群利锻造实业有限公司
福建省晋江市磁灶汇丰陶瓷建材厂	福建省永榕电力集团（三明）发电有限公司
福建省晋江市燕山建陶有限公司	福建省三明市鸿发贸易有限公司
福建雅客食品有限公司	福建省三明富兴集团有限公司
福建晋兴建设有限公司	三明市水利水电工程有限公司
福建省晋江市平盛钢结构工程有限公司	福建闽通长运股份有限公司
利郎（中国）有限公司	福建省永安供电局
福建露友体育用品有限公司	福建省永安煤业有限责任公司
福建柒牌集团有限公司	福建煤炭工业基本建设有限公司
劲霸（中国）有限公司	福建永安机械厂
福建省晋江市磁灶加福建材一厂	福建省永安林业（集团）股份有限公司
福建省晋江市榕霞砂场	永安智胜化工有限公司
晋江福兴拉链有限公司	福建省永安市顺达冶金制造有限公司

5-37 续表 36　　　　　　　　（2003-2008 年）

企业名称	企业名称
福建省尤溪医药有限责任公司	福建省三信集团房地产开发有限公司
福建省三农碳酸钙有限责任公司	福建莆田汽车运输股份有限公司
泰宁县杉优玩具有限公司	福建省电信有限公司莆田市分公司
福建省大田县华闽纸业有限公司	福建欧氏投资（集团）有限公司
福建省宝山机械有限公司	福建省莆田市双驰体育用品有限公司
福建文鑫莲业食品有限公司	莆田市宇大装饰设计工程有限公司
福建省尤溪洋益纺织服装有限公司	中国人民财产保险股份有限公司莆田市分公司
明溪县新夏松木业有限责任公司	福建省莆田嘉裕华制鞋工业有限公司
福建省泰宁县金湖炭素有限公司	莆田市荔城区胜利印刷包装厂
福建省泰宁县胜达化工有限公司	中国人寿保险股份有限公司莆田市荔城区支公司
福建省将乐县隆昌竹木业有限公司	福建省鑫焱建筑工程有限公司
将乐县雄风电气工业有限公司	英博雪津啤酒有限公司
沙县环宇包装实业有限公司	福建汇达时装有限公司
福建省建宁县翠源副食品有限公司	莆田市涵城建筑工程有限公司
福建烽林机器厂	中国人民财产保险股份有限公司莆田市涵江支公司
建宁县农村信用合作联社	莆田市秀屿区华丰实业有限公司
福建建宁孟宗笋业有限公司	福建省仙游县九仙溪水电开发总公司
永安市华联贸易有限公司	福建省仙游县第二建筑工程有限公司
三明京明纸业有限公司	中国人民财产保险股份有限公司仙游支公司
福建众和股份有限公司	福建省莆田市山立实业公司
福建省新威电子工业有限公司	仙游县佳利工艺有限公司
福建莆田日山电子科技实业有限公司	龙岩卷烟厂
福建省莆田市老区建设工程有限公司	福建龙净环保股份有限公司
莆田市建筑工程公司	福建省龙岩市天明实业有限公司
福建省莆田市华丰鞋业有限公司	福建龙岩喜鹊纺织有限公司
樱花（福建）包装文具有限公司	福建煤电股份有限公司
莆田市建筑安装工程公司	福建森宝食品集团有限公司
福建莆田市八重洲饲料科技有限公司	福建麒麟建设工程有限公司
福建才子集团有限公司	福建成森建设集团有限公司
莆田市房地产开发总公司	龙岩红炭山化工有限公司

5-37 续表 37　　(2003-2008 年)

企业名称	企业名称
福建三华彩印有限公司	福建南平华阳电线电缆有限公司
闽西伍旗机械有限公司	南平市福菱电梯有限公司
闽西联华广告装修有限公司	中国人寿保险股份有限公司政和县支公司
福建省龙岩市豪迪化工有限公司	福建顺达房地产开发有限公司
龙岩市福龙水泥厂	政和县仁通汽车贸易有限公司
龙岩卓越新能源发展有限公司	福建省浦城县供电有限公司
福建省杭辉建设工程有限公司	浦城县东方汽车贸易有限公司
福建恒亿建设集团有限公司	浦城县紫云房地产开发有限公司
龙岩铁建水泥有限公司	武夷山市大王酒业有限公司
龙岩市红坊建筑工程有限公司	武夷山市福鑫房地产有限公司
福建春驰水泥集团有限公司	武夷山宝岛会展中心大酒店有限公司
福建省龙岩天宇工业（集团）公司	福建省光泽沪千人造板制造有限公司
福建省华亿建筑有限公司	邵武市富兴木材有限公司
永定采善堂制药有限公司	福建省邵武市正兴武夷轮胎有限公司
紫金矿业集团股份有限公司	邵武市交通工程建设有限公司
福建登凯成龙建设集团有限公司	邵武市振达机械制造有限责任公司
福建上杭瑞翔纸业有限公司	福建省物资邵武储运贸易总公司
福建省恒基市政工程有限公司	福建省建阳武夷味精有限公司
福建宏大建设工程有限公司	福建三爱药业有限公司
福建宏星建设工程有限公司	福建省建阳市新纪建筑发展有限公司
福建省长汀县第一建筑工程有限公司	福建顺昌虹润精密仪器有限公司
福建省连城锰矿	福建省天泉啤酒有限公司
福建省潘洛铁矿	福建省建瓯市立伟塑料有限公司
福建漳平天恒电力实业总公司	福建森华集团有限公司
福建省金宇工程建设有限公司	福建昌隆竹业有限公司
福建省南平市宏顺运输有限公司	福建省南平市隆华木业有限公司
福建省南平市顺发保温安装有限公司	福建天虹建筑工程有限公司
福建省南平铝业有限公司	福建省九建建筑工程有限公司
南平市福源运输有限公司	福建元宏建筑工程有限公司
福建省南平市三红电缆有限公司	福建省宁德市第二建筑工程公司

5-37 续表 38 （2003-2008 年）

企业名称	企业名称
宁德金国酒店	中国农业银行寿宁县支行
宁德市夏威食品有限公司	福建省烟草公司宁德分公司寿宁营销部
福建省白马船厂	福建省周宁县化工机械厂
福建省福安市北门茶厂	**2007-2008 年度**
福安市红旗机械厂	福建建工集团总公司
福建银嘉机电有限公司	福建东辰综合勘察院
福安市天香茶叶有限公司	福建省地质工程公司
福安市万宝针织制衣有限公司	福建地矿建设集团公司
闽东五一机电有限公司	福建正得投资集团有限公司
福安市闽东安波电器有限公司	福建发展建设有限公司
福建顶丰食品有限公司	中国水利水电第十六工程局有限公司
福建福安闽东亚南电机有限公司	福建榕基软件股份有限公司
福建仁升食品有限公司	福建华业工程建设有限公司
闽东尧庄电机厂	福建省室内成套用品设计装修公司
福鼎市一雄光学仪器有限公司	福建省华宏达拍卖行
福鼎市华益机车部件厂	福建亿力电力拍卖有限公司
福鼎市丰泰化油器制造有限公司	福建省地质工程勘察院
福建省霞浦华威机电有限公司	福建省广电智能系统集成工贸有限公司
福建省霞浦宏昌拆船有限公司	福建省交通建设工程监理咨询公司
霞浦县制动材料总厂	福建省华泰电务安装工程有限公司
福建省霞浦恒晟建设工程有限公司	福建联美建设集团有限公司
福建省霞浦县江海水电工程建设有限公司	福建省科丰电讯工程有限公司
福建省古田县凤埔建筑工程有限公司	福建省外国机构服务中心
古田溪电力实业总公司	中铁二十四局集团福建铁路建设有限公司
福建省古田县正红石材有限公司	福建省先行电力设备有限公司
福建省健神生物工程有限公司	福建思嘉环保材料科技有限公司
福建大创水电集团有限公司	福建省广业拍卖有限公司
闽东张一元茶叶有限公司	福建省建设工程管理有限公司
柘荣县城镇房地产开发公司	福建省贸易信托拍卖行
福建三祥冶金有限公司	福建省公路物质公司

5-37 续表 39　　　　（2003-2008 年）

企业名称	企业名称
福建汇德丰拍卖行有限公司	梅花伞业股份有限公司
福建东南医药有限公司	福建凤竹纺织科技股份有限公司
福建华兴拍卖行	福建柒牌集团有限公司
福建纵横建筑工程有限公司	福建省金鹿日化股份有限公司
福建方圆拍卖有限公司	福建省燕京惠泉啤酒股份有限公司
福建警声建设发展有限公司	福建冠福现代家用股份有限公司
福建北佳信息技术有限公司	福建省三钢（集团）有限责任公司
福建建州物产集团股份有限公司	福建省永安煤业有限责任公司
福建省产权交易中心	福建煤炭工业基本建设有限公司
福建省林业勘察设计院	福建省永安林业（集团）股份有限公司
福建省工业设备安装有限公司	紫金矿业集团股份有限公司
福建省通广展览工程有限公司	福建龙净环保股份有限公司
福建省金盛拍卖有限公司	福建煤电股份有限公司
福建嘉达纺织股份有限公司	福建华电漳平火电有限公司
福建长城冷气设备安装有限公司	福建省潘洛铁矿
中国武夷实业股份有限公司	福州汇诚地产有限公司
福建万泉拍卖有限公司	福建国广一叶建筑装饰设计工程有限公司
福建协顺建筑工程有限公司	福建星美建筑装饰工程有限公司
福建泰安科贸有限公司	福州榕楼摄影视听器材有限公司
福建省富通信息产业有限公司	核工业福州粉末冶金双金属轴瓦材料厂
福建省轮船总公司	福州泰岳印刷广告有限公司
福建新东网科技有限公司	福建省盛辉物流集团有限公司
福建星网锐捷网络有限公司	福州叶下塑革有限公司
福建省中智建设技术工程有限责任公司	福州华居装饰装修工程有限公司
福建省思进拍卖有限公司	福建省永富建筑工程有限公司
福建亚通新材料科技股份有限公司	福建永鼎设计装饰工程有限公司
福建绿野邮电广告信息有限公司	福州市规划设计院
福建省交通规划设计院	福建中教电信息技术有限公司
漳州片子癀药业股份有限公司	福州市勘测院
福建省水利水电工程局有限公司	福建恒锋电子有限公司
福建天友拍卖有限公司	福建省建安工程发展有限公司
福建恒安集团公司有限公司	福州市建筑安装工程公司

5-37 续表 40 （2003-2008 年）

企业名称	企业名称
福州大禹建设工程造价咨询有限公司	福建富源不锈钢有限公司
福建省桦汇工程建设有限公司	福建省长乐市二轻安装工程有限公司
福州鑫绿园林发展有限公司	福建省长乐市民生针织有限公司
福建神福能源发展有限公司	福建省长乐市红梅网具有限公司
福州天辉建筑装饰工程有限公司	福建省华威化纤染织有限公司
福州弘信工程监理有限公司	福州环宇包装设计印刷有限公司
福建森达电气有限公司	东南电器（福建）有限公司
福清市新福兴玻璃有限公司	福清市新龙装璜广告有限公司
福建新代实业有限公司	福清市港侨鞋业有限公司
福州瑞达电子有限公司	福建省高华建设工程有限公司
福州成建工程监理有限公司	福清市阳光食品有限公司
福州春晖制衣有限公司	福建省海峡拍卖行有限公司
福州市绿艺园林景观工程有限公司	福清市融泉净水剂有限公司
福州新琪美妇幼用品有限公司	福清市东辰涂料有限公司
福建省闽清红叶陶瓷建材有限公司	福州海王金象中药制药有限公司
福建省金盛钢业有限公司	福州金凤涂料有限公司
闽清麦王电瓷电器有限公司	福州益兴人防工程设备有限公司
神州建设有限公司	福建省晓沃建设工程有限公司
闽清聚福工艺品有限公司	福州凤翔拍卖有限公司
福州海王福药制药有限公司	福建省连江县龙山花岗石制品厂
福建省隆盛建设工程有限公司	福建省中马建设工程有限公司
福建长和钢铁实业有限公司	福建省琯头建筑工程有限公司
福州恒瑞金属材料有限公司	福州市东岱建筑工程有限公司
福州国意贸易有限公司	福建省连江天源水产有限公司
福州盛富建材有限公司	福建华荣海运有限公司
福州航东贸易有限公司	福州福光水务科技有限公司
福州双利贸易有限公司	福州群策纸制品有限公司
福州循环贸易有限公司	福建省兴雅达装饰装修工程有限公司
福建省长乐市富平印染有限公司	福建路信交通建设监理有限公司
福建省长乐市鹰鸿针织有限公司	福建广远消防机电工程有限公司
福建省长乐市新纪建筑工程有限责任公司	福建元盛食品工业有限公司

5-37 续表 41　　　　　　　　　　（2003-2008 年）

企业名称	企业名称
福建福人木业有限公司	厦门安妮股份有限公司
福建百联实业有限公司	建发物流集团有限公司
福建恒杰塑业新材料有限公司	厦门建发通讯有限公司
福建茶花家居塑料用品有限公司	厦门建发纸业有限公司
福建红冠面粉工业有限公司	厦门国贸地产有限公司
福州昌盛食品有限公司	厦门金达威维生素股份有限公司
金强硅酸钙板（福州）有限公司	厦门市路桥工程物资公司
福建振云塑业股份有限公司	厦门威扬广告有限公司
福州喜盈门实业有限公司	厦门淘化大同调味品有限公司
福州闽教建设监理有限公司	厦门市员当新市区开发建设公司
武夷装修工程（福州）有限公司	厦门经济特区工程建设公司
厦门建发集团有限公司	厦门集力发展股份有限公司
厦门国贸集团股份有限公司	厦门纵横集团股份有限公司
厦门 ABB 华电高压开关有限公司	厦门市金鹭首饰有限公司
厦门航空有限公司	厦门市装载机有限公司
厦门象屿集团有限公司	厦门福隆置业集团有限公司
厦门建发股份有限公司	厦门禹洲集团股份有限公司
厦门国贸控股建设开发有限公司	泉舜集团有限公司
厦门国贸控股有限公司	厦门福信光电集成有限公司
福建鑫泰建筑集团有限公司	厦门海澳集团有限公司
厦门金龙联合汽车工业有限公司	中国厦门国际经济技术合作公司
福建亿力电力科技股份有限公司	中国新兴厦门进出口公司
厦门东南融通系统工程有限公司	厦门市东林电子有限公司
厦门夏商集团有限公司	厦门市威特计算机信息系统工程有限公司
厦门银鹭食品有限公司	厦门柏事特信息科技有限公司
厦门惠尔康食品有限公司	厦门地山市政工程有限公司
福建省厦门轮船总公司	中铁二十二局集团第三工程有限公司
厦门浦头饲料有限公司	厦门市政工程公司
厦门恒兴彩印有限公司	厦门市万安实业有限公司
厦门大洲房地产集团有限公司	厦门大学建筑工程公司
厦门通士达有限公司	厦门市嘉颐建筑工程股份有限公司

5-37 续表 42　　　　（2003-2008 年）

企业名称	企业名称
厦门市路桥咨询监理有限公司	福建省顶信拍卖有限公司
厦门市华盟装修工程有限公司	福建省宸万和拍卖行有限公司
厦门艺辉石材有限公司	福建省中新拍卖行有限公司
厦门艺辉物流有限公司	福建省鹏翰拍卖有限公司
厦门海迈科技股份有限公司	厦门市环海华建设集团有限公司
厦门诚毅地产投资管理有限公司	厦门国际货柜码头有限公司
厦门国源房地产开发有限公司	厦门海沧投资总公司
厦门中宸集团有限公司	厦门涌泉集团有限公司
厦门国际会展集团有限公司	厦门聚富塑胶制品有限公司
厦门福满集团有限公司	厦门市建安集团有限公司
厦门安宝房地产开发有限公司	厦门永信隆塑胶包装有限公司
厦门市盈众汽车销售有限公司	厦门市永祥宏集团投资管理有限公司
厦门辉煌装修工程有限公司	福建佳日工程有限公司
厦门市同安源水水产有限公司	建发房地产集团有限公司
厦门海鲜鸿食品有限公司	福建省嘉泉拍卖有限公司
厦门如意集团有限公司	厦门市恒达昌房地产开发有限公司
厦门舫昌佛具有限公司	厦门市广厦工程建设有限公司
厦门华清房地产有限公司	厦门华盟广告有限公司
厦门市同安区恒利茶叶有限公司	厦门中盛粮油企业有限公司
实达科技（福建）软件系统集团有限公司	厦门象屿工程咨询管理有限公司
特盈自动化科技（厦门）有限公司	厦门市清宏实业有限公司
厦门敏讯信息技术股份有限公司	厦门宗顺建筑工程有限公司
厦门象屿建设集团有限责任公司	厦门国际商品拍卖有限公司
厦门海投房地产有限公司	厦门市东方龙集团有限公司
厦门思总建设有限公司	福建凯西不锈钢有限公司
厦门奥林体育用品有限公司	福建七建集团有限公司
厦门市莲湖建筑工程有限公司	漳州市华辉房地产开发有限公司
厦门市宏伟建设集团有限公司	漳州市锦星集装箱有限公司
厦门东科工程建设有限公司	福建东盛集团股份有限公司
厦门中正拍卖有限公司	福建向荣建设集团有限公司
厦门特拍拍卖有限公司	福建鑫展旺化工有限公司

5-37 续表 43　　（2003-2008 年）

企业名称	企业名称
漳州新源电力工程有限公司	福建省全和建设工程有限公司
福建光辉装饰工程有限公司	天伦食品（福建）有限公司
福建裕和皓月生物工程材料有限公司	东山县蓝特水产加工有限公司
福建省漳州电业局	福建省东山县海魁水产集团有限公司
福建省宏信拍卖行有限公司	东山县铜兴渔具制品有限公司
福建省点景信息技术有限公司	绿香园茶业（诏安）有限公司
福建祥丰集团有限公司	福建省诏安县绿洲生化有限公司
漳州新明欣管桩有限公司	福建兴艺建设集团有限公司
漳州市桥南印刷有限公司	福建兴发机械有限公司
漳州水仙药业有限公司	平和县天醇茶叶有限公司
福建立盛建筑有限公司	福建南海食品有限公司
福建省方景建设工程有限公司	福建闽星集团有限公司
青岛啤酒（漳州）有限公司	福建漳州中达集团有限公司
招商局漳州开发区供电有限公司	福建双赢集团有限公司
福建富顺电子有限公司	漳州立兴罐头食品有限公司
福建大舟建筑工程有限公司	漳州市闽华建筑工程有限公司
漳州市芗城区博文图书文化有限公司	福建省兴岩建筑工程有限公司
漳州市国辉工贸有限公司	福建省佳艺装璜装饰工程有限公司
漳州市芗城吉祥纸业工贸有限公司	福建多棱钢业集团有限公司
漳州合益塑料有限公司	福建绿宝食品集团有限公司
精益珍食品（漳州）有限公司	龙海市锦城冷藏运输有限公司
漳州市万安实业有限公司	龙海市漳龙彩印有限公司
福建恒盛建筑集团有限公司	福建省九龙建设集团有限公司
福建恒业建筑工程有限公司	龙海市格林食品有限公司
漳州市明欣桩基础工程有限公司	龙海市嘉荣食品有限公司
福建永嘉家具有限公司	福建鸿源集团有限公司
漳州碧山食品有限公司	漳州市南源食品有限公司
福建省漳州市漳浦拍卖行	福建省泷澄建设集团有限公司
漳浦县金诺房地产开发有限公司	龙海市榜山民政三星造纸厂
漳浦县福兴水产贸易有限公司	福建省德鑫机械制造有限公司
漳州三本肥料工业有限公司	福建省腾龙工业公司

5-37 续表 44　　　　（2003-2008 年）

企业名称	企业名称
福建国安船业有限公司	泉州市快捷汽车出租有限公司
泉州市力兴服装织造有限公司	福建省泉州市恒达信装饰工程有限公司
福建省茂荣建设工程有限公司	泉州市华泰建设工程有限公司
福建刺桐拍卖有限公司	福建泉州市消防安全工程公司
福建省第五建筑工程公司	旗牌王（泉州）制衣实业有限公司
福建隆恩建筑装饰工程有限公司	泉州洛江建峰包装用品有限公司
福建南威软件工程发展有限公司	泉州市信和涂料有限公司
泉州市泉岩茶业有限公司	福建省隆恩建设集团有限公司
泉州市开元建筑工程有限公司	泉州市洛江区双阳金刚石工具有限公司
泉州市双塔汽车零件有限公司	福建泉州大华蓄电池有限公司
泉州宝峰鞋业有限公司	泉州市泉港区山腰盐场
福建鸿星尔克体育用品有限公司	泉州市泉港海鹏实业开发有限公司
泉州市长江工程机械有限公司	泉州市泉港兴通船务有限公司
泉州市中闽百汇购物有限公司	泉州富士石业有限公司
隆泰凯伟（泉州）房地产有限公司	福建省泉州南琦鞋业有限公司
安利（中国）日用品有限公司泉州分公司	泉州经济技术开发区清濛开发建设有限公司
泉州亚太工程有限公司	泉州九牧王洋服时装有限公司
泉州现代家具企业有限公司	福建晋工机械有限公司
福建省泉州市东海建筑有限公司	泉州共进皮革有限公司
泉州粤港装饰工程有限公司	晋江市阿一波食品工贸有限公司
泉州市绿园喷泉工程有限公司	福建省晋江福源食品有限公司
泉州市艺声演出器材有限公司	福建省清美鞋材发展有限公司
福建大清集团有限公司	晋江市超达鞋服有限公司
福建宇源轻工有限公司	福建省舒华体育用品有限公司
泉州鸿杰皮塑有限公司	福建华泰集团有限公司
泉州韶盛广电设备工程有限公司	晋江远东陶瓷有限公司
泉州建工招标造价咨询有限公司	晋江万代好光电照明有限公司
福建省佳富拍卖行有限公司	福建华清电子材料科技有限公司
泉州益成汽车贸易发展有限公司	福建省晋江市三力机车有限公司
泉州华辉厨具有限公司	晋江金德织造有限公司
福建省恒辉生物医药有限公司	晋江福兴拉链有限公司

5-37 续表 45　　　　　　　　　　　　（2003-2008 年）

企业名称	企业名称
晋江市华鑫织造发展有限公司	石狮市彬伊奴休闲服饰有限公司
福建百凯纺织化纤实业有限公司	石狮市罗达思制衣工艺有限公司
福建晋兴建设有限公司	石狮万众离合器有限公司
艾派集团（中国）有限公司	石狮市星港塑胶包装有限公司
福建省海峡建设发展有限公司	福建省石狮市富兴包装材料有限公司
露友（中国）有限公司	福建省南安市帮登鞋业有限公司
福建省晋江市平盛钢结构工程有限公司	福建省南安市东星石材有限公司
佳亿（福建）鞋塑有限公司	福建省南安市第一建设有限公司
福建省晋江德荣服装有限公司	福建南安市辉达鞋业有限公司
福建省晋江市华银鞋材有限公司	福建省南安市第五建设有限公司
锦兴（福建）化纤纺织实业有限公司	福建省万事达汽车贸易有限公司
福建省晋江群辉彩印有限公司	福建佳日消防器材制造有限公司
福建省晋江协隆陶瓷有限公司	福建恒利集团有限公司
福建省晋江市磁灶汇丰陶瓷建材厂	福建泉州市金穗米业有限公司
福建省晋江市南风装潢有限公司	泉州市三联机械制造有限公司
福建省晋江市豪万陶瓷有限公司	福建省华辉石业股份有限公司
福建省晋江市德豪纺织品有限公司	宏发集团（中国）有限公司
福建省晋江市磁灶加福建材一厂	福建省伟志兴体育用品有限公司
晋江市远大服装织造有限公司	福建清秀园林建筑喷泉有限公司
晋江亿兴隆纺织实业有限公司	泉州荣达陶瓷有限公司
福建隆上超纤有限公司	福建福泉集团有限公司
福建省晋江豪山建材有限公司	福建省闽南建筑工程有限公司
福建省晋江万利瓷业有限公司	福建省惠东建筑工程有限公司
泉州市灵源药业有限公司	福建省中大工程建设有限公司
福建省石狮市棒球手鞋业有限公司	福建省潮兴建设工程有限公司
福建省石狮市长江实业有限公司	福建省泉州市力达机械有限公司
福建霸岛鞋服有限公司	泉州豪翔石业有限公司
石狮市天宏金属制品有限公司	惠安县崇武彭艺石雕厂
福建省石狮市华联服装配件企业有限公司	泉州大唐石刻有限公司
石狮市迪娜胸围内衣有限公司	泉州跃茂皮塑有限公司
福建石狮市福盛鞋业有限公司	泉州鸿圣轻工有限公司

5-37 续表 46　　（2003-2008 年）

企业名称	企业名称
福建省惠安安泰运输有限公司	福建省三明明竹机械有限公司
福建惠安县惠兴工贸有限公司	福建省三明市神舟物资有限公司
福建省惠安县埕边盐场	福建省群利重工集团有限公司
泉州市广海房地产发展有限公司	福建省三明永榕电力开发有限公司
福建尧记食品有限公司	福建省三明富兴集团有限公司
福建省八方建筑工程有限公司	三明市水利水电工程有限公司
福建省安溪八马茶业有限公司	华盛置业集团有限公司
福建省安泰建筑工程公司	华盛置业集团建设工程有限公司
福建省安溪茶厂有限公司	三明闽丰通信有限公司
福建省安溪县碧一石材工艺厂	三明市健盛食品有限公司
福建省安溪县恒发茶厂	福建省三明市宏源卫生用品有限公司
福建省永春鸿业汽贸有限公司	福建闽通长运股份有限公司
福建省天湖山能源实业有限公司	福建省永安供电局
福建省桃城建设工程有限公司	福建省永安永盛铁路运输贸易有限公司
福建省永春市政工程有限公司	智胜化工股份有限公司
永春县新发购物中心	福建海峡科化股份有限公司永安分公司
福建省益盛建设工程有限公司	泰宁县杉优玩具有限公司
福建省德化县福盛工艺品有限公司	福建省大田县华闽纸业有限公司
福建省佳美集团公司	福建省宝山机械有限公司
福建省德化龙峰陶瓷有限公司	福建省大田县益建建筑工程有限公司
福建省嘉信拍卖有限责任公司	福建文鑫莲业食品有限公司
福建同成装饰设计工程有限公司	福建省尤溪洋益纺织服装有限公司
福建省南安市锦明彩印有限公司	福建省尤溪县华福贸易有限公司
福建天广消防科技股份有限公司	福建省泰宁县金湖炭素有限公司
福建省惠一建设工程有限公司	三明市深海龙潜水有限公司
泉州化轻橡塑有限公司	泰宁县三林木业有限公司
泉州鸿豪服装有限公司	福建沙县恒升碳化硅有限公司
三明市商业集团有限公司	福建三明市圣华助剂有限公司
福建三钢冶金建设有限公司	福建省清流县对外经济贸易发展公司
辉煌重工集团有限公司	福建铙山纸业集团有限公司
福建省三明市鸿发贸易有限公司	建宁县农村信用合作联社

5-37 续表 47　　　　　　　　　（2003-2008 年）

企业名称	企业名称
福建省建宁县翠源食品有限公司	莆田市城厢区华照养殖有限公司
三明市金盛发包装有限公司	莆田广东温氏家禽有限公司
将乐县鑫诚会计师咨询事务所	莆田圣邦服饰有限公司
永安市宝华林实业发展有限公司	莆田市荔城区胜利印刷包装厂
福建省尤溪医药有限责任公司	福建省闽中有机食品有限公司
福建省将乐县乐洪活性炭有限公司	莆田市来克体育用品有限公司
三明百事达淀粉有限公司	莆田市铭源工艺发展有限公司
福建省大田县鹭峰矿业有限公司	福建省新威电子工业有限公司
英博雪津啤酒有限公司	樱花（福建）包装文具有限公司
福建众和股份有限公司	莆田市涵城建筑工程有限公司
福建省莆田市老区建设工程有限公司	福建汇达时装有限公司
福建省莆田市华丰鞋业有限公司	莆田新盈液晶科技有限公司
莆田市建筑安装工程公司	莆田市星光宝石有限公司
才子服饰股份有限公司	艾力艾（福建）市政工程建设有限公司
福建省海峡置业股份有限公司	福建保兰德箱包皮具有限公司
莆田市宏发钢材交易市场有限公司	莆田艾力艾鞋服有限公司
福建莆田佳通纸制品有限公司	福建省仙游县九仙溪水电开发总公司
福建欧氏投资（集团）有限公司	福建省仙游县第二建筑工程有限公司
福建省莆田市双驰体育用品有限公司	中国人寿保险股份有限公司仙游县支公司
福建莆田汽车运输股份有限公司	福建省仙游县龙华金溪茶厂
中国电信股份有限公司莆田分公司	福建省仙游县贡品轩古典家俱有限公司
莆田市宇大装饰设计工程有限公司	福建仙游海凌古典家俬装饰有限公司
中国人民财产保险股份有限公司莆田市分公司	福建南平太阳电缆股份有限公司
莆田市德盛兴汽车贸易有限公司	福建南纺股份有限公司
莆田市华昌首饰有限公司	福建省南平金月合成革有限公司
福建巨岸建设工程有限公司	福建顺达房地产开发有限公司
莆田市汇丰食品工业有限公司	福建蓝海市政园林建筑有限公司
福建复茂食品有限公司	南平铝业有限公司
福建省点石工艺有限公司	福建南平南电水电设备制造有限公司
福建省莆田嘉裕华制鞋工业有限公司	福建大禾农牧发展有限公司
中国太平洋人寿保险股份有限公司莆田中心支公司	福建省南平市三红电缆有限公司

5-37 续表 48　　　　　　　　　　（2003-2008 年）

企业名称	企业名称
福建省南平南线电缆有限公司	福建顺昌虹润精密仪器有限公司
福建省华银铝业有限公司	顺昌县幸福来保健品有限公司
福建省南平市保温安装总公司	福建省光泽华侨国有林场
福建省建瓯市立伟塑料有限公司	福建省光泽沪千人造板制造有限公司
福建建瓯酒业有限公司	龙岩烟草工业有限责任公司
福建森华集团有限公司	福建龙岩喜鹊纺织有限公司
福建省建瓯黄华山酿酒有限公司	福建麒麟建设工程有限公司
福建昌隆竹业有限公司	福建省龙岩市天明实业有限公司
福建省武夷酒业有限公司	福建恒亿建设集团有限公司
福建新纪建设集团有限公司	福建登凯成龙建设集团有限公司
福建建阳龙翔科技开发有限公司	福建三华彩印有限公司
福建省建阳武夷味精有限公司	福建成森建设集团有限公司
福建三爱药业有限公司	福建龙马环卫装备股份有限公司
武夷山市武夷留香酿造有限公司	闽西伍旗机械有限公司
武夷山市华榕超市	闽西联华广告装修有限公司
福建武夷农业生态园有限公司	龙岩卓越新能源发展有限公司
福建省邵武市农资有限公司	福建省龙岩市豪迪化工有限公司
邵武富兴木材有限公司	龙岩市中林工业有限公司
福建省邵武精细化工厂	福建龙岩宝源贸易有限公司
福建省物资邵武储运贸易总公司	福建永强岩土工程有限公司
邵武市交通工程建设有限公司	龙岩市东城建筑工程有限公司
中国人民财产保险股份有限公司邵武支公司	福建丹海床垫有限公司
浦城县三协木业有限责任公司	福建省永旺建设工程有限公司
福建省紫云景苑房地产开发有限公司	龙岩宝泰农牧有限公司
福建和顺矿业化工有限公司	福建春驰水泥集团有限公司
浦城县电力公司	福建省龙岩天宇工业（集团）公司
福建省政和东平老窖酒业有限责任公司	福建龙麟集团有限公司
福建省家和竹木有限公司	龙岩市龙达建筑工程有限公司
福建圣达食品开发有限公司	福建省华亿建筑有限公司
福建省松溪县精密铸造有限公司	福建好日子食品有限公司
中国人寿保险股份有限公司顺昌县支公司	永定采善堂制药有限公司

5-37 续表 49　　　　　　　　　　　　　　　　（2003-2008 年）

企业名称	企业名称
福建省杭辉建设工程有限公司	福建福安闽东亚南电机有限公司
福建省恒基建设股份有限公司	福安市仁升食品有限公司
福建省同源建设工程有限公司	闽东尧庄电机厂
福建省龙岩市喜浪米业有限公司	凯捷利集团有限公司
武平县荣华竹木胶合板厂	福建闽东德丰电机有限公司
福建宏星建设工程有限公司	福建港福食品开发有限公司
福建省长汀县第一建筑工程有限公司	福建德佳拍卖有限公司
福建省长汀县远山农业发展有限责任公司	福建省大吉刀剪五金有限公司
长汀县星宇酒厂	福建省天湖茶叶有限公司
福建省连城锰矿	福鼎市通达机车部件有限公司
连城县旅游食品厂	福鼎市绿星人造板有限公司
连城县文川建筑工程有限公司	福鼎市顺发摩托车配件厂
福建天虹建设工程有限公司	福建省古田县华德美菇品有限公司
福建省白马船厂	古田县益笑菇品有限公司
福安市闽东安波电器有限公司	古田县第六建筑工程有限公司
宁德市侨星电脑公司	福建省霞浦县华威机电有限公司
福建元宏建筑工程有限公司	霞浦正阳摩擦工业有限公司
福建省宁德市第六建筑工程有限公司	霞浦县制动材料总厂
福建省九建建筑工程有限公司	福建省霞浦三沙华美实业有限公司
宁德华港房地产开发有限公司	福建省霞浦宏昌拆船有限公司
宁德市夏威食品有限公司	福建省霞浦县江海水电工程建设有限公司
福建省鑫海安消工程有限公司	福建三祥工业新材料有限公司
福建省安消装饰工程有限公司	中国农业银行寿宁县支行
福安市红旗机械厂	宁德市烟草公司寿宁分公司
福建银嘉机电有限公司	福建省闽东力捷迅药业有限公司
福安天香茶叶有限公司	福建省宁德市汽车运输集团公司周宁分公司
福安市万宝针织制衣有限公司	福建大创水电集团有限公司
闽东五一机电有限公司	福建健神生物工程有限公司
福建顶丰食品有限责任公司	屏南县房地产综合开发公司

6

排行篇

本篇根据企业上报数据整理、推算、排序。

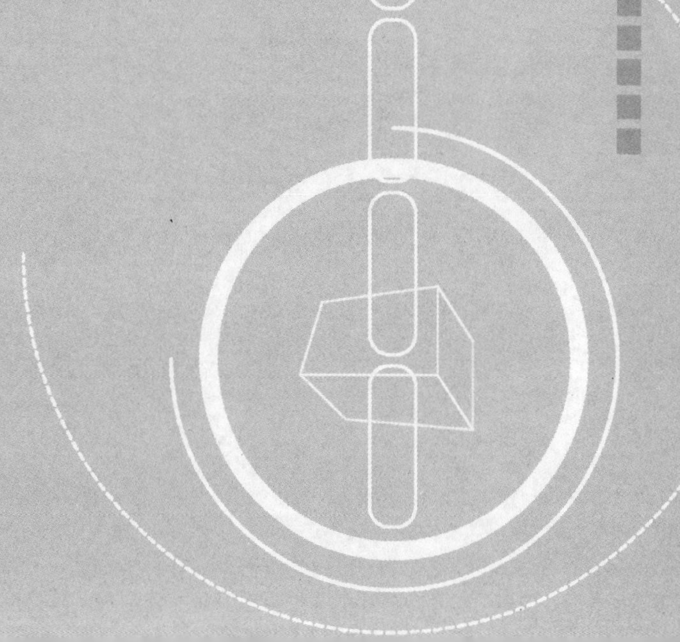

6-1 福建省工业企业国内市场占有率综合300强

（2009年）

序号	企业名称	占有率（%）	序号	企业名称	占有率（%）
1	福建省电力有限公司	5.190×10^{-2}	26	福州福大自动化科技有限公司	0.620×10^{-2}
2	戴尔（中国）有限公司	4.182×10^{-2}	27	福建省安溪新田矿产开发有限公司	0.612×10^{-2}
3	福建联合石油化工有限公司	3.341×10^{-2}	28	福建吴航不锈钢制品有限公司	0.604×10^{-2}
4	福建省三钢（集团）有限责任公司	3.067×10^{-2}	29	中国国际钢铁制品有限公司	0.604×10^{-2}
5	龙岩烟草工业有限公司	1.779×10^{-2}	30	厦门ABB开关有限公司	0.599×10^{-2}
6	翔鹭石化股份有限公司	1.669×10^{-2}	31	福建省长乐市金源纺织有限公司	0.579×10^{-2}
7	厦门烟草工业有限责任公司	1.300×10^{-2}	32	联想移动通信科技有限公司	0.575×10^{-2}
8	东南（福建）汽车工业有限公司	1.168×10^{-2}	33	福建百宏聚纤科技实业有限公司	0.570×10^{-2}
9	厦门厦工机械股份有限公司	1.084×10^{-2}	34	福建凯西不锈钢有限公司	0.559×10^{-2}
10	福建紫金矿业股份有限公司	0.983×10^{-2}	35	厦门金龙旅行车有限公司	0.543×10^{-2}
11	泉州福海粮油工业有限公司	0.980×10^{-2}	36	厦门正新海燕轮胎有限公司	0.524×10^{-2}
12	华阳电业有限公司	0.975×10^{-2}	37	华能国际电力股份有限公司福州电厂	0.520×10^{-2}
13	福建省晋江市电力有限责任公司	0.975×10^{-2}	38	福建省长乐市供电有限公司	0.520×10^{-2}
14	正兴车轮集团有限公司	0.906×10^{-2}	39	厦门华夏国际电力发展有限公司	0.520×10^{-2}
15	厦门正新橡胶工业有限公司	0.904×10^{-2}	40	祥兴（福建）箱包集团有限公司	0.515×10^{-2}
16	福建省金纶高纤股份有限公司	0.857×10^{-2}	41	英博雪津啤酒有限公司	0.490×10^{-2}
17	福建鑫海冶金有限公司	0.814×10^{-2}	42	福建省闽发铝业有限公司	0.480×10^{-2}
18	福建三安钢铁有限公司	0.764×10^{-2}	43	长乐力恒锦纶科技有限公司	0.471×10^{-2}
19	长乐力源锦纶实业有限公司	0.758×10^{-2}	44	福建省安溪荣德选矿厂	0.469×10^{-2}
20	厦门银鹭食品有限公司	0.744×10^{-2}	45	福建加多宝饮料有限公司	0.399×10^{-2}
21	福建华电可门发电有限公司	0.699×10^{-2}	46	福建省南平铝业有限公司	0.389×10^{-2}
22	福建大唐国际发电有限公司	0.699×10^{-2}	47	三六一度（中国）有限公司	0.387×10^{-2}
23	厦门金龙联合汽车工业有限公司	0.664×10^{-2}	48	乔丹体育股份有限公司	0.382×10^{-2}
24	福建亿鑫钢铁有限公司	0.651×10^{-2}	49	福建德盛镍业有限公司	0.377×10^{-2}
25	龙工（福建）机械有限公司	0.622×10^{-2}	50	福建三宝特钢有限公司	0.377×10^{-2}

6-1 续表 1　　　　（2009 年）

序号	企业名称	占有率（%）	序号	企业名称	占有率（%）
51	福建省安溪集荣矿业有限公司	0.377×10^{-2}	76	斯舒郎体育用品有限公司	0.282×10^{-2}
52	福建星网锐捷股份有限公司	0.362×10^{-2}	77	林德（中国）叉车有限公司	0.281×10^{-2}
53	福建柒牌集团有限公司	0.358×10^{-2}	78	福建捷联电子有限公司	0.281×10^{-2}
54	中宇建材集团有限公司	0.351×10^{-2}	79	漳州金龙客车有限公司	0.280×10^{-2}
55	福建贵人鸟体育用品有限公司	0.337×10^{-2}	80	福州大通机电有限公司	0.280×10^{-2}
56	安踏（中国）有限公司	0.337×10^{-2}	81	福建南平南孚电池有限公司	0.278×10^{-2}
57	福建龙净环保股份有限公司	0.333×10^{-2}	82	福建省福清供电有限公司	0.276×10^{-2}
58	中铝瑞闽铝板带有限公司	0.331×10^{-2}	83	漳州新福达底盘有限公司	0.274×10^{-2}
59	福建南平太阳电缆股份有限公司	0.326×10^{-2}	84	福州奋安铝业有限公司	0.272×10^{-2}
60	福建鸿星尔克体育用品有限公司	0.321×10^{-2}	85	腾龙特种树脂（厦门）有限公司	0.270×10^{-2}
61	鸿一粮油资源股份有限公司	0.313×10^{-2}	86	恒安（中国）卫生用品有限公司	0.267×10^{-2}
62	福建省圣农实业有限公司	0.313×10^{-2}	87	飞毛腿电池有限公司	0.265×10^{-2}
63	华映光电股份有限公司	0.312×10^{-2}	88	厦门中盛粮油集团有限公司	0.259×10^{-2}
64	大亚木业（福建）有限公司	0.304×10^{-2}	89	福建省南纸股份有限公司	0.257×10^{-2}
65	福建亚通新材料科技股份有限公司	0.301×10^{-2}	90	锐珂（厦门）医疗器材有限公司	0.257×10^{-2}
66	福建康宏股份有限公司	0.299×10^{-2}	91	福建省闽光新型材料有限公司	0.254×10^{-2}
67	厦门 ABB 低压电器设备有限公司	0.297×10^{-2}	92	福建省三明钢铁厂小蕉轧钢厂	0.254×10^{-2}
68	安踏（泉州）体育用品有限公司	0.296×10^{-2}	93	福建煤电股份有限公司	0.252×10^{-2}
69	厦门众达钢铁有限公司	0.292×10^{-2}	94	石狮市富贵鸟集团公司	0.251×10^{-2}
70	国电福州发电有限公司	0.290×10^{-2}	95	利郎（中国）有限公司	0.250×10^{-2}
71	福建省南安市电力有限责任公司	0.290×10^{-2}	96	虎都（中国）服饰有限公司	0.249×10^{-2}
72	福建太平洋电力有限公司	0.290×10^{-2}	97	福建福马食品集团有限公司	0.248×10^{-2}
73	福建省石狮市电力联营公司	0.290×10^{-2}	98	福建省安溪闽华电池有限公司	0.246×10^{-2}
74	福建省长乐市金磊纺织有限公司	0.285×10^{-2}	99	飞毛腿（福建）电子有限公司	0.246×10^{-2}
75	福建田源生物蛋白科技有限公司	0.283×10^{-2}	100	福建印福油脂工业有限公司	0.245×10^{-2}

6-1 续表 2　　(2009 年)

序号	企业名称	占有率（%）	序号	企业名称	占有率（%）
101	泉州市三兴体育用品有限公司	0.244×10^{-2}	126	闽清金盛钢业有限公司	0.205×10^{-2}
102	九牧王（中国）有限公司	0.242×10^{-2}	127	福建三金钢铁有限公司	0.205×10^{-2}
103	厦门厦顺铝箔有限公司	0.241×10^{-2}	128	龙岩卓龙钢铁有限公司	0.205×10^{-2}
104	厦门钨业股份有限公司	0.238×10^{-2}	129	福建宇星实业有限公司	0.205×10^{-2}
105	厦门中禾实业有限公司	0.235×10^{-2}	130	福建省长乐市宏顺型材有限公司	0.205×10^{-2}
106	莆田市东南香米业发展有限公司	0.233×10^{-2}	131	九牧集团有限公司	0.204×10^{-2}
107	福建统一马口铁有限公司	0.232×10^{-2}	132	福建三宝钢铁有限公司	0.203×10^{-2}
108	漳州蒙发利实业有限公司	0.231×10^{-2}	133	双翔（福建）电子有限公司	0.202×10^{-2}
109	福建新大陆电脑股份有限公司	0.228×10^{-2}	134	乔丹（厦门）实业有限公司	0.202×10^{-2}
110	捷太格特转向系统（厦门）有限公司	0.224×10^{-2}	135	福建春驰集团新丰水泥有限公司	0.202×10^{-2}
111	龙岩畅丰车桥制造有限公司	0.224×10^{-2}	136	雅致集成房屋股份有限公司福州分公司	0.202×10^{-2}
112	泉州天宇化纤织造实业有限公司	0.223×10^{-2}	137	厦门太古可口可乐饮料有限公司	0.197×10^{-2}
113	世纪宝姿服装（厦门）有限公司	0.217×10^{-2}	138	石狮市益兴针织服装有限公司	0.195×10^{-2}
114	金莱克（中国）体育用品有限公司	0.216×10^{-2}	139	福建海壹食品饮料有限公司	0.195×10^{-2}
115	福建龙麟集团有限公司	0.213×10^{-2}	140	福建省长乐市华源纺织有限公司	0.194×10^{-2}
116	石狮市卡宾服饰发展有限公司	0.213×10^{-2}	141	长乐市长源纺织有限公司	0.194×10^{-2}
117	福建达利食品集团有限公司	0.213×10^{-2}	142	福建省经纬集团有限公司	0.194×10^{-2}
118	福建鑫华股份有限公司	0.212×10^{-2}	143	福建省长乐市正隆纺织有限公司	0.194×10^{-2}
119	劲霸男装股份有限公司	0.212×10^{-2}	144	福建省长乐市金沙港针纺实业有限公司	0.194×10^{-2}
120	国电泉州热电有限公司	0.211×10^{-2}	145	福建省长乐市华亚纺织有限公司	0.194×10^{-2}
121	福建水口发电有限公司	0.211×10^{-2}	146	欣贺（厦门）服饰有限公司	0.192×10^{-2}
122	诚丰家具（中国）有限公司	0.207×10^{-2}	147	石狮市爱登堡制衣发展有限公司	0.192×10^{-2}
123	喜得龙（中国）有限公司	0.207×10^{-2}	148	福建新龙马汽车股份有限公司永安汽车厂	0.190×10^{-2}
124	厦门正新实业有限公司	0.206×10^{-2}	149	恒安（中国）纸业有限公司	0.190×10^{-2}
125	福建省青山纸业股份有限公司	0.205×10^{-2}	150	石狮市大帝集团有限公司	0.187×10^{-2}

6-1 续表 3　　　　　　　　　　　　　　（2009 年）

序号	企业名称	占有率（%）	序号	企业名称	占有率（%）
151	厦门翔鹭化纤股份有限公司	0.187×10^{-2}	176	泉州明恒纺织有限公司	0.169×10^{-2}
152	福建元盛食品工业有限公司	0.184×10^{-2}	177	升兴（福建）集团有限公司	0.167×10^{-2}
153	漳州百佳实业有限公司	0.184×10^{-2}	178	日立数字映像（中国）有限公司	0.166×10^{-2}
154	福建南纺股份有限公司	0.183×10^{-2}	179	厦门银祥肉业有限公司	0.163×10^{-2}
155	福建省大众金属有限公司	0.183×10^{-2}	180	蜡笔小新（福建）食品工业有限公司	0.163×10^{-2}
156	福州通尔达电线电缆有限公司	0.182×10^{-2}	181	福建省万达汽车玻璃工业有限公司	0.161×10^{-2}
157	福建省龙岩发电有限责任公司	0.182×10^{-2}	182	福建省长乐市华威化纤有限公司	0.160×10^{-2}
158	福建省安溪供电有限公司	0.182×10^{-2}	183	福建锦江科技有限公司	0.160×10^{-2}
159	福建通达集团有限公司	0.181×10^{-2}	184	福建省长乐市创造者锦纶实业有限公司	0.160×10^{-2}
160	福建恒安集团有限公司	0.178×10^{-2}	185	福建凯邦锦纶科技有限公司	0.160×10^{-2}
161	福建三钢（集团）三明化工有限责任公司	0.177×10^{-2}	186	福建龙和食品实业有限公司	0.160×10^{-2}
162	福州翔隆纺织有限公司	0.177×10^{-2}	187	集保控制设备有限公司	0.160×10^{-2}
163	三六一度（福建）体育用品有限公司	0.177×10^{-2}	188	福建金锋钢业有限公司	0.158×10^{-2}
164	晋江市锦福化纤聚合有限公司	0.177×10^{-2}	189	福建省辉煌水暖集团有限公司	0.157×10^{-2}
165	福耀集团（福建）工程玻璃有限公司	0.175×10^{-2}	190	阿海珐输配电华电开关（厦门）有限公司	0.156×10^{-2}
166	辅讯光电（厦门）有限公司	0.174×10^{-2}	191	厦门百穗行科技股份有限公司	0.155×10^{-2}
167	福建恒利集团有限公司	0.173×10^{-2}	192	龙岩卓鹰制铁有限公司	0.155×10^{-2}
168	龙工（福建）桥箱有限公司	0.173×10^{-2}	193	福建振云塑业股份有限公司	0.154×10^{-2}
169	福建省晋江福源食品有限公司	0.171×10^{-2}	194	石狮市猛士达鞋业有限公司	0.154×10^{-2}
170	福建省惠安县供电有限责任公司	0.171×10^{-2}	195	福建中日达金属有限公司	0.154×10^{-2}
171	福建金牛水泥有限公司	0.170×10^{-2}	196	福州茶花家居塑料日用品有限公司	0.153×10^{-2}
172	兴业皮革科技股份有限公司	0.170×10^{-2}	197	金冠（中国）食品有限公司	0.152×10^{-2}
173	福建省罗源县供电有限公司	0.170×10^{-2}	198	申鹭达集团有限公司	0.152×10^{-2}
174	福建省龙海市供电有限公司	0.170×10^{-2}	199	福建新世纪电子材料有限公司	0.152×10^{-2}
175	福建省晋江市浩沙制衣有限公司	0.169×10^{-2}	200	福建省长乐市金鑫纺织有限公司	0.151×10^{-2}

6-1 续表 4　　　　　　　　　　　　（2009 年）

序号	企业名称	占有率（%）	序号	企业名称	占有率（%）
201	福建省长乐市泰源纺织实业有限公司	0.151×10^{-2}	226	石狮市雄豹狼服装发展有限公司	0.138×10^{-2}
202	福建省莆田市德基电子有限公司	0.151×10^{-2}	227	福建福贞金属包装有限公司	0.138×10^{-2}
203	福建古杉生物柴油有限公司	0.150×10^{-2}	228	福建华电邵武发电有限公司	0.138×10^{-2}
204	泉州嘉禾食品有限公司	0.149×10^{-2}	229	泉州鸿荣轻工有限公司	0.136×10^{-2}
205	福建省洪泰铜业有限公司	0.149×10^{-2}	230	泉州市金华油脂食品有限公司	0.136×10^{-2}
206	福建省晋江协隆陶瓷有限公司	0.149×10^{-2}	231	漳州市海新饲料有限公司	0.136×10^{-2}
207	福建省台福食品有限公司	0.149×10^{-2}	232	福建森宝食品集团股份有限公司	0.136×10^{-2}
208	福州百洋海味食品有限公司	0.148×10^{-2}	233	晋江三益钢铁有限公司	0.135×10^{-2}
209	福建省邵化化工有限公司	0.148×10^{-2}	234	福建松立带钢有限公司	0.135×10^{-2}
210	福建燕京啤酒股份有限公司	0.148×10^{-2}	235	福建省福安市供电有限公司	0.135×10^{-2}
211	福建省三源金属制品有限公司	0.147×10^{-2}	236	福建省辉源金属制品有限公司	0.134×10^{-2}
212	龙岩市新罗区蓝田水泥厂	0.146×10^{-2}	237	福建元成豆业有限公司	0.134×10^{-2}
213	福州吴航钢铁制品有限公司	0.146×10^{-2}	238	福建冠盖金属包装有限公司	0.133×10^{-2}
214	晋江市恒达陶瓷有限公司	0.146×10^{-2}	239	明达玻璃（厦门）有限公司	0.133×10^{-2}
215	福建省正舜汽车车轮有限公司	0.144×10^{-2}	240	南靖万利达科技有限公司	0.132×10^{-2}
216	漳州联盛纸业有限公司	0.142×10^{-2}	241	福州开发区钜联鞋业有限公司	0.132×10^{-2}
217	福建省晋江优兰发纸业有限公司	0.142×10^{-2}	242	福建省足友体育用品有限公司	0.132×10^{-2}
218	福建佳通轮胎有限公司	0.142×10^{-2}	243	晋江市天守服装织造有限公司	0.131×10^{-2}
219	溪石集团发展有限公司	0.141×10^{-2}	244	福建华泰集团有限公司	0.130×10^{-2}
220	福建云敦服饰有限公司	0.141×10^{-2}	245	福建森华实业有限公司	0.130×10^{-2}
221	厦门市三安光电科技有限公司	0.141×10^{-2}	246	漳州三川钢管制品有限公司	0.130×10^{-2}
222	漳州亚邦化学有限公司	0.139×10^{-2}	247	福建缔邦实业有限公司	0.129×10^{-2}
223	福建德和铁塔设备制造有限公司	0.138×10^{-2}	248	福建福德自动化科技有限公司	0.128×10^{-2}
224	福建省晋江市国辉鞋服有限公司	0.138×10^{-2}	249	福建晋工机械有限公司	0.128×10^{-2}
225	才子服饰股份有限公司	0.138×10^{-2}	250	中海福建天然气责任有限公司	0.128×10^{-2}

6-1 续表 5　　　　　　　　（2009 年）

序号	企业名称	占有率（%）	序号	企业名称	占有率（%）
251	福建宏发集团有限公司	0.127×10^{-2}	276	福建恒杰塑业新材料有限公司	0.118×10^{-2}
252	厦门兴盛食品有限公司	0.127×10^{-2}	277	周宁县华盛刚业贸易有限公司	0.118×10^{-2}
253	福建泉州市金穗米业有限公司	0.127×10^{-2}	278	福建高龙实业有限公司	0.118×10^{-2}
254	厦门华侨电子股份有限公司	0.127×10^{-2}	279	漳州市海新水产饲料有限公司	0.117×10^{-2}
255	福建莱克石化有限公司	0.126×10^{-2}	280	泉州利昌塑胶有限公司	0.117×10^{-2}
256	清美（中国）有限公司	0.126×10^{-2}	281	福建德盛能源有限公司	0.117×10^{-2}
257	福建飞越鞋服有限公司	0.126×10^{-2}	282	福州市万友消防设备有限公司	0.117×10^{-2}
258	福建汇达时装有限公司	0.125×10^{-2}	283	福建雅客食品有限公司	0.116×10^{-2}
259	厦门水务集团有限公司	0.125×10^{-2}	284	福建凯景钢铁开发有限公司	0.116×10^{-2}
260	晋江市华鑫织造发展有限公司	0.124×10^{-2}	285	厦门敏讯信息技术股份有限公司	0.115×10^{-2}
261	石狮市天皇星服饰有限公司	0.124×10^{-2}	286	福州台泥水泥有限公司	0.115×10^{-2}
262	福州海鼎水产品有限公司	0.124×10^{-2}	287	福建省永定闽福建材有限公司	0.115×10^{-2}
263	莆田市天下农庄食品发展有限公司	0.124×10^{-2}	288	福建建华管桩有限公司	0.115×10^{-2}
264	阿迪王体育用品（中国）有限公司	0.124×10^{-2}	289	福建省安记食品有限公司	0.115×10^{-2}
265	飞亚世（石狮）体育用品有限公司	0.124×10^{-2}	290	漳平红狮水泥有限公司	0.114×10^{-2}
266	泉州鸿绮轻工有限公司	0.123×10^{-2}	291	福建省晋江万利瓷业有限公司	0.113×10^{-2}
267	露友（中国）有限公司	0.123×10^{-2}	292	石狮市尊贵鞋业发展有限公司	0.113×10^{-2}
268	鹏程实业有限公司	0.122×10^{-2}	293	晋江腾达陶瓷有限公司	0.111×10^{-2}
269	福建省周宁鑫源发展有限公司	0.121×10^{-2}	294	厦门东纶股份有限公司	0.111×10^{-2}
270	福建泉州匹克体育用品有限公司	0.121×10^{-2}	295	福建闽光冶炼有限公司	0.111×10^{-2}
271	福建晋江市华利鞋业有限公司	0.121×10^{-2}	296	石狮市拼牌体育用品有限公司	0.111×10^{-2}
272	福建省晋江市喜得狼体育用品有限公司	0.120×10^{-2}	297	福建省泉州南琦鞋业有限公司	0.110×10^{-2}
273	景智光电有限公司	0.120×10^{-2}	298	福建鑫宇有色金属制品有限公司	0.110×10^{-2}
274	宁德市泰格动力机械有限公司	0.120×10^{-2}	299	福建恒益纺织有限公司	0.109×10^{-2}
275	石狮市赛琪体育用品有限公司	0.119×10^{-2}	300	晋江市三荣印花织造有限公司	0.109×10^{-2}

6-2 福建省煤炭开采和洗选业企业国内市场占有率50强

（2009年）

序号	企业名称	占有率（%）	序号	企业名称	占有率（%）
1	福建煤电股份有限公司	6.841×10^{-2}	26	龙岩市新罗区东方煤矿	0.493×10^{-2}
2	永定县煤炭工业公司	2.404×10^{-2}	27	三明市联发煤业有限公司	0.493×10^{-2}
3	福建省永安煤业有限责任公司	2.345×10^{-2}	28	永定县昌福山煤矿有限公司	0.473×10^{-2}
4	福建省天湖山能源实业有限公司	2.159×10^{-2}	29	永安市槐南乡煤管站	0.473×10^{-2}
5	福建省鸿达精选煤有限公司	2.156×10^{-2}	30	龙岩市新罗区水鸭科煤炭有限公司	0.473×10^{-2}
6	福建省永安煤业有限责任公司上京分公司	2.022×10^{-2}	31	福建省龙岩市新罗区黄坑矿业有限公司	0.448×10^{-2}
7	福建正福能源投资有限公司	1.296×10^{-2}	32	大田县上京煤矿	0.448×10^{-2}
8	永安市曹远镇煤矿	1.296×10^{-2}	33	漳平市前坪煤业有限公司	0.448×10^{-2}
9	大田县太华煤矿	1.213×10^{-2}	34	大田县广平镇联办煤矿	0.432×10^{-2}
10	大田县奇韬煤矿	1.141×10^{-2}	35	福建省清流县罗口煤业有限公司	0.423×10^{-2}
11	龙岩市虎中煤矿有限公司	1.085×10^{-2}	36	连城县黄坊煤业有限公司	0.419×10^{-2}
12	龙岩市文翔矿业有限公司	1.053×10^{-2}	37	连城县北团矿业有限公司	0.409×10^{-2}
13	永安市安砂镇小伙村白马山煤矿	0.948×10^{-2}	38	福建省龙岩市罗厝山煤业有限公司	0.409×10^{-2}
14	永春县铅坑煤矿有限责任公司	0.920×10^{-2}	39	永定县四方山煤矿有限公司	0.404×10^{-2}
15	福煤（邵武）煤业有限公司	0.775×10^{-2}	40	永定县枫林煤矿有限公司	0.389×10^{-2}
16	永春县荷殊煤矿有限责任公司	0.775×10^{-2}	41	永定县新在坑煤矿有限公司	0.389×10^{-2}
17	福建省将乐县兴源煤炭有限责任公司	0.720×10^{-2}	42	龙岩陆家地煤矿有限公司	0.382×10^{-2}
18	永春县西萍煤矿有限责任公司	0.685×10^{-2}	43	永定县鲤坑煤矿有限公司	0.378×10^{-2}
19	永春县大蔗沟煤矿有限责任公司	0.661×10^{-2}	44	漳平市石坂坑煤矿	0.378×10^{-2}
20	福建将乐安信煤业有限公司	0.641×10^{-2}	45	永春县新二煤矿有限责任公司	0.376×10^{-2}
21	福煤（漳平）煤业有限公司	0.604×10^{-2}	46	龙岩市北山煤矿	0.369×10^{-2}
22	大田县大竹林煤矿	0.555×10^{-2}	47	漳平市拱桥中界石笋坑煤矿	0.369×10^{-2}
23	永定县联发煤矿有限公司	0.540×10^{-2}	48	福建省闽晋燃料有限公司	0.361×10^{-2}
24	永定县上寨煤矿有限公司	0.538×10^{-2}	49	永定县青溪煤矿有限公司	0.339×10^{-2}
25	漳平奇峰矿业有限公司	0.515×10^{-2}	50	永定县洋坑背煤矿有限公司	0.339×10^{-2}

6-3　福建省黑色金属矿采选业企业国内市场占有率50强

（2009年）

序号	企业名称	占有率（%）	序号	企业名称	占有率（%）
1	福建省安溪新田矿产开发有限公司	79.839×10^{-2}	26	龙岩市新特贸易有限公司	1.412×10^{-2}
2	福建省安溪荣德选矿厂	61.177×10^{-2}	27	永安市安砂非金属矿有限责任公司	1.352×10^{-2}
3	福建省安溪集荣矿业有限公司	49.191×10^{-2}	28	福建省大田县富杰矿业有限公司	1.334×10^{-2}
4	安溪县恒珀利锰铁矿有限公司	9.789×10^{-2}	29	龙岩市鑫源矿业有限公司	1.313×10^{-2}
5	福建省德化鑫阳矿业有限公司	8.614×10^{-2}	30	大田县前坪乡山头回民铁矿	1.268×10^{-2}
6	大田县太华铁矿	8.129×10^{-2}	31	福建省大田县福旺矿业有限公司	1.245×10^{-2}
7	大田县前坪乡矿业公司	5.912×10^{-2}	32	泉州市高阳矿产品贸易有限公司	1.109×10^{-2}
8	福建马坑矿业股份有限公司	4.740×10^{-2}	33	福建省大田县上丰矿业有限公司	1.109×10^{-2}
9	福建省安溪县德远矿业有限公司	4.740×10^{-2}	34	福建省大田县朝阳矿业有限公司	1.098×10^{-2}
10	福建省潘洛铁矿	4.740×10^{-2}	35	福建省松溪县三和矿业有限责任公司	1.057×10^{-2}
11	福建省安溪县青贤矿业有限公司	3.983×10^{-2}	36	大田县广源矿业科技开发有限公司	1.035×10^{-2}
12	福建省顺嘉矿业开发有限公司	3.983×10^{-2}	37	漳平市吾祠乡铁锰矿	1.026×10^{-2}
13	福建省大田县鹭峰矿业有限公司	3.770×10^{-2}	38	漳平市佳鑫矿业有限公司	1.005×10^{-2}
14	龙岩福佳矿业工贸有限公司	3.497×10^{-2}	39	华安县华龙矿业有限责任公司	1.005×10^{-2}
15	大田县金土地矿业有限公司	2.773×10^{-2}	40	福建省大田县海鑫矿业有限责任公司	0.894×10^{-2}
16	永安市镒盛矿业有限公司	2.579×10^{-2}	41	福建省大田县宏福矿业有限公司	0.894×10^{-2}
17	龙岩市小娘坑矿业有限公司	2.508×10^{-2}	42	龙岩市宏欣矿业有限公司	0.855×10^{-2}
18	永安市永镒矿业有限公司	2.419×10^{-2}	43	龙岩市盛鑫矿业有限公司	0.847×10^{-2}
19	永安市顺达矿业有限公司	2.405×10^{-2}	44	福建省安溪潘田铁矿	0.786×10^{-2}
20	大田县均溪矿业经营管理站	2.227×10^{-2}	45	福建省大田县明达矿业有限公司	0.752×10^{-2}
21	龙岩市龙吉炉料工贸有限公司	2.214×10^{-2}	46	连城县新特矿业有限公司	0.711×10^{-2}
22	福建省德化县阳春矿业有限公司	1.997×10^{-2}	47	大田县济阳圣安多金属选矿厂	0.711×10^{-2}
23	福建省阳山铁矿	1.678×10^{-2}	48	邵武市隆兴矿业有限公司	0.654×10^{-2}
24	龙岩市天山矿业有限公司	1.568×10^{-2}	49	漳平市辉龙矿业有限公司	0.654×10^{-2}
25	福建省连城县锰矿	1.412×10^{-2}	50	福建省安溪县珍地铁矿	0.654×10^{-2}

6-4 福建省有色金属矿采选业企业国内市场占有率50强

（2009年）

序号	企业名称	占有率（%）	序号	企业名称	占有率（%）
1	泉州磊鑫矿业有限公司	6.983×10^{-2}	26	福建省建瓯鑫源矿业有限公司	1.745×10^{-2}
2	宁化行洛坑钨矿有限公司	6.755×10^{-2}	27	福建省尤溪县丰源矿业有限公司	1.732×10^{-2}
3	古田天宝矿业有限公司	6.144×10^{-2}	28	大田县金达矿业有限公司	1.724×10^{-2}
4	大田县华兴矿业有限公司	3.334×10^{-2}	29	三明大田捷盛矿业有限公司	1.710×10^{-2}
5	福建省新华都工程有限责任公司	3.216×10^{-2}	30	清流县华龙矿业有限公司	1.640×10^{-2}
6	邵武市轩瑞矿业有限责任公司	3.216×10^{-2}	31	建瓯市和鑫矿业有限公司	1.533×10^{-2}
7	连城县冠连矿业开发有限公司	3.216×10^{-2}	32	福建省尤溪县浩泽矿业有限公司	1.533×10^{-2}
8	福建省上杭县金山建设工程公司	3.216×10^{-2}	33	福建省龙岩市宏宇矿业有限公司	1.453×10^{-2}
9	福建朝阳矿业股份有限公司	3.216×10^{-2}	34	福建省德化县邱村矿业有限公司	1.453×10^{-2}
10	福建省安溪县桃舟乡浙安铅锌选矿厂	3.216×10^{-2}	35	连城县庙前镇赣闽金荣选矿厂	1.332×10^{-2}
11	福建省永春旭发有色金属选矿有限公司	3.216×10^{-2}	36	大田县盛鑫矿业有限公司	1.332×10^{-2}
12	建阳市黄地矿业有限公司	3.159×10^{-2}	37	尤溪县高翔矿业有限公司	1.281×10^{-2}
13	大田县广福矿业有限公司	2.877×10^{-2}	38	永春县宏业矿产有限公司	1.252×10^{-2}
14	福建省尤溪金东矿业有限公司	2.609×10^{-2}	39	大田县万源矿业发展有限公司	1.248×10^{-2}
15	福建省政和县源鑫矿业有限公司	2.418×10^{-2}	40	大田县谢洋乡联合矿	1.227×10^{-2}
16	福建省尤溪县浩翔矿业有限公司	2.402×10^{-2}	41	东南非矿（福建将乐）开发有限公司	1.220×10^{-2}
17	福建省大田县湘闽矿业有限公司	2.367×10^{-2}	42	将乐县翔坤矿业有限公司	1.207×10^{-2}
18	福建省大田县宝树矿业有限公司	2.274×10^{-2}	43	周宁县金丰矿业有限公司	1.197×10^{-2}
19	福建省上杭县华辉矿建实业有限公司	2.210×10^{-2}	44	福建省东华矿业有限公司	1.110×10^{-2}
20	大田县建设有色金属矿	2.210×10^{-2}	45	将乐县万安镇矿产品生产经营部	1.044×10^{-2}
21	福建武夷山市天宝矿业有限公司	2.177×10^{-2}	46	福建省双旗山金矿	1.021×10^{-2}
22	福建省永春三鑫矿业有限公司	2.069×10^{-2}	47	福建省尤溪县荣达矿业有限公司	0.962×10^{-2}
23	福建省邵武市鑫辉矿业有限公司	2.002×10^{-2}	48	武平县三鑫矿业开发有限公司	0.960×10^{-2}
24	将乐县鑫峰矿业有限公司	1.855×10^{-2}	49	三明市金源矿业有限公司	0.935×10^{-2}
25	福建省尤溪金隆矿业有限公司	1.766×10^{-2}	50	浦城县洋村铅锌矿采选厂	0.925×10^{-2}

6-5 福建省非金属矿采选业企业国内市场占有率50强

（2009年）

序号	企业名称	占有率（%）	序号	企业名称	占有率（%）
1	福州远嘉矿业有限公司	18.329×10^{-2}	26	邵武市拿口萤石矿	3.038×10^{-2}
2	福州宦溪娥眉腊石矿有限公司	14.561×10^{-2}	27	福建省飞扬矿业有限公司	3.038×10^{-2}
3	福州华信矿业有限公司	12.034×10^{-2}	28	永安市鑫湖建材有限公司	3.032×10^{-2}
4	闽侯县建业砂石有限公司	11.073×10^{-2}	29	大田县上京镇非金属矿	2.769×10^{-2}
5	三明市钢岩矿业有限公司	9.616×10^{-2}	30	福建省安溪县铁峰石料公司	2.615×10^{-2}
6	福建闽非矿业有限公司	8.099×10^{-2}	31	诏安县精标硅砂有限公司	2.615×10^{-2}
7	龙岩高岭土有限公司	7.565×10^{-2}	32	永安邦联矿业有限公司	2.579×10^{-2}
8	罗源县岐余石料厂	7.041×10^{-2}	33	永安市下盖竹石墨矿有限公司	2.456×10^{-2}
9	信和光伏硅材料（福建）有限公司	6.736×10^{-2}	34	福建塔牌矿业有限公司	2.371×10^{-2}
10	福建省南平市海西龙建材发展有限公司	5.161×10^{-2}	35	福建省沙县竞成实业有限公司	2.333×10^{-2}
11	福建省德化恒久矿业有限公司	5.161×10^{-2}	36	将乐县佳润矿业有限公司	2.081×10^{-2}
12	龙岩市新罗区适中矿产开发有限公司	4.933×10^{-2}	37	沙县西霞莹石矿	2.060×10^{-2}
13	福建省安溪县青洋兴发石墨矿	4.547×10^{-2}	38	福建省建宁县富强石材有限公司	1.995×10^{-2}
14	福州华坪矿业有限公司	4.547×10^{-2}	39	永安市英杰矿业发展有限公司	1.975×10^{-2}
15	福建玄武石材有限公司	4.371×10^{-2}	40	仙游县东湖石英有限公司	1.956×10^{-2}
16	福建省将乐三鑫萤石矿业有限公司	4.296×10^{-2}	41	诏安县松和石材有限公司	1.914×10^{-2}
17	惠安县正豪石业有限公司	4.020×10^{-2}	42	漳州惠泰石业有限公司	1.902×10^{-2}
18	福建大创集团石材有限公司	4.020×10^{-2}	43	明溪县荣和选矿有限公司	1.874×10^{-2}
19	福州闽松矿业有限公司	3.655×10^{-2}	44	福州恒忠砂石有限公司	1.846×10^{-2}
20	永安市曹远矿产品开发有限公司	3.425×10^{-2}	45	大田县广平非金属矿	1.846×10^{-2}
21	永安市金银湖矿产品有限公司	3.364×10^{-2}	46	福建省大田县兆丰矿业有限公司	1.829×10^{-2}
22	福建南禾实业发展有限公司	3.304×10^{-2}	47	顺昌县豪璟达矿业有限公司	1.816×10^{-2}
23	三明市万事达矿业有限公司	3.250×10^{-2}	48	莆田市涵江区秋芦镇崇联双坑石仔场	1.771×10^{-2}
24	永安市大湖矿产品开发公司	3.237×10^{-2}	49	明溪县金山莹石矿有限公司	1.771×10^{-2}
25	泉州市泉港南邱石材有限公司	3.126×10^{-2}	50	明溪县金阳矿业有限公司	1.755×10^{-2}

6-6　福建省农副食品加工业企业国内市场占有率50强

（2009年）

序号	企业名称	占有率（%）	序号	企业名称	占有率（%）
1	泉州福海粮油工业有限公司	17.791×10^{-2}	26	福建省莆田新美食品有限公司	1.828×10^{-2}
2	鸿一粮油资源股份有限公司	5.690×10^{-2}	27	龙海市海新饲料预混有限公司	1.651×10^{-2}
3	福建省圣农实业有限公司	5.690×10^{-2}	28	泉州市华圣食品有限公司	1.651×10^{-2}
4	福建康宏股份有限公司	5.424×10^{-2}	29	福州市闽科饲料有限公司	1.629×10^{-2}
5	福建田源生物蛋白科技有限公司	5.141×10^{-2}	30	福州大福有限公司	1.629×10^{-2}
6	厦门中盛粮油集团有限公司	4.707×10^{-2}	31	漳州市海扬饲料有限公司	1.576×10^{-2}
7	福建印福油脂工业有限公司	4.446×10^{-2}	32	福建省丙午绿洲兔业有限公司	1.492×10^{-2}
8	厦门中禾实业有限公司	4.272×10^{-2}	33	福建天马饲料有限公司	1.466×10^{-2}
9	莆田市东南香米业发展有限公司	4.238×10^{-2}	34	福建腾新食品股份有限公司	1.430×10^{-2}
10	福建元盛食品工业有限公司	3.342×10^{-2}	35	福建怡昌生化科技股份有限公司	1.424×10^{-2}
11	漳州百佳实业有限公司	3.342×10^{-2}	36	莆田市长丰米业有限公司	1.363×10^{-2}
12	厦门银祥肉业有限公司	2.961×10^{-2}	37	福建省华港农牧集团有限公司	1.363×10^{-2}
13	福建龙和食品实业有限公司	2.903×10^{-2}	38	福建省华融禽业有限公司	1.363×10^{-2}
14	厦门百穗行科技股份有限公司	2.819×10^{-2}	39	福建华仁油脂有限公司	1.342×10^{-2}
15	福州百洋海味食品有限公司	2.694×10^{-2}	40	厦门正大农牧有限公司	1.312×10^{-2}
16	泉州市金华油脂食品有限公司	2.465×10^{-2}	41	福建正源饲料有限公司	1.145×10^{-2}
17	漳州市海新饲料有限公司	2.464×10^{-2}	42	厦门华顺民生食品有限公司	1.135×10^{-2}
18	福建森宝食品集团股份有限公司	2.464×10^{-2}	43	莆田广东温氏家禽有限公司	1.090×10^{-2}
19	福建元成豆业有限公司	2.426×10^{-2}	44	厦门海嘉面粉有限公司	1.046×10^{-2}
20	福建森华实业有限公司	2.355×10^{-2}	45	石狮市日祥海洋食品有限公司	1.012×10^{-2}
21	福建泉州市金穗米业有限公司	2.303×10^{-2}	46	福建天生农业股份有限公司	1.010×10^{-2}
22	福州海鼎水产品有限公司	2.249×10^{-2}	47	晋江市阿一波食品工贸有限公司	0.981×10^{-2}
23	莆田市天下农庄食品发展有限公司	2.249×10^{-2}	48	漳州双胞胎饲料有限公司	0.972×10^{-2}
24	福建高龙实业有限公司	2.136×10^{-2}	49	莆田市兴和食品工业有限公司	0.968×10^{-2}
25	漳州市海新水产饲料有限公司	2.129×10^{-2}	50	福清市阳光食品有限公司	0.962×10^{-2}

6-7 福建省食品制造业企业国内市场占有率50强

（2009年）

序号	企业名称	占有率（%）	序号	企业名称	占有率（%）
1	福建福马食品集团有限公司	14.198×10^{-2}	26	金冠食品（福建）有限公司	3.668×10^{-2}
2	福建达利食品集团有限公司	12.155×10^{-2}	27	福建亲亲股份有限公司	3.649×10^{-2}
3	福建海壹食品饮料有限公司	11.117×10^{-2}	28	石狮黎祥食品有限公司	3.631×10^{-2}
4	福建省晋江福源食品有限公司	9.759×10^{-2}	29	福州富成味精食品有限公司	3.504×10^{-2}
5	蜡笔小新（福建）食品工业有限公司	9.289×10^{-2}	30	福建惠康食品工业有限公司	3.074×10^{-2}
6	金冠（中国）食品有限公司	8.683×10^{-2}	31	福建省沙县侨丹实业有限公司	2.976×10^{-2}
7	泉州嘉禾食品有限公司	8.512×10^{-2}	32	厦门古龙罐头食品有限公司	2.870×10^{-2}
8	福建省台福食品有限公司	8.489×10^{-2}	33	泉州市泉港金维他食品有限公司	2.733×10^{-2}
9	厦门兴盛食品有限公司	7.266×10^{-2}	34	福建乐天食品有限公司	2.401×10^{-2}
10	福建雅客食品有限公司	6.653×10^{-2}	35	龙海市虎山罐头厂	2.401×10^{-2}
11	福建省安记食品有限公司	6.556×10^{-2}	36	福建永辉工业发展有限公司	2.383×10^{-2}
12	福州明一乳业有限公司	6.137×10^{-2}	37	福州昌盛食品有限公司	2.383×10^{-2}
13	福建省建阳武夷味精有限公司	5.448×10^{-2}	38	福建南安市振华副食品有限公司	2.287×10^{-2}
14	福建顶益食品有限公司	5.405×10^{-2}	39	泉州市天线宝宝食品有限公司	2.251×10^{-2}
15	福建长富乳品有限公司	5.399×10^{-2}	40	福建省泉州喜多多食品有限公司	2.251×10^{-2}
16	福建久久王食品工业有限公司	5.304×10^{-2}	41	莆田市涵兴食品有限公司	2.165×10^{-2}
17	天喔（福建）食品有限公司	5.297×10^{-2}	42	福建馥华食品有限公司	2.157×10^{-2}
18	福建省麦丹生物集团有限公司	5.150×10^{-2}	43	福州春源食品有限公司	2.157×10^{-2}
19	福州统一企业有限公司	5.029×10^{-2}	44	泉州中侨（集团）股份有限公司	2.155×10^{-2}
20	福建省新黑龙食品工业有限公司	4.369×10^{-2}	45	福马咪咪（福建）食品工业有限公司	1.968×10^{-2}
21	漳州市同发食品工业有限公司	4.369×10^{-2}	46	福建明良集团有限公司	1.883×10^{-2}
22	福建省好邻居食品工业有限公司	4.067×10^{-2}	47	福州大世界橄榄有限公司	1.843×10^{-2}
23	宏发集团（中国）有限公司	3.999×10^{-2}	48	福建省晋江市小兄弟食品工业有限公司	1.819×10^{-2}
24	福建东方食品集团有限公司	3.857×10^{-2}	49	福州豪峰食品有限公司	1.819×10^{-2}
25	福建省海新食品有限公司	3.832×10^{-2}	50	福建好来屋食品工业有限公司	1.819×10^{-2}

6-8 福建省饮料制造业企业国内市场占有率50强

（2009年）

序号	企业名称	占有率（%）	序号	企业名称	占有率（%）
1	厦门银鹭食品有限公司	47.973×10^{-2}	26	福州满堂香茶叶有限公司	2.330×10^{-2}
2	英博雪津啤酒有限公司	31.605×10^{-2}	27	莆田绿森庄园酒业有限公司	2.330×10^{-2}
3	福建加多宝饮料有限公司	25.711×10^{-2}	28	福建省天海东方食品集团有限公司	2.313×10^{-2}
4	厦门太古可口可乐饮料有限公司	12.700×10^{-2}	29	青岛啤酒（福州）有限公司	2.313×10^{-2}
5	福建燕京啤酒股份有限公司	9.524×10^{-2}	30	青岛啤酒（漳州）有限公司	2.271×10^{-2}
6	漳州天福茶业有限公司	6.583×10^{-2}	31	福建标致食品饮料有限公司	2.234×10^{-2}
7	福建顶津食品有限公司	5.130×10^{-2}	32	亚洲酿酒（厦门）有限公司	2.226×10^{-2}
8	福州百事可乐饮料有限公司	4.944×10^{-2}	33	厦门娃哈哈食品有限公司	2.186×10^{-2}
9	惠尔康东方（厦门）食品有限公司	4.944×10^{-2}	34	厦门惠尔康食品有限公司	2.123×10^{-2}
10	英博雪津啤酒有限公司二厂	4.678×10^{-2}	35	福建省安溪茶厂有限公司	2.121×10^{-2}
11	福建省安溪八马茶业有限公司	4.481×10^{-2}	36	福建省惠安老爸食品有限公司	2.097×10^{-2}
12	福建省新中亚食品有限公司（长乐市）	3.661×10^{-2}	37	福建闽江源绿田实业投资发展有限公司	2.035×10^{-2}
13	福建省宏顺食品饮料有限公司	3.661×10^{-2}	38	福州红火饮料有限公司	1.916×10^{-2}
14	大闽食品（漳州）有限公司	3.526×10^{-2}	39	福州市仓山福民茶叶加工厂	1.916×10^{-2}
15	福建日香茶业有限公司	3.494×10^{-2}	40	华润雪花啤酒（福建）有限公司	1.916×10^{-2}
16	英博雪津（三明）啤酒有限公司	3.494×10^{-2}	41	福建燕京惠泉啤酒福鼎有限公司	1.605×10^{-2}
17	泉州市洛江泉岩茶业有限公司	3.459×10^{-2}	42	福建品品香茶业有限公司	1.582×10^{-2}
18	福建省曲斗香酒业有限公司	3.408×10^{-2}	43	福建标致矿泉水有限公司	1.556×10^{-2}
19	福建省康辉食品有限公司	3.247×10^{-2}	44	福建福安市城湖茶叶有限公司	1.522×10^{-2}
20	青岛啤酒（厦门）有限公司	3.243×10^{-2}	45	福建胜基食品饮料有限公司	1.484×10^{-2}
21	福建大自然茶业有限公司	3.019×10^{-2}	46	福州春伦茶业有限公司	1.484×10^{-2}
22	厦门娃哈哈饮料有限公司	2.929×10^{-2}	47	福建坦洋工夫茶叶股份有限公司	1.390×10^{-2}
23	武夷星茶业有限公司	2.786×10^{-2}	48	福建省天湖茶业有限公司	1.355×10^{-2}
24	福建省泉州市日泰茶业有限公司	2.554×10^{-2}	49	福建省建瓯黄华山酿酒有限公司	1.348×10^{-2}
25	泰山企业（漳州）食品有限公司	2.538×10^{-2}	50	厦门华祥苑实业有限公司	1.316×10^{-2}

6-9　福建省纺织业企业国内市场占有率50强

（2009年）

序号	企业名称	占有率（%）	序号	企业名称	占有率（%）
1	福建省长乐市金源纺织有限公司	14.532×10^{-2}	26	福建利瑶纺织制衣有限公司	2.156×10^{-2}
2	福建省长乐市金磊纺织有限公司	7.162×10^{-2}	27	福建翔升纺织有限公司	2.156×10^{-2}
3	福建省长乐市华源纺织有限公司	4.858×10^{-2}	28	泉州市天纶纺织科技有限公司	2.075×10^{-2}
4	长乐市长源纺织有限公司	4.858×10^{-2}	29	福建省长乐市天梭纺织实业有限公司	2.075×10^{-2}
5	福建省经纬集团有限公司	4.858×10^{-2}	30	泉州海天材料科技股份有限公司	2.068×10^{-2}
6	福建省长乐市正隆纺织有限公司	4.858×10^{-2}	31	福建协盛协丰印染实业有限公司	1.988×10^{-2}
7	福建省长乐市金沙港针纺实业有限公司	4.858×10^{-2}	32	沙县源泰纺织有限公司	1.974×10^{-2}
8	福建省长乐市华亚纺织有限公司	4.858×10^{-2}	33	福建南安市万家美针织有限公司	1.959×10^{-2}
9	福建南纺股份有限公司	4.603×10^{-2}	34	福建省长乐市三磊实业有限公司	1.943×10^{-2}
10	福州翔隆纺织有限公司	4.454×10^{-2}	35	三明市新立丰印染有限责任公司	1.917×10^{-2}
11	泉州明恒纺织有限公司	4.234×10^{-2}	36	晋江南方织造有限公司	1.792×10^{-2}
12	福建省长乐市金鑫纺织有限公司	3.794×10^{-2}	37	福建省三明纺织有限公司	1.671×10^{-2}
13	福建省长乐市泰源纺织实业有限公司	3.794×10^{-2}	38	福建凤竹纺织科技股份有限公司	1.664×10^{-2}
14	厦门东纶股份有限公司	2.793×10^{-2}	39	福建省长乐市立峰纺织有限公司	1.653×10^{-2}
15	福建恒益纺织有限公司	2.742×10^{-2}	40	龙岩成冠纺织有限公司	1.617×10^{-2}
16	晋江市三荣印花织造有限公司	2.735×10^{-2}	41	永安市田龙纺织染整有限公司	1.601×10^{-2}
17	冠宏（中国）有限公司	2.694×10^{-2}	42	泉州恒福织造有限公司	1.592×10^{-2}
18	晋江市三福纺织实业有限公司	2.559×10^{-2}	43	晋江盛欣化纤有限公司	1.559×10^{-2}
19	宏玮协志（中国）有限公司	2.473×10^{-2}	44	厦门夏纺纺织有限公司	1.559×10^{-2}
20	晋江市佳福化纤实业有限公司	2.440×10^{-2}	45	晋江福联织造有限公司	1.548×10^{-2}
21	福建省长乐市第二棉纺织厂	2.388×10^{-2}	46	联邦印染（泉州）有限公司	1.527×10^{-2}
22	福建省长乐市正鑫纺织有限公司	2.384×10^{-2}	47	华懋（厦门）织造染整有限公司	1.515×10^{-2}
23	福建大发集团有限公司	2.363×10^{-2}	48	福建众和股份有限公司	1.513×10^{-2}
24	厦门华诚实业有限公司	2.283×10^{-2}	49	福建日丰布业有限公司	1.506×10^{-2}
25	晋江市龙兴隆染织实业有限公司	2.240×10^{-2}	50	厦门华纶印染有限公司	1.489×10^{-2}

6-10　福建省纺织服装、鞋、帽制造业企业国内市场占有率50强

（2009年）

序号	企业名称	占有率（%）	序号	企业名称	占有率（%）
1	福建柒牌集团有限公司	24.083×10^{-2}	26	石狮市拼牌体育用品有限公司	7.463×10^{-2}
2	斯舒郎体育用品有限公司	18.958×10^{-2}	27	盖奇（中国）织染服饰有限公司	6.487×10^{-2}
3	利郎（中国）有限公司	16.824×10^{-2}	28	威兰西（中国）服饰有限公司	5.933×10^{-2}
4	虎都（中国）服饰有限公司	16.769×10^{-2}	29	晋江柒牌服饰有限公司	5.514×10^{-2}
5	九牧王（中国）有限公司	16.298×10^{-2}	30	旗牌王（中国）纺织服饰有限公司	5.514×10^{-2}
6	世纪宝姿服装（厦门）有限公司	14.575×10^{-2}	31	石狮市奥力体育用品有限公司	5.384×10^{-2}
7	石狮市卡宾服饰发展有限公司	14.309×10^{-2}	32	晋江七匹狼服装制造有限公司	5.305×10^{-2}
8	福建鑫华股份有限公司	14.266×10^{-2}	33	晋江金豪雀服装织造有限公司	5.129×10^{-2}
9	劲霸男装股份有限公司	14.266×10^{-2}	34	泉州格林服装有限公司	4.752×10^{-2}
10	乔丹（厦门）实业有限公司	13.558×10^{-2}	35	晋江市天姿纺织实业有限公司	4.591×10^{-2}
11	石狮市益兴针织服装有限公司	13.085×10^{-2}	36	泉州圣莎拉制衣发展有限公司	4.531×10^{-2}
12	欣贺（厦门）服饰有限公司	12.946×10^{-2}	37	泉州集友鞋业有限公司	4.200×10^{-2}
13	石狮市爱登堡制衣发展有限公司	12.946×10^{-2}	38	石狮市彬伊奴服饰有限公司	4.151×10^{-2}
14	石狮市大帝集团有限公司	12.576×10^{-2}	39	石狮市达鑫奇服饰发展有限公司	4.115×10^{-2}
15	福建省晋江市浩沙制衣有限公司	11.394×10^{-2}	40	安踏（长汀）体育用品有限公司	4.115×10^{-2}
16	福建云敦服饰有限公司	9.467×10^{-2}	41	石狮市利美斯制衣有限公司	3.806×10^{-2}
17	才子服饰股份有限公司	9.295×10^{-2}	42	晋江市达胜纺织实业有限公司	3.735×10^{-2}
18	石狮市雄豹狼服装发展有限公司	9.295×10^{-2}	43	泉州丰达织造有限公司	3.691×10^{-2}
19	晋江市天守服装织造有限公司	8.791×10^{-2}	44	安踏（厦门）体育用品有限公司	3.591×10^{-2}
20	福建汇达时装有限公司	8.430×10^{-2}	45	福建富懋时装有限公司	3.541×10^{-2}
21	晋江市华鑫织造发展有限公司	8.334×10^{-2}	46	莆田启明鞋业有限公司	3.514×10^{-2}
22	石狮市天皇星服饰有限公司	8.334×10^{-2}	47	福建格林集团有限公司	3.483×10^{-2}
23	阿迪王体育用品（中国）有限公司	8.311×10^{-2}	48	福建龙峰纺织科技实业有限公司	3.471×10^{-2}
24	飞亚世（石狮）体育用品有限公司	8.311×10^{-2}	49	福建纬璇织造有限公司	3.471×10^{-2}
25	石狮市赛琪体育用品有限公司	8.018×10^{-2}	50	石狮市新奇达服饰有限公司	3.471×10^{-2}

6-11 福建省皮革、毛皮、羽毛（绒）及其制品业企业国内市场占有率50强

（2009年）

序号	企业名称	占有率（%）	序号	企业名称	占有率（%）
1	祥兴（福建）箱包集团有限公司	56.507×10^{-2}	26	石狮市吉祥鸟鞋业有限公司	10.915×10^{-2}
2	三六一度（中国）有限公司	42.478×10^{-2}	27	福建省索力鞋业有限公司	10.858×10^{-2}
3	乔丹体育股份有限公司	41.900×10^{-2}	28	福建鸿星沃登卡集团有限公司	10.383×10^{-2}
4	福建贵人鸟体育用品有限公司	36.992×10^{-2}	29	晋江市顺超鞋服有限公司	10.329×10^{-2}
5	安踏（中国）有限公司	36.992×10^{-2}	30	福建石狮市福盛鞋业有限公司	10.249×10^{-2}
6	福建鸿星尔克体育用品有限公司	35.262×10^{-2}	31	福建隆盛轻工有限公司	10.054×10^{-2}
7	安踏（泉州）体育用品有限公司	32.450×10^{-2}	32	恒发（福建）轻工业发展有限公司	9.185×10^{-2}
8	石狮市富贵鸟集团公司	27.570×10^{-2}	33	泉州市伊望奇体育用品有限公司	8.627×10^{-2}
9	泉州市三兴体育用品有限公司	26.743×10^{-2}	34	爱奇（福建）鞋塑有限公司	8.499×10^{-2}
10	金莱克（中国）体育用品有限公司	23.678×10^{-2}	35	福建省晋江市新纪元鞋业发展有限公司	8.416×10^{-2}
11	喜得龙（中国）有限公司	22.769×10^{-2}	36	晋江市特步体育用品有限公司	8.416×10^{-2}
12	三六一度（福建）体育用品有限公司	19.453×10^{-2}	37	福建省名乐体育用品有限公司	8.416×10^{-2}
13	兴业皮革科技股份有限公司	18.662×10^{-2}	38	福建金莱克体育用品有限公司	8.416×10^{-2}
14	石狮市猛士达鞋业有限公司	16.919×10^{-2}	39	泉州锦兴皮业有限公司	8.416×10^{-2}
15	福建省晋江市国辉鞋服有限公司	15.189×10^{-2}	40	石狮市锦狮皇鞋业有限公司	8.346×10^{-2}
16	泉州鸿荣轻工有限公司	14.925×10^{-2}	41	晋江喜伯登体育用品有限公司	8.346×10^{-2}
17	福州开发区钜联鞋业有限公司	14.493×10^{-2}	42	莆田市鑫龙鞋业有限公司	8.021×10^{-2}
18	福建省足友体育用品有限公司	14.483×10^{-2}	43	福建省莆田市东泰皮革有限公司	7.841×10^{-2}
19	露友（中国）有限公司	13.471×10^{-2}	44	石狮市富热服装鞋帽有限公司	7.728×10^{-2}
20	鹏程实业有限公司	13.451×10^{-2}	45	石狮市威敌狼鞋业有限公司	7.528×10^{-2}
21	福建泉州匹克体育用品有限公司	13.283×10^{-2}	46	福建省长乐市宝顺羽绒服装有限公司	7.457×10^{-2}
22	福建晋江市华利鞋业有限公司	13.257×10^{-2}	47	泉州寰球鞋服有限公司	7.354×10^{-2}
23	福建省晋江市喜得狼体育用品有限公司	13.226×10^{-2}	48	福建恩东体育用品有限公司	7.314×10^{-2}
24	石狮市尊贵鞋业发展有限公司	12.427×10^{-2}	49	莆田立丰鞋业有限公司	7.308×10^{-2}
25	福建省泉州南琦鞋业有限公司	12.081×10^{-2}	50	福建省晋江市陈埭爱利宝鞋服有限公司	7.250×10^{-2}

6-12 福建省木材加工及木、竹、藤、棕、草制品业企业国内市场占有率50强

（2009年）

序号	企业名称	占有率（%）	序号	企业名称	占有率（%）
1	大亚木业（福建）有限公司	28.409×10^{-2}	26	永安市燕晟木业有限责任公司	2.806×10^{-2}
2	福建省永安林业（集团）股份有限公司	8.789×10^{-2}	27	嘉华建材（福建）有限公司	2.604×10^{-2}
3	福建王斌装饰材料有限公司	8.355×10^{-2}	28	建阳市佳鑫木业精制厂	2.550×10^{-2}
4	福建福人木业有限公司	7.633×10^{-2}	29	福建省古田县丰森板业有限公司	2.491×10^{-2}
5	龙岩市新罗区小池培斜竹制品有限公司	4.813×10^{-2}	30	福建省永林竹业有限公司	2.457×10^{-2}
6	建阳森岚木业有限责任公司	4.813×10^{-2}	31	福建省建瓯市顺鑫刨花板有限公司	2.427×10^{-2}
7	福建省建阳市鑫泉木业有限公司	4.595×10^{-2}	32	永安市吉通板业有限公司	2.416×10^{-2}
8	福建省光泽沪千人造板制造有限公司	4.220×10^{-2}	33	福建省邵武市绿源人造板有限公司	2.378×10^{-2}
9	福建省建瓯市华宇竹业有限公司	4.062×10^{-2}	34	沙县和鑫木业有限公司	2.378×10^{-2}
10	永安市永盛人造板有限公司	4.053×10^{-2}	35	福建省海宏木业有限公司	2.354×10^{-2}
11	建瓯福人木业有限公司	4.033×10^{-2}	36	福建省建阳市山鼎竹艺有限公司	2.341×10^{-2}
12	福建篁城科技竹业有限公司	3.996×10^{-2}	37	泰宁县三林木业有限公司	2.327×10^{-2}
13	龙海市美佳人造板木业有限公司	3.846×10^{-2}	38	福建三明东来装饰材料有限公司	2.291×10^{-2}
14	福州晋安寿山乡竹木制品厂	3.685×10^{-2}	39	漳州市新欣木业有限公司	2.291×10^{-2}
15	福建省沙县明福木业有限公司	3.685×10^{-2}	40	福建省世竹环保科技有限公司	2.254×10^{-2}
16	漳州柏桦木业有限公司	3.540×10^{-2}	41	泉州市泉港森益木业有限公司	2.237×10^{-2}
17	永安市兴国人造板有限公司	3.493×10^{-2}	42	福建省沙县兴业人造板有限公司	2.237×10^{-2}
18	福建永春美岭人造板厂	3.466×10^{-2}	43	龙岩市绿源人造板有限公司	2.145×10^{-2}
19	福建杜氏木业有限公司	3.280×10^{-2}	44	福建省建瓯市顺发木业有限公司	2.145×10^{-2}
20	永安市兴隆木业有限公司	3.270×10^{-2}	45	福州开发区天福木业有限公司	2.110×10^{-2}
21	永春县美岭胶合板二厂	3.201×10^{-2}	46	福建省沙县鸿林装饰材料有限公司	2.110×10^{-2}
22	南平市延发竹木有限公司	3.104×10^{-2}	47	福建省建瓯市万森竹木业有限公司	2.074×10^{-2}
23	宁德市顺丰胶合板有限公司	3.012×10^{-2}	48	福建省建瓯市昌隆竹业有限公司	2.066×10^{-2}
24	福州寿岭竹制品有限公司	2.823×10^{-2}	49	邵武市叶之林木竹有限公司	2.033×10^{-2}
25	福建盛达木业有限公司	2.806×10^{-2}	50	福建连城航凯木业有限公司	2.033×10^{-2}

6-13　福建省家具制造业企业国内市场占有率50强

（2009年）

序号	企业名称	占有率（%）	序号	企业名称	占有率（%）
1	诚丰家具（中国）有限公司	41.332×10^{-2}	26	惠安县昌源木制工艺有限公司	3.077×10^{-2}
2	漳州西华工业有限公司	20.170×10^{-2}	27	福州上华防火设备有限公司	3.077×10^{-2}
3	福建冠达星五金制品有限公司	17.054×10^{-2}	28	福建省武夷山依竹缘生物工程有限公司	3.026×10^{-2}
4	漳州市林奇钢管有限公司	13.682×10^{-2}	29	惠安县惠成藤业有限公司	2.984×10^{-2}
5	漳州市坤生家具有限公司	12.569×10^{-2}	30	闽侯县明泰家具有限公司	2.984×10^{-2}
6	福建省南安市森源木业有限公司	12.213×10^{-2}	31	福建惠安县振惠家私有限公司	2.984×10^{-2}
7	福建东林家俱有限公司	8.191×10^{-2}	32	福建省南安市鼎美家私有限公司	2.984×10^{-2}
8	莆田标准木业有限公司	7.989×10^{-2}	33	福清市鸿盛家俱有限公司	2.855×10^{-2}
9	福州开发区磊丰建材有限公司	6.368×10^{-2}	34	漳州市天力金属制品有限公司	2.737×10^{-2}
10	厦门市建潘卫厨有限公司	6.318×10^{-2}	35	福建省建瓯市1是1家私有限公司	2.677×10^{-2}
11	福建丞翔家具有限公司	6.015×10^{-2}	36	福建六维实业有限公司	2.649×10^{-2}
12	福清市龙港金属制品有限公司	5.365×10^{-2}	37	平和县主鸿装潢制品有限公司	2.392×10^{-2}
13	厦门康先电子科技有限公司	5.086×10^{-2}	38	福建省武平县龙兴木业有限公司	2.284×10^{-2}
14	泉州市锦盛轻工制品有限公司	4.785×10^{-2}	39	尧富家具（漳州）有限公司	2.264×10^{-2}
15	福州傲多旅游休闲用品有限公司	4.618×10^{-2}	40	福建省三明市叶安居家具有限公司	2.225×10^{-2}
16	漳州市新嘉华家具有限公司	4.430×10^{-2}	41	厦门市兴泰隆工贸发展有限公司	2.219×10^{-2}
17	漳州喜盈门家具制品有限公司	4.000×10^{-2}	42	福建美科轻工制品有限公司	2.136×10^{-2}
18	福建攀达实业有限公司	3.584×10^{-2}	43	福建省福鼎市郑源工艺有限公司	2.037×10^{-2}
19	福建泉州广大木业有限公司	3.584×10^{-2}	44	福建泉州市红苹果家具有限公司	1.914×10^{-2}
20	福建省邵武市森博木制家居用品有限公司	3.584×10^{-2}	45	永安市万盛家具有限公司	1.914×10^{-2}
21	泉州现代家具企业有限公司	3.529×10^{-2}	46	漳州市龙文利得家具有限公司	1.855×10^{-2}
22	仙游县宝峰钢木家具有限公司	3.399×10^{-2}	47	闽侯县福辉家具有限公司	1.820×10^{-2}
23	莆田市精工家具有限公司	3.311×10^{-2}	48	福州宝恒家具有限公司	1.820×10^{-2}
24	建瓯市壹是壹竹木有限公司	3.284×10^{-2}	49	龙怀工业（漳州）有限公司	1.815×10^{-2}
25	福州恒鑫轻工制品有限公司	3.234×10^{-2}	50	福建省武平县云河木业有限公司	1.788×10^{-2}

6-14　福建省造纸及纸制品业企业国内市场占有率50强

（2009年）

序号	企业名称	占有率（%）	序号	企业名称	占有率（%）
1	恒安（中国）卫生用品有限公司	16.657×10^{-2}	26	漳州金鑫辉包装有限公司	3.309×10^{-2}
2	福建省南纸股份有限公司	16.028×10^{-2}	27	新利达（漳州）包装纸品有限公司	3.309×10^{-2}
3	福建省青山纸业股份有限公司	12.800×10^{-2}	28	福建亿发集团有限公司	3.140×10^{-2}
4	恒安（中国）纸业有限公司	11.839×10^{-2}	29	德化县顺德包装彩印有限公司	3.059×10^{-2}
5	福建恒安集团有限公司	11.082×10^{-2}	30	福建优兰发涂革纸制品有限公司	2.949×10^{-2}
6	福建恒利集团有限公司	10.773×10^{-2}	31	泉州来亚丝卫生用品有限公司	2.697×10^{-2}
7	漳州联盛纸业有限公司	8.878×10^{-2}	32	厦门安妮企业有限公司	2.685×10^{-2}
8	福建省晋江优兰发纸业有限公司	8.878×10^{-2}	33	南安金格纸业有限公司	2.584×10^{-2}
9	福建希源纸业有限公司	6.728×10^{-2}	34	漳州盈晟纸业有限公司	2.578×10^{-2}
10	惠安县达利包装有限公司	6.290×10^{-2}	35	福建恒利纸业有限公司	2.477×10^{-2}
11	福建省永春宏益纸业有限公司	6.096×10^{-2}	36	福建华发包装有限公司	2.477×10^{-2}
12	泉州市永春联盛纸品有限公司	6.078×10^{-2}	37	福建泉州群发包装纸品有限公司	2.329×10^{-2}
13	厦门安妮股份有限公司	6.011×10^{-2}	38	厦门合兴包装印刷股份有限公司	2.329×10^{-2}
14	福建省联盛纸业有限责任公司	5.178×10^{-2}	39	福建省永春宏美纸业有限公司	2.295×10^{-2}
15	福建省永春宏泰实业有限公司	5.178×10^{-2}	40	建宁县联丰造纸有限公司（铙纸集团）	2.253×10^{-2}
16	漳州华荣纸业有限公司	4.912×10^{-2}	41	莆田市大地纸品有限公司	2.237×10^{-2}
17	莆田市泰盛包装彩印厂	4.903×10^{-2}	42	龙海市榜山民政三星造纸厂	2.211×10^{-2}
18	漳州港兴纸业有限公司	4.818×10^{-2}	43	安诺纸业（福建）有限公司	2.090×10^{-2}
19	泉州华祥纸业有限公司	4.737×10^{-2}	44	泉州祥发包装有限公司	2.090×10^{-2}
20	泉州贵格纸业有限公司	4.553×10^{-2}	45	莆田市再生纸品福利厂	2.048×10^{-2}
21	福建省青州造纸有限责任公司	4.108×10^{-2}	46	邵武中竹林纸有限责任公司	2.048×10^{-2}
22	福建泰兴特纸有限公司	3.996×10^{-2}	47	福建省福清友发实业有限公司	1.965×10^{-2}
23	福建华泰包装有限公司	3.940×10^{-2}	48	莆田鑫祥工贸有限公司	1.965×10^{-2}
24	福建泉州联兴纸业集团有限公司	3.786×10^{-2}	49	敦信纸业有限责任公司	1.947×10^{-2}
25	晋江恒安家庭生活用纸有限公司	3.375×10^{-2}	50	福建长信纸业包装有限公司	1.932×10^{-2}

6-15 福建省印刷业和记录媒介的复制企业国内市场占有率50强

（2009年）

序号	企业名称	占有率（%）	序号	企业名称	占有率（%）
1	福建省晋江市大自然彩色印刷有限公司	12.032×10^{-2}	26	福建省莆田市三利包装印刷有限公司	2.472×10^{-2}
2	福建省蓝建集团公司	10.655×10^{-2}	27	福建新华印刷厂	2.457×10^{-2}
3	福州瑞华印制线路板有限公司	10.340×10^{-2}	28	莆田市城厢区燎原印刷厂	2.457×10^{-2}
4	利达（福州）彩色印刷有限公司	7.801×10^{-2}	29	龙岩市天臣新型包装材料有限公司	2.193×10^{-2}
5	厦门五福印务有限公司	7.801×10^{-2}	30	晋江市旭日东升彩印有限公司	2.063×10^{-2}
6	厦门富华兴印刷有限公司	6.622×10^{-2}	31	福建惠安县辉鑫彩印有限公司	2.063×10^{-2}
7	漳州富亿纸品有限公司	6.579×10^{-2}	32	光夏包装（厦门）有限公司	2.063×10^{-2}
8	厦门鑫叶印务有限公司	6.187×10^{-2}	33	福州华悦印务有限公司	2.033×10^{-2}
9	福州晚报印刷厂	6.125×10^{-2}	34	福州千帆印刷有限公司	2.032×10^{-2}
10	福建三华彩印有限公司	5.893×10^{-2}	35	吉富（厦门）实业有限公司	1.996×10^{-2}
11	莆田市鸿立印刷包装有限公司	5.443×10^{-2}	36	厦门华洋彩色印刷有限公司	1.907×10^{-2}
12	艾派集团（中国）有限公司	4.504×10^{-2}	37	福建日报闽南印务有限责任公司	1.873×10^{-2}
13	福建鸿博印刷股份有限公司	3.768×10^{-2}	38	漳州市桥南印刷有限公司	1.755×10^{-2}
14	泉州市泉港区日盛彩印有限公司	3.768×10^{-2}	39	厦门大嘉美印刷有限公司	1.598×10^{-2}
15	泉州中德印务有限公司	3.768×10^{-2}	40	莆田市鹏飞包装印刷有限公司	1.598×10^{-2}
16	福建省石狮市富兴包装材料有限公司	3.768×10^{-2}	41	福建省新佳丽绿色印刷包装有限公司	1.518×10^{-2}
17	莆田市华盛包装有限公司	3.755×10^{-2}	42	漳州吉马彩印有限公司	1.507×10^{-2}
18	泉州市金百利包装用品有限公司	3.616×10^{-2}	43	泉州市泉港福利印务有限公司	1.467×10^{-2}
19	福建中澳科技有限公司	3.196×10^{-2}	44	福建省邮电印刷厂	1.441×10^{-2}
20	福建省安溪玉田彩印有限公司	3.196×10^{-2}	45	安溪县怡龙茶叶包装工贸有限公司	1.438×10^{-2}
21	安溪龙兴彩印有限公司	3.196×10^{-2}	46	厦门市锦久彩印有限公司	1.438×10^{-2}
22	厦门市吉宏印刷有限公司	3.196×10^{-2}	47	厦门金百汇印刷有限公司	1.321×10^{-2}
23	辑美彩印（厦门）有限公司	2.911×10^{-2}	48	厦门恒兴彩印有限公司	1.321×10^{-2}
24	福建省安溪县雁塔印刷有限公司	2.472×10^{-2}	49	人民日报社福州印务中心	1.310×10^{-2}
25	泉州力邦彩印有限公司	2.472×10^{-2}	50	福建省莆田市方丰彩印有限公司	1.281×10^{-2}

6-16 福建省文教体育用品制造业企业国内市场占有率50强

（2009年）

序号	企业名称	占有率（%）	序号	企业名称	占有率（%）
1	漳州蒙发利实业有限公司	83.265×10^{-2}	26	诏安县宏业塑胶玩具有限公司	2.519×10^{-2}
2	樱花（福建）包装文具有限公司	36.288×10^{-2}	27	福州唐荣文具有限公司	2.421×10^{-2}
3	百花（福建）文具有限公司	17.708×10^{-2}	28	厦门宇龙机械有限公司	2.421×10^{-2}
4	福建省舒华体育用品有限公司	13.419×10^{-2}	29	石狮市快克体育用品有限公司	2.364×10^{-2}
5	石狮市非凡运动器材有限公司	8.704×10^{-2}	30	福建政和县百事特文具有限公司	2.359×10^{-2}
6	福州吉祥塑胶有限公司	8.640×10^{-2}	31	厦门兴翔天电子有限公司	2.175×10^{-2}
7	福建（长泰）星泰体育用品有限公司	7.053×10^{-2}	32	福州统联文具礼品有限公司	2.118×10^{-2}
8	福建新代实业有限公司	6.935×10^{-2}	33	石狮市日东升体育用品制造有限公司	2.102×10^{-2}
9	厦门康乐佳运动器材有限公司同安分公司	6.437×10^{-2}	34	厦门侨兴工业有限公司	2.028×10^{-2}
10	福建元吉体育用品有限公司	6.295×10^{-2}	35	石狮市新星体育用品有限公司	2.027×10^{-2}
11	漳州龙达利健身器材有限公司	6.002×10^{-2}	36	龙海市美轮健身用品有限公司	1.974×10^{-2}
12	厦门康乐佳运动器材有限公司	5.165×10^{-2}	37	福建省建宁县众力木业有限公司	1.938×10^{-2}
13	晋江市展望电子有限公司	4.729×10^{-2}	38	泉州市荀浯军教器材有限公司	1.938×10^{-2}
14	厦门上特展示系统工程有限公司	4.618×10^{-2}	39	诏安县佳实工艺制品有限公司	1.822×10^{-2}
15	泉州远太文化用品有限公司	4.572×10^{-2}	40	福州星奥运动器材有限公司	1.572×10^{-2}
16	厦门市云中飞体育用品有限公司	4.449×10^{-2}	41	厦门博特运动器材有限公司	1.572×10^{-2}
17	福建省强力体育用品有限公司	4.235×10^{-2}	42	福建沃格体育用品开发有限公司	1.572×10^{-2}
18	泉州克拉克体育用品有限公司	4.087×10^{-2}	43	福建省伟志兴体育用品有限公司	1.541×10^{-2}
19	诏安东泰塑胶玩具有限公司	3.575×10^{-2}	44	石狮市赛克信运动用品有限公司	1.527×10^{-2}
20	厦门市康福兴科技发展有限公司	3.558×10^{-2}	45	寿宁县科智木竹工艺厂	1.497×10^{-2}
21	诏安新明星塑胶实业有限公司	3.250×10^{-2}	46	翰东（福建）文体用品有限公司	1.269×10^{-2}
22	福州和声钢琴有限公司	3.189×10^{-2}	47	中普（晋江）塑胶有限公司	1.269×10^{-2}
23	诏安县恒星塑胶玩具有限公司	3.071×10^{-2}	48	诏安县扬帆玩具有限公司	1.269×10^{-2}
24	厦门市优华体育用品有限公司	3.004×10^{-2}	49	厦门群鑫机械工业有限公司	1.258×10^{-2}
25	福建长泰珠益运动器材有限公司	2.981×10^{-2}	50	漳州市胜新文具制造有限公司	1.168×10^{-2}

6-17 福建省化学原料及化学制品制造业企业国内市场占有率50强

（2009年）

序号	企业名称	占有率（%）	序号	企业名称	占有率（%）
1	翔鹭石化股份有限公司	23.066×10^{-2}	26	福建榕昌化工有限公司	0.811×10^{-2}
2	腾龙特种树脂（厦门）有限公司	3.730×10^{-2}	27	沙县宏盛塑料有限公司	0.794×10^{-2}
3	锐珂（厦门）医疗器材有限公司	3.550×10^{-2}	28	福建立恒涂料有限公司	0.779×10^{-2}
4	福建三钢（集团）三明化工有限责任公司	2.454×10^{-2}	29	福建万顺粉末涂料有限公司	0.779×10^{-2}
5	福建省邵化化工有限公司	2.045×10^{-2}	30	福州坤彩精华有限公司	0.764×10^{-2}
6	漳州亚邦化学有限公司	1.928×10^{-2}	31	福建海峡科化股份有限公司永安分公司	0.746×10^{-2}
7	福建方兴化工有限公司	1.491×10^{-2}	32	福州金凤涂料有限公司	0.732×10^{-2}
8	福建湄洲湾氯碱工业有限公司	1.469×10^{-2}	33	泉州市三立漆有限公司	0.732×10^{-2}
9	智胜化工股份有限公司	1.467×10^{-2}	34	福建省东南电化股份有限公司	0.732×10^{-2}
10	三棵树涂料股份有限公司	1.438×10^{-2}	35	漳州利南有机硅业有限公司	0.725×10^{-2}
11	福建纺织化纤集团有限公司	1.342×10^{-2}	36	福建泉州恒泉化妆品有限公司	0.698×10^{-2}
12	柯达（中国）股份有限公司厦门分公司	1.276×10^{-2}	37	福建高科日化有限公司	0.654×10^{-2}
13	长春化工（漳州）有限公司	1.275×10^{-2}	38	林德气体（厦门）有限公司	0.651×10^{-2}
14	福建省顺昌富宝实业有限公司	1.264×10^{-2}	39	莆田市明宝树脂化学有限公司	0.625×10^{-2}
15	三明鑫隆化工有限公司	1.264×10^{-2}	40	福建省龙岩龙化化工有限公司	0.584×10^{-2}
16	福建东海漆业有限公司	1.251×10^{-2}	41	厦门固克科技发展有限公司	0.580×10^{-2}
17	福建兴宇树脂有限公司	1.217×10^{-2}	42	厦门舫昌佛具有限公司	0.577×10^{-2}
18	泉州市信和涂料有限公司	1.217×10^{-2}	43	福建银达树脂有限公司	0.576×10^{-2}
19	福建省金鹿日化有限公司	1.174×10^{-2}	44	石狮市大元化工有限公司	0.576×10^{-2}
20	厦门金桐合成洗涤剂有限公司	0.978×10^{-2}	45	汇盈化学品实业（泉州）有限公司	0.563×10^{-2}
21	福建双飞日化有限公司	0.924×10^{-2}	46	三明市精诚化工有限公司	0.528×10^{-2}
22	福建金鑫钨业有限公司	0.873×10^{-2}	47	福清市友谊粘胶带制品有限公司	0.509×10^{-2}
23	福州市耀隆化工集团	0.861×10^{-2}	48	福建省百花化学股份有限公司	0.498×10^{-2}
24	福建南光轻工有限公司	0.848×10^{-2}	49	福州一化化学品股份有限公司	0.496×10^{-2}
25	福建省三明同晟化工有限公司	0.839×10^{-2}	50	莆田市新邦胶粘制品有限公司	0.493×10^{-2}

6-18 福建省医药制造业企业国内市场占有率50强

（2009年）

序号	企业名称	占有率（%）	序号	企业名称	占有率（%）
1	福建省福抗药业股份有限公司	5.995×10^{-2}	26	厦门鹰君保健食品有限公司	1.248×10^{-2}
2	福建三爱药业有限公司	5.869×10^{-2}	27	福建省幸福生物科技有限公司	1.152×10^{-2}
3	福州海王福药制药有限公司	5.246×10^{-2}	28	福建省神六保健食品有限公司	1.042×10^{-2}
4	石狮市华宝集团有限公司	4.948×10^{-2}	29	福建省胜达化工有限公司	1.042×10^{-2}
5	北京同仁堂健康药业（福州）有限公司	4.758×10^{-2}	30	漳州水仙药业有限公司	0.978×10^{-2}
6	福建省闽东力捷迅药业有限公司	4.329×10^{-2}	31	福清市新大泽螺旋藻有限公司	0.954×10^{-2}
7	福建金山医药实业集团有限公司	4.114×10^{-2}	32	福建省漳州市乐尔康药业有限公司	0.915×10^{-2}
8	厦门金日制药有限公司	3.688×10^{-2}	33	厦门特宝生物工程股份有限公司	0.866×10^{-2}
9	福建古田药业有限公司	3.210×10^{-2}	34	福州海王金象中药制药有限公司	0.844×10^{-2}
10	漳州片仔癀药业股份有限公司	2.909×10^{-2}	35	大田华灿生物科技有限公司	0.844×10^{-2}
11	福建南少林药业有限公司	2.384×10^{-2}	36	福建省兴源集团（莆田）药业有限公司	0.816×10^{-2}
12	丽珠集团福州福兴医药有限公司	2.379×10^{-2}	37	福州大北农生物技术有限公司	0.816×10^{-2}
13	厦门星鲨药业集团有限公司	2.338×10^{-2}	38	福建汇天生物药业有限公司	0.807×10^{-2}
14	英科新创（厦门）科技有限公司	2.245×10^{-2}	39	仙游三和生物科技有限公司	0.781×10^{-2}
15	福建建东药业有限公司	2.182×10^{-2}	40	福建泰普生物科学有限公司	0.758×10^{-2}
16	福建天泉药业股份有限公司	2.155×10^{-2}	41	顺昌县天顺螺旋藻有限公司	0.741×10^{-2}
17	福建南方制药股份有限公司	2.091×10^{-2}	42	古田福兴医药有限公司	0.716×10^{-2}
18	福建广生堂药业有限公司	2.065×10^{-2}	43	福州迈新生物技术开发有限公司	0.680×10^{-2}
19	厦门中药厂有限公司	1.551×10^{-2}	44	福建省汉堂生物制药股份有限公司	0.680×10^{-2}
20	福州闽海药业有限公司	1.551×10^{-2}	45	福建省天馨生物科技有限公司	0.675×10^{-2}
21	福建金山生物制药股份有限公司	1.551×10^{-2}	46	三明三药兽药有限公司	0.603×10^{-2}
22	三明市华健生物药业有限公司	1.438×10^{-2}	47	福州辰星药业有限公司	0.587×10^{-2}
23	福建省洪诚生物药业有限公司	1.373×10^{-2}	48	福鼎康乐药业有限公司	0.585×10^{-2}
24	福建省莆田市德龙药业有限公司	1.248×10^{-2}	49	美吉斯制药（厦门）有限公司	0.573×10^{-2}
25	福建归真堂药业股份有限公司	1.248×10^{-2}	50	福建仙芝楼生物科技有限公司	0.564×10^{-2}

6-19 福建省化学纤维制造业企业国内市场占有率50强

（2009年）

序号	企业名称	占有率（%）	序号	企业名称	占有率（%）
1	福建省金纶高纤股份有限公司	113.664×10^{-2}	26	福建正利发树脂有限公司	4.069×10^{-2}
2	长乐力源锦纶实业有限公司	100.552×10^{-2}	27	福建佳亿化纤有限公司	3.668×10^{-2}
3	福建百宏聚纤科技实业有限公司	75.539×10^{-2}	28	金强硅酸钙板（福州）有限公司	3.668×10^{-2}
4	长乐力恒锦纶科技有限公司	62.374×10^{-2}	29	福建省长乐市力拓锦纶有限公司	3.668×10^{-2}
5	泉州天宇化纤织造实业有限公司	29.503×10^{-2}	30	福建腾茂轻工有限公司	3.566×10^{-2}
6	厦门翔鹭化纤股份有限公司	24.780×10^{-2}	31	泉州嘉佳利纤维发展有限公司	3.293×10^{-2}
7	晋江市锦福化纤聚合有限公司	23.463×10^{-2}	32	福州华凤纺织有限公司	3.293×10^{-2}
8	福建省长乐市华威化纤有限公司	21.257×10^{-2}	33	晋江基隆化纤有限公司	3.293×10^{-2}
9	福建锦江科技有限公司	21.257×10^{-2}	34	福建省南安市华阳水带织造厂	3.293×10^{-2}
10	福建省长乐市创造者锦纶实业有限公司	21.257×10^{-2}	35	泉州市三星消防设备有限公司	3.268×10^{-2}
11	福建凯邦锦纶科技有限公司	21.257×10^{-2}	36	福州振华化纤有限公司	3.216×10^{-2}
12	锦兴（福建）化纤纺织实业有限公司	14.362×10^{-2}	37	福建丰丰竹浆粕有限公司	2.368×10^{-2}
13	福建省长乐市华阳经编织造厂	9.722×10^{-2}	38	福建省长乐市峰华合成纤维有限公司	2.368×10^{-2}
14	福建盛达化纤有限公司	9.722×10^{-2}	39	泉州市富嘉轻工纺织有限公司	2.368×10^{-2}
15	福建省源威涤锦科技有限公司	9.556×10^{-2}	40	泉州泓霖化纤有限公司	2.337×10^{-2}
16	福建省长乐市鑫城化纤有限公司	9.205×10^{-2}	41	福建省长乐市聚隆化纤有限公司	1.580×10^{-2}
17	科一（福建）超纤股份有限公司	9.205×10^{-2}	42	泰鑫化纤（中国）有限公司	1.580×10^{-2}
18	濠锦化纤（福州）有限公司	9.205×10^{-2}	43	晋江兴利来织造服饰有限公司	1.267×10^{-2}
19	泉州市世腾科技发展有限公司	6.467×10^{-2}	44	福州宏伟兴业化纤有限公司	1.267×10^{-2}
20	福建华城实业有限公司	4.115×10^{-2}	45	晋江市均利无纺制品有限公司	1.192×10^{-2}
21	福建隆上超纤有限公司	4.115×10^{-2}	46	泉州万华意利高分子材料有限责任公司	1.064×10^{-2}
22	福建省长乐市金港化纤有限公司	4.115×10^{-2}	47	泉州市霞美纤维制品有限公司	1.064×10^{-2}
23	福建百凯纺织化纤实业有限公司	4.115×10^{-2}	48	厦门德汇工贸有限公司	1.064×10^{-2}
24	永安市华永化纤有限公司	4.069×10^{-2}	49	漳州晋康化纤有限公司	0.705×10^{-2}
25	晋江市荣耀纤维制品有限公司	4.069×10^{-2}	50	福建省宏鑫化纤实业有限公司	0.705×10^{-2}

6-20 福建省橡胶制品业企业国内市场占有率50强

（2009年）

序号	企业名称	占有率（%）	序号	企业名称	占有率（%）
1	厦门正新橡胶工业有限公司	113.539×10^{-2}	26	福建晋江凤竹鞋业发展有限公司	3.152×10^{-2}
2	厦门正新海燕轮胎有限公司	65.803×10^{-2}	27	惠安县恒德信橡塑制品有限公司	3.112×10^{-2}
3	厦门正新实业有限公司	25.834×10^{-2}	28	福建晋江市越峰鞋塑有限公司	3.112×10^{-2}
4	福建佳通轮胎有限公司	17.874×10^{-2}	29	泉州市宏利达橡塑制品有限公司	3.029×10^{-2}
5	清美（中国）有限公司	15.788×10^{-2}	30	莆田市双雕气垫有限公司	2.947×10^{-2}
6	福建飞越鞋服有限公司	15.788×10^{-2}	31	闽发（福建）鞋材有限公司	2.947×10^{-2}
7	泉州鸿绮轻工有限公司	15.457×10^{-2}	32	泉州市正亿体育用品有限公司	2.867×10^{-2}
8	华珠（泉州）鞋业有限公司	11.430×10^{-2}	33	福建新纪元鞋材发展有限公司	2.669×10^{-2}
9	福建省晋江陈埭江头茂泰橡塑厂	9.384×10^{-2}	34	泉州市安成橡胶制品有限公司	2.538×10^{-2}
10	莆田市维琪鞋业有限公司	9.001×10^{-2}	35	福建省大远鞋材发展有限公司	2.261×10^{-2}
11	厦门长天企业有限公司	8.628×10^{-2}	36	福建省晋江市中利鞋材有限公司	2.261×10^{-2}
12	盛辉（福建）鞋材有限公司	7.934×10^{-2}	37	厦门市德阳鞋业有限公司	2.223×10^{-2}
13	福建环科集团三明市高科橡胶有限公司	7.727×10^{-2}	38	晋江市慷慨橡塑制品有限公司	2.111×10^{-2}
14	福建省邵武市正兴武夷轮胎有限公司	6.222×10^{-2}	39	福建宏玮鞋塑有限公司	2.111×10^{-2}
15	福建省莆田市海安橡胶有限公司	5.953×10^{-2}	40	晋江市宇顺鞋塑有限公司	1.958×10^{-2}
16	泉州益源鞋业有限公司	5.647×10^{-2}	41	莆田市宝瑞欣轻工有限公司	1.920×10^{-2}
17	惠安县友达包装用品有限公司	5.293×10^{-2}	42	福建八达通鞋材轻工有限公司	1.884×10^{-2}
18	合众天成（福建）运动用品有限公司	4.813×10^{-2}	43	福建和益塑料有限公司	1.884×10^{-2}
19	莆田市涵江区荣达鞋业有限公司	4.783×10^{-2}	44	建新橡胶（福建）有限公司	1.786×10^{-2}
20	惠安恒茂塑胶有限公司	4.783×10^{-2}	45	莆田立足鞋业有限公司	1.736×10^{-2}
21	福建环科化工橡胶集团有限公司	4.309×10^{-2}	46	厦门麦丰密封件有限公司	1.683×10^{-2}
22	福建惠安县怡德塑胶有限公司	4.110×10^{-2}	47	晋江华鑫塑料橡胶制品有限公司	1.532×10^{-2}
23	晋江市陈埭康登鞋服有限公司	3.813×10^{-2}	48	晋江国盛鞋材有限公司	1.479×10^{-2}
24	晋江市泰亚鞋业发展有限公司	3.777×10^{-2}	49	泉州嘉庆轻工有限公司	1.428×10^{-2}
25	福建省晋江市东风橡胶厂	3.156×10^{-2}	50	福建省明溪明信橡塑有限公司	1.389×10^{-2}

6-21 福建省塑料制品业企业国内市场占有率50强

（2009年）

序号	企业名称	占有率（%）	序号	企业名称	占有率（%）
1	福建亚通新材料科技股份有限公司	15.924×10^{-2}	26	莆田鞋乐鞋材有限公司	2.455×10^{-2}
2	福建振云塑业股份有限公司	8.168×10^{-2}	27	福建永丰合成革有限公司	2.420×10^{-2}
3	福州茶花家居塑料日用品有限公司	8.091×10^{-2}	28	福建新泰革业有限公司	2.418×10^{-2}
4	福建恒杰塑业新材料有限公司	6.259×10^{-2}	29	福建可利得皮革纤维有限公司	2.350×10^{-2}
5	泉州利昌塑胶有限公司	6.195×10^{-2}	30	南安市源兴塑胶制品有限公司	2.265×10^{-2}
6	福建省石狮市华联服装配件企业有限公司	5.053×10^{-2}	31	厦门威迪亚科技有限公司	2.259×10^{-2}
7	福建华闽再生资源有限公司	3.572×10^{-2}	32	福建亚太建材有限公司	2.217×10^{-2}
8	晋江市恒安卫生材料有限公司	3.572×10^{-2}	33	漳州永裕隆塑胶制品有限公司	2.201×10^{-2}
9	莆田市永丰鞋业有限公司	3.531×10^{-2}	34	莆田市阳光塑胶有限公司	2.190×10^{-2}
10	南安市华益塑胶制造有限公司	3.531×10^{-2}	35	福建晟扬管道科技有限公司	2.171×10^{-2}
11	福建星泰合成革有限公司	3.351×10^{-2}	36	通达（厦门）科技有限公司	2.148×10^{-2}
12	泉州嘉德利电子材料有限公司	3.269×10^{-2}	37	福州叶下塑革有限公司	2.127×10^{-2}
13	福建融音塑业有限公司	3.269×10^{-2}	38	南亚塑胶工业（厦门）有限公司	2.118×10^{-2}
14	福建大帝实业有限公司	3.236×10^{-2}	39	福鼎市永大合成革有限公司	2.066×10^{-2}
15	龙岩市建大塑料制品有限公司	3.236×10^{-2}	40	福州禧龙宝塑胶制品有限公司	2.030×10^{-2}
16	福建华泰皮革有限公司	3.230×10^{-2}	41	厦门瑞尔特卫浴工业有限公司	2.018×10^{-2}
17	福州市仓山清源鞋厂	3.143×10^{-2}	42	厦门彰泰隔热膜有限公司	1.970×10^{-2}
18	石狮市锦荣塑料五金有限公司	3.143×10^{-2}	43	福清市祥龙塑胶有限公司	1.970×10^{-2}
19	福建省南平金月合成革有限公司	3.129×10^{-2}	44	福建鼎盛超纤皮塑有限公司	1.970×10^{-2}
20	福建华源纤维有限公司	3.073×10^{-2}	45	福建宏福皮革有限公司	1.945×10^{-2}
21	泉州三盛橡塑发泡鞋材有限公司	2.936×10^{-2}	46	福建省中意药用包装有限公司	1.938×10^{-2}
22	龙岩市建盛塑料工业有限公司	2.919×10^{-2}	47	融林塑胶（福建）有限公司	1.914×10^{-2}
23	漳州市龙海集友塑料有限公司	2.806×10^{-2}	48	源兴包装（中国）有限公司	1.892×10^{-2}
24	福建金诚合成革有限公司	2.700×10^{-2}	49	福建纳川管材科技股份有限公司	1.870×10^{-2}
25	樱花（福建）塑胶实业有限公司	2.540×10^{-2}	50	莆田市仁兴鞋业有限公司	1.854×10^{-2}

6-22　福建省非金属矿物制品业企业国内市场占有率50强

（2009年）

序号	企业名称	占有率（%）	序号	企业名称	占有率（%）
1	福建龙麟集团有限公司	4.395×10^{-2}	26	南安协进建材有限公司	1.986×10^{-2}
2	福建春驰集团新丰水泥有限公司	4.153×10^{-2}	27	福建省华辉石业股份有限公司	1.978×10^{-2}
3	雅致集成房屋股份有限公司福州分公司	4.153×10^{-2}	28	福建省南安市华盛陶瓷建材厂	1.893×10^{-2}
4	福耀集团（福建）工程玻璃有限公司	3.604×10^{-2}	29	港龙（泉州）石材有限公司	1.874×10^{-2}
5	福建金牛水泥有限公司	3.508×10^{-2}	30	福建省晋江豪山建材公司	1.869×10^{-2}
6	福建省万达汽车玻璃工业有限公司	3.308×10^{-2}	31	福建省凤山石材集团有限公司	1.807×10^{-2}
7	福建省晋江协隆陶瓷有限公司	3.062×10^{-2}	32	泉州腾辉陶瓷有限公司	1.789×10^{-2}
8	龙岩市新罗区蓝田水泥厂	3.017×10^{-2}	33	厦门路桥翔通股份有限公司	1.782×10^{-2}
9	晋江市恒达陶瓷有限公司	2.999×10^{-2}	34	福建省东升石业股份有限公司	1.744×10^{-2}
10	溪石集团发展有限公司	2.907×10^{-2}	35	漳州紫金建材有限公司	1.703×10^{-2}
11	明达玻璃（厦门）有限公司	2.742×10^{-2}	36	福州金牛水泥有限公司	1.643×10^{-2}
12	福建华泰集团有限公司	2.684×10^{-2}	37	漳州旗滨玻璃有限公司	1.558×10^{-2}
13	福建宏发集团有限公司	2.621×10^{-2}	38	福建晋江市祥达陶瓷有限公司	1.558×10^{-2}
14	福州台泥水泥有限公司	2.365×10^{-2}	39	福清市华盛水泥有限公司	1.475×10^{-2}
15	福建省永定闽福建材有限公司	2.365×10^{-2}	40	国产实业（福建）水泥有限公司	1.475×10^{-2}
16	福建建华管桩有限公司	2.365×10^{-2}	41	福建省晋江市矿建釉面砖厂	1.475×10^{-2}
17	漳平红狮水泥有限公司	2.345×10^{-2}	42	福建省晋江市内坑社仔顺兴陶瓷建材厂	1.475×10^{-2}
18	福建省晋江万利瓷业有限公司	2.333×10^{-2}	43	福建新文行灯饰有限公司	1.464×10^{-2}
19	晋江腾达陶瓷有限公司	2.296×10^{-2}	44	福建省南安市豪联建材发展有限责任公司	1.447×10^{-2}
20	晋江市品质陶瓷建材有限公司	2.226×10^{-2}	45	福建水泥股份有限公司建福水泥厂	1.447×10^{-2}
21	三德（中国）水泥股份有限公司	2.166×10^{-2}	46	莆田市日晶玻璃制品有限公司	1.443×10^{-2}
22	晋江远东陶瓷有限公司	2.160×10^{-2}	47	福建龙岩合丰水泥有限公司	1.376×10^{-2}
23	福建省安泰建材实业有限公司	2.052×10^{-2}	48	福建省谋成水泥发展有限公司	1.327×10^{-2}
24	福建省三明钢铁厂劳动服务公司	2.052×10^{-2}	49	福建宝丰管桩有限公司	1.300×10^{-2}
25	泉州荣达陶瓷有限公司	1.986×10^{-2}	50	福建冠福现代家用股份有限公司	1.290×10^{-2}

6-23　福建省黑色金属冶炼及压延加工业企业国内市场占有率 50 强

（2009 年）

序号	企业名称	占有率（%）	序号	企业名称	占有率（%）
1	福建省三钢（集团）有限责任公司	33.612×10^{-2}	26	福建松立带钢有限公司	1.479×10^{-2}
2	福建鑫海冶金有限公司	8.924×10^{-2}	27	福建省辉源金属制品有限公司	1.473×10^{-2}
3	福建三安钢铁有限公司	8.373×10^{-2}	28	漳州三川钢管制品有限公司	1.422×10^{-2}
4	福建亿鑫钢铁有限公司	7.140×10^{-2}	29	福建省周宁鑫源发展有限公司	1.331×10^{-2}
5	福建吴航不锈钢制品有限公司	6.623×10^{-2}	30	周宁县华盛钢业贸易有限公司	1.290×10^{-2}
6	中国国际钢铁制品有限公司	6.623×10^{-2}	31	福建凯景钢铁开发有限公司	1.270×10^{-2}
7	福建凯西不锈钢有限公司	6.122×10^{-2}	32	福建闽光冶炼有限公司	1.217×10^{-2}
8	福建德盛镍业有限公司	4.136×10^{-2}	33	福建省辉源达钢铁制品有限公司	1.167×10^{-2}
9	福建三宝特钢有限公司	4.136×10^{-2}	34	福建省古田县华强特钢有限公司	1.102×10^{-2}
10	厦门众达钢铁有限公司	3.204×10^{-2}	35	福建省明光新型材料有限公司	1.076×10^{-2}
11	福建省闽光新型材料有限公司	2.788×10^{-2}	36	福州福泰钢铁有限公司	0.942×10^{-2}
12	福建省三明钢铁厂小蕉轧钢厂	2.788×10^{-2}	37	福建省长乐市永盛金属制品有限公司	0.941×10^{-2}
13	福建统一马口铁有限公司	2.548×10^{-2}	38	福州开发区宇辉钢铁制品有限公司	0.941×10^{-2}
14	闽清金盛钢业有限公司	2.242×10^{-2}	39	福建省顺昌县宏丰钢铁有限公司	0.941×10^{-2}
15	福建三金钢铁有限公司	2.242×10^{-2}	40	荣兴（福建）特钟钢业有限公司	0.877×10^{-2}
16	龙岩卓龙钢铁有限公司	2.242×10^{-2}	41	福建省华荣钢铁有限公司	0.653×10^{-2}
17	福建宇星实业有限公司	2.242×10^{-2}	42	南平市双友金属有限公司	0.653×10^{-2}
18	福建省长乐市宏顺型材有限公司	2.242×10^{-2}	43	福建省顺昌县新拓华电冶有限公司	0.653×10^{-2}
19	福建三宝钢铁有限公司	2.226×10^{-2}	44	福建三嘉钢铁有限公司	0.653×10^{-2}
20	福建省大众金属有限公司	2.001×10^{-2}	45	福建奇信镍业有限公司	0.653×10^{-2}
21	福建金锋钢业有限公司	1.729×10^{-2}	46	福建鑫晟钢业有限公司	0.653×10^{-2}
22	龙岩卓鹰制铁有限公司	1.701×10^{-2}	47	闽东赛岐经济开发区福华轧钢有限公司	0.635×10^{-2}
23	福建中日达金属有限公司	1.687×10^{-2}	48	福建三山集团南平市钢铁有限公司	0.635×10^{-2}
24	福州吴航钢铁制品有限公司	1.597×10^{-2}	49	福建方明钢铁有限公司	0.633×10^{-2}
25	晋江三益钢铁有限公司	1.479×10^{-2}	50	宁德市鑫宇不锈钢有限公司	0.616×10^{-2}

6-24 福建省有色金属冶炼及压延加工业企业国内市场占有率50强

（2009年）

序号	企业名称	占有率（%）	序号	企业名称	占有率（%）
1	福建紫金矿业股份有限公司	22.833×10^{-2}	26	厦门虹鹭钨钼工业有限公司	1.339×10^{-2}
2	福建省闽发铝业有限公司	11.144×10^{-2}	27	福州航港铝业有限公司	1.319×10^{-2}
3	福建省南平铝业有限公司	9.027×10^{-2}	28	福建金艺铜业有限公司	1.317×10^{-2}
4	中铝瑞闽铝板带有限公司	7.680×10^{-2}	29	泉州市泉港富兴钢板有限公司	1.241×10^{-2}
5	福州奋安铝业有限公司	6.328×10^{-2}	30	福建隆源金属制品有限公司	1.125×10^{-2}
6	厦门厦顺铝箔有限公司	5.601×10^{-2}	31	广福有色金属制品有限公司	1.083×10^{-2}
7	厦门钨业股份有限公司	5.518×10^{-2}	32	福安鑫久铝合金压铸有限公司	0.788×10^{-2}
8	福建省洪泰铜业有限公司	3.455×10^{-2}	33	福建正大铜业有限公司	0.743×10^{-2}
9	福建鑫宇有色金属制品有限公司	2.545×10^{-2}	34	福建上杭县闽粤铜业有限公司	0.743×10^{-2}
10	福建省福安市万利漆包线有限公司	2.431×10^{-2}	35	正邦（福建）冶金材料有限公司	0.743×10^{-2}
11	福建金山黄金冶炼有限公司	2.371×10^{-2}	36	福建长乐市宇航钢管有限公司	0.731×10^{-2}
12	福建固美金属有限公司	2.149×10^{-2}	37	三明市三菲铝业有限公司	0.731×10^{-2}
13	福州正源铝业有限公司	2.149×10^{-2}	38	福建紫金铜业有限公司	0.719×10^{-2}
14	漳州新格有色金属有限公司	2.149×10^{-2}	39	福建省福鼎兴利合金制造有限公司	0.708×10^{-2}
15	福建省南铝板带加工有限公司	2.044×10^{-2}	40	武平紫金矿业有限公司	0.661×10^{-2}
16	福建省华银铝业有限公司	1.966×10^{-2}	41	漳州市荣昌企业发展有限公司	0.661×10^{-2}
17	南方铝业（中国）有限公司	1.917×10^{-2}	42	厦门春保精密钨钢制品有限公司	0.658×10^{-2}
18	厦门金鹭特种合金有限公司	1.793×10^{-2}	43	福清市雄旺五金装饰材料有限公司	0.623×10^{-2}
19	德化县葛坑黄金冶炼有限公司	1.656×10^{-2}	44	厦门苏春兴合金有限公司	0.623×10^{-2}
20	福建中天铜业有限公司	1.564×10^{-2}	45	福建省长汀金龙稀土有限公司	0.622×10^{-2}
21	福建省泉州双恒集团有限公司	1.564×10^{-2}	46	莆田市恒达机电实业有限公司	0.622×10^{-2}
22	福建乐发铜业有限公司	1.484×10^{-2}	47	春保材料科技（厦门）有限公司	0.612×10^{-2}
23	福建省建阳市硬质合金厂	1.484×10^{-2}	48	福建省华普新材料有限公司	0.538×10^{-2}
24	南靖华隆铝制品有限公司	1.429×10^{-2}	49	福建省平和汇盛工业有限公司	0.538×10^{-2}
25	福建省诚明金属冶炼有限公司	1.429×10^{-2}	50	东南铝业有限公司	0.451×10^{-2}

6-25　福建省金属制品业企业国内市场占有率50强

（2009年）

序号	企业名称	占有率（%）	序号	企业名称	占有率（%）
1	升兴（福建）集团有限公司	5.888×10^{-2}	26	漳州市闽达印铁有限公司	1.599×10^{-2}
2	福建省三源金属制品有限公司	5.187×10^{-2}	27	福州通宝燃气具有限公司	1.545×10^{-2}
3	福建德和铁塔设备制造有限公司	4.873×10^{-2}	28	福建省天广消防器材有限公司	1.465×10^{-2}
4	福建福贞金属包装有限公司	4.858×10^{-2}	29	漳州立强五金机械有限公司	1.438×10^{-2}
5	福建冠盖金属包装有限公司	4.686×10^{-2}	30	新万鑫（福建）精密薄板有限公司	1.315×10^{-2}
6	福州德通容器有限公司	3.631×10^{-2}	31	泉州市洛江区双阳金刚石工具有限公司	1.304×10^{-2}
7	漳州市国立金属制品有限公司	3.270×10^{-2}	32	厦门厦工宇威重工有限公司	1.296×10^{-2}
8	太平洋制罐（漳州）有限公司	2.929×10^{-2}	33	石狮市青灿五金工艺品有限公司	1.295×10^{-2}
9	厦门吉源企业有限公司	2.902×10^{-2}	34	福建标新易开盖集团有限公司	1.290×10^{-2}
10	福建鼎盛五金制品有限公司	2.790×10^{-2}	35	长乐铁牛金属制品有限公司	1.221×10^{-2}
11	福建白沙消防工贸有限公司	2.575×10^{-2}	36	福建恒富金属有限公司	1.162×10^{-2}
12	福建华冠金属容器有限公司	2.395×10^{-2}	37	厦门市易洁卫浴有限公司	1.016×10^{-2}
13	福建标新集团（漳州）制罐有限公司	2.395×10^{-2}	38	莆田市涵江区新华光电镀厂	1.004×10^{-2}
14	福州文泰机械铸造有限公司	2.265×10^{-2}	39	泉州市泉港聚宝机械有限公司	0.996×10^{-2}
15	福建天乘不锈钢制造有限公司	2.265×10^{-2}	40	福建士鼎钢铁有限公司	0.994×10^{-2}
16	福建省嘉美五金制品有限公司	2.014×10^{-2}	41	厦门铭光机械制造有限公司	0.979×10^{-2}
17	福建省漳州鑫盛钢结构工程有限公司	2.014×10^{-2}	42	漳州嘉宝包装制品有限公司	0.979×10^{-2}
18	福建省华鼎钢结构工程有限公司	1.985×10^{-2}	43	福建和成制罐有限公司	0.952×10^{-2}
19	莆田市远大钢业有限公司	1.936×10^{-2}	44	福建电建杆塔制造有限责任公司	0.947×10^{-2}
20	汉宝精密五金（莆田）有限公司	1.880×10^{-2}	45	福州铭林钢塔钢构制造有限公司	0.947×10^{-2}
21	福州西园铝材厂	1.851×10^{-2}	46	福建省汇通铜业有限公司	0.947×10^{-2}
22	福建荣盛钢结构实业有限公司	1.797×10^{-2}	47	福建省恒立门业有限责任公司	0.920×10^{-2}
23	泉州鸿泰钢结构实业有限公司	1.725×10^{-2}	48	厦门市达超工贸有限公司	0.881×10^{-2}
24	古田县聚丰合金有限公司	1.719×10^{-2}	49	泉港金万源金属有限公司	0.881×10^{-2}
25	厦门新长诚钢构浪板有限公司	1.673×10^{-2}	50	厦门市锦山金属工业有限公司	0.873×10^{-2}

6-26　福建省通用设备制造业企业国内市场占有率50强

（2009年）

序号	企业名称	占有率（%）	序号	企业名称	占有率（%）
1	福州福大自动化科技有限公司	12.197×10^{-2}	26	漳州闽航发钢管有限公司	0.933×10^{-2}
2	中宇建材集团有限公司	6.919×10^{-2}	27	福建福泉集团有限公司	0.884×10^{-2}
3	林德（中国）叉车有限公司	5.541×10^{-2}	28	厦门银华机械厂	0.884×10^{-2}
4	九牧集团有限公司	4.015×10^{-2}	29	福安市良兴宇金属制品有限公司	0.865×10^{-2}
5	龙工（福建）桥箱有限公司	3.396×10^{-2}	30	南安市利达五金工业有限公司	0.827×10^{-2}
6	福建省辉煌水暖集团有限公司	3.096×10^{-2}	31	龙岩市新罗联合铸造有限公司	0.827×10^{-2}
7	申鹭达集团有限公司	2.989×10^{-2}	32	福建乾达重型机械有限公司	0.810×10^{-2}
8	福建福德自动化科技有限公司	2.527×10^{-2}	33	周宁县亿得宝标准件有限公司	0.766×10^{-2}
9	福安市东升金属材料有限公司	1.902×10^{-2}	34	寿宁县兴达金属制品铸造有限公司	0.766×10^{-2}
10	福州市盖山机床厂	1.902×10^{-2}	35	卡斯卡特（厦门）叉车属具有限公司	0.743×10^{-2}
11	福建多棱铸造有限公司	1.799×10^{-2}	36	福建龙溪轴承（集团）股份有限公司	0.734×10^{-2}
12	诺尔起重设备（中国）有限公司	1.629×10^{-2}	37	大田县长鑫船舶配件制造有限公司	0.712×10^{-2}
13	厦门市育明工程机械有限公司	1.541×10^{-2}	38	福建省三明长兴机械制造有限公司	0.698×10^{-2}
14	福建力佳股份有限公司	1.530×10^{-2}	39	厦门松芝汽车空调有限公司	0.696×10^{-2}
15	周宁县昌顺铸造有限公司	1.432×10^{-2}	40	厦门金龙汽车空调有限公司	0.684×10^{-2}
16	福建东方重型精密机床有限公司	1.399×10^{-2}	41	福安市新光电机有限公司	0.681×10^{-2}
17	福建省泉州市亿达机电有限公司	1.243×10^{-2}	42	邵武市邵兴精密铸件有限公司	0.671×10^{-2}
18	福建省泉州市力达机械有限公司	1.219×10^{-2}	43	福州兴栋机械有限公司	0.671×10^{-2}
19	福州鑫环达重工科技有限公司	1.151×10^{-2}	44	福安市吴航金属材料有限公司	0.644×10^{-2}
20	泉州市申利卡阀门洁具有限公司	1.151×10^{-2}	45	福建永宝特钢阀门有限公司	0.644×10^{-2}
21	福建省京泰管业有限公司	1.071×10^{-2}	46	福建省泉州市江南冷却器厂	0.620×10^{-2}
22	龙岩市友胜机械材料有限责任公司	1.071×10^{-2}	47	福州市仓山区高湖铸造机械厂	0.609×10^{-2}
23	辉煌重工集团有限公司	1.022×10^{-2}	48	福州盖山浦下工程机械配件厂	0.609×10^{-2}
24	泉州市兴达轻工（集团）有限公司	0.977×10^{-2}	49	厦门银鹭重工有限公司	0.609×10^{-2}
25	科正（福州）机电制造有限公司	0.960×10^{-2}	50	厦门东亚机械有限公司	0.608×10^{-2}

6-27 福建省专用设备制造业企业国内市场占有率50强

（2009年）

序号	企业名称	占有率（%）	序号	企业名称	占有率（%）
1	厦门厦工机械股份有限公司	34.130×10^{-2}	26	福建省威盛机械发展有限公司	1.111×10^{-2}
2	龙工（福建）机械有限公司	19.564×10^{-2}	27	福建南美机械有限公司	1.111×10^{-2}
3	福建龙净环保股份有限公司	10.472×10^{-2}	28	石川岛中骏（厦门）建机有限公司	1.111×10^{-2}
4	集保控制设备有限公司	5.027×10^{-2}	29	福建兵工装备有限公司	1.110×10^{-2}
5	福建晋工机械有限公司	4.034×10^{-2}	30	福建梅生医疗科技股份有限公司	1.110×10^{-2}
6	福州市万友消防设备有限公司	3.673×10^{-2}	31	龙工（福建）液压有限公司	1.071×10^{-2}
7	福建东源环保有限公司	3.375×10^{-2}	32	福建省晋江市佶龙机械工业有限公司	1.071×10^{-2}
8	福建南方路面机械有限公司	2.418×10^{-2}	33	泉州市群峰机械制造有限公司	1.054×10^{-2}
9	闽东宏宇冶金备件有限公司	2.396×10^{-2}	34	福建精致模具有限公司	1.043×10^{-2}
10	厦工（三明）重型机器有限公司	2.312×10^{-2}	35	永春县泉永机械配件有限公司	1.000×10^{-2}
11	福建华橡自控技术股份有限公司	2.228×10^{-2}	36	福建现代装备制造有限公司	0.966×10^{-2}
12	福建省丰泉环保控股有限公司	2.084×10^{-2}	37	福建省宝山机械有限公司	0.954×10^{-2}
13	福建莆田仁德医疗器械厂	2.084×10^{-2}	38	晋江市福鑫制鞋制衣机械有限公司	0.937×10^{-2}
14	福建烟草机械有限公司	2.084×10^{-2}	39	福建省三明双轮化工机械有限公司	0.937×10^{-2}
15	福建龙岩龙工机械配件有限公司	2.084×10^{-2}	40	福建安鑫石化配件制造有限公司	0.892×10^{-2}
16	晋江市升泰机械配件有限公司	1.742×10^{-2}	41	福鼎市华益机车部件厂	0.884×10^{-2}
17	福建升达冶金技术有限公司	1.742×10^{-2}	42	闽东五一机电有限公司	0.879×10^{-2}
18	福建海源自动化机械股份有限公司	1.742×10^{-2}	43	龙岩瑞华通用机械有限公司	0.865×10^{-2}
19	建德（泉州）工程机械制造有限公司	1.677×10^{-2}	44	水山机械设备（厦门）有限公司	0.863×10^{-2}
20	漳州科晖专用汽车制造有限公司	1.677×10^{-2}	45	莆田市福兴隆塑胶五金有限公司	0.861×10^{-2}
21	福建冠兴皮革有限公司	1.598×10^{-2}	46	福建敏捷机械有限公司	0.855×10^{-2}
22	福清市隆兴工程机械厂	1.340×10^{-2}	47	福建省南安市巨轮机械有限公司	0.850×10^{-2}
23	福建莆田仁德医疗器械有限公司	1.304×10^{-2}	48	厦门智欣建材有限公司	0.842×10^{-2}
24	大拇指环保设备（福建）有限公司	1.111×10^{-2}	49	福建龙强工程机械制造有限公司	0.836×10^{-2}
25	福建省邵武铁武林车辆有限公司	1.111×10^{-2}	50	福建三明五洲机械制造有限公司	0.836×10^{-2}

6-28　福建省交通运输设备制造业企业国内市场占有率50强

（2009年）

序号	企业名称	占有率（%）	序号	企业名称	占有率（%）
1	东南（福建）汽车工业有限公司	15.131×10^{-2}	26	福州福亨汽车工业有限公司	0.768×10^{-2}
2	正兴车轮集团有限公司	11.735×10^{-2}	27	厦门金龙汽车车身有限公司	0.733×10^{-2}
3	厦门金龙联合汽车工业有限公司	8.601×10^{-2}	28	福建省白马船厂	0.721×10^{-2}
4	厦门金龙旅行车有限公司	7.033×10^{-2}	29	漳州鑫展旺化工有限公司	0.713×10^{-2}
5	漳州金龙客车有限公司	3.627×10^{-2}	30	福州耐力电机有限公司	0.713×10^{-2}
6	漳州新福达底盘有限公司	3.556×10^{-2}	31	泉州市双塔汽车零件有限公司	0.706×10^{-2}
7	捷太格特转向系统（厦门）有限公司	2.904×10^{-2}	32	福州华昆赛车配件技研有限公司	0.669×10^{-2}
8	龙岩畅丰车桥制造有限公司	2.904×10^{-2}	33	福建武夷汽车制造有限公司	0.669×10^{-2}
9	福建新龙马汽车股份有限公司永安汽车厂	2.464×10^{-2}	34	漳州市昌龙汽车附件有限公司	0.647×10^{-2}
10	福建省正舜汽车车轮有限公司	1.865×10^{-2}	35	福州金湖汽车配件有限公司	0.647×10^{-2}
11	福建龙马环卫装备股份有限公司	1.363×10^{-2}	36	厦门霍尼韦尔太古宇航有限公司	0.624×10^{-2}
12	福州市仓山下洋造船总厂	1.314×10^{-2}	37	协富光洋（厦门）机械工业有限公司	0.603×10^{-2}
13	福建省晋江市三力机车有限公司	1.298×10^{-2}	38	福鼎市时代船舶修造有限公司	0.566×10^{-2}
14	龙岩盛丰机械制造有限公司	1.244×10^{-2}	39	龙岩市万腾车桥制造有限公司	0.538×10^{-2}
15	协展（福建）机械工业有限公司	1.231×10^{-2}	40	福建省东南造船厂	0.532×10^{-2}
16	福州宝井钢材有限公司	1.127×10^{-2}	41	友联船厂（漳州）有限公司	0.528×10^{-2}
17	福州六和机械有限公司	1.053×10^{-2}	42	福建新福达汽车有限公司	0.522×10^{-2}
18	厦门厦杏摩托有限公司	0.976×10^{-2}	43	福州东阳塑料制品有限公司	0.498×10^{-2}
19	福建凯鲍汽车制造有限公司	0.959×10^{-2}	44	福州利亚船舶工程有限公司	0.498×10^{-2}
20	福建福迪车辆制造有限公司	0.882×10^{-2}	45	福州联泓交通器材有限公司	0.497×10^{-2}
21	莆田市精密铸锻有限公司	0.855×10^{-2}	46	福建省马尾造船股份有限公司	0.496×10^{-2}
22	福州榕泰车厢制造有限公司	0.835×10^{-2}	47	莆田市荣兴机械有限公司	0.490×10^{-2}
23	福建新华旭专用车制造有限公司	0.831×10^{-2}	48	厦门日上钢圈有限公司	0.487×10^{-2}
24	南平华闽汽车配件工业有限公司	0.827×10^{-2}	49	丰生（福州）制动器有限公司	0.486×10^{-2}
25	漳州一帆重工有限公司	0.790×10^{-2}	50	闽东丛贸船舶实业有限公司	0.484×10^{-2}

6-29　福建省电气机械及器材制造业企业国内市场占有率50强

（2009年）

序号	企业名称	占有率（%）	序号	企业名称	占有率（%）
1	厦门ABB开关有限公司	10.716×10^{-2}	26	福建闽东德丰电机有限公司	1.248×10^{-2}
2	福建南平太阳电缆股份有限公司	5.820×10^{-2}	27	中日电热（厦门）有限公司	1.213×10^{-2}
3	厦门ABB低压电器设备有限公司	5.317×10^{-2}	28	福建福安东大电机有限公司	1.198×10^{-2}
4	福州大通机电有限公司	5.005×10^{-2}	29	德泓（福建）光电科技有限公司	1.149×10^{-2}
5	福建南平南孚电池有限公司	4.975×10^{-2}	30	福建东方电器有限公司	1.120×10^{-2}
6	飞毛腿电池有限公司	4.741×10^{-2}	31	漳州市立达信绿色照明有限公司	1.120×10^{-2}
7	福建省安溪闽华电池有限公司	4.407×10^{-2}	32	福建亚亨动力科技集团有限公司	1.114×10^{-2}
8	飞毛腿（福建）电子有限公司	4.403×10^{-2}	33	福建鉴明电机有限公司	1.111×10^{-2}
9	福州通尔达电线电缆有限公司	3.262×10^{-2}	34	福建南平南电水电设备制造有限公司	1.096×10^{-2}
10	阿海珐输配电华电开关（厦门）有限公司	2.793×10^{-2}	35	福建铂阳精工设备有限公司	1.039×10^{-2}
11	宁德市泰格动力机械有限公司	2.141×10^{-2}	36	福建泉州大华蓄电池有限公司	1.027×10^{-2}
12	厦门ABB华电高压开关有限公司	1.934×10^{-2}	37	福建文统光电科技有限公司	0.961×10^{-2}
13	漳州市旭利照明电器有限公司	1.801×10^{-2}	38	福建省三星机电设备有限公司	0.923×10^{-2}
14	福州天宇电气股份有限公司	1.801×10^{-2}	39	漳州市立达信电光源有限公司	0.922×10^{-2}
15	厦门华电开关有限公司	1.596×10^{-2}	40	福州铭源动力机械有限公司	0.912×10^{-2}
16	厦门ABB电器控制设备有限公司	1.487×10^{-2}	41	飞利浦照明电子（厦门）有限公司	0.907×10^{-2}
17	福建省泉州变压器制造有限公司	1.486×10^{-2}	42	福建山亚开关有限公司	0.876×10^{-2}
18	福建华祥电源科技有限公司	1.479×10^{-2}	43	福州亿力电器设备有限公司	0.876×10^{-2}
19	上杭华强电池有限公司	1.450×10^{-2}	44	福建省南平南线电缆有限公司	0.837×10^{-2}
20	瑞鑫集团（福州）实业有限公司	1.437×10^{-2}	45	福建奥特斯汀灯饰有限公司	0.829×10^{-2}
21	厦门三圈电池有限公司	1.430×10^{-2}	46	泉州亿兴电力有限公司	0.779×10^{-2}
22	泉州市华瑞电源有限公司	1.391×10^{-2}	47	三明亿力森达电器设备有限公司	0.747×10^{-2}
23	优科实业（漳州）有限公司	1.382×10^{-2}	48	福安市蓁达电器制造有限公司	0.745×10^{-2}
24	艾佩斯（厦门）电力设施有限公司	1.358×10^{-2}	49	福建惠丰电机有限公司	0.694×10^{-2}
25	漳州万利达光催化科技有限公司	1.278×10^{-2}	50	麦克奥迪（厦门）电气有限公司	0.692×10^{-2}

6-30 福建省通信设备、计算机及其他电子设备制造业企业国内市场占有率50强

（2009年）

序号	企业名称	占有率（%）	序号	企业名称	占有率（%）
1	戴尔（中国）有限公司	115.781×10^{-2}	26	冠捷显示科技（厦门）有限公司	2.282×10^{-2}
2	联想移动通信科技有限公司	15.908×10^{-2}	27	福建升腾资讯有限公司	2.282×10^{-2}
3	福建星网锐捷股份有限公司	10.020×10^{-2}	28	福建实达电脑设备有限公司	2.169×10^{-2}
4	华映光电股份有限公司	8.647×10^{-2}	29	厦门科华恒盛股份有限公司	2.165×10^{-2}
5	福建捷联电子有限公司	7.779×10^{-2}	30	福建福强精密印制线路板有限公司	2.004×10^{-2}
6	福建新大陆电脑股份有限公司	6.303×10^{-2}	31	福建莆田南华电路有限公司	1.994×10^{-2}
7	双翔（福建）电子有限公司	5.606×10^{-2}	32	福建联迪商用设备有限公司	1.994×10^{-2}
8	福建通达集团有限公司	5.000×10^{-2}	33	同致电子科技（厦门）有限公司	1.979×10^{-2}
9	辅讯光电（厦门）有限公司	4.818×10^{-2}	34	福建先创电子有限公司	1.874×10^{-2}
10	日立数字映像（中国）有限公司	4.585×10^{-2}	35	冠科（福建）电子科技有限公司	1.833×10^{-2}
11	福建新世纪电子材料有限公司	4.202×10^{-2}	36	福建省冠林科技有限公司	1.758×10^{-2}
12	厦门市三安光电科技有限公司	3.896×10^{-2}	37	福建盛唐通讯科技有限公司	1.706×10^{-2}
13	南靖万利达科技有限公司	3.662×10^{-2}	38	厦门市凌拓通信科技有限公司	1.625×10^{-2}
14	福建缔邦实业有限公司	3.576×10^{-2}	39	福州富鸿齐电子有限公司	1.473×10^{-2}
15	厦门华侨电子股份有限公司	3.504×10^{-2}	40	厦门建松电器有限公司	1.402×10^{-2}
16	景智光电有限公司	3.317×10^{-2}	41	莆田市蓝岛实业有限公司	1.353×10^{-2}
17	厦门敏讯信息技术股份有限公司	3.197×10^{-2}	42	福建贝能科技有限公司	1.353×10^{-2}
18	泉州信洋科技数码有限公司	2.976×10^{-2}	43	厦门松下电子信息有限公司	1.336×10^{-2}
19	厦门宏发电声股份有限公司	2.793×10^{-2}	44	福州瑞芯微电子有限公司	1.309×10^{-2}
20	福建富士通信息软件有限公司	2.717×10^{-2}	45	福建鑫诺通讯技术有限公司	1.274×10^{-2}
21	福建实达集团股份有限公司	2.672×10^{-2}	46	福建新大陆通信科技有限公司	1.240×10^{-2}
22	福建神州电子有限公司	2.591×10^{-2}	47	福建省安特半导体有限公司	1.201×10^{-2}
23	金保利（泉州）科技实业有限公司	2.569×10^{-2}	48	厦门 EPCOS 有限公司	1.183×10^{-2}
24	厦门 TDK 有限公司	2.367×10^{-2}	49	福建泰德视讯数码科技有限公司	1.183×10^{-2}
25	厦门法拉电子股份有限公司	2.323×10^{-2}	50	泉州市雷克通信有限公司	1.177×10^{-2}

6-31 福建省仪器仪表及文化、办公用机械制造业企业国内市场占有率50强

（2009年）

序号	企业名称	占有率（%）	序号	企业名称	占有率（%）
1	福建省莆田市德基电子有限公司	21.912×10^{-2}	26	福州雄锐生物科技有限公司	1.775×10^{-2}
2	福建大拇指环保科技有限公司	14.780×10^{-2}	27	厦门安东电子有限公司	1.775×10^{-2}
3	莆田市德荣电子有限公司	10.408×10^{-2}	28	福建网能科技开发有限责任公司	1.675×10^{-2}
4	福建上润精密仪器有限公司	9.466×10^{-2}	29	福州真兰水表有限公司	1.675×10^{-2}
5	福建省新威电子工业有限公司	9.377×10^{-2}	30	石狮市信佳电子有限公司	1.667×10^{-2}
6	莆田市庆盛电子塑胶有限公司	6.583×10^{-2}	31	厦门宇电自动化科技有限公司	1.512×10^{-2}
7	莆田市涵江区新大昌电子有限公司	6.456×10^{-2}	32	莆田市多邦电子有限公司	1.455×10^{-2}
8	福建科能电子科技开发有限公司	6.019×10^{-2}	33	福州福光百特自动化设备有限公司	1.453×10^{-2}
9	漳州科能电器有限公司	4.276×10^{-2}	34	莆田市涵江区进兴电子有限公司	1.443×10^{-2}
10	厦门红相电力设备股份有限公司	4.232×10^{-2}	35	麦克奥迪实业集团有限公司	1.358×10^{-2}
11	莆田市利源电子发展有限公司	3.328×10^{-2}	36	新特（厦门）电子有限公司	1.331×10^{-2}
12	厦门雅迅网络股份有限公司	3.328×10^{-2}	37	福州瑞达电子有限公司	1.319×10^{-2}
13	福建亿榕信息技术有限公司	3.328×10^{-2}	38	泉州市艾克电子科技有限公司	1.317×10^{-2}
14	福建省昇邦电子科技有限公司	3.087×10^{-2}	39	泉州诚达钟表有限公司	1.275×10^{-2}
15	福建省新益电子有限公司	3.052×10^{-2}	40	龙岩市方圆经济技术开发有限公司	1.219×10^{-2}
16	福州智恒电子新技术有限公司	3.007×10^{-2}	41	莆田市新利源电子实业有限公司	1.219×10^{-2}
17	诚益光学（厦门）有限公司	2.986×10^{-2}	42	福建华光仪表有限公司	1.146×10^{-2}
18	福州汉强电子有限公司	2.945×10^{-2}	43	福建上润电子有限公司	1.133×10^{-2}
19	东北理光（福州）印刷设备有限公司	2.899×10^{-2}	44	南平市汇雄钟表有限公司	1.133×10^{-2}
20	福建吉邦电子有限公司	2.889×10^{-2}	45	漳州桑泰钟表有限公司	1.130×10^{-2}
21	莆田市新力电子有限公司	2.219×10^{-2}	46	莆田科信电子有限公司	1.124×10^{-2}
22	福州高意光学有限公司	2.203×10^{-2}	47	福建省力得自动化设备有限公司	1.121×10^{-2}
23	福州天健光电有限公司	2.018×10^{-2}	48	金时达（福建）电子科技有限公司	1.108×10^{-2}
24	福州高意通讯有限公司	1.897×10^{-2}	49	福建省莆田永恒电子塑胶有限公司	1.040×10^{-2}
25	福建福光数码科技有限公司	1.890×10^{-2}	50	福州小神龙表业技术研发有限公司	1.022×10^{-2}

6-32　福建省工艺品及其他制造业企业国内市场占有率50强

（2009年）

序号	企业名称	占有率（%）	序号	企业名称	占有率（%）
1	福建浔兴拉链科技股份有限公司	15.318×10^{-2}	26	闽侯县金泓杉工艺品有限公司	3.423×10^{-2}
2	晋江鸿盛雨具有限公司	15.065×10^{-2}	27	福建山中古典工艺家具有限公司	3.423×10^{-2}
3	福建泉州宝辉珠宝首饰有限公司	13.987×10^{-2}	28	安溪县群盛花园饰品有限公司	3.368×10^{-2}
4	莆田市华昌首饰有限公司	13.401×10^{-2}	29	仙游县福辉工艺设计厂	3.368×10^{-2}
5	福建三元达通讯股份有限公司	10.745×10^{-2}	30	福建荣发石业有限公司	3.320×10^{-2}
6	莆田市大家之家古典家具有限公司	10.117×10^{-2}	31	福建莆田义兴珠宝饰品有限公司	3.320×10^{-2}
7	太阳城（厦门）雨具有限公司	9.879×10^{-2}	32	安溪县颖鑫工艺有限公司	3.251×10^{-2}
8	晋江福兴拉链有限公司	8.154×10^{-2}	33	泉州艺洋轻工有限公司	3.251×10^{-2}
9	福建省三福古典家具有限公司	6.781×10^{-2}	34	莆田市荔城区银乡银饰开发有限公司	3.251×10^{-2}
10	福州福田工艺品有限公司	6.607×10^{-2}	35	莆田工艺美术城星光珠宝礼品厂	3.018×10^{-2}
11	晋江富永雨具有限公司	5.564×10^{-2}	36	福建安盈轻工有限公司	3.013×10^{-2}
12	福州闽侯富盛工艺品有限公司	5.355×10^{-2}	37	富隆（福建）洋伞有限公司	2.996×10^{-2}
13	福建省仙游怀古木业有限公司	5.194×10^{-2}	38	福建雨丝梦洋伞实业有限公司	2.937×10^{-2}
14	莆田市金威首饰有限公司	5.152×10^{-2}	39	福建莆田金中艺雕有限公司	2.899×10^{-2}
15	莆田市力天红木艺雕有限公司	4.919×10^{-2}	40	闽侯县云集工艺品有限公司	2.886×10^{-2}
16	福建安溪合盛工艺品有限公司	4.866×10^{-2}	41	安溪县锦达工艺制品有限公司	2.886×10^{-2}
17	福州闽泉编织有限公司	4.282×10^{-2}	42	莆田市美诚达李氏工艺美术有限公司	2.870×10^{-2}
18	漳州科晖机械电子有限公司	4.191×10^{-2}	43	福建省安溪恒星家俱有限公司	2.853×10^{-2}
19	福州德诚首饰有限公司	4.133×10^{-2}	44	石狮市鑫达工业有限公司	2.836×10^{-2}
20	泉州市泉港德慈柏木艺有限公司	4.005×10^{-2}	45	莆田工艺美术城三德怀宝阁雕刻厂	2.768×10^{-2}
21	福建晋江富兴伞业有限公司	3.894×10^{-2}	46	莆田市荔城区众艺工艺品开发有限公司	2.768×10^{-2}
22	泉州市振兴陶瓷工艺有限公司	3.787×10^{-2}	47	仙游县文华金阁古典家具厂	2.768×10^{-2}
23	莆田市七度珠宝有限公司	3.787×10^{-2}	48	安溪宏迪工艺有限公司	2.762×10^{-2}
24	福建省华邦经典家私有限公司	3.423×10^{-2}	49	莆田市金汉发品有限公司	2.691×10^{-2}
25	泉州南茂艺品有限公司	3.423×10^{-2}	50	福建省安溪宏星工艺品有限公司	2.666×10^{-2}

6-33 福建省电力生产与供应业企业国内市场占有率50强

（2009年）

序号	企业名称	占有率（%）	序号	企业名称	占有率（%）
1	福建省电力有限公司	72.462×10^{-2}	26	福建省永定县供电有限公司	1.114×10^{-2}
2	华阳电业有限公司	13.615×10^{-2}	27	福建省晋江市内坑供电公司	1.114×10^{-2}
3	福建省晋江市电力有限责任公司	13.615×10^{-2}	28	泉州市燃气有限公司	1.114×10^{-2}
4	福建华电可门发电有限公司	9.753×10^{-2}	29	福建晋江天然气发电有限公司	1.114×10^{-2}
5	福建大唐国际发电有限公司	9.753×10^{-2}	30	福建省福鼎市供电有限公司	1.114×10^{-2}
6	华能国际电力股份有限公司福州电厂	7.265×10^{-2}	31	厦门瑞新热电有限公司	1.081×10^{-2}
7	福建省长乐市供电有限公司	7.265×10^{-2}	32	福建棉花滩水电开发有限公司	1.081×10^{-2}
8	厦门华夏国际电力发展有限公司	7.265×10^{-2}	33	闽清县供电有限公司	1.081×10^{-2}
9	国电福州发电有限公司	4.055×10^{-2}	34	福建省仙游县供电有限公司	0.907×10^{-2}
10	福建省南安市电力有限责任公司	4.055×10^{-2}	35	福建漳平发电有限公司	0.907×10^{-2}
11	福建太平洋电力有限公司	4.055×10^{-2}	36	福建华电漳平火电有限公司	0.907×10^{-2}
12	福建省石狮市电力联营公司	4.055×10^{-2}	37	长泰县泰龙电力有限公司	0.907×10^{-2}
13	福建省福清供电有限公司	3.853×10^{-2}	38	福建省晋江市东石电厂	0.907×10^{-2}
14	国电泉州热电有限公司	2.946×10^{-2}	39	福建晋江热电有限公司	0.907×10^{-2}
15	福建水口发电有限公司	2.946×10^{-2}	40	福建省上杭县电力公司	0.907×10^{-2}
16	福建省龙岩发电有限责任公司	2.543×10^{-2}	41	福建省德化县供电有限责任公司	0.907×10^{-2}
17	福建省安溪供电有限公司	2.543×10^{-2}	42	福建省龙岩新罗供电有限公司	0.865×10^{-2}
18	福建省惠安县供电有限责任公司	2.383×10^{-2}	43	福建省永春县供电有限责任公司	0.865×10^{-2}
19	福建省罗源县供电有限公司	2.373×10^{-2}	44	福建省长泰县供电有限公司	0.807×10^{-2}
20	福建省龙海市供电有限公司	2.373×10^{-2}	45	福建省尤溪县供电有限公司	0.795×10^{-2}
21	福建华电邵武发电有限公司	1.926×10^{-2}	46	福建省沙县供电有限公司	0.661×10^{-2}
22	福建省福安市供电有限公司	1.878×10^{-2}	47	东亚电力（厦门）有限公司	0.661×10^{-2}
23	中海福建燃气发电有限公司	1.349×10^{-2}	48	福建省东山县供电有限公司	0.661×10^{-2}
24	福建省连江县供电有限公司	1.349×10^{-2}	49	福建省大田县供电有限公司	0.659×10^{-2}
25	漳浦县供电有限公司	1.345×10^{-2}	50	福建省安溪煤矸石发电有限公司	0.573×10^{-2}

6-34 福建省水的生产和供应业企业国内市场占有率50强

（2009年）

序号	企业名称	占有率（%）	序号	企业名称	占有率（%）
1	厦门水务集团有限公司	62.518×10^{-2}	26	福州青源供水有限公司	2.202×10^{-2}
2	厦门水务中环制水有限公司	29.455×10^{-2}	27	福建省晋江市东石供水有限公司	2.001×10^{-2}
3	厦门水务中环污水处理有限公司	22.964×10^{-2}	28	宁德市自来水有限公司	2.001×10^{-2}
4	福州市自来水总公司	22.964×10^{-2}	29	龙海龙闽自来水有限公司	2.001×10^{-2}
5	福建省石狮供水股份有限公司	21.183×10^{-2}	30	福建省南安市水头供水有限公司	1.824×10^{-2}
6	泉州市自来水有限公司	11.993×10^{-2}	31	龙海市角美自来水公司	1.824×10^{-2}
7	福建省晋江自来水股份有限公司	6.102×10^{-2}	32	福清市东张水库供水厂	1.824×10^{-2}
8	石狮市海天环境工程有限公司	6.102×10^{-2}	33	石狮市绿源环境工程有限公司	1.824×10^{-2}
9	长乐威立雅水务有限公司	6.102×10^{-2}	34	厦门市安兜自来水有限公司	1.824×10^{-2}
10	莆田华正自来水有限公司	3.010×10^{-2}	35	福安市自来水公司	1.824×10^{-2}
11	莆田市思源供水有限公司	3.010×10^{-2}	36	永安市自来水公司	1.659×10^{-2}
12	泉州泉南供水有限公司	3.010×10^{-2}	37	莆田市涵江区自来水公司	1.659×10^{-2}
13	漳州发展水务集团有限公司	3.010×10^{-2}	38	惠安县城南供水公司	1.659×10^{-2}
14	福建恒源供水股份有限公司	3.010×10^{-2}	39	福建省福鼎市自来水有限公司	1.659×10^{-2}
15	莆田市自来水公司	3.010×10^{-2}	40	福建省连江县供水有限公司	1.659×10^{-2}
16	莆田市秀屿区东峤镇供水公司	3.010×10^{-2}	41	福建省南安市自来水公司	1.520×10^{-2}
17	泉州市浮桥自来水公司	3.010×10^{-2}	42	东山县供水公司	1.307×10^{-2}
18	福州汇津水务有限公司	3.010×10^{-2}	43	莆田市涵江区供水厂	1.307×10^{-2}
19	泉州安平供水有限公司	2.341×10^{-2}	44	邵武市自来水公司	1.307×10^{-2}
20	南平市供排水公司	2.341×10^{-2}	45	泉州市泉港区普安制革污水处理有限公司	1.307×10^{-2}
21	龙岩市自来水有限责任公司	2.341×10^{-2}	46	莆田市秀屿区通达供水有限公司	1.307×10^{-2}
22	泉州圣泽环境工程有限公司	2.341×10^{-2}	47	厦门舫山供水有限公司	1.265×10^{-2}
23	中闽（罗源）水务有限公司	2.341×10^{-2}	48	福建省平潭县自来水公司	1.265×10^{-2}
24	漳州闽南污水处理有限公司	2.334×10^{-2}	49	福建省安溪县自来水公司	1.237×10^{-2}
25	福清市自来水公司	2.202×10^{-2}	50	福建省闽侯自来水公司	1.081×10^{-2}

6-35 福建省工业企业出口市场占有率综合 300 强

（2009 年）

序号	企业名称	占有率（%）	序号	企业名称	占有率（%）
1	福建捷联电子有限公司	33.111×10^{-2}	26	厦门通士达照明有限公司	1.717×10^{-2}
2	戴尔（厦门）有限公司	26.918×10^{-2}	27	厦门建松电器有限公司	1.642×10^{-2}
3	友达光电（厦门）有限公司	26.467×10^{-2}	28	福耀玻璃工业集团股份有限公司	1.625×10^{-2}
4	福建华冠光电有限公司	8.050×10^{-2}	29	泉州匹克鞋业有限公司	1.603×10^{-2}
5	福建华映显示科技有限公司	7.060×10^{-2}	30	长乐市聚泉食品有限公司	1.400×10^{-2}
6	宸鸿科技（厦门）有限公司	5.250×10^{-2}	31	厦门厦顺铝箔有限公司	1.394×10^{-2}
7	南靖万利达科技有限公司	5.237×10^{-2}	32	莆田新飞天鞋业有限公司	1.382×10^{-2}
8	厦门太古飞机工程有限公司	4.490×10^{-2}	33	利胜电光源（厦门）有限公司	1.346×10^{-2}
9	厦门华侨电子股份有限公司	4.390×10^{-2}	34	厦门蒙发利科技（集团）股份有限公司	1.339×10^{-2}
10	厦门松下电子信息有限公司	4.375×10^{-2}	35	厦门金龙联合汽车工业有限公司	1.304×10^{-2}
11	达运精密工业（厦门）有限公司	3.888×10^{-2}	36	福州力鼎动力有限公司	1.253×10^{-2}
12	厦门船舶重工股份有限公司	3.809×10^{-2}	37	福建省长乐市金鹤毛绒有限公司	1.230×10^{-2}
13	漳州灿坤实业有限公司	3.673×10^{-2}	38	福建宝德集团有限公司	1.167×10^{-2}
14	福建省东南造船厂	2.822×10^{-2}	39	福建省东山县海魁水产集团有限公司	1.074×10^{-2}
15	明达实业（厦门）有限公司	2.750×10^{-2}	40	莆田德信电子有限公司	1.059×10^{-2}
16	福建省马尾造船股份有限公司	2.735×10^{-2}	41	莆田市涵江区章圣鞋业有限公司	1.027×10^{-2}
17	福建佳通轮胎有限公司	2.716×10^{-2}	42	厦门钢宇工业有限公司	1.014×10^{-2}
18	福建永强力加动力设备有限公司	2.484×10^{-2}	43	泉州红瑞兴纺织有限公司	0.993×10^{-2}
19	路达（厦门）工业有限公司	2.400×10^{-2}	44	厦门富士电气化学有限公司	0.991×10^{-2}
20	华映光电股份有限公司	2.400×10^{-2}	45	明达工业（福建）有限公司	0.987×10^{-2}
21	厦门多威电子有限公司	2.361×10^{-2}	46	福建欧美龙体育用品有限公司	0.985×10^{-2}
22	厦门 TDK 有限公司	2.059×10^{-2}	47	福建省冠海造船工业有限公司	0.954×10^{-2}
23	连江清禄鞋业有限公司	2.052×10^{-2}	48	石狮市凯而来体育用品有限公司	0.937×10^{-2}
24	福建源盛纺织服装城有限公司	1.970×10^{-2}	49	柯达（厦门）数码影像有限公司	0.931×10^{-2}
25	莆田市集友艺术框业有限公司	1.729×10^{-2}	50	福建宝德服饰有限公司	0.926×10^{-2}

6-35 续表 1　　　　（2009 年）

序号	企业名称	占有率（%）	序号	企业名称	占有率（%）
51	超越服饰（中国）有限公司	0.892×10^{-2}	76	ECCO（厦门）有限公司	0.682×10^{-2}
52	福建协丰鞋业有限公司	0.862×10^{-2}	77	腾龙特种树脂（厦门）有限公司	0.666×10^{-2}
53	厦门正新橡胶工业有限公司	0.848×10^{-2}	78	中铝瑞闽铝板带有限公司	0.661×10^{-2}
54	福建雨丝梦洋伞实业有限公司	0.844×10^{-2}	79	巨茂光电（厦门）有限公司	0.652×10^{-2}
55	福建豪氏威马钢铁制品有限公司	0.838×10^{-2}	80	福建上润精密仪器有限公司	0.651×10^{-2}
56	日立数字映像（中国）有限公司	0.833×10^{-2}	81	福建霸岛鞋服有限公司	0.648×10^{-2}
57	厦门进雄企业有限公司	0.822×10^{-2}	82	泉州万兴泰包袋制品有限公司	0.629×10^{-2}
58	厦门立达信光电有限公司	0.821×10^{-2}	83	瑞声达听力技术（中国）有限公司	0.629×10^{-2}
59	福州祥龙鞋业有限公司	0.801×10^{-2}	84	福建野豹儿童用品有限公司	0.627×10^{-2}
60	亚美（厦门）皮件有限公司	0.800×10^{-2}	85	福建爱普生有限公司	0.627×10^{-2}
61	泉州海日星工艺美术有限公司	0.799×10^{-2}	86	福建日立工机有限公司	0.625×10^{-2}
62	福建鸿星沃登卡集团有限公司	0.791×10^{-2}	87	福建福田服装集团有限公司	0.624×10^{-2}
63	莆田恒昱鞋业有限公司	0.785×10^{-2}	88	福建省莆田市华丰鞋业有限公司	0.617×10^{-2}
64	闽侯闽兴编织品有限公司	0.778×10^{-2}	89	三和食品（三明）有限公司	0.617×10^{-2}
65	福建美克运动休闲股份有限公司	0.770×10^{-2}	90	福建清禄鞋业有限公司	0.614×10^{-2}
66	福建紫山集团股份有限公司	0.766×10^{-2}	91	厦门海莱照明有限公司	0.609×10^{-2}
67	厦门大统有限公司	0.754×10^{-2}	92	福建荔丰鞋业开发有限公司	0.607×10^{-2}
68	福建和诚鞋业有限公司	0.745×10^{-2}	93	石狮市富贵鸟集团公司	0.606×10^{-2}
69	钛积光电（厦门）有限公司	0.743×10^{-2}	94	厦门新技术集成有限公司	0.606×10^{-2}
70	福州茂盛投资有限公司	0.741×10^{-2}	95	福建省苍乐电子企业有限公司	0.600×10^{-2}
71	福建福鼎海鸥水产食品有限公司	0.736×10^{-2}	96	贝莱胜电子（厦门）有限公司	0.592×10^{-2}
72	高时（厦门）石业有限公司	0.723×10^{-2}	97	福建凯景钢铁开发有限公司	0.579×10^{-2}
73	闽东安波电器有限公司	0.721×10^{-2}	98	安费诺电子装配（厦门）有限公司	0.575×10^{-2}
74	鑫威（福建）轻工有限公司	0.704×10^{-2}	99	厦门新凯复材科技有限公司	0.574×10^{-2}
75	福建美明达鞋业发展有限公司	0.696×10^{-2}	100	泉州亚伦轻工有限公司	0.573×10^{-2}

6-35 续表 2　　　　　　（2009 年）

序号	企业名称	占有率（%）	序号	企业名称	占有率（%）
101	福建绿宝食品集团有限公司	0.570×10^{-2}	126	厦门金鹭特种合金有限公司	0.502×10^{-2}
102	林德（中国）叉车有限公司	0.569×10^{-2}	127	泉州市泉港宏力鞋业有限公司	0.498×10^{-2}
103	福建省诏安县海利水产有限公司	0.566×10^{-2}	128	福建源光电装有限公司	0.494×10^{-2}
104	福建省新威电子工业有限公司	0.562×10^{-2}	129	福建省闽中有机食品有限公司	0.490×10^{-2}
105	福建省福抗药业股份有限公司	0.555×10^{-2}	130	厦门迈昕电子科技有限公司	0.487×10^{-2}
106	福州港发机电工业有限公司	0.552×10^{-2}	131	泰明（福建）电力系统有限公司	0.486×10^{-2}
107	厦门市同安源水水产有限公司	0.551×10^{-2}	132	福建省霞浦三沙华美实业有限公司	0.481×10^{-2}
108	福建宏远集团有限公司	0.550×10^{-2}	133	威兰西（中国）服饰有限公司	0.481×10^{-2}
109	福建南鹰陶瓷有限公司	0.546×10^{-2}	134	福州海霖机电有限公司	0.480×10^{-2}
110	艾派集团（中国）有限公司	0.542×10^{-2}	135	福建格来德服饰实业有限公司	0.477×10^{-2}
111	南安南发毛织有限公司	0.539×10^{-2}	136	南方铝业（中国）有限公司	0.476×10^{-2}
112	厦门宏发电声股份有限公司	0.539×10^{-2}	137	福建晋江振华雨具制品有限公司	0.474×10^{-2}
113	百得（厦门）工业有限公司	0.538×10^{-2}	138	福州华映视讯有限公司	0.472×10^{-2}
114	正兴车轮集团有限公司	0.538×10^{-2}	139	福州高意通讯有限公司	0.471×10^{-2}
115	厦门建霖工业有限公司	0.536×10^{-2}	140	际诺思（厦门）轻工制品有限公司	0.471×10^{-2}
116	东北理光（福州）印刷设备有限公司	0.534×10^{-2}	141	厦门嘉鹭金属工业公司	0.466×10^{-2}
117	福州市住电装有限公司	0.533×10^{-2}	142	泉州荣祺食品有限公司	0.463×10^{-2}
118	福建三丰鞋业有限公司	0.528×10^{-2}	143	富隆（福建）洋伞有限公司	0.463×10^{-2}
119	福建亚伦电子电器科技有限公司	0.521×10^{-2}	144	福建南安华兴雨具日用制品有限公司	0.462×10^{-2}
120	美家龙（龙岩）健身器材有限公司	0.517×10^{-2}	145	石狮市大帝集团有限公司	0.459×10^{-2}
121	泉州市宏利伞业有限公司	0.515×10^{-2}	146	厦门台松精密电子有限公司	0.455×10^{-2}
122	联达科技（厦门）有限公司	0.511×10^{-2}	147	福建福安金隆电机有限公司	0.452×10^{-2}
123	厦门正新实业有限公司	0.509×10^{-2}	148	泉州子燕轻工有限公司	0.452×10^{-2}
124	NEC 东金电子（厦门）有限公司	0.508×10^{-2}	149	福建银嘉机电有限公司	0.445×10^{-2}
125	晋江市金鼠王鞋业有限公司	0.505×10^{-2}	150	福建新祥龙鞋业有限公司	0.443×10^{-2}

6-35 续表 3　　　　　　　　（2009 年）

序号	企业名称	占有率（%）	序号	企业名称	占有率（%）
151	福建百宏聚纤科技实业有限公司	0.441×10^{-2}	176	东山县东亚水产有限公司	0.388×10^{-2}
152	鸿泰（福建）雨件有限公司	0.441×10^{-2}	177	福州永德昌制衣有限公司	0.388×10^{-2}
153	晋江华峰织造印染实业有限公司	0.440×10^{-2}	178	厦门汇科电子有限公司	0.387×10^{-2}
154	石狮市迪娜胸围内衣公司	0.439×10^{-2}	179	福建省东升石业股份有限公司	0.386×10^{-2}
155	宏良食品（龙海）有限公司	0.433×10^{-2}	180	石狮市吉祥鸟鞋业有限公司	0.386×10^{-2}
156	福建天宇钢铁制品有限公司	0.432×10^{-2}	181	莆田市鑫峰食品工业有限公司	0.385×10^{-2}
157	福州恒鑫轻工制品有限公司	0.430×10^{-2}	182	福建东山县顺发水产有限公司	0.383×10^{-2}
158	福建省漳平木村林产有限公司	0.430×10^{-2}	183	福建肯博纺织工业有限公司	0.383×10^{-2}
159	莆田市协诚鞋业有限公司	0.429×10^{-2}	184	泉州市三兴体育用品有限公司	0.379×10^{-2}
160	泉州船舶工业有限公司	0.420×10^{-2}	185	厦门群鑫机械工业有限公司	0.375×10^{-2}
161	漳州红梅家具有限公司	0.412×10^{-2}	186	安波电机（福州）有限公司	0.374×10^{-2}
162	福建紫金铜业有限公司	0.409×10^{-2}	187	晋江爱尔特服饰有限公司	0.371×10^{-2}
163	全世好（漳州）家具有限公司	0.406×10^{-2}	188	福建省南安市新厅皮塑有限公司	0.371×10^{-2}
164	漳州市燕锋水产食品有限公司	0.404×10^{-2}	189	安波电机（宁德）有限公司	0.368×10^{-2}
165	福建省建乐鞋业有限公司	0.403×10^{-2}	190	福建宝峰轻工有限公司	0.367×10^{-2}
166	诺尔起重设备（中国）有限公司	0.401×10^{-2}	191	菲莉集团（福建）有限公司	0.367×10^{-2}
167	泉州伟宝时装有限公司	0.399×10^{-2}	192	福建万丰鞋业有限公司	0.366×10^{-2}
168	福建三和集团番茄制品有限公司	0.399×10^{-2}	193	名志体育用品（中国）有限公司	0.359×10^{-2}
169	厦门松霖科技有限公司	0.398×10^{-2}	194	厦门金达威维生素股份有限公司	0.359×10^{-2}
170	福建奇嘉礼品玩具有限公司	0.396×10^{-2}	195	厦门翔鹭化纤股份有限公司	0.359×10^{-2}
171	达派（中国）箱包有限公司	0.394×10^{-2}	196	福建宝利特集团有限公司	0.358×10^{-2}
172	福州隆诚服装有限公司	0.393×10^{-2}	197	福建权昱工业有限公司	0.355×10^{-2}
173	福建峰达轻纺有限公司	0.390×10^{-2}	198	福清龙威水产食品有限公司	0.355×10^{-2}
174	福建南平南孚电池有限公司	0.389×10^{-2}	199	信华食品（漳州）有限公司	0.352×10^{-2}
175	厦门天能电子有限公司	0.389×10^{-2}	200	福建万家美轻纺服饰有限公司	0.349×10^{-2}

6-35 续表 4　　　　　　　　　　　　　(2009年)

序号	企业名称	占有率（%）	序号	企业名称	占有率（%）
201	晋江大森制衣有限公司	0.349×10^{-2}	226	柯达（中国）图文影像有限公司	0.317×10^{-2}
202	福建顺大运动品有限公司	0.348×10^{-2}	227	浦城县正大生化有限公司	0.316×10^{-2}
203	福州名成食品工业有限公司	0.348×10^{-2}	228	郭氏（福建）鞋业有限公司	0.315×10^{-2}
204	厦门民兴工业有限公司	0.348×10^{-2}	229	福建省莆田市宝龙鞋业有限公司	0.313×10^{-2}
205	爱乐服装鞋业（福建）有限公司	0.348×10^{-2}	230	福州市琴声电子有限公司	0.309×10^{-2}
206	龙工（福建）机械有限公司	0.347×10^{-2}	231	中日电热（厦门）有限公司	0.308×10^{-2}
207	福清贸旺水产发展公司	0.345×10^{-2}	232	福建省莆田嘉裕华制鞋工业有限公司	0.307×10^{-2}
208	诚安（福建）鞋业有限公司	0.343×10^{-2}	233	福建省银象电器有限公司	0.305×10^{-2}
209	福建省华辉石业股份有限公司	0.343×10^{-2}	234	福建省莆田市协龙鞋业有限公司	0.305×10^{-2}
210	厦门龙胜达照明电器有限公司	0.343×10^{-2}	235	福建福铭食品有限公司	0.305×10^{-2}
211	泉州海都轻工有限公司	0.343×10^{-2}	236	福建安溪永发工艺品有限公司	0.304×10^{-2}
212	泉州宝峰鞋业有限公司	0.338×10^{-2}	237	泉州恒发工艺品有限公司	0.304×10^{-2}
213	福清市谊华水产食品有限公司	0.337×10^{-2}	238	福建申利卡铝业发展有限公司	0.300×10^{-2}
214	福建省莆田市双驰体育用品有限公司	0.335×10^{-2}	239	福州开发区福禄鞋业有限公司	0.299×10^{-2}
215	福安市力源电机有限公司	0.335×10^{-2}	240	厦门市东林电子有限公司	0.299×10^{-2}
216	厦门厦工机械股份有限公司	0.332×10^{-2}	241	信华科技（厦门）有限公司	0.298×10^{-2}
217	厦门台和电子有限公司	0.331×10^{-2}	242	福建省南安轴承有限责任公司	0.298×10^{-2}
218	福建东山县海之星水产食品有限公司	0.330×10^{-2}	243	东山新福水产加工有限公司	0.297×10^{-2}
219	福建福顺半导体制造有限公司	0.329×10^{-2}	244	金冠（龙海）塑料包装有限公司	0.295×10^{-2}
220	柯达(中国)股份有限公司厦门分公司	0.328×10^{-2}	245	厦门市如意集团有限公司	0.295×10^{-2}
221	福建通达集团有限公司	0.327×10^{-2}	246	厦高金属工业（厦门）有限公司	0.293×10^{-2}
222	福建泉州市泉港化工厂	0.325×10^{-2}	247	漳州泉丰食品开发有限公司	0.293×10^{-2}
223	明达玻璃（厦门）有限公司	0.325×10^{-2}	248	莆田市辉特体育用品有限公司	0.293×10^{-2}
224	莆田市金日食品工业有限公司	0.322×10^{-2}	249	梅花伞业股份有限公司	0.291×10^{-2}
225	亚伦集团（福建）有限公司	0.322×10^{-2}	250	晋江集成轻工有限公司	0.290×10^{-2}

6-35 续表 5　　　　（2009 年）

序号	企业名称	占有率（%）	序号	企业名称	占有率（%）
251	赫比（厦门）精密塑胶制品有限公司	0.290×10^{-2}	276	博能特（福州）工业有限公司	0.264×10^{-2}
252	诚益光学（厦门）有限公司	0.286×10^{-2}	277	福州德隆鞋业有限公司	0.264×10^{-2}
253	福建漳州市港昌罐头食品有限公司	0.285×10^{-2}	278	莆田市祥冠鞋业有限公司	0.263×10^{-2}
254	福州业通家居制造有限公司	0.282×10^{-2}	279	厦门福太洋伞有限公司	0.263×10^{-2}
255	莆田市大益鞋服有限公司	0.282×10^{-2}	280	福建闽东本田发动机有限公司	0.262×10^{-2}
256	福建泉州南星大理石有限公司	0.278×10^{-2}	281	福州宜美电子有限公司	0.261×10^{-2}
257	福建福宁船舶重工有限公司	0.278×10^{-2}	282	厦门厦晖橡胶金属工业有限公司	0.260×10^{-2}
258	福建万达电机有限公司	0.277×10^{-2}	283	福建协盛协丰印染实业有限公司	0.259×10^{-2}
259	厦门市易洁卫浴有限公司	0.275×10^{-2}	284	福清三照电子有限公司	0.259×10^{-2}
260	厦门明蓓塑胶有限公司	0.275×10^{-2}	285	连江旭隆食品有限公司	0.259×10^{-2}
261	福州福华纺织印染有限公司	0.274×10^{-2}	286	惠安县双喜制衣有限公司	0.258×10^{-2}
262	晋江华宝石业有限公司	0.273×10^{-2}	287	泉州市格兰特鞋业发展有限公司	0.258×10^{-2}
263	德化县顺尔美工艺品有限公司	0.271×10^{-2}	288	泉州泉昱实业有限公司	0.258×10^{-2}
264	龙海市永利来食品有限公司	0.271×10^{-2}	289	宁德市岳海水产有限公司	0.257×10^{-2}
265	联想移动通信科技有限公司	0.271×10^{-2}	290	厦门侨兴工业有限公司	0.253×10^{-2}
266	LG 伊诺特（福州）电子有限公司	0.268×10^{-2}	291	福建省南安市福山五金机电有限公司	0.253×10^{-2}
267	福建省亿隆家庭装饰品有限公司	0.268×10^{-2}	292	泉州麒麟织造有限公司	0.252×10^{-2}
268	斯美伦（福州）防水服装有限公司	0.268×10^{-2}	293	福建省晋江爱尔达鞋服有限公司	0.251×10^{-2}
269	美吉斯制药（厦门）有限公司	0.267×10^{-2}	294	福建省安溪雅园工艺品有限公司	0.250×10^{-2}
270	福建惠安惠兴工贸有限公司	0.266×10^{-2}	295	博格步轻工制品有限公司	0.250×10^{-2}
271	晋江华闽织造有限公司	0.265×10^{-2}	296	晋江市振祥服饰织造有限公司	0.250×10^{-2}
272	朗美（厦门）健身器材有限公司	0.265×10^{-2}	297	晋江思梦发织造制衣有限公司	0.250×10^{-2}
273	晋江市达胜纺织实业有限公司	0.265×10^{-2}	298	厦门海鲜鸿食品有限公司	0.250×10^{-2}
274	石狮市豪健服装实业有限公司	0.264×10^{-2}	299	厦门 ABB 开关有限公司	0.250×10^{-2}
275	泉州市顺通艺品有限公司	0.264×10^{-2}	300	福建省尤溪县三林木业有限公司	0.249×10^{-2}

6-36　福建省农副食品加工业企业出口市场占有率50强

（2009年）

序号	企业名称	占有率（%）	序号	企业名称	占有率（%）
1	长乐市聚泉食品有限公司	59.128×10^{-2}	26	厦门青田食品工业有限公司	9.875×10^{-2}
2	福建省东山县海魁水产集团有限公司	45.369×10^{-2}	27	东山县东协成水产食品有限公司	9.801×10^{-2}
3	福建福鼎海鸥水产食品有限公司	31.074×10^{-2}	28	漳州市益泉食品有限公司	9.497×10^{-2}
4	福建省诏安县海利水产有限公司	23.901×10^{-2}	29	东山县瀛海水产有限公司	9.295×10^{-2}
5	厦门市同安源水水产有限公司	23.291×10^{-2}	30	晋江市闽南水产开发有限公司	8.887×10^{-2}
6	福建省闽中有机食品有限公司	20.706×10^{-2}	31	福建铭发水产开发有限公司	8.818×10^{-2}
7	宏良食品（龙海）有限公司	18.274×10^{-2}	32	福州日兴水产食品有限公司	8.794×10^{-2}
8	漳州市燕锋水产食品有限公司	17.055×10^{-2}	33	福建省莆田市天后食品冷冻厂	8.558×10^{-2}
9	东山县东亚水产有限公司	16.394×10^{-2}	34	福清市东威水产食品实业有限公司	8.408×10^{-2}
10	莆田市鑫峰食品工业有限公司	16.278×10^{-2}	35	厦门华普水产开发有限公司	8.344×10^{-2}
11	福建东山县顺发水产有限公司	16.196×10^{-2}	36	福州龙福食品有限公司	8.167×10^{-2}
12	福清龙威水产食品有限公司	14.975×10^{-2}	37	福建省梅花水产加工厂	7.958×10^{-2}
13	信华食品（漳州）有限公司	14.855×10^{-2}	38	福建华盛集团三明冷冻食品有限公司	7.625×10^{-2}
14	福州名成食品工业有限公司	14.715×10^{-2}	39	漳州德立信农业有限公司	7.550×10^{-2}
15	福清贸旺水产发展公司	14.567×10^{-2}	40	福清华信食品有限公司	6.604×10^{-2}
16	福清市谊华水产食品有限公司	14.246×10^{-2}	41	宁德市夏威食品有限公司	6.546×10^{-2}
17	福建东山县海之星水产食品有限公司	13.952×10^{-2}	42	长乐佳诚食品有限公司	6.389×10^{-2}
18	莆田市金日食品工业有限公司	13.600×10^{-2}	43	漳州市常山海之味冷冻食品有限公司	6.290×10^{-2}
19	福建福铭食品有限公司	12.870×10^{-2}	44	福州东水食品有限公司	6.259×10^{-2}
20	东山新福水产加工有限公司	12.534×10^{-2}	45	厦门市森嘉食品有限公司	6.222×10^{-2}
21	厦门市如意集团有限公司	12.453×10^{-2}	46	厦门齐翔食品有限公司	5.929×10^{-2}
22	漳州泉丰食品开发有限公司	12.370×10^{-2}	47	福建龙和食品实业有限公司	5.904×10^{-2}
23	连江旭隆食品有限公司	10.929×10^{-2}	48	漳浦县丰盛食品有限公司	5.843×10^{-2}
24	宁德市岳海水产有限公司	10.855×10^{-2}	49	福建省福龙冷冻食品有限公司	5.788×10^{-2}
25	厦门海鲜鸿食品有限公司	10.567×10^{-2}	50	屏南县锦丰食品有限公司	5.414×10^{-2}

6-37　福建省食品制造业企业出口市场占有率50强

（2009年）

序号	企业名称	占有率（%）	序号	企业名称	占有率（%）
1	福建紫山集团股份有限公司	87.258×10^{-2}	26	福建亚达集团有限公司	14.624×10^{-2}
2	三和食品（三明）有限公司	70.292×10^{-2}	27	福建省永春瑞丰食品有限公司	14.581×10^{-2}
3	福建绿宝食品集团有限公司	65.000×10^{-2}	28	漳州万士利食品罐头有限公司	13.443×10^{-2}
4	泉州荣祺食品有限公司	52.815×10^{-2}	29	蜡笔小新（福建）食品工业有限公司	13.406×10^{-2}
5	福建三和集团番茄制品有限公司	45.504×10^{-2}	30	英特（东山）食品有限公司	12.448×10^{-2}
6	厦门金达威维生素股份有限公司	40.920×10^{-2}	31	漳州市常山源源成食品有限公司	11.256×10^{-2}
7	福建泉州市泉港化工厂	37.040×10^{-2}	32	建瓯市绿剑食品有限公司	10.922×10^{-2}
8	福建漳州市港昌罐头食品有限公司	32.528×10^{-2}	33	福建久久王食品工业有限公司	10.839×10^{-2}
9	龙海市永利来食品有限公司	30.840×10^{-2}	34	龙海市永胜面制食品有限公司	10.457×10^{-2}
10	漳州金之榕食品工业有限公司	26.452×10^{-2}	35	三明市明福琼脂有限公司	9.395×10^{-2}
11	东山县华昌食品有限公司	23.841×10^{-2}	36	南靖县星光罐头食品有限公司	9.392×10^{-2}
12	福建平和宝峰罐头食品有限公司	21.254×10^{-2}	37	诏安荣华食品有限公司	9.026×10^{-2}
13	漳州天保龙食品有限公司	21.242×10^{-2}	38	泉州永大食品有限公司	9.014×10^{-2}
14	漳浦县盈丰食品集团有限公司	21.069×10^{-2}	39	绿鲜食品（漳州）有限公司	8.529×10^{-2}
15	漳州裕兴进出口贸易有限公司	19.906×10^{-2}	40	龙海盛记食品工业有限公司	8.501×10^{-2}
16	厦门古龙罐头食品有限公司	19.248×10^{-2}	41	福建省晋江市永和富华食品有限公司	7.833×10^{-2}
17	东山东毅食品有限公司	18.051×10^{-2}	42	龙海市永发食品有限公司	7.194×10^{-2}
18	龙海海昌食品有限公司	17.742×10^{-2}	43	南靖县益得利罐头食品有限公司	6.948×10^{-2}
19	金冠（中国）食品有限公司	17.462×10^{-2}	44	厦门市同安区制面厂	6.885×10^{-2}
20	漳州恒丰食品厂	16.602×10^{-2}	45	福建省东山县华远食品有限公司	6.733×10^{-2}
21	福建省丽西食品有限公司	16.386×10^{-2}	46	南靖县丰昌罐头食品有限公司	6.670×10^{-2}
22	泉州宏恩食品有限公司	16.231×10^{-2}	47	漳州市金明食品有限公司	6.532×10^{-2}
23	漳州市芗城顺兴罐头食品厂	16.061×10^{-2}	48	东山县新苏绿食品有限公司	6.168×10^{-2}
24	南靖县益龙食品有限公司	15.033×10^{-2}	49	漳州绿雅食品有限公司	6.130×10^{-2}
25	厦门德大食品有限公司	14.875×10^{-2}	50	漳州市龙文区鑫发罐头食品有限公司	6.074×10^{-2}

6-38　福建省饮料制造业企业出口市场占有率 40 强

（2009 年）

序号	企业名称	占有率（%）	序号	企业名称	占有率（%）
1	大闽食品（漳州）有限公司	64.980×10^{-2}	21	厦门华荣食品有限公司	4.426×10^{-2}
2	永春县魁斗莉芳茶厂	37.436×10^{-2}	22	福建省银芝集团有限公司	4.129×10^{-2}
3	华虹（安溪）茶业有限公司	36.226×10^{-2}	23	厦门以利沙矿泉水有限公司	4.060×10^{-2}
4	福建省建瓯市龙兴茶叶有限公司	34.740×10^{-2}	24	福建省安溪县兴溪茶业有限公司	3.911×10^{-2}
5	福建省武夷山市永生茶业有限公司	27.345×10^{-2}	25	绿香园茶业（诏安）有限公司	3.844×10^{-2}
6	福建泉州瑞龙茶业有限公司	20.494×10^{-2}	26	霞浦县永兴茶叶有限公司	3.689×10^{-2}
7	厦门市同安区恒利茶叶有限公司	20.014×10^{-2}	27	福建泉州市春生堂酒厂有限公司	3.505×10^{-2}
8	福建省安溪八马茶业有限公司	19.984×10^{-2}	28	福建省广福茶叶有限责任公司	2.957×10^{-2}
9	福建新乌龙饮料有限公司	18.949×10^{-2}	29	福建省安溪县华芳茶厂	2.589×10^{-2}
10	厦门华日食品有限公司	17.801×10^{-2}	30	福建省政和县白牡丹茶叶有限公司	1.774×10^{-2}
11	英博雪津啤酒有限公司	15.935×10^{-2}	31	福建天禾茶业有限公司	1.613×10^{-2}
12	厦门健民食品有限公司	12.762×10^{-2}	32	福建日丰生态茶业有限公司	1.591×10^{-2}
13	建瓯市龙山茶叶有限公司	12.626×10^{-2}	33	福建安溪岐山魏荫名茶有限公司	1.375×10^{-2}
14	福建省建瓯市中铭茶业有限公司	12.017×10^{-2}	34	亚洲酿酒（厦门）有限公司	0.954×10^{-2}
15	福建省建瓯市明芝茶厂	11.729×10^{-2}	35	福建省安溪茶厂有限公司	0.823×10^{-2}
16	武夷星茶业有限公司	10.087×10^{-2}	36	泰山企业（漳州）食品有限公司	0.696×10^{-2}
17	福建品品香茶业有限公司	7.439×10^{-2}	37	宁德市天保有限公司	0.512×10^{-2}
18	仙游县龙华金溪茶厂	7.436×10^{-2}	38	勇泉（厦门）茶业有限公司	0.394×10^{-2}
19	维他麦食品（福建）有限公司	7.083×10^{-2}	39	福州金源泉科技有限公司	0.349×10^{-2}
20	福建南安市萌盛茶业有限公司	5.326×10^{-2}	40	福州凯捷食品有限公司	0.325×10^{-2}

6-39 福建省纺织业企业出口市场占有率50强

（2009年）

序号	企业名称	占有率（%）	序号	企业名称	占有率（%）
1	福建省长乐市金鹤毛绒有限公司	23.744×10^{-2}	26	福建碧全工艺品有限公司	2.429×10^{-2}
2	厦门进雄企业有限公司	15.867×10^{-2}	27	泉州鲤城延陵手袋厂	2.375×10^{-2}
3	福建宏远集团有限公司	10.624×10^{-2}	28	石狮市特斯无纺布制造有限公司	2.248×10^{-2}
4	南安南发毛织有限公司	10.399×10^{-2}	29	永春县南德针织时装有限公司	2.093×10^{-2}
5	际诺思（厦门）轻工制品有限公司	9.098×10^{-2}	30	泉州建丰织造有限公司	2.022×10^{-2}
6	晋江华峰织造印染实业有限公司	8.501×10^{-2}	31	泉祥[惠安]织造有限公司	1.989×10^{-2}
7	福建峰达轻纺有限公司	7.534×10^{-2}	32	厦门唯美制衣有限公司	1.942×10^{-2}
8	福建省南安市新厅皮塑有限公司	7.162×10^{-2}	33	长汀恒信织造有限公司	1.928×10^{-2}
9	福建万家美轻纺服饰有限公司	6.744×10^{-2}	34	大田宏泰织造有限公司	1.871×10^{-2}
10	福州福华纺织印染有限公司	5.282×10^{-2}	35	福建东方猎狼服装织造有限公司	1.869×10^{-2}
11	福建协盛协丰印染实业有限公司	5.006×10^{-2}	36	龙岩喜鹊纺织有限公司	1.860×10^{-2}
12	泉州麒麟织造有限公司	4.871×10^{-2}	37	泉州市佳晟轻纺制造有限公司	1.822×10^{-2}
13	福建嘉达纺织股份有限公司	4.750×10^{-2}	38	客贝利（厦门）休闲用品有限公司	1.736×10^{-2}
14	华懋（厦门）织造染整有限公司	4.643×10^{-2}	39	晋江市龙益服装织造有限公司	1.705×10^{-2}
15	福建凤竹纺织科技股份有限公司	4.490×10^{-2}	40	永春县岵山镇和林金龙毛织厂	1.671×10^{-2}
16	福州格利沃防护用品有限公司	4.245×10^{-2}	41	泉州市宏澳服装织造有限公司	1.652×10^{-2}
17	长乐联丰染整有限公司	3.741×10^{-2}	42	泉州立展皮塑制品有限公司	1.641×10^{-2}
18	劲霸（中国）经编有限公司	3.243×10^{-2}	43	福州源田针织服装有限公司	1.635×10^{-2}
19	泉州海天材料科技股份有限公司	2.916×10^{-2}	44	福州大同纤维纺织有限公司	1.579×10^{-2}
20	泉州禾伦织造有限公司	2.849×10^{-2}	45	晋江市新毅皮塑企业有限公司	1.572×10^{-2}
21	东洲（厦门）纺织有限公司	2.682×10^{-2}	46	长乐鑫荣纺织有限公司	1.539×10^{-2}
22	泉州市淞鑫手套雨衣有限公司	2.667×10^{-2}	47	鼎台旅游运动用品（厦门）有限公司	1.514×10^{-2}
23	漳州永君制衣洗染有限公司	2.610×10^{-2}	48	晋江市兴泰无纺制品有限公司	1.491×10^{-2}
24	福建省南平市新华安制衣有限公司	2.540×10^{-2}	49	福建荣树实业有限公司	1.486×10^{-2}
25	厦门友一金属有限公司	2.475×10^{-2}	50	厦门姚明织带饰品有限公司	1.443×10^{-2}

6-40　福建省纺织服装、鞋、帽制造业企业出口市场占有率50强

（2009年）

序号	企业名称	占有率（%）	序号	企业名称	占有率（%）
1	福建源盛纺织服装城有限公司	45.111×10^{-2}	26	晋江市振祥服饰织造有限公司	5.734×10^{-2}
2	福建宝德集团有限公司	26.727×10^{-2}	27	晋江思梦发织造制衣有限公司	5.734×10^{-2}
3	泉州红瑞兴纺织有限公司	22.751×10^{-2}	28	太阳海（福建）制衣有限公司	5.623×10^{-2}
4	石狮市凯而来体育用品有限公司	21.455×10^{-2}	29	福建福马企业集团公司	5.553×10^{-2}
5	福建宝德服饰有限公司	21.205×10^{-2}	30	泉州市辉达服装织造有限公司	5.465×10^{-2}
6	超越服饰（中国）有限公司	20.431×10^{-2}	31	晋江市大力亚服装织造有限公司	5.145×10^{-2}
7	莆田恒昱鞋业有限公司	17.988×10^{-2}	32	晋江市浪仕服装织造有限公司	5.145×10^{-2}
8	福州茂盛投资有限公司	16.979×10^{-2}	33	福清宏太鞋业有限公司	5.135×10^{-2}
9	福建野豹儿童用品有限公司	14.370×10^{-2}	34	盖奇（中国）织染服饰有限公司	5.123×10^{-2}
10	福建福田服装集团有限公司	14.300×10^{-2}	35	泉州佳骏时装有限公司	5.097×10^{-2}
11	威兰西（中国）服饰有限公司	11.007×10^{-2}	36	泉州东风鞋帽有限公司	5.073×10^{-2}
12	福建格来德服饰实业有限公司	10.933×10^{-2}	37	石狮雷腾服饰有限公司	5.069×10^{-2}
13	石狮市大帝集团有限公司	10.503×10^{-2}	38	晋江市天益服饰织造有限公司	5.069×10^{-2}
14	石狮市迪娜胸围内衣公司	10.054×10^{-2}	39	晋江洋森服装有限公司	4.699×10^{-2}
15	福建省建乐鞋业有限公司	9.239×10^{-2}	40	泉州金科服装有限公司	4.681×10^{-2}
16	泉州伟宝时装有限公司	9.149×10^{-2}	41	福清宏福鞋业有限公司	4.589×10^{-2}
17	福州隆诚服装有限公司	9.002×10^{-2}	42	福州明瑞鞋业有限公司	4.333×10^{-2}
18	福建肯博纺织工业有限公司	8.772×10^{-2}	43	泉州市铭晖服装织造有限公司	4.333×10^{-2}
19	晋江爱尔特服饰有限公司	8.505×10^{-2}	44	泉州隆泉制衣有限公司	4.333×10^{-2}
20	福建万丰鞋业有限公司	8.392×10^{-2}	45	泉州正明鞋服有限公司	4.298×10^{-2}
21	晋江大森制衣有限公司	7.990×10^{-2}	46	福州汇邦制衣有限公司	3.810×10^{-2}
22	晋江华闽织造有限公司	6.073×10^{-2}	47	晋江市新力亚服装织造有限公司	3.783×10^{-2}
23	晋江市达胜纺织实业有限公司	6.065×10^{-2}	48	莆田市涵江区江口联丰鞋塑厂	3.720×10^{-2}
24	石狮市豪健服装实业有限公司	6.051×10^{-2}	49	泉州市泉港区龙益制衣有限公司	3.550×10^{-2}
25	惠安县双喜制衣有限公司	5.906×10^{-2}	50	泉州皇星轻工有限公司	3.550×10^{-2}

6-41 福建省皮革、毛皮、羽毛（绒）及其制品业企业出口市场占有率50强

（2009年）

序号	企业名称	占有率（%）	序号	企业名称	占有率（%）
1	连江清禄鞋业有限公司	75.559×10^{-2}	26	达派（中国）箱包有限公司	14.520×10^{-2}
2	泉州匹克鞋业有限公司	59.030×10^{-2}	27	石狮市吉祥鸟鞋业有限公司	14.196×10^{-2}
3	福建欧美龙体育用品有限公司	36.283×10^{-2}	28	泉州市三兴体育用品有限公司	13.966×10^{-2}
4	福建协丰鞋业有限公司	31.728×10^{-2}	29	福建宝峰轻工有限公司	13.505×10^{-2}
5	福州祥龙鞋业有限公司	29.495×10^{-2}	30	名志体育用品（中国）有限公司	13.227×10^{-2}
6	亚美（厦门）皮件有限公司	29.474×10^{-2}	31	福建顺大运动品有限公司	12.829×10^{-2}
7	福建鸿星沃登卡集团有限公司	29.108×10^{-2}	32	爱乐服装鞋业（福建）有限公司	12.799×10^{-2}
8	福建美克运动休闲股份有限公司	28.364×10^{-2}	33	诚安（福建）鞋业有限公司	12.646×10^{-2}
9	厦门大统有限公司	27.780×10^{-2}	34	泉州海都轻工有限公司	12.638×10^{-2}
10	福建和诚鞋业有限公司	27.440×10^{-2}	35	泉州宝峰鞋业有限公司	12.450×10^{-2}
11	鑫威（福建）轻工有限公司	25.934×10^{-2}	36	福建省莆田市双驰体育用品有限公司	12.352×10^{-2}
12	福建美明达鞋业发展有限公司	25.618×10^{-2}	37	郭氏（福建）鞋业有限公司	11.599×10^{-2}
13	ECCO（厦门）有限公司	25.127×10^{-2}	38	福建省莆田市宝龙鞋业有限公司	11.525×10^{-2}
14	福建霸岛鞋服有限公司	23.858×10^{-2}	39	福建省莆田嘉裕华制鞋工业有限公司	11.315×10^{-2}
15	泉州万兴泰包袋制品有限公司	23.170×10^{-2}	40	福建省莆田市协龙鞋业有限公司	11.229×10^{-2}
16	福建省莆田市华丰鞋业有限公司	22.717×10^{-2}	41	福州开发区福禄鞋业有限公司	11.008×10^{-2}
17	福建清禄鞋业有限公司	22.615×10^{-2}	42	莆田市辉特体育用品有限公司	10.775×10^{-2}
18	福建荔丰鞋业开发有限公司	22.368×10^{-2}	43	莆田市祥冠鞋业有限公司	9.690×10^{-2}
19	石狮市富贵鸟集团公司	22.327×10^{-2}	44	泉州市格兰特鞋业发展有限公司	9.493×10^{-2}
20	福建三丰鞋业有限公司	19.437×10^{-2}	45	泉州泉昱实业有限公司	9.493×10^{-2}
21	晋江市金鼠王鞋业有限公司	18.596×10^{-2}	46	福建省晋江爱尔达鞋服有限公司	9.247×10^{-2}
22	泉州市泉港宏力鞋业有限公司	18.332×10^{-2}	47	泉州新豪鞋业有限公司	9.018×10^{-2}
23	泉州子燕轻工有限公司	16.642×10^{-2}	48	福建省莆田三路鞋业有限公司	8.862×10^{-2}
24	福建新祥龙鞋业有限公司	16.328×10^{-2}	49	恒发（福建）轻工业发展有限公司	8.619×10^{-2}
25	莆田市协诚鞋业有限公司	15.786×10^{-2}	50	石狮市必胜马鞋业有限公司	8.551×10^{-2}

6-42 福建省木材加工及木、竹、藤、棕、草制品业企业出口市场占有率50强

（2009年）

序号	企业名称	占有率（%）	序号	企业名称	占有率（%）
1	福建省漳平木村林产有限公司	52.407×10^{-2}	26	福建王斌装饰材料有限公司	7.768×10^{-2}
2	福建权昱工业有限公司	43.296×10^{-2}	27	大田县广联木业有限公司	7.485×10^{-2}
3	福建省亿隆家庭装饰品有限公司	32.694×10^{-2}	28	莆田市欣源木业有限公司	6.780×10^{-2}
4	福建省尤溪县三林木业有限公司	30.376×10^{-2}	29	漳州新东明工艺品有限公司	6.613×10^{-2}
5	莆田市宏龙木业有限公司	28.544×10^{-2}	30	福州尼西亚木业有限公司	6.206×10^{-2}
6	邵武锦祥木业有限公司	20.134×10^{-2}	31	将乐县华田木制工艺品有限公司	5.918×10^{-2}
7	泉州嘉森木业有限公司	18.416×10^{-2}	32	漳州蓉台木业有限公司	5.843×10^{-2}
8	福州叶氏家居有限公司	16.909×10^{-2}	33	武夷山市佳宏竹业有限公司	5.737×10^{-2}
9	福建省大金马有限公司	15.321×10^{-2}	34	福建省顺昌县升升木业有限公司	5.583×10^{-2}
10	福州嘉乐木业有限公司	13.025×10^{-2}	35	三明市先锋木业有限公司	5.428×10^{-2}
11	漳州柏桦木业有限公司	12.513×10^{-2}	36	福建省建瓯市天丰竹业有限公司	5.369×10^{-2}
12	清流锦兴木业有限公司	12.448×10^{-2}	37	武夷山宏泰竹木业有限公司	5.319×10^{-2}
13	南平市魏氏木业有限公司	12.156×10^{-2}	38	莆田市环球柏利木业有限公司	5.249×10^{-2}
14	福建省将乐大森林木业有限公司	11.668×10^{-2}	39	福建省泉州市万兴木业有限公司	5.171×10^{-2}
15	厦门尚贸家饰工业有限公司	11.529×10^{-2}	40	明溪县德辉木业有限公司	5.077×10^{-2}
16	福建杜氏木业有限公司	11.184×10^{-2}	41	福建省南平市永盛竹木有限公司	4.802×10^{-2}
17	泰宁县杉优玩具公司	11.138×10^{-2}	42	建阳春晖竹木业有限公司	4.756×10^{-2}
18	将乐县恒鑫木业有限公司	10.991×10^{-2}	43	百竹行（福清）竹木有限公司	4.616×10^{-2}
19	福建建阳丽阳人造板有限责任公司	10.901×10^{-2}	44	福州市仓山天天筷厂	4.582×10^{-2}
20	建阳泰和竹木制品有限公司	8.941×10^{-2}	45	将乐县永华竹业有限公司	4.343×10^{-2}
21	武夷山市绿美竹木制品有限公司	8.900×10^{-2}	46	福州美森木业有限公司	4.229×10^{-2}
22	武夷山市美华实业有限公司	8.882×10^{-2}	47	福建省永安林业（集团）股份有限公司	4.081×10^{-2}
23	莆田市清和木业有限公司	8.630×10^{-2}	48	福建省将乐宝丰木业有限公司	3.977×10^{-2}
24	古田县水口时利和木业工艺厂	8.536×10^{-2}	49	福建省建瓯市黎阳木业有限公司	3.908×10^{-2}
25	武夷山贝升创意家饰有限公司	8.472×10^{-2}	50	漳平林云木业有限公司	3.783×10^{-2}

6-43 福建省家具制造业企业出口市场占有率50强

（2009年）

序号	企业名称	占有率（%）	序号	企业名称	占有率（%）
1	厦门新技术集成有限公司	43.992×10^{-2}	26	漳州宏泰钢制品有限公司	9.298×10^{-2}
2	福州恒鑫轻工制品有限公司	31.221×10^{-2}	27	漳州市国辉工贸有限公司	8.492×10^{-2}
3	漳州红梅家具有限公司	29.879×10^{-2}	28	来福太（厦门）塑胶制品有限公司	8.467×10^{-2}
4	全世好（漳州）家具有限公司	29.472×10^{-2}	29	建阳市碧全工艺品有限公司	7.878×10^{-2}
5	菲莉集团（福建）有限公司	26.606×10^{-2}	30	福建联福林业有限公司	7.695×10^{-2}
6	漳州玉致家具有限公司	18.074×10^{-2}	31	漳州市新鑫润家具有限公司	7.185×10^{-2}
7	厦门革新金属制造有限公司	17.519×10^{-2}	32	福州金通工艺品有限公司	7.093×10^{-2}
8	新佳美（漳州）日用品有限公司	16.774×10^{-2}	33	丰笙实业（漳州）有限公司	6.827×10^{-2}
9	福清市福新家具有限公司	15.296×10^{-2}	34	福州朝龙木业有限公司	6.505×10^{-2}
10	福建兴大宇轻工制品有限公司	15.227×10^{-2}	35	福州普洛佩家具有限公司	6.045×10^{-2}
11	漳州市芗城红梅家具有限公司	14.299×10^{-2}	36	厦门涌泉科技有限公司	6.003×10^{-2}
12	漳州永生利家具有限公司	13.826×10^{-2}	37	福建宁德碧全工艺品有限公司	5.612×10^{-2}
13	厦门喜盈门家具制品有限公司	13.584×10^{-2}	38	尧富家具（漳州）有限公司	5.598×10^{-2}
14	漳州市忠东钢木家俱有限公司	13.581×10^{-2}	39	福州福隆家具装璜有限公司	5.547×10^{-2}
15	泉州市菲莉家俱发展有限公司	13.507×10^{-2}	40	龙海精艺家具有限公司	5.498×10^{-2}
16	福建兴中艺轻工制品有限公司	12.754×10^{-2}	41	福建省南安市森源木业有限公司	5.366×10^{-2}
17	福建永嘉家具有限公司	11.965×10^{-2}	42	诏安英得林塑钢制品有限公司	5.297×10^{-2}
18	福建正盛日用品有限公司	11.288×10^{-2}	43	漳州新佳美家具有限公司	5.077×10^{-2}
19	厦门西华家俱有限公司	11.228×10^{-2}	44	福州闽联木业有限公司	4.834×10^{-2}
20	漳州市百乐家具有限公司	10.823×10^{-2}	45	漳州申荣木制品有限公司	4.834×10^{-2}
21	福州东发钢木制品有限公司	10.306×10^{-2}	46	凯成（福建）橱柜有限公司	4.784×10^{-2}
22	厦门三德盛实业有限公司	9.588×10^{-2}	47	福清市玉树家具有限公司	4.628×10^{-2}
23	漳州市芗城海辉日用品有限公司	9.396×10^{-2}	48	漳州市永生家具有限公司	4.327×10^{-2}
24	受兴家居饰品（厦门）有限公司	9.376×10^{-2}	49	谊丰家具工业（厦门）有限公司	4.247×10^{-2}
25	漳州市鸿冠工贸有限公司	9.346×10^{-2}	50	厦门台福医疗器材有限公司	4.229×10^{-2}

6-44 福建省造纸及纸制品业企业出口市场占有率50强

（2009年）

序号	企业名称	占有率（%）	序号	企业名称	占有率（%）
1	福建莆田佳通纸制品有限公司	17.727×10^{-2}	26	厦门福家包装资材制造有限公司	5.138×10^{-2}
2	福建中天妇幼用品有限公司	16.714×10^{-2}	27	仙游宏泰纸器企业有限公司	4.996×10^{-2}
3	正高（福州）纸品有限公司	16.584×10^{-2}	28	福州科瑞特纸品有限公司	4.888×10^{-2}
4	惠安联胜工艺有限公司	16.452×10^{-2}	29	泉州嘉利达包装制品有限公司	4.782×10^{-2}
5	喜运来（福州）纸制礼品有限公司	16.452×10^{-2}	30	福建省三明华楠纸品有限公司	4.475×10^{-2}
6	福建省惠安永亿纸制品有限公司	15.974×10^{-2}	31	厦门泉舜餐饮纸容器有限公司	4.452×10^{-2}
7	福建亿发集团有限公司	13.398×10^{-2}	32	厦门三和包装材料有限公司	3.901×10^{-2}
8	永丰馀纸业（厦门）有限公司	11.596×10^{-2}	33	泉州市远东鑫美纸制品有限公司	3.799×10^{-2}
9	厦门市创业人工贸有限公司	11.278×10^{-2}	34	奥思卡色彩技术（厦门）有限公司	3.749×10^{-2}
10	莆田市东南纸业工贸有限公司	11.123×10^{-2}	35	福建省德化县佳美彩印有限公司	3.526×10^{-2}
11	漳州震元纸品有限公司	9.163×10^{-2}	36	漳州琮尧纸品有限公司	3.350×10^{-2}
12	福建省平和葫芦山纸品有限公司	9.003×10^{-2}	37	厦门友明包装制袋有限公司	3.317×10^{-2}
13	福建省邵武市华光特种工艺有限公司	8.644×10^{-2}	38	厦门安妮企业有限公司	3.151×10^{-2}
14	厦门兆伦纸业有限公司	8.060×10^{-2}	39	福建省南安市天和妇幼日用品有限公司	2.854×10^{-2}
15	建亚保达（厦门）卫生器材有限公司	7.507×10^{-2}	40	龙海市锦洲纸制品有限公司	2.792×10^{-2}
16	福建武平朝兴纸香有限公司	7.497×10^{-2}	41	顺昌麒麟记竹木工艺有限公司	2.765×10^{-2}
17	建宁县联丰造纸有限公司（铙纸集团）	7.443×10^{-2}	42	漳州市智光纸业有限公司	2.247×10^{-2}
18	福建省铙山纸业集团公司	7.075×10^{-2}	43	厦门雅合纸塑复合材料有限公司	2.203×10^{-2}
19	连城县金龙纸业有限公司	7.029×10^{-2}	44	晋江市华茂纸品鞋材有限公司	2.196×10^{-2}
20	漳州鑫园纸业有限公司	7.028×10^{-2}	45	福建省南纸股份有限公司	2.117×10^{-2}
21	福建省晋江群辉彩印有限公司	6.858×10^{-2}	46	福建省青山纸业股份有限公司	2.104×10^{-2}
22	福州佳福纸品有限公司	6.663×10^{-2}	47	福建莆田上扬纸业有限公司	2.075×10^{-2}
23	泉州市远东环保科技发展有限公司	5.713×10^{-2}	48	泉州市泉发包装用品有限公司	2.036×10^{-2}
24	厦门瑞登纸制艺品有限公司	5.583×10^{-2}	49	永定县万隆纸业有限公司	1.944×10^{-2}
25	平和县峰顺纸业制品有限公司	5.499×10^{-2}	50	厦门市亿同新包装企业有限公司	1.926×10^{-2}

6-45 福建省文教体育用品制造业企业出口市场占有率50强

（2009年）

序号	企业名称	占有率（%）	序号	企业名称	占有率（%）
1	厦门钢宇工业有限公司	57.676×10^{-2}	26	全德荣（厦门）运动用品有限公司	6.410×10^{-2}
2	厦门新凯复材科技有限公司	32.628×10^{-2}	27	锐铭运动用品（厦门）有限公司	6.363×10^{-2}
3	美家龙（龙岩）健身器材有限公司	29.364×10^{-2}	28	福建新代实业有限公司	6.339×10^{-2}
4	福建奇嘉礼品玩具有限公司	22.499×10^{-2}	29	雅歌乐器（漳州）有限公司	6.215×10^{-2}
5	厦门群鑫机械工业有限公司	21.343×10^{-2}	30	石狮市非凡运动器材有限公司	5.966×10^{-2}
6	朗美（厦门）健身器材有限公司	15.059×10^{-2}	31	永春至善体育用品有限公司	5.891×10^{-2}
7	厦门侨兴工业有限公司	14.405×10^{-2}	32	立和（漳州）实业有限公司	5.887×10^{-2}
8	晋江恒盛玩具有限公司	12.633×10^{-2}	33	厦门友溢家居用品有限公司	5.767×10^{-2}
9	中国福万（福建）玩具有限公司	11.736×10^{-2}	34	厦门珏荣运动用品有限公司	5.627×10^{-2}
10	厦门市美家龙健身器材有限公司	9.461×10^{-2}	35	石狮市快克体育用品有限公司	5.516×10^{-2}
11	漳浦隆宝工业有限公司	9.140×10^{-2}	36	台慧（厦门）运动器材有限公司	4.802×10^{-2}
12	福州广胜玩具有限公司	8.958×10^{-2}	37	厦门嘉美华健身器材有限公司	4.785×10^{-2}
13	泉州锦信玩具有限公司	8.804×10^{-2}	38	漳浦美吉健身器材有限公司	4.782×10^{-2}
14	厦门元保运动器材有限公司	8.775×10^{-2}	39	福建嘉雄玩具有限公司	4.762×10^{-2}
15	厦门飞鹏高科技铝业有限公司	8.509×10^{-2}	40	诏安县梅州双鹰玩具有限公司	4.672×10^{-2}
16	泉州市一扬文化用品有限公司	8.427×10^{-2}	41	诏安正远塑料制品有限公司	4.426×10^{-2}
17	厦门悠来斯球业有限公司	7.832×10^{-2}	42	欧仕儿童用品（福建）有限公司	4.413×10^{-2}
18	厦门飞鹏工业有限公司	7.731×10^{-2}	43	莆田市众晶体育用品有限公司	4.339×10^{-2}
19	厦门市润泓健康科技有限公司	7.719×10^{-2}	44	漳平市国联玩具礼品有限公司	4.024×10^{-2}
20	厦门奥龙体育器材有限公司	7.553×10^{-2}	45	樱花（福建）包装文具有限公司	4.000×10^{-2}
21	厦门纬嘉运动器材有限公司	7.526×10^{-2}	46	泉州市嘉利儿童用品有限公司	3.787×10^{-2}
22	漳州隆升体育用品有限公司	7.356×10^{-2}	47	厦门飞鹏运动器材有限公司	3.655×10^{-2}
23	晋江市精密玩具有限公司	6.618×10^{-2}	48	厦门飞腾体育用品有限公司	3.389×10^{-2}
24	厦门宇诠复材科技有限公司	6.572×10^{-2}	49	伟士（厦门）体育用品有限公司	3.145×10^{-2}
25	福州亿格户外用品公司	6.410×10^{-2}	50	福建省舒华体育用品有限公司	3.129×10^{-2}

6-46 福建省化学原料及化学制品制造业企业出口市场占有率50强

（2009年）

序号	企业名称	占有率（%）	序号	企业名称	占有率（%）
1	柯达（厦门）数码影像有限公司	29.616×10^{-2}	26	福建纺织化纤集团有限公司	2.230×10^{-2}
2	腾龙特种树脂（厦门）有限公司	21.188×10^{-2}	27	福建双飞日化有限公司	2.208×10^{-2}
3	柯达（中国）股份有限公司厦门分公司	10.437×10^{-2}	28	漳州市新大实业有限公司	1.868×10^{-2}
4	福建惠安惠兴工贸有限公司	8.456×10^{-2}	29	福建金鑫钨业有限公司	1.867×10^{-2}
5	厦门中坤化学有限公司	7.769×10^{-2}	30	福建南平瀚森化工有限公司	1.858×10^{-2}
6	福建青松股份有限公司	7.614×10^{-2}	31	福建莎莉日用化工产品有限公司	1.811×10^{-2}
7	锐珂（厦门）医疗器材有限公司	6.631×10^{-2}	32	福建中德科技有限公司	1.776×10^{-2}
8	三明科飞技术开发有限公司	6.568×10^{-2}	33	三明市梅列香料厂	1.761×10^{-2}
9	福建省沙县青州日化有限公司	6.346×10^{-2}	34	多玛得（厦门）精细化工有限公司	1.735×10^{-2}
10	矽明光电（漳州）有限公司	5.662×10^{-2}	35	福建省邵武市永飞化工有限公司	1.729×10^{-2}
11	三明市海斯福化工有限责任公司	5.188×10^{-2}	36	福建三农集团股份有限公司	1.716×10^{-2}
12	厦门莱恩迪贸易发展有限公司	5.043×10^{-2}	37	厦门源生园沐浴用品有限公司	1.580×10^{-2}
13	赢创嘉联白炭黑（南平）有限公司	4.825×10^{-2}	38	厦门澳丽尔日化有限公司	1.552×10^{-2}
14	福清佳宁化妆品有限公司	4.265×10^{-2}	39	福建日盛化工有限公司	1.522×10^{-2}
15	福州一化化学品股份有限公司	4.025×10^{-2}	40	福州燕兰塑胶软管制品有限公司	1.457×10^{-2}
16	福州佳宁化妆品有限公司	3.457×10^{-2}	41	泉州力盛艺品有限公司	1.438×10^{-2}
17	福建省漳平市正盛化工有限公司	3.249×10^{-2}	42	福建三钢（集团）三明化工有限责任公司	1.419×10^{-2}
18	福建省泰宁县金湖碳素有限公司	3.149×10^{-2}	43	厦门娜其尔日化有限公司	1.399×10^{-2}
19	尤溪县闽沈硅业有限公司	3.136×10^{-2}	44	福建省漳平市九鼎氟化工有限公司	1.351×10^{-2}
20	新洲（武平）林化有限公司	2.937×10^{-2}	45	利亚波日用品（龙海）有限公司	1.318×10^{-2}
21	厦门荒川化学工业有限公司	2.878×10^{-2}	46	南安市月星科技化工有限公司	1.167×10^{-2}
22	泉州市倍斯豪日用品有限公司	2.740×10^{-2}	47	花仙子（厦门）日用化学品有限公司	1.121×10^{-2}
23	漳浦彩露华化妆品有限公司	2.596×10^{-2}	48	福州市耀隆化工集团	1.061×10^{-2}
24	厦门舫昌佛具有限公司	2.324×10^{-2}	49	福建省清流县闽山化工有限公司	1.047×10^{-2}
25	沙县宏盛塑料有限公司	2.253×10^{-2}	50	福建省南平元力活性炭有限公司	1.007×10^{-2}

6-47 福建省橡胶制品业企业出口市场占有率50强

（2009年）

序号	企业名称	占有率（%）	序号	企业名称	占有率（%）
1	福建佳通轮胎有限公司	218.553×10^{-2}	26	福州益得伦鞋材有限公司	4.154×10^{-2}
2	厦门正新橡胶工业有限公司	68.201×10^{-2}	27	杰宏（厦门）电子有限公司	3.993×10^{-2}
3	厦门正新实业有限公司	40.985×10^{-2}	28	日东电工（厦门）有限公司	3.534×10^{-2}
4	厦高金属工业（厦门）有限公司	23.563×10^{-2}	29	厦门瑞丰密封件有限公司	3.381×10^{-2}
5	厦门厦晖橡胶金属工业有限公司	20.922×10^{-2}	30	福州嘉坤制衣有限公司	3.309×10^{-2}
6	福建省莆田嘉德鞋业有限公司	19.556×10^{-2}	31	莆田立足鞋业有限公司	3.304×10^{-2}
7	联泰（泉州）轻工有限公司	15.680×10^{-2}	32	泉州市宏利达橡塑制品有限公司	3.283×10^{-2}
8	莆田市嘉辉鞋业有限公司	15.225×10^{-2}	33	福建关西化工有限公司	3.215×10^{-2}
9	盛辉（福建）鞋材有限公司	14.628×10^{-2}	34	福建晋江凤竹鞋业发展有限公司	2.768×10^{-2}
10	隆基（厦门）塑胶有限公司	14.393×10^{-2}	35	福州吉斯家装饰品有限公司	2.335×10^{-2}
11	厦门连科工业有限公司	13.370×10^{-2}	36	福建省莆田市涵江国欢鞋业有限公司	2.334×10^{-2}
12	泉州市泉港亿丰鞋业有限公司	13.037×10^{-2}	37	漳州富群橡塑胶制品有限公司	2.014×10^{-2}
13	莆田市佳盛鞋业有限公司	10.405×10^{-2}	38	怡人鞋业（厦门）有限公司	1.980×10^{-2}
14	福清福星塑胶制品有限公司	9.459×10^{-2}	39	厦门佳引御寒制品有限公司	1.913×10^{-2}
15	厦门永大橡塑五金工业有限公司	8.192×10^{-2}	40	厦门市金汤橡塑有限公司	1.845×10^{-2}
16	恒荣（厦门）塑胶制品有限公司	7.923×10^{-2}	41	厦门长天企业有限公司	1.824×10^{-2}
17	莆田立昌塑胶有限公司	6.410×10^{-2}	42	惠安煜龙鞋业有限公司	1.779×10^{-2}
18	福建省恒盛鞋业有限公司	6.029×10^{-2}	43	莆田宝特鞋业有限公司	1.751×10^{-2}
19	福建君合集团有限公司	5.855×10^{-2}	44	莆田市锐步鞋业有限公司	1.689×10^{-2}
20	建新橡胶（福建）有限公司	4.858×10^{-2}	45	福建南安市足峰鞋业有限公司	1.655×10^{-2}
21	泉州市展盛橡塑鞋业有限公司	4.694×10^{-2}	46	莆田市维琪鞋业有限公司	1.603×10^{-2}
22	福州福乐鞋材有限公司	4.581×10^{-2}	47	福建省南安市东南轻工有限公司	1.464×10^{-2}
23	福州中杰制衣有限公司	4.455×10^{-2}	48	厦门富先橡胶工业有限公司	1.449×10^{-2}
24	海堡（厦门）橡胶有限公司	4.426×10^{-2}	49	泉州鸿绮轻工有限公司	1.384×10^{-2}
25	厦门正新海燕轮胎有限公司	4.215×10^{-2}	50	厦门市德阳鞋业有限公司	1.319×10^{-2}

6-48 福建省塑料制品业企业出口市场占有率50强

（2009年）

序号	企业名称	占有率（%）	序号	企业名称	占有率（%）
1	明达实业（厦门）有限公司	115.603×10^{-2}	26	福建万福企业集团有限公司	6.923×10^{-2}
2	莆田新飞天鞋业有限公司	58.069×10^{-2}	27	厦门威迪亚科技有限公司	6.806×10^{-2}
3	莆田市涵江区章圣鞋业有限公司	43.165×10^{-2}	28	福清达人塑胶有限公司	6.759×10^{-2}
4	明达工业（福建）有限公司	41.476×10^{-2}	29	福州万佳服装有限公司	6.542×10^{-2}
5	厦门松霖科技有限公司	16.710×10^{-2}	30	福清市华丰塑胶制品有限公司	6.446×10^{-2}
6	福州永德昌制衣有限公司	16.295×10^{-2}	31	厦门佛大工业有限公司	6.426×10^{-2}
7	福建宝利特集团有限公司	15.063×10^{-2}	32	福清利亚塑胶有限公司	6.266×10^{-2}
8	金冠（龙海）塑料包装有限公司	12.391×10^{-2}	33	泉州弘宇轻工有限公司	6.200×10^{-2}
9	赫比（厦门）精密塑胶制品有限公司	12.185×10^{-2}	34	莆田浩步鞋业有限公司	6.065×10^{-2}
10	莆田市大益鞋服有限公司	11.853×10^{-2}	35	泉州市世为鞋业有限公司	6.026×10^{-2}
11	厦门明蓓塑胶有限公司	11.567×10^{-2}	36	福建白鸽鞋业有限公司	5.924×10^{-2}
12	斯美伦（福州）防水服装有限公司	11.258×10^{-2}	37	福清市永超鞋革制品有限公司	5.857×10^{-2}
13	福州德隆鞋业有限公司	11.094×10^{-2}	38	伟特（厦门）淋浴设备有限公司	5.699×10^{-2}
14	福建省晋江市恒人鞋业有限公司	10.134×10^{-2}	39	福建省泉州成达鞋业有限公司	5.551×10^{-2}
15	福州联佳服饰有限公司	9.924×10^{-2}	40	福清华达鞋业有限公司	5.490×10^{-2}
16	安保（厦门）塑胶工业有限公司	9.858×10^{-2}	41	拥华（厦门）家用品有限公司	5.345×10^{-2}
17	福清福捷塑胶有限公司	9.784×10^{-2}	42	福建捷福服装有限公司	5.343×10^{-2}
18	福建日新塑料制品有限公司	9.133×10^{-2}	43	莆田市万升鞋业有限公司	5.322×10^{-2}
19	厦门瑞尔特卫浴工业有限公司	8.058×10^{-2}	44	晋江思科鞋业有限公司	5.290×10^{-2}
20	福清登峰鞋业有限公司	7.956×10^{-2}	45	福州友谊鞋业有限公司	5.150×10^{-2}
21	福州金缘鞋材有限公司	7.816×10^{-2}	46	福清市福盛达塑胶制品有限公司	5.018×10^{-2}
22	福州利辉鞋业有限公司	7.691×10^{-2}	47	耀利（中国）有限公司	5.006×10^{-2}
23	厦门瑞滢塑胶有限公司	7.691×10^{-2}	48	福州鸿正塑胶制品有限公司	4.920×10^{-2}
24	美加美餐具股份有限公司	7.147×10^{-2}	49	福清市茂山塑料制品有限公司	4.763×10^{-2}
25	福建集成伞业有限公司	7.003×10^{-2}	50	瑞顿户外运动用品（厦门）有限公司	4.712×10^{-2}

6-49 福建省非金属矿物制品业企业出口市场占有率50强

（2009年）

序号	企业名称	占有率（%）	序号	企业名称	占有率（%）
1	福耀玻璃工业集团股份有限公司	93.592×10^{-2}	26	德化县宏晟陶瓷有限公司	7.602×10^{-2}
2	高时（厦门）石业有限公司	41.630×10^{-2}	27	福建省闽清新东方陶瓷有限公司	7.592×10^{-2}
3	福建南鹰陶瓷有限公司	31.456×10^{-2}	28	福建省德化臻南陶瓷有限公司	7.552×10^{-2}
4	福建省东升石业股份有限公司	22.221×10^{-2}	29	福建省闽清三得利陶瓷有限公司	7.380×10^{-2}
5	福建省华辉石业股份有限公司	19.772×10^{-2}	30	福建省惠安万盛石材有限公司	7.288×10^{-2}
6	明达玻璃（厦门）有限公司	18.700×10^{-2}	31	欧浦登（福建）光学有限公司	7.242×10^{-2}
7	福建泉州南星大理石有限公司	16.028×10^{-2}	32	福建省德化县锦华陶瓷有限公司	7.239×10^{-2}
8	晋江华宝石业有限公司	15.743×10^{-2}	33	福建省德化县晖德陶瓷有限公司	7.239×10^{-2}
9	德化县顺尔美工艺品有限公司	15.617×10^{-2}	34	福建省德化县福盛工艺品有限公司	7.106×10^{-2}
10	福建省德化县友盛陶瓷有限公司	13.847×10^{-2}	35	泉州大红石材工艺制品有限公司	7.101×10^{-2}
11	泉州新世盛陶瓷有限责任公司	13.555×10^{-2}	36	福建省南安市远达石材有限公司	6.915×10^{-2}
12	福州开发区岩磊建材有限公司	13.178×10^{-2}	37	福建省泉州市鹏翔岗石有限公司	6.684×10^{-2}
13	威鸿（厦门）光学有限公司	13.112×10^{-2}	38	福建省德化县宝晶瓷厂	6.531×10^{-2}
14	福建省德化万顺捷陶瓷有限公司	12.948×10^{-2}	39	南安市水头康利石材有限公司	6.517×10^{-2}
15	玉晶光电（厦门）有限公司	12.850×10^{-2}	40	泉州市泉港区龙盛石业有限公司	6.511×10^{-2}
16	泉州华岩石业有限公司	12.206×10^{-2}	41	福建省德化金东宝瓷业有限公司	6.381×10^{-2}
17	福建省德化县佳美工艺品有限责任公司	11.790×10^{-2}	42	厦门愉天石材有限公司	6.366×10^{-2}
18	福建南安市新鹏飞石材有限公司	11.184×10^{-2}	43	福建省德化真泰尔陶瓷有限公司	6.290×10^{-2}
19	港龙（泉州）石材有限公司	10.391×10^{-2}	44	泉州市新兴石材工艺有限公司	6.254×10^{-2}
20	厦门三荣陶瓷开发有限公司	10.324×10^{-2}	45	闽清豪业陶瓷有限公司	6.235×10^{-2}
21	泉州市泉港安兴石材厂	10.030×10^{-2}	46	闽清南海陶瓷有限公司	6.185×10^{-2}
22	泉洲日烽陶瓷有限公司	9.759×10^{-2}	47	福建省德化世盛陶瓷有限公司	5.929×10^{-2}
23	泉州市富士石业有限公司	9.163×10^{-2}	48	厦门银联石业有限公司	5.874×10^{-2}
24	泉州市德化宏远陶瓷有限公司	8.806×10^{-2}	49	惠安县宏日石材有限公司	5.813×10^{-2}
25	福建南安市新三星石业有限公司	8.197×10^{-2}	50	惠安伟明石业有限公司	5.813×10^{-2}

6-50 福建省金属制品业企业出口市场占有率50强

（2009年）

序号	企业名称	占有率（%）	序号	企业名称	占有率（%）
1	路达（厦门）工业有限公司	81.058×10^{-2}	26	沛乐迪（厦门）卫浴有限公司	2.850×10^{-2}
2	百得（厦门）工业有限公司	18.178×10^{-2}	27	福建省三川铝业有限公司	2.777×10^{-2}
3	厦门建霖工业有限公司	18.101×10^{-2}	28	泉州大和金属包装制品有限公司	2.724×10^{-2}
4	福建申利卡铝业发展有限公司	10.128×10^{-2}	29	漳州中集集装箱有限公司	2.527×10^{-2}
5	厦门市易洁卫浴有限公司	9.301×10^{-2}	30	厦门鑫汇源制造有限公司	2.524×10^{-2}
6	福建祥鑫铝业有限公司	8.251×10^{-2}	31	厦门革新塑胶制品有限公司	2.497×10^{-2}
7	福建万龙金刚石工具有限公司	8.122×10^{-2}	32	厦门美美餐具工业有限公司	2.466×10^{-2}
8	厦门谊瑞货架有限公司	8.030×10^{-2}	33	福建士鼎钢铁有限公司	2.339×10^{-2}
9	漳州万晖洁具有限公司	7.270×10^{-2}	34	亨特建筑构件（厦门）有限公司	2.184×10^{-2}
10	州巧科技（厦门）有限公司	6.752×10^{-2}	35	福州榕坤厨房设备有限公司	2.167×10^{-2}
11	福建高利宝装饰礼品有限公司	6.351×10^{-2}	36	厦门山永成五金工业有限公司	2.167×10^{-2}
12	漳州市人和旅游活动房制造有限公司	6.193×10^{-2}	37	福建福贞金属包装有限公司	2.091×10^{-2}
13	龙海市多棱锯条有限公司	5.570×10^{-2}	38	厦门欧特电子有限公司	2.040×10^{-2}
14	鹏威（厦门）工业有限公司	5.542×10^{-2}	39	漳州市兴华金属制品有限公司	2.016×10^{-2}
15	嘉诚（厦门）工业有限公司	5.421×10^{-2}	40	厦门优而美金属制造有限公司	1.955×10^{-2}
16	东山欧凯金属塑料制品有限公司	5.342×10^{-2}	41	厦门安联企业有限公司	1.945×10^{-2}
17	泉州众志金刚石工具有限公司	4.979×10^{-2}	42	厦门凯立五金企业有限公司	1.942×10^{-2}
18	厦门埃菲铁件有限公司	4.770×10^{-2}	43	厦门厦芝科技工具有限公司	1.933×10^{-2}
19	厦门圣源金属制造有限公司	4.747×10^{-2}	44	福建省南靖泰峰金属工业有限公司	1.889×10^{-2}
20	福建融林塑胶五金实业有限公司	4.507×10^{-2}	45	厦门市清宏实业有限公司	1.886×10^{-2}
21	福建长泰承义工业有限公司	4.343×10^{-2}	46	厦门市美头山五金制造有限公司	1.837×10^{-2}
22	福州正达管道器材有限公司	3.434×10^{-2}	47	漳州达林五金有限公司	1.812×10^{-2}
23	漳州立强五金机械有限公司	3.123×10^{-2}	48	合锋卫浴（厦门）有限公司	1.808×10^{-2}
24	厦门蒙特实业有限公司	3.071×10^{-2}	49	富世华建筑产品（厦门）有限公司	1.761×10^{-2}
25	漳州朝良工业有限公司	2.920×10^{-2}	50	厦门市振鑫盛五金制品有限公司	1.689×10^{-2}

6-51　福建省通用设备制造业企业出口市场占有率50强

（2009年）

序号	企业名称	占有率（%）	序号	企业名称	占有率（%）
1	福建豪氏威马钢铁制品有限公司	22.075×10^{-2}	26	福建龙溪轴承（集团）股份有限公司	2.580×10^{-2}
2	福建日立工机有限公司	16.451×10^{-2}	27	泉州市华德机电设备有限公司	2.537×10^{-2}
3	林德（中国）叉车有限公司	14.978×10^{-2}	28	奥新（厦门）轴承有限公司	2.235×10^{-2}
4	福建银嘉机电有限公司	11.717×10^{-2}	29	福州闽岳机电有限公司	2.229×10^{-2}
5	诺尔起重设备（中国）有限公司	10.551×10^{-2}	30	福建省上水明珠发展有限公司	2.110×10^{-2}
6	福建省银象电器有限公司	8.042×10^{-2}	31	福州荣林机械有限公司	2.099×10^{-2}
7	福建省南安轴承有限责任公司	7.835×10^{-2}	32	珀挺机械工业（厦门）有限公司	1.968×10^{-2}
8	福建省南安市福山五金机电有限公司	6.658×10^{-2}	33	福建省泉州市力达机械有限公司	1.866×10^{-2}
9	福州金飞鱼柴油机有限公司	6.223×10^{-2}	34	福建省福安市威迪电机有限公司	1.548×10^{-2}
10	福安市太平洋电机有限公司	6.174×10^{-2}	35	厦门加贺金属工业有限公司	1.545×10^{-2}
11	福州永顺大机电有限公司	5.859×10^{-2}	36	厦门恒耀金属有限公司	1.505×10^{-2}
12	长乐市雪人制冷设备有限公司	5.776×10^{-2}	37	三禾电器（福建）有限公司	1.460×10^{-2}
13	福安市海福泵业有限公司	4.947×10^{-2}	38	长泰县海力机械制造有限公司	1.337×10^{-2}
14	泉州市沪辉卫浴洁具有限公司	4.243×10^{-2}	39	福建省德鑫机械制造有限公司	1.266×10^{-2}
15	福安市远东华美电机有限公司	4.234×10^{-2}	40	泉州科盛包装机械有限公司	1.255×10^{-2}
16	福建泉州松林数控设备有限公司	3.316×10^{-2}	41	福州莹拓精密冶金工业有限公司	1.245×10^{-2}
17	福建省泉州市亿达机电有限公司	3.240×10^{-2}	42	艾默生动力传动（漳州）有限公司	1.187×10^{-2}
18	安溪县城厢宏盛水暖铁件加工点	3.075×10^{-2}	43	唯科（厦门）精密塑胶模具有限公司	1.156×10^{-2}
19	福建省福安市华微电机有限公司	3.071×10^{-2}	44	厦门良机工业有限公司	1.140×10^{-2}
20	福州福善风动设备有限公司	2.937×10^{-2}	45	福建天工动力设备有限公司	1.131×10^{-2}
21	福州海量管道器材有限公司	2.912×10^{-2}	46	厦门亨泰五金制品公司	1.123×10^{-2}
22	福建宝达钢业有限公司	2.873×10^{-2}	47	卡斯卡特（厦门）叉车属具有限公司	1.068×10^{-2}
23	福州辰龙机械有限公司	2.823×10^{-2}	48	漳州天马精密机械有限公司	1.060×10^{-2}
24	中宇建材集团有限公司	2.724×10^{-2}	49	恩凯诺尔（厦门）机电设备有限公司	0.999×10^{-2}
25	福州贝石轴承有限公司	2.628×10^{-2}	50	福建巨霸机械有限公司	0.911×10^{-2}

6-52　福建省专用设备制造业企业出口市场占有率50强

（2009年）

序号	企业名称	占有率（%）	序号	企业名称	占有率（%）
1	瑞声达听力技术（中国）有限公司	29.539×10^{-2}	26	宇科模具（厦门）有限公司	2.476×10^{-2}
2	龙工（福建）机械有限公司	16.308×10^{-2}	27	福建友通实业有限公司	2.402×10^{-2}
3	厦门厦工机械股份有限公司	15.574×10^{-2}	28	福建省南安市巨轮机械有限公司	2.155×10^{-2}
4	泉州奇星机械有限公司	10.193×10^{-2}	29	晋江万代好光电照明有限公司	2.016×10^{-2}
5	莆田市嘉信鞋材有限公司	6.389×10^{-2}	30	厦门立林电气控制技术有限公司	1.967×10^{-2}
6	莆田市金鑫模具塑胶有限公司	6.384×10^{-2}	31	厦门正黎明冶金机械有限公司	1.916×10^{-2}
7	崇仁（厦门）医疗器械有限公司	5.925×10^{-2}	32	炜辰（厦门）精密机械有限公司	1.898×10^{-2}
8	泉州建成工程机械制造有限公司	5.252×10^{-2}	33	福建南方路面机械有限公司	1.799×10^{-2}
9	福州昌华动力机械有限公司	5.130×10^{-2}	34	漳州天马健身器材有限公司	1.579×10^{-2}
10	厦工（三明）重型机器有限公司	5.004×10^{-2}	35	泉州市锦田机械厂	1.529×10^{-2}
11	漳州立泰医疗康复器材有限公司	4.420×10^{-2}	36	厦门威尔莫特医疗器材有限公司	1.495×10^{-2}
12	福建五友模具科技有限公司	4.392×10^{-2}	37	福建龙净环保股份有限公司	1.308×10^{-2}
13	泉州市汉威机械制造有限公司	4.285×10^{-2}	38	厦门诺亚克轮业有限公司	1.277×10^{-2}
14	泉州市三联机械制造有限公司	4.132×10^{-2}	39	泉州精镁机械有限公司	1.108×10^{-2}
15	晋江市溢泰织造机械有限公司	4.128×10^{-2}	40	厦门市装载机有限公司	1.104×10^{-2}
16	厦门科际精密器材有限公司	3.936×10^{-2}	41	厦门升正机械有限公司	1.016×10^{-2}
17	泉州市辉盛防火设备有限公司	3.610×10^{-2}	42	闽东五一机电有限公司	0.936×10^{-2}
18	福建泉州凹凸精密机械有限公司	3.387×10^{-2}	43	比洛德利（厦门）纺织机械有限公司	0.935×10^{-2}
19	厦门福斯特尔覆涂设备制造公司	3.145×10^{-2}	44	石狮市永信电脑设备制造有限公司	0.904×10^{-2}
20	福建省莆田协丰模具有限公司	3.058×10^{-2}	45	凯弗隆（厦门）科技有限公司	0.900×10^{-2}
21	永春县泉永机械配件有限公司	2.964×10^{-2}	46	泉州培新机械制造实业有限公司	0.855×10^{-2}
22	福建兵工装备有限公司	2.940×10^{-2}	47	福建建阳龙翔科技开发有限公司	0.836×10^{-2}
23	厦门新鸿洲精密科技有限公司	2.630×10^{-2}	48	泉州佳益模具有限公司	0.815×10^{-2}
24	福州市鑫宏模塑制品有限公司	2.546×10^{-2}	49	福建冠兴皮革有限公司	0.768×10^{-2}
25	福建精致模具有限公司	2.541×10^{-2}	50	福建德霸食品机械有限公司	0.752×10^{-2}

6-53　福建省交通运输设备制造业企业出口市场占有率50强

（2009年）

序号	企业名称	占有率（%）	序号	企业名称	占有率（%）
1	厦门太古飞机工程有限公司	67.803×10^{-2}	26	海拉（厦门）汽车电子有限公司	1.642×10^{-2}
2	厦门船舶重工股份有限公司	57.514×10^{-2}	27	福州宝井钢材有限公司	1.631×10^{-2}
3	福建省东南造船厂	42.614×10^{-2}	28	福州利亚船舶工程有限公司	1.595×10^{-2}
4	福建省马尾造船股份有限公司	41.292×10^{-2}	29	莆田市三箭塑胶五金有限公司	1.433×10^{-2}
5	厦门金龙联合汽车工业有限公司	19.684×10^{-2}	30	厦门峰裕汽车配件有限公司	1.412×10^{-2}
6	福建省冠海造船工业有限公司	14.409×10^{-2}	31	福州新密机电有限公司	1.375×10^{-2}
7	正兴车轮集团有限公司	8.120×10^{-2}	32	协展（福建）机械工业有限公司	1.296×10^{-2}
8	福州市住电装有限公司	8.054×10^{-2}	33	泉州市盛德机械发展有限公司	1.234×10^{-2}
9	福建源光电装有限公司	7.463×10^{-2}	34	福州新裕电装有限公司	1.223×10^{-2}
10	福建省霞浦三沙华美实业有限公司	7.263×10^{-2}	35	厦门理研工业有限公司	1.154×10^{-2}
11	泉州船舶工业有限公司	6.335×10^{-2}	36	福建省莆田市中涵机动力有限公司	1.145×10^{-2}
12	厦门民兴工业有限公司	5.253×10^{-2}	37	泉州美正宝机械配件有限公司	1.101×10^{-2}
13	福建福宁船舶重工有限公司	4.198×10^{-2}	38	福建泰华交通设备有限公司	0.957×10^{-2}
14	厦门日上车轮集团有限公司	3.415×10^{-2}	39	厦门睿和电子有限公司	0.926×10^{-2}
15	东南（福建）汽车工业有限公司	3.229×10^{-2}	40	福安码头造船责任有限公司	0.921×10^{-2}
16	厦门永裕机械工业有限公司	2.874×10^{-2}	41	泉州市奇盛汽车配件有限公司	0.897×10^{-2}
17	福建省飞驰机械工业有限公司	2.216×10^{-2}	42	泉州市华盛机械设备有限公司	0.867×10^{-2}
18	厦门金龙旅行车有限公司	2.215×10^{-2}	43	安德佳（福建）精密金属科技有限公司	0.841×10^{-2}
19	厦门厦杏摩托有限公司	2.039×10^{-2}	44	三立（厦门）汽车配件有限公司	0.807×10^{-2}
20	颖明（福州）标准件企业有限公司	1.979×10^{-2}	45	厦门中端电器有限公司	0.804×10^{-2}
21	恩比尔（厦门）机械制造有限公司	1.911×10^{-2}	46	光隆精密工业（福州）有限公司	0.776×10^{-2}
22	漳州神舟造船工业有限公司	1.866×10^{-2}	47	泉州市鲤城鸿达机械有限公司	0.772×10^{-2}
23	厦门豪富太古宇航有限公司	1.833×10^{-2}	48	福州小糸大亿车灯有限公司	0.754×10^{-2}
24	福州钜立机动车配件有限公司	1.697×10^{-2}	49	福建冠良汽车配件工业有限公司	0.745×10^{-2}
25	福州六和机械有限公司	1.668×10^{-2}	50	安维车件（厦门）有限公司	0.741×10^{-2}

6-54 福建省电气机械及器材制造业企业出口市场占有率50强

（2009年）

序号	企业名称	占有率（%）	序号	企业名称	占有率（%）
1	漳州灿坤实业有限公司	43.598×10^{-2}	26	福建闽东本田发动机有限公司	3.115×10^{-2}
2	福建永强力加动力设备有限公司	29.482×10^{-2}	27	厦门ABB开关有限公司	2.965×10^{-2}
3	厦门通士达照明有限公司	20.381×10^{-2}	28	福建源光亚明电器有限公司	2.804×10^{-2}
4	利胜电光源（厦门）有限公司	15.979×10^{-2}	29	福州佳新创辉机电有限公司	2.763×10^{-2}
5	厦门蒙发利科技（集团）股份有限公司	15.898×10^{-2}	30	闽东华达电机有限公司	2.679×10^{-2}
6	福州力鼎动力有限公司	14.872×10^{-2}	31	福建联合动力设备制造有限公司	2.623×10^{-2}
7	厦门立达信光电有限公司	9.750×10^{-2}	32	泉州市金太阳电子科技有限公司	2.616×10^{-2}
8	闽东安波电器有限公司	8.557×10^{-2}	33	闽东天工电机有限公司	2.527×10^{-2}
9	巨茂光电（厦门）有限公司	7.744×10^{-2}	34	福州永德吉光电有限公司	2.373×10^{-2}
10	厦门海莱照明有限公司	7.232×10^{-2}	35	百纳（福建）电子有限公司	2.356×10^{-2}
11	福建省苍乐电子企业有限公司	7.117×10^{-2}	36	优科能源（漳州）有限公司	2.331×10^{-2}
12	福州港发机电工业有限公司	6.547×10^{-2}	37	厦门星际电器有限公司	2.298×10^{-2}
13	泰明（福建）电力系统有限公司	5.770×10^{-2}	38	厦门蒙发利电子有限公司	2.278×10^{-2}
14	福州海霖机电有限公司	5.694×10^{-2}	39	福建省永达盛电机有限公司	2.250×10^{-2}
15	福建福安金隆电机有限公司	5.369×10^{-2}	40	闽东巨龙电机有限公司	2.176×10^{-2}
16	福建南平南孚电池有限公司	4.620×10^{-2}	41	福州龙腾伟业机电有限公司	2.165×10^{-2}
17	厦门汇科电子有限公司	4.593×10^{-2}	42	良盛家饰品（厦门）有限公司	1.986×10^{-2}
18	安波电机（福州）有限公司	4.435×10^{-2}	43	闽东亚南电机有限公司	1.979×10^{-2}
19	安波电机（宁德）有限公司	4.366×10^{-2}	44	福安市悦达电机电器有限公司	1.895×10^{-2}
20	厦门龙胜达照明电器有限公司	4.075×10^{-2}	45	福建泉州大华蓄电池有限公司	1.834×10^{-2}
21	福安市力源电机有限公司	3.981×10^{-2}	46	厦门市洪氏企业有限公司	1.829×10^{-2}
22	中日电热（厦门）有限公司	3.662×10^{-2}	47	宁德市三力机电设备有限公司	1.811×10^{-2}
23	厦门市东林电子有限公司	3.544×10^{-2}	48	飞利浦照明电子（厦门）有限公司	1.762×10^{-2}
24	福建万达电机有限公司	3.287×10^{-2}	49	福州仕诚电器有限公司	1.706×10^{-2}
25	博能特（福州）工业有限公司	3.135×10^{-2}	50	东芝照明（福州）有限公司	1.696×10^{-2}

6-55　福建省通信设备、计算机及其他电子设备制造业企业出口市场占有率50强

（2009年）

序号	企业名称	占有率（%）	序号	企业名称	占有率（%）
1	福建捷联电子有限公司	87.633×10^{-2}	26	厦门台松精密电子有限公司	1.203×10^{-2}
2	戴尔（厦门）有限公司	71.241×10^{-2}	27	厦门天能电子有限公司	1.030×10^{-2}
3	友达光电（厦门）有限公司	70.048×10^{-2}	28	厦门台和电子有限公司	0.876×10^{-2}
4	福建华冠光电有限公司	21.305×10^{-2}	29	福建福顺半导体制造有限公司	0.871×10^{-2}
5	福建华映显示科技有限公司	18.685×10^{-2}	30	福建通达集团有限公司	0.867×10^{-2}
6	宸鸿科技（厦门）有限公司	13.896×10^{-2}	31	柯达（中国）图文影像有限公司	0.838×10^{-2}
7	南靖万利达科技有限公司	13.859×10^{-2}	32	福州市琴声电子有限公司	0.817×10^{-2}
8	厦门华侨电子股份有限公司	11.618×10^{-2}	33	信华科技（厦门）有限公司	0.788×10^{-2}
9	厦门松下电子信息有限公司	11.578×10^{-2}	34	联想移动通信科技有限公司	0.716×10^{-2}
10	达运精密工业（厦门）有限公司	10.289×10^{-2}	35	LG伊诺特（福州）电子有限公司	0.710×10^{-2}
11	华映光电股份有限公司	6.352×10^{-2}	36	福清三照电子有限公司	0.686×10^{-2}
12	厦门多威电子有限公司	6.248×10^{-2}	37	莆田市万邦电子有限公司	0.647×10^{-2}
13	厦门TDK有限公司	5.448×10^{-2}	38	睿鸿光电科技（福建）有限公司	0.645×10^{-2}
14	厦门建松电器有限公司	4.345×10^{-2}	39	科维彤创（厦门）电子工业有限公司	0.644×10^{-2}
15	厦门富士电气化学有限公司	2.622×10^{-2}	40	南安市三晶硅品精制有限公司	0.627×10^{-2}
16	日立数字映像（中国）有限公司	2.204×10^{-2}	41	厦门法拉电子股份有限公司	0.621×10^{-2}
17	钛积光电（厦门）有限公司	1.966×10^{-2}	42	厦门华联电子有限公司	0.621×10^{-2}
18	福建爱普生有限公司	1.660×10^{-2}	43	日本电产三协（福州）有限公司	0.601×10^{-2}
19	贝莱胜电子（厦门）有限公司	1.567×10^{-2}	44	泉州泽仕通科技有限公司	0.601×10^{-2}
20	安费诺电子装配（厦门）有限公司	1.523×10^{-2}	45	厦门兴联电子有限公司	0.588×10^{-2}
21	厦门宏发电声股份有限公司	1.426×10^{-2}	46	厦门升明电子有限公司	0.579×10^{-2}
22	联达科技（厦门）有限公司	1.353×10^{-2}	47	厦门讯扬电子科技有限公司	0.520×10^{-2}
23	NEC东金电子（厦门）有限公司	1.343×10^{-2}	48	文创太阳能（福建）科技有限公司	0.493×10^{-2}
24	厦门迈昕电子科技有限公司	1.289×10^{-2}	49	厦门柏恩氏电子有限公司	0.485×10^{-2}
25	福州华映视讯有限公司	1.249×10^{-2}	50	福建福强精密印制线路板有限公司	0.469×10^{-2}

6-56 福建省仪器仪表及文化、办公用机械制造业企业出口市场占有率50强

（2009年）

序号	企业名称	占有率（%）	序号	企业名称	占有率（%）
1	莆田德信电子有限公司	44.898×10^{-2}	26	杏晖光学（厦门）有限公司	2.842×10^{-2}
2	福建上润精密仪器有限公司	27.578×10^{-2}	27	福建福光数码科技有限公司	2.741×10^{-2}
3	福建省新威电子工业有限公司	23.828×10^{-2}	28	坤联（厦门）照相器材有限公司	2.711×10^{-2}
4	东北理光（福州）印刷设备有限公司	22.645×10^{-2}	29	石狮市信佳电子有限公司	2.705×10^{-2}
5	福州高意通讯有限公司	19.981×10^{-2}	30	漳州长鼎精密光学有限公司	2.691×10^{-2}
6	诚益光学（厦门）有限公司	12.135×10^{-2}	31	福建华艺钟表集团有限公司	2.607×10^{-2}
7	福州宜美电子有限公司	11.073×10^{-2}	32	福鼎富视光学有限公司	2.506×10^{-2}
8	麦克奥迪实业集团有限公司	9.717×10^{-2}	33	厦门亚东眼镜企业有限公司	2.377×10^{-2}
9	福州瑞达电子有限公司	8.958×10^{-2}	34	厦门泰利眼镜工业有限公司	2.283×10^{-2}
10	富华（漳州）光学工业有限公司	8.229×10^{-2}	35	漳州市芗城振兴钟表有限公司	2.184×10^{-2}
11	华茂光学工业（厦门）有限公司	7.821×10^{-2}	36	福建省新威电子实业有限公司	2.183×10^{-2}
12	来明工业（厦门）有限公司	5.823×10^{-2}	37	三明麦克奥迪光学仪器有限公司	2.132×10^{-2}
13	福州高意光学有限公司	5.564×10^{-2}	38	艾美凯仪表（厦门）有限公司	2.103×10^{-2}
14	漳州宏源表业有限公司	5.262×10^{-2}	39	漳州市新威士钟表有限公司	1.970×10^{-2}
15	福建省新益电子有限公司	5.257×10^{-2}	40	漳州市通元电子有限公司	1.814×10^{-2}
16	福州鹰高电子有限公司	5.105×10^{-2}	41	漳州市华仪电子有限公司	1.814×10^{-2}
17	浦城县闽城光学眼镜有限责任公司	4.883×10^{-2}	42	厦门虹泰光学有限公司	1.811×10^{-2}
18	厦门香江塑化有限公司	4.786×10^{-2}	43	厦门冠宜光学科技有限公司	1.628×10^{-2}
19	莆田市庆德电子工业有限公司	4.708×10^{-2}	44	莆田市涵江区百利电子塑胶有限公司	1.593×10^{-2}
20	福鼎市一雄光学仪器有限公司	4.627×10^{-2}	45	厦门富明光学工业有限公司	1.551×10^{-2}
21	福建福晶科技股份有限公司	4.187×10^{-2}	46	厦门力鼎光电技术有限公司	1.475×10^{-2}
22	厦门立扬光学科技有限公司	3.995×10^{-2}	47	摩比光学科技（厦门）有限公司	1.432×10^{-2}
23	漳州市恒丽电子有限公司	3.551×10^{-2}	48	莆田市庆盛电子塑胶有限公司	1.394×10^{-2}
24	漳州市东方智能仪表有限公司	3.383×10^{-2}	49	漳州东利光学科技有限公司	1.384×10^{-2}
25	漳州海博工贸有限公司	3.383×10^{-2}	50	福州锦顺电子有限公司	1.338×10^{-2}

6-57　福建省工艺品及其他制造业企业出口市场占有率50强

（2009年）

序号	企业名称	占有率（%）	序号	企业名称	占有率（%）
1	莆田市集友艺术框业有限公司	90.500×10^{-2}	26	福州云飞编织品有限公司	12.409×10^{-2}
2	福建雨丝梦洋伞实业有限公司	44.157×10^{-2}	27	福建省闽侯县华源工艺品有限公司	12.135×10^{-2}
3	泉州海日星工艺美术有限公司	41.839×10^{-2}	28	晋江奇美宠物礼品工业有限公司	11.983×10^{-2}
4	闽侯闽兴编织品有限公司	40.713×10^{-2}	29	福州开发区森森工艺品有限公司	10.840×10^{-2}
5	泉州亚伦轻工有限公司	30.003×10^{-2}	30	晋江冠泰伞业有限公司	10.840×10^{-2}
6	福建亚伦电子电器科技有限公司	27.281×10^{-2}	31	泉州德诺美琪工艺品有限公司	10.840×10^{-2}
7	泉州市宏利伞业有限公司	26.963×10^{-2}	32	晋江市佳乐美洋伞有限公司	10.840×10^{-2}
8	福建晋江振华雨具制品有限公司	24.810×10^{-2}	33	泉州奎生工艺有限公司	10.723×10^{-2}
9	富隆（福建）洋伞有限公司	24.221×10^{-2}	34	安溪县英发家具装饰有限公司	10.021×10^{-2}
10	福建南安华兴雨具日用制品有限公司	24.188×10^{-2}	35	福建省莆田市山中集团公司	9.914×10^{-2}
11	鸿泰（福建）雨件有限公司	23.087×10^{-2}	36	晋江福兴拉链有限公司	9.493×10^{-2}
12	亚伦集团（福建）有限公司	16.834×10^{-2}	37	闽清聚福工艺品有限公司	9.437×10^{-2}
13	福建安溪永发工艺品有限公司	15.938×10^{-2}	38	福建省闽侯民间工艺品有限公司	9.108×10^{-2}
14	泉州恒发工艺品有限公司	15.938×10^{-2}	39	晋江源丰雨具有限公司	9.010×10^{-2}
15	梅花伞业股份有限公司	15.257×10^{-2}	40	晋江市中诚雨具有限公司	8.347×10^{-2}
16	晋江集成轻工有限公司	15.196×10^{-2}	41	福建安溪凤城宝盛工艺厂	7.823×10^{-2}
17	福州业通家居制造有限公司	14.764×10^{-2}	42	福州进丁工艺品有限公司	7.809×10^{-2}
18	泉州市顺通艺品有限公司	13.826×10^{-2}	43	福建安溪聚丰工艺品有限公司	7.715×10^{-2}
19	厦门福太洋伞有限公司	13.746×10^{-2}	44	闽侯县兴诚工艺品有限公司	7.544×10^{-2}
20	福建省安溪雅园工艺品有限公司	13.108×10^{-2}	45	福建省安溪县振鸿竹藤工艺厂	7.164×10^{-2}
21	博格步轻工制品有限公司	13.108×10^{-2}	46	闽侯县宜欣日用品有限责任公司	7.164×10^{-2}
22	泉州丰泽万象春工艺有限公司	12.955×10^{-2}	47	东华（泉州）洋伞有限公司	7.036×10^{-2}
23	泉州建文艺品有限公司	12.921×10^{-2}	48	晋江富永雨具有限公司	7.033×10^{-2}
24	厦门宏达洋伞工业有限公司	12.570×10^{-2}	49	泉州金恒美油画工艺有限公司	7.016×10^{-2}
25	绿星（福州）居室用品有限公司	12.479×10^{-2}	50	厦门嵘源日用品有限公司	6.821×10^{-2}

7

福建市场占有年鉴

品牌篇

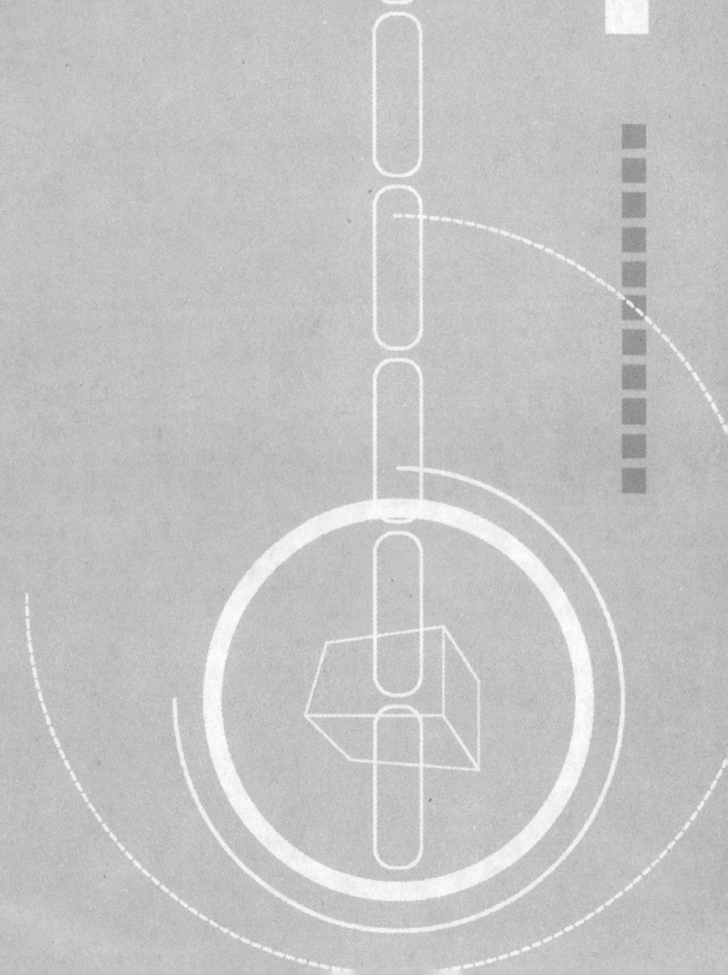

7-1　中国最具价值品牌500强企业名单

（2010年）

排名	品牌名称	品牌拥有机构	品牌价值（亿元）
1	中国移动	中国移动通信集团公司	1290.71
2	国家电网	国家电网公司	1263.28
3	工商银行	中国工商银行股份有限公司	1260.19
4	CCTV	中国中央电视台	1135.83
5	中国人寿	中国人寿保险（集团）公司	853.68
6	中国航天	中国航天科技集团公司	748.93
7	中国中化	中国石化集团公司	736.88
8	海尔	海尔集团公司	701.35
9	中国石油	中国石油天然气集团公司	697.42
10	长虹	四川长虹电器股份有限公司	682.58
11	中国银行	中国银行股份有限公司	662.27
12	一汽	中国第一汽车集团公司	653.32
13	联想	联想集团有限公司	608.25
14	中国建设银行	中国建设银行股份有限公司	512.46
15	苏宁电器	苏宁电器股份有限公司	508.31
16	清华同方	同方股份有限公司	505.35
17	中国石化	中国石油化工集团公司	483.37
18	宝钢	宝钢集团有限公司	475.91
19	华为	华为技术有限公司	463.78
20	交通银行	交通银行股份有限公司	441.37
21	招商银行	招商银行股份有限公司	432.82
22	五粮液	四川宜宾无粮液集团有限公司	430.27
23	青岛啤酒	青岛啤酒股份有限公司	426.18
24	中远集团	中国远洋运输（集团）总公司	413.33
25	国航	中国国际航空股份有限公司	406.29

7-1 续表 1 （2010 年）

排名	品牌名称	品牌拥有机构	品牌价值（亿元）
26	云烟	红云红河烟草（集团）有限责任公司	395.17
27	中粮集团	中国粮油食品（集团）有限公司	382.12
28	中国电信	中国电信集团公司	381.13
29	上汽	上海汽车工业（集团）总公司	379.86
30	雪花	华润雪花啤酒（中国）有限公司	377.26
31	国美电器	国美电器有限公司	362.22
32	中信	中国中信集团公司	347.18
33	中华	上海烟草（集团）公司	340.35
34	福田汽车	北汽福田汽车股份有限公司	339.71
35	茅台	贵州茅台酒厂有限责任公司	309.88
36	中国海油	中国海洋石油总公司	308.13
37	鄂尔多斯	鄂尔多斯集团	303.26
38	TCL	TCL 集团股份有限公司	291.22
39	中兴	中兴通讯股份有限公司	283.35
40	伊利	内蒙古伊利实业集团股份有限公司	281.12
41	凤凰卫视	凤凰卫视控股有限公司	243.88
42	万科	万科企业股份有限公司	238.67
43	东风	东风汽车公司	219.93
44	鞍钢	鞍山钢铁集团公司	207.62
45	北大荒	黑龙江北大荒农垦集团总公司	205.36
46	春兰	春兰（集团）公司	173.35
47	海王	深圳海王集团股份有限公司	166.55
48	周大福	周大福珠宝金行有限公司	153.72
49	国旅	中国国旅集团有限公司	151.83
50	劲霸	劲霸男装股份有限公司	148.77

7-1 续表 2　　　　　　　　　　　　　　　　（2010 年）

排名	品牌名称	品牌拥有机构	品牌价值（亿元）
51	上海电气	上海电气（集团）总公司	146.68
52	SINOPEC/长城润滑油	中国石油化工股份有限公司润滑油分公司	143.76
53	中国联通	中国联合网络通信集团有限公司	142.38
54	锦江	锦江国际（集团）有限公司	141.57
55	中国平安	中国平安保险（集团）股份有限公司	139.56
56	燕京	北京燕京啤酒股份有限公司	127.59
57	李宁	李宁体育用品有限公司	127.34
58	长安	长安汽车（集团）有限责任公司	123.35
59	郎	四川郎酒集团有限责任公司	122.39
60	全友家私	成都市全友家私有限公司	121.86
61	统一	统一企业（中国）投资有限公司	118.61
62	复星	上海复星高科技（集团）有限公司	116.29
63	红河	红云红河烟草（集团）有限责任公司	113.98
64	雷沃	福田雷沃国际重工股份有限公司	113.87
65	全聚德	中国全聚德（集团）股份有限公司	113.59
66	康师傅	康师傅控股有限公司	111.34
67	厦工	厦门厦工机械股份有限公司	110.83
68	豪爵	江门市大长江集团有限公司	110.76
69	方正	北大方正集团有限公司	110.65
70	双汇	河南省双汇实业集团有限责任公司	110.63
71	天狮	天津天狮集团有限公司	110.58
72	新希望	新希望集团有限公司	108.36
73	武钢	武汉钢铁（集团）公司	107.03
74	格力	珠海格力电器股份有限公司	106.13
75	沙钢	江苏沙钢集团有限公司	106.02

7-1 续表 3　　　　　　　　　　　（2010 年）

排名	品牌名称	品牌拥有机构	品牌价值（亿元）
76	海信	海信集团有限公司	105.31
77	嘉陵	中国嘉陵工业股份有限公司（集团）	104.77
78	金隅	北京金隅集团有限责任公司	104.68
79	中大	中大工业集团公司	102.58
80	人民日报	人民日报报业集团	101.26
81	中联（ZOOMLION）	长沙中联重工科技发展股份有限公司	100.52
82	中国民生银行	中国民生银行股份有限公司	97.17
83	超大	福州超大现代农业发展有限公司	96.38
84	豫园商城	上海豫园旅游商城股份有限公司	94.16
85	雅戈尔	雅戈尔集团股份有限公司	93.34
86	深圳发展银行	深圳发展银行股份有限公司	93.28
87	北新建材	北新集团建材股份有限公司	93.21
88	中信银行	中信集团股份有限公司	92.19
89	大自然	大自然地板（中国）有限公司	91.87
90	泸州老窖	泸州老窖股份有限公司	91.79
91	传化	传化集团有限公司	91.74
92	剑南春	四川剑南春集团有限责任公司	91.53
93	沱牌	四川沱牌曲酒股份有限公司	90.88
94	中国宝安集团	中国宝安集团股份有限公司	90.56
95	用友	用友软件股份有限公司	90.27
96	娃哈哈	杭州娃哈哈集团有限公司	90.18
97	小肥羊	内蒙古小肥羊餐饮连锁有限公司	88.87
98	正大	正大（中国）投资有限公司	87.58
99	太平洋保险	中国太平洋保险（集团）股份有限公司	86.26
100	宇通	郑州宇通客车股份有限公司	85.42

7-1 续表 4　　　　　　　　　　　　（2010 年）

排名	品牌名称	品牌拥有机构	品牌价值（亿元）
101	金龙客车	厦门金龙联合汽车工业有限公司	84.16
102	国泰君安证券	国泰君安证券股份有限公司	83.94
103	神华	神华集团有限责任公司	83.71
104	哈药六厂	哈药集团制药六厂	83.67
105	稻花香	湖北稻花香集团	83.65
106	参考消息	新华通讯社	82.61
107	广州日报	广州日报报业集团	81.35
108	海格	金龙联合汽车工业（苏州）有限公司	80.11
109	玉柴	广西玉柴机器集团有限公司	80.09
110	柒牌	福建柒牌集团有限公司	80.06
111	BELLE 百丽	百丽国际控股有限公司	80.03
112	远东	远东控股集团有限公司	80.01
113	杉杉	杉杉投资控股有限公司	79.51
114	吉利	浙江吉利控股集团有限公司	78.83
115	金龙鱼	益海嘉里粮油（深圳）有限公司	78.71
116	阳光 100	阳光 100 置业集团有限公司	77.01
117	中青旅	中青旅控股股份有限公司	76.83
118	福临门	中粮食品营销有限公司	75.77
119	海航	海南航空股份有限公司	75.68
120	招金	山东招金集团有限公司	74.81
121	东南	东南（福建）汽车工业有限公司	74.69
122	新华保险	新华人寿保险股份有限公司	73.59
123	江苏广播电视总台（集团）	江苏省广播电视总台（集团）	73.38
124	中海地产	中海地产集团有限公司	73.17
125	湖南卫视	湖南电视台	72.51

7-1 续表 5　　　　　　　　　　　　　　　　（2010 年）

排名	品牌名称	品牌拥有机构	品牌价值（亿元）
126	羊城晚报	羊城晚报报业集团	71.80
127	金六福	华泽集团（金六福企业）	71.75
128	首都机场	北京首都国际机场股份有限公司	71.73
129	新民晚报	文汇新民联合报业集团	70.98
130	鸿星尔克	福建鸿星尔克体育用品有限公司	70.95
131	玲珑	玲珑集团有限公司	70.91
132	通威	通威集团有限公司	70.89
133	万向	万向集团公司	70.65
134	人民电器	人民电器集团有限公司	70.61
135	南钢联	南京钢铁联合有限公司	70.53
136	洋河	江苏洋河酒厂股份有限公司	67.13
137	长城	中粮酒业有限公司	66.29
138	创维	创维集团有限公司	66.09
139	永鼎	江苏永鼎股份有限公司	66.03
140	云南白药	云南白药集团股份有限公司	65.99
141	金旅客车	厦门金龙旅行车有限公司	65.70
142	北京银行	北京银行股份有限公司	65.66
143	昆仑	中国石油天然气股份有限公司润滑油分公司	65.63
144	南航	中国南方航空集团公司	64.19
145	帅康	帅康集团有限公司	63.88
146	合生创展	合生创展集团有限公司	63.04
147	奥康	奥康集团有限公司	63.01
148	南方日报	南方报业传媒集团	60.45
149	南方广播影视传媒集团	广东南方广播影视传媒集团	60.39
150	山东航空	山东航空股份有限公司	60.38

7-1 续表 6 （2010 年）

排名	品牌名称	品牌拥有机构	品牌价值（亿元）
151	深圳特区报	深圳报业集团	60.37
152	魏桥	山东魏桥创业集团有限公司	60.36
153	雪莲	中土畜雪莲股份有限公司	60.22
154	扬子晚报	新华日报报业集团	59.82
155	远大	远大空调有限公司	58.77
156	亚都	北京亚都室内环保科技股份有限公司	56.82
157	特步	特步（中国）有限公司	55.54
158	班尼路	班尼路集团有限公司	55.20
159	七匹狼	福建七匹狼实业股份有限公司	54.33
160	万和	广东万和新电气股份有限公司	54.16
161	PIN 拼牌	拼牌（中国）有限公司	53.47
162	华侨城	华侨城集团	53.46
163	雕牌	纳爱斯集团有限公司	53.45
164	奇瑞	奇瑞汽车股份有限公司	52.97
165	雅士利	广东雅士利集团股份有限公司	52.88
166	金融街控股	金融街控股股份有限公司	52.39
167	真维斯	真维斯国际（香港）有限公司	52.26
168	太太	健康元药业集团股份有限公司	51.96
169	北京晚报	北京日报报业集团	51.95
170	正泰	正泰集团	51.94
171	完达山	黑龙江省完达山乳业股份有限公司	51.83
172	养生堂	养生堂有限公司	51.72
173	大红鹰	宁波大红鹰实业投资股份有限公司	50.74
174	江铃	江铃汽车股份有限公司	50.27
175	海螺	安徽海螺集团有限责任公司	50.13

7-1 续表 7 （2010 年）

排名	品牌名称	品牌拥有机构	品牌价值（亿元）
176	读者	读者出版传媒股份有限公司	50.08
177	江淮	安徽江淮汽车股份有限公司	49.91
178	古井贡	安徽古井集团有限责任公司	49.87
179	三一	三一集团有限公司	49.18
180	鹿王	内蒙古鹿王羊绒有限公司	48.30
181	南方都市报	南方报业传媒集团	48.17
182	金至尊	金至尊珠宝（香港）有限公司	48.02
183	南方周末	南方报业传媒集团	47.98
184	潮宏基	广东潮宏基实业股份有限公司	47.95
185	杏花村	山西杏花村汾酒集团有限责任公司	47.83
186	珍贝	浙江珍贝有限公司	47.78
187	三元	北京首都农业集团有限公司	47.69
188	经济日报	经济日报报业集团	47.47
189	北极绒	上海北极绒品牌管理有限公司	47.35
190	深圳商报	深圳报业集团	47.15
191	北京电视台	北京电视台	47.10
192	长城	长城汽车股份有限公司	47.04
193	申银万国	申银万国证券股份有限公司	46.70
194	安信	安信伟光（上海）木材有限公司	46.35
195	中华	华晨中国汽车控股有限公司	46.26
196	雅倩	广东雅倩化妆品有限公司	45.78
197	新科	新科电子集团有限公司	45.63
198	雅鹿	雅鹿集团股份有限公司	45.56
199	思念	郑州思念食品有限公司	45.17
200	成山	成山集团有限公司	44.64

7-1 续表 8　　　　　　　　　　　　（2010 年）

排名	品牌名称	品牌拥有机构	品牌价值（亿元）
201	王朝	中法合营王朝葡萄酿酒有限公司	44.58
202	德力西	德力西集团有限公司	44.45
203	双鹤	北京双鹤药业股份有限公司	44.34
204	华北	华北制药集团有限责任公司	43.94
205	国信证券	国信证券股份有限公司	43.81
206	中华保险	中华联合财产保险股份有限公司	43.79
207	老凤祥	上海老凤祥有限公司	43.51
208	海通证券	海通证券股份有限公司	43.35
209	罗蒙	罗蒙集团股份有限公司	43.28
210	马应龙	马应龙药业集团股份有限公司	43.21
211	西单商场	北京市西单商场股份有限公司	42.80
212	德尔惠	德尔惠股份有限公司	42.79
213	稻香村	北京稻香村食品有限责任公司	42.57
214	郁美净	天津郁美净集团有限公司	42.49
215	江中	江西江中制药（集团）有限责任公司	42.38
216	东方电气	中国东方电气集团有限公司	42.26
217	瑞星	北京艺进娱辉科技投资股份有限公司	42.13
218	半月谈	新华通讯社	41.95
219	农夫山泉	农夫山泉股份有限公司	41.35
220	环球时报	人民日报报业集团	41.32
221	白猫	上海和黄白猫有限公司	41.30
222	计算机世界	计算机世界传媒集团	41.18
223	掌上明珠家具	成都市明珠家具（集团）有限公司	41.15
224	上海机场	上海机场（集团）有限公司	39.78
225	富力地产	广州富力地产股份有限公司	39.48

7-1 续表 9 （2010 年）

排名	品牌名称	品牌拥有机构	品牌价值（亿元）
226	将军	山东中烟工业有限责任公司	39.22
227	培罗成	宁波培罗成集团有限公司	39.16
228	博时基金	博时基金管理有限公司	38.36
229	侨兴	侨兴集团有限公司	38.00
230	徐福记	徐福记国际集团	37.96
231	中央人民广播电台	中央人民广播电台	37.95
232	王老吉	广州王老吉药业股份有限公司	37.93
233	红星	北京红星股份有限公司	37.90
234	美特斯·邦威	上海美特斯邦威服饰股份有限公司	37.78
235	风神	风神轮胎股份有限公司	37.68
236	博洋	宁波博洋纺织有限公司	37.12
237	恩威	成都恩威投资（集团）有限公司	37.04
238	东鹏	广东东鹏陶瓷股份有限公司	36.95
239	力帆	力帆实业（集团）股份有限公司	36.93
240	惠达	唐山惠达陶瓷（集团）股份有限公司	36.90
241	盛大网络	上海盛大网络发展有限公司	36.88
242	今晚报	今晚传媒集团	36.86
243	凤凰	江苏凤凰出版传媒集团有限公司	36.81
244	奥克斯	奥克斯集团有限公司	36.75
245	实德	大连实德集团有限公司	36.71
246	中国重汽	中国重型汽车集团有限公司	36.64
247	真龙	广西中烟工业有限责任公司	36.51
248	天和	桂林天和药业股份有限公司	36.37
249	海化	山东海化集团有限公司	36.15
250	报喜鸟	浙江报喜鸟服饰股份有限公司	36.12

7-1 续表 10　　　　　　　　　　（2010 年）

排名	品牌名称	品牌拥有机构	品牌价值（亿元）
251	老庙	上海老庙黄金有限公司	36.06
252	张裕	烟台张裕葡萄酿酒股份有限公司	35.08
253	清华紫光	紫光股份有限公司	34.82
254	娇子	四川烟草工业有限责任公司	34.81
255	仁和	仁和药业股份有限公司	34.62
256	洁尔阴	成都恩威投资（集团）有限公司	34.55
257	瑞恩	北京卓瑞兴业珠宝贸易有限公司	34.42
258	厦空港	厦门国际航空港集团有限公司	34.40
259	汇源	北京汇源饮料食品集团有限公司	34.39
260	蓝月亮	广州蓝月亮实业有限公司	34.27
261	哈尔滨	哈尔滨啤酒集团有限公司	34.22
262	金帝	中粮金帝食品（深圳）有限公司	34.19
263	金嗓子	广西金嗓子有限责任公司	34.12
264	黄鹤楼	湖北中烟工业有限责任公司	34.10
265	金茂	中国金茂（集团）有限公司	33.99
266	华西村	江苏华西集团公司	33.86
267	好利来	北京好利来企业投资管理有限公司	33.68
268	比亚迪	比亚迪股份有限公司	33.67
269	CASKA 卡仕达	广东好帮手电子科技股份有限公司	33.66
270	神舟	深圳市神舟电脑股份有限公司	33.61
271	华西都市报	四川日报报业集团	33.57
272	四川航空	四川航空股份有限公司	33.56
273	利群	浙江中烟工业有限责任公司	33.42
274	洁丽雅	洁丽雅集团有限公司	33.31
275	通化	通化葡萄酒股份有限公司	33.29

7-1 续表 11　　　　（2010 年）

排名	品牌名称	品牌拥有机构	品牌价值（亿元）
276	世茂	世茂集团	33.26
277	ADAYO	惠州市华阳集团有限公司	33.18
278	东药	东北制药集团股份有限公司	33.16
279	喜之郎	广东喜之郎集团有限公司	33.07
280	肯帝亚	江苏肯帝亚木业有限公司	32.96
281	大阳	洛阳北方易初摩托车有限公司	32.85
282	雨润	中国雨润食品集团有限公司	32.82
283	钻石世家	广东钻石世家国际珠宝有限公司	32.73
284	三棵树	三棵树涂料股份有限公司	32.55
285	双喜	广东中烟工业有限责任公司	31.93
286	富林	广东富林木业科技有限公司	31.63
287	361°	三六一度（中国）有限公司	31.58
288	心相印	恒安国际集团有限公司	31.39
289	三金	桂林三金药业股份有限公司	31.17
290	冠军瓷砖	信益陶瓷（中国）有限公司	31.01
291	孚日	孚日集团股份有限公司	30.35
292	方圆地板	浙江方圆木业有限公司	30.33
293	光明日报	光明日报报业集团	30.31
294	昌河	昌河飞机工业（集团）有限责任公司	30.29
295	金山	金山软件股份有限公司	30.25
296	浪潮	浪潮集团有限公司	30.22
297	脑白金	上海黄金搭档生物科技有限公司	30.17
298	嘉宝莉	广东嘉宝莉化工集团有限公司	30.16
299	感康	吉林省吴太医药集团有限公司	30.11
300	越美	越美集团有限公司	30.09

7-1 续表 12　　　　　　　　　　　　　（2010 年）

排名	品牌名称	品牌拥有机构	品牌价值（亿元）
301	鲁花	山东鲁花集团有限公司	30.06
302	立白	广州立白企业集团有限公司	30.05
303	大卫地板	苏州大卫木业有限公司	30.01
304	九阳	九阳股份有限公司	29.77
305	铙山	福建铙山纸业集团有限公司	28.53
306	广东发展银行	广东发展银行股份有限公司	28.47
307	黄果树	贵州中烟工业有限责任公司	28.41
308	忠旺	中国忠旺控股有限公司	27.44
309	黄金搭档	上海黄金搭档生物科技有限公司	27.11
310	艾莱依	艾莱依集团	27.05
311	外研社	外语教学与研究出版社	27.04
312	华夏基金	华夏基金管理有限公司	27.03
313	志高	广东志高空调有限公司	27.02
314	陕汽	陕西汽车集团有限责任公司	27.01
315	雅芳婷	雅芳婷集团有限公司	26.95
316	三全	郑州三全食品股份有限公司	26.93
317	大宝	北京大宝化妆品有限公司	26.88
318	兴业银行	兴业银行股份有限公司	26.85
319	国贸	中国国际贸易中心股份有限公司	26.74
320	神州数码	神州数码控股有限公司	26.68
321	亚一	上海亚一金店有限公司	26.53
322	民生 21 金维他	杭州民生药业集团有限公司	26.48
323	物美	北京物美商业集团股份有限公司	26.44
324	马可波罗	广东马可波罗陶瓷有限公司	26.43
325	钱江晚报	浙江日报报业集团	26.42

7-1 续表 13　　（2010 年）

排名	品牌名称	品牌拥有机构	品牌价值（亿元）
326	哈德门	山东中烟工业有限责任公司	26.41
327	新鸿基地产	新鸿基地产发展有限公司	26.39
328	民航快递	民航快递有限责任公司	25.78
329	盼盼	盼盘安居股份有限公司	25.53
330	统一	壳牌统一（北京）石油化工有限公司	25.46
331	中兴	河北中兴汽车制造有限公司	25.24
332	雷士照明	雷士照明控股有限公司	25.18
333	耀华	中国耀华玻璃集团公司	25.11
334	雷氏	上海雷允上药业有限公司	24.58
335	华帝	中山华帝燃具股份有限公司	24.01
336	惠尔	南京罗伦特地板制品有限公司	23.91
337	步步高	广东步步高电子工业有限公司	23.88
338	好孩子	好孩子儿童用品有限公司	23.85
339	太子龙	太子龙控股集团有限公司	23.81
340	五菱	柳州五菱汽车有限责任公司	23.08
341	天安保险	天安保险股份有限公司	23.06
342	旺旺	旺旺集团有限公司	23.05
343	嘉实基金	嘉实基金管理有限公司	23.00
344	鹰牌陶瓷	佛山石湾鹰牌陶瓷有限公司	22.82
345	白云山	广州白云山制药股份有限公司	22.78
346	常柴	常柴股份有限公司	22.69
347	瑞嘉	北京瑞嘉欧亚木业有限公司	22.65
348	珠江	广州珠江钢琴集团股份有限公司	22.52
349	大亚	大亚人造板集团有限公司	22.49
350	红豆	江苏红豆集团有限公司	22.43

7-1 续表 14　　　　　　　　　　　　　　　　（2010 年）

排名	品牌名称	品牌拥有机构	品牌价值（亿元）
351	崂山	青岛崂山矿泉水有限公司	22.37
352	两面针	柳州两面针股份有限公司	22.30
353	大印象	广东大印象（集团）有限公司	22.25
354	金鱼	北京金鱼科技股份有限公司	22.24
355	索芙特	索芙特股份有限公司	22.23
356	龙大	龙大食品集团有限公司	22.21
357	隆鑫	隆鑫控股有限公司	21.69
358	婷美	婷美集团保健科技有限公司	21.59
359	钱江	浙江钱江摩托股份有限公司	21.11
360	光明	光明乳业股份有限公司	21.04
361	庄吉	庄吉集团有限公司	21.01
362	梅林	上海梅林正广和股份有限公司	20.97
363	石药	石家庄制药集团有限公司	20.93
364	万利达	万利达集团有限公司	20.81
365	舍得	四川舍得酒业有限公司	20.77
366	冠珠陶瓷	广东新明珠陶瓷集团有限公司	20.72
367	爱国者	北京华旗资讯数码科技有限公司	20.67
368	水井坊	四川水井坊股份有限公司	20.53
369	新中源	广东新中源陶瓷有限公司	20.35
370	九三	九三粮油工业集团有限公司	20.24
371	金意陶	广东金意陶陶瓷有限公司	20.23
372	东易日盛	北京东易日盛装饰有限责任公司	20.22
373	康辉地板	浙江康辉木业有限公司	20.19
374	元洲	北京元洲装饰有限责任公司	20.18
375	华致酒行	华致酒行连锁管理有限公司	20.16

7-1 续表 15　　　　　　　　　　　　（2010 年）

排名	品牌名称	品牌拥有机构	品牌价值（亿元）
376	京华时报	人民日报报业集团	20.13
377	南孚	福建南平南孚电池有限公司	20.08
378	腾达	晋江腾达陶瓷有限公司	20.03
379	浙江日报	浙江日报报业集团	19.01
380	罗西尼	珠海罗西尼表业有限公司	18.99
381	奥普	杭州奥普电器有限公司	18.95
382	古越龙山	浙江古越龙山绍兴酒股份有限公司	18.86
383	博德	广东博德精工建材有限公司	18.31
384	Vtion	网讯信息技术（福建）有限公司	18.29
385	源安堂	广西源安堂药业有限公司	18.27
386	创鑫研	浙江创鑫木业有限公司	18.25
387	皇明	皇明太阳能集团有限公司	18.22
388	奈步	奈步（中国）有限公司	18.20
389	盼盼	福建福源食品有限公司	18.18
390	敖东	吉林敖东药业集团股份有限公司	18.16
391	纽曼	北京纽曼理想数码科技有限公司	18.07
392	依波	依波精品（深圳）有限公司	17.97
393	齐鲁晚报	山东大众报业集团	17.90
394	阳光	浙江阳光集团股份有限公司	17.89
395	穗宝	广州市欧亚床垫家具有限公司	17.88
396	莲花	河南莲花味精股份有限公司	17.85
397	海天	佛山市海天调味食品有限公司	17.84
398	天之锦	上海锦鹏纺织发展有限公司	17.83
399	申鹭达	申鹭达股份有限公司	17.78
400	太湖	江苏太湖锅炉股份有限公司	17.75

7-1 续表 16　　　　　　　　　　（2010 年）

排名	品牌名称	品牌拥有机构	品牌价值（亿元）
401	威龙	烟台威龙葡萄酒股份有限公司	17.72
402	枝江	湖北枝江酒业股份有限公司	17.56
403	维维	维维食品饮料股份有限公司	17.40
404	观澜高尔夫	观澜湖高尔夫球会	17.33
405	21 世纪经济报道	南方报业传媒集团	17.31
406	中国汽车报	中国汽车报社	17.29
407	山推	山推工程机械股份有限公司	17.28
408	虎牌	虎牌控股集团有限公司	17.18
409	冠生园	冠生园（集团）有限公司	17.17
410	哈飞	哈飞汽车股份有限公司	17.13
411	肤阴洁	广西源安堂药业有限公司	17.11
412	大河报	河南日报报业集团	17.10
413	苏泊尔	浙江苏泊尔炊具股份有限公司	17.08
414	正章	上海正章洗染公司	17.07
415	楚天都市报	湖北日报传媒集团	17.06
416	凯盛	上海凯盛床上用品有限公司	17.05
417	神奇	贵州神奇制药有限公司	17.04
418	晨鸣	山东晨鸣纸业集团股份有限公司	17.01
419	龙发	北京龙发建筑装饰工程有限公司	16.97
420	宗申	宗申产业集团有限公司	16.90
421	今麦郎	今麦郎食品有限公司	16.87
422	京客隆	北京京客隆商业集团股份有限公司	16.82
423	三枪	上海三枪集团有限公司	16.81
424	雄豹狼	石狮市雄豹狼服装发展有限公司	16.79
425	汇仁	汇仁集团有限公司	16.78

7-1 续表 17　　　　　　　　（2010 年）

排名	品牌名称	品牌拥有机构	品牌价值（亿元）
426	峰景	东莞峰景高尔夫有限公司	16.73
427	露露	河北承德露露股份有限公司	16.71
428	中国经营报	中国经营报社	15.95
429	歌力思	深圳歌力思服装实业有限公司	15.93
430	狗不理	狗不理集团股份有限公司	15.92
431	飞毛腿	飞毛腿（福建）电池有限公司	15.91
432	摇篮	黑龙江摇篮乳业股份有限公司	15.86
433	蒂爵珠宝	深圳市蒂爵珠宝有限公司	15.67
434	柔然	尚美世家（北京）贸易有限公司	15.62
435	六神	上海家化联合股份有限公司	15.43
436	天王	天王电子（深圳）有限公司	15.12
437	健将	中山市小榄镇金龙制衣厂	15.10
438	尚德	无锡尚德太阳能电力有限公司	15.08
439	金苹果	金苹果（中国）有限公司	15.01
440	好记星	上海好记星数码科技有限公司	14.59
441	华泰证券	华泰证券股份有限公司	14.48
442	应大	天津应大投资集团有限公司	14.33
443	大白兔	冠生园（集团）有限公司	14.12
444	凯撒	凯撒（中国）股份有限公司	14.08
445	明牌	浙江日月首饰（集团）有限公司	13.85
446	海螺	上海海螺服饰有限公司	13.76
447	华昌珠宝	莆田市华昌首饰有限公司	13.60
448	半岛都市报	山东大众报业集团	13.56
449	富安娜	深圳富安娜家居用品股份有限公司	13.41
450	通鼎光电	通鼎集团有限公司	13.32

7-1 续表 18　　　　　　　　　　（2010 年）

排名	品牌名称	品牌拥有机构	品牌价值（亿元）
451	时尚 COSMOPOLITAN	时尚传媒集团	13.28
452	KEKE 克刻	贵州益佰制药股份有限公司	13.26
453	中脉	南京中脉科技发展有限公司	13.22
454	红蜻蜓	红蜻蜓集团	13.21
455	金丝猴	上海金丝猴集团有限公司	13.17
456	海德国际（香港）	新疆海德酒店有限公司	13.15
457	蒙娜丽莎	广东蒙娜丽莎陶瓷（集团）有限公司	13.02
458	罗莱	上海罗莱家用纺织品有限公司	12.65
459	财经	财经杂志社	12.63
460	达芙妮	达芙妮国际控股有限公司	12.62
461	海峡都市报	海峡都市报社	12.60
462	金种子	安徽金种子集团有限公司	12.59
463	浩沙	浩沙国际（香港）有限公司	12.50
464	达利	福建达利集团	12.48
465	辽沈晚报	辽宁报业传媒集团	12.46
466	康普顿	青岛康普顿石油化学有限公司	12.45
467	燕赵都市报	河北日报报业集团	12.40
468	山花	威海市山花地毯集团有限公司	12.39
469	ABC	浙江起步儿童用品有限公司	12.38
470	南方基金	南方基金管理有限公司	12.31
471	地奥	成都地奥制药集团有限公司	12.26
472	白云机场	广州白云国际机场股份有限公司	12.23
473	盛宇	盛宇集团有限公司	12.18
474	莫代尔	上海北极绒品牌管理有限公司	12.13
475	顺美	北京顺美服装股份有限公司	11.99

7-1 续表 19　　　　（2010 年）

排名	品牌名称	品牌拥有机构	品牌价值（亿元）
476	健民	武汉健民药业集团股份有限公司	11.93
477	金莱克	金莱克（中国）体育用品有限公司	11.77
478	步森	步森集团有限公司	11.73
479	中铁快运	中铁快运股份有限公司	11.72
480	九芝堂	湖南九芝堂股份有限公司	11.63
481	飞亚达	深圳飞亚达（集团）股份有限公司	11.53
482	FSL	佛山电器照明股份有限公司	11.51
483	富贵鸟	中国富贵鸟集团	11.49
484	才子	福建才子集团有限公司	11.48
485	机械工业出版社	机械工业出版社	11.46
486	柏仙多格	中山市柏仙多格制衣贸易有限公司	11.41
487	中影集团	中国电影集团公司	11.38
488	圣元	青岛圣元乳业股份有限公司	11.33
489	喜盈门	青岛喜盈门集团有限公司	11.13
490	双鹿	中银（宁波）电池有限公司	11.08
491	河套	内蒙古河套酒业集团股份有限公司	11.03
492	洽洽	合肥华泰集团	10.96
493	椰树	椰树集团有限公司	10.44
494	虎豹	江苏虎豹集团有限公司	10.40
495	银鹭	厦门银鹭集团有限公司	10.17
496	椰岛鹿龟酒	海南椰岛股份有限公司	10.01
497	锦和珠宝	深圳市锦和泰珠宝有限公司	9.91
498	虎都	虎都（中国）服饰有限公司	9.80
499	冠军	江苏冠军涂料实业有限公司	9.36
500	新绿洲	中山市新绿洲木业有限公司	9.19

7-2 中国入选世界500强企业名单

（2010年）

企业名称	营业收入（百万美元）	排名
中国石油化工集团公司	187518	7
国家电网公司	184496	8
中国石油天然气集团公司	165496	10
中国移动通信集团公司	71749	77
中国工商银行股份有限公司	69295	87
鸿海精密集团	59324	112
中国建设银行股份有限公司	58361	116
中国人寿保险（集团）公司	57019	118
中国铁道建筑总公司	52044	133
中国中铁股份有限公司	50704	137
中国农业银行股份有限公司	49742	141
中国银行股份有限公司	49682	143
中国南方电网有限责任公司	45735	156
东风汽车股份有限公司	39402	182
中国建筑集团总公司	38117	187
中国中化集团公司	35577	203
中国电信集团公司	35557	204
上海汽车工业（集团）总公司	33629	223
中国交通建设集团有限公司	33465	224
来宝集团有限公司	31183	242
中国海洋石油总公司	30680	252
中国中信集团公司	30605	254
中国第一汽车集团公司	30237	258
中国南方工业集团公司	28757	275
宝钢集团有限公司	28591	276
国泰人寿保险有限责任公司	28315	281
香港和记黄埔有限公司	26938	302

7-2 续表　　　　　　　　　　（2010 年）

企业名称	营业收入（百万美元）	排名
中粮集团有限公司	26098	312
中国华能集团公司	26019	313
河北钢铁集团	25924	314
中国冶金科工集团公司	25868	315
广达电脑有限公司	25429	327
中国航空工业集团公司	25189	330
中国五矿集团公司	24956	332
中国北方工业（集团）总公司	24150	348
中国中钢集团公司	24014	352
神华集团有限责任公司	23605	356
中国联合网络通信有限公司	23183	368
中国人民保险集团股份有限公司	23116	371
香港怡和集团	22501	382
中国平安保险（集团）股份有限公司	22374	383
华润（集团）有限公司	21902	395
华为集团有限公司	21821	397
中国大唐集团公司	21460	412
江苏沙钢集团有限公司	21419	415
武汉钢铁集团	20543	428
仁宝电脑工业股份有限公司	20448	431
台湾中油股份有限公司	20253	434
中国铝业股份有限公司	19851	436
交通银行股份有限公司	19568	440
台塑石化股份有限公司	19204	452
华硕电脑股份有限公司	18474	465
中国国电集团	17871	477
宏碁集团	17380	487

7-3 福建省获地理标志证明商标名单

（截止2009年底）

注册人	商标名称	商品
永泰县生产力促进中心	永泰芙蓉李	李子（鲜水果）
福州市园艺学会	福州茉莉花茶	茶
永泰县生产力促进中心	永泰柿饼	柿饼
安溪县茶业总公司	安溪铁观音	茶叶
安溪县茶业总公司	安溪黄金桂	茶叶
永春县柑桔同业公会	永春芦柑	柑桔
永春县茶叶同业公会	永春佛手	茶
德化县陶瓷同业公会	德化陶瓷	瓷器；陶器等
德化县陶瓷同业公会	德化瓷雕	瓷器；陶器等
德化县养殖技术推广中心	德化戴云黑鸡	鸡（活的）
永春县茶叶同业公会	永春闽南水仙	茶
武夷山茶叶科学研究所	武夷山大红袍	茶
政和县茶叶技术推广总站	政和工夫	茶
政和县茶叶技术推广总站	政和白茶	茶
松溪县茶叶管理总站	松溪绿茶	茶
邵武市进士茶树良种推广专业合作社	邵武碎铜茶	茶
柘荣县太子参协会	柘荣太子参	太子参
古田县食用菌办公室	古田银耳	银耳
古田县经济作物站	古田油柰	油柰（水果）
古田县黄田镇企业管理站	黄田马蹄笋	新鲜马蹄笋

7-3 续表 1　　　　（截止 2009 年底）

注册人	商标名称	商　品
古田县黄田镇企业管理站	黄田马蹄笋	马蹄笋干等
福鼎市四季柚协会	福鼎四季柚	柚
福鼎市福鼎芋协会	福鼎芋	芋
福鼎市福鼎芋协会	福鼎槟榔芋	芋
福鼎市茶业协会	福鼎大白茶	茶
福鼎市茶业协会	福鼎白毫银针	茶
福鼎市茶业协会	福鼎白琳工夫	茶
福鼎市茶业协会	福鼎白茶	茶
福安市茶业协会	坦洋工夫	茶
福安市茶业协会	坦洋工夫	茶
宁德市蕉城区晚熟龙眼产业协会	蕉城晚熟龙眼	龙眼
霞浦县农副产品产业协会	霞浦海带	海带
霞浦县农副产品产业协会	霞浦紫菜	紫菜
宁德市蕉城区茶业协会	天山绿茶	茶
连城红心地瓜干协会	连城红心地瓜干	地瓜干（熟）
连城县朋口镇兰花协会	连城兰花	兰花
漳平市茶叶协会	漳平水仙茶	茶饼
龙岩市新罗区花生产业协会	龙岩咸酥花生	加工过的花生
福建省武平县茶叶协会	武平绿茶	茶
连城县白鸭研究所	连城白鸭	鸭（活的）

7-3 续表 2　　　　（截止 2009 年底）

注册人	商标名称	商　品
连城县白鸭研究所	连城白鸭	鸭（非活）
漳州市果品发展中心	漳州芦柑	芦柑
漳州市果品发展中心	ZHANG ZHOU orange	芦柑
漳州市果品发展中心	图形	芦柑
漳州市果业发展中心	漳州香蕉	新鲜香蕉
漳州市花卉协会	ZHANGZHOU NARCISSUS	水仙花
漳州市花卉协会	漳州水仙花	水仙花
漳州市花卉协会	漳州水仙花	水仙花
南靖县兰花协会	南靖兰花	兰花
福建省平和琯溪蜜柚发展中心	平和琯溪蜜柚	蜜柚
诏安县红星乡青梅技术研究会	诏安红星	新鲜青梅
仙游县度尾镇文旦柚协会	度尾	文旦柚
莆田市枇杷协会	莆田枇杷	枇杷
莆田市兴化桂圆协会	莆田兴化桂元	干桂元
南日鲍协会	南日鲍	鲍鱼（活）
福建省建宁县供销合作社联合社	建宁通心白莲	莲子
尤溪县竹业协会	尤溪绿笋	绿笋（新鲜）
明溪县肉脯干行业协会	明溪肉脯干	肉脯干
永安市农学会	永安黄椒	辣椒（新鲜蔬菜）

7-4　中国驰名商标（福建企业）名单

（2005-2010 年 1 月）

企业名称	商　标	使用商品/服务	认定时间
石狮彬伊奴休闲服饰有限公司	彬伊奴	服装	2005
福建德尔惠体育用品有限公司	德尔惠	体育用品	2005
旗牌王（泉州）制衣实业有限公司	旗牌王	服装	2005
福建泉州匹克（集团）有限公司	匹克	运动鞋	2005
石狮市大帝集团公司	帝 Di	服装	2005
福建石狮市斯得雅服饰有限公司	斯得雅	服装	2005
厦门卷烟厂	石狮	卷烟	2005
金威服装（福建）有限公司	金威世家 JIN WEI SHI JIA	西服制服	2005
三六一度（福建）体育用品有限公司	361°	运动鞋	2005
厦门罐头厂	古龙 GULONG 及图	肉罐头	2005
安溪县茶业总公司	安溪铁观音及图	茶叶	2005
福建雪津啤酒有限公司	雪津	啤酒	2005
厦门工程机械股份有限公司	厦工 XIAGONG 及图	装载机	2005
乔丹（中国）有限公司	乔丹	运动鞋	2005
福律亲亲股份有限公司	亲亲	膨化食品	2005
漳州天福茶业有限公司	天福	茶叶	2005
福建南安帮登鞋业有限公司	帮登	帮登童鞋	2005
龙岩卷烟厂	七匹狼 Septwolves	卷烟	2005
福建南平太阳电缆股份有限公司	太阳及图	电线电缆	2005
飞毛腿（福建）电子有限公司	飞毛腿（SCUD）	电池	2006
福建石狮市福盛鞋业有限公司	木林森 mulinsen	皮鞋	2006

7-4 续表 1 （2005-2010 年 1 月）

企业名称	商　标	使用商品/服务	认定时间
福建恒利集团有限公司	好舒爽 HaoShu Shuan	卫生巾	2006
福建金莱克体育用品有限公司	金莱克	运动鞋等	2006
泉州市三兴体育用品有限公司	XTEP	运动鞋等	2006
福建汇达时装有限公司	卡朱米	羽绒服	2006
福建铙山纸业集团有限公司	铙山 Naoshan	机制纸	2006
福建福人木业有限公司	福人 FUREN 及图	半成品木材	2006
石狮市皇宝服装织造有限公司	皇宝	服装	2006
福建省万年青运动器材制造有限公司	万年青 WNQ	运动器材	2006
石狮市斯舒郎体育用品有限公司	斯舒郎	休闲服装	2006
石狮市爱登堡制衣发展有限公司	爱登堡	服装	2006
福建闽发铝业有限公司	闽发	铝合金建筑及工业型材	2006
福建晋工机械有限公司	晋工	装载机	2006
九牧集团有限公司	JOMOO 九牧	卫浴产品	2006
福建省福山轴承有限公司	福山	外球面球轴承	2006
福建省辉煌水暖集团	辉煌水暖 HHSN	陶瓷片密封水嘴	2006
厦门金龙联合汽车工业有限公司	KINGLONG 及图	客车	2006
福建省燕京惠泉啤酒股份有限公司	惠泉	啤酒	2006
夏新电子股份有限公司	夏新	激光视盘机、手机	2006
福建云敦服饰有限公司	云敦 WHACKO 及图	服装	2006
福建省石狮市华联服装配件企业有限公司	KAM	塑料扣、鞋扣	2006
福建龙溪轴承（集团）股份有限公司	LS	轴承机器零件	2006

7-4 续表 2 （2005-2010 年 1 月）

企业名称	商　标	使用商品/服务	认定时间
柘荣县太子参协会	柘荣太子参 ZRTZS 及图	太子参	2006
厦门市金鹭首饰有限公司	图形/金鹭	首饰	2007
利郎（福建）时装有限公司	利郎 LILANG	服装	2007
申鹭达集团有限公司	申鹭达 Shenluda	管道龙头	2007
厦门蒂尔特企业有限公司	爱得利 IVORY	奶嘴、奶瓶	2007
福建泰格动力机械有限公司	fierce tiger 及图	马达及其部件等	2007
福建龙岩工程机械（集团）有限公司	龙工 LONGGONG	铲运机、挖掘机等	2007
厦门航空有限公司	第 779315 号图形	空中运输	2007
福建省南平铝业有限公司	闽铝	铝型材	2007
福建省平和琯溪蜜柚发展中心	平和琯溪蜜柚及图（地理标志）	蜜柚	2007
福建省舒华体育用品有限公司	舒华 SHUA 及图	跑步机	2007
蜡笔小新（福建）食品工业有限公司	蜡笔小新	果冻	2007
厦门银祥集团有限公司	银祥及图	猪肉、猪肉食品	2007
莆田市三江化学工业有限公司	三棵树 SAN KE SHU	涂料、油漆	2007
福建省永安林业（集团）股份有限公司	永林蓝豹及图	纤维板	2007
福建省莆田市华丰鞋业有限公司	沃特	运动鞋	2007
泉州寰球鞋服有限公司	Athletic	运动鞋	2007
福建冠福现代家用股份有限公司	冠福及图	日用陶瓷	2007
三六一度（福建）体育用品有限公司	361°	运动鞋等	2008
福建东亚机械有限公司	DY 及图	活塞环	2008
福建雅客食品有限公司	雅客 YAKE	糖果等	2008

7-4 续表 3　　（2005-2010 年 1 月）

企业名称	商　标	使用商品/服务	认定时间
厦门金日制药有限公司	金日及图	洋参茶、洋参丸	2008
漳州市花卉协会	漳州水仙花 ZHANGZHOU SHUIXIANHUA 及图	水仙花、水仙花鳞茎	2008
厦门明发集团有限公司	明发 MINGFA 及图	商品房销售、不动产管理	2008
厦门舫昌佛具有限公司	梅春及图	卫生香	2008
古田县食用菌办公室	古田银耳 GUTIANYINER 及图	银耳	2008
福安市闽东安波电器有限公司	ABLE	电机	2008
石狮市爱登堡制衣发展有限公司	爱登堡	休闲装	2008
飞毛腿（福建）电池有限公司	飞毛腿 SCUD 及图	电池、电池充电器	2008
乔丹（中国）有限公司	乔丹	足球鞋、爬山鞋等	2009
福建华泰集团有限公司	华鸿 HUA HONG 及图	建筑砖瓦	2009
厦门中盛粮油企业有限公司	盛洲 SHENGZHOU 及图	食用油	2009
福建省红太阳精品有限公司	國聖及图	酱菜、蔬菜罐头、牛奶制品	2009
福清市阳光食品有限公司	光阳及图	皮蛋、蛋品	2009
福建圣农发展股份有限公司	圣农 SUNNER 及图	冻肉等	2009
厦门茶叶进出口有限公司	海堤 SEA DYKE 及图	茶	2009
福建鸿星尔克体育用品有限公司	Erke 及图鸿星尔克	服装、鞋等	2009
利胜电光源（厦门）有限公司	曼佳美	照明器、灯泡	2009
福建福安闽东亚南电机有限公司	YANAN	发电机、电动机	2009
福建百联实业有限公司	百联	加工过的瓜子	2009
厦门宏达洋伞工业有限公司	宏達	伞环、雨伞或阳伞骨等	2009
福建大吉刀剪五金有限公司	大吉 Daji 及图	剪刀、修剪剪刀等	2009

7-4 续表 4　　　　　　　　　　（2005-2010 年 1 月）

企业名称	商　标	使用商品/服务	认定时间
厦门豪享来餐饮娱乐有限公司	豪享来	餐馆、自助餐馆等	2009
福建省永安轴承有限责任公司	飞捷	工业轴承	2009
厦门兴盛食品有限公司	兴盛	挂面、面条	2009
福建泉州匹克体育用品有限公司	PEAK 及图	运动鞋	2009
福建省盛辉物流集团有限公司	盛辉	汽车运输	2009
紫金矿业集团股份有限公司	第 1560573 号图形	金锭	2009
厦门科华恒盛股份有限公司	KELONG	不间断电源设备	2009
厦门安妮股份有限公司	安妮	复印纸	2009
福建省佳美集团公司	第 1010069 号图形	陶瓷工艺品	2009
福建双赢集团有限公司	双赢及图	磷肥（肥料）、化学肥料、混合肥料	2009
福建新大陆科技集团有限公司	新大陆 Newland 及图	计算机外围设备	2009
连城红心地瓜干协会	连城红心地瓜干	地瓜干	2009
泉州克拉克体育用品有限公司	洲克	紧身衣裤	2009
福建省足友体育用品有限公司	足友	童鞋	2009
厦门国贸集团股份有限公司	ITG 及图	进出口代理	2009
福建省建阳武夷味精有限公司	武夷 WU YI 及图	味精、鸡精	2009
中宇建材集团有限公司	中宇及图	水龙头等	2009
伟士（厦门）体育用品有限公司	WISH	网球拍、羽毛球拍	2010
梅花伞业股份有限公司	梅花 PLUM BLOSSOM	雨伞	2010
福建省晋江福源食品有限公司	盼盼及图	虾条、米乐	2010
沙县宏盛塑料有限公司	宏光 HONGGUANG 及图	酚醛塑料粉	2010

7-4 续表 5　　　　　　　　　（2005-2010 年 1 月）

企业名称	商　标	使用商品/服务	认定时间
福建紫山集团股份有限公司	紫山 ZISHAN 及图	蔬菜罐头、酱菜、蘑菇罐头等	2010
福建省三农碳酸钙有限责任公司	东南 ND	碳酸钙	2010
建宁县建莲产业协会	建宁通心白莲 Jntxbl 及图	莲子	2010
武夷山市茶叶科学研究所	武夷山大红袍	茶	2010
福安市茶业协会	坦洋工夫	茶	2010
福建省强力体育用品有限公司	QL 图形强力	网球拍、羽毛球拍	2010
福建柒牌集团有限公司	第1283610号图形、第1509243号图形	服装等	2010
福建天下农庄食品发展有限公司	天下农庄	米	2010
福建保兰德箱包皮具有限公司	保兰德 PowerLand 及图	手提包、旅行包、公文箱	2010
福建省安溪八马茶业有限公司	八马 Bama 及图	茶叶	2010
福建省南安市帮登鞋业有限公司	帮登 BANGDENG 及图	鞋	2010
福建省安溪茶厂有限公司	凤山 FENGSHAN 及图	茶叶	2010
福建省闽发铝业股份有限公司	闽发 MINFA 及图	铝型材	2010
福建茶花家居塑料用品有限公司	茶花	塑料箱、非金属筐、塑料包装容器	2010
南靖县兰花协会	南靖兰花 NANJING LANHUA 及图	兰花	2010
福鼎市茶业协会	福鼎白茶 FUDING WHITE TEA	茶	2010
福建省远山农业发展有限责任公司	远山 YUANSHAN	生猪、肉食鸡	2010
泉州寰球鞋服有限公司	第 1280938 号图形	运动鞋	2010
厦门禹洲集团股份有限公司	禹洲及图	不动产管理、商品房销售	2010
厦门市建安集团有限公司	第 1691769 号图形	建筑、室内装潢	2010
厦门正新橡胶工业有限公司	樱花	轮胎	2010
厦门立林科技有限公司	LEELEN	内部通讯装置、信号铃、报警器	2010

7-5 知名企业品牌推广案例分析

绝大多数人对品牌的理解停留在牌子与标记的阶段。事实上，品牌不仅仅是一个牌子或标记，更重要的是，品牌是一种资产。在全球经济一体化浪潮的推动下我国经济已进入了产业转型、企业升级的历史关头。对于大多数中小企业来说，想实现成功转型的出路就是加快自主创新、打造自主品牌。自主品牌是指拥有自主知识产权，通过自主研发，在消费者心目中形成独有的特征，并能有效促进消费者购买其产品，乃至产生品牌忠诚的名称、符号、形象或设计。

自主品牌的建立离不开企业品牌的推广，那么企业在品牌推广过程中可以采取哪些策略？本文列举多家知名企业在品牌推广过程中巧妙运用三十六计，促使品牌推广成功的策略，以供参考。

三十六计之打草惊蛇

【原典】疑以叩实，察而后动；复者，阴之媒也。

【案例】“2002年华为以太网交换机春季阳光巡展”由具有战略意义的四大城市——北京、上海、广州、成都同时起锚。这次巡展声势浩大，在接下来的近一个月内，华为技术有限公司（以下简称“华为”）带着自己的以太网交换机全线产品以及全面解决方案走遍全国 27 个重点城市。与此同时，华为 2002 年度命名为“阳光计划”的全面推广计划也终于揭开了面纱。

在以“体验智能，驾驭极速”为主题的巡展中，华为展示了其全线 Quidway（r）S 系列以太网交换机产品，该产品系列秉承了华为公司一贯的技术特色与技术优势，且在产品智能化、全线速等技术指标方面一支独秀，超越了目前市场上众多的竞争对手。该产品一经推出，立即赢得了市场的广泛关注，并迅速赢得了用户的信赖，在国内各个领域开始了大规模的应用。包括金融、电力、政府、教育、证券等行业，均大量采用华为的以太网交换机产品构建自身网络平台，大量的实践充分证实了其产品在稳定性、开放性、技术的先进性等方面的优势。此次华为以太网交换机全线产品的出击，充分表现出其欲进一步占领市场，拓展渠道，强化其产品端不断扩大的市场优势以及最终图谋全局的战略举措。

【点评】华为这次巡展使得华为真正的走到用户身边，同时也是针对其全线以太网交换机产品的一次集中推荐。通过这次巡展，华为在和国外品牌的竞争中抢到了先机，在这块以前国外品牌主导的市场中联想也有了自己的话语权，首先是打到了“草”；同时华为的产品在客户中得到了认知，企业品牌和产品的影响力都得到了很大程度的提升，惊动了“蛇”。

三十六计之瞒天过海

【原典】备周则意怠，常见则不疑。阴在阳之内，不在阳之对。太阳，太阴。

【案例】2003年8月，一位玉兰油的品牌经理在新浪网回答网友提问时，就有意无意地介绍“清透平衡露夏天使用效果很好，特别针对油性和混合性两种皮肤，经过4个星期的时间，就可以使你的肌肤出油状况得到改善，毛孔的出油率可以降低96%”。只要细心就能发现，短短的一句话里，他用了几个数字概念，让这个“平衡露”的特点一览无余。其强大的销售力，奥妙就在于采用了典型的“列数字”的说明方法。

“列数字”恰恰是玉兰油屡试不爽的克敌手法。如：玉兰油洁面乳的报纸广告说：“它含有BHA活肤精华，温和按摩微粒和玉兰油滋润成分，可以彻底清除脸部肌肤灰尘和彩妆，只需7天，就能让肌肤得到改善。”而玉兰油多效修复霜的杂志广告则声称“能帮助抵御7种岁月痕迹，令肌肤焕发青春光彩”·，还写出了一句非常出名的广告语“1 种减退秘诀，7种岁月痕迹”。

在不否认玉兰油出色本质的情况下，就广告而言，这样的小辫一抓一大把，但数字给人的信服感与真实性却不言而喻。再加上宝洁长期以来卓越的产品品质与“以消费者为中心”的经营理念，也就没谁较真广告诉求与现实的差距了。

【点评】“瞒天过海”是一种欺骗之计，所造成的结果、功过则取决于使用者的心术与动机。卖化妆品就是卖希望，买化妆品就是买心里需求。玉兰油用理性诉求让希望变得更加“看得见，摸得着”，自然也就让顾客的欲望更加强烈。“瞒天过海”正是通过一些技巧与方法让自己的目的隐藏起来。宝洁驾驭数字这种对心理意识的利用，恰恰是那些广告里只对产品功效泛泛而谈，陈词滥调而空洞承诺的品牌应该认真学习的。

三十六计之围魏救赵

【原典】共敌不如分敌；敌阳不如敌阴。

【案例】联合利华在多品牌上运用“围魏救赵”的上佳表现，值得让人深思。

旁氏原来只是一个美国品牌，夏士莲也不过是一个在东南亚推广的英国牌子，联合利华通过收购，将他们引入中国，并成功提升为国际品牌，可见它“救”功之老辣。

联合利华1999年对14家企业进行重组，最终形成以家庭及个人护理用品为首的三大主要业务。所有的举措，都是以“围市场”为核心做的铺垫。

凭借对天然植物之道的娴熟，旁氏化妆品大城市的专柜销售稳步上升，夏士莲护肤品一举拿到了乌发领域的最大份额，连立顿红茶的市场占有率也超过了80%。

如果“围魏”表现出的是智慧的话，“弃赵”甩包袱则是联合利华勇气之所在。伊利莎白·雅顿是联合利华 80 年代购买的品牌，在化妆和护肤业拥有独一无二的领导地位，香水“红门、第5大道”都是它的经典之作。伊莉莎白·雅顿借助联合利华广泛的技术资源不断有创新作品出现。遗憾的是，它在最近的5年中只有6%的业务增长，继续取得出色的发展尚需时日，所以出路只有两条：重组或是卖掉。联合利华痛下决心，连同伊莉莎白·雅顿的品牌与分销系统以 2 亿 2000 万美元整体卖给了FFI香水公司。

还有，美加净护肤品曾占全国出口的70%，是有 40 年历史的中高档品牌，后与联合利华“合资”。联合利华为了让自己的“洁诺”更有利占据高端市场，把美加净的价格下调30%。等到美加净的品牌回收时，销量已经从6000万支下降到了2000万支，在中高端市场举步维艰。这种“围人家，救自己”的方法，抛开企业道德不讲，确实是商业竞争中不动声色一剑封喉的绝招。

资源整合，集中优势兵力在优势领域，联合利华取得品牌长盛不衰的过程，不是救企业于危难之中，而是围魏救赵中的断然取舍，善于观察周围环境，发现和寻找机遇的过程。这不能不说是他年销售额超过50亿元的秘诀之一。

【点评】围魏救赵考验了经营者的眼光与决断力，机遇与风险并存。一旦围错了方向，不但救不回赵，说不定还惹来杀身之祸。联合利华以救补围、围中带救的手法，是对时机与环境作出判断后的一种高超运用。“补强弱棋以自救”，这正印证了中国的一句老话：有所为，当有所不为。

三十六计之树上开花

【原典】借局布势，力小势大。鸿渐于陆，其羽可用为仪也。

【案例】使用“树上开花”一计最出色的，便是当今IT制造业中鼎鼎大名的苹果。

苹果 ipod 在过去数年里成为了数码随身听时代的龙头老大，虽然 ipod 的销量早早就突破了 1 亿台，但若只单纯地致力于产品的研发和销售，那么 ipod 可能不会有如今这般成功。而苹果总裁乔布斯在这一方面的做法是打造出“ipod 周边产业链”，即非苹果产的 ipod 配件：唯美音箱、精致皮套，甚至专门为 ipod 设计的衣服，所有这些都冲巨大的 ipod 用户市场而来。而除了“周边产业链”之外，唱片公司也从苹果的 itunes 音乐下载、视项下载项目受益：凭借着巨大的 ipod 用户平台，苹果打造出了 itunes+ipod 的盈利模式——唱片公司向 itunes 提供音乐，得到一定的分成，与苹果公司双赢。

苹果 ipod 的“树上开花”模式，正是凭借着自身的影响力，打造出一个平台来，其他人可以在这个平台上盈利，但盈利得上交一部分给苹果。只要利润分成合理，营养可供给“可持续发展”，那么这样的模式就是健康而极具前途的。

【点评】“树上开花”一计，意在“借树”，而此计于“树”而言，并无损失。如果操控得当，不但没有损失，反而可以达到一种双赢的局面。关键在于“借”，即君子善假于物也。ipod 运用树上开花的手法，是充分利用自身优势再借助外力，壮大自身实力。

三十六计之擒贼擒王

【原典】摧其坚，夺其魁，以解其体。龙战于野，其道穷也。

【案例】2005 年 12 月，金山软件、华义国际联合召开新闻说明会，会议宣布，金山软件将于 2006 年初接手华义大陆地区的游戏业务，包括知名作品（《石器时代》、《天下无双》和休闲游戏）的运营、研发、固定资产、无形资产、人力资源等。

此次并购案可以视作是金山进军网游擒贼擒王的典范案例。当时的金山于 2003 年才开始涉足网络游戏市场，可以说是网游市场中的一个新兵。然而华义国际则不然，尽管当时的华义已然如昨日黄花，但是它却是中国网络游戏发展史上的开路先锋，依靠《石器时代》，华义曾经风风火火闯神州，不仅让中国的玩家们第一次普及了网络游戏的概念，更可以算是休闲类网络游戏的开山鼻主。华义国际，在经历了 2004 年的中高层人员跳槽事件和《石器时代》长期的低靡运行状态后，挺过了 2005 年底那一次人气不足的网络游戏厂商集体关门风波，最终选择了并入金山名下，尽管从此以后，曾经引领中国网络游戏进入 Q 版石器时代的华义国际这个名字已经从国内游戏厂商的名册中消失，但消化了华义的金山，当时的环境下，并非是收下了一个烂摊子，而是获得了伴随着中国网络游戏发展而成长的一批有相当充分运营经验的游戏人才，这就好比抓住了网络游戏发展的命脉，特别是获得了华义在休闲游戏研发和运营上所有最核心的机密乃至成功和失败的经验，这为金山在之后的几年中，快速崛起，成为一线网络游戏运营商，奠定了良好的基础。

【点评】擒贼擒王考验的是策略者是否具有高瞻远瞩的眼光，抓住要害，取得战略性胜利。金山在与华义合作时，考虑的就是华义中的优质资产，可以为已所用，能够在最短的时间内，在业内取得一席之地，并最终占有市场一定份额。

三十六计之抛砖引玉

【原典】类以诱之，击蒙也。

【案例】美国玩具行业的“孩之宝”跨国公司生产的玩具“变形金刚”，曾在美国市场上非常畅销，在赚了 13 亿美元之后，“孩之宝”跨国公司将目光瞄准了中国市场。他们认为，中国人目前的收入水平虽然比较低，但独生子女政策的普遍实行使家庭对子女智力开发和教育非常重视，“变形金刚”玩具在中国的市场潜力巨大。

为了扩大“变形金刚”玩具在中国的销售，他们没有采取通常的营销方法，而是首先将一套名为“变形金刚”的儿童动画片无偿赠送给广州、上海及北京等几个大城市的电视台播放。半年之后，等我国广大少年儿童对动画片中的“威震天”、“擎天柱”耳熟能详、津津乐道时，他们便不失时机地将“变形金刚”玩具大规模推向中国市场，摆放到各大商场的柜台上。眼看自己梦寐以求的大大小小的各种“变形金刚”呈现在眼前，孩子们兴奋异常，家长们爱子心切，纷纷慷慨解囊，一时间，“变形金刚”玩具风靡中国各大城市。

美国玩具商“孩之宝”跨国公司深谙中国人爱子心切，对独生子女舍得投资、百依百顺的心理，先以一部动画片赢得儿童的心，再去赚其父母的钱的文化先行的体验战略，不失为谋略高超之举。由此可见，在营销活动中，为消费者创造心理上的体验尤为重要。

【点评】“孩之宝”公司的文化策略正符合了“抛砖引玉”的兵法策略，公司先以动画片使中国孩子得到视觉和心理上的体验，然后再结合市场影响适时推出变形金刚的玩具，这一结果必然会引起孩子们的争相购买，这一策略的实施不但使“孩之宝”公司得到了巨大的利润，同时也打开了中国玩具的市场，现在很多玩具公司也正在使用这个行之有效的营销策略。

三十六计之无中生有

【原典】诳也，非诳也，实其所诳也，少阴，太阴，太阳。

【案例】研究SK-II的广告发现，几经代言人变迁拳头产品的更替，SK-II 借刘嘉玲、关之琳之口阐述产品卖点，对“晶莹剔透”这个词的厚爱到了无以复加的地步。画面坚持经典酒红色、明星主角、自言自语的句式，诉求重心始终都落在“晶莹剔透”这个词上。

2002年，刘嘉玲坦言相告：“以前我最怕拍照，因为被那些特强闪光灯一照，脸上最细微的瑕疵都跑不掉！自从用了SK-II修复精华霜后，肤色与弹性都有明显改善，皮肤任何时候都是晶莹剔透，无需电脑加工”，并一一展示完特写镜头“紧致无痕、毛孔再见、光泽丰盈、白里透红”。画面一角也在不经意的暗示“全新SK-II修复精华霜，引进创新DNA 修护科技，将萎缩如“话梅”状的细胞恢复至饱满状态…”，最后一句“持续使用，时刻晶莹剔透”意味深长，让定力不佳的女士蠢蠢欲动。

更早之前，“电眼美人”关之琳盛赞SK-II这个“肌肤保养专家”的护肤面膜：“连以前被忽略的部位，现在都照顾得到，那我每一寸肌肤都会晶莹剔透啦！难怪老朋友见到我，都问我是否转用了新的护肤品？”然后关美人又不失时机的抖包袱：“没错呀，我真的只用了SK-II新的护肤面膜嘛！它那全新的裁剪，让面膜变得更服帖，肌肤吸收的好，自然更加晶莹剔透。”于是随后的文字又话锋一转，介绍SK-II的面膜的“多刀式剪裁”去了。

相关的证言还有很多，护肤精华的“只要使用两个星期，脸上、眼下的细纹统统消失，肌肤变得晶莹剔透”，净白无暇系列的“即使素面朝天，我的肌肤依然光洁白皙，晶莹剔透…”；“看不见毛孔，我看见了晶莹剔透”；“肌肤获得充分滋润，时刻晶莹剔透，还不是这神仙水的功劳！”……

SK-II 通过“心灵独白”的句式拉近消费者的心理距离，通过“晶莹剔透”的关键词来制造心理需求。SK-II 耗费在这四个汉字身上的广告费数以千万计，但也极其有效的调动了白领女性掏钱包的积极性，成效卓著。

尽管SK-II的化妆品久负盛名，其“创造美丽肌肤秘密”的活酵母精华 Pitera 不同凡响，可是化妆品毕竟不是药品，并非买得起他的人都能达到“晶莹剔透”的效果。但这种“无中生有”作为广告诉求，并没有虚假的承诺来误导消费，其用意自然不能与“以假乱真”“以次充好”相提并论。

【点评】无中生有之计，“无”是迷惑对手的假象，“有”是假象掩盖下的真实企图，商战中经常会通过利用假象来蒙蔽对手，从而出其不意的达到自己的目的。SK-II 的广告里，一直充满“晶莹剔透”这样的字眼，这种无中生有的效果并不是完全来自化妆品，而是天生肤质加后天保养的重要结果，运用名人关之琳，刘嘉玲等现身说法来增强说服力和实证性。

三十六计之调虎离山

【原典】待天以困之，用人以诱之，往蹇来返。

【案例】2001年，网易斥资收购进入网游，从而开创了门户网站进军网游产业的起点。随之而后的是新浪、搜狐相继进军网游产业，各自推出《骑士Online》和《天堂》。三大门户一时间凭借其强劲的资金链条成为网络游戏产业的新贵。

然而，网易在门户网站之中，似乎总是有着独到的战略眼光，就如其2005年突然抽身无线业务，而让搜狐、新浪在随后的中移动整治无线业务中，骑虎难下，利润极具萎缩。同样在诱导了两大门户进军网游后，网易却没有和他们一样，以代理大型MMORPGT游戏来寻求利润，而是潜心研发属于自己的Q版游戏，尽管当时Q版游戏并不为业界所看好。同时集中力量继续发力其网站的资讯整合。然而随着大型MMORPG的疯狂涌入，新浪和搜狐做代理的日子也越来越不好过，2004年，网易游戏业务爆发，2006年成第一网络游戏运营商。而新浪搜狐至今没有任何建树，其游戏业务皆为亏损，同时由于其经营层过多的纠缠于网游领域，而不可避免的放松了其对网站业务的精力。至2006年，互联网协会调查报告称：网易超过搜狐成中国互联网第二大门户，并与新浪的差距进一步缩小。

【点评】调虎离山是打虎计策之一，目的在于削弱对方的抵抗力，减少自己的危险。调虎离山核心在 “调”字，是一种调动敌人的谋略，网易通过这种方式，将搜狐、新浪吸引到新的领域，分散两大网站的精力，而网易则在无干扰状态下做精自身业务，从而缩小与新浪的差距，在中国的网站市场取得一定地位。

三十六计之声东击西

【原典】敌志乱萃，不虞，坤下兑上之象。利其不自主而取之。

【案例】兰蔻在欧莱雅公司的产品结构中占据塔尖位置，与赫莲娜一道成为时尚圈里的宠儿。但在兰蔻的历史上，并非一路风调雨顺，也经历过众多的风风雨雨，其中著名的“声东击西”，才让企业得到持续发展的动力，一飞冲天。

1940年以后，欧洲陷入战争，人们再也没有心思无忧无虑的享受生活了，市场空前低迷，作为奢侈品的兰蔻几乎奄奄一息，到1945年的整整5年间，几乎没有推出任何新品。

穷则思变，变则通。忧虑不安的珀蒂让先生终于想出一个主意，就是培训一批兰蔻美容专家，然后通过她们的传播把兰蔻对美的技巧与领悟辐射到世界各地。在今天，很多专业品牌千方百计派遣美容导师去培训、督导终端市场，美其名曰“教育营销”，可与珀蒂让天才式的创举比起来落后了不止50年。

40年代的女性就业机会稀缺，能进学院受训简直是可遇不可求的好事，兰蔻很顺利的笼络到了一批优秀女性，“既要有才有貌，通晓多国语言，还有一条不成文的规定，最好是30多岁的寡妇或离婚妇女，因为没有爱情的负累她们工作会更努力”。效果显而易见，第一批毕业生在1946年正式踏出法兰西，足迹遍及五大洲，包括东南亚和中国的香港。她们作为美容大使，起到传播与服务的作用，甚至到世界各地去建立专柜和美容院，兰蔻在她们的推动下成为了当之无愧的引导潮流中高档化妆品品牌。

【点评】“有所指而不直指”是“声东击西”的精神之一。珀蒂让先生在市场需求萎缩之时，能够通过培训这个“声东”达到提高品牌综合竞争力来“击西”的目的，和“曲线救国”一样，都是对后续市场竞争增加筹码。与单纯的开发新品与推广等手段，兰蔻培训政策对一个新生企业来说无疑是更加长远和迫切。这也给化妆品公司的老总们一个启示：声东击西并非仅仅是谈判中的一个小伎俩，用于打造企业核心竞争力，同样是大智之举。

（摘编：郑焰）

8

论坛篇

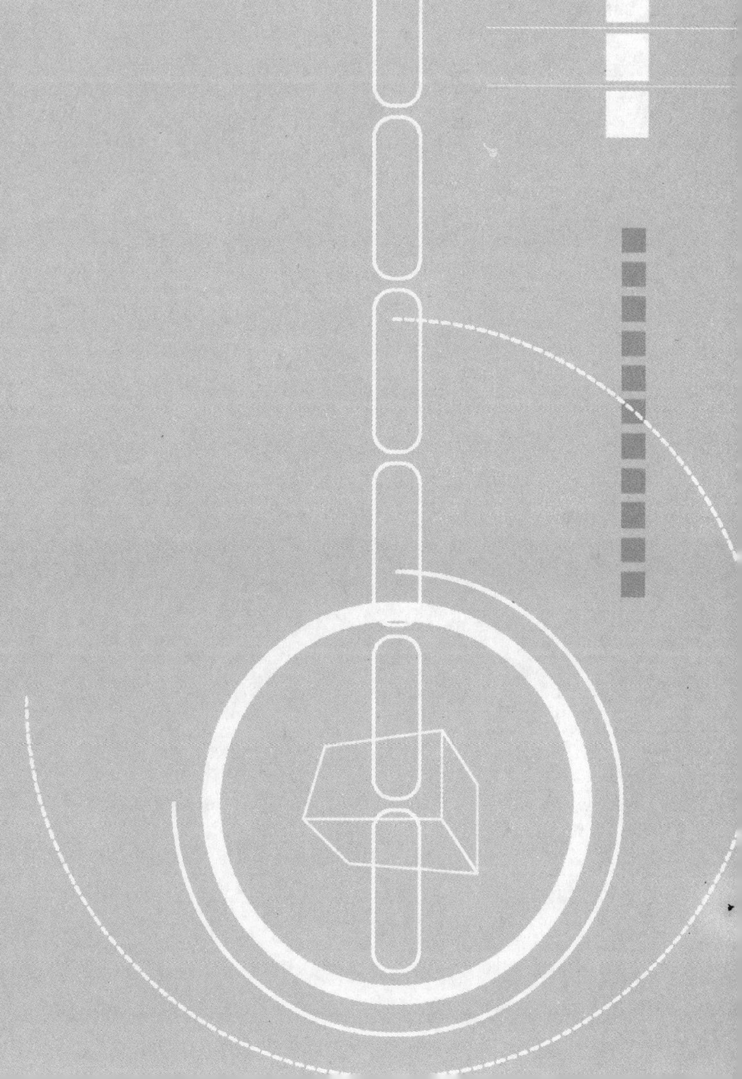

8-1　2009年福建市场占有情况调查系列分析报告

8-1-1　福建省工业竞争力现状与存在问题分析

2009年，面对复杂的国际、国内经济环境，福建省工业呈现生产持续稳步回升，经济效益明显好转的势头。本文通过对福建省2009年工业竞争力现状的分析，针对主要问题，提出了增强福建省工业竞争力的若干对策建议。

一、福建省工业竞争力发展现状

（一）综合竞争力略有提高

2009年福建省工业竞争力略强于2008年，主要体现在：一是偿债能力提高。2009年，福建省规模以上工业偿债能力提高，资产负债率53.7%，比上年下降0.5个百分点；产权比率为115.8%，下降2.2个百分点。二是获利能力提高。2009年，福建省规模以上工业总资产报酬率为5.9%，上升0.9个百分点。2008-2009年福建省工业竞争力若干指标见表1。

与全国及周边省份比较：2008年，福建省产权比率、资产负债率、总资产报酬率等指标均优于全国平均水平及周边省份；总资产周转率、流动资产周转率等指标均优于全国平均水平。2008年福建省及其他部分省市工业竞争力若干指标见表2。

表1　福建省工业竞争力若干指标

（2008-2009年）

指标名称	2008	2009	2009年比上年增长（个百分点）
总资产周转率（次）	1.27	1.22	-0.05
流动资产周转率（次）	2.66	2.57	-0.09
产权比率（%）	118.02	115.84	-2.18
资产负债率（%）	4.13	53.68	-0.46
总资产报酬率（%）	4.98	5.91	0.93

注：本表根据快报数整理。

表2　福建省及其他部分省市工业竞争力若干指标

（2008年）

指标名称	全国	浙江	江苏	广东	福建
总资产周转率（次）	1.16	1.14	1.38	1.39	1.27
流动资产周转率（次）	2.67	2.08	2.73	2.67	2.67
产权比率（%）	136.49	162.78	143.14	134.95	116.07
资产负债率（%）	57.71	61.92	58.87	57.44	53.72
总资产报酬率（%）	7.09	4.60	8.22	7.15	7.66

注：本表根据年报数整理。

（二）国内市场占有率位居前列

2009年福建省工业产品国内市场销售比重为69.7%，比上年提高2.5个百分点。从2004年以来，福建省工业国内市场占有率一直位居全国第九位，2008年占有率达3.0%。2008年，全国公布的35种主要产品中，福建省产品国内市场占有率居全国前十位的产品达11种。部分企业依靠自主创新，市场份额明显提高。如：厦门古龙肉类罐头在全国同类产品国内品牌市场销量排名第一，在东南亚国家的市场占有率达36%；福建华艺钟表集团有限公司已成为全球第三大钟表机芯生产企业；LED龙头企业厦门三安光电股份有限公司芯片产能占全国50%以上；福州瑞芯微电子有限公司产品涵盖便携式多媒体主控芯片主要市场，占据国内80%以上的市场份额；厦门敏讯信息技术股份有限公司无线语音终端产品国内市场占有率30%，稳居行业第一。

（三）传统优势产业竞争力较突出

2009年，福建省传统优势产业保持较好的发展势头。轻纺工业、建材工业、冶金工业和林产工业全年完成工业增加值2794.52亿元，占规模以上工业的60.9%，比上年增长14.6%，高于规模以上工业增幅1.6个百分点；对规模以上工业贡献率为67.5%，拉动规模以上工业增长8.8个百分点。传统行业实现利润总额474.37亿元，占规模以上工业比重为60.5%，增长25.4%。从出口看，2009年，受国际市场需求下降、贸易保护主义抬头等因素影响，福建省出口遭遇前所未有的困境，而纺织业出口保持较好势头。据福建产品市场占有情况调查，2009年福建省纺织业境外市场销售收入为1392.75亿元，增长6.7%；对全部工业出口贡献率为70.2%，增长31.8个百分点。

（四）品牌竞争力逐步增强

近几年福建省大力实施名牌战略，积极培育名牌产品，不断增强品牌竞争力。截止2008年底，福建省已拥有中国名牌产品140个、福建名牌产品1536个。从行业看，纺织服装类企业福建有10家获中国名牌产品，占福建名牌产品总数的24%，其中，纺织面料有2家企业获中国名牌产品，占全国获中国名牌产品纺织面料企业数的66.7%；食品类企业福建有11家获中国名牌产品，占福建名牌产品总数的27.0%。2009年，为授予一批企业建国60周年特别荣誉，中国品牌研究院首次评选“国家名片”品牌，共评定100个，福建省就有9个，数量居全国第二位，全部集中在制造业。从区域看，泉州则是福建省品牌竞争力最强的地区，目前泉州市拥有46个中国名牌产品、51件中国驰名商标，有16个品牌进入中国500最具价值品牌榜。泉州市市级以上品牌企业数量虽只占规模以上企业数的10%，却占全市50%以上的规模工业产值。在强化品牌核心竞争力方面，安踏是个很有说服力的个案。“安踏科学实验室”是国内体育用品领域首屈一指的研发机构，目前实验室已经为安踏贡献了超过41项国家级专利。2009年安踏携手中国奥委会，赢得了未来4年内包括亚运会、奥运会在内的全部11项国际奥林匹克重大赛事的领奖服赞助权。

二、福建省工业竞争力提高面临的主要问题

（一）支柱产业竞争力不足

一是高技术产业并未具有明显的竞争优势。2009年高技术产业受金融危机影响较大，产业恢复较慢，如：电子产业全年增幅波动较大，2009年11月和12月由于上年同期基数较低，才出现高速增长，全年增幅仍低于规模以上工业增幅。全年规模以上高技术产业对工业增长的贡献率仅为7.2%，比上年下降11.0个百分点。二是机械装备制造业核心竞争力较低。作为福建省三大支柱之一、重点培育的机械装备制造业，2009年在国际金融危机的影响下，整体产业发展不理想。全年完成工业增加值718.04亿元，比上年增长7.0%，比规模以上工业增幅低6.0个百分点；对规模以上工业增长贡献率为10.0%，下降8.5个百分点；拉动规模以上工业

增长1.0个百分点，下降2.4个百分点。

（二）国内市场占有率与先进省份差距拉大

尽管福建省工业国内市场占有率位居前列，但所占市场份额逐年缩小，2008 年比 2004 年下降0.35个百分点，并与市场占有率靠前的省份相比，份额逐步被拉大。2008年全国规模以上工业国内市场占有率排名前五位的省份依次是江苏省（国内占有率13.3%）、广东省（国内占有率为12.7%）、山东省（国内占有率12.4%）和浙江省（国内占有率 7.9%），上海（国内占有率 5.2%），福建省（国内占有率为 3.0%）居第九位。与国内市场占有率排在第八位的河北省相比，福建省少了1.5个百分点，差距比2004年拉大1.0个百分点；而与排在第一位的江苏省相比，其国内市场份额更是福建省的4.5倍。

（三）自主创新能力不强

总体上看，福建省企业自主创新能力偏弱。2008年，全省规模以上工业企业中开展科技活动的单位1518家，占8.8%；开展R&D活动的单位1002家，占 5.8%；福建省规模以上工业企业共投入科技活动经费 166.99 亿元，占产品销售收入的比重为1.4%，仅比上年提高0.04个百分点；其中，R&D支出为83.83亿元，占产品销售收入的比重为0.7%，仅提高0.01个百分点。从新产品开发情况看，2009年规模以上工业中有新产品开发的企业537家，仅占2.9%。据对厦门市77家企业调查，全市工业产值中的2/3来自外来品牌或技术。至2009年底，莆田市150家电子信息企业，高新技术企业仅占6.7%。2009 年，南平市规模以上工业企业 1060 家中，开展产学研合作的企业只有40家、59个项目。

（四）主导产业区位熵不高

区位熵（location quotient，LQ），又称专门化率，它由哈盖特首先提出并运用于区位分析，在衡量某一区域要素的空间分布情况，反映某一产业部门的专业化程度，以及某一区域在高层次区域的地位和作用等方面，具有一定的意义。在产业结构研究中，运用区位熵指标可以分析区域优势产业的状况。计算某一区域产业的区位熵，可以找出该区域在全国具有一定地位的优势产业，并根据区位熵Q值的大小来衡量其专门化率。Q值越大，则专门化率越大。一般来讲，如果产业的区位熵大于1.0，则该产业在当地就具有一定的比较优势；大于1.5，则该产业在当地就具有明显的比较优势；小于1.0，则该产业专业化水平低于全国同行业的水平，竞争力较弱。2008年福建主要工业行业区位熵见表3。

以2008年福建省制造业30个行业规模以上工业总产值来计算，结果显示，仅 11 个行业的区位熵高于 1.5，向外输出产品专业化程度较高，具备竞争优势。从三大主导产业看，福建省机械装备、石化、电子信息的区位熵分别为0.71、0.79、1.31，均低于1.5，并不具有明显的比较优势，竞争力不强。

三、增强福建省工业竞争力的对策建议

（一）加快转型，积极推进产业结构升级

根据库兹涅茨理论，通过对福建省近几年人均GDP、三次产业比例、制造业增加值占工业增加值比重、三次产业就业比例、人口城市化率等数据分析，福建省工业化水平处于中后期阶段。因此要抓住当前战略机遇期，加快产业结构调整。一是调整工业产业结构。根据工业化进程和消费结构升级要求，调整轻重工业结构，推动协调发展；促进劳动力密集与资金密集、技术密集型产业协调发展。二是改善产业组织结构。按照市场竞争、规模经济、专业分工、产业配套的原则，提高产业集中度，形成以产业链为纽带，骨干企业为龙头，大中小企业协作配套、产业链上下游企业共同发展的产业组织结构。三是提升技术和产品结构。开发生产各具优势和特色的产品，引导消费、扩大消费。如：福安市政府选出闽东亚南电机有限公司、闽东安波电器集团公司、福建泰格动力集团等 10 家重点电机企业与浙江大学合作，以促进企业技术转型提升、产品结构优化升级。四是优化工业区域布局。坚持工

业区域功能化、差异化发展，形成与地区资源、能源及环境容量相适应、主导产业特色优势突出的区域协调发展新格局。建立产业区域协调互动机制，引导沿海地区与内地产业有序转移。

表3　福建主要工业行业区位熵

（2008年）

主　要　行　业	全国规模以上工业总产值（507448.25亿元）	福建省规模以上工业总产值（15212.81亿元）	区位熵
农副食品加工业	23917.37	775.27	1.08
食品制造业	7716.34	348.10	1.50
饮料制造业	6250.46	243.72	1.30
烟草制品业	4488.87	144.15	1.07
纺织业	21393.12	795.99	1.24
纺织服装、鞋、帽制造业	9435.76	862.03	3.05
皮革、毛皮、羽毛（绒）及其制品业	5871.43	1052.61	5.98
木材加工及木、竹、藤、棕、草制品业	4803.60	279.59	1.94
家具制造业	3072.80	160.65	1.74
造纸及纸制品业	7873.87	363.73	1.54
印刷业和记录媒介的复制	2685.01	77.06	0.96
文教体育用品业	5498.39	131.35	0.80
石油加工、炼焦及核燃料加工业	22628.68	209.43	0.31
化学原料及化学制品制造业	33955.07	542.27	0.53
医药制造业	7874.98	108.33	0.46
化学纤维制造业	3970.16	237.32	1.99
橡胶制品业	4228.61	229.38	1.81
塑料制品业	9897.17	541.52	1.83
非金属矿物制品业	20943.45	975.89	1.55
黑色金属冶炼及压延加工业	44727.96	757.26	0.56
有色金属冶炼及压延加工业	20948.74	333.45	0.53
金属制品业	15029.61	360.62	0.80
通用设备制造业	24687.56	429.89	0.58
专用设备制造业	14521.30	318.47	0.73
交通运输设备制造业	33395.28	647.15	0.65
电气机械及器材制造业	30428.84	706.88	0.77
通信设备、计算机及其他电子设备制造业	43902.82	1717.86	1.31
仪器仪表及文化、办公用机械制造业	4984.49	145.84	0.98
工艺品及其他制造业	4088.63	376.79	3.07
废弃资源和废旧材料回收加工业	1137.79	4.52	0.13

（二）多方位提高企业竞争合力

一是政府要进一步完善和健全公共服务平台，为企业提升竞争力创造更优越的软环境。近3年，三明市先后投入3000多万元，建立公共技术服务平台，使企业花小钱就能使用最先进的设备，企业竞争力大大提升。如：三明某公司利用该平台的铸件模拟分析系统找出了出现铸造缺陷的20多种原因，失误率减少2个百分点，单件铸造能力提高20多吨，2009年产值1.1亿元，60%产品出口海外，成为福建省最具实力的铸锻公司。二是企业之间要“抱团发展”，形成竞争合力。“抱团”式发展不仅是中小企业应对金融危机的有效途径，更应该形成优势互补，明确定位，合理分工、提高企业竞争合力的长效机制。如：2009年2月福建省27家企业“抱团”到德国采购，由于采购量大，提高了对外议价能力，采购价格下调了10%。泉州市七匹狼等17家知名企业组建“福建省闽商投资股份有限公司”，集中超过5亿元的资金，致力于新项目的开发；“青梅”、“石材”、“电机”等行业纷纷抱团，组成行业生产联盟，实现分工协作，资源共享，形成产品的制造基地，并通过扩大内销等措施寻找更好的发展机遇。

（三）进一步健全创新机制，增强自主创新能力

2009年对福建省161家中小企业自主创新调查显示：人才、资金是中小企业自主创新面临的主要瓶颈。52.9%的中小企业反映缺乏研究人员，研发能力不强。47.1%的中小企业反映资金紧张、融资困难。为此，建议：一是着力发挥政府财政的引领作用，拓宽企业技术创新的资金来源渠道。如：2009年广东省政府为省院合作出1亿元专项资金，带动地方政府出12亿元配套资金，带动企业投入80亿元的研发资金。二是健全技术创新的服务体系。目前，厦门市已与台积电、和舰科技、华映、磐锦科技等多家台湾知名企业签订合作协议，共同开展有关新产品的研发工作。三是加强企业人才队伍建设。在解决企业自主创新亟需人才的问题上，广东省从2007年到2009年，做出三个“率先”，先后与国家自然科学基金会、教育部、科技部和中科院合作，吸引全国的人才来广东。又与教育部、科技部联合启动了企业科技特派员行动计划，后来扩大到“百校千人万企科技特派员创新工程”，企业科技特派员成为广东自主创新中最大的亮点。四是从产学研模式提升到政产学研模式。进一步强化政府在政产学研结合中的责任，努力解决产学研结合中引发的新问题。如：将科技要素纳入信贷体系以解决科研资金压力问题；积极调动地方金融机构，为解决企业创新融资问题；解决一线科研人员评价问题；将科研成果的市场转化纳入考评体系等等。

（执笔：郑芳）

8-1-2 近几年福建省消费市场商品结构分析

2009年中央经济工作会议提出，经济结构调整要以扩大内需特别是增加居民消费需求为重点。本文通过对福建省近几年消费市场商品结构现状的分析，探索省内商品市场占有率下降的主要原因，提出扩大福建省商品省内市场占有率的对策建议。

一、省内消费市场商品结构现状

近年来，国家以及省委、省政府出台了一系列改善民生、提高人民生活水平、促进消费发展的政策措施，全省经济平稳较快发展，城乡居民收入稳步提高，促进了全省社会消费品市场较快发展。2009年，全省社会消费品零售总额为4480.99亿元，比2008年增长15.9%，比2007年增长39.5%。

（一）省外商品

2007年以来，福建省内消费市场省外商品的销售额逐年上升，占据了省内消费市场半壁江山，市场占有率也逐年上升。2009年，省外商品在省内消费市场的销售额达2353.42亿元，市场占有率达52.5%，比2008年分别增长19.0%、0.9个百分点，比2007年分别增长45.0%、1.6个百分点。分商品类别观察，列入调查的14种商品类别中：

1. 五成以上商品市场占有率超60%。2007-2009年，省外化妆品、日用品、体育娱乐用品、书报杂志、电子出版物及音像制品、家用电器和音像器材、文化办公用品、通讯器材等8种商品类别在省内消费市场的占有率均在60%以上。其中，家用电器和音像器材的市场占有率最高，2007年-2009年均在80%以上；其次是电子出版物及音像制品、书报杂志、化妆品、通讯器材，市场占有率均在70%以上。

2. 化妆品等4种商品类别市场占有率呈“∨”形变化。2007-2009年，省外服装鞋帽和针纺织品、化妆品、体育娱乐用品、文化办公用品4种商品类别在省内消费市场的市场占有率呈“∨”形变化。其中，服装鞋帽和针纺织品、化妆品、文化办公用品的市场占有率总体下降，体育娱乐用品的市场占有率总体上升。

3. 通讯器材等5种商品类别市场占有率呈“∧”形变化。2007-2009年，省外食品饮料烟酒、日用品、五金电料、中西药品、通讯器材等5种商品类别在省内消费市场的市场占有率呈“∧”形变化。其中，食品饮料烟酒和五金电料的市场占有率总体上升，日用品、中西药品、通讯器材的市场占有率总体下降。

4. 金银珠宝等4种商品类别市场占有率逐年下降。2007-2009年，省外金银珠宝、书报杂志、电子出版物及音像制品、家用电器和音像器材等4种商品商品的市场占有率逐年下降，但下降幅度不明显。书报杂志、电子出版物及音像制品、家用电器和音像器材在省内消费市场仍占有较大份额，主导地位没有变化。

2007-2009年福建消费市场省外商品销售比重见表1。

（二）省内商品

2007年以来，本省商品在省内消费市场的销售额逐年上升，市场占有率逐年下降。2009年，本省商品在省内消费市场的销售额为1861.85亿元，分别比2007年和2008年增长34.0%、15.6%，市场占有率为41.6%，分别比2007年和2008年下降2.1个百分点、0.5个百分点。

1. 金银珠宝和五金电料市场占有率达50%以上。近年来，本省商品仅有金银珠宝和五金电料两种商品类别在省内消费市场占有较大份额，2007-2009年市场占有率均在50%以上。福建省金银珠宝市场占有率高的优势在于：一是人才优势明显。目前福建省在全国从事珠宝首饰行业的经营活动的有20多万人，属全国最多；二是行业发展历史悠久。上个世纪，福建省众多的华侨从国外带回的资金和技术促进了全省珠宝行业的发展，全国最大的黄金制造集群、人造宝石产业集群、模具制造产业集群最早在福建省出现；三是福建省黄金产量居全国前列；四是莆田市秀屿区东峤镇上塘村成为继深圳、义乌之后的全国第三大银饰交易市场和国内最重要的金银珠宝首饰产业基地之一。

2. 日用品等 8 种商品类别市场占有率偏低。近年来，本省具有较大竞争优势的 8 种商品市场占有率偏低。如：服装鞋帽和针纺织品 2007-2009 年的市场份额均未超过 50%，食品饮料烟酒、日用品、体育娱乐用品、中西药品、文化办公用品仅占有三、四成的市场份额，家用电器和音像器材、通讯器材等商品类别市场份额偏低。

3. 五成以上商品类别市场占有率下降。2007-2009 年，本省商品中五成以上商品类别的市场占有率下降，市场份额逐渐被省外和境外商品占领。其中，食品饮料烟酒、化妆品、金银珠宝、日用品等 4 种商品类别的市场占有率呈逐年下降。

4. 中西药品等 5 种商品类别市场占有率逐年上升。2007-2009 年，本省服装鞋帽和针纺织品、电子出版物及音像制品、中西药品、文化办公用品、通讯器材等 5 种商品类别在省内消费市场的市场份额逐年上升。

2007-2009 年福建消费市场本省商品销售比重见表 2。

表 1　福建市场省外商品销售比重

（2007-2009 年）

商品类别	2007	2008	2009
总　计	**50.92**	**51.65**	**52.52**
食品饮料烟酒	52.83	55.45	54.76
服装鞋帽和针纺织品	45.00	44.82	44.91
化妆品	76.28	75.32	76.23
金银珠宝	28.61	28.25	26.29
日用品	63.76	64.22	61.69
五金电料	41.86	43.23	42.23
体育娱乐用品	68.96	67.57	70.12
书报杂志	77.23	75.26	74.45
电子出版物及音像制品	79.15	78.00	77.25
家用电器和音像器材	80.95	80.92	80.06
中西药品	55.25	55.93	53.27
文化办公用品	68.06	66.33	66.42
通讯器材	72.87	72.93	71.83
其他	36.96	37.27	38.95

表 2　福建消费市场本省商品销售比重

（2007-2009 年）

商品类别	2007	2008	2009
总　计	**43.60**	**42.06**	**41.55**
食品饮料烟酒	44.17	40.34	40.23
服装鞋帽和针纺织品	47.07	48.00	48.71
化妆品	17.96	16.96	14.22
金银珠宝	67.89	66.20	65.69
日用品	34.37	33.68	31.86
五金电料	57.00	55.81	56.90
体育娱乐用品	28.84	30.80	28.19
书报杂志	22.00	20.04	21.12
电子出版物及音像制品	20.27	21.94	22.56
家用电器和音像器材	15.22	13.49	14.05
中西药品	37.48	38.35	38.45
文化办公用品	30.11	31.24	31.85
通讯器材	20.28	20.68	21.61
其他	55.03	53.06	54.40

（三）境外商品

2007-2009 年，境外商品在省内消费市场的销售额逐年上升，市场份额仍较小。2009 年，境外商品在省内消费市场的销售额为 265.72 亿元，分别比 2007 年和 2008 年增长 52.4%、10.4%；市场占有率为 5.9%，比 2007 年上升了 0.5 个百分点，比 2008 年下降了 0.4 个百分点。分商品类别观察，食品饮料烟酒、化妆品、金银珠宝、日用品、家用电器和音像器材等 5 种商品类别在省内消费市场的市场占有率逐年上升。其中，金银珠宝和日用品上升幅度较大，2009 年比 2008 年分别上升了 2.5 个百分点、4.4 个百分点，比 2007 年分别上升了 4.5 个百分点、4.6 个百分点。2007-2009 年福建消费市场境外商品销售比重见表 3。

表3　福建消费市场境外商品销售比重

（2007-2009年）

商品类别	2007	2008	2009
总　计	**5.47**	**6.29**	**5.93**
食品饮料烟酒	3.01	4.21	5.01
服装鞋帽和针纺织品	7.92	7.18	6.38
化妆品	5.77	7.72	9.55
金银珠宝	3.51	5.55	8.02
日用品	1.86	2.10	6.45
五金电料	1.14	0.96	0.87
体育娱乐用品	2.19	1.63	1.69
书报杂志	0.76	4.70	4.43
电子出版物及音像制品	0.58	0.06	0.19
家用电器和音像器材	3.83	5.59	5.89
中西药品	7.27	5.72	8.28
文化办公用品	1.84	2.43	1.73
通讯器材	6.85	6.39	6.56
其他	8.01	9.67	6.65

二、省内商品市场占有率下降的主要原因

（一）品牌消费习惯制约

消费习惯是指消费主体在长期消费实践中形成的对一定消费事物具有稳定性偏好的心理表现，是人们对于某类商品或某种品牌长期维持的一种消费需要，是人们在长期的生活中慢慢积累而成的，对人们的购买行为有着重要的影响。长期以来，福建省消费者对品牌的消费习惯导致消费者对省内品牌的忠诚度较低，制约了省内商品市场占有率的提高。如：购买家电产品时，首选国际品牌，其次是省外品牌；购买私家车时，首选国际品牌，其次是省外品牌，考虑省内品牌的较少；购买瓷砖类产品时，主要选择境外和省外品牌，而福建省瓷砖产品虽然质量不差，但是由于不重视包装与推广，品牌知名度偏差，被消费者和经销商定位为中低端产品，较少人问津；2010年福建调查总队开展的商品类值与重点商品销售调查也显示，消费者在购买皮鞋类商品时，提到最多的是奥康、百丽、康奈、意尔康、森达、哈森等省外品牌，提到省内品牌的较少。

（二）居民收入水平不断提高，消费层次上升

近年来，福建省城乡居民收入不断提高。城镇居民人均可支配收入2009年达到19577元，比2000年的7432元增长了1.6倍，农民人均纯收入2009年达到6680元，比2000年的3230元增长了1.1倍。随着收入的不断增长，居民的消费层次上升，对商品的要求越来越高。一方面，福建省部分商品

在品牌、质量、品质、包装、宣传等方面与省外、境外商品存在差距，因此，消费者在购买商品时倾向于质量更好、知名度较高的省外、境外商品；另一方面，相当部分居民为了满足工作需求、心理需求、生活需求以及社交需求等，在达到一定经济收入的前提下，倾向选择“洋化”产品，选择购买更能够表现经济实力的境外知名品牌产品。

（三）省外、境外品牌不断进驻省内市场

一方面，随着我国市场对外开放的步伐加快，我国消费群体购买力的增强使得国际品牌及产品加快了进入国内市场的步伐，另一方面，福建省商品在部分领域仍然空白或接近空白，使得省外、境外品牌不断占领省内市场，冲击了省内商品的销售。如：福建省不是白酒产量大省，也没有全国知名品牌，目前几乎稍有名气、成规模的白酒品牌都涌入福建省，福建省85%的白酒市场被省外品牌占据。

三、提高闽货省内市场占有率的对策建议

（一）提升品牌竞争力

品牌竞争力是指企业的品牌拥有区别或领先于其他竞争对手的独特能力，能够在市场竞争中显示品牌内在的品质、技术、性能和完善服务，可引起消费者的品牌联想并促进其购买行为，是企业核心竞争力的外在表现。提升品牌竞争力，对于提升企业竞争力，促进企业发展具有重要作用。提升品牌竞争力，主要从以下两个方面着手：一是运用各种宣传方式提升品牌知名度和美誉度。营销实践表明：在同类产品中，知名度最高的品牌往往是市场上的领先品牌，即市场占有率最高的品牌。作为企业，应加强宣传，通过广告、展销会、促销等各类活动,强化品牌宣传，使品牌深入人心。有关职能部门应进一步加大闽货的宣传力度，引导企业领导增强市场竞争意识，重视营销，舍得宣传投入，扩大产品知名度。福建省新闻载体应积极支持本地企业的发展，以优惠的条件宣传闽货。二是通过创新提升产品及品牌内在素质。一个是服务创新，就是使潜在用户感受到不同于从前的崭新内容，为用户提供以前由于技术等限制因素未能实现的新颖服务。另一方面是技术创新。技术创新是竞争的主要驱动力之一，在所有能够改变竞争规则的因素中，技术创新是最显著的一种。海尔公司在开拓巴基斯坦市场时，发现巴基斯坦人着长袍，洗这种长袍需要大功率洗衣机，于是开发了一次能洗15件长袍的大功率洗衣机，赢得了巴基斯坦消费者的认可。而瑞士钟表业由于缺乏创新意识，没有将石英集成电路、液晶显示等电子技术应用到产品中，世界份额已从80%下降到目前的20%。

（二）扶持省内优势产品发展

福建省生产的产品中，服装鞋帽和针纺织品、食品饮料烟酒、日用品等产品在产量、品牌建设等方面具有一定的优势。对于优势相对较强的产品如服装鞋帽和针纺织品、食品饮料烟酒、日用品、体育娱乐用品、中西药品、文化办公用品、五金水暖等，一方面重点做好宣传服务，通过展销会等形式做好产品及品牌的宣传工作，另一方面在政府采购、日常消费等方面支持省内商品及品牌。对于陶瓷制品、家用电器、通讯器材等较有潜力、省内市场占有率偏低的产品，主要加强宣传，如通过第三方机构对地产商品和省外、境外同类商品的对比、评测，展现地产商品好的一面。

（三）继续实施品牌战略

品牌是经济增长的杠杆，品牌战略是企业发展战略的重要组成部分。一是进一步加强名牌价值的宣传引导，在全社会形成名牌价值观，促进企业提高创立品牌、提升品牌价值和争创品牌的时代意识和紧迫感。二是完善名牌评定工作。截止目前，福建省评比的名牌产品中，一些产品由于知名度低、市场表现差，在市场上已销声匿迹，企业也已倒闭。因此，应完善评定工作，将顾客满意度，市场占有率、产品生命周期、市场知名度等指标纳入评估体系。实施中，应采用规范的市场调查，以获得客观、公正、准确的数据。（执笔：赵清）

8-1-3 福建省纺织等相关行业市场占有情况、面临的困难及建议

纺织、服装鞋帽、皮革及相关制品业是福建省最具活力和区域特色的传统支柱产业，也是出口创汇重要的产业之一。2009年，面对国际金融危机的严峻挑战，福建省纺织、服装鞋帽、皮革及相关制品业在提高出口退税率、产业调整和振兴规划等一系列利好政策的支持下，加快技术创新和产业结构调整，促进行业平稳较快增长。

一、福建省纺织、服装鞋帽、皮革及相关制品业市场销售情况

（一）销售收入稳定增长

2009年，福建省纺织、服装鞋帽、皮革及相关制品业销售收入为3389.29亿元，比上年增长13.1%，增幅下降了 4.5 个百分点。其中，省内销售收入969.44亿元，增长28.0%，提高了6.8个百分点；省外销售收入1027.21亿元，增长9.8%，提高了3.3个百分点；境外销售收入1392.75亿元，增长6.9%，下降了17.9个百分点。

福建省纺织、服装鞋帽、皮革及相关制品业销售收入情况

（2008-2009年）

	2008		2009	
	销售收入（亿元）	同比增长（%）	销售收入（亿元）	同比增长（%）
纺织、服装鞋帽、皮革及相关制品业	2996.03	17.6	3389.29	13.1
#纺织业	869.64	12.2	955.69	9.9
纺织服装、鞋、帽制造业	976.09	15.4	1117.52	14.5
皮革、毛皮、羽毛（绒）及其制品业	1150.31	24.3	1316.07	14.4

（二）出口市场占有率逐步提高

从境外市场销售调查情况看，2009年福建省纺织、服装鞋帽、皮革及相关制品业境外市场销售收入为1392.75亿元，比上年增长6.9%。其中，纺织服装、鞋、帽制造业565.58亿元，增长19.6%。福建省纺织、服装鞋帽、皮革及相关制品业对全部工业出口增长的贡献率为70.2%，提高31.8个百分点。纺织、服装鞋帽、皮革及相关制品业占全部工业境外销售比重的25.9%，提高1.6个百分点。据海关统计，2009年福建省纺织服装出口额占全国出口比重为5.7%，居第六位，比重较上年提高1.4个百分点。

（三）内销比重略有提高

2009年，福建省纺织、服装鞋帽、皮革及相关制品业国内市场销售收入为1996.53亿元，比上年增长15.5%，增幅提高2.9个百分点。国内市场销售比重为58.9%，提高2.4个百分点。其中，纺织业76.1%，提高2.3个百分点；纺织服装、鞋、帽制造业49.4%，下降2.1个百分点；皮革、毛皮、羽毛（绒）及其制品业54.5%，提高6.9个百分点。

福建省纺织、服装鞋帽、皮革及相关制品业三大市场销售比重

（2008-2009年）

	2008			2009		
	省内（%）	省外（%）	境外（%）	省内（%）	省外（%）	境外（%）
纺织、服装鞋帽、皮革及相关制品业	25.3	31.2	43.5	28.6	30.3	41.1
#纺织业	44.2	29.6	26.2	46.9	29.2	23.9
纺织服装、鞋、帽制造业	19.7	31.8	48.5	22.8	26.6	50.6
皮革、毛皮、羽毛（绒）及其制品业	15.7	31.9	52.4	20.2	34.3	45.5

二、福建省纺织、服装鞋帽、皮革及相关制品业发展的亮点

（一）产业集群化程度较高

目前，福建省已形成了化纤、棉纺、织造、印染、非织造布、产业用纺织品、家用纺织品、服装服饰、纺机等一条龙发展的行业结构体系，形成一批竞争力较强的产业集聚区域和产业集群。如：长乐市拥有“中国纺织产业基地市”、“中国经编名镇”、“中国花边名镇”等称号，棉纺业拥有350万锭的生产规模，纱线产量占全国同类产品的1/3，锦纶民用丝年产能达20万吨，产值40亿元，居亚洲同类产品产能前列，以经编、纬编为主的面料、花边产业占全国市场的20%；泉州已形成以“休闲、时尚、品牌、个性”为主要特征的纺织服装产业聚集区，占据全国休闲服装市场四分之一的份额；三明永安市正成为福建省产业用布重点生产地区，PU革基布、鞋用材料用布以及水溶性非织造布等产品在全省占有重要位置；南平邵武市是闽北山区纺织重镇，棉灯芯绒布、家用纺织品、医用纺织品已成为当地纺织行业发展的特色产品。

（二）品牌建设卓有成效

劲霸男装、九牧王、柒牌、七匹狼、拼牌、雄豹狼、才子、虎都8个品牌入选2009年最具价值品牌500强，占福建省入选总数的25%。其中，劲霸以品牌价值127.39亿元位居福建省入榜企业的第一位，居全国纺织、服装行业品牌价值排行第三位。2009年福建省有5家纺织、服装鞋帽、皮革及相关制品业品牌获得中国驰名商标称号，占全省入选总数的20%，占全国纺织、服装鞋帽、皮革及相关制品业入选总数的14.7%。

（三）销售渠道进一步拓宽

2009年，福建省纺织服装企业纷纷拓宽销售渠道，扩大销售额。一是开辟专卖店。目前，在众多服装品牌的销售模式中，连锁专卖的品牌经营模式最具亲和力。通过这种模式的经营，既扩大品牌影响力，又提高销售额。某纺织公司在我国二三线城市建专卖店，2009年销售额成倍增长。二是开拓互联网销售初见成效。2009年8月初，彬伊奴（中国）有限公司淘宝网店正式开通，随后邻家女孩、金苑等均在淘宝上设立旗舰店；九牧王、匹克、361度、七匹狼、才子、利郎、虎都等品牌均已开启网店。

（四）产品科技含量进一步提高

2009年，福建省纺织企业通过技术改造，提升产品的科技含量，提高产品竞争力。如：某轻纺公司将废弃的塑料瓶碎化，熔融成粒，制成再生纤维，再做成衣服面料，成为中国内地第一家、全球第二家获杜邦许可的PTT短纤维生产厂商；某公司研发生产出兼备吸湿排汗、抗紫外线和抗菌防臭功能的室外运动面料，以及具有负离子发射功能的芳香型室内运动面料；某集团成为“国际竹纤维研究院”全球两个秘书处之一，欲在2-3年内建成世界最大的竹纤维生产基地；一些企业还开发了竹纤维、新型纤维、功能性纤维纱线；长乐17家经编企业都

设立了设计研发部门，开发差别化经编产品和自主工艺花型产品；某公司依靠科技创新，开发出能让鞋子除臭的纳米银抗菌技术，在国际上处于领先地位。

三、纺织、服装鞋帽、皮革及相关制品业发展中面临的主要困难

2009年，福建省纺织、服装鞋帽、皮革及相关制品业不管是国内销售额还是境外销售额均有一定幅度上涨，市场占有份额有所提高，但福建省纺织、服装鞋帽、皮革及相关制品业在发展中也遇到一些困难，影响纺织、服装鞋帽、皮革及相关制品业市场占有份额进一步提高。

（一）国际市场需求减弱

受金融危机影响，纺织、服装鞋帽、皮革及相关制品业市场萎缩，订单减少，福建省不少企业出口额减少。2009年，列入福建产品市场占有情况调查的132家纺织业出口企业中，50.0%的企业出口交货值同比下降；列入调查的255家纺织服装、鞋、帽制造业企业中，43.1%的企业下降；列入调查的232家皮革、毛皮、羽毛（绒）及其制品业企业中，47.8%的企业下降。如：2009年，福建某纺织公司出口额同比下降20%左右；福州某纺织印染公司出口额下降16.0%；三明市某化纤公司出口额下降26.1%；福建某纺织公司纺织品出口额下降30%以上；上杭县某公司、龙岩某制衣公司出口额分别下降40.8%和20.2%。

（二）原材料价格回升

由于原材料价格上涨，造成产成品价格上升，在国际市场上竞争力下降，出口下降。如：由于牛皮和鞋底价格上涨近10%，皮面鞋出口价格上涨15%左右，石狮某鞋业公司的皮面鞋对俄罗斯的出口量下降15%左右；纯棉布料上涨25%左右，服装价格上涨10%左右，福建某制衣公司婴幼儿服装出口量下降35%左右。

（三）贸易壁垒影响增大

金融危机爆发后，各国政府为保护本国产业，通过提高安全、卫生、环保标准和采取反倾销、反补贴措施等构筑贸易壁垒，福建省纺织服装出口面临的贸易摩擦日趋严重。2009年，欧盟委员会非食品类快速预警系统（RAPEX）公布对我国纺织服装严重危险消费品召回通报213项，比上年增长294.4%。列入福建产品市场占有情况调查的647家纺织、服装鞋帽、皮革及相关制品业出口企业中，48.1%的企业受到贸易壁垒影响；其中，纺织业企业59家，纺织服装、鞋、帽制造业企业120家，皮革、毛皮、羽毛（绒）及其制品业企业132家。如：福州某鞋业公司2009年初遭遇巴西鞋类反倾销案，失去巴西月均15万双左右鞋子订单，约占公司出口量的三分之一。

（四）部分企业发展受到资金限制

一是部分中小企业融资较困难。福建省纺织企业大多数是民营中小企业，这些企业在发展过程中主要面临资金短缺的问题。由于中小企业资产规模小、抗风险能力弱、贷款需求急且金额小、需求频繁、不确定性高等因素，银行融资较困难。2009年，列入福建产品市场占有情况调查的1352家纺织、服装鞋帽、皮革及相关制品业中小企业中，有46.3%的企业流动资金存在缺口，其中，有47.4%的企业资金缺口超过10%。二是“两金”占比攀升，企业资金压力大。2009年，国家出台一系列提高内需的政策，但市场消费动力不足，市场竞争激烈，企业生产增长、利润增加的同时，“两金”占比也不断攀升。2009年，福建省规模以上纺织、服装鞋帽、皮革及相关制品业应收账款净额达322.87亿元，增长25.3%；产成品存贷达156.16亿元，增长17.4%。

（五）产品结构不合理

近几年，福建省衣着纺织品发展迅速，特别是男装面料，但技术含量较高的产业用纺织品比重较低。产业用、家纺用纺织品发展相对滞后。化纤长丝、短纤维以及棉纺纱线比重较大，面料织造后加工能力不足。化纤产能居全国第三，但常规化纤纱

的比例占60%以上，差别化纤维、新型人造纤维等产品所占比重较低。

四、提高福建省纺织、服装鞋帽、皮革及相关制品业市场占有份额的对策建议

福建省政府出台的《福建省纺织产业调整和振兴实施方案》提出，加快结构调整，推动产业升级。至2011年，服装、家用、产业用纺织品比例从75∶10∶15 调整至 55∶20∶25；全省规模以上纺织企业工业总产值达3168亿元，年均增长18.6%；至2011年，培育25个年销售收入超过10亿元的自主品牌企业、3个年销售收入超过50亿元的品牌企业集团。根据这一目标，现提出若干对策建议：

（一）采取措施积极应对贸易壁垒

一是建立预警机制。加强对欧美等重点市场的跟踪监测，及时为企业经营决策提供监测预警信息，帮助企业提高经营决策的预见性和应对市场变化的能力。二是发挥政府、行业协会的协调作用，对重点龙头企业实施目标管理和跟踪监测动态管理，引导企业适时调控产品出口节奏，避免遭致贸易摩擦。三是主动应对反倾销。有关部门进一步加强反倾销尤其是反补贴相关知识和规则的普及和培训，提高企业应对国际贸易摩擦的能力。对于遭遇贸易壁垒的企业，有关部门应主动提供法律等援助，帮助企业积极应诉，在WTO规则下合理运用贸易救济措施和国内相关法律、法规维护国内产业安全和企业的正当权益。

（二）提高企业技术创新能力

一是加快建立福建省纺织、服装鞋帽、皮革及相关制品业集群技术创新服务平台。引导推进产业集群内企业加强与高等院校、科研机构等产学研合作。通过对产业集群中关键性技术与共性技术的政策支持、技术支援与财政扶持，提高集群中企业的科技创新能力。二是培养高素质的人才。目前，福建省缺乏高水平的设计师队伍，特别是女装方面。高素质的纺织服装人才影响纺织服装企业在国际社会中的竞争力。因此引进、培养高素质的纺织服装人才，尤其是物色和培养一批既有创新精神又有较高技术水平的设计师，应作为福建省纺织服装行业人才队伍建设的重点。

（三）积极开拓市场

境内市场开拓：一是建立信息平台，不断开发满足消费者个性化需求的产品，引导、扩大消费。二是采取措施扶持企业大力发展自主品牌连锁店、专卖店、电子商务等符合现代流通发展趋势的新型销售模式，建立多层次的自主品牌销售渠道。境外市场开拓：一是加快调整出口结构，努力开拓国际新兴市场，特别是印度、俄罗斯、南非和巴西这些有较高人口基数的国家和地区，减少对欧美市场的依赖。二是建议有关部门在相关目标市场定期举办服装、家纺自主品牌专题博览会、展销会、发布会，以进一步扩大服装、家纺自主品牌的国际影响力。

（执笔：郑焰）

8-1-4 福建省食品加工业市场占有情况分析

食品加工业是提高农产品附加值，增加农民收入的重要途径。福建省食品加工业资源优势明显，发展基础好，但总体上国内市场占有率偏低。本文运用福建产品市场占有率调查资料，分析了福建省食品加工业市场占有率现状、影响占有率提高的因素，并针对性地提出对策建议。

一、福建食品加工业市场占有现状

（一）产销情况

1.工业总产值比重不断提高。2009年福建省规模以上食品加工业（包括农副食品加工业、食品制造业和饮料制造业，下同）完成产值 1637.55亿元，占全部工业总产值的9.8%，比2008年提高0.8个百分点，比2007年提高1.6个百分点。2008年福建省规模以上食品加工业总产值占全国食品加工业总产值的比重比上年提高0.03个百分点。

2.销售收入保持两位数增长，但增速回落。2007年至2009年福建省全部食品加工业销售收入均保持两位数增长，但增速逐年下降。2009年福建省食品加工业销售收入同比增长18.1%，增速比上年回落6.4个百分点，比2007年回落11.3个百分点。

（二）国内市场占有率逐年提高，与先进省市差距缩小

近几年，福建省食品加工业国内市场占有率逐年递增，2008年福建省食品加工业国内市场占有率为11.5%，比2007年提高0.3个百分点，2007年比2006年提高0.6个百分点。与山东、广东两省相比，国内市场占有率差距逐渐缩小，2008 年比2007年分别缩小3.7和1.8个百分点，2007年比2006年分别缩小0.8和1.3个百分点。2006-2008年福建省食品加工业国内市场占有率变化情况见图1。

图1　2006-2008年福建省食品加工业国内市场占有率变化情况

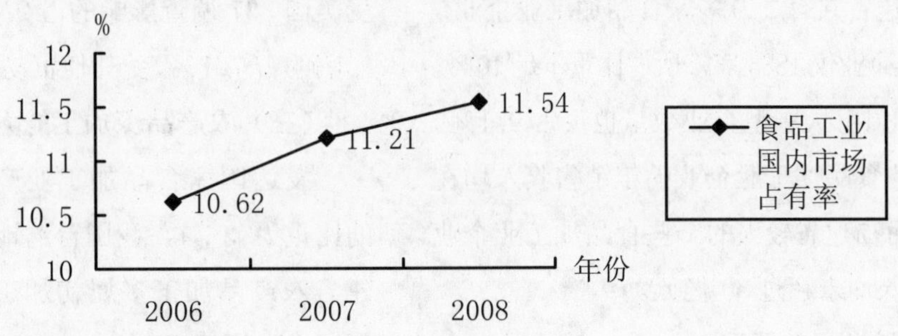

（三）2006-2008 年境外市场比重逐年下降，2009年略有回升

2009 年福建省食品加工业境外市场销售收入1736.74亿元，同比增长18.1%，增幅比2008年下降6.4个百分点，比2007年下降11.3个百分点。从三大区域的销售比重看，2006-2008 年，福建省食品加工业境外市场销售比重逐年下降，2009年略有回升。2009年福建省食品加工业境外市场销售比重为18.9%，比2008年提高0.2个百分点，比2007年和 2006 年分别下降 1.2、6.4 个百分点。2007-2009 年福建省食品加工业分行业三大区域销售比重情况见表1。

表1 福建省规模以上食品加工业分行业三大区域销售比重情况

（2007-2009年）

年份	行业名称	销售区域比重（%）		
		省内	省外	境外
2007	食品加工业	48.76	31.16	20.07
	#农副食品加工业	55.22	19.54	25.24
	食品制造业	36.07	34.33	29.60
	饮料制造业	55.00	39.62	5.38
2008	食品加工业	47.68	33.57	18.75
	#农副食品加工业	57.09	22.25	20.66
	食品制造业	30.43	38.47	31.10
	饮料制造业	55.52	39.99	4.49
2009	食品加工业	46.78	34.32	18.90
	#农副食品加工业	54.31	22.20	23.49
	食品制造业	29.34	42.46	28.20
	饮料制造业	56.70	38.30	5.00

二、影响福建省食品加工业市场占有率进一步提高的若干因素

（一）企业规模偏小

2009年福建省共有2万多家食品加工业企业，其中，规模以上企业仅1885家，所占比重不足10%。在规模以上企业中，大中型企业数量也仅占9.1%。我国前10名的食品加工业企业的年销售收入均在80亿元以上，而福建省较大的一些食品加工业企业2009年销售收入均未超过50亿元。

（二）贸易壁垒日趋严重

以水产品为例，近年来欧美、日韩等国家和地区先后出台了《最严谨的水产养殖规范》、《肯定列表制度》等规范性文件，2010年1月1日生效的欧盟关于海洋渔业捕捞的新法规“反海洋渔业非法捕捞法”，都大大提高了我国水产企业进入该市场的门槛。据福建产品市场占有率调查资料显示，2010年上半年福建省有54.1%的食品加工业企业反映受贸易壁垒的影响大，2009年福建省有42.2%的食品加工企业反映受到贸易壁垒的影响。其中，受反倾销调查影响的占16.5%，受欧盟EUP指令影响的占16.1%，受欧盟REACH制度影响的占14.3%，受美国337调查影响的占9.6%，受欧盟PEOS指令影响的占7.7%，受其他贸易壁垒影响的占35.8%。

（三）农产品深加工能力低

发达国家食品加工业产值与农林牧渔业产值的比重为3∶1，我国台湾地区也达到2.6∶1。福建省农产品加工多属初加工，农产品增加值低。2008年，福建省食品加工业产值与农林牧渔业产值的比重仅0.79∶1，2009年为0.89∶1。发达国家的农产品加工率在90%以上，我国山东省水产品精深加工比重达到60%以上，而福建省水产品加工比重仅为37.5%。如：福鼎现有紫菜加工厂130家，而拥有精深加工生产线的企业仅有5家，其中，仅1家企业产品达到出口标准。

（四）技术创新能力不足

1.技术创新机构少。截止 2009 年底，福建省食品行业国家级企业技术中心 1 个，省级企业技术中心 25 个；而山东、河南的国家级企业技术中心分别是 8 个、5 个，省级企业技术中心分别是 41 个和 37 个。

2.技术创新资金和人才缺乏。据福建产品市场占有率调查资料显示，2010 年上半年，在被调查的 147 户未开展技术创新的企业中，24.6%的企业反映缺乏技术创新资金，22.9%的企业反映缺乏创新人才。

3.新产品产值率低。2009 年福建省规模以上食品加工业新产品产值率为 1.4%，比上年下降 1.0 个百分点，比全国平均水平低 2.1 个百分点。而山东、河南两省新产品产值率均在 8%左右。

三、对策建议

（一）鼓励食品加工业的兼并和重组，提高企业规模水平，增强企业竞争力

虽然近几年福建省食品加工业的企业数量不断增长，但行业集中度偏低。建议福建省进一步鼓励、扶持食品企业的兼并重组，组建大型食品加工业企业，增强企业的竞争力。

（二）积极应对贸易壁垒

一是进一步完善贸易壁垒预警体系和快速反应机制。利用多种方式提供预警服务，提供贸易壁垒风险趋势评估和分析报告，供有关企业参考。二是提高产品质量。进一步做好无公害绿色农产品的认定、产品认证和标识管理工作，继续推行 GAP（良好农业规范）、HACCP（危害分析与关键控制点）体系认证。加强行业自律，开展食品生产企业诚信建设，建立健全食品召回和退市制度，引导企业生产放心食品。

（三）积极开拓多元化出口市场

福建省食品加工业产品出口市场主要集中在环境保护标准较高的美国、欧盟和日本等发达国家，因此福建省应根据不同国家农产品市场的特点、绿色贸易壁垒的宽严尺度来实施农产品出口市场多元化战略，避免出口过度集中。

（四）加大科技创新力度

一是继续加强对食品加工业技术研发资金和政策支持。对企业研发有重大技术突破的予以奖励，引导企业加大对食品深加工等技术的研发；财政资金应主要运用于扶持具有共性或者高难度的基础技术的突破，为整个食品加工业行业的发展搭建一个技术共享平台。二是要加强食品加工业基础研究，重点改进食品生产的保鲜、贮存、加工、包装等技术以及具有自主知识产权产品的研究开发和转化。广泛开展国内外合作与交流，把自主研发与引进、消化吸收国内外先进技术结合起来，运用电子技术、生物技术以及超高压处理、超微粉碎、超高温瞬时杀菌、真空处理、冻结浓缩、品质评价、食品掺假鉴定等高新技术，提高生产技术水平。加快信息化建设，推动和扩大与国内外食品加工业企业在生产、科技、人才、贸易等方面的信息交流，增强食品加工业发展活力。

（执笔：张琛）

8-1-5 优化产业产品结构 提高市场竞争能力

——2009年福州市工业产品市场占有情况简析

2009 年是国际金融危机对全球经济的影响全面显现的一年，也是我国应对国际金融危机取得明显成效的一年。福州市各级各部门全面贯彻落实海峡西岸经济区建设的战略部署，以及刺激经济增长的一系列政策措施，有效化解全球金融危机的不利影响，使工业企业逐渐走上了复苏步伐，保持稳步增长。全年，规模以上工业总产值3618.29亿元，比上年增长14.5%；综合经济效益指数198.3；产品产销率达96.8%；实现利润总额195.85亿元，增长55.9%；实现工业增加值906.63亿元，增长11.2%，比上年提高0.5个百分点。

一、三大市场销售情况

调查显示，近两年福州工业产品销售情况如下表：

福州市工业产品三大市场销售情况表

（2008-2009年） 单位：%

年份	省内	省外	境外
2008	29.39	29.04	41.57
2009	29.02	30.29	40.69

数据显示，近两年来，福州工业产品的销售比重基本平稳。2009年福州市工业产品销往境外市场比重为41.0%，虽比2008年下降0.9个百分点，但仍分别高出省外市场份额10.5个百分点，外向型特征明显。

（一）省内市场销售情况

在调查行业中，省内市场销售比重在60%以上的行业大类，分别是石油加工炼焦及核燃料、废弃资源和废旧材料回收、烟草制品业、造纸及纸制品业、食品制造业、化学原料及化学制品制造、黑色金属冶炼及压延，省内市场销售比重分别是100.0%、100.0%、91.3%、83.0%、66.7%、64.7%、60.5%。

1.农副食品加工业省内销售情况。2009年产值224.30亿元，产品省内销售比重54.7%，省外销售比重17.5%，境外销售比重27.9%。其中，谷物磨制、饲料、肉类加工品主要省内销售，植物油加工以省外市场为主，蔬菜、水果和坚果加工品则多销往境外。

2.饮料制造业产品多销往省内。2009年销售收入32.60亿元，省内销售51.4%，省外销售41.2%，境外销售7.4%。其中，软饮料制品销售收入19.70亿元，60.5%在省内销售；酒制品销售收入2.80亿元，100.0%在省内销售。

3.造纸及纸制品销售以省内为主。2009年销售收入24.20亿元，省内销售83.0%，省外销售7.6%，境外销售9.4%。其中，纸浆制造、造纸、纸制品省内销售比重分别为：100.0%、93.0%、80.8%。

（二）省外市场销售情况

非金属采矿业、纺织业、木材加工业、印刷业、医药制造业、化学纤维制造业、有色金属冶炼加工业等行业销售以省外市场为主。调查显示，2009年福州工业企业共有7个行业大类，33个行业小类产品的省外销售比率达50%以上。

1.纺织业是福州的支柱产业，2009年抽中企业实现销售收入290.90亿元，省外销售比重55.8%，省内销售比重29.0%，境外销售比重15.3%。

2.医药制造业抽中企业样本中，省外销售比重63.5%，省内销售比重17.1%，境外销售比重19.4%。其中，中成药和兽用药品制造省外销售比重超过80%，化学药品原药制造、化学药品制剂制造、中药饮片加工销售省外比重均在60%以上。

3.有色金属冶炼及压延加工业省外销售比重56.2%，比上年提高13.0个百分点。抽中企业2009年实现销售58.90亿元，其中，有色金属压延加工销售收入58.10亿元，省外销售比重56.6%。

4.化学纤维制造业销售收入115.00亿元，省外销售比重61.0%，比上年提高22.0个百分点。

（三）境外市场销售情况

福州出口产品主要集中在工艺品及其他制造业业，皮革、毛皮、羽毛（绒）及其制品制造业，通信设备、计算机及其他、纺织服装、鞋、帽制造业，橡胶制品业、文教体育用品制造业，仪器仪表及文化、办公用品制造业，家具制造业等行业，境外市场销售比重分别是79.2%、78.0%、77.2%、73.1%、72.8%、70.3%、64.4%、61.6%。在出口市场比重变动方面，涉及出口的28个行业大类中，有16个行业出口比重上升、12个行业出口比重下降；其中，家具制造业出口比重上升最大，上升32.7个百分点；纺织业出口比重下降最大，下降12.6个百分点。

二、制约因素

（一）资金缺乏

2009年度企业流动资金满足需要情况调查中，1000多家企业样本中近五成的企业认为流动资金无法满足需求，特别是木材加工及木、竹藤、橡、草制品业，造纸及纸制品业，有色金属冶炼及压延加工业，电气机械及器材制造业，水的生产和供应业，通用设备制造业等行业的企业，流动资金需求不满足率达50%以上。资金缺乏制约企业的生产经营和规模扩张。

（二）金融危机影响

受金融危机影响出口比重下降较大的行业有：纺织业，化学纤维制造业，塑料制品业，纺织服装、鞋、帽制造业，非金属矿物制品业，食品制造业。调查显示，从“金融危机对企业的影响情况”程度上看：有35.8%的企业认为影响“很大”或“较大”；从“金融危机对企业产品出口量的影响”和“金融危机对企业产品销售量的影响”程度上看：有74.3%的企业认为产品出口量下降，有74.8%的企业认为产品销售量下降。

（三）政策导向影响

2009年，在国家稳定出口、扩大内需和各种经济刺激政策措施等因素影响下，福州市外贸进口降幅从年初到年末呈收窄趋势。虽然对外经济走出困境，但仍呈下降趋势：2009年全市实现进出口总值178.60亿美元，下降12.1%，其中，出口总值120.12亿美元，下降11.6%，从出口产品看，高新技术产品出口达33.45亿美元，机电产品出口达59.62亿美元，分别下降27.2%和20.8%。全市新签对外劳务合作合同金额为1346万美元，下降18%。

三、对策建议

（一）努力提高企业自主创新能力

要努力建设具有持续创新能力、拥有自主知识产权或自有知名品牌、创新产品或服务收入占营业收入比重较大的创新型企业。一要建立和完善企业自主创新的体系和长效机制。要健全有利于自主创新的用人机制，提升企业的整体创新能力。二要持续加大研究开发投入，提高研发经费在销售收入中的比重。三要培养和造就大批敢于并善于创新的人才队伍。四要加强自主创新的基础设施建设，为企业自主创新能力提供相应的条件保证和支撑。

（二）不断调整优化企业结构

面对严峻的发展环境，面对巨大的生存挑战，企业要求得生存，继续发展，必须加快结构调整的步伐，通过结构调整赢得新的竞争优势。一要调整产品结构，提高产品的附加值和技术含量。要根据市场的需求，有针对性地调整现有的产品结构，淘汰那些市场没有销路、经济效益差的产品，提高企业的盈利能力。二要调整产业结构，完善企业的价值链和产业链。对建设周期长、见效慢的长线项目，需审慎决策，把有限的资金用到重点项目建设上，聚焦主业发展，保持适当的投资规模。三要继续落实稳定外需的各项政策，支持企业开拓市场，增加优势产品和拥有自主知识产权、自主品牌产品的出口。

（三）扩大对外开放，加强对台合作

要大力拓展对外开放的广度和深度，巩固和扩大开放型经济的领先优势。重点引进龙头型、科技型项目，吸引跨国公司设立区域性总部，提升福州在经济全球化、区域一体化中的地位。利用福州对台优势，促进企业对台合作。

（执笔：陈安发）

8-1-6 厦门光电　光耀海西

——2009年厦门光电产业发展分析

2009年，全球金融危机给厦门发展带来了严重冲击和挑战，同时，海西战略上升为国家战略以及两岸关系和平发展又给厦门带来了重大历史发展机遇。厦门市委、市政府全力落实“保增长、保民生、保稳定”和“科技兴市”战略，积极应对国际金融危机，充分发挥科技支撑和引领作用，不断优化经济发展环境，促进经济增长模式的转变，努力实现以光电产业为代表的战略性新兴产业新跨越。

一、厦门市光电产业发展现状

（一）产业概况

厦门市光电产业包括平板显示、LED、节能照明电器、太阳能光伏、光通信、现代光学元器件及配套等专业领域，目前光电企业数超过200 家。据统计，2009 年厦门市光电产业实现总产值404.39亿元，首次突破400 亿元，比上年增长22.95%，占全省光电产业的半壁江山；销售收入398.72 亿元，增长22.99%，产值和销售收入均连续七年保持20%以上增长速度。其中，平板显示领域总产值和销售收入分别为305.87亿元和304.55 亿元，已成为厦门光电产业产值和销售收入贡献最大的专业领域。

近年厦门市光电产业产值增长图

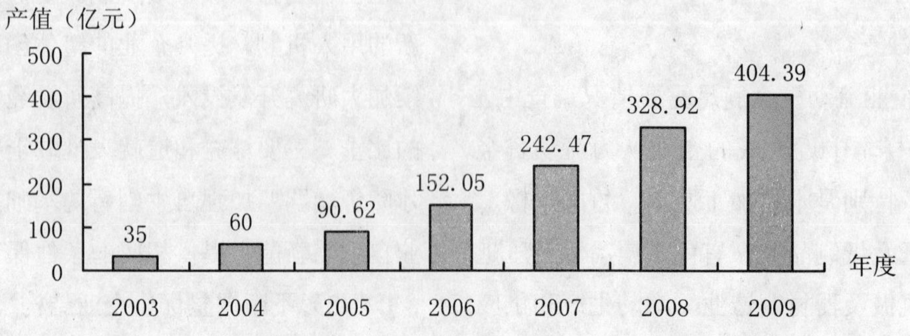

产品市场占有情况调查数据显示：2009年，厦门市光学仪器产品、电子器件产品和照明器具产品的境外市场占有率分别高达80.4%、96.6%和85.8%，光电产品外贸依存度较高。友达光电（厦门）有限公司、厦门华侨电子股份有限公司、宸鸿科技（厦门）有限公司、厦门通士达照明有限公司、达运精密工业（厦门）有限公司等29 家企业销售收入超亿元，企业数与2008 年持平；实现产值381.41亿元，占光电产业总产值94.3%，比上年增长22.2%；实现销售收入376.61 亿元，占光电产业总销售收入97.5%，增长22.0%。其中，友达光电（厦门）有限公司2008-2009 年产值和销售收入连续两年增长超过36%，已成为厦门市光电产业产值和销售收入贡献最大的企业。

（二）各专业领域发展情况

1.平板显示。2009 年，厦门市平板显示领域主要产品为液晶显示后端模组、背光源、触摸屏和液晶电视等，为厦门光电产业最大专业领域。在友达、厦华、宸鸿等大厂带动下，平板显示领域实现总产值305.87 亿元，比上年增长29.2%；实现销售收入304.55 亿元，增长30.4%；总产值和销售收入均首次突破300亿元。今后，随着乐捷、宸鸿等龙头企业新增投资或扩产，产值和销售收入还将进一步增长。平板显示已成为厦门市光电产业的主力军。

厦门光电相关行业市场销售情况表

（2008-2009年） 单位：%

行业名称	2008			2009		
	省内	省外	境外	省内	省外	境外
照明器具制造	13.77	9.07	77.16	6.05	8.20	85.75
电子器件制造	10.22	6.34	83.44	0.56	2.87	96.57
光学仪器制造	3.59	8.43	87.98	15.06	4.58	80.36

2.太阳能光伏。2009 年，国内外太阳能光伏产业仍以硅系太阳能为主，薄膜太阳能快速成长。厦门市太阳能光伏领域整体规模仍然较小。受金融危机的冲击，欧洲调整太阳能光伏产业发展政策，国外太阳能光伏市场萎缩，加上国际硅材料自2008年底起价格大幅下降，成交仍无明显起色，对厦门市的高纯硅材料出口市场影响较大，厦门市2009年太阳能光伏领域总产值和销售收入同比均有下滑。

3.LED。在厦门市成为首批“十城万盏”LED应用示范工程试点城市等利好政策推动下，在晶宇光电、乾照光电、立达信光电等企业快速增长的带动下，全市LED领域2009 年实现总产值23.97 亿元，比上年增长45.4%。

4.节能照明电器。厦门市是全球节能照明高端产品的生产和出口基地，节能灯在全球市场上的占有率超过20%。厦门市节能照明电器企业以出口为主，外向依存度高。受国际金融危机、人民币升值、国外市场萎缩、美元贬值等因素影响，厦门市节能照明电器领域2009 年实现年产值51.97 亿元，比上年下降3.9%。2009 年，厦门市节能灯最大生产企业为厦门通士达照明有限公司，年生产节能灯1.62 亿只，实现产值15.05 亿元。

5.光通信与现代光学仪器。光通信领域在经历了2002 年的低潮和2008 年金融危机的洗礼后，伴随3G 通讯网络的普及以及近期国务院决定加快推进三网融合，光通信产业出现快速增长。2009 年，全市光通信产业发展势头趋好，实现生产总值近亿元，虽然产业整体规模偏小，但以优讯、三优、福信等为代表的企业已初步形成了比较健全的上下游配套产业链。

厦门市光电产业各专业领域产值与销售收入情况

（2009 年）

专业方向	产值（亿元）	所占比重（%）	同比增长（%）	销售收入（亿元）	所占比重（%）	同比增长（%）
平板显示	305.87	75.6	29.2	304.55	76.4	30.4
节能照明	51.97	12.9	-3.9	49.87	12.5	-7.8
LED	23.97	5.9	45.7	23.14	5.8	56.3
太阳能光伏	10.79	2.7	-13.8	10.35	2.6	-18.3
现代光学元器件和光通信	5.65	1.4	38.5	5.45	1.4	33.5
其他应用及相关配套产品	6.13	1.5	22.8	5.35	1.3	9.4

2009 年度厦门市光电产业各专业领域的产值示意图

单位：亿元

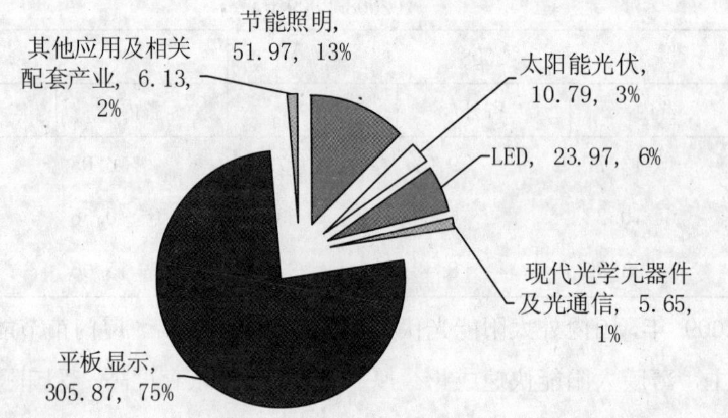

二、厦门市光电产业发展特点

（一）龙头企业拉动效应日趋明显

2009 年，全市光电产业产值超亿元的企业有 30 家，共完成产值382.52 亿元，占全市光电产业总产值94.6%；实现销售收入377.61 亿元，占全市光电产业销售收入94.7%，龙头企业拉动效应日趋明显。

（二）厦门已成为台湾光电产业转移的优选地

台资光电企业已成为厦门市光电产业最重要的组成部分，厦门承接台湾光电产业转移的格局已基本形成。2009 年，厦门市产值过亿的台资（含台资经由第三地投资）光电企业11 家，实现产值310.72 亿元，占全市光电产业总产值76.8%，实现销售收入308.85 亿元，占全市光电产业销售收入77.5%。厦门市利用对台区位优势，积极推动两岸光电产业向常态化和纵向化发展与合作。如：台湾晶元光电已与厦门立达信照明及华联电子两家企业就设立ACLED研发中心签订了初步合作意向，这对促进厦门市LED产业上、中、下游间的合作具有深远意义。

（三）自主创新能力显著提高

厦门市光电企业积极、持续地进行自主创新，并坚持致力于关键技术的研发、集成创新，拥有的自主知识产权不断增加，企业核心竞争力得到增强。厦门优迅高速芯片有限公司的高端光通信芯片拥有完全自主知识产权，并已获得国家版图保护证书，拥有8项国家专利；厦门市光莆电子有限公司自主开发的LED背光源产品已在冠捷、华映、常州东南、沈阳LG、深圳晶华等企业试产的样机上成功应用，现已被冠捷、京东方等厂商采用；厦门立达信光大有限公司在深耕传统节能灯市场的基础上，紧跟节能照明产业发展趋势，积极进行LED产品的研发、生产，2009 年LED部分实现产值增长近4倍。

（四）树立创建品牌意识

厦门市积极引导、支持光电企业创建品牌，提升产业竞争力，目前已拥有厦华、通士达、曼佳美、三安、华联、萤火虫等国内外知名品牌。2009年8月，利胜电光源的“曼佳美”品牌获得中国驰名商标；2009年5月，厦门三安光电股份有限公司、厦门华联电子有限公司获得“2008中国LED优秀企业”称号；厦华“跨界”系列液晶电视在“2009年中国十佳平板电视”评选中榜上有名，这是厦华依靠良好的产品竞争力而第5次蝉联榜单。

三、存在问题与对策建议

中国有庞大的市场潜力，国际光电产业有进一步向中国大陆转移的趋势，厦门由于对台和连接长三角、珠三角两大经济带的地缘优势，承接各类光电产业转移的机遇难得。

几年来，厦门市在培育光电产业发展上成绩显著，但同时也存在产业规模偏小、产业链不够完整、资金紧缺、专业人才不足等问题。如：2009年厦门市LED芯片产值12.69亿元，占全国总产值的55%，但大型的LED应用企业偏少，特别是缺乏大型龙头企业，产业整体规模仍然偏小，仅占全国LED产业总规模的3%，产业发展受到制约。

为推进厦门市快速培育光电新兴产业，加快打造十三条百亿产业链和产业集群，发挥海峡西岸光电产业龙头作用，建议如下：

一是在巩固厦门市光电产业现有基础上，依托重大科技专项，加强基础研究，推动共性关键技术攻关，加快科研成果向现实生产力转化，拓展市场空间；并且根据产业发展新形势，结合厦门市产业特点，推出若干细分产业政策，促进创新驱动与产业发展结合。

二是针对LED快速发展的特点，组织产业技术专家，瞄准国内外当前先进技术，开展项目研究，并对LED外延芯片技术、芯片封装技术和整灯技术进行联合攻关；引进一批国内外重点的LED企业到厦门市投资设厂，特别是引进台湾光电龙头企业。

三是加大对厦门市LED产业发展资金的投入，市财政对厦门市重点LED企业（含台资和外资）购买关键技术和设备给予补助，使厦门市LED上、中、下游的技术都处于领先地位，做强做大厦门市LED产业。

（执笔：刘璇）

8-1-7　应势调整　厦门工业稳渡难关

——2009年厦门工业产品市场占有情况分析

2009年是厦门市经济发展较为困难的一年。受国际金融危机影响，厦门工业生产、出口、效益等各指标均出现波动，厦门市委、市政府密切跟踪国内外经济形势变化制定新的应对方案，为稳定工业经济发展起到积极的促进作用，全年工业经济实现正增长。2009年，厦门市规模以上工业累计完成工业总产值2784.02亿元，比上年增长1.6%，实现工业增加值654.62亿元，增长2.8%；产品产销率达99.3%，实现利润185.08亿元，增长67.7%。

一、三大市场销售情况分析

产品市场占有情况抽样调查资料显示：2009年度厦门工业产品销往省内、省外和境外的比重分别为19.4%、34.3%和46.2%，境外销售占主导，外向型经济特征较为明显；国内市场销售颇具活力，产品具备较强的竞争力。

近年厦门工业产品三大市场销售情况表

（2005-2009年）　　单位：%

年份	省内	省外	境外
2005	13.98	35.51	50.51
2006	24.59	29.47	45.94
2007	21.26	26.59	52.15
2008	21.09	27.83	51.08
2009	19.43	34.34	46.23

数据显示，2009年，厦门工业产品的省外销售比重有所上升，而省内和境外销售比重有所下降。省外销售的增长点主要在于化学纤维、饮料和纺织服装等市场需求的快速增长。

（一）省内市场

由于产品自身具有地域性特点，而消费者对于本地产品也具有较强的消费偏好，纸制品业、印刷业、非金属矿物制品业、农副产品加工业等行业均以本地市场作为主要目标市场。调查资料显示，共有8个行业大类，44个行业中类产品的省内销售比率均达50%以上，本地市场成为这些行业产品竞争的主要着力点。

1.发展配套服务，厦门纸制品业及印刷业致力于本地市场。由于资源限制，厦门的纸制品业和印刷业主要为小型企业，为本地工业产品生产包装纸制品及提供相应的印刷服务。2009年厦门印刷业和纸制品业的省内销售比重分别为70.6%和59.4%，为厦门工业企业产品销售提供了有效的配套服务。

2.农副食品加工业的大部分产品仍然未能走出福建省，主要还是在省内销售。抽样调查资料显示，所调查的企业2009年省内、省外、境外销售比重分别为55.9%、21.8%和22.3%。农副产品中，谷物、肉类、饲料、植物油等产品主要供应本地市场，省内销售比重均达65%以上。

（二）国内市场

近年来，虽然快速增长的居民收入推动本地市场需求不断增长，但已经不足以满足部分行业企业的发展要求。因此庞大的国内市场成为厦门工业企业的拓展目标。然而要突破地域限制，占据竞争激烈的国内市场，就必须建立起具备竞争力的产品品牌。调查资料显示，2009年厦门工业企业共有5个行业大类，25个行业中类产品的省外销售比率达50%以上，品牌产品则成为厦门企业开拓国内市场的主力军，饮料、轮胎、专用设备、烟草、医药等产品在国内市场拥有较大的知名度。

1.饮料制品走出本省，五成以上产品省外销售。饮料制造业产品销售一般具有较强的地域性，然而，近年来厦门饮料制造企业注重开拓省外市场、加强品牌建设，产品逐步走向全国各地。调查资料显示，所抽取的样本企业省内销售占26.8%、省外销售占71.0%、境外销售占2.2%。该行业企业虽不多，但规模相对较大，大中型企业共7家，全部为“三资”企业，是外商投资的热点行业。银鹭、太古可口可乐、惠尔康、青岛啤酒、娃哈哈等厦门产饮料在国内市场已经拥有一定的品牌知名度，市场销售快速增长。

2.烟草企业立足本地市场的同时，拓展省外、境外市场卓有成效。烟草制品业是一个属于国家专控高税收的行业，是厦门市实现利税较大的行业之一。调查资料显示，2009年厦门卷烟产量388.40万箱，增长5.6%，销售收入也增长4.1%。其中，省内销售占45.3%，省外销售占54.5%，比上年增长了14.5个百分点，境外销售占0.1%，比上年有了零的突破。

3.作为汽车产业的配套行业，厦门轮胎制造业企业近年来也得到了快速发展。销售收入及利润水平均得到不同程度的增长，在国内市场保持着较高的市场占有率。调查数据显示，2009年厦门轮胎产品70.0%销往省外，16.9%省内销售，13.1%国外销售。主要品牌“正新”作为中国驰名商标，在国内市场拥有较高的知名度。中国轮胎企业2010年度销售排行榜中，厦门正新橡胶工业有限公司排名第八，拥有较高的市场份额。

（三）国际市场

依托港口城市便利的交通运输条件，厦门工业企业积极拓展境外市场，外向型特征明显。调查资料显示，出口量占销售收入50%以上的企业分布在8个行业大类、52个行业中类，占全部涉及行业类别的34.9%。在所调查的行业中，船舶、电子器件、家具、家用视听设备、玩具、工艺品、体育用品制造等13个行业的出口比重均在90%以上。

1.注重质量提升，厦门文体制品八成以上销往境外。近年来，厦门市文教体育用品境外销售良好，显示出较强的出口市场竞争力。调查资料显示，2009年厦门文体制品的省内、省外、境外销售比例分别为8.5%、6.4%和85.1%，外向型经济特征明显。其中，体育用品及玩具的国际市场需求旺盛，境外销售比例分别达85.7%和90.2%，显示出较强的国际市场渗透力。

2.作为重点扶持的三大支柱产业之一，厦门市电子行业近年来保持着较好的出口形势。但受金融危机影响，2009年厦门市电子行业完成工业总产值935.96亿元，比上年下降3.1%。电子工业产品出口形势也受到影响，调查数据显示，2009年通信设备、计算机及其他电子产品的境外销售比重达67.0%，较上年减少了7.6个百分点。

3.积极应对绿色壁垒，厦门家具制品七成销往境外。近年来，面对美国、日本和欧洲等国家和地区对我国不断加强的出口家具化学测试，厦门市家具出口企业积极注意国外技术法规的变化，加强对重要原辅料的源头把关，加强对出口家具及木制品生产过程的质量控制，并按规定的检测方法和要求对成品进行检测。数据显示：2009年，厦门市家具制造业出口交货值14.75亿元，占销售产值的70.0%，其中，省内、省外、境外销售比例分别为16.3%、8.8%和74.9%。

二、制约厦门工业产品市场开拓的主要因素

市场是企业生存和发展的基本，只有掌握了市场规律，企业产品才能得到消费者认同，资金得以

回笼，企业才能获得持续稳固的发展。因此，只有巩固原有市场份额，积极开拓新兴市场，才能在激烈的国内国际市场竞争中站稳脚跟。目前人才、资金以及贸易壁垒成为制约厦门企业开拓市场的三大瓶颈。

1. 用工短缺成为企业的燃眉之急。人才是企业进行生产经营的主体，是构成企业的最根本要素。目前最具普遍性的，经营者最头痛的问题就是用工短缺。调查资料显示，2010 年上半年，有 53.8%的企业反映用工不能满足企业需要，超过二成的企业缺工量在 10%以上，近三成的企业缺工量在 5%-10%之间。按区域分，缺工的企业多数集中在湖里区（31.4%），其次是海沧区（24.8%）和同安区（16.5%）；按行业分，缺工的企业多数集中在通信设备、计算机及其他电子设备制造业（12.4%），其次是金属制品业（7.9%）和电气机械及器材制造业（7.9%）。

2. 资金缺乏制约企业的生产经营和规模扩张。资金是企业正常生产经营和参与市场竞争必不可少的基本保障。无论是日常生产、产品研发、市场开拓都需要强大的资金后盾。然而近年来，欧洲债务危机导致欧元持续贬值，加上劳动力和原材料价格的不断攀升，已经严重压缩了企业的利润空间。调查资料显示，36.8%的企业反映生产经营过程中存在流动资金短缺的现象。其中，约两成的企业反映资金缺口在 20%以上。家具制造业、金属制品业和印刷业企业对于资金短缺更为敏感，分别有 63.3%、50.0%和 47.3%的被调查企业存在资金短缺问题。

3. 贸易壁垒使企业的出口受到了一定影响。抽样调查数据显示，有 46.6%的出口企业反映遭遇贸易壁垒。其中，60.0%的企业遭遇各类技术和卫生标准等绿色贸易壁垒，受影响较大的产品主要集中在食品、轻纺产品、机电产品等，出口的国家和地区主要是欧盟、美国、日本。此外，有 22.7%的企业受到进口配额、进口许可证、产品最低限价、品种等限制，11.8%的企业遭遇反倾销、反补贴等。遭遇贸易壁垒影响面较大的前五个行业依次是医药制造业（80.0%）、工艺品及其他制造业（69.2%）、橡胶制品业（60.0%）、通用设备制造业（60.0%）、农副食品加工业（57.1%）。

三、内外兼修，提升工业产品市场竞争力的几点建议

（一）对内调整结构，不断增强厦门工业经济实力

推进厦门工业自主创新和结构调整，增强厦门工业经济实力。一是要提高厦门工业的自主创新能力，努力实现核心技术的突破，提高产品的科技含量，升级产品档次和提高品牌知名度，使其具备更强的市场竞争力；二是要调整厦门工业产业结构，坚决淘汰生产技术落后、高耗能、高污染、低产出、低效益的行业和企业，加快产业转型升级，重点发展先进制造业，重点支持高科技、高效益、高成长的骨干企业，走新型工业化道路，实现经济的增长方式从粗放型向资金和技术密集型转变。三是利用国际金融危机引起全球经济资源配置、国际产业分工重新调整的机会，调整出口的商品结构和市场结构，不断增强工业经济实力，提高厦门工业在国际市场分工体系中的地位和作用。

（二）向外寻求发展，采取多种手段促进工业企业出口增长

厦门工业经济的外向度高，2009 年规模以上工业共有 1120 家企业实现出口，累计完成出口交货值 1178.93 亿元，出口交货值率 42.6%。按照以质取胜和出口市场多元化的要求，可采取多种手段促进工业企业的出口增长，一是努力帮助企业开辟市场，稳定传统欧美市场，积极开拓新兴市场；二是提升软硬设施，做好相应配套，如：做好“三区一港”的建设，办好“9·8”投洽会、台交会等，为企业创造良好的出口环境；三是调整产品结构，引导企业生产和出口适销对路的产品；四是鼓励企业提高产品的质量和知名度，增强产品竞争力，争抢国际市场。

（执笔：刘璇）

8-1-8　2009年莆田市工业产品市场占有情况分析

2009年，面对汹涌袭来的世界经济危机，莆田市各级各部门审时度势，科学应对，全面贯彻落实党中央、国务院和省委、省政府关于建设海峡西岸经济区的战略部署，以及刺激经济增长的一系列政策措施，按照“四用发展”和“三个持续”要求，大力实施“以港兴市、工业强市”发展战略，着力保增长、促转型、惠民生、创和谐，有效化解全球金融危机的不利影响，全市工业经济运行呈现企稳回暖、逐季走强的良好态势。

一、莆田市三大工业产品市场销售现状

据产品市场占有情况调查资料显示：2009年，莆田市工业产品在省内、省外、境外市场销售比例为40.7∶25.4∶33.9，呈现出国内市场销售比例扩大、境外销售萎缩的格局。

（一）省内市场销售情况

据产品市场占有情况调查资料显示：2009年，莆田市工业产品销往省内比重为40.7%，比上年上升7.8个百分点，分别高出省外市场份额15.3个百分点、境外市场份额6.8个百分点。在所调查的行业中，省内市场销售比重在50%以上的企业分布在12个行业大类、55个行业中类。12个行业大类分别是非金属矿采选业、黑色金属冶炼及压延加工业、造纸及纸制品业、废弃资源和废旧材料回收加工业、印刷业和记录媒介的复制、饮料制造业、纺织业、农副食品加工业、加工金属制品业、化学原料及化学制品制造业、非金属矿物制品业、有色金属冶炼及压延加工业，省内市场销售比重分别是94.9%、93.8%、84.6%、83.0%、80.9%、80.6%、65.2%、64.6%、63.5%、59.1%、56.3%和53.8%。在省内市场销售比重变化方面，29个行业大类中，有19个行业销售比重上升、10个行业比重下降，通用设备制造业省内销售比重上升最大，上升31.8个百分点；化学原料及化学制品制造下降最多，下降28.7个百分点。

（二）省外市场销售情况

据产品市场占有情况调查资料显示：2009年，莆田市工业产品销往省外比重为25.4%，比2008年上升1.8个百分点。在所调查的行业中，省外市场销售比重在50%以上的企业分布在4个行业大类、25个行业中类。4个行业大类分别是医药制造业、电气机械及器材制造业、交通运输设备制造业和家具制造业，省外市场销售比重分别是86.3%、58.1%、54.0%和50.4%。在省外市场销售比重变化方面，29个行业大类中，有15个行业销售比重上升、14个行业比重下降，其中，家具制造业国内省外销售比重上升最大，上升50.4个百分点；化学纤维制造业下降最多，下降90.6个百分点。

（三）境外市场销售情况

据产品市场占有情况调查资料显示，2009年，莆田市工业产品销往境外市场比重为33.9%，比上年下降9.6个百分点。在所调查的行业中，境外市场销售比重在50%以上的企业分布在5个行业大类、20个行业中类。5个行业大类分别是文教体育用品制造业，塑料制品业，通信设备、计算机及其他电子设备制造业，橡胶制品业，皮革、毛皮、羽毛（绒）及其制品业，境外市场销售比重分别是86.6%、63.4%、53.5%、53.1%和51.9%。在出口市场比重变动方面，涉及出口的25个行业大类中，有4个行业出口比重上升、21个行业出口比重下降，其中，通信设备、计算机及其他电子设备制造业，橡胶制品业，皮革、毛皮、羽毛（绒）及其制品业出口比重上升最大，上升12.9个百分点；家具制造业出口比重下降最大，下降81.6个百分点。

二、莆田市工业经济运行主要特征

（一）企业规模不断壮大，工业化程度继续提高

2009年，规模以上工业企业数量突破千家，达1125家，比上年新增123家，增长12.3%。全市规模以上工业实现工业总产值959.09亿元，增长20.7%，增幅位居全省第四位；规模以上工业增加值320.25亿元，增长18.7%，增幅位居全省第三位；全市规模以上工业企业固定资产合计262.29亿元，户均固定资产0.23亿元，增长58.8%。全市第二产业增加值达到397.85亿元，增长15.8%，第二产业占地区生产总值比重达到57.5%，增长1.0个百分点。

（二）国外市场依存程度降低，国内市场进一步扩大

2009年，莆田市从事产品出口的主要为皮革、毛皮、羽毛（绒）及其制品业，塑料制品业和工艺品及其他制造业，分别占全市规模以上工业品出口市场份额的28.8%、12.6%和8.8%，但产品出口均呈下降趋势，境外市场销售比重分别比上年下降17.8、17.1和38.0个百分点。2009年，莆田市发展最快的行业分别为废弃资源和废旧材料回收加工业、黑色金属冶炼及压延加工业、医药制造业、工艺品及其他制造业、化学原料及化学制品制造，销售收入分别比上年增长596.3%、200.1%、101.2%、82.3%和67.4%，但产品出口比重均较低，主要依靠国内消费市场。如：工艺品及其他制造业境外市场销售比重为39.8%，黑色金属冶炼及压延加工境外市场销售比重仅0.9%，其他3个行业产品均没有出口。

（三）新兴行业发展加快，产业结构持续调整优化

2009年，莆田市新兴行业发展迅速，工业经济结构调整取得新进展。皮革、毛皮、羽毛（绒）及其制品业，农副食品加工业，纺织服装、鞋、帽制造业，橡胶制品业和金属制品业等传统优势产业贡献率分别为18.8%、10.8%、7.6%、5.5%和5.0%，分别比上年下降0.6、1.6、1.3、1.0和0.1个百分点；工艺品及其他制造业，塑料制品业，通信设备、计算机及其他电子设备制造业等低能耗、高科技含量的新兴行业贡献率分别为7.5%、6.7%和4.9%，分别提高2.7、0.6和0.5个百分点。

（四）企业经营质量提高，综合竞争力加强

2009年，全市规模以上工业企业产销率为98.2%，比上年提高0.1个百分点；经济效益综合指数208.9，提高16.0个百分点。至2009年底，有22家企业有序推进上市工作，3家企业具备境外上市条件，7家企业完成股份制改造；全市新增中国驰名商标1个、国家出口免验产品1个、省名牌产品16个、省著名商标20个，制订国家标准6项、行业标准3项、福建省地方标准10项。

（四）产业集聚加快，集群发展不断壮大

2009年，十大产业全年实现工业总产值907.30亿元，占规模以上工业总产值的94.6%，比上年增长19.8%，拉动规模以上工业经济增长14.2个百分点。其中，制鞋产业、食品产业、机械制造产业产值分别为237.15亿元、147.26亿元和94.84亿元，分别增长13.6%、4.8%和25.2%。

三、制约莆田市工业产品市场占有提升的主要因素

（一）龙头企业带动能力不足，同质化倾向明显

莆田市上规模、上档次龙头企业少，带动力不强，缺少航空母舰型的龙头企业，整体格局呈现“低、小、散”的状况。2009年，全市规模以上工业龙头企业中，年主营业务收入在10亿元以上的企业仅有8家，占全市规模以上企业总数0.7%，大部分规模以上企业年销售额在5000万元以下。规模以上工业主要集中在皮鞋制造、工艺美术品制造等行业，多为劳动密集型企业，市场准入门槛不高，企业间同类商品在性能、外观甚至营销手段上相互模仿，趋同现象严重，同业竞争较为激烈，特别是受金融危机影响，部分企业为争取订单，不惜

压级压价，恶性竞争，造成整个产业的大起大落。

(二）固定资产投资放缓，投资质量有待提高

2009 年，全市共完成全社会固定资产投资 362.70 亿元，比上年同期增长 20.2%，增速比上年同期回落 5.1 个百分点。以粗放型经营为特征的传统产业投资在莆田市仍占相当比重，外延性扩张明显、高技术产业投资滞后。2009 年，全市改建和技术改造项目投资仅占 50 万元以上项目投资的 9.0%，而新建项目投资占 50 万元以上项目投资的比重达到 77.9%；全市城镇项目高技术产业投资完成 9.50 亿元，下降 4.5%，低于全市城镇工业投资增速 16.7 个百分点，占城镇以上投资的比重为 3.1%，低于全省平均水平 3.9 个百分点。

(三）缺乏核心制造技术，市场竞争力不强

莆田市拥有的“中国名牌”产品和省级名牌产品主要集中在食品、服装鞋帽等行业，科技含量和创新成份不足，具有世界影响力的产品特别是高科技产品寥寥无几。2009 年，全市专利申请受理量 473 项，授权总量 278 项，仅占全省的 2.7% 和 2.5%。其中，反映企业自主技术创新能力的发明专利申请仅 13 件，仅占全省的 1.6%。

(四）现代服务业发展水平较低

莆田市物流配送、金融服务、软件外包等现代服务业发展水平仍然不高，严重制约工业发展。2009 年，全市金融机构本外币存贷款余额分别为 608.85 亿元和 497.33 亿元，仅分别占全省的 4.0% 和 3.9%；全市公路、水路货运量分别为 1998.20 万吨和 240.15 万吨，仅分别占全省的 3.3% 和 1.7%，铁路和航空货运量尚未实现零的突破；湄洲湾全年港口货物吞吐量、集装箱吞吐量分别为 1542.40 万吨和 0.8 万标箱，仅分别占全省的 5.1% 和 0.1%。

四、提升莆田工业产品竞争力的对策建议

(一）加快转型升级，推动经济增长

要积极推进经济结构战略性调整，加快产业转型升级，进一步提高市场竞争力。一要高度重视基础设施投入，提高高精尖产业、新兴产业、现代服务业的投资比重；二要推进工业结构调整和优化升级，发展新能源、环保产业、文化创意、物流、金融、服务外包、文化创意、科技和信息服务等战略性新兴产业和生产性服务业；三要加快信息化与工业化融合，鼓励企业开展技术改造，把自主创新放在更加突出的位置，用足用好鼓励创新的各项政策，提升产业层次；四要促进科技与金融结合，引导企业增加科技投入、设立研发机构，强化企业的创新主体地位，提高各类企业的创新主动性。

(二）壮大龙头企业实力，做大做强产品品牌

要积极实施培育大企业大集团，打造地标型企业的发展战略，支持企业争创名牌产品，参与国内国际标准化活动。通过提供工业发展专项资金、规范行政事业性收费、减少涉企收费、减轻企业负担，扶持企业快速成长。鼓励龙头企业通过上下游对接、改制上市、同业联合、重组兼并等方式，扩大规模，带动行业发展。积极保护和创建区域品牌和产品品牌，建立本地名优地产品推荐目录，加大对本地名优地产品购销力度。鼓励企业运用电子商务平台，大力拓展市场。

(三）扩大对外开放，促进对台合作

要大力拓展对外开放的广度和深度，巩固和扩大开放型经济的领先优势。重点引进龙头型、旗舰型、科技型项目，吸引跨国公司设立区域性总部，提升莆田在经济全球化、区域一体化中的地位。继续落实稳定外需的各项政策，支持企业开拓市场，增加优势产品和拥有自主知识产权、自主品牌产品的出口。促进内外资企业对接合作，提高加工贸易的本地采购率和增值率。跟踪服务境外重点投资项目，鼓励和引导企业“走出去”，开发利用境外资源，合作开展技术研发，带动外贸出口和利用外资。推动湄洲湾北岸经济技术开发区、高新技术产业园区、仙游经济开发区以及各工业集中区建设水平，规划建设现代商务集聚区，加快功能开发，重视环境保护，提高配套能力，促进产业集聚。争取设立海关特殊监管区，积极创建台商投资区、出口加工区和保税物流园区。

（执笔：吴杨帅）

8-1-9　2009年莆田市纺织等相关行业市场占有情况分析

纺织、服装鞋帽、皮革及相关制品业是莆田市传统支柱产业，当前莆田市已形成门类齐全、衔接完善、经济效益良好的产业集群，并成为莆田市重要的出口创汇产业。2009年，受国际金融危机、人民币汇率升值、国家改变经济发展模式战略等影响，行业内竞争加剧，一些落后产能被淘汰，高附加值产品不断涌现，行业整体竞争力加强。

一、莆田市纺织、服装鞋帽、皮革及相关制品业经营情况

（一）销售收入稳定增长

2009年，莆田市纺织、服装鞋帽、皮革及相关制品业销售收入252.02亿元，比上年增长9.6%。其中，纺织业销售收入21.00亿元，服装、鞋、帽制造业销售收入66.58亿元、皮革及相关制品业销售收入164.43亿元，分别增长23.4%、-0.4%和12.5%。

（二）国内市场发展形势喜人

2009年，莆田市纺织、服装鞋帽、皮革及相关制品业境内市场销售收入138.25亿元，比上年增长22.2%。其中，纺织业境内销售收入17.30亿元，服装、鞋、帽制造业销售收入41.85亿元、皮革及相关制品业销售收入79.09亿元，分别比上年增长41.6%、37.9%、44.3%。纺织、服装鞋帽、皮革及相关制品业境内销售额占全部工业销售比重的14.0%，比上年提高6.0个百分点。

（三）对外依存度有所下降

2009年，莆田市纺织、服装鞋帽、皮革及相关制品业境内市场销售收入113.77亿元，行业整体对外依存度45.1%，比上年减少13.0个百分点。其中，除纺织业对外依存度17.6%，提高0.8个百分点外，服装、鞋、帽制造业对外依存度37.1%，皮革及相关制品业对外依存度51.9%，分别减少6.2、17.8个百分点。

二、莆田市纺织、服装鞋帽、皮革及相关制品业发展主要亮点

（一）产业集聚发展程度不断提高

近年来，通过一系列的园区规划和服务平台，莆田各级各部门积极推进制鞋业和服装业通过集聚发展，促进技术交流与传播，获得规模效益，降低企业成本，提高企业创新能力，增强企业盈利能力。如：涵江区积极参与“海西”产业分工和承接港台产业转移，策划、引进、培育一批能够为辖区内制鞋、服装业有效提供上下游配套的项目，帮助它们构建特色鲜明、链接密切、集聚带动能力强的产业集群，形成了荔丰鞋业、新果鞋业、大福鞋业、涵江鞋业、金星鞋业为龙头，以四百多家鞋材、鞋模等配套企业分工协作的产业链。即使面对国际金融危机，部分鞋厂依然继续增资扩大生产规模。

（二）品牌建设卓有成效

品牌是现代企业生存和发展的基础，随着莆田市纺织、服装鞋帽、皮革及相关制品业的不断发展，部分企业已逐渐摆脱为外国公司加工生产的老路子，依靠积累的生产经验，开始发展自有品牌。截至2009年底，才子、金威世家、卡朱米、云敦四个服装品牌获得中国驰名商标，沃特成为莆田市首个获得中国驰名商标认定的鞋业品牌，保兰德在2010年初成功实现莆田市箱包皮具行业在中国名牌上零的突破。

（三）高技术、高附加产品不断涌现

为增强产品国际竞争力、增强企业盈利能力，莆田市通过“政府搭台、协会引领、龙头带动、企业参与”的模式，积极引导纺织、服装鞋帽、皮革及相关制品业增加研发投入，不断提高产品科技含量。如：当前莆田已建成“国家鞋类检测中心”、“中

国鞋业研发设计中心”、“中国鞋业信息中心”，成为全国第二个、全省第一个“中国鞋业出口基地”，并成为“中国鞋业创新示范基地”；莆田智诚日用品实业有限公司研发的“再生PLA改性及纺丝关键技术开发”项目是纺织业未来发展10项关键技术之一，目前通过国家级科技成果鉴定；福建众和股份有限公司已投产年产2800万平方米高档休闲面料织造建设项目，并与法国SAIC Velcorex Concord和Krief Group公司合资建立高档面料生产基地，以期成为全球顶级服装品牌，如LV、ARMANI、BOSS的核心供应商。

三、纺织、服装鞋帽、皮革及相关制品业发展中面临的主要困难和问题

（一）国际市场需求减弱

受金融危机影响，莆田市纺织、服装鞋帽、皮革及相关制品业出口额有所减少，其中，服装鞋帽、皮革及相关制品业呈现境外市场占有率及出口额双下滑趋势。2009年，莆田市服装、鞋、帽制造业境外市场销售占全部销售额比重43.4%，皮革及相关制品业境外市场销售占全部销售额比重51.9%，分别比上年下降6.2、17.8个百分点；服装、鞋、帽制造业出口额24.73亿元，皮革及相关制品业出口额85.34亿元，分别下降14.7%和16.1%。

（二）经营成本不断提高

当前莆田市纺织、服装鞋帽、皮革及相关制品业整体科技含量值仍然偏低，附加值不高，工人工资、原材料价格、各类运输费用在产品中所占比重仍然偏高，受当前缺工、原料上涨、油费提高等一系列因素影响，企业经营成本不断提高，在国际市场竞争力下降。

（三）部分企业融资困难

据调查，由于莆田市纺织、服装鞋帽、皮革及相关制品业多为民营中小企业，但当前莆田市小额金融担保业依然不发达，且企业自身存在账目不完整；厂房使用为集体用地，无法抵押；对政府的优惠政策敏感度不够等问题，生产过程中遇到资金困难，难以及时、足额从银行获取融资，只能依靠民间借贷，增减金融隐患。

（执笔：吴杨帅）

8-1-10　三明市工业产品销售区域分布情况调查

三明市是福建省重要的工业基地。近年来，围绕“突出工业，提升工业”的发展思路，主动融入海峡西岸经济区建设，加快产业构调整，促进产业集聚，全市工业经济保持了又好又快的发展势头。

一、工业经济运行情况

2009 年全市规模以上工业企业单位数达 1521 户，比上年净增 135 户，实现增加值 303.91 亿元，增长 19.6%，比全省平均水平高出 6.6 个百分点，增幅位居全省第二位。经济效益综合指数为 201.3，居全省第四位，比上年提高 2.8 个点，比全省平均水平高 10.5 个点。主要特点有：

（一）非公经济增势强劲

2009 年三明市规模以上非公企业净增 159 家，非公企业总数达到 1348 家，占规模以上工业企业数的 88.6%。非公经济实现工业增加值 200.99 亿元，占全市 66.1%，增长 36.0%，拉动全市工业增长 20.3 个百分点，贡献率达 103.8%。

（二）产业集群发展势头良好

一是产值突破百亿元的产业达到 4 个，比上年增加 2 个，分别为林产加工业（187.59 亿元）、冶金产业（185.57 亿元）、纺织产业（116.35 亿元）和机械产业（110.08 亿元）；二是林产、机械、生物医药、化工和纺织等五大产业的增速均突破 30%，为全市规模工业增长提供有力保证，对全市规模工业的增长贡献率超过八成。

（三）近九成行业增加值实现增长

全年 37 个行业中有 33 个行业的增加值实现增长，其中，增加值 10 亿元的行业 8 个，实现增加值 215.96 亿元，占全市规模工业增加值的 71.1%，对全市规模工业的增长贡献率达到 65.2%。

（四）亿元企业净增 45 家

2009 年，规模工业产值超亿元企业 177 家，比上年增加 45 家，全年实现产值 562.71 亿元，占全市规模工业比重达 57.9%，拉动全市规模工业增长 9.7 个百分点。

（五）利润降幅逐步收窄

2009 年规模工业实现利润 15.52 亿元，比上年下降 29.4%，降幅比一季度、上半年、前三季度分别缩小 103.0、73.7 和 36.3 个百分点。

二、工业产品销售区域分布情况

据工业产品（不含电力、燃气及水的生产和供应业，下同）市场占有调查资料显示：三明市工业产品销售区域以省内市场为主，销往省外和境外市场的比重较小，2009 年工业产品省内市场销售比重为 69.1%，在九个设区中居第一位，省外市场销售比重为 26.2%，居第七位，境外市场销售比重为 4.8%，居第九位。

（一）省内销售情况

2009 年，三明市工业产品销往省内市场的比重为 69.1%，比上年提高 1.7 个百分点。在所调查的 34 个行业大类中，省内市场销售比重在 50%以上的有 21 个行业，主要是黑色金属矿采选业、黑色金属冶炼及压延加工业、煤炭开采和洗选业、非金属矿物制品业、通用设备制造业、非金属矿采选业、金属制品业、塑料制品业、家具制造业、纺织业等，其省内市场销售比重分别为 97.6%、92.8%、92.1%、91.5%、81.5%、80.7%、76.7%、66.4%、66.3%、59.1%。从省内市场销售比重变化情况看，34 个行业大类中，有 20 个行业销售比重上升，12 个行业比重下降，2 个行业比重持平。

福建省及设区市工业产品三大市场销售比重

（2009 年）

单位：%

地　区	省内	省外	境外	地　区	省内	省外	境外
全　省	34.03	35.79	30.18	泉州市	29.95	45.04	25.01
福州市	29.02	30.29	40.69	漳州市	43.85	24.84	31.31
厦门市	19.43	34.34	46.23	南平市	41.23	47.63	11.14
莆田市	40.71	25.38	33.91	龙岩市	59.59	34.90	5.51
三明市	69.06	26.19	4.75	宁德市	33.23	46.81	19.96

（二）省外销售情况

2009 年，三明市工业产品销往省外市场的比重为 26.2%，比上年下降 0.5 个百分点。在所调查的 34 个行业大类中，省外市场销售比重在 50%以上的有 8 个行业，分别是烟草制品业、橡胶制品业、医药制造业、文教体育用品制造业、化学纤维制造业、饮料制造业、专用设备制造业和交通运输设备制造业，其省外市场销售比重分别为 97.0%、69.2%、66.8%、57.5%、57.1%、51.7%、51.4%和 50.5%。从省外市场销售比重变化情况看，34 个行业大类中，有 14 个行业销售比重上升，18 个行业比重下降，2 个行业比重持平。

（二）境外销售情况

2009 年，三明市工业产品销往境外市场比重为 4.6%，比上年下降 1.2 个百分点。在所调查的 34 个行业大类中，境外市场销售比重较高的只有 6 个行业，分别是工艺品及其他制造业（53.1%），仪器仪表及文化、办公用机械制造业（51.2），纺织服装、鞋、帽制造业（49.9%），通信设备、计算机及其他电子设备制造业（42.4%），食品制造业（39.9%）和家具制造业（22.7%）。从境外市场销售比重变化情况看，34 个行业大类中，有 5 个行业销售比重上升，18 个行业比重下降，11 个行业比重持平。

三、制约企业市场开拓的主要因素

（一）工业产业结构不合理

近年来，三明市工业产业结构调整取得一定进展，但整体格局未发生根本变化，重化工业仍在三明经济中占有重要地位，比重约占 75.0%，与我国、福建省产业结构调整的方向有较大的差异。三明优势产业林产加工、冶金、化工、建材等在全国不具竞争优势，造成产品销售区域狭窄，省内市场占了 69.0%，省外、境外市场仅占 31.0%。

（二）企业创建品牌意识薄弱

当前，创建品牌的企业主要是一些规模较大、效益较好的企业，多数规模较小企业创建品牌意识普遍不强。有些企业虽然申请注册了自己的商标，但未能有效利用品牌效应进行经营，也不注意自身品牌的维护和管理，产品打不开市场，只能省内甚至三明市内销售，在省外市场开拓上未能取得较好的实效。

（三）企业盈利能力偏低

2009 年三明市制造业主营业务收入利润率仅为 2.0%，远远低于全省（6.9%）和全国（5.9%）的平均水平，主营业务收入 10 亿元以上的黑色金属冶炼及压延加工业，木材加工及木、竹、藤、棕、草制品业，纺织业，非金属矿物制品业等 13 个行业收入利润率均低于全国和全省平均水平，其中，造纸及纸制品业收入利润率为-8.7%，与全省的 6.2%和全国的 6.4%相差 14.9 和 15.1 个百分点。由于企业盈利能力偏低，再加上中小企业存在融资困难，企业流动资金紧张。在产品市场调查的企业中，有58.9%的企业反映流动资金缺口大。在资金缺口企业中，有26.7%的企业反映缺口资金在20%以上，25.7%的企业缺口资金在10%-20%，33%的企业缺口资金在5%-10%。

（四）部分出口企业遭遇贸易壁垒

当前，世界经济缓慢复苏。一些国家为保护本国产业，通过提高安全、卫生、环保标准和采取反倾销、反补贴措施等构筑贸易壁垒，出口企业遭遇贸易壁垒影响增大。据调查，2009年三明市有36.6%的出口企业反映受到贸易壁垒的影响，其中，受欧盟REACH制度影响的占29.7%，受反倾销调查影响的占27.0%，受欧盟PEOS指令影响的占10.8%，受美国337调查影响的占8.1%，受其他贸易壁垒影响的占24.4%。

四、提升产品市场竞争力的几点建议

（一）加快产业结构调整

一方面，推动传统产业转型升级。要从加大企业的科技投入入手，重点放在科技引进和嫁接改造上，促进设备更新和工艺改造，提高产品科技含量。要着力调整和优化产品结构，坚持以市场为导向，不断开发资源消耗少、技术含量高、产品附加值高的新产品，大力发展特色产业和优势产品，以优质低成本参与竞争，在竞争中求生存，求发展。冶金、建材、采矿业要提高精加工和深加工水平，纺织业要延伸纺织—染整—服装（涂层）及附属产品产业链极，林产加工业要重视新产品开发，增强产品的差异化优势，提升企业竞争力；另一方面，加快培育新兴产业。集中资源发展、培育新兴行业，着力推进产业结构多元化。建立起政府管制、财税政策、市场手段、法律法规相结合的低碳化发展机制，大力发展高端装备制造业、新能源产业、新材料产业、电子信息、生物制药、节能环保等低碳产业和高新技术产业，通过培育发展新兴行业来稀释原有的、传统的低档次或高耗能的产业，从产业结构上实现低能耗、低污染、低排放的发展目标。

（二）积极创建产品品牌

自1999年实施品牌战略以来，三明市创建了一批中国、省名牌产品，一些企业以名牌开拓市场，取得明显成效，如：福建宏光实业有限公司“宏光”牌酚醛模塑料于2007年获得“中国名牌产品”称号后，企业规模不断壮大，已成为全国同行业中规模最大的生产企业。今后品牌创建要重点做好三个方面工作：一是加快名牌培育。企业特别是中小企业要增强品牌创意识，加大创建投入力度，培育拥有自主知识产权，具有明显竞争优势的中国、省名牌。二是加快名牌升级。鼓励已获得福建名牌的企业创建中国名牌产品，已获得“中国名牌”的企业参与国际标准、国家标准、行业标准的修订，主动参与国际竞争。三是加强名牌宣传和保护。不断加大名牌宣传和保护力度，为企业创建品牌提供良好的外部环境。

（三）健全企业融资体系

一是支持企业上市融资。三明市中小工业企业有5000多家，目前仅永安林业集团股份有限公司、福建三农集团股份有限公司上市。政府相关部门要支持符合条件的企业上市，既可以利用资本市场筹措发展资金，又可以提高企业的治理水平和知名度，从而增强企业的发展潜力和后劲，促进中小企业做大做强；二是完善融资担保体系。发挥中小企业信用担保机构风险补偿金对中小企业融资的引导和促进作用，鼓励担保机构做大做强，提高其风险抵御能力。鼓励行业协会、商会等民间团体组建服务于不同对象的担保机构，切实解决中小企业担保难的问题。

（四）主动应对贸易壁垒

一是健全产业预警制度，政府主管部门要加强对欧、美、日等重点市场的跟踪监测，及时为企业经营决策提供监测预警信息，帮助企业提高应对市场变化的能力；二是开拓新兴市场，如：俄罗斯、南亚、南美等市场，减少对欧、美、日市场的依赖；三是政府主管部门、行业协会要进一步加强国际贸易知识和WTO规则的普及和培训，提高企业应对国际贸易摩擦的能力。 （执笔：陈逢炳）

8-1-11 加快技术创新 提升企业竞争力

随着信息经济时代的到来，以创新谋求发展已成为当今企业发展的必由之路，技术创新战略也成为现代企业发展的第一要务。根据几年来连续对近百家重点工业企业技术创新情况进行跟踪调查表明：泉州市不断完善科技创新政策和措施，为企业技术创新创造良好的发展环境，促进大多数企业树立依靠技术创新、培养自身竞争优势的观念。目前，泉州市工业企业创新意识较为活跃、主体地位明显、能力进一步提高、成效显著。但同时，企业技术创新活动也受阻于资金不足、融资困难、技术人员缺乏等困难。因此，研究分析泉州市工业企业技术创新现状及存在问题，有利于促进全市企业技术创新能力的进一步提升。

一、企业技术创新的优势

（一）政府重视，企业技术创新发展环境良好

近年来，泉州市政府先后制定出台了《中共泉州市委、泉州市人民政府关于增强自主创新能力的决定》、《泉州市“十一五”人才发展规划纲要》等一系列促进人才培育和技术进步的政策措施，为鼓励企业自主创新，强化科技服务，建设创新型企业提供了政策保障。政府努力探索科技创新体系建设，重点建设国家级科技进步示范区、省级高新技术走廊区、国家及省、市三级星火技术密集区、区域性星火支柱产业、科技兴海试验区、可持续发展实验区、创新建设行业技术开发中心，并逐步建立健全生产力促进中心、科技信息网、技术市场等科技中介服务机构。目前，泉州市及各县（区、市）全部通过科技部组织的科技进步市、县（区、市）考核，泉州市被科技部授予全国科技进步先进市，实现科技创先七连冠。

政府鼓励和支持企业成为技术创新的决策主体、投资主体。许多有实力的民营企业尤其是行业龙头企业纷纷建立自己的研发机构。2009 年，全市新增高新技术企业 61 家。新增市级行业技术开发中心 17 个，省级行业技术中心 9 个，全市国家级、省级和市级行业技术中心分别达到 10 个、50 个和 120 个。新增市级工程技术研究中心 22 个，总数达 59 个。有 1 家企业列入国家创新型试点企业，7 家企业被评为福建省首批创新型企业。

（二）企业重视，多方位提升创新能力

1. 技术创新能力不断提高，成果突出。从企业技术创新措施看：多数企业采取多种措施提高企业的技术创新能力，有 94.4%的企业开发新产品，67.8%的企业更新设备，63.3%的企业采用新的加工工艺技术，52.2%的企业采用新材料，另外还有 13.3%的企业通过争取政府“信息化与工业化融合”技术创新试点项目来达到技术创新的目的。从企业技术创新经费用途看：在企业创新费用支出中，有 74.4%的企业用于购买科研设备，66.7%的企业用于内部研究与试验发展活动上，而只有 20.0%和 23.3%的企业用于购买技术和专利（许可、版权、设计）等。这说明企业创新经费主要用于开展研发活动，企业创新进入自主创新的发展阶段。随着创新能力的提高，企业创新成果突出，2009 年，高达 71.1%的被调查企业表示有科技成果转化成功并产生良好的经济效益。被调查企业平均投入技术开发经费 1400 万元，比上年增长 12%；平均研究开发新产品项目数 26 个，增长 36.8%；新产品创造产值达 189.8 亿元，平均每项新产品创造产值 809.70 万元、创造利润 118.20 万元。

2. 企业“产、学、研”合作更加紧密。随着企业技术创新的不断深入，越来越多企业意识到技术创新在充分利用企业内部资源的同时还要注重与

企业外部资源的合作。调查显示，2009年泉州市企业产学研合作更加紧密，并取得了较好的创新成果。高达74.4%被调查企业开展过产学研合作活动；有56.0%的企业参加过“6·18”活动；企业研发的新产品项目中有27.9%的项目是与其他企业、科研院所、高校、国外有关机构等机构合作研发的，这一比例比2008年上升了6.9%。据了解，产业技术创新战略联盟（一种技术创新合作组织，至少由3-5家产业核心企业和相应高等院校、科研院所等单位组成。联盟建立完善的资金、项目、知识产权、信息资源共享、成果转化与扩散等管理运行机制，坚持“共同投入、联合开发、利益共享、风险共担”原则。）这种全新的产学研结合模式正成为泉州市各产业共性关键技术和重要技术标准的研发平台，助力整个行业创新能力的提升。2009年11月，泉州市首个光电产业技术创新战略联盟成立，计划3年内成立10个产业技术创新战略联盟。

3.知识产权保护工作受到企业的重视。随着自主创新能力的不断提高，企业越来越重视知识产权保护工作，对自己开发的产品都较及时地申请了知识产权保护。调查显示，高达92.2%的被调查企业拥有自主品牌，84.4%的企业拥有自主知识产权。2009年，被调查企业平均申请专利11个，拥有自主知识产权16个。

4.企业信息化建设不断深入。信息在企业技术创新中起着举足轻重的作用，离开企业信息化的保障，技术创新是很难成功的。2009年，泉州市企业较为重视信息化建设，信息化建设不断深入，被调查企业平均投入信息化建设费用262.5万元，同比增长75.7%。近九成企业开展信息化建设，其中，二成左右企业正式设置首席信息主管（CIO）职位，73%的企业设有独立的IT部门。泉州市企业信息化建设主要体现在企业内外部管理信息化、工业生产过程信息化、产业装备本身的信息化、自建或利用信息化公共服务平台以及产品的数字化和电子化等方面，分别有70.0%、50.0%、33.3%、30.0%和24.4%的认同率。

二、影响企业技术创新的主要因素

（一）创新人才缺乏

对于企业技术创新来说，人才是关键，人才短缺是大部分企业技术创新面临的主要障碍。调查中有61.1%的企业反映技术创新过程中缺乏技术开发人员，是阻碍企业技术创新的一个主要因素。由于技术人员力量薄弱，企业把相当一部分技术创新经费用在技术人员专业培训上，有67.8%的企业技术创新经费主要用于技术人员培训。

（二）创新资金来源不足，融资渠道不畅

调查显示，在企业创新资金来源中，有95.6%的企业技术创新资金来源主要是企业自有资金，而其他市场资金比例不高。造成资金紧张的最重要原因是融资渠道不畅。由于证券市场发育相对滞后，企业通过发行股票或债券直接融资的难度较大；民间借贷目前还处于体制外，缺乏法律保障，且融资成本高、风险大，满足不了企业的资金需求；从金融机构贷款则存在贷款条件多、手续繁杂等困难。融资难，使很多企业因资金缺乏而影响创新活动的开展。

（三）技术创新风险大

除了人才缺乏与资金不足外，创新风险较大也是阻碍企业技术创新发展的另一主要因素，有25%的认同率。企业技术创新是一项既重要又复杂的工程，不仅受到人才和经济因素的制约，而且还会受到社会政治、文化和自然环境的影响，这就决定了技术创新是高风险活动。企业在进行技术创新时要投入大量的资金，同时面临技术创新失败的风险，即使是已经生产出新产品，仍旧面临新产品市场销售的问题，有26.7%的企业表示新产品市场销售渠道开拓难是阻碍其技术创新的主要因素。再加上部分市场竞争无序，“山寨”盛行，有的企业表示企

业新产品尚未入市，“山寨”版已经面市，给企业造成较大的损失，16.7%的企业认为缺乏完整的技术创新法律保障体系是阻碍其技术创新的主要因素。上述情况一定程度影响了企业的创新动力。

三、提高企业自主创新能力的对策和建议

（一）加强政府宏观调控，进一步营造政策环境

在企业技术创新活动中，政府在宏观上的引导对技术创新起着重要的作用，政府政策上的推动可以引导企业技术创新的方向。通过制定有关的法律法规和政策，为企业提供技术创新的公平环境，保护技术创新的合法利益。要发挥研发税收减免政策的激励作用，通过税收减免等优惠政策鼓励企业加大技术创新投入的力度，促进企业技术创新的发展。同时要加强科技中介咨询服务机构建设，完善技术创新服务体系。加强技术创新服务体系建设，是促进企业技术创新主体建设的重要措施和保证，企业高效率、高质量的技术创新依赖于规范、完善的社会化服务系统。要大力支持科技中介咨询服务机构的发展，改善工作条件和服务手段；要加强对咨询服务人才的培养，建设一支高素质的研究咨询服务人才队伍。另外，政府应当完善技术创新法律保障体系，规范市场，引导企业参加技术创新保险，多方位降低企业创新风险。

（二）继续加强“产、学、研”合作机制

加强产学研联合，建立产学研合作平台。一方面鼓励企业投资产学研合作研究项目，另一方面推动大学、科研机构的技术转移，鼓励科研院所从事研究开发的人才走向企业、面向市场，为企业创新提供人才、信息和技术上的支持。还应运用市场机制，促进产学研紧密结合，为创新型企业的成长提供有力支撑。

（三）完善融资机制，拓宽企业创新资金的筹集渠道

创新项目的前期投入需要较多的资金，而资金筹集困难是影响企业自主创新的重要原因，拓展融资渠道，推进企业自主创新的深入开展。一方面，金融机构为具备一定资质和信用等级的企业提供创新贷款；另一方面，政府应鼓励风险投资参与创新项目，为企业的技术创新融资提供渠道。

（四）加强人才队伍建设

企业技术创新，人才是关键。创新人才主要包括：一是以企业家为代表的经营管理人才队伍，他们是企业技术创新的核心；二是以首席专家为代表的研发人才队伍，他们是技术创新的中坚；三是以高级技工为代表的技术人才队伍，他们是技术创新成果的最终实现者。研发人才的培养、使用和激励机制的建设，是技术创新的关键环节，企业应采用多种优惠政策吸引人才，运用多种途径培养人才。此外，企业还应大力引进优秀的科技人才，建立和完善相应的激励机制，充分调动科技人员进行技术创新和新产品开发的积极性和创造性，提升企业竞争力。

（执笔：何小英）

8-1-12 泉州市工业产品市场占有情况分析

为应对国际金融危机的影响，泉州企业把市场转向国内，工业主要行业逆势中稳定发展，并在2009年国内和国际经济形势逐步好转的情况下持续向好。但是，泉州市工业经济存在的问题逐渐显现，将阻碍泉州工业持续发展和竞争力持续提高。

一、泉州工业发展整体情况

总体上看，近年来泉州市工业发展较为平稳，销售额持续增长，2009年规模以上工业销售收入达到4465亿元，比上年增长13.1%；产销率达96.7%，工业总产值5688亿元，增长15.5%。泉州市工业发展呈现出以下特点：

（一）具有较强抗风险能力

尽管个别行业受到金融危机冲击，但工业整体表现稳健，主要行业销售在金融危机后依然保持较快增长，食品制造、服装鞋帽、石油加工等13个行业2009年销售收入同比增长均超过15%，显示出较强的抗风险能力，主要有以下原因：一是泉州纯粹的出口加工企业较少，受外资影响也较小，在国家扩大内需政策的刺激下，金融危机后企业能迅速的将产品市场转向国内；二是泉州很多生产企业在国内已经有一定品牌知名度，以大陆为主要销售市场，对出口依赖程度较低，受金融危机的影响较小。

（二）传统产业保持强势

纺织、鞋服、造纸、建筑建材、工艺品等传统优势产业多数是民营企业，在危机后保持良好的发展态势。其中，纺织业、服装鞋帽制造业、皮革制品业、造纸及纸制品业、非金属矿物制品业等行业2008年销售收入同比增长20%以上，受金融危机影响2009年增幅有所回落，但也保持在7%-8%以上。而食品制造业、塑料制品业、通用设备制造业三个行业2008年以来涨势迅猛，销售收入年均增幅在20%以上，占工业比重逐步提高。

（三）内需拉动作用逐渐显现

受国际金融危机影响，泉州现有28个制造业大类中，有15个行业出口比重明显下降，这15个行业2009年实现销售收入3186.90亿元，占泉州工业销售收入的71.4%。为应对危机，泉州企业紧紧抓住国家扩大内需的契机，积极拓展国内市场，特别是省外市场，多数行业省外销售比重明显上升，2007-2009年省外市场销售比重依次为34.2%、34.8%、45.0%，内需对经济的拉动作用日益显现。

（四）竞争力日益提高

泉州工业持续较快发展，竞争力逐步提高。工业销售收入持续增长，2009年规模以上工业销售收入达到4465亿元（如图1），占全省比重29.6%，高于2007年2.1个百分点。制造业30个行业全省排名中，有10个行业排名第一，5个行业省内市场占有率超过50%。

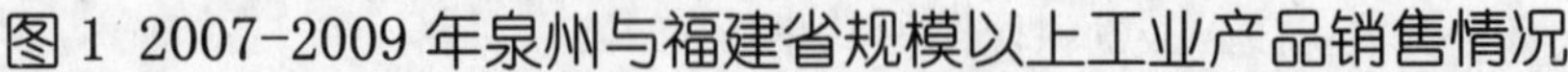
图1 2007-2009年泉州与福建省规模以上工业产品销售情况

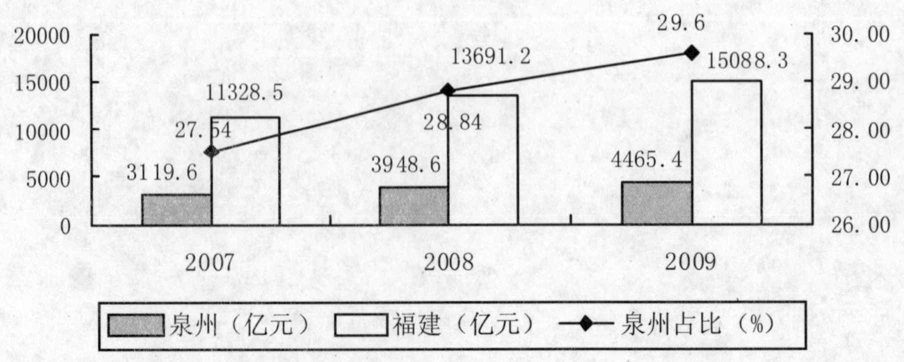

二、发展中存在的问题

（一）个别行业受到冲击

农副食品加工业、电气机械及器材制造业销售收入在2008年快速增长后，2009年出现负增长。这两个行业规模较小，产品门类不全，产值在全省的比重较低，在国内市场上的竞争力不强，容易受到冲击。其中，农副食品加工业，2009年的衰退主要原因是饲料加工业销售收入大幅减少。泉州电气机械及器材制造业2009年省外销售比重降为37.6%，远低于2008年的47.0%，国内市场受到较大冲击，而同期福建省该行业三大市场销售比例大体稳定，增长速度较为平稳。

（二）新兴行业发展缓慢

泉州电子信息、生物制药、新材料、环保等新兴行业发展偏慢。泉州医药制造业2009年销售收入占全省比重不到10%；通信设备、计算机及其他电子设备制造业销售收入仅为64.70亿元，不足全省的3%，出口比重仅为26.9%，远低于全省的68.3%；环保行业发展滞后，废弃资源和废旧材料回收加工业、环保设备制造业没有规模以上企业。与此相反的是，2009年福建省废弃资源和废旧材料回收加工业销售收入达7.78亿元，是2007年的三倍多，环保专用设备制造业实现工业增加值10.17亿元，比2005年增长66.0%。

（三）优势产业发展面临成本瓶颈

泉州传统优势产业面临高成本，国内、国际市场成本优势渐失，价格优势难以维持，销售增长持续性将面临挑战。这种高成本主要来源于两方面：一是环境保护门槛提高生产成本。泉州主导行业中有很多属于高污染、高能耗行业。例如造纸、建筑建材生产中排放出大量的二氧化硫，是空气主要污染源。随着环境保护要求的提高，企业在削减污染方面的投入必将大幅提高企业的生产成本。二是劳动力成本提高。沿海地区面临日益严峻的招工困难，各地最低工资标准不断提高，企业将面对失去劳动力成本优势和招工困难的两难境地。

（四）重工业竞争力不足

近年来，泉州市积极引进化工、机械等大型重工项目，重工业销售比重有所提高，由2007年的38.7%上升到2009年的39.4%，但竞争力没有显著提高。轻重工业销售收入之比大致维持在3:2（如图2），而福建省的这一比例则维持在2:3，泉州的重工业比重偏小。2009年泉州重工业出口比重仅为17.4%，远低于全省的31.1%，比2007年降低6.2个百分点。

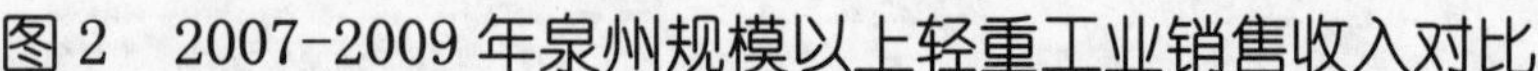
图2　2007-2009年泉州规模以上轻重工业销售收入对比

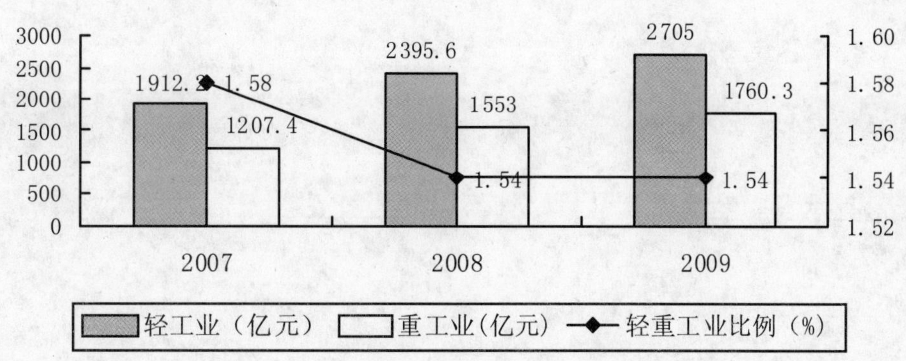

三、提高竞争力的思路

（一）发展薄弱行业独特优势

针对薄弱行业，应重点发展个别具有独特优势的产品。农副食品加工业中，泉州应着力发展粮油加工和谷物磨制两类行业，电气机械电气机械及器材制造业则应重点发展输配电及控制设备制造、电池制造两类行业，着力发展一批具有一定规模的企业，加快发展福海粮油工业有限公司、泉州变压器制造有限公司，泉州大华蓄电池有限公司等初具规模的企业，提高行业的整体生产效率。

（二）提升优势产业发展品质

努力提升传统优势产业的发展品质，打造具有竞争力的产业集群。完善两个机制，一是中小企业与大型企业合作机制，应探索行业内部分工的新模式，鼓励中小企业为大型企业代工；二是落后产能退出机制，坚决淘汰高耗能，高污染落后企业。装备制造产业着重建设特色鲜明、重点突出的专业园区；纺织产业结合总部经济区建设，引导纺织服装行业龙头企业进驻市总部经济区；轻工产业依托城市化建设，建设一批辐射和拉动力强的大型轻工产业专业市场。

（三）加强区域合作，发展新兴产业

在福建省调整和振兴八大产业的背景下，泉州应以此为契机，加强省内外区域合作。石化产业应重点建设惠安、泉港石化基地，整合石狮、晋江、南安的精细化工行业，发挥集聚效应，重点培育一批有竞争力的龙头企业。电子信息产业优先发展关键芯片的研发和产业化项目，完善微波通信、数字视听等泉州已具有一定技术基础的产品产业链。修船应依托 30 万吨和 10 万吨修船坞的建设，以适应福建省 10-30 万吨船队发展，造船业重点发展游艇生产项目，促进南安、惠安的游艇、休闲渔船项目的引进。汽车制造业重点发展载重车及其关键零部件的生产和研发，扶持一批规模较大的企业，优先培育几家整车生产企业。

（四）探索品牌建设新模式

提升品牌价值是提高产品的附加值的有效途径。在鼓励企业应加强技术创新，增加品牌建设投入的前提下，努力探索品牌合作新模式。首先，鼓励企业收购、参股国际品牌，学习先进的品牌管理和运作经验；其次，支持泉州企业与行业外知名品牌合作，例如借鉴宝马品牌服饰的成功经验。

（执笔：郑伟腾）

8-1-13　漳州市2009年工业品市场占有情况调查分析

近年来，漳州市凭借资源及区位优势，工业经济取得了令人瞩目的成就。2008年下半年国际金融危机爆发以后，漳州工业品销售市场也受到较大影响，尤其在工业品出口方面，出口交货值一路下跌，严重打击了漳州市出口依赖型发展思路。当前，虽然全球经济形势总体复苏，漳州市工业品销售逐步恢复正常，但金融危机对漳州市工业品销售市场的影响仍未完全消除，如何引导企业在继续抢占国际市场的同时，转变发展思路开拓国内市场，是后金融危机时期各级政府应予高度重视的事情。本文根据2009年度福建产品市场占有情况调查资料进行分析，进而提出相关建议。

一、概念内涵

市场是工业品交换价值的场所，有市场就必然有竞争，市场竞争最终表现为产品市场占有率的竞争。市场占有率又称“市场份额”，是指企业商品销售量（额）在同类行业商品销售量（额）中所占的比例。在企业的经济活动中，产品市场占有率直接而真实表明了产品在市场上占有的销售份额和营销状况，不仅反映了企业产品在市场竞争中所处的地位和具有的控制能力，也反映出该产品在广大消费者心目中的形象，是综合竞争力中最为核心的力量。而对一个区域经济来说，产品的市场占有率是衡量一个地区的经济发展水平和综合竞争能力的重要标志。

本次调查的重点包括农副食品加工业、纺织业、电气机械及器材制造业、黑色金属冶炼及压延加工业、交通运输设备制造业、通用设备制造业、非金属矿采选业等32个行业1500家企业。不包括电力热力的生产和供应业。调查资料显示：2009年度漳州市工业品省内、省外、境外市场销售比重分别为43.9%、24.8%、31.3%。国内市场销售颇具活力，产品具备一定的竞争力。

二、发展现状

（一）2009年漳州市规模以上工业产品销售总体情况

1. 2009年全市规模以上工业产品实现总销售收入1229.67亿元，比上年增长17.0%，占全省的8.2%，提高1.4个百分点。

2. 近三年漳州市工业产品销售总体活跃，境外销售比例有所下降。

数据显示，近三年来，漳州市工业产品主要面向国内市场销售，省内销售比重渐渐上升，境外销售份额呈下降趋势。

（二）省内、省外、境外三大市场销售具体情况

1. 省内销售情况。据福建省产品市场占有情况调查资料显示：2009年漳州市工业产品省内销售比重占43.9%，比全省平均水平高13.0个百分点，比上年提高5.5个百分点，高出省外销售19.0个百分点，高出境外销售12.5个百分点。

从调查的32个行业看，全市工业产品销往省内的比重在50%以上的有14个行业大类，分别是：黑色金属矿采选业（100.0%）、有色金属矿采选业（100.0%）、非金属矿采选业（53.6%）、饮料制造业（59.2%）、造纸及纸制品业（71.1%）、印刷业和记录媒介的复制（87.6%）、文教体育用品制造业（50.6%）、化学纤维制造业（100.0%）、塑料制品业（57.9%）、非金属矿物制品业（64.4%）、黑色金属冶炼及压延加工业（51.0%）、有色金属冶炼及压延加工业（56.6%）、金属制品业（53.6%）、废弃资源和废旧材料回收加工业（100.0%）。

2. 省外销售情况。据福建省产品市场占有情况调查资料显示：2009年漳州市工业产品省外销售比

重24.8%，比上年提高3.4个百分点，低于省内、境外销售比重。

分行业看，有2个行业大类的产品省外销售市场比重超过50%，分别是：石油加工、炼焦及核燃料加工业（60.0%）、医药制造业（54.9%）。

3.境外销售情况。据福建省产品市场占有情况调查资料显示：2009年漳州市工业品境外销售比重31.3%，比上年下降8.8个百分点。

有6个行业大类的产品境外销售市场比重超过50%，分别是：食品制造业（51.8%），纺织服装、鞋、帽制造业（55.7%），家具制造业（57.4%），通信设备、计算机及其他电子设备制造业（69.3%），仪器仪表及文化、办公用机械制造业（59.4%），工艺品及其他制造业（64.1%）。

（三）重点产业市场销售情况

2009年，漳州市“食品、机械、电子、电力”四大主导产业和“石化、钢铁、汽车汽配、船舶”四大战略产业规模工业企业数1165家，占全市规模以上工业企业数57.5%；全年实现工业总产值1124.7亿元，占全市规模以上工业总产值的78.3%；实现工业销售产值1084.8亿元，占全市规模以上工业销售产值的78.3%。

2009年主导产业销售状况良好，其中，食品工业产销率为96.6%，机械工业为96.6%，电子信息产业为96.1%，能源工业为99.9%，钢铁工业为93.1%、汽车工业为97.4%、船舶工业为78.6%、石化工业为95.9%。

三、发展优势

（一）规模工业发展迅速

2009年规模以上工业完成产值1436.20亿元，比上年增长15.5%；年末规模以上工业企业数达2026家，其中，本年新增企业164家；规模以上工业增加值400.40亿元，增长28.9%。全市规模以上工业累计完成销售产值1386.00亿元，产销率达96.5%，实现出口交货值321.78亿元。

（二）工业带动作用较强

2009年漳州市工业总产值1648.20亿元，比上年增长19.2%；实现工业增加值453.5亿元，增长26.3%，占GDP比重38.5%，比上年提高2.7个百分点，工业对经济增长的贡献率达43.0%，工业的带动作用较强。

（三）品牌建设有所提升

据2010年福建名牌产品评选结果，漳州市57家企业63项产品榜上有名，上榜公示产品数量再创历史新高，位居全省第三位，仅次于泉州、福州两个设区市。

（四）内销市场畅旺，产品销售市场进一步拓宽

2009年，全市规模以上工业实现销售产值1385.99亿元，比上年增长16.5%，其中，内销产品市场完成销售产值1064.20亿元，增长26.3%，比规模以上工业销售产值增幅高9.8个百分点，占规模以上工业销售产值的76.8%，比上年提高6.0个百分点。内销市场的畅旺缓解了国际市场美元贬值、国际贸易保护主义加剧等不利因素的影响，也改变了部分企业过于依赖价格优势、单纯外向型生产的的竞争模式。

（五）政府一些扶持政策的有效执行

2009年下半年，漳州市担保行业进入了一个发展的新阶段。表现为纯市场化运作的民营担保机构的崛起。2009年漳州市担保机构纷纷进行增资，促使担保行业获得了多层次的，长足的发展。截止2009年12月底，全市已备案中小企业信用担保机构共15家，总注册资本金8.56亿元，比上年增长83.6%，其中，注册资本亿元以上的有4家，5000万元以上有4家，3000万元以上有4家。漳州市2009年全年累计发生担保总额9.73亿元，增长53.6%，共发生担保业务449笔，增长58.1%。担保机构成立以来共累计为中小企业提供担保总额19.99亿元，受保企业886家，1141笔，在一定程度上解决了中小企业融资难问题。

四、制约因素

（一）总量增幅、产品销售率低于全省平均水平

2009年漳州市规模以上工业增加值为400.40亿元，比上年增长26.6%，总量指标保持快速增长，但仍低于全省平均增幅0.9个百分点；工业产品销售率为96.5%，比全省低0.8个百分点。

（二）产品销售区域较窄，整体竞争力不强

工业产品竞争力首先体现在同类产品在市场的销售比重，比重越高，竞争力就越强，反之就弱。但更重要的是体现在产品市场销售的广度，省外、境外销售越多，竞争力就越强。2009年漳州市产品省外境外销售比重比全省平均水平低1.1个百分点。在调查的32个行业中，省内市场销售比重在50%以上的有14个行业，省外、境外内市场销售比重在50%以上的行业分别为2个和6个。

（三）劳动用工缺口大

据调查资料显示，反映缺工的中小企业占被调查企业的46.1%。其中，食品制造业，纺织业，纺织服装、鞋、帽制造业，皮革、毛皮、羽毛（绒）及其制品业，家具制造业，造纸及纸制品业，文教体育用品制造业，橡胶制品业，塑料制品业，有色金属冶炼及压延加工业，金属制品业，仪器仪表及文化、办公、机械制造业，工艺品及其他制造业均在50%以上。在220户缺工企业中，反映缺工量在5%-10%之间的企业占30.9%，反映缺工量10%以上的企业占36.8%。缺工量较大的前四个行业依次是：电力、热力的生产和供应业，工艺品及其他制造业，文教体育用品制造业，纺织服装、鞋、帽制造业。缺工最多的是熟练工，占缺工企业数的57.7%；其次是普通工人，占41.3%；技术工人，占24.1%；管理人员，占5.4%；营销人员，占2.3%。

（四）贸易壁垒的影响

据福建产品市场占有情况调查显示，有33.9%的被调查企业反映受到贸易壁垒的影响。其中，51.3%的企业遭遇各类技术和卫生标准等绿色贸易壁垒；40.0%的企业遇到对超过配额产品适用较高税率、在特定产品领域维持高关税、未按关税减让表进行减让等限制；35.0%的企业受到进口配额、进口许可证、产品最低限价、品种等限制。遭遇贸易壁垒影响面较大的前五个行业依次是：造纸及纸制品业（100%）、纺织业（60.0%）、化学原料及化学制品制造业（57.1%）、纺织服装、鞋、帽制造业（53.8%）、橡胶制品业（50%）。

（五）企业生产经营成本不同程度增加

近年来，能源、原材料价格持续上涨，据调查，当前漳州市石制品工业企业存在石材原材料价格提价、工人工资提价、电费提价等问题，增加石材企业生产经营成本。

五、对策建议

（一）提高企业营销能力

据近期对漳州市物联网企业的调查，发现这些企业普遍存在缺少统一的国家标准，缺少市场应用环境和合作机制仍未完善等主要困难。目前以销售为导向的传统营销观念在全市企业中仍占有较大比重，整体营销水平偏低。企业首先应当重视产品的营销工作，建立以消费者为中心、以服务为宗旨、以信息技术为手段、以厂商双赢为目的的营销思想。要注重市场调查分析工作，对市场进行合理细分，切实找到恰当的产品市场定位，不断围绕自己的产品创造出独特的销售主张；其次要建立一支高素质的营销人员队伍，不断更新企业营销人员观念，开展企业营销人员现代营销理论与方法的培训，提高企业营销水平。应进一步树立市场营销观念，以市场需求为中心，运用整体营销手段的合力作用，充分利用各种传统媒介和互联网，宣传自身产品和文化，通过建立客户明确的营销网络来进一步扩大企业品牌影响力。

（二）加强企业的技术创新工作

近年来，漳州市企业在技术创新方面取得了长

足的进步，但与先进省市及发达国家相比，总体仍有差距，出口产品中初级产品和劳动密集型产品仍占较大比重。提高产品的市场竞争力，必须形成以企业为主体的、具有自身特点的技术创新体系，不断生产出质量过硬的新型产品。应鼓励企业加大产品及技术创新投资，大胆引进先进技术、工艺和管理方法，组织专家针对全市主导产业、重点产品开展联合攻关，研制、开发出一批具有自主知识产权的产品。制定优惠政策，鼓励企业加快技术及产品开发创新步伐，提高企业产品质量，降低产品成本及价格，增强产品综合竞争力。

（三）构筑人才支撑体系

技术竞争的核心就是人才的竞争，人才落后，管理落后往往是企业丢失市场的重要因素。现在企业之间的竞争，已进入一个广阔的空间，要抢占国际市场，须尽快掌握国际竞争的游戏规则，敢于、善于参与国际竞争。要倡导新型的人才评价标准，创造人才竞争上岗机制，不拘一格地选拔使用在市场经济中具有开拓创新能力的杰出人才。地方政府和企业自身必须积极探索企业人才队伍建设的新路子，努力形成人才队伍建设的环境优势、机制优势和人才资源的整合优势。一是要加大培训力度，构建企业人才培养机制；二是要加强规划管理，完善企业人才服务机制；三是要完善激励政策，建立企业人才保障机制；四是要营造良好氛围，创建人才发展的环境机制。

（四）企业强化内部管理

目前漳州市中小企业数占全部企业的99%，总体竞争力较为薄弱。面对外部发展环境改变，企业应当在变化中求生存，把国家政策调整作为促进企业转型的好机会，视困难为机遇，转变增长方式，增强企业抗风险能力。一是强化内部管理，进一步降低出口商品的生产、流通费用。面对原材料能源价格的大幅上涨，用工成本的提高，企业要采取有效措施提高技术和劳动生产率，利用国家政策调整的机会，转变过去高投入、高消费的粗放增长模式。二是企业应改变传统观念，用国际化标准改进企业的组织制度和结构，改进企业管理模式，改进企业的业务流程和营销策略，提高对市场调查、技术创新等方面的应用。三是加快推进自主品牌创建，随着贸易发展，国际市场竞争已经从产品经营性竞争上升到品牌竞争的新阶段，而目前全市企业拥有的自主品牌比较少，研发能力差成为长期制约出口企业竞争力提高的软肋。为实现可持续发展和提高国际竞争力，出口企业必须转变观念，注重自主品牌建设，要加强自主创新，提高企业自身研发能力，提高产品的附加值和科技含量，加快品牌建设，从而提高产品的议价能力，增强企业竞争力。

（五）为企业营造良好的发展环境

政府要加大宏观调控力度，逐步由管理型向服务型转变：一是转变市场开拓观念与方式，树立以现代营销为理论基础、以需求链为主体的市场开拓观念及工作方式；二是制定、完善相关的扶持政策，搞好基础设施，做好产业发展规划，维持公平竞争的市场秩序，以保证企业健康持续发展；三是强化市场调研，一方面鼓励企业积极开展市场调研，另一方面扶持市场研究机构的发展；四是调动各方面力量，组建起多渠道、多层次、全方位的市场网络，为企业提供优质的信息服务和切实可行的服务保障；大力发展市场中介服务，整顿和提高现有的行业协会，培育和设立一批新型的行业协会，充分发挥行业协会在开拓市场、行业自律等方面的作用；五是加强政府扶持，继续通过组织产品展销，与大型商业机构或大型采购集团合作等形式，帮助企业拓宽销售渠道；六是继续整顿和规范市场秩序，加快社会信用体系建设，支持企业进行公平竞争，严厉打击造假、销假等扰乱市场秩序的行为。

（执笔：洪宝碟）

8-1-14 积极帮扶企业拓展两个市场 有效推动经济持续快速发展

市场是企业发展的命脉，有市场，企业才有生存的可能。能否有效开拓市场既是对企业生存发展能力的考验，也是各级政府部门能否有效帮扶企业发展的重要体现。随着后金融危机时期国内外市场的复苏，企业营销市场迎来新一轮的发展机遇。2009 年以来，漳州市工业品市场在各级政府扩内需、调结构、保增长政策措施的强有力引导下，规模工业企业出口交货值迅速恢复增长，国内市场的份额也逐步上升。一些原来主攻国外市场的企业积极转变营销策略，转型开拓内需市场，用内需市场的持续增长保证了企业的稳定健康发展。漳州工业经济量的积累和质的提升已经达到一定的水平，新一轮的大发展迫切需要大市场、大流通来提供新的动力支撑，如何有效引导企业开拓国际市场是当前推进工业经济持续快速发展的重要保障。

一、漳州市市场开拓基本情况

（一）内需拓展取得明显成效

工业产品市场占有资料显示：2009 年，漳州市规模以上工业产品销售收入 1378.00 亿元，比上年增长 16.7 个百分点。2009 年漳州市工业品省内、省外、境外三大市场销售比例为 43.9：24.8：31.3，内销销售比重由 2008 年的 59.9%上升到 2009 年的 68.7%，内销销售收入增加了 215 亿元。

（二）外需拓展得到恢复

漳州出口依存度较高，约 30%。自 2008 年底国际金融危机发生以来，漳州工业品出口持续下降，2009 年元月，漳州工业品出口交货值下降了 16.6%。但在各级政府和企业的努力下，外需市场有效恢复，至 2010 年 7 月，出口交货值同比增长 37.7%，上升了 54.3 个百分点。

二、采取有效的主要措施

（一）以品牌带动赢得商机

漳州市大力实施品牌发展战略，为开拓市场奠定了坚实基础。至 2009 年，全市拥有省级以上品牌企业 293 家，品牌效益进一步拓展，极大地推动了企业的体制创新、管理创新、产品创新和企业文化创新，全市品牌企业在国际、国内经济发展形势趋紧的情况下，保持了稳健的发展，总量和效益持续提升。全市 27 家国家级品牌企业，2009 年实现产值 160 亿元，占规模工业总产值的 12.0%，266 家省级品牌企业实现产值 515.60 亿元，占规模工业总产值的 45.7%。两项合计，全市拥有省级以上品牌 293 家企业，占全市规模工业产值的比重达 57.5%。如：福建省某日化公司早在国际金融危机端倪初露时，当机立断花重金在央视少儿频道播放广告，提高品牌知名度。同时，在国内各大超市开展大规模促销，提高产品市场占有率。营销网络遍及全国各地，产品覆盖全国 28 个省（市、自治区）。同时，凭借多年来进军国际市场的实力和经验，打败其余竞争对手，最终购买了公司为之代工的美国日化产品界的著名企业 Solar 公司拍卖的“Body&Earth”和“Green Canyon Spa”两个品牌和它旗下所有销售网络。此举使该集团拥有了自己的国际品牌，首开漳州民营企业拥有国际品牌的先河。

（二）组织企业参加会展

2009 年，漳州市政府对外出参加省外展会的企业每家给予 5000 元的补贴，有效提高了企业开拓内需市场的积极性；2009 年 5 月组织企业赴河南郑州举办漳州市名优产品展洽会，展会现货交易额达 5000 多万元，一批出口企业还实现了国内市场销售零的突破。此外，推动地产品相互营销、引导企业开展电子商务等工作深入开展，也都取得了较好成效。

（三）发挥行业协会作用“抱团”营销

2009 年，漳州市家具行业、钟表行业和食品行业等三个行业协会，在引导企业寻找市场，帮助企业度过难关，取得较好成效。家具和钟表行业是出口型行业，年出口占该行业的98.6%。这次国际金融危机给两个行业带来严重的影响，从 2008 年下半年两个行业出口一路下滑。2009 年以来，两个行业协会组织专家和科技人员深入企业调查研究分析，在帮助企业开拓市场的同时，以科技创新调整产品结构和市场结构，使两个行业逆势增长。漳州市家具行业出口 2009 年 1 月比 2008 年 1 月增长 15.8%升至 10 月的增长 18.1%，钟表行业也从 2009 年 1 月同比下降 11.3%升至 10 月的增长 2.2%。

“抱团营销”是食品行业协会采取开拓市场最有效措施。食品行业是漳州市传统资源型行业，漳州食品行业受国际金融危机冲击虽然不是很大，但要保持该行业快速增长，必须采取“抱团营销”策略。2009 年 1-10 月，全市食品行业实现产值 252.49 亿元，同比增长 30.7%，2010 年以来增长幅度均保持在 30%以上。如：福建省东山某水产集团经过市场调查，及时分析市场行情和水产品出口的实际情况，联合本县 18 家水产品加工企业，“抱团对外”。一是增强市场应变能力，坚定水产品加工企业发展信心；二是做到四个统一，即由该水产集团统一订单、统一销售、统一结算、统一办理通关手续；三是取得“三个效应”，即①赢得市场效应，改变市场无序竞争的状态。②增强竞争效应。由该水产集团统一组织全县 18 家水产品加工企业，形成极大实力，有效延长水产品加工产业链，把渔业小生产与千变万化的大市场连接起来，增强抵御抗风险能力。③提高社会经济效益效应。2009 年 1-10 月，全县 19 家水产品加工企业（包括该集团）实现产值 23.42 亿元，同比增长 32.7%，高出漳州市同行业的 2 个百分点。同时水产品加工企业也减少中间环节的费用和不必要的损失，增加收入。据测算 2009 年全县 19 家水产品加工企业（包括该集团）减少费用约 2502 万元，渔民增加收入人均约 160 元。

（四）各项营销联盟平台成效显著

一是办展。办展是营销联盟的一项重要措施。漳州市出口企业占全市规模工业企业的三分之一，在国际金融危机的影响，出口形势十分严峻的情况下，漳州市为了拓展国内市场，于 2009 年 5 月 15 日至 18 日，首次在河南郑州举办了“福建漳州名优产品（郑州）展洽会”，全市各县（市、区）200 多家企业参展，参展展位达到 310 个，参展产品 1000 多种，这是漳州市首次赴省外集中办展，也是漳州市有史以来规模最大、品种最全的综合性大型经贸活动取得成效，这次展洽会共实现协议、合同金额达 1.65 亿元，其中，现货、合同交易额 5381.50 万元，达成意向交易 322 宗，协议总金额 1.10 亿元，一些外向型企业在这次展洽会中实现了开拓内需市场零的突破，取得了销售扩大，市场转型的预期。二是使用地产品。积极推动漳州工业优先使用地产品，是做好营销联盟的一个有效措施，也是有力抵御国际金融危机所带来的影响，根据漳州市这几年工业经济发展的实际，已经分两批推荐 433 家企业、538 种产品，其中，有 57 家企业的 134 种产品实现相互营销，营销总额达到 5.63 亿元，福建三宝钢铁有限公司与漳州隆昌、新城等房地产开发公司实现对接营销。三是开展电子商务。开展电子商务网络营销活动，是工业企业拓展市场最有效的措施，也是营销联盟的根本。漳州市引导企业加入网络营销，鼓励全市工业企业参加电子商务营销网络活动，积极有效抵御这一轮国际金融危机所带来的影响，积极配合全省“千万工程”，取得较好成效。至 2009 年 10 月，全市参加阿里巴巴电子商务企业 1136 家，占全市规模企业的 60.4%，在全省“千万工程”活动中，有 397 家规模以上工业企业加入到阿里巴巴电子商务，其中，“出口通”93 家，

“诚信通”397家。有127家企业参加省内外举办各种专业行业营销，共签订购销业务合同162份，营业额达6.71亿元。

三、存在的主要困难

（一）人民币汇率变化影响

受人民币升值影响，升值除了给企业带来直接的汇兑损失之外，更为严重的是将压缩企业利润空间，同时减弱产品出口的价格优势，带来量的缩减，利润空间的压缩则确确实实摆在企业面前。相对于一个出口企业而言，人民币升值，相当于美元贬值，而出口在国外基本上都是以美元结算，如果价格在人民币升值前后保持不变，那么收到同样多的美元，在国内用人民币结算的话就相当于公司损失了。如：长泰某石材公司，其原材料花岗石大部分为2008年前进口，产品地砖百分百出口，由于汇率变化，美元兑人民币中间价：2008年1月是7.2996，2009年1月是6.8367，2010年1月是6.8281。这样一进一出对公司收入影响很大。汇率前景难以考量，接收外单风险高。由于人民币受到外来强大的升值压力，有关人民币汇率是否升值及升值空间不明朗，而石材业多有出口，并想大力开拓国际市场，因此感觉在当前接收外单时把握难度大、风险度高。

（二）成本上升对企业生产经营带来挑战

当前漳州市石制品工业企业面临石材原材料价格提价、工人工资提价、电费提价等问题，增加了石材企业的生产经营成本。如：长泰县某石业公司反映一是石材原材料价格提价，7月方石价格每立方950元，上年同期每立方800元，同比增长18.8%。由于原料提价，该企业每月多支出15000元。二是工人工资提高，目前负责锯台工人每人12小时制月工资2800元，上年同期每人月工资2300元，同比增长21.7%。因工资提高该企业每月要多支付工资总额近10000元。三是电费提价，目前电费每度0.75元，上年同期电费每度0.63元，每度增加0.12元，电费提价使该企业每月要多支3500元。从以上三个方面，该企业每个月就要增加生产经营成本2.9万元左右。

（三）产品科技含量不高

长泰县是福建省花岗岩G654（芝麻黑）最大的原产地，也是一块在国内和国际市场上都非常受设计师和消费者青睐的花岗岩，其每年的内销和出口量都较大。但出口的都是些低端产品，如建筑材料用石：磨光板，火烧板，毛光板，薄板，台板，工程板，环境石，地铺石，路延石，小方石及各种建筑工程配套用石。而像石雕工艺品，墓碑石等各种异形石材制品出口就很少。我们都知道：品牌战略是最有效的市场竞争手段，石材产业品牌的缺失，还让出大块市场份额。

（四）产品缺乏市场竞争力

全市进出口企业产品多数属中低档产品，科技含量及附加值低，驰名商标、名牌产品少，在国际市场竞争强手面前，竞争力很低，而且我们大部分进出口企业，缺少科技创新及研发机构，产品更新速度慢，跟不上国际市场日新月异的需要。目前某一种产品市场销售不旺，缺乏适销对路，新产品马上跟上去占领市场。

四、几点对策

（一）加大政策帮扶力度

在继续对参与省内外展会活动的企业予以开拓市场专项资金补助外，建议政府进一步出台措施，对赴国外参展办展的企业也适量给予经济补助，鼓励企业加大国际市场的开拓力度。明年可继续组织漳州市重点企业、重点产品到省外集中办展，在地点选择上，可选择与漳州市工业品结构差异大、互补性强的东北地区。目前漳州一些产业的区域特点和竞争优势逐渐显现，以产业组团形式外出办展或是参与专业展销会可能更容易取得效果，这方面如光电产业、水产品加工产业、家电和机械等产业都具备较为成熟的条件，建议在这方面做些尝试，继续组织企业积极参加各类展会，加大财政补贴力度，发挥好会展经济的带动作用。

（二）积极开展地产品相互营销

推荐地产品相互营销也是促进本地工业品销售的有力手段，2010 年漳州已有 57 家企业的 134 种产品实现相互营销，营销总额达到 5.63 亿元。建议再推荐若干批企业和产品，供政府采购、市政工程、重点建设工程挑选使用，争取在同等条件下优先使用地产品。

（三）着力推进市场营销方式创新

电子商务营销具有交易成本低廉、信息传播速度快等优点，已成为很多企业开拓国内外市场的重要手段。目前漳州市已有半数以上的规模工业企业加入了阿里巴巴电子商务，但总体上企业建立网站后，在产品信息的更新维护上用心不多，有些企业建网多年，产品目录和图样一直没有更新。因此，建议有关部门要加强这一方面的宣传，促使企业更加重视这一方面的应用，同时采取一定的鼓励措施，对加入指定营销网络的企业，以提高电子商务营销在企业销售中的比例，应用现代营销方式，开辟新的市场空间。大力开展形式多样的市场开拓、技术服务、技术合作活动，带动和扩大产品销售；实施市场多元化战略，加强市场营销网络建设，稳住传统市场，深度开拓新兴市场；以互联网、物联网融合及“网上世博”等为契机，积极发展电子商务，提升产品的影响力、竞争力和市场占有率。

（四）发挥行业协会作用

行业协会对促进行业企业营销方面能够发挥突出的作用，2010 年漳州食品行业在全市出口下滑的情况下，能够保持 30%以上的增长率，行业协会牵头实施“抱团”营销是关键因素，东山水产协会联合本县 18 家水产品加工企业“抱团对外”，做到“四个统一”：即由福建东山某水产集团统一订单、统一销售、统一结算、统一办理通关手续，有效增强当地水产品开拓国际市场的能力。漳州市家具和钟表两个行业协会组织专家和科技人员深入企业帮助开展企业经营诊断分析，为企业开拓市场出谋划策，取得市场销售稳定增长的良好效果，这方面的经验很值得其他行业借鉴推广。

（五）做大做强现代物流业

发达的物流业可以加快商品流通，降低流通成本，一个地区有了发达的现代物流业，也就等于有了良好的市场开拓竞争力。这方面，漳州市当前发展水平还较落后，全市 326 家物流企业中，有 240 家属于规模以下的小型物流企业，占比达 73.5%，全市至今还没有一家真正意义上的第三方物流企业。根据漳州市物流业现状，当前应加强对各专业物流的规划引导，促进物流业规模化、集约化发展，可重点培育发展医药专业物流、钢铁专业物流、化工危化专业物流、农产品加工专业物流、农业生产资料专业物流、水产品专业物流等，通过发达有效的现代物流体系，为漳州市工业品开拓国内外市场打开一条富有竞争力的运输通道。

（六）引导企业转变营销理念，建立以顾客为导向的企业运行机制

顾客是企业收入的唯一来源，其它活动全部是成本。要把市场营销渗透到产品研发、市场销售、财务和人力资源管理的方方面面，形成调研、适应、开拓、创造市场的合力。进一步完善营销激励政策，调动企业员工开拓市场的积极性；适应城乡市场消费升级需求，生产适销对路、能引导消费的工业产品。

（七）落实完善各项消费政策

实践证明，扩内需政策对培育消费热点、调整消费结构、推动消费升级有极大的促进作用。中央出台了家电下乡、汽车下乡、农机下乡等政策，要用好这些政策，按照市场需求结构的变化，及时合

理地调整产品结构和市场结构，抓住机遇，增加产品销售，扩大市场份额。各级各有关部门要把着力点放到为企业服务上、放到改善生产与市场的衔接上、放到优化市场环境上，密切关注国家政策的实施效果，加强对政策执行情况的监督检查，及时发现、准确反映政策执行中存在的问题，提出建议，采取措施，确保政策实施效果。继续组织开展重点建设项目所需物资直供配送和设备融资租赁工作，组织工业与流通企业合作，加大企业直销力度。

（八）积极扶持优势企业、出口大户和重点产品扩大出口

要鼓励企业实施市场多元化战略，建立境外自主营销网络，稳住传统市场，深度开拓新兴市场；支持企业到境外并购优质资产、品牌、技术和营销网络，鼓励优势产业有序向国外转移；针对贸易壁垒和贸易摩擦明显增多的新形势，支持企业积极应对，运用法律和贸易规则捍卫自身利益；加强对重点出口企业生产经营和出口情况的调度监测分析，引导企业利用倒逼机制，加快技术进步，调整产品结构、市场结构和贸易方式，提高市场应变和自我保护能力，努力扩大国际市场份额。

（九）加快企业发展转型

要认真分析金融危机以来市场发生的新变化，改变单一市场结构，坚持一手扩内需、一手稳外需，认真研究市场，适应市场，创造市场，既要立足国内、充分发挥国内市场潜力大的优势，又要采取有效措施大力扶持出口企业，巩固和扩大国际市场份额，实现单一市场向内销外销均衡型的转变。一手抓传统市场，一手抓新兴市场，以市场占有率来衡量我们的工作。

（十）大力实施差异化战略

要引导广大企业始终坚持以市场为导向的经营理念，找准市场定位，按照市场需求来组织生产。要学会细分市场，大力实施差异化战略，瞄准特定的目标群体，针对不同的市场和需求，调整市场营销战略，推进生产流程再造，不断满足消费者多样化、个性化需求，在激烈的市场竞争中找到新的发展空间，提高开拓市场的针对性和有效性。要加强营销管理，坚持以销定产、以销促产，努力实现产销平衡，提高市场应变和自我保护能力。要努力增强质量、品牌和营销意识，改善售后服务，提高市场竞争力。

（执笔：林瑞香　洪宝䃳）

8-1-15 增强产品竞争力 全面提高市场占有率

——2009年南平工业产品市场占有分析

面对原材料价格持续上涨、国内银根收紧、金融危机影响还在持续等外界因素的影响，2009年度南平工业企业仍然保持了较快的增长速度，规模以上工业企业累计完成现价总产值597.00亿元，比上年增长20.2%；经济效益综合指数165.4；产品产销率达96.5%；实现利润总额15.80亿元，增长6.3%。

一、三大市场销售情况

近两年南平工业产品销售情况如下表所示：

南平工业产品三大市场销售情况表

（2008-2009年） 单位：%

年份	省内	省外	境外
2008	41.57	45.12	13.31
2009	41.23	47.63	11.14

数据显示，近两年来，南平工业产品的销售比重基本不变，主要面向国内市场销售，省内、省外市场销售份额基本不变，境外销售份额下降2.2个百分点。

（一）省内市场

煤炭、非金属矿采选业、金属制造业、农副食品加工、饮料制造业、烟草制造业、造纸印刷业、通用设备制造业等行业均以本地市场作为主要目标市场。调查资料显示，共有11个行业大类，63个行业小类产品的省内销售比率达50%以上，本地市场是这些行业产品竞争的主要着力点。

1.造纸及纸制品业以省内销售为主，省外市场被大量压缩。调查资料显示，2009年造纸及纸制品业产品省内销售比重83.1%，省外比重14.3%，境外比重2.6%。其中，除纸浆省内销售比重48.0%以外，各类纸和纸制品的省内销售比重均在75.0%以上。而2008年该行业产品以省外销售为主，省外销售比重达62.5%，省内销售比重只有30.6%。其中，变化最明显的是各类纸张产品，2008年省外销售比重68.9%，2009年省外份额大幅下降到5.1%。产生这一现象的主要原因是，全国造纸行业竞争过分激烈。与省外一些大型造纸厂相比，福建纸业比较优势不明显，如：山东华泰纸业，由于地处煤炭区，造纸成本低，部分产品还打入福建市场，抢占省内市场份额。

2.非金属矿采选业和非金属矿物制造业都以省内市场为主。调查显示，非金属矿采选企业2009年省内销售比重72.5%，其中，化学矿采选省内销售率100.0%；非金属矿物制品2009年省内销售比重86.4%，其中，水泥、石灰、石膏制品和耐火材料制品的省内销售比重都在99.0%以上。

3.农副食品加工业省内销售情况。农副食品加工业是南平五大重点产业之一，2009年产值43.60亿元，产品省内销售比重52.1%，省外销售比重41.2%，境外销售比重6.7%。其中，谷物磨制、饲料、植物油加工品主要省内销售，蔬菜、坚果、肉类加工品以省外市场为主，水产品则多销往境外。

4. 饮料制造业产品销售以省内销售为主。2009年销售收入14.80亿元，省内销售67.1%，省外销售27.7%，境外销售5.2%。其中，精制茶加工产品销售收入10.60亿元，61.0%在省内销售；酒制品4.10亿元，82.0%在省内销售。

（二）省外市场

金属采矿业、黑色金属冶炼及压延加工业、纺织业、木材加工业、医药制造业等行业销售以省外市场为主。调查资料显示，2009年度南平工业企业共有15个行业大类，75个行业小类产品的省外销售比率达50%以上。

1. 木竹加工业：是南平市高产值的重点产业。南平地处闽北山区，森林覆盖率高，林木产量高，木竹制造业发展良好。它的延伸行业是家具制造业。产品大部分销售国内市场，小部分在国际市场上销售。调查资料显示，所抽取的企业样本在2009年销售收入130.8亿元，省外销售比例55.8%，省内销售比例29.5%，境外销售比例14.7%；其中，木制品境外销售量大，占销售比重的35%。

2. 纺织业：是南平传统重点产业，2009年抽中企业实现销售收入26.73亿元，省外销售比重57.0%，省内销售比重33.6%，境外销售比重9.4%。

3. 医药制造业抽中企业样本中，省内销售比重12.8%，省外销售比重58.8%，境外销售比重28.4%。其中，化学药品原药和制剂制造省外销售比重超过90%，中成药销售省外比重达66.5%。

4. 黑色金属冶炼及压延加工业抽中企业2009年实现销售20.40亿元，省外销售比重69.8%，比去年提高20.0个百分点。其中，炼铁和钢压延加工省外销售比重超70%。

（三）境外市场

受国际金融危机的影响，国外需求下降，2009年南平市工业品境外销售额58.20亿元，占销售比重11.1%，比上年下降2.2个百分点。南平出口产品主要集中在纺织服装、鞋、帽制造，食品、家具制造等行业。纺织服装、鞋、帽等产品2009年境外销售比重达65.2%，高出全省平均水平25.0个百分点；食品制造业出口比重20.6%，比上年高出9.0个百分点；家具制造业出口比重31.3%，比全省平均水平低20.0个百分点。

据调查，1033个样本企业中，认为金融危机对企业影响较大的有421家，占总数的40%。受金融危机影响出口比重下降较大的行业有：煤炭开采和洗选业，黑色金属和有色金属行业，家具制造业，造纸及纸制品业。

二、南平工业企业在市场开拓中存在的主要问题

市场是企业生存和发展的基本，只有掌握了市场规律，企业产品才能得到消费者认同，资金得以回笼，企业才能获得持续稳固的发展。南平工业企业境外出口量少，市场主要集中在国内。2009年，出口额下降，国内市场竞争日趋激烈。因此，必须巩固原有市场份额，积极开拓新兴市场，才能在市场竞争中站稳脚跟，谋求更大的发展。目前制约南平企业市场开拓的主要因素有：

（一）资金缺乏制约企业的生产经营和规模扩张

对企业2009年度流动资金满足需要情况调查中，876家企业样本中有61.9%的企业认为流动资金无法满足需求，特别是煤炭开采和洗选业、黑色金属矿采选业、石油加工、炼焦及核燃料加工业等行业的企业，流动资金需求不满足率达100%。随着房地产市场的过快增长，国家出台了一系列调控政策，已让部分资金本就不宽裕的企业资金链更加紧张。

（二）缺乏知名品牌，市场竞争力不强

要在竞争激烈的国内外市场中占据优势地位，必须加快实施品牌战略。与其他地区相比，南平工业产品拥有国内知名品牌的不多，很多企业品牌知名度不大，不利于在激烈的市场竞争中占据有利地位。如：木竹加工业是南平主要产业，总产值大，

企业数量多，但缺乏龙头企业，单个企业规模偏小。2009年市场占有率调查中，产值规模位居行业之首的木竹加工业企业实现产值130.70亿元，但69家企业的平均产值1.89亿元，远低于南平市工业企业平均产值2.96亿元。

（三）人才匮乏成为制约企业发展壮大的一大瓶颈

人才是企业进行生产经营的主体，是构成企业的最根本要素。位处闽北山区的南平，在人才引进上处于劣势——经济发展相对落后、工资水平低、地理位置偏远、发展空间狭小——对人才的吸引力弱。很多企业都深感人才难找，人才难留，特别是大学毕业生，更愿意去发达城市发展，来者也往往骑驴找马，跳槽率高。人才培养本就是一项长期而具有战略意义的工程，人才的高流失率让很多企业不敢放手大胆培养新人，而人才的短缺，又影响企业长期的竞争力。因此很多企业在人才战略上处于两难境地。

三、促进产业调整，打造知名品牌，拓展海外市场

（一）加强技术投入、加快产业结构调整

南平市产值高的产业不少是"两高一资"行业，对能源、自然资源需求高，产生污染大，因此，一方面政府要引导加快产业结构调整，利用海西经济区发展的机遇，促进产业升级。要对高科技企业加大扶持力度，挖掘新经济增长点，通过一系列支持政策，帮助企业做大做强，提高整体竞争实力；另一方面，企业自身也要加大科技投入，促进产品升级换代，开发技术含量高、产品附加值高的新产品。如：福建南纸股份有限公司在面对国内新闻纸竞争过分激烈的情况下，投产建设文化纸生产车间，投入运营之后，企业利润有了新的增长点。福建南平太阳电缆股份有限公司的发展就得力于上世纪90年代中期开始的深度技术改造，改良工艺流程，全面提高产品竞争力，目前太阳电缆已在福建省电缆行业中立于主导地位。

（二）加强品牌建设，提高产品竞争力

品牌建设对于企业扩张有着举足轻重的作用，应该作为企业一项长期重要战略来落实。目前南平多数行业现状是企业数量多、知名品牌少。例如精制茶制造和酒的制造企业很多，2009年产值达14.80亿元，但大企业不多，较大的企业只有武夷星茶厂和建瓯黄华山酒厂，品牌知名度有限。针对这种现状，企业要加强营销网络建设，充分利用各种平台宣传企业产品和企业文化，建设起有层次的营销体系，从而扩大企业的品牌影响力和市场销售份额。同时，针对南平市多数中小企业品牌竞争力的现状，政府也应持续鼓励中小企业争创品牌，加大品牌政策扶持力度，构筑"政府推动、部门联动、企业主动"的争创机制，鼓励企业发展自主知识产权的产品品牌，对于具有市场前景的创新项目，给予资金和政策上的支持。

（三）发挥区域优势，拓展海外市场

南平工业产品销售主要集中在国内市场，境外市场销售份额不超过15%。南平既是福建海西建设的绿色腹地，也是连接长三角和珠三角的交通要道，是京台高速的必经之地，随着国内高速公路网的建设，它的枢纽作用正日益凸显。南平发展要注重发挥区域优势，在牢牢把握住本地市场的同时，积极开拓省外市场和境外市场。农副产品，木竹制品，酒、茶等饮料制品是南平本地的特色产品，拥有天然、环保、独特等优势，企业一方面要发挥本地优势，做大人无我有，人有我优，以良好的服务和稳定的质量来回报本地消费者的认同和偏爱；另一方面要关注国内外消费需求的变化趋势，在保持原有特色的基础上加大创新力度，满足消费者的需求偏好变化。

（执笔：丁岚）

8-1-16 工业经济较快发展 市场占有进一步提高

——2009年龙岩市市场占有情况简析

2009年，龙岩工业在中央和省政府一系列扩大内需、刺激发展政策措施的效应下，精心组织，开展“工业发展年”活动，工业经济保持平稳较快发展，产品竞争力进一步增强，省外、境外市场占有率进一步提高。

一、工业经济运行基本情况

2009年，全市规模以上工业完成工业总产值836.03亿元，比上年增长21.9%；完成主营业务收入797.18亿元，增长16.6%；盈亏相抵后实现利润总额84.15亿元，增长6.6%；工业经济效益指数272.5，下降2.8个点。规模以上工业实现增加值327.82亿元，比上年可比增长14.6%，高于全省平均增速1.6个百分点。

（一）重点企业发展较快，新增25家亿元工业企业

2009年龙岩市超亿元产值的工业企业达159家，比2008年净增25家，其中，超5亿元产值的企业有23家，比2008年增加8家，新增东源环保、亿隆家庭装饰2家上市企业，全市已有6家上市工业企业。159家亿元企业累计实现工业总产值573.00亿元，占全部规模以上工业总产值的68.5%，比上年现价增长18.6%，拉动全市工业现价产值增长12.6个百分点，对全市工业增长的贡献率为74.8%。

（二）重点行业增速加快，建材产业顺利实现破百

2009年“10+3”产业的11个重点工业行业累计实现工业总产值785.64亿元，较上年现价增长17.0%。烟草、机械、建材、钢铁、铜5个“破百”产业共完成工业总产值428.18亿元，增长13.1%。其中，机械工业实现产值162.17亿元，现价增长29.7%；建材工业实现产值106.15亿元，增长26.4%，成为继机械产业后第二个实现“破百”的产业。

（三）结构调整有序推进，节能降耗成效显著

2009年，规模以上非资源型工业企业累计实现总产值342.69亿元，比上年现价增长38.4%，增速较规模以上工业现价平均增速高5.9个百分点。“非资源型”工业占规模以上工业总产值的比重为47.8%，提高2.1个百分点。“非资源型”工业对工业经济增长的贡献的提高增强了龙岩市工业的发展后劲。2009年，龙岩市通过加快工业结构调整，淘汰和关停一批设备落后和高污染高耗能企业，优化产业结构。全年关闭淘汰落后水泥企业12家，拆除机立窑20台，淘汰落后水泥产能200万吨。

（四）工业经济效益指数保持较高水平

2009年，规模以上工业经济效益指数虽然较上年有所回落，但仍保持较高水平。1-12月，全市规模以上工业经济效益综合指数达272.5，比上年下降2.8个点，继续位居全省九个设区市首位。计算指数的七项构成指标均有所下降，其中，资本保值增值率117.9%，下降30.7个百分点；资产负债率44.6%，增加1.5个百分点（逆指标）；全员劳动生产率206561元/人，增加22295元/人；总资产贡献率21.0%，下降2.1个百分点；流动资产周转率2.0次，下降0.2个百分点；成本费用利润率12.6%，下降1.5个百分点；产品销售率97.4%，下降0.1个百分点。

二、主要工业产业产品市场占有现状

据工业企业产品市场占有情况调查资料显示，2009年，龙岩市规模以上工业产品省内、省外和境外三大市场销售比重分别为59.6%、34.9%和5.5%。

与 2008 年相比较，省内销售比重下降 4.4 个百分点，省外、境外销售比重则分别上升 4.0 和 0.4 个百分点。

（一）龙岩市工业产品以省内销售为主

全市工业品省内销售比重占 59.6%，高于全省省内销售比重 25.6 个百分点。从被调查的 34 个工业行业来看，全市工业品销往省内比重超过 50%的有 18 个行业，其中，销往省内比重 90%-100%有印刷业和记录媒介的复制、非金属矿物制品业、废弃资源和废旧材料回收加工业 3 个行业，分别为 91.3%、93.9%、100.0%； 80%-90%有煤炭开采和洗选业、非金属矿采选业 2 个行业，分别为 83.9%、82.9%； 70%-80%的有黑色金属矿采选业、有色金属矿采选业，饮料制造业、橡胶制品业，塑料制品业和通用设备制造业 6 个行业，分别为 77.4%、79.9%、71.3%、77.5%、75.7%、72.1%；60%-70%的有农副食品加工业，烟草制品业，纺织服装、鞋、帽制造业，黑色金属冶炼及加工业 4 个行业，分别为 69.1%、67.7%、67.6%、66.0%；50%-60%的有家具制造业、化学原料及化学制品制造、专用设备制造业 3 个行业，分别为 51.0%、53.3%、51.8%。

（二）省外市场占有比重有所上升

2009 年，全市工业品省外销售比重 34.9%，比 2008 年提高 4.0 个百分点，比全省省外市场占有率的 35.8%低 0.9 个百分点。分行业看，龙岩市工业品销往省外在五成以上的行业有 9 个行业，分别是：有色金属冶炼及压延加工业，皮革、毛皮、羽毛（绒）及其制品业，食品制造业，石油加工化学原料、炼焦及核燃料加工业，化学制品制造业，医药制造业，电气机械及器材制造业，金属制品业，交通运输设备制造业，仪器仪表及文化、办公用品制造业，销售比重分别为 80.7%、61.9%、54.2%、83.0%、80.5%、55.6%、63.5%、73.2%、88.0%。

（三）境外市场占有比重偏低

龙岩市工业外向度低，工业品销往境外比重少，2009 年龙岩市工业品境外市场占有比重为 5.5%，比 2008 年高 0.4 个百分点，比全省境外市场占有率的 30.2%低 24.7 个百分点。出口的产品主要集中在纺织业，纺织服装、鞋、帽制造业，皮革、毛皮、羽毛（绒）及其制品业，木材加工及木、竹、藤、棕、草制品业，家具制造业，造纸及纸制品业，通信设备、计算机及其他制品制造业，工艺品及其他制造业八个行业，境外市场占有率分别为 9.5%、25.9%、15.6%、27.0%、24.8%、13.3%、28.5%、81.4%。

三、制约市场占有率进一步提高的因素

（一）规模偏小，整体竞争力不足

企业规模的大小不仅反映了企业市场占有能力的大小，也是衡量企业竞争力强弱的主要指标之一。从总量上看，2009 年全市规模以上工业实现总产值 836.03 亿元，增长 21.9%，增幅居全省第三位，但总量只占到全省的 5.0%；外贸出口额 5.92 亿美元，仅占全省比重的 1.1%，整体规模的弱势直接影响到全市工业品的竞争能力。

（二）市场开拓力度小，销售渠道单一

从三大销售市场看，龙岩市工业产品外销能力弱，主要在省内自寻销路，省内市场销售比重高于省外及境外市场。2009 年龙岩市工业产品销售收入销往省内市场的比重为 59.6%，高于省外市场（34.9%）和境外市场（5.5%）。在 34 个工业行业中，销往省内市场的比重均高于省外市场和境外市场的行业有 21 个，其中，烟草、水泥、煤炭、机械制造等行业的产品主要用于满足省内市场需要，销往省内市场的比重大大高于省外市场和境外市场。

（三）市场制约显现，产销衔接水平较低

金融危机影响导致市场疲软、部分产品竞争力下降，也降低了全球对中国商品的需求。2009 年龙岩市规模工业实现出口交货值 26.55 亿元，较 2008 年下降 0.4%，出口交货值占销售产值的比重为 3.2%，回落 0.5 个百分点。产销率 97.4%，回落 0.1 个百分点。应收款净额增长28.1%，部分企业、行业开工率不足，工业品出厂价格总指数下跌4.0个百分点，其中，黑色金属矿采业、黑色金属冶炼及压延加工业、石油加工、炼焦及核燃料加工业、有色金属矿采选业、化学原料及化学制品制造业出厂价格指数分别下降36.2、28.2、23.8、14.2和12.5个百分点。

四、几点建议

（一）要继续高度重视发展工业

没有工业总量就没有经济总量，要把发展工业放在发展经济的第一位，按照市委提出的把龙岩建成闽粤赣边联结沿海拓展腹地的生态型经济枢纽的目标，千方百计发展和引进生态型工业企业。一方面，要进一步加大对工业生产性项目投资力度，继续实施和完善万亩工业用地和200万平方米标准厂房建设，筑巢引凤，加快工业集中区建设，全力打造工业龙岩；另一方面，采取资源型产业与非资源型产业并举的措施，加大项目引进力度，围绕“十一五”规划总体布局，做大做强“10+3”重点产业。第三，创新项目生成机制，完善项目策划工作机制，突出特色产业，策划一批带动性强、关联度大、附加值高、辐射能力强的项目。

（二）加大科技开发投入，提高企业科技水平

当前，由于企业的科技研发投入少，自主创新能力不足，企业自主创新能力存在严重的缺陷，制约了龙岩经济和企业的进一步发展。企业的自主创新能力是提高企业竞争力和促进企业发展的主要动力，而建立健全企业自主创新体系是提高企业自主创新能力的必经途径，因此，必须注重自主创新，尽快提高企业的自主创新能力，进而提高龙岩的核心竞争力和经济实力。一方面，要加大科技开发宣传力度，积极引导企业加大科技研发投入，不断提高龙岩市企业的市场竞争能力；另一方面，政府财政部门要积极支持企业的科技开发，对有科技研发的企业给予奖励或按一定的比例进行补助，激发企业科技开发的积极性。企业的自主创新能力强竞争力就会提高，促进企业经济效益提高，反过来企业经济效益提高又促进财政增收。

（三）拉长产业链，发挥原材料产业集群优势

产业链短，是技术装备制造业和原材料工业共同面临的问题。为了更好地发挥龙岩产业优势。应改变以往只重视上游产品生产，忽视下游产品生产的思维和做法。打造强的核心产业和企业，只有核心企业及产业突出，才能吸引各地更多的中小企业主动与之配套，形成更大、更长的龙身和龙尾，产生前向性推动和后向性拉动效应，带动产业相关的上下游及配套企业聚集。在能源、原材料供应紧张的情况下，龙岩原材料加工企业应加快实施后向一体化战略，保证原材料的供应稳定，提高核心企业的竞争力。并且着力为原材料优势产业与核心制造企业培育出完整的产业链。实现煤炭、高岭土、木材等产品的深加工，提高煤炭、高岭土、木材产品附加值，进而增强煤炭、高岭土、木材企业的市场竞争能力和持续发展能力，降低单位工业增加值能耗。

（执笔：林德洲）

8-1-17　做大做强支柱产业　提升产品市场占有率

——2009年宁德市工业产品市场占有情况简析

2009年，宁德市工业经济持续较快增长。全年实现工业总产值738亿元，比上年增长20.1%。其中，规模以上工业产值617亿元，增长22.7%。工业化进程进一步加快，全年工业增加值占GDP比重由上年的33.4%提高到33.9%。然而，原材料价格持续上涨、金融危机影响不断深化等因素的影响，企业出现境外销售比重下降、经济效益下滑等情况，生产发展面临比较多的困难和问题。

一、三大市场销售情况

近年来，宁德市产品三大市场销售情况呈现“省外比重逐步走高，境外比重逐步下降，省内比重基本不变”的运行态势。2009年，宁德市规模以上采掘业和制造业产品在省内、省外、境外销售比例为33.2∶46.8∶20.0，2005至2009年间，省外销售比重上升了11.1个百分点，境外销售比重下降了11.8个百分点，省内销售比重略升0.7个百分点。

宁德市规模以上采掘业、制造业产品三大市场销售情况

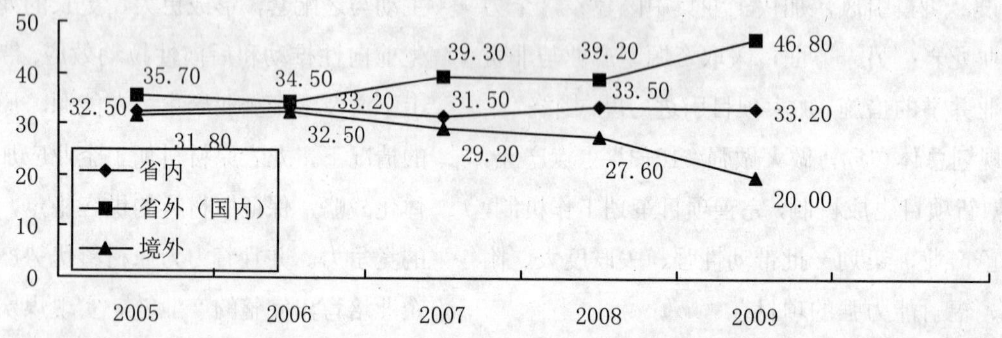

（一）省内市场销售情况

2009年，宁德市规模以上采掘业和制造业产品省内市场销售比重与上年持平，为33.2%，比全省平均水平低0.8个百分点。从具体的行业大类看，省内市场销售比重在50%以上的行业大类有6个，分别为：黑色金属矿采选业（产品省内市场销售比重：100.0%，下同），非金属矿采选业（69.4%），木材加工及木、竹、藤、棕、草制品业（52.2%），化学纤维制造业（100.0%），非金属矿物制品业（57.6%）和通信设备、计算机及其他电子设备制造业（56.3%）。

（二）省外市场销售情况

2009年，宁德市规模以上采掘业和制造业产品销售以省外市场为主，销售比重达46.8%，分别比省内、境外销售比重高13.6和26.8个百分点，比全省平均水平高13.0个百分点。从具体的行业大类看，省外市场销售比重在50%以上的行业大类有11个，分别为：有色金属矿采选业（省外市场销售比重：100.0%，下同）、食品制造业（72.5%）、饮料制造业（57.7%）、造纸及纸制品业（58.3%）、化学原料及化学制品制造业（59.3%）、医药制造业（57.9%）、塑料制品业（87.8%）、黑色金属冶炼及压延加工业（51.8%）、有色金属冶炼及压延加工业（55.3%）、金属制品业（75.4%）和专用设备

制造业（67.6%）。

（三）境外市场销售情况

宁德市规模以上采掘业和制造业产品境外市场销售比重逐年下降，到2009年仅为20.0%，比全省平均水平低10.2个百分点。从具体的行业大类看，境外市场销售比重在50%以上的行业大类有8个，分别为：纺织服装、鞋、帽制造业（境外市场销售比重：72.5%，下同），皮革、毛皮、羽毛（绒）及其制品业（69.7%），家具制造业（55.6%），印刷业和记录媒介的复制（90.0%），文教体育用品制造业（61.5%），电气机械及器材制造业（50.9%），仪器仪表及文化、办公用品制造业（75.3%）和工艺品及其他制造业（67.9%）。

（四）重点优势产业产品市场销售情况

从汇总资料看，电气机械及器材制造业、通用设备制造业、交通运输设备制造业、农副食品加工业、饮料制造业、非金属矿物制品业等6个行业大类的销售收入占全市规模以上采掘业和制造业产品销售收入的56.0%，是宁德市工业经济的重要组成部分。电气机械及器材制造业产品依然以境外销售为主，但在金融危机影响下，境外市场出现了较大程度的萎缩，开始重视开拓国内市场，2009年省内、省外的销售收入分别比上年增长63.7%、97.6%，与境外销售收入下降27.3%形成反差，省内与省外合计的销售比重49.1%，比上年提高20.5个百分点；交通运输设备制造业产品销售向省内市场转移，省内市场销售收入增长10.1%，而境外销售收入出现萎缩，下降14.3%；非金属矿物制品业产品向省内市场扩张明显，省内市场销售收入增长151.4%，省外、境外销售收入分别下降31.3%、58.0%。具体销售比重见下表：

2007-2009年部分行业工业产品三大市场销售比重

行业名称	2007			2008			2009		
	省内（%）	省外（%）	境外（%）	省内（%）	省外（%）	境外（%）	省内（%）	省外（%）	境外（%）
农副食品加工业	32.8	33.4	33.8	30.6	33.9	35.6	27.6	38.8	33.6
医药制造业	30.8	68.1	1.1	34.5	65.5		42.2	57.8	
非金属矿物制品业	25.7	40.9	33.3	24.4	49.5	26.1	57.6	32.1	10.3
通用设备制造业	39.8	18.0	42.2	53.8	21.9	24.3	30.3	48.8	20.9
交通运输设备制造业	32.2	49.6	18.2	32.0	47.3	20.7	35.3	47.0	17.7
电气机械及器材制造业	20.7	13.4	65.9	19.0	9.6	71.4	30.5	18.6	50.9

二、影响宁德市工业产品市场占有率提高的因素

2009年，宁德市规模以上采掘业和制造业产品销售收入501亿元，比上年增长18.6%，增幅比全省平均水平高8.4个百分点，但全市工业产品市场占有率偏低，规模以上采掘业和制造业产品销售收入仅为全省的3.3%，居全省末位。

（一）经济总量及规模偏小，总体竞争力不强

近年来，宁德市工业经济持续快速发展，规模以上工业总产值、规模以上工业增加值增幅连续五年双双居全省各设区市首位，但工业经济总量仍然偏低，2009年全市规模以上工业总产值617.00亿元，占全省的3.3%，仅为泉州市的12.6%，福州市的17.0%。此外，工业企业数量偏少且规模偏小，全市共有规模以上企业902家，占全省的5.0%，其中，小型企业占93.7%，中型企业占6.3%。全市仅有三户企业进入全省主营业务收入前300家，比2008年少2户。

（二）工业产业支柱单一，产业抗风险能力弱

电气机械及器材制造业、交通运输设备制造业

两大主导产业是影响宁德市工业产品市场占有结构的主要原因。受全球经济低迷，国外市场萎缩等因素影响，两大主导产业境外市场销售收入下降明显，2009 年，全市规模以上采掘业和制造业产品境外销售收入 100 亿元，下降 14.2%，其中，电气机械及器材制造业和交通运输设备制造业境外销售收入合计 55 亿元，下降 25.7%，共拉低全市规模以上采掘业和制造业产品境外销售收入下降 16.2 个百分点。

（三）资金流动性不足，增加企业运营难度

2009 年宁德市规模以上工业企业资产负债率为 65.9%，比 2008 年下降 1.5 个百分点，比 2005 年高 11.3 个百分点。此外，企业流动比率（流动资产/流动负债）为 105.5%，速动比率为 77.5%，企业资金流动性一般（一般认为，1.5<流动比率<2 且 0.75<速动比率<1 资金流动性一般）。另外两金（应收账款和产成品）总额为 74 亿元，占流动资产平均余额的 42.4%，占比较高，意味着企业先前投入的资金无法及时回笼，进一步加大了企业资金紧缺的压力，增加其运营难度。

（四）生产优势削弱，企业发展压力较大

受金融危机的影响，工业企业面临着原材料价格上涨，企业成本压力继续加大，2009 年，宁德市工业品出厂价格指数 96.9，成品价格持续下跌，利润空间缩小。规模以上工业主营业务成本占主营业务收入比重达 85.9%，比 2005 年提高 4.3 个百分点。此外，规模以上企业亏损面逐步扩大，2009 年，规模以上亏损企业 107 家，其中，亏损的小企业 103 家，企业亏损面达 11.9%，比 2008 年和 2006 年分别提高 0.1 和 2.0 个百分点。

三、提升宁德市产品市场占有率的对策建议

（一）做大做强支柱产业，提升竞争实力

以各工业园区为载体，从完善产业链、培育龙头企业、健全服务体系、规范市场秩序等多方面着手，采取“部门联手、市场运作、政策扶持”等具体举措，加快资源整合步伐，继续重点推进电机电器、船舶修造、汽摩配件、医药化工、建材、食品、电力等重点特色产业，培育发展产业集群，做强支柱产业、规模企业，做大做强知名品牌，提高产业竞争实力。

（二）引导企业合资合作，整合产业优势

针对企业规模小、抵御风险能力差等现状，积极引导企业开展合资合作，并运用市场、信息等现代手段运作，努力促成区域内同业合作、跨区域的对外合作，引进战略投资者，用联合重组争取资金和技术，推动企业把产品做特做精，把产业做大做强。

（三）以市场需求为导向，不断创新产品

伴随着科学技术的迅速发展，企业面临的竞争环境日趋恶化，竞争对手日益强大，市场需求日新月异，这就要求企业具有极强的市场感知并做出快速反应的能力。因此，企业需要结合自身情况，明确市场定位，不断进行产品创新，提高产品科技含量，满足市场多样化需求，同时积极开拓新市场，提升产品占有率。

（四）完善金融服务，缓解资金难题

积极架起银行与企业沟通的桥梁，完善企业信息建设，将企业资金的需求和项目情况，及时与银行对接，针对企业资金“两金”占比高、流动性资金需求量大等特点，积极创新金融服务，努力化解资金矛盾。同时，完善融资担保体系建设，减少银行工业贷款的风险。

（执笔：蒋清浴）

8-2 市场扫描

8-2-1 农林牧渔业

2009年国家出台扩大内需、保增长系列政策，加大了对农业的支持和产业结构调整的力度，农作物秋冬季播种面积继续稳中有升，为2010年农业生产奠定了良好的基础。

从全国看，一是农垦系统农作物秋冬播种面积达829.82万亩，比上年增加79.37万亩，增长10.6%。农作物秋冬播种面积居前五名的垦区依次是湖北垦区、兵团、湖南垦区、江苏垦区、安徽垦区。五垦区共完成秋冬播种面积610.77万亩，占全系统农作物秋冬播种面积的73.6%。二是粮食作物面积继续增加。粮食作物秋冬播种面积为495.21万亩，比上年增加56.21万亩，增长12.8%，占秋冬播种总面积的59.7%。其中，谷物面积为481.64万亩，增加55.80万亩，增长13.1%。冬小麦面积为434.55万亩，增加49.86万亩，增长13.0%。粮食作物秋冬播种面积增加主要是冬小麦的种植面积增加，占秋冬季粮食播种面积增量的88.7%。其中，新疆生产建设兵团继续实行“减棉增粮，优化结构”的方针，冬小麦的种植面积增加了25.17万亩，占全系统冬小麦播种面积增加量的50.5%。三是油料作物面积小幅增长。油料作物秋冬播种面积为98.12万亩，增加2.03万亩，增长2.1%，占秋冬播种总面积的11.8%。其中，油菜籽面积为94.86万亩，增长4.0%。主要是湖北垦区开发冬闲田，增加部分油菜种植面积，种植面积较大的海拉尔垦区春油菜面积保持稳定。四是蔬菜种植面积持续扩大。蔬菜瓜果种植面积为136.96万亩，增加12.05万亩，增长9.6%，占秋冬播种总面积的16.5%。其中，蔬菜（含菜用瓜）种植面积为127.41万亩，增长8.2%。五是其它作物播种面积大幅提高。其它作物播种面积为99.52万亩，增加9.08万亩，增长10.0%，占秋冬播种总面积的12.0%。

从福建看，全年农林牧渔业完成总产值2001.08亿元，比上年增长5.0%。粮食种植面积1846.52万亩，增加31.11万亩，其中，稻谷面积1296.90万亩，增加5.07万亩；烟叶种植面积103.51万亩，增加2.59万亩；油料种植面积165.76万亩，增加4.73万亩；蔬菜种植面积979.56万亩，增加13.57万亩。全年粮食产量666.87万吨，比上年增加14.54万吨，增产2.2%，其中，稻谷515.33万吨，增加6.52万吨，增产1.3%。

肉蛋奶总产量219.50万吨，比上年增长1.0%。肉类总产量175.19万吨，增长3.4%。其中，猪、牛、羊肉分别增长4.6%、1.2%、5.8%，禽肉下降2.3%。奶产量15.56万吨，增长4.6%。

水产品产量569.70万吨，比上年增长2.8%。其中，淡水产品产量71.70万吨，增长6.5%；海洋捕捞204.90万吨，增长0.8%；海水养殖293万吨，增长3.3%。

8-2-2 煤炭行业

2009 年我国煤炭经济基本保持了平稳运行态势。煤炭产销量保持稳定增长，煤炭需求经历了缓慢回升到加速增长的巨大变化，特别是四季度以后，随着国家经济形势的不断好转和全国大部分地区气温骤然下降，煤炭需求迅速增加，在全国较大范围内出现了煤炭供应趋紧，部分地区、个别煤种的供应出现了供应紧张的局面，煤炭交易价格不断攀升，年底煤价达到高峰。

产销量：据中国煤炭工业协会快报统计，2009年，全国原煤产量完成29.50亿吨，比上年增加2.34亿吨，增长8.6%。全国煤炭销量完成28.36亿吨，比上年增加2.15亿吨，增长8.2%。内蒙古超过山西成为我国煤炭产量最高的省份，其次是山西、陕西，以上三个省规模以上原煤产量分别为 6.00 亿吨、5.94亿吨、2.96亿吨，分别增长22.8%、4.8%、14.2%。

进出口情况：2009 年我国进口煤 1.26 亿吨，比上年增长211.9%；出口煤0.22亿吨，下降50.7%；全年净进口 1.03 亿吨，第一次成为煤炭净进口国。这标志着我国煤炭供需已深度参与国际市场平衡。我国重化工业的迅猛发展带动能源需求飞速增长，进口煤炭的使用比例也随之提高，特别是我国一直较为稀缺的优质炼焦煤进口增速更快。

价格：2009 年以来，在国家“扩内需、保增长”一系列措施的强烈刺激下，煤炭市场价格在一季度触及低点后，逐渐从底部回升，全年呈现出旺季不旺，淡季不淡，前松后紧、价格先抑后扬的总体态势。

年初，受金融危机的冲击，全球经济增速明显放缓，国内外电力、钢铁和煤化工等产业受到冲击，导致煤炭市场资源相对充裕，需求疲软，价格低位徘徊。随后，国际原油价格以及海运价格均出现持续攀升，4、5 月分别同比上升 1.5%和 2.8%，6、7 月分别下降 1.8%和 2.1%。在全球经济复苏及美元贬值的推动下，8 月开始国内煤炭市场价格进入上升通道，8、9 月国际煤炭市场整体表现较好，同时，国内主要耗煤行业发展向好，保持稳健增长势头，用煤需求上升，也在支撑着煤炭价格的上扬。进入10 月，随着世界经济恢复，北半球逐渐进入供暖期，国际煤炭市场需求逐渐增加，在国际原油价格重新走强的带动下，国际煤炭价格也持续走高。临近年尾，传统冬季采暖用煤拉动了市场需求，但天气状况又严重影响了煤炭运输。煤炭贸易商囤煤的积极性增强，进一步加剧了煤炭供应紧张的局面。

到 2009 年 12 月，本轮上涨行情已持续了长达 5 个月。12 月国内煤炭市场价格环比上升 9.9%，同比价格全年首次出现正增长，当月上升 27.2%；全年同比下降 22.5%。其中，烟煤环比上升 10.0%，无烟煤环比上升 9.6%；全年烟煤及无烟煤分别同比下降 21.0%和 23.0%。作为国内煤炭市场价格风向标的主要煤炭发货港口秦皇岛港煤价更是连续 3 个月增长，屡创年内新高。截止 2010 年 1 月 4 日，发热量为 5800 大卡/千克的大同优混煤秦皇岛价格为 840 元/吨，5500 大卡/千克的山西优混煤秦皇岛价格为 790 元/吨，和 2009 年年初相比每吨有高达近 200 元的涨幅。

8-2-3 电力行业

2009年我国电力生产消费情况总体平衡，行业利益明显回升，提前完成“十一五”节能减排工作。

一、发电量增速平稳

2009年，全国发电量36506.00亿千瓦时，比上年增长7.0%，增速加快1.5个百分点。其中，火电增长7.2%，加快4.2个百分点；水电增长4.3%，减缓13.2个百分点。全社会用电量增长6.0%，增幅提高0.8个百分点。其中，一、二、三产业用电量分别增长7.9%、4.2%和12.1%，分别提高6.0、0.4和2.4个百分点；居民用电量增长11.9%，提高0.1个百分点。工业用电量增长4.3%，提高0.7个百分点。全国发电设备平均利用小时数4527小时，下降121小时。其中，火电设备平均利用小时数4839小时，下降46小时。年末，全国发电装机容量8.74亿千瓦，增长10.2%。

二、市场供需总体平衡，但四季度变化较大

上半年，国内煤炭需求放缓，电厂存煤保持较高水平，电煤价格较上年高位有一定回落。下半年，进口煤炭总量急剧放大，但由于需求逐步增强，煤炭资源整合过程影响了生产能力的完全释放，煤炭供需趋于偏紧，电厂库存持续下降。至2009年底，全国电煤库存平均可用天数已降至11天左右；四季度电煤价格快速上涨，煤炭供需平衡压力加大，部分地区更显突出。2009年，全国6000千瓦及以上电厂发电消耗原煤13.99亿吨，比上年增长6.1%，增速略低于火电发电量增速。

三、节能减排成效显著

（一）小火电机组关停进展顺利

2009年是国家推行“上大压小”政策的第四年，小火电机组关停进展顺利。继2006年关停314万千瓦、2007年关停1438万千瓦、2008年关停1669万千瓦之后，2009年关停小火电机组2124万千瓦，共累计关停5545万千瓦，已提前一年半完成“十一五”计划关停5000万千瓦小火电机组的目标，每年可节约原煤6404万吨，减少二氧化碳排放1.28亿吨，促进了我国火电结构的进一步优化。

（二）脱硫建设亮点繁多

“十五”末期，我国投运的烟气脱硫装置容量仅占煤电总装机容量的13%，根据中电联初步统计，截至2009年底全国新投运脱硫机组容量约9500万千瓦，装备脱硫设施的燃煤机组占燃煤机组总量的比例将超过70%，如果加上具有脱硫功能的循环流化床机组，则比例将近80%，再考虑到一些纯凝小机组还要继续关停，可以说，没有二氧化硫控制措施的火电机组已经屈指可数。事实上，五大发电集团中的中国大唐集团及北京、贵州、山西等部分省份，脱硫火电机组装备比例已经基本达到100%。在脱硫工艺选择方面，虽然仍然以石灰石－石膏湿法为主，但氨法脱硫、海水脱硫、循环流化床脱硫等技术也因地、因厂制宜地实现了多元化发展，尤其是我国具有自主知识产权的氨法脱硫技术在2台13.5万千瓦燃煤机上两炉一塔（烟气量相当于单机30万千瓦）应用成功，成为新亮点。“十一五”以来，电力二氧化硫排放量逐年降低，已由2006年最高的1350万吨，下降至2008年底的1050万吨，二氧化硫排放绩效值由2006年的5.7克/千瓦时下降到3.8克/千瓦时，2009年低于3克/千瓦时。

（三）供电煤耗世界先进

供电煤耗是全面反映电力工业结构、技术、管理的综合性指标。截至2009年11月，全国供电标准煤耗由上年的345克/千瓦时下降到339克/千瓦时，进入“340克时代”，提前实现“十一五”末供电煤耗355克/千瓦时的目标，进入世界先进行列。

8-2-4　石油行业

2009 年原油供应总体稳定，基本运行正常。主要由于大庆、胜利、辽河等东部主力油田均已进入开发中后期，已进入高含水、高采出程度和高采油速度的“三高”阶段。

产量：2009 年，全国原油产量 18949 万吨，比上年下降 0.4%。进口原油 20379 万吨（海关统计），增长 13.9%。原油加工量 37460 万吨，增长 7.9%，增速加快 4.2 个百分点。其中，汽油产量增长 13.1%，加快 7.3 个百分点；柴油产量增长 6.0%，减缓 2.0 个百分点。中国的剩余探明可采储量为 27.9 亿吨，较 2008 年的 21.9 亿吨增长 27.2%，成为为数不多的剩余探明可采储量增长的国家。

价格：2009 年我国成品油价格主要跟随国际原油市场变化动态调整。由于国际石油市场需求下降，一季度，国际原油价格基本维持在每桶 40 美元下方低位徘徊。同时，国内市场需求明显下降，我国成品油市场价格呈现持续走低的行情。2009 年 3 月 25 日，国家发改委发出通知上调成品油价格，国内主要油品价格才结束了持续下跌的状况。随后，国际油价持续大幅上涨，国际原油在 5 月平均涨幅接近 30%，创十年来最大单月涨幅；6 月继续上冲至每桶 70 美元附近震荡，6 月 30 日零时，国家发改委发出通知，再度将汽、柴油批发价格每吨上调了 600 元，成品油价格二季度各月环比价格平均升幅高达 7.8%。截止 12 月 31 日，原油价格已再度逼近 80 美元/桶，并在 2010 年的第一个交易日一举突破 80 美元大关。受国家调价的后续影响，12 月成品油环比价格上升 0.4%，同比价格上升 16.0%，全年下降 10.0%。从进口价格观察，2009 年我国原油进口价格呈现振荡走高趋势，12 月量价双双创年内新高。12 月当月我国进口原油 2126 万吨，同比增长 47.9%，自 4 月起连续 9 个月同比保持增长。进口平均价格从 1 月的每吨 302.9 美元振荡走高，12 月当月进口均价创 2009 年的年内新高，达到每吨 556.80 美元，同比上涨 44.5%。

进出口情况：2009 年我国进口原油 2.04 亿吨，年度进口规模首次突破 2 亿吨，比上年增长 13.9%。12 月我国进口原油 2126 万吨，同比增长 47.9%；价值 892.60 亿美元，下降 31.0%；进口平均价格为每吨 438 美元，下跌 39.4%。

2009 年石油行业进出口呈现出以下主要特点：

1.一般贸易进口为主，加工贸易进口成倍增长。2009 年我国以一般贸易方式进口原油 1.60 亿吨，增长 3.5%，占同期我国原油进口总量的 80.9%；加工贸易项下进口 0.22 亿吨，增长 1 倍，占 10.8%。

2.沙特阿拉伯、安哥拉和伊朗为前三大进口来源地。2009 年我国分别从沙特阿拉伯、安哥拉和伊朗进口原油 4186 万吨、3217 万吨和 2315 万吨，分别比上年增长 15.1%、7.6%和 8.6%，上述三者合计占我国原油进口总量的 47.7%。

3.国有企业为进口主力。2009 年我国国有企业进口原油 1.90 亿吨，增长 13.5%，占同期我国原油进口总量的 93.0%。

8-2-5　电子行业

2009 年，电子行业继续保持较好的增长，多功能手机、笔记本电脑、数码相机仍是引导市场的主流。

一、笔记本电脑

2009 年的笔记本电脑市场竞争激烈，但相对于二、三线品牌，一线强势品牌虽然也饱受竞争的压力，但是在市场上却表现出越战越勇的态势，反观二、三线品牌只能在几大品牌的夹缝中寻求生存。

品牌：2009 年最受用户关注的笔记本电脑品牌排行榜中，联想（含 ThinkPad，以下同）以 30.6% 的关注比例领先其他品牌，一举夺魁，并连续两年蝉联榜首之位。惠普以近 10 个百分点的差距落后联想名列排行榜的第二位，关注比例为 21.1%。华硕排在第三位，占据 11.2%的关注比例。

我国最受用户关注的 15 大笔记本电脑品牌对比

（2008-2009 年）

排名	2008		2009	
	品牌	关注比例（%）	品牌	关注比例（%）
1	联想	26.3	联想	30.6
2	惠普	18.8	惠普	21.1
3	戴尔	11.9	华硕	11.2
4	华硕	11.7	戴尔	8.7
5	神舟	7.9	神舟	6.3
6	宏碁	5.8	宏碁	5.4
7	索尼	3.9	索尼	3.4
8	东芝	2.6	东芝	3.2
9	三星	2.5	三星	2.1
10	海尔	2.1	方正	2.0
11	富士通	1.7	清华同方	1.4
12	清华同方	1.0	海尔	1.1
13	明基	0.8	苹果	0.7
14	方正	0.7	Gateway	0.6
15	苹果	0.6	明基	0.5

除上述三大品牌以外，其他厂商的关注比例均在 10 个百分点以下。戴尔、神舟、宏碁分别位居第四至第六位，关注比例在 5%-10%之间；索尼、东芝、三星、方正分别位居第七至第十位，关注比例在 2%-4%之间。清华同方、海尔、苹果、Gateway 和明基排在后五位，关注比例在 2.0%以下。

产品：2009 年最受用户关注的家用笔记本产品系列中，联想有四条笔记本产品系列上榜，分别是 Y450 系列、G450 系列、G430 系列和 Y550 系列，其中，Y450 系列在下半年的家用笔记本市场中颇受瞩目，受到用户的追捧，关注度远远领先其他产品，以超出其他产品数倍的关注比例稳坐第一，G450 系列也取得了第三名的好成绩。

联想 Y450 系列之所以能以较高的关注度获得第一，ZDC 认为主要是由于该系列产品准确的把握住了消费者的心理期望值，在相同价位的产品中配置高于其他产品，并且没有明显的配置短板，为其赢得了较高的关注度。

惠普有 CQ40 系列和 CQ35 系列两条产品系列上榜，其中，CQ40 系列以较高的性价比受到消费者关注，排在第二名。华硕同样也有两条产品系列上榜，X85 系列凭借强悍的游戏性能名列第五，K40 系列排在第十。神舟和 Acer 各有一条产品系列上榜，神舟优雅系列保持其一贯的高配低价策略，在竞争激烈的市场中表现突出，获得第四名；Acer 4736 系列凭借时尚的外观和低廉的价格受到了广泛的关注，排名第六。

二、手机

2009 年，虽遭受金融危机，很多的手机品牌茁壮成长起来，也有一部分品牌从此成为历史。作为手机行业的领军人物，诺基亚在 2009 年不但屡推新品，更是高调涉足 PC 领域，准备建立起以通讯网络设备为基础的网络帝国。诺基亚在 2009 年的多项创新之举也取得了社会广泛的认可和用户的广泛支持。

市场占有情况：2009 年中国手机市场中，诺基亚以 42.6%的人气比例独占鳌头，占据市场四成以上的人气份额。诺基亚并未固守 Symbian S60v3，而是推陈出新，以 S60v5 系列手机收复智能手机领域失地，并以低端、中端、高端智能手机全方位在中国市场完美的狙击了苹果 iphone 3GS，可谓收获颇丰。年底推出的 Maemo 5 系统智能手机 N900 将诺基亚的人气推向了历史新高度。为了配合中国不同的 3G 手机制式，诺基亚更是全方位发展，陆续推出支持 TD-SCDMA、WCDMA 及 CDMA2000 的手机终端，全面支持中国 3G 手机市场发展的同时，也为自己赢得了更加广阔的市场发展空间，其霸主头衔实至名归。

三星紧随诺基亚之后，获得 16.1%的人气比例，位居第二。三星一向以全方位发展为己任，其产品涵盖所有价格段，涉猎所有市面上的智能手机操作系统，价格往往远低于市场中同类型产品，因此倍受用户青睐。

多普达与索尼爱立信的人气比例相差仅为 0.01 个百分点，依次位居第三、第四名。多普达专注于智能手机市场，以 Windows Mobile 系统为基础，借 Android 的超高人气，配合推出了多款该系统手机，吸引了众多用户的关注。索尼爱立信 2009 年则以音乐为卖点的市场定位表现不佳。

摩托罗拉自从手机部门被拆分出来以后，就一直处于转型迷茫期，没有鲜明的市场定位，先后推出的新机也无亮点，走中庸之路，因此仅获 4.3% 的人气比例，位居第五。

LG、联想、天语、HTC、夏普的人气比例分别为 3.1%、2.2%、1.8%、1.5%、1.1%，依次位居第六到第十。2009 年中国手机市场排行情况见表 1。

销量：随着运营商在网络建设、业务推广和终端推动方面取得显著进展，并在 2009 年对市场进行了全面的培育和宣传，从 2010 年开始 3G 手机市场即将迎来爆发式增长，3G 手机将成为中国手机市场的主要产品类型。预测 2010 年中国 3G 手机市场销售量超过 5000 万部，2012 年超过 8000 万部。其中，TD-SCDMA 市场开始发力启动，在 3G 市场一路走高。TD-SCDMA 产业的快速发展，得益于运营商多元化政策的推动、3G 终端的成熟、网络的优化以及资费套餐的下降等几个主要因素，加速了 TD-SCDMA 手机的普及速度，降低了市场的门槛。2008-2012 年中国 3G 手机销量见图 1。

表1　中国手机市场排行情况

（2009年）

排名	品牌	关注度（%）	排名	品牌	关注度（%）
1	诺基亚	42.6	6	LG	3.1
2	三星	16.1	7	联想	2.2
3	多普达	6.6	8	天语	1.8
4	索尼爱立信	6.5	9	HTC	1.5
5	摩托罗拉	4.3	10	夏普	1.1

图1　2008-2012年中国3G手机市场销量

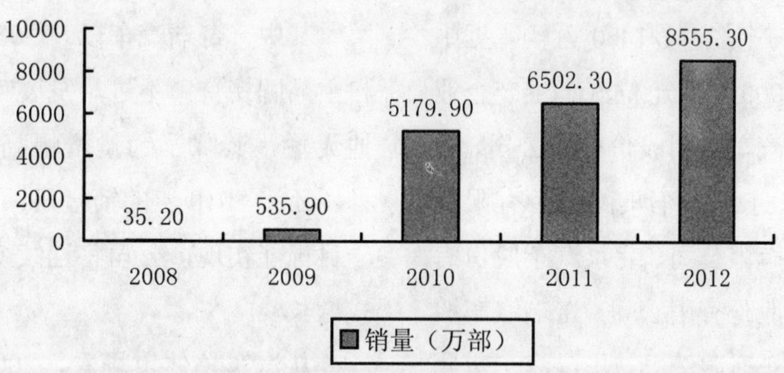

品牌满意度：用户对主要品牌的产品满意度评价中，诺基亚、三星、摩托罗拉和中兴等品牌的满意度均超过70%。从整体产品上的评价而言，国外品牌相对而言较有优势。而中兴等一些国内品牌由于在近几年加大产品的创新和研发力度，其满意度也有所提升。2009年，中兴凭借与运营商间良好的合作关系，不断加大产品的创新和研发力度，不断推出多层次的定制产品，满足用户需求的同时，也提高了自身的产品满意度。主要品牌手机产品满意度见图2。

图2　主要品牌手机产品满意度

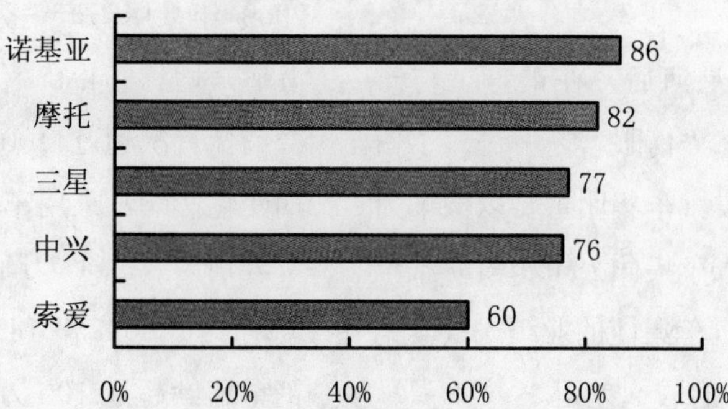

8-2-6 机械行业

2009 年我国机械工业总产值将增长 15%左右，实现利润和出口创汇将增长 10%左右，全年经济运行态势将呈前低后高走势。但金融危机对机械工业的滞后性影响将进一步显现，虽然重大装备和大型机械产品的市场需求仍较旺盛，但多数量大面广的中低档机械产品，尤其是产能过剩比较严重的小型机械制造企业将面临需求萎缩的严峻局面，产业结构调整升级的压力加大，优化出口产业结构的任务日益紧迫。

一、汽车

2009 年，我国汽车产销突破 1360 万辆。据中汽协最新公布的数据，2009 年前十位汽车生产企业销量排名依次为：上海汽车集团股份有限公司、中国第一汽车集团公司、东风汽车集团股份有限公司、长安汽车集团股份有限公司、北京汽车股份有限公司、广州汽车集团股份有限公司、奇瑞汽车股份有限公司、比亚迪汽车有限公司、华晨汽车集团控股有限公司、吉利汽车控股有限公司。上述十家企业共销售汽车 1189.33 万辆，占汽车销售总量的 87.0%，增速提高 4.0 个百分点。其中，前五家企业销量都超过百万，上汽超过两百万辆。五家企业集团 2009 年销售汽车 966.05 万辆，占汽车销售总量的 71.0%，增速提高 9.0 个百分点。这一占比意味着离《汽车产业振兴规划》的目标仅相差 3.0 个百分点。

长安集团收购哈飞和昌河后，在销量上与一汽、东风的差距缩小明显，“榜眼”之争进入了白热化程度。不过，由于长安汽车集团主要以微车为主，利润率低，加上哈飞汽车集团公司和昌河汽车公司经营亏损冲抵了长安汽车集团的业绩，故其销售额和利润和前三大集团仍有较大差距。

值得一提的是，上海汽车集团股份有限公司依靠五菱逾百万辆的微车销量和上海大众、上海通用逾 70 万的销量，成为 2009 年唯一年销量超过 200 万辆的汽车企业。而 2008 年全球销量最大的汽车集团分别为丰田、通用、大众、福特、现代—起亚、本田、日产—雷诺、标致雪铁龙、菲亚特、铃木。其中，铃木和菲亚特销量均在 270 万辆以下，这意味着上海汽车将跻身全球十大汽车集团。

在 2009 年我国汽车产业结构调整当中，自主品牌占有率有较大提高。2009 年我国自主品牌乘用车共销售 457.70 万辆，占乘用车销售总量的 44.0%，比上年提高 4.0 个百分点。

其中，奇瑞汽车以 50.03 万辆的销量继续位居自主品牌榜首，不过，发展势头最迅猛的当属比亚迪无疑，其除了销量增幅高居十大企业集团第一外，还将 2010 年的销售目标锁定为 80 万辆，若这一目标能实现，公司将连续 6 年实现 100%的跨越式增长。

从汽车总体市场看，2009 年我国汽车产销分别为 1379.10 万辆和 1364.48 万辆，比上年增长 48.3%和 46.2%，产销首次达到世界第一。产销情况已从 2009 年上半年的供不应求发展到供求基本平衡，全年产销率为 98.9%，产量增速已超过需求增速。我国汽车行业规模以上企业产销呈较快增长态势，工业总产值和工业销售产值自 4 月由负增长转为正增长以后，增幅逐月上升。从乘用车市场看，2009 年乘用车产销分别为 1038.38 万辆和 1033.13 万辆，增长 54.1%和 52.9%，这是我国乘用车年产销量首次超过 1000 万辆。受翘尾因素和政策预期变化影响，乘用车市场在四季度增长强劲，产销量分别为 322.47 万辆和 308.62 万辆，分别比上季度增长 18.0%和 14.1%。其中，11 月和 12 月产销量连续超过 100 万辆，不断刷新历史记录。从商用车市场看，2009 年商用车产销量分别为 340.72

万辆和331.35万辆，增长33.0%和28.4%。其中，下半年商用车产销量呈现明显增长，连续6个月保持两位数增长，商用车市场出现回暖迹象。2009我国前十位汽车生产企业销量情况见下表。

前十位汽车生产企业销量

（2009年）

排名	企业名称	销量（万辆）	比上年增长（%）
1	上海汽车集团股份有限公司	270.55	57.2
2	中国第一汽车集团公司	194.46	26.9
3	东风汽车集团股份有限公司	189.77	43.7
4	长安汽车集团股份有限公司	186.98	56.3
5	北京汽车股份有限公司	124.30	61.1
6	广州汽车集团股份有限公司	60.66	15.3
7	奇瑞汽车股份有限公司	50.03	40.5
8	比亚迪汽车有限公司	44.84	160.0
9	华晨汽车集团控股有限公司	34.83	22.1
10	吉利汽车控股有限公司	32.91	48.4

二、工程机械

据中国工程机械工业协会统计，2009年我国工程机械进出口出现较大下滑，贸易总额为128.60亿美元，比上年下降33.9%。其中，进口金额51.50亿美元，下降14.4%；出口金额77.10亿美元，下降42.6%，贸易顺差25.60亿美元，减少顺差48.4亿美元，下降65.4%。

进出口方面：在进口方面，累计进口整机33.10亿美元，上年减少7.3%，占进口总额的64.3%，比2008年提高了5.3个百分点；零部件进口18.40亿美元，减少24.9%，占进口总额的35.0%。分产品看，履带挖掘机进口15亿美元，减少13.9%，占进口整机的45.3%，所占份额下降了3.4百分点。大马力推土机、摊铺机、沥青搅拌设备、混凝土泵、桩工机械、平地机、堆垛机、汽车起重机、履带式起重机和塔式起重机等产品进口额持续增长；2009年进口的国家和地区共72个，其中，从亚洲进口最多为30.50亿美元，下降19.2%，占进口总额的59.2%；排在进口国家（地区）前三位的是日本、德国、韩国，其进口额合计为36.80亿美元，比上年减少15.0%，占进口总额的71.5%。在出口方面，累计出口整机51亿美元，减少44.2%，占出口总额的66.2%；零部件出口26.10亿美元，减少39.1%，占出口总额的33.8%。分具体产品看，大部分产品的出口是负增长，其中，挖掘机、装载机、大马力推土机、平地机、履带起重机、塔机、汽车起重机、叉车、混凝土泵和混凝土搅拌运输车等产品的出口下降幅度在40%以上。仅有部分产品的出口为正增长，如：大于100吨的全路面汽车起重机、铲运机、堆垛机、机场用车和救火车。2009年共出口国家和地区203个，其中，向亚洲出口最多为35.30亿美元，减少42.0%，占出口总金额的45.8%；排在出口国家（地区）前三位的是美国、日本和印度，其出口额合计为13.00亿美元，减少53.6%，占出口总额的16.9%。

主要产品销量：我国工程机械主要涉及的产品有挖掘机、推土机、装载机、平地机、汽车起重机、压路机和摊铺机。据慧聪工程机械网公布，其销量主要如下：

1.挖掘机：1、2月挖掘机销量直线上涨，到3月达到一个销量高峰，之后波动较大，到下半年开始趋向平稳。从1月到11月总体情况看，我国挖掘机市场的趋势是上涨，中间有些月份有不同程度的波动。

2.装载机：1、2月挖掘机销量直线上涨，3月开始变化幅度趋于平稳，3月到7月逐月都有下降，但是幅度并不大。从宏观上看，前11个月装载机销量从3839台上涨到11729台，涨幅较大。

3.汽车起重机：汽车起重机广泛用于高铁建设、工程建设，我国政府推出的拉动内需投资计划对汽车起重机的拉动是非常明显的，因此整体上销量上涨幅度较大，1-11月累计销量是24728台，同比增加4440台。尽管9月开始有小幅下降但是汽车起重机有冬季采购，春季开工的特点，因此汽车起重机出口的变化幅度一直较大。

4.平地机：与主流产品挖掘机、装载机不同的是，平地机销量高峰是在6月，之后又大幅下降，直到11月还是呈下降趋势。但总体上从1月的142台到11月的214台，销量有一定幅度的增长。

三、仪器仪表

2009年初，我国仪器仪表总产值与销售额同比增幅只有2.6%和2.9%，达到改革开放以来的历史最低点。与2009年1月相比，11月的增幅只上升了4.0个百分点。因此，整体来看，行业的全年运行情况有所上升，但增幅不大。由于仪器仪表行业的发展对投资的依赖度较高，尤其是对新建工程项目的依赖。经济危机使不少领域的投资大幅度减少，国际市场又大幅度萎缩，造成了仪器仪表出口出现负增长的态势。国内外市场的变化必然会连带仪器仪表全行业发展减缓。从不同所有制企业来分析，影响行业销售额下滑的主要是三资企业。2007年和2008年，三资企业的销售额均占行业总销售额的40%以上。从2008年下半年开始，三资企业销售额增幅开始明显下降。2008年增幅从2007年的30%下降到12.8%，到2009年出现了负增长，1月为-9.8%，11月为-5.6%。相比之下，国营企业和民营企业则分别有3.3%和18.1%的正增长。三资企业销售额下滑主要是因为三资企业的主打市场是高端市场和大型工程项目，这部分市场受经济危机影响比较大。

8-2-7 食品行业

2009年，我国食品工业经济整体呈现出良好的发展态势，产值稳步提高，但食品安全隐患犹存，规模化生产水平亟待提高等问题。

一、生产保持稳定，产值稳步提高

据中国食品工业协会统计，2009年，我国食品工业实现总产值（规模以上企业，下同）49678亿元，比2005年的20479亿元增长了143%，年均递增约25%，提前实现了“十一五”规划“食品工业总产值2010年达到40900亿元，年均增长15%”的目标。

二、食品价格波动平稳

食品价格上涨对CPI的影响很大。这主要有两方面原因：一是食品价格主要受农产品价格的影响；二是食品在CPI中的权重较大，占1/3左右。食品主要包括粮食和肉禽蛋等副食品。2009年食品价格主要受肉禽等副食价格的影响，涨幅较平稳。2007-2008年，粮食消费价格涨幅小于食品，肉禽类消费价格涨幅高于食品。2009年6-11月，食品价格指数（当月同比）由6月的98.9上升到11月的103.2，提高了4.3个百分点。其中，粮食价格指数由6月的105.1上升到11月的107.0，提高了1.9个百分点；肉禽类消费价格指数由6月的84.6上升到11月的98.3，提高了13.7个百分点。

三、食品进出口均有所下降

据海关统计，2009年我国食品进出口561.10亿美元，比上年下降4.5%。其中，出口337.50亿美元，下降1.6%；进口223.60亿美元，下降8.7%。

2009年我国食品进出口低调开局，进、出口额分别在1月和2月探底。随后，在食品消费刚性需求、政府和企业积极应对以及国际经济有所复苏等因素的作用下，食品对外贸易逐步回暖，进、出口在波动调整中不断上行。12月当月进出口额攀升到63.60亿美元，创历史之最，同比增速也高达23.3%。其中，进、出口额分别为25.10亿美元和38.50亿美元，均创新高，分别增长34.1%和17.1%。从进出口的主要市场观察，均呈现不同程度的下降趋势。2009年，我国对日本出口食品65.30亿美元，下降2.3%；对欧盟出口50.00亿美元，下降7.7%；对东盟出口46.50亿美元，增长16.7%；对美国出口42.20亿美元，下降7.8%。对上述4大市场出口合计占当年我国食品出口总额的60.2%。同期，我国自东盟进口食品80.20亿美元，下降6.5%；自美国进口25.40亿美元，下降15.4%；自欧盟进口22.70亿美元，下降14.7%。自上述3个市场进口合计占当年我国食品进口总值的57.4%。

四、存在主要问题

（一）食品质量安全隐患犹存

食品质量安全隐患贯穿于整个食品生产销售链条中：种植养殖源头的疫病控制和农兽药使用不规范，导致的农产品残留问题尚未得到彻底解决；在食品加工制造过程中，非法使用和添加超出食品法规允许适用范围的化学物质，相继出现了龙口粉丝吊白块、三氧化硫虾仁、甲醛水产品等一系列食品安全事件；在运输、储存、销售过程中，由于环境、设备、包装等环节操作不慎也易导致不安全因素。

（二）规模化生产水平亟待提高

我国农作物种植和禽畜、水产养殖的规模化程度依然较低，松散的小户生产模式还占有较大的比例。部分拥有生产基地的较大规模的企业因产能存在缺口，仍需向零散农户采购部分原材料以弥补自身产能不足，而这部分原材料往往由于小户生产模式中落后的食品安全意识和松散的管理给企业的食品安全生产埋下了较大的隐患。

8-2-8 纺织行业

2009年，我国纺织行业运行总体呈现平稳增长的良好局面，生产平稳增长，利润增幅明显回升，出口降幅收窄，但全球棉花供不应求的预期下国际棉花价格将高位运行，导致纺企成本压力上升。

一、纺织行业运行总体平稳

（一）生产平稳增长

2009 年以来纺织行业的产销增速稳步回升。1-12 月，规模以上纺织企业累计实现工业总产值 37979.89 亿元，同比增长 10.3%；实现工业销售产值 37167.07 亿元，增长 10.6%。主要大类产品中，纱产量达 2405.62 万吨，增长 12.7%，增速提高 4.6 个百分点；化纤产量达 2726.06 万吨，增长 14.3%，增速提高 12.0 个百分点；布产量达 567.44 亿米，增长 5.3%。

（二）主要纺织产品产量增速均加快

2009 年，全年纱产量 240600 吨，增长 12.7%，比前三季度增速（11.8%）提高 0.9 个百分点，比上半年（9.4%）增速提高 3.3 个百分点，比一季度（7.7%）提高 5.0 个百分点；布产量 568 亿米，增长 5.3%，比前三季度增速（4.4%）提高 0.9 个百分点，比上半年增速（0.2%）提高 5.1 个百分点，比一季度增速（-2.5%）提高 7.8 个百分点；服装产量 237.50 亿件，增长 6.9%，比前三季度增速（2.1%）提高 4.8 个百分点，比上半年增速（11.4%）下降 4.5 个百分点，比一季度增速（-2.7%）提高 9.6 个百分点。

（三）利润增幅明显回升，亏损面缩小

2009 年 1-11 月，规模以上纺织企业累计实现利润 1331.49 亿元，同比增长 25.4%，增速比 1-8 月提高 13.1 个百分点；亏损面 17.7%，比 1-8 月收窄 2.9 个百分点。其中，纺织业累计增长 17.8%，服装行业增长 21.3%，化纤行业利润增速反弹尤为显著，1-11 月同比增长 187.4%。

（四）内销起到首要支撑作用

2009 年以来，在国家“扩内需”政策的支持下，内需市场实现稳定较快增长，成为支撑纺织行业企稳回升的首要因素。2009 年我国衣着类消费品零售总额比上年增长 18.8%，增速虽然比上年有所下降，但整体仍保持了较高水平。在内需市场支撑下，行业内销产值增长持续加速。2009 年，规模以上纺织企业累计实现内销产值 29712.24 亿元，增长 14.7%，行业内销产值比重达到 79.9%，提高 2.9 个百分点。

二、存在问题

（一）纺织行业产业结构亟待调整，化纤和纺织机械制造较薄弱

在纺织行业销售产值构成中：纺织业占比重为 61%，服装制造业占 27%，化纤制造业占 10%，纺织机械制造业仅占 2%。这说明我国纺织业中化纤制造业和机械制造业目前仍为薄弱环节。

（二）技术标准缺失造成我国纺织品频繁被召回

2009 年，欧盟委员会非食品类快速预警系统（RAPEX）共对华（不包括台湾和香港地区，下同）输欧产品通报共 977 项，比上年增长 12.7%。其中，对华纺服类产品通报 213 项，增长 294.4%，激增现象十分明显。纺织品服装类产品占对华输欧产品总数的 21.8%，比上年提高近 16 个百分点。2009 年，美国消费品安全委员会（CPSC）共发布召回涉及中国大陆产品的通报 213 起，下降 3.6%。其中，纺织品服装类产品共通报 24 起，占 CPSC 对华召回通报的 11.3%，增长 4.4%。

8-2-9　建材行业

2009年，建材行业继续保持良好的增长势头，产业结构调整进一步优化。

一、水泥

产量：2009年全国水泥产量为16.30亿吨，比上年增长17.9%。其中，12月全国水泥产量为1.40亿吨，增长12.6%。2009年全国水泥产量突破了16亿吨，相比上年有近18个百分点的增长速度。由此可见，水泥产量迎来16亿吨这一峰值正是与国家投资密切相关。2009年是国家"四万亿"经济刺激计划全面实施并不断完善的关键一年，由此拉动了重点工程项目、房地产业开发、新农村发展的投资，一举扭转了经济增速明显下滑的态势。在此情况下，全国的水泥产量也在节节攀升。金融危机初现的2007年全国规模以上水泥企业总产量13.5亿吨，增速高达13.5%。2008年11月国家出台"四万亿"投资计划，当年的全国水泥产量规模以上水泥企业全年水泥产量13.88亿吨，同比增长5.2%。

价格：2009年，随着我国经济增速稳步回升，水泥全年平均价格水平略低于2008年。据监测，全国36个大中城市四种水泥产品全年平均价格为每吨357.52元，比上年同期下降0.6%。其中，42.5强度普通硅酸盐水泥平均价格为每吨399.50元，比上年同期下降0.1%。

从各月情况看，水泥价格呈先降后升走势。7月以前，由于全球金融危机对我国经济的负面影响仍比较大，水泥市场供求关系偏松，除5月四种水泥产品平均价格环比略涨1.2%外，其余6个月的价格都在下降，月环比降幅大都在1%以上；8月份之后，我国经济复苏势头明显转强，市场信心在快速回升，水泥市场价格出现了持续上涨，价格环比连续五个月都是正的，环比涨幅大都在0.7%以内；到12月，四种水泥产品平均价格为每吨356.61元，比年初下降3.4%，其中，42.5强度普通硅酸盐水泥平均价格为397.88元，比年初下降3.4%。

分地区看，西南地区水泥价格最高，2009年42.5强度普通硅酸盐水泥地区平均价格为471.29元；华东地区水泥价格最低，地区平均价格为347.92元；与2008年相比，除华东、中南地区去年价格分别下降4.5%、5.9%外，其它地区价格均有所上涨，其中西北地区价格上涨10.7%，多数地区价格涨幅在4%以内。

二、石材

产量：2009年我国规模以上石材企业大理石板材产量达到3397万平方米，较2008年增长了33.3%，增速高于全部石材板材产量增速，是2005年的1.9倍。2005-2009年我国大理石板材产量年均增速为17.3%。其中，天然大理石产量为3362万平方米，占99.0%，2009年全国各省市天然大理石产量见表1。

进出口：据海关统计，2009年，中国石材贸易进出口合计只比上年低7.7%，仍达到了50亿美元的规模，再一次表明中国石材业具有适应国际市场的应变能力。2009年中国石材出口2133万吨，创汇36.11亿美元，比上一年分别降低25.1%和8.4%。出口数量降低幅度大大低于出口价值的降低幅度，说明我国石材出口产品结构在进一步调整，也即单位创造的价值在迅速提高。从2009年进口石材来看，共进口811.00万吨，用外汇14.50亿美元，分别比上一年（2008年为819万吨，15.45亿美元）降低1.0%和6.1%。

三、平板玻璃

2009年，我国平板玻璃实现产量5.60亿重量箱，各省市产量见表2。玻璃行业呈现先低后高，下半年业绩复苏十分明显。其中，平板玻璃出口呈现量缩价涨局面，价格呈逐月回升态势，浮法玻璃出口价从 2009 年 3 月的 280.74 美元/吨，上涨至 12 月的 342.71 美元/吨，涨幅为 22.1%；普通平板玻璃出口价年内涨幅高点达到 93.2%。这说明我国目前平板玻璃出口品种结构和品质都发生了实质变化，从量变转化到质变，从而提高了单位出口价，同时也提升了国际竞争力。虽然 2009 年仍稍落后于 2008 年，但市场发展态势为逐渐向好。一些企业看好逐步恢复的市场，纷纷点火新线或复产冷修及改造线，中国玻璃、浙江玻璃、凌源世明玻璃等企业在四季度都有复产点火及新线竣工。近两年建线较为集中的四川、重庆地区，先后有台玻、南玻、明达等多条新线投产，地区产能已超过 3300 万重箱，人均玻璃占有率远远高于全国平均水平。

表 1　全国各省市天然大理石产量

（2009 年 1-12 月）

地区	天然大理石产量合计（平方米）	地区	天然大理石产量合计（平方米）	地区	天然大理石产量合计（平方米）
全国	**33625665.57**	浙江	170140.00	重庆	117869.37
北京	221095.95	安徽	441178.27	四川	1242998.00
天津		福建	6485370.00	贵州	
河北	1503891.35	江西	3052694.00	云南	1035610.00
山西		山东	4161266.00	西藏	
内蒙古	1374491.00	河南	3268089.10	陕西	699720.00
辽宁	549024.00	湖北	3425229.27	甘肃	
吉林		湖南	712732.00	青海	
黑龙江		广东	3480138.26	宁夏	
上海	1086374.00	广西	162539.00	新疆	
江苏	435216.00	海南			

表 2　全国各省市平板玻璃产量情况

（2009 年）

地区	产量合计（重量箱）	地区	产量合计（重量箱）	地区	产量合计（重量箱）
全国	**560732924.40**	浙江	33589264.04	重庆	2790295.00
北京		安徽	10357711.49	四川	33358993.80
天津	6795490.00	福建	20916696.00	贵州	309470.90
河北	87977143.85	江西	4498188.00	云南	5008331.00
山西	12756904.73	山东	60821139.68	西藏	
内蒙古	15508921.05	河南	27646526.50	陕西	13365357.00
辽宁	16741464.00	湖北	35281462.90	甘肃	5080946.00
吉林	3799533.02	湖南	16629761.00	青海	503283.80
黑龙江	7096593.96	广东	81012864.36	宁夏	
上海	11085.00	广西	4539249.32	新疆	1954933.00
江苏	52381315.00	海南			

8-2-10 塑料行业

2009 年全国塑料行业整体同比仍保持两位数增长，发展态势仍较乐观。

产销：2009 年 1-12 月全国塑料制品产量为 4479.30 万吨，同比增长 10.6%，其中，产量为 466.30 万吨，增长 20.9%；全国的塑料制品产销率为 97.5%，下降 0.3 个百分点。其中，12 月产销率为 98.3%，增长 0.7 个百分点。

我国主要塑料产品产量及增幅情况见下表。

我国塑料制品分产品产量及增幅情况

（2008-2009年）

产品类别	产量（万吨）	比上年增长（%）	增速变化（百分点）
塑料制品	4479.30	10.6	0.5
塑料薄膜	690.40	12.1	15.7
农用薄膜	119.40	18.4	24.1
塑料板片材	320.30	6.4	-5.5
塑料制管子及其附件	580.40	18.9	-9.3
塑料丝及编织制品	160.40	19.2	-6.1
泡沫塑料	184.80	15.2	11.5
塑料人造革	581.50	26.6	19.9
塑料合成革	187.10	15.8	5.5
塑料包装箱及容器	274.50	20.7	22.3
日用塑料制品	544.20	8.4	-4.3

进出口：据海关统计，我国 2009 年塑料制品出口量为 655.89 万吨，比上年下降 12.0%，其中，12 月塑料制品出口量为 63.84 万吨，环比增长 15.7%。2009 年 1-12 月初级形状的塑料累计进口量 2381 万吨，同比增长 34.5%。其中，12 月初级形状的塑料进口量 219.00 万吨，环比增长 17.7%，

8-2-11 建筑行业

2009年，在国家积极财政政策的推动下，建设领域投资规模不断扩大，建筑业呈现良好的发展态势。

全国：从总量看，2009年我国建筑业总产值再创历史新高，全国共完成建筑业总产值75864亿元，比上年增长22.3%；建筑业企业实现利润2663亿元，增长21.0%，其中，国有及国有控股企业697亿元，增长23.9%。全国具有资质等级的总承包和专业承包建筑业企业完成建筑业总产值75864亿元，比上年同期增加13827亿元，增长22.3%；全社会建筑业增加值22333亿元，增长18.2%。从房屋施工情况看，2009年共完成房屋建筑施工面积58.73亿平方米，增加5.68亿平方米，增长10.7%。全国具有资质等级的总承包和专业承包建筑业企业共实现利润2663亿元，增长21.0%。从房屋建筑施工面积看，呈现持续增长，实行招投标承包的房屋建筑面积逐年扩大。2009年全国房屋建筑施工面积为58.73亿平方米，增加5.68亿平方米，增长10.7%。其中，新开工面积29.44亿平方米，增加2.31亿平方米，增长8.5%；实行招投标承包面积为48.79亿平方米，增加4.91亿平方米，增长11.2%。从房屋建筑施工面积看，2009年全国房屋建筑竣工面积为22.96亿平方米，增加0.6亿平方米，增长2.7%。2000年至2009年，全国房屋建筑施工面积持续增长，实行招投标承包的房屋建筑面积逐年扩大。实行招投标承包面积占总房屋建筑施工面积的83.1%，比2008年提高0.6个百分点。从新签合同额看，2004年到2009年，建筑业企业新签合同额逐年增长，平均年增长率达到23.0%。2009年建筑企业新签合同额达到84898.61亿元，增加18529.78亿元，增长27.9%，增幅提高3.8个百分点，高于年平均增长率4.9个百分点。从企业数看，到2009年底，全国建筑业企业为68283个，比上年同期减少2812个。建筑业企业数量在连续三年小幅增长之后，2009年首次回落。企业数量虽然减少，但规模扩大、实力增强，逐步形成“金字塔”型的行业组织结构。全国建筑业企业中，国有及国有控股建筑业企业数量为7295个，比2008年减少225个。2009年国有及国有控股建筑业企业数量占全国建筑业企业总数的10.7%，与2008年的12.3%、2007年的13.3%相比，国企占比呈逐年减少的趋势。从从业人员看，2009年，全国建筑业企业从业人数为3597.35万人，比上年同期增长8.5%，从业人数连续多年稳定增长。其中，国有及国有控股企业从业人数为791.80万人，占全部从业人数的22.0%。

福建：2009年完成建筑业总产值达2422亿元，比上年增长20%，达到历史新高。其中，在2422亿元总产值中，总承包和专业承包企业完成2162亿元，首次突破2000亿元，增长19.8%。实现全社会建筑业增加值894亿元，增长18.6%，占全省GDP7.5%；建筑业税收总收入90.40亿元，增长13.5%，占全省税收总收入14.6%。全省资质等级以上的总承包和专业建筑业企业完成建筑业总值2162.29亿元，增长16.7%；房屋建筑施工面积21006.93万平方米，增长4.9%；实现利润60.59亿元，增长16.7%。2009年，福建省共有351个在建重点项目，共完成固定资产1493亿元，占全社会投资的23.5%，其中，包括铁路、高速公路，跨海大桥、海底隧道、码头、水库、石化化工项目、国际会展中心等一大批有助于推动地区进一步发展的重点项目。

8-2-12　批发、零售业

2009年我国社会消费品零售总额125343亿元，比上年增长15.5%；扣除价格因素，实际增长16.9%，实际增速比上年加快2.1个百分点。2009年市场销售增长平稳较快，部分产品销售快速增长。全年城市消费品零售额85133亿元，增长15.5%；县及县以下消费品零售额40210亿元，增长15.7%。分行业看，批发和零售业消费品零售额105413亿元，增长15.6%；住宿和餐饮业消费品零售额17998亿元，增长16.8%。

在限额以上批发和零售贸易业商品零售中，除通讯器材类外，其他20类商品零售均实现较大幅度增长。其中，服装、鞋帽、针纺织品类比上年增长18.8%，家具类增长35.5%，汽车类增长32.3%。

据中国行业信息中心对全国重点消费品市场调查情况看，2009年，销量前十位品牌的平均市场占有率为69.9%，比上年提高1.5个百分点，表明名优品牌的竞争力继续提高。分类别看，家电类消费品的市场集中度依然最高，其后依次为日化类、文化办公类、日用品类、食品类、服装类。

在家电类消费品市场，品牌优势最为明显，销量十强品牌的市场平均占有率达81.3%，比上年提高2.1个百分点。洗衣机、电冰箱、彩电等大家电的销量十强品牌的市场占有率均在80%以上，与上年相比，彩电和电冰箱十强品牌的占有率分别提高了2.7个百分点和1.7个百分点，洗衣机十强品牌的市场占有率下降1.7个百分点。冷柜行业的市场集中度仍然呈稳步上升的态势，2009年提高0.2个百分点。在小家电领域，品牌概念日益深入人心，市场购买力进一步向知名品牌集中，大部分产品销量十强品牌的份额有所提升。具体看，在厨卫家电领域，电磁炉的市场集中度仍最高，销量十强品牌的份额提高了5.4个百分点，达到87.8%；浴霸、电压力锅、燃气热水器十强品牌的市场占有率也均在80%以上，且均比上年有所提高；电饭煲的市场集中度仍在70%以上，达到77.2%，比上年提高2.3个百分点；虽然电水壶、燃气灶具、吸油烟机十强品牌的市场占有率低于其他厨卫家电，但也一直处于稳步上升的态势，2009年均有不同程度的提高，分别达到61.7%、58.1%、55.9%。在生活小家电领域，仍然有超过九成的消费者选择了饮水机、电动剃须刀十强品牌，电熨斗的市场集中度在这一领域最低，仅为76.2%，电风扇、电吹风机、吸尘器十强品牌的合计份额仍在80%以上，除电吹风基本与上年持平外，电风扇、吸尘器均有不同程度的下降。

在日化、日用类消费品市场，销量十强品牌的市场平均占有率为71.0%。市场集中度最高的是压力锅，达到92.6%；睫毛膏、不锈钢锅、紫砂炊具市场的品牌效应不断扩大，十强品牌的市场占有率稳步上升，已突破80%；染发用品、沐浴露的市场占有率在70%以上，分别比上年提高0.8个百分点和7.0个百分点；床上用品的市场集中度仍最低，为26.0%，略低于上年。

在食品类市场，销量十强品牌的平均市场占有率达到70%以上。葡萄酒的市场集中度最高，为82.4%，比上年提高了2.2个百分点；啤酒、火腿肠、白酒的市场集中度在75%以上，其中，啤酒、火腿肠的市场集中度有所提高，而白酒则有较大幅度的下降；在食品类市场，保健品的市场集中度仍最低，但2009年提高了1.4个百分点，突破20%。

在文化办公类市场，传真机、打印机、户外用品、数码电池的购买力最为集中，达到80%以上，但与上年相比，传真机、打印机出现了不同程度的下降，户外用品则有较大幅度的提高。手表、电池充电器的市场集中度一升一降，均在60%以上。健身器材、普通自行车的市场集中度较低，不足50%，但与上年32.5%的数字相比，健身器材名优品牌的吸引力明显加大。

在服装、鞋帽类市场，名优品牌的影响力仍有待提高。2009年销量十强品牌的市场平均占有率为38.1%，与上年基本持平。运动鞋、羽绒服的品牌影响力最为明显，十强品牌的市场份额分别为64.4%、62.0%，与上年相比，运动鞋有了较大幅度的提高，羽绒服略有下降。在女内衣市场，共有近六成的市场购买力投向名优品牌；羊绒衫、牛仔服、领带、保暖内衣、女皮鞋、男裤十强品牌的合计份额在40%-50%之间；男衬衫、针织内衣、男皮鞋十强品牌的市场份额在30%-40%之间；休闲装、茄克衫、男西服、皮衣、T恤衫、童装的市场集中度在20%-30%之间，值得关注的是T恤衫、茄克衫、休闲装均有不同程度的提高；羊毛衫的市场集中度最低，仅为18.9%。

8-2-13 旅游行业

近年来，我国旅游业快速发展，但仍面临发展方式粗放、基础设施建设滞后、服务质量不高等问题，需要从改革、开放、服务、管理入手，着力提升发展质量，把旅游业培育成国民经济的战略性支柱产业和人民群众更加满意的现代服务业。

一、入境旅游业

2009年1-12月，我国入境旅游人数达12647.59万人次，同比下降2.7%，增幅下降1.3个百分点；入境过夜旅游人数达5087.52万人次，下降4.1%，增幅下降1.1个百分点。从入境方式看，我国入境旅游总人数中，选择徒步方式入境的最多，占到了58.3%；其次是汽车和飞机，分别占24.1%和12.9%；选择通过火车入境的旅游者人数最少，仅占全部入境旅游者人数的1.0%。从港澳台入境旅游情况看，台湾同胞与上年相比，有一定的增长；外国人、香港同胞和澳门同胞则有所下降，香港同胞入境旅游人数占入境旅游总人数超过60%。

全国旅游外汇收入累计为396.75亿美元，同比下降2.9%，增幅下降0.3个百分点。按不同客源地划分的游客在华花费情况为：外国人在华花费为222.54亿美元，下降6.1%，占总花费的56.1%；香港同胞在华花费为97.5亿美元，增长5.3%，占总花费的24.6%；澳门同胞在华花费为27.5亿美元，下降19.3%，占总花费的6.9%；台湾同胞在华花费为49.3亿美元，增长10.0%，占总花费的12.4%。

二、国内旅游业和出境旅游业

我国国内旅游人次增加到19.02亿人次，出境人数达到4766万人。国民旅游成为中国旅游发展主体，休闲成分保持较高比例。2009年，中国国内旅游人次从2000年的7.44亿人次增加到19.02亿人次，国内旅游总花费从2000年的3175.50亿元增长到10183.07亿元，分别增加了1.6倍和2.2倍。同时，中国居民出境旅游也迅速增长。在2000年以前，每年总增量也均在百万人次以下，进入21世纪以后，仅因私出境每年增量就达三四百万人次之多。2009年我国出境人数达到4766万。2005年到2009年，因私出境占总出境人数的比例一直保持在85%以上，2009年更达到了88.6%。从三大市场的结构比例来看，2009年，国内、入境、出境三大市场旅游人次比例大致为90.8∶6.5∶2.7。可见，国民旅游，尤其是国内旅游占绝对主体地位。

三、入境旅游客源市场情况

2009年，外国人入境旅游人数达2193.75万人次，其中，观光旅游所占比重最大，达 46.1%，2009 年 1-12 月入境旅游外国人人数详见表 1。

入境旅游外国人人数

（2009 年）　　　　单位：万人次

国　别	合　计	目　的				
		会议/商务	观光休闲	探亲访友	服务员工	其他
总　计	**2193.75**	**523.72**	**1013.27**	**8.01**	**227.37**	**421.38**
#亚洲	**1377.93**	**319.45**	**562.81**	**7.41**	**158.26**	**330.01**
日本	331.75	79.02	105.38	3.26	13.46	130.63
韩国	319.75	116.79	134.92	0.61	30.32	37.11
朝鲜	10.39	1.94	0.41	0.03	5.21	2.80
蒙古	57.67	5.05	2.65	0.05	3.97	45.96
菲律宾	74.89	2.93	21.70	0.05	44.18	6.04
泰国	54.18	2.40	43.63	0.03	4.86	3.26
新加坡	88.95	14.00	34.55	3.13	4.34	32.94
印尼	46.90	1.83	35.00	0.04	7.18	2.85
马来西亚	105.90	19.68	72.96	0.07	5.86	7.33
巴基斯坦	8.15	3.12	2.79		0.68	1.55
印度	44.89	12.94	16.62	0.05	9.11	6.18
尼泊尔	2.33	0.22	1.71	0.01	0.06	0.34
斯里兰卡	2.36	0.97	0.32		0.84	0.22
哈萨克	27.99	2.12	16.75		6.22	2.89
吉尔吉斯	3.28	0.33	1.94		0.83	0.18
美洲	**249.12**	**55.12**	**151.17**	**0.23**	**12.06**	**30.53**
#美国	170.98	42.23	99.62	0.14	8.42	20.57
加拿大	55.03	7.58	38.34	0.06	1.85	7.19
墨西哥	3.23	0.82	1.87		0.19	0.35
欧洲	**459.12**	**120.21**	**238.87**	**0.25**	**50.33**	**49.47**
#英国	52.88	16.87	26.07	0.04	2.84	7.06
德国	51.85	19.05	20.16	0.04	3.97	8.63
法国	42.48	8.85	22.86	0.05	2.84	7.87
意大利	19.14	6.82	8.79	0.01	0.92	2.60
俄罗斯	174.30	40.68	102.47	0.01	22.81	8.32
瑞士	6.26	2.09	2.91		0.41	0.85
瑞典	12.58	2.78	6.76	0.01	0.44	2.60
荷兰	16.69	2.52	10.73	0.01	1.45	1.98
挪威	4.77	1.44	2.37		0.17	0.78
奥地利	5.62	1.92	2.47		0.52	0.71
比利时	6.08	1.23	3.67	0.01	0.29	0.88
西班牙	11.45	2.86	7.13	0.01	0.18	1.28
葡萄牙	4.36	0.55	3.18		0.29	0.34
大洋洲	**67.24**	**12.07**	**43.09**	**0.09**	**3.53**	**8.45**
#澳大利亚	56.15	10.48	36.34	0.07	2.64	6.63
新西兰	10.04	1.41	6.34	0.02	0.55	1.73
非洲	**40.12**	**16.84**	**17.25**	**0.02**	**3.19**	**2.81**

8-2-14 保险行业

随着中国保险业进入深化改革、全面开放、加快发展的新阶段，保险业服务经济社会的领域越来越广，承担的社会责任越来越重：从交强险制度实施到房地产投资解禁、从应对国际金融危机到参与医疗纠纷调解、从养老社区投资到新农合建设、从农险覆盖面扩大到环境责任保险试点启动。截至2009年12月31日，我国保险业原保费收入首次突破1万亿元，达到11137.30亿元，同比增长13.8%。财产险业务继续保持较快增长，保费收入2875.80亿元，增长23.1%。人身险业务保费收入8261.50亿元，在上年增速较高的基础上增长10.9%。全年赔付3125.50亿元。

寿险方面，中国人寿保险股份有限公司以2050.41亿元的保费收入稳居第一，中国平安保险股份有限公司以1322.98亿元的保费收入居第二，中国太平洋保险股份有限公司以675.76亿元保费收入险守第三，泰康人寿保险有限公司总保费670.11亿元紧随其后，新华保险股份有限公司则以667.81亿元位列第五。第三名的中国太平洋保险人寿股份有限公司仅领先第五位的新华人寿保险股份有限公司10亿元不到，中国保险业寿险竞争已进入白热化。

财险方面，中国人民财产保险股份有限公司以1194.64亿元的总保费稳居第一，中国平安财产保险股份有限公司以384.83亿元的年度保费超越中国太保，位列第二。截至2009年底，保险公司总资产突破4万亿元，达到4.1万亿元；净资产3904.6亿元，比上年末增加1097.4亿元；保险资金运用余额3.7万亿元。

我国保险行业电子商务发展呈现出方兴未艾的趋势。截至2009年末，我国保险行业共有32家保险公司开展了网上保险电子商务。相比2008年的17家，增加了15家，增幅88.2%。2009年网上保险实现保费收入77.7亿元，占总保费收入0.7%。此外，共有36家保险公司开展了电话销售，2009年合计保费收入72.9亿元。保险电子商务正受到越来越多的重视。中国人寿保险股份有限公司成功重组改制以后，积极拓宽业务领域，在寿险、资产管理、财产险、养老险等业务领域取得了长足进展，集团内逐步形成了以寿险业务为先导，财险、养老险业务为补充的中国人寿电子商务发展新格局。泰康人寿保险股份有限公司从2000年建立泰康在线网站开始发展电子商务，是国内最早建立官网、发展电子商务的保险公司之一。2008年6月，电子商务被作为泰康重要的业务渠道和业务发展支持平台来着重发展，并确立了泰康在线三位一体的网站定位。中国平安保险股份有限公司电子商务平台包括网络、手机、短信、E-mail等电子沟通平台，各平台相互融合、整合应用，形成一个以网络平台为核心的有机整体。该平台不仅是对平安个人客户、企业客户提供服务和产品销售的渠道，还承担对公司IR的支持，以及对公司品牌、产品品牌的推广职能。目前中国平安保险股份有限公司电子商务平台每月的独立访客超过500万，在国内金融网站中排名第七，保险类网站中排名第一。中国人民保险股份有限公司电子商务建设步伐正在加快，各主要子公司积极推进相关建设工作，其中，中国人民财产保险股份有限公司电子商务中心于2009年2月26日开始运营，现已实现了除新疆、西藏以外34家省级分公司的81个中心城市电话营销业务的集中运营，同时完成了149个城市网上业务的集中运营，电销、网销实现的保费收入规模不断扩大；中国人民保险股份有限公司电子商务项目于2008年11月1日正式启动，电子商务平台于2009年4月正式上线，电销业务于2009年12月开始在四川和北京两地进行试点。此外，中国人民健康保险股份有限公司也积极进行网站建设和保险卡在线激活销售等工作，积极探索健康保险电子商务运营新模式。

8-2-15　媒体广告业

2009 年，我国从容应对国际金融危机冲击，文化产业逆势上扬，广播影视迎来了难得的发展改革“黄金机遇期”，各项工作继续保持了繁荣发展的良好势头。2009 年，广播电视总收入达到 1852.85 亿元，比上年增长 17.1%。其中，电视广告收入 675.82 亿元，占广告收入的 86.5%，比上年增加 66.66 亿元，增长 10.9%，比 2007 年增加 215.71 亿元，增长 46.9%。

根据央视索福瑞的统计数据显示，2007-2009 年我国电视媒体广告刊例价由 2007 年的 3647 亿元增至 2009 年 4944 亿元，增长率平均维持在 10%以上，仍然略高于发达国家的收入增长率。

在《关于促进广告业发展的指导意见》中明确指出：“到 2015 年，广告业营业额相对 GDP 比重力争取达到 1.5%，使广告业总体发展水平与全面建设小康社会和市场经济的发展水平相适应”。预示着我国广告行业将进入快速增长时期，我国电视媒体在 GDP 贡献中将会扮演着更为重要的角色。2010 至 2012 年，是我国电视媒体广告的高速发展期，上海世博会和广州亚运会的召开，南非世界杯以及冬季奥运会的举办，伦敦奥运会的召开以及欧洲杯的举办都将直接带动本行业的快速发展。2007-2009 年我国电视媒体投放额的变化情况见下表。

我国电视媒体投放额

（2007-2009 年）　　单位：亿元

	2007	2008	2009
全国	3647	4318	4944
央视	142	230	351
省地市	3493	4074	4576
其他	12	14	17

数据来源：央视索福瑞

4A 广告做为媒体广告的一种，目的性非常明显，非常重视二三线市场的开拓。整体来看，国际 4A 公司在电视媒体方面的发展正在由一线媒体向二、三线媒体飞速扩张，4A 广告面临新一轮市场的争夺。这个新的市场集中在本土品牌与二三线城市中，2009 年初，多家 4A 广告媒体重点关注本土品牌与西部市场。我国本土的专业广告公司要想在未来的电视广告业务中占据一席之地，必须紧紧围绕广告行业的核心——广告创意方面发展。广告创意是广告行业的灵魂，而广告行业则靠优秀的广告创意人员和广告创意来实现价值，我国的本土广告公司应该凭借自身的媒体资源优势，由单纯的广告代理公司向全面的 4A 公司方向发展，才能在国际化竞争中立于不败之地。

9

福建市场占有年鉴

附录

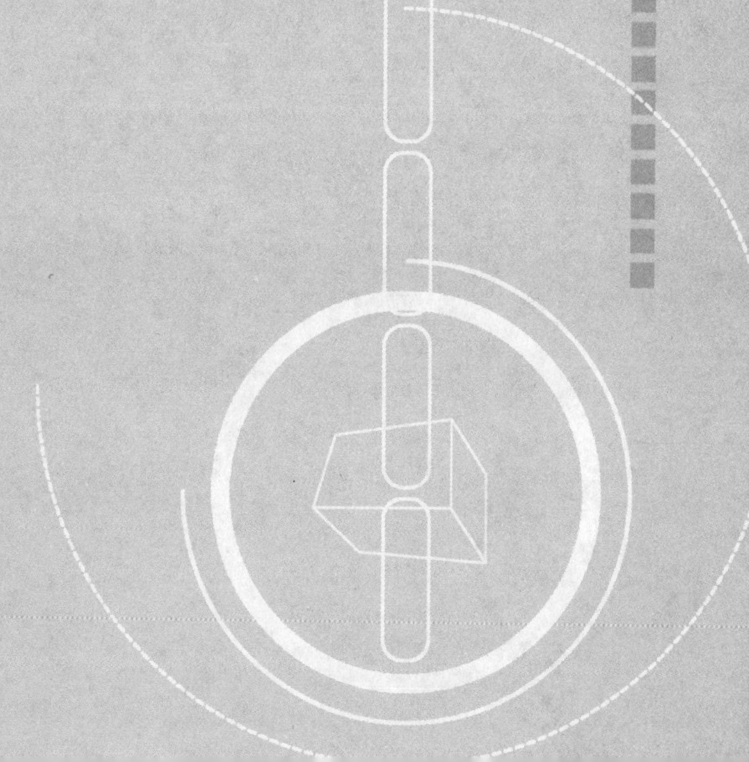

9-1　2009-2010年全国及福建出台的若干企业相关政策法规

◆福建省质量奖管理办法

第一章　总　则

第一条　为全面落实科学发展观，引导、激励我省企业或组织不断追求卓越绩效，提高市场竞争力，推进海峡西岸经济区质量振兴，根据《中华人民共和国产品质量法》、国务院《质量振兴纲要》和《中共福建省委福建省人民政府关于实施品牌带动的若干意见》有关规定，制定本办法。

第二条　福建省人民政府设立福建省质量奖，用于表彰在经济领域中实行卓越绩效管理、经济社会效益显著的企业或组织。

第三条　福建省质量奖的评审遵循企业或组织自愿申请、市场评价、好中选优、不收费和科学、公正、公开的原则。

第四条　福建省质量奖为年度奖，每年评审一次，每年授奖总数不超过五个，有效期为三年，期满后可重新申请。

第二章　评审机构和职责

第五条　福建省人民政府设立福建省质量奖评审委员会（以下简称省质评委）。省质评委由省政府有关部门人员组成，省政府分管副省长任主任委员，省质量行政主管部门和省经贸行政主管部门负责人任副主任委员，成员由福建省质量行政主管部门会同省经贸行政主管部门研究提出，上报福建省人民政府批准。省质评委负责研究、确定福建省质量奖评审工作的方针、政策，审定获奖企业名单。

第六条　省质评委下设办公室（以下简称省质评办），挂靠在福建省质量行政主管部门，具体负责福建省质量奖的组织实施工作。省质评办由福建省质量行政主管部门主要负责人兼任主任，省质量行政主管部门和省经贸行政主管部门的分管负责人兼任副主任，有关部门相关处室主要负责人任成员。省质评办的主要职责是：

（一）制订（修订）福建省质量奖管理办法和评价细则。

（二）制订福建省质量奖标志管理办法。

（三）制订评审人员的管理规定，组建评审专家库。

（四）组织实施福建省质量奖的材料审查、现场评审和监督管理工作。

（五）其它日常工作。

第七条　省质评办下设材料审查组、现场评审组和监督检查组。材料审查组和现场评审组从评审专家库相关专业的专家中随机抽取组成。监督检查组由相关厅局监察人员和部分专家组成，负责对整个评审过程进行监督。

福建省质量奖评审专家库的评审专家从省质量协会、省名牌协会、省质量合格评定协会、省商标协会以及高等院校、科研院所和中介机构有关专家中产生。

第三章　申报范围及条件

第八条　申报范围：在福建省行政区域范围内具有独立法人资格的企业或组织。申报企业或组织依据评审标准，在自我评价基础上提出申请。

第九条　申报企业或组织应遵守国家法律法规，诚信经营，并同时具备以下条件：

（一）建立完善的质量管理体系，通过质量管理体系、环境管理体系和职业健康安全管理体系认证，实行卓越绩效管理成效显著，质量管理处于国内同行业领先水平。

（二）主导产品或服务质量严于国家（行业）标准要求；依法接受国家法定的质量管理部门监督检查；在国家、省级质量监督抽查中连续三年合格；出口产品的企业，三年内未因质量问题被进口国通报。

（三）各项节能减排指标达到国内先进水平。

（四）经济效益居国内同行业前列。

（五）连续三年无重大质量、安全、环保事故。

（六）依法纳税，三年内无税收违法行为发生。

第四章　评审标准

第十条　福建省质量奖的评审标准采用GB/T19580《卓越绩效评价准则》和GB/Z19579《卓越绩效评价准则实施指南》。

第十一条　福建省质量奖评审标准注重企业或组织的社会责任、战略策划与实施、顾客和市场、资源和过程管理、售后服务等方面的全过程控制，注重其运作绩效、满足顾客需要和持续改进的能力，以及适应内外部环境变化的应变能力和发展潜能。

第五章　评审和授予

第十二条　符合福建省质量奖申报条件的企业或组织，填写《福建省质量奖申报表》，按照评审标准和填报要求，从采用方法、工作展开和实施结果三个方面对实施卓越绩效评价准则情况进行自我评价，同时应向主管税务机关申请开具相关涉税证明，并将申报表、自我评价报告和必要的证实性材料一并寄送所在地设区市质量行政主管部门。

第十三条　申报企业或组织所在地的设区市质量行政主管部门会同经贸部门，对申报企业或组织进行资格审查，无异议后签署资格审查意见，并将审查合格的申报材料联合报送省质评办。省质评办材料审查组对申报企业或组织的申报材料进行符合性审查，出具审查意见，并提出可否进行现场评审的建议。

第十四条　省质评办通过报刊或者广播电视等媒体向社会公示申报企业或组织的质量经济指标，公示期为10个工作日。

第十五条　省质评办组织对所有材料符合性审查意见和公示结果进行集体审议，确定符合现场评审条件的企业或组织名单，参加审议人员由省质评办成员、三分之二以上的材料审查组成员、监督检查组组长组成。

第十六条　省质评办组织现场评审组按现场评审标准和要求，对符合现场评审条件的企业或组织进行现场评审，出具现场评审报告。评审组一般由三至五名专家组成。

第十七条　申报企业或组织对评审组现场评审指出的问题进行原因分析，提出改进措施并落实整改，向省质评办提交改进报告和必要的证明材料。

第十八条　监督检查组按照不少于20%的比例对经过现场评审的企业或组织进行监督抽查，向省质评办提交监督抽查意见。

第十九条　省质评办对申报企业或组织的申报材料、现场评审报告、改进报告、监督抽查意见等进行全面审查，提出获奖候选名单，并将相关的全部材料一并报送省质评委。

第二十条　省质评委组织省质评委成员对候选获奖企业或组织的全部材料进行评议，以无记名投票表决方式确定获奖企业或组织建议名单（需五分之四以上省质评委委员参加会议，且参加会议的三分之二以上委员同意）。

第二十一条　省质评办通过报刊或广播电视等媒体向社会公示获奖企业或组织的建议名单，公示期为10个工作日。公示期间有异议的，由省质评办核实后，将异议和核实材料一并报送省质评委按第二十条再次评议。再次评议结果与原建议不一致的，撤销其建议名单；再次评议结果与原建议一致的，同公示结束无异议的名单一并报省政府批准。

第二十二条　福建省人民政府批准福建省质量奖的最终获奖名单并颁奖。

第二十三条　授予获奖企业或组织福建省质量奖奖牌、证书并奖励200万元，向社会公布获奖名单。

第六章　监督管理

第二十四条　获奖企业或组织在有效期内可在其产品外包装、广告上宣传，展示福建省质量奖标志，并注明获奖时间。

第二十五条　超过有效期未重新申请或重新申请未获通过的，不得继续使用福建省质量奖标志。任何企业、组织或者个人不得伪造或冒用福建省质量奖标志，不得擅自制作福建省质量奖证书和奖牌。伪造或冒用福建省质量奖标志的，由有关部门依法查处。

第二十六条　申请福建省质量奖的企业或组织所提供的材料必须真实，不得弄虚作假。对弄虚作假等以不正当手段骗取福建省质量奖的，经省质评委同意后由省质评办提请省政府撤销其福建省质量奖称号，并向社会公告。同时，永久取消其申报资格。

第二十七条　获得福建省质量奖的企业或组织在有效期内有下列情形之一的，由省质评办提请省政府撤销其福建省质量奖称号，并向社会公告：

1. 发生重大质量、安全、环保事故的；

2. 经营管理不善，出现严重经营性亏损的；

3. 发生其他违反省政府质量奖宗旨与原则的重大事项的。

被撤销福建省质量奖称号的企业或组织，不得在其产品外包装、广告上展示福建省质量奖标志。

第二十八条　参与福建省质量奖工作的人员，在推荐、评审、监督和其他有关工作中弄虚作假、徇私舞弊、违法违纪的，依照有关法律法规予以处理。

第二十九条　任何组织和个人不得利用评奖工作收取费用。

第七章　附　则

第三十条　福建省质量奖所需的奖励、评审和办公等相关经费，从省质量行政主管部门预算的名牌品牌专项经费中安排。

第三十一条　本办法自2009年11月1日起施行，解释权归福建省质量奖评审委员会。

◆福建省鼓励台商投资的产业指导目录

一、信息产业

1. 数字摄录机、数字放声设备和数字影院设备制造，1000 万像素以上高性能数字单镜头反光照相机制造

2. TFT-LCD、PDP、OLED、FED（含 SED 等）平板显示屏、显示屏材料制造和大屏幕彩色投影显示器用光学引擎、光源、投影屏、高清晰度投影管和微显投影设备模块等关键件制造

3. 数字音、视频编解码设备，数字广播电视演播室设备，数字有线电视系统设备，数字音频广播发射设备，数字电视上下变换器，数字电视地面广播单频网（SFN）设备，卫星数字电视上行站设备，卫星公共接收电视（SMATV）前端设备制造

4. 集成电路设计，线宽 0.15 微米及以下大规模数字集成电路制造，0.5 微米及以下模拟、数模集成电路制造及 SOC、BGA、PGA、CSP、MCM 等先进封装与测试

5. 大中型电子计算机、百万亿次高性能计算机、便携式微型计算机、每秒一万亿次及以上高档服务器、大型模拟仿真系统、大型工业控制机及控制器制造

6. 计算机数字信号处理系统及板卡制造和图形图像识别和处理系统制造

7. 大容量光、磁盘驱动器及其部件开发与制造，高速、容量 100TB 及以上存储系统及智能化存储设备制造

8. 大幅面（幅宽 900mm 以上）高分辨率彩色打印设备、精度 2400dbi 及以上高分辨率彩色打印机机头、大幅面（幅宽 900mm 以上）高清晰彩色复印设备制造

9. 计算机辅助设计（三维 CAD）、辅助测试（CAT）、辅助制造（CAM）、辅助工程（CAE）系统及其他计算机应用系统制造

10. 电子专用材料开发与制造（光纤预制棒开发与制造除外）和电子专用设备、测试仪器、工模具制造

11. 新型电子元器件制造：片式元器件、敏感元器件及传感器、频率控制与选择元件、混合集成电路、电力电子器件、光电子器件、新型机电元件、高密度互连积层板、多层挠性板、刚挠印刷电路板及封装载板

12. 高技术绿色电池制造：动力镍氢电池、锌镍蓄电池、锌银蓄电池、锂离子电池、高容量全密封免维护铅酸蓄电池、太阳能电池、燃料电池、圆柱型锌空气电池等

13. 发光效率 601m/W 以上高亮度发光二极管、发光效率 601m/W 以上发光二极管外延片（蓝光）、发光效率 601m/W 以上且功率 200mW 以上白色发光管制造和大、中尺寸 LCD 用 LED 背光源制造

14. 氮化镓基片材料、蓝宝石衬底材料、荧光粉生产

15. 6N 级多晶硅生产线、晶体硅片加工生产线、太阳能电池芯片生产线、砷化镓太阳能电池外延片生产

16. RFID 芯片开发与制造

17. 只读类光盘复制和可录类光盘生产，高密度数字光盘机用关键件开发与生产

18. 卫星通信系统设备制造、卫星导航定位接收设备及关键部件制造

19. 超宽带（UWB）通信设备和无线局域网（广域网）设备制造

20. 光通信测量仪表、速率 10Gb/s 及以上光收发器、光交叉连接设备（OXC）、自动光交换网络设备（ASON）、40G/sSDH 以上光纤通信传输设备、光纤传输粗波分复用（CWDM）设备制造

21. 异步转移模式（ATM）及 IP 数据通信系统制造

22. 第三代及后续移动通信系统手机、基站、核心网设备以及网络检测设备和高端路由器、千兆比以上网络交换机开发制造，新一代（包含 3G、4G）移动通信终端、基站、直放站生产

23. 软件产品和动漫网游产品开发、生产

24. 农、林、牧、渔业产品的网络营销平台

25. 煤炭生产管理信息化公共服务平台

26. 纺织、鞋帽服装、陶瓷、食品和建筑行业信息化公共服务平台

二、机械产业

1. 高档数控机床及关键零部件制造：五轴联动数控机床、数控座标镗铣加工中心、数控座标磨床、五轴联动数控系统及伺服装置、精密数控加工用高速超硬刀具、滚珠丝杆副和滚动直线导轨、力矩电机、数控回转工作台

2. 特种加工机械制造：激光切割和拼焊成套设备、激光精密加工设备、数控低速走丝电火花线切割机、亚微米级超细粉碎机

3. 汽车、摩托车用压铸、精铸、精锻毛坯件制造、高效节能、低污染铸造技术及工艺

4. 公路桥梁养护、自动检测设备制造

5. 金属制品模具（如铜、铝、钛、锆的管、棒、型材挤压模具）设计、制造、修理；汽车用大型覆盖件冲压模具，为电子、汽车、仪器仪表配套的多工位级进模和精冲模，为汽车、电子、家电配套的大型复杂精密塑料模具，轻合金大型薄壁精密压铸模，大型、精密锻压模具，异型长寿命玻璃与陶瓷模具

6. 高技术含量的特种工业缝纫机制造

7. 新型化工机械、关键零部件开发与制造

8. 农业机械制造：农业设施设备（如温室自动灌溉设备等），配套发动机功率 120 千瓦以上拖拉机及配套农具，低油耗低噪音低排放柴油机、农产品加工及储藏新设备开发与制造，养殖设备、休闲渔业设施生产、高效的水稻生产耕作机械、栽植机械、收获机械，果园、林地耕整机械，农产品冷藏保鲜技术及小型冷库设备，物料干燥加工技术及装备，机械化养牛、猪、鸡成套设备，山地农业机械化和杂粮耕作收获机械，节肥、节（农）药、节水型农业技术设备制造

9. 林业机具新技术设备制造、林产品深加工及资源综合利用的设备制造

10. 农作物秸秆还田及综合利用设备制造、稻壳综合利用设备制造、农用废物的综合利用及规模化畜禽养殖废物的综合利用设备制造

11. 汽车关键零部件制造及关键技术研发，汽车车身、发动机、变速箱、驱动桥、转向系统、制动系统等汽车零部件总成，汽车电子音视频产品、导航、总控、单控相关设备制造和 LED 汽车用灯生产、汽车电子装置制造与研发，汽车及摩托车夹具、检具设计与制造和摩托车关键零部件制造

12. 轨道机车修造

13. 高技术和高附加值船舶修造，海洋工程装备、船用配套设备、船舶技术合作，远洋捕捞渔船、游艇的设计与制造，船用柴油机等配套设备（限于合资、合作）

14. 输变电设备和新能源发电成套设备或关键设备制造（限于合资、合作）

15. 太阳能电池生产专用设备制造，太阳能空调、采暖系统、太阳能干燥装置制造和生物质干燥热解系统、生物质气化装置制造

16. 新型纺织机械、关键零部件及纺织检测实验仪器开发与制造；机电一体化的剑杆、喷气、喷水织机、高速精密电脑提花圆盘针织机、电脑自动横机、高速经编机，节能环保、在线检测、全程监控的印染整理设备、新型复合非织造布生产线、高效棉纺成套设备

17. 皮革后整饰新技术设备制造，电脑提花人造毛皮机制造

18. 洁净煤技术产品的开发利用及设备制造（煤炭气化、液化、水煤浆、工业型煤）

19. 污染防治设备开发与制造

20. 火电站脱硫、脱硝、布袋除尘器技术及设备制造

21. 液压元件：35Mpa 及以上液压缸、液压马达、控制阀、变量泵

22. 废旧家电、电脑、铬镍电池加工与无害化处理技术及设备

23. 废气、废液、废渣综合利用和处理、处置

24. 城市垃圾处理设备及农村有机垃圾综合利用设备制造

25. 废旧塑料、电器、橡胶、电池回收处理再生利用设备制造

26. 水生生态系统的环境保护技术、设备制造

27. 环境监测仪器制造

三、石化产业

1. 乙烯下游产品衍生物的加工制造和乙烯副产品 C4-C9 产品（丁二烯生成合成橡胶除外）的综合利用

2. 氟硅材料和有机硅深加工产品生产

3. 苯、甲苯、二甲苯、乙二醇下游产品衍生物和丙烯下游衍生物如苯酚丙酮、丁辛醇、1，3-丙二醇、异丙醇、丙烯酸、丙烯腈等的生产

4. 合成材料的配套原料：大型己内酰胺、苯乙烯、己二酸、尼龙 66 盐、双酚 A 生产、过氧化氢氧化丙烯法生产环氧丙烷、乙二醇、熔纺氨纶树脂等的生产

5. 合成橡胶：溶液丁苯橡胶（不包括热塑性丁苯橡胶）、丁基橡胶、异戊橡胶、聚氨酯橡胶、丙烯酸酯橡胶、氯醇橡胶、乙丙橡胶、丁腈橡胶，以及氟橡胶、硅橡胶等特种橡胶生产

6. 工程塑料及塑料合金：聚苯醚（PPO）、工程塑料尼龙 11 和尼龙 12、聚酰亚胺、聚砜、聚芳酯（PAR）、液晶聚合物等产品生产

7. 精细化工：催化剂、助剂、添加剂新产品、新技术，染（颜）料商品化加工技术，电子、造纸用高科技化学品，食品添加剂、饲料添加剂，皮革化学品（N-N 二甲基甲酰胺除外），表面活性剂，水处理剂，胶粘剂，无机纤维、无机纳米材料生产，颜料包膜处理深加工，低滞后高耐磨炭黑生产

8. 氟氯烃替代物和有机氟系列化工产品生产（氟氯烃或氢氟氯烃、四氟乙烯除外）

9. 天然香料、合成香料、单离香料生产和林业化学产品新技术、新产品开发与生产，环保型芳烃油

10. 高性能涂料、水性汽车涂料及配套水性树脂生产、环保型印刷油墨

11. 农用抗生素、昆虫信息素、天敌昆虫、高效、安全农药新品种和高性能农药新剂型的开发与生产

12. 生物质能源，尤其是木质生物质能源开发技术

13. 聚乙烯、聚丙烯等树脂改性、专用树脂产品

14. 废旧塑料的消解和再利用

四、冶金产业

1. 合金钢大方坯、大型板坯、圆坯、异型坯及近终型连铸技术开发及应用

2. 现代化热轧宽带钢轧机关键技术开发应用及关键部件制造

3. 薄板坯连铸连轧关键技术开发应用及关键部件制造

4. 石油开采用油井管、电站用高压锅炉管及油、气等长距离输送用钢管生产

5. 高精度铝板带、电子铝箔

6. 大型工业型材等品种，建筑铝型材重点开发多断面、节能型、表面涂层铝型材

7. 电子工业用铜材、厚度 18 微米以下及宽度 1.2 米以上的电解铜箔、变压器用铜带、内螺纹铜管、铜水管等

8. 钨、镁、钽、稀土等可批量出口的深加工产

品，重点发展粉体材料、合金材料、深加工制品、高纯金属（高纯硅）等

9. 支持金盐、金丝等工业用黄金产品的开发生产

10. 轨道交通用高性能金属材料制造和有色金属复合材料技术开发及应用

11. 高性能、高精度硬质合金及深加工产品和陶瓷材料生产

12. 稀有、稀土金属深加工及其应用

13. 锡化合物、锑化合物（不含氧化锑）生产

14. 高性能磁性材料制造

15. 超细粉体材料、电子浆料及其制品生产

16. 非晶合金薄带制造

17. 新型刹车材料制造

五、纺织制鞋

1. 差别化化学纤维及芳纶、碳纤维、高强高模聚乙烯、聚苯硫醚（PPS）等高新技术化纤生产

2. 新溶剂法纤维素纤维等环保型化纤的生产

3. 纤维及非纤维用新型聚酯生产：聚对苯二甲酸丙二醇酯（PTT）、聚葵二酸乙二醇酯（PEN）、聚对苯二甲酸丁二醇酯（PBT）

4. 利用可再生资源、生物质工程技术生产的新型纤维材料生产：聚乳酸纤维 PLA、生物法多元醇 PDO 纤维等

5. 单线生产能力日产 100 吨及以上聚酰胺生产

6. 子午胎用芳纶纤维及帘线生产

7. 多维多向整体编制织物及仿形织物生产

8. 高新技术的产业用特种纺织品生产

9. 高档织物面料的织染及后整理加工

10. 符合生态、资源综合利用与环保要求的特种天然纤维（包括除羊毛以外的其他动物纤维、麻纤维、竹纤维、桑蚕丝、彩色棉花等）产品加工

11. 采用计算机集成制造系统的服装生产

12. 高档地毯、刺绣、抽纱产品生产

13. 皮革和毛皮清洁化技术加工

14. 皮革后整饰新技术加工和高档皮革（沙发革、汽车坐垫革）的加工

15. 化纤生产的节能降耗、三废治理新技术

六、农、林、牧、渔业及其深加工

1. 农业综合开发

2. 良种引进、繁育、试验、示范和推广

3. 农业高新技术

4. 农产品精深加工，米、面、油食品类产品生产加工

5. 休闲农业

6. 木本食用油料、调料和工业原料的种植及开发、生产

7. 米糠的开发利用

8. 蔬菜（含食用菌、瓜果）、干鲜果品、茶叶无公害栽培技术及产品系列化开发、生产

9. 果蔬饮料、咖啡饮料、植物饮料的开发生产

10. 果树、牧草等农作物新技术开发、生产

11. 花卉生产与苗圃基地的建设、经营，重点发展鲜切花、高档盆花、食品花卉及观赏植物和高标准绿化种苗

12. 中药材种植、养殖（限于合资、合作）

13. 林木（竹）营造及良种选育、多倍体树木新品种和转基因树木新品种培育

14. 蔬菜、干鲜果品、禽畜产品的储藏及加工（包括屠宰）

15. 生物饲料、秸秆饲料、水产高效安全环保饲料的开发生产

16. 农作物秸秆还田及综合利用、有机肥料资源的开发生产

17. 防治水土流失的植树种草等生态环境保护工程建设、经营

18. 森林经营技术，低产林改造，速生丰产用材林、定向工业原料林基地建设

19. 木材精深加工、人造板精深加工，高档家具、竹藤家具等的开发生产

20. 优良乡土树种培育，珍稀、名贵树种培育，优良、观赏价值高的观赏苗木培育，种质资源收集、保存、鉴定、开发和应用

21. 优良经济林树种、品种的引种、高产栽培

22. 香料、野生花卉等林下资源的人工培育及开发

23. 野生经济林树种保护、改良及开发利用

24. 发展竹浆造纸、竹胶板、竹地板、竹装饰材、竹集成材、竹家具、集装箱板、建筑模板与竹木复合材料及竹炭、竹醋液等精深加工产品

25. 木材功能性改良、木基复合材料和非木质材料林产品开发及综合利用

26. 高端林产精细化工产品及与林产加工相配套的低毒环保型胶粘剂系列产品

27. 资源节约型、环保型的各类纸制品和新型纸基复合包装材料

28. 以杉、松、竹以及速生树种为主的三剩物、次小薪材等为原料的综合高效利用

29. 林业生物质能源林定向培育与规模化生产

30. 以森林植物为主要原料的绿色食品加工，包括各类笋制品及其深加工；野菜、野果、食用菌的绿色食品加工

31. 水产新品种、良种种苗引进、繁育、示范、推广（不含大陆特有的珍贵优良品种）

32. 名特优水产养殖、深水抗风浪大型网箱养殖、工厂化养殖、生态型养殖

33. 水产品精深加工与综合利用，重点发展贝、藻类、中上层鱼类等大宗产品的加工；超低温生鱼片、金枪鱼罐头等水产制品加工；鱿鱼、深水鱼类的来进料加工

34. 水产品加工技术和设备研发研制

35. 远洋渔业合作

36. 海洋药物、海洋生物制品技术开发

37. 城市废旧木料的处理回收利用技术

七、新材料产业

1. 屏蔽电磁波玻璃、微电子用玻璃基板、透红外线无铅玻璃、电子级大规格石英玻璃扩散管、超二代和三代微通道板、光学纤维面板和倒像器及玻璃光锥生产

2. 年产 5 万吨及以上玻璃纤维（池窑拉丝工艺生产线）及高档玻璃钢制品生产

3. 连续玻璃纤维原丝毡、玻璃纤维表面毡、微电子用玻璃纤维布及薄毡生产

4. 汽车催化装置用陶瓷载体、氮化铝（AIN）陶瓷基片、多孔陶瓷生产

5. 无机非金属材料及制品生产：人工晶体、碳/碳复合材料、特种陶瓷、特种密封材料、高速油封材料、特种胶凝材料、特种乳胶材料、水声橡胶制品、常温导热系 0.025W/mK 及以下绝热材料等

6. 高技术复合材料生产：连续纤维增强热塑性复合材料和预浸料、耐温＞300℃树脂基复合材料成型用工艺辅助材料、树脂基复合材料桨叶、树脂基复合材料高档体育用品、特殊性能玻璃钢管（压力＞1.2MPa）、特种功能复合材料及制品、深水及潜水复合材料制品、医用及康复用复合材料制品、碳/碳复合材料及刹车片、高性能陶瓷基复合材料及制品、金属基复合材料及制品、金属层状复合材料及制品、压力≥320MPa 超高压复合胶管

7. 塑代钢、以塑代木、节能高效的化学建材品生产

8. 密高性能陶瓷及功能陶瓷原料生产：碳化硅（SiC）超细粉体（纯度＞99%，平均粒径＜1μm）、氮化硅（Si_3N_4）超细粉体（纯度＞99%，平均粒径＜1μm）、高纯超细氧化铝微粉（纯度＞99.9%，平均粒径＜0.5μm）、低温烧结氧化锆（ZrO_2）粉体（烧结温度＜1350℃）、高纯氮化铝（AlN）粉体（纯度＞99%，平均粒径＜1μm）、金红石型 TiO_2 粉体（纯度＞98.5%）、白炭黑（粒径＜100nm）、钛酸钡（纯度＞99%，粒径＜1μm）

9. 有机高分子材料生产：有机硅改性舰船外壳涂料、无铅化电子封装材料、彩色等离子体显示屏

专用系列光刻浆料、小直径大比表面积超细纤维、高精度燃油滤纸、锂离子电池隔膜、塑料加工用多功能复合助剂、柠檬酸甘油二酸酯、氟咯菌腈、氰霜唑

10.年产1000万平方米及以上弹性体、塑性体改性沥青好防水卷材，宽幅（2米以上）优质三元乙丙橡胶防水卷材及配套材料，耐久性聚乙烯卷材，TPO防水卷材生产

11.农膜新技术及新产品（光解膜、多功能膜及原料等）开发与生产

12.塑料软包装新技术、新产品（高阻隔、多功能膜及原料）开发与生产

13.生物降解材料的生产

14.烧碱用离子膜、无机分离膜、功能隔膜生产

15.非金属矿精细加工（超细粉碎、高纯、精制、改性）

16.超高功率石墨电极生产

17.节能门窗和遮阳产品

18.太阳能光电应用

19.绿色节能建筑材料

20.城市生活饮用水深度技术处理

八、生物与医药产业

1.新型化合物药物或活性成份药物的生产（包括原料药和制剂）

2.氨基酸类：丝氨酸、色氨酸、组氨酸、饲料用蛋氨酸等生产

3.新型抗癌药物、新型心脑血管药及新型神经系统用药生产

4.新型、高效、经济的避孕药具生产

5.采用基因生物工程技术开发的新型生物制品的生产（包括新型疫苗和其他治疗性生物制品）

6.卡介苗和脊髓灰质炎疫苗生产

7.海洋药物、海洋保健食品开发与生产

8.药品制剂：采用缓释、控释、靶向、透皮吸收等新技术的新剂型、新产品生产

9.新型药用辅料的开发及生产

10.生物医学材料及制品（人体尸体及其标本、人体器官组织及其标本加工除外）生产

11.兽用抗菌原料药生产（包括抗生素、化学合成类）

12.兽用抗菌药、驱虫药、杀虫药、抗球虫药新产品及新剂型开发与生产

13.新型诊断试剂的生产

14.新型免疫抑制剂的开发和生产

15.采用微生物发酵技术开发的新型抗生素药物的生产

16.从天然动植物提取的活性单体和有效部位的新型药物的生产

17.以人工繁育所获的野生动植物为主要原料的医药、保健品等系列加工

18.来源于古代经典名方和具有长期临床应用基础的中药复方制剂的生产

19.医疗器械：医用急救、诊察、病房护理设备及器具

20.水产生物技术应用

21.高度不饱和脂肪酸产品、全价氨基酸营养品、微量元素、矿物质、转基因等高附加值水产品的开发

22.生物杀虫剂、生物杀菌剂、微生物除草剂、生物农药植物生长调节剂、专用生物肥料生产技术开发及产业化

九、金融业

1.鼓励台湾银行业直接来闽设立法人机构、分支机构和代表处，鼓励台湾银行、企业、财团参股福建商业银行、财务公司

2.鼓励台湾保险公司以合资或参股的形式来闽设立法人机构和分支机构（寿险公司台资比例不超过50%）、保险经纪公司等保险中介机构

3.鼓励台资证券公司来闽设立法人机构和分

支机构，证券公司（限于从事 A 股承销、B 股和 H 股以及政府和公司债券的承销和交易，台资比例不超过 1/3）、证券投资基金管理公司（台资比例不超过 49%）

4. 风险投资基金（合资、合作）

5. 期货公司（中方控股）

6. 鼓励大型台商企业设立财务公司

十、服务业

1. 现代物流服务体系建设

2. 农产品冷链流通

3. 农产品物流集散中心和批发市场

4. 农村零售业

5. 国际海上运输业务

6. 国际集装箱多式联运业务

7. 运输业务相关的仓储设施建设、经营

8. 公路、独立桥梁和遂道的建设、经营

9. 港口公共码头实施的建设、经营

10. 会计、审计（限于合作、合伙）

11. 国际经济、科技、环保信息咨询服务

12. 动漫游戏等数字内容创意服务

13. 商贸流通业、制造业、社会民生等信息技术服务

14. 信息传输网络及网络增值服务

15. 以承接服务外包方式从事系统应用管理和维护、信息技术支持管理、银行后台服务、财务结算、人力资源服务、软件开发、呼出中心、数据处理等信息技术和业务流程外包服务、电子商务

16. 老年人、残疾人和儿童服务机构

17. 以森林公园为主体的生态旅游产业开发

18. 再生资源回收体系建设

19. 残疾人用品用具的研发、生产、销售

20. 设立医疗卫生机构（限于合资、合作，台商投资者股权≤70%）

21. 体育用品业；体育健身娱乐等体育设施；体育场馆经营、健身竞赛表演及体育培训和中介服务；体育产业基地建设

22. 以沿海沙滩、海岛为主体的滨海休闲旅游产业开发；温泉休闲旅游度假

23. 包装装潢印刷品印刷

24. 城市燃气

25. 风景名胜区内的交通、服务等项目

26. 工业设计产业

◆福建省人民政府关于加快农村流通业发展的若干意见

闽政文〔2010〕5号

各市、县（区）人民政府，省人民政府各部门、各直属机构，各大企业，各高等院校：

为贯彻《中共中央关于推进农村改革发展若干重大问题的决定》（中发[2008]16 号）和《国务院关于加快供销合作社改革发展的若干意见》（国发[2009]40 号），落实中央和省委、省政府关于扩大农村需求的政策措施，进一步完善农村市场体系，搞活农村商品流通，营造更为方便、安全、实惠的农村消费环境，促进农业增效农民增收，服务海峡西岸经济区建设大局，现就加快农村流通业发展提出如下意见：

一、明确加快农村流通业发展的总体目标和工作重点

（一）总体目标

坚持政府引导、政策扶持、企业主体、市场运作，着力实施“万村千乡市场工程”与“新农村现代流通网络工程”建设，积极发展“小超市、大连锁”和“小网点、大网络”，推进以信息化、网络化、配送化为主要特征的农村现代流通业发展，大力加强农业新品种、新技术、新肥料、新农药、新机具（以下简称“五新”）推广工作。深化供销合作社改革，以现代流通方式改造、整合、优化、提升供销合作社传统经营网络。到 2012 年，初步形成以供销合作社为农村流通的主导力量，以连锁配送为主要经营方式，以流通信息网络为支撑，以乡村集贸市场、零售网点和综合服务社为基础，以大中型批发市场和连锁配送龙头企业为骨干，城乡市场相互融合，组织化程度较高的农村现代流通网络。消费品、农资连锁经营网点（农家店）覆盖全省所有较大村，“万村千乡市场工程”和“新农村现代流通网络工程”承办企业所属农村经营网点的商品综合配送率达 60%以上，综合服务社在建制村的覆盖面达 50%；全省所有乡镇和农产品生产规模较大村建立农产品信息服务站点，具备开展农产品供求、市场动态、预测预报等综合信息服务能力。

（二）工作重点

——建设农村消费品现代流通网络。鼓励大中型流通企业加强县（市）、乡、村三级消费品连锁经营网络建设，提高统一配送率，扩大农家店覆盖面，实行“一网多用”，不断拓展农家店经营范围，鼓励开展医药、音像制品、书籍报刊、烟草零售、电讯器材、邮政代办、保险代理、建筑装饰材料等商品经营业务，提高农家店综合服务功能，形成沟通城乡、便民利民的消费品连锁经营网络。支持农村流通企业积极参与“家电下乡”工作，推动汽车、摩托车、农机下乡。要力争三年内构建起较为完善的农村社区综合维修服务体系，搞好农机具、家用电器、摩托车、太阳能用具、沼气用具、电视卫星接收器等维修服务，满足农民生产生活需要，促进农村消费。

——健全农资现代流通网络。鼓励大型农资生产、流通企业以及具备一定实力和规模的社会资本通过兼并重组等方式整合资源，发展农资连锁经营和集约化经营。有序引导各种所有制企业、农民专业合作社和个体工商户等市场主体进入化肥流通领域，参与经营，公平竞争。引导农资流通企业在开展化肥、农药经营的同时，增加农业机械、小型农具、饲料、种子等品种经营，构建技物结合、综合服务的农资现代流通服务网络。

——健全农产品现代流通网络。发挥“双百市场工程”和“标准化农产品批发市场”的引导作用，培育发展一批具有专业特色和较强商品集散功能的农产品区域性批发市场、产地批发交易市场，改造乡镇集贸市场。大力推进“农超对接”，支持大型连锁超市、农产品流通企业与农产品专业合作社建立农产品直接采购基地。建设鲜活农产品的冷链系统、物流配送系统和快速检测系统，提高流通效率。

——建设再生资源回收利用网络。开展国家、省级再生资源回收体系建设试点工作。建立社区回收、市场集散、加工利用三位一体的再生资源回收体系，加强再生资源集散中心、交易市场和旧货交易市场建设，鼓励发展再生资源加工、利用项目。鼓励、支持再生资源回收企业参与汽车和家电“以旧换新”业务，完善和规范回收拆解处理体系。

二、创新农村流通业发展模式

（三）培育农村市场流通主体

鼓励、支持城市大中型流通企业和具有竞争优势的农产品流通企业通过参股、控股、兼并、收购和特许经营等方式，向农村延伸经营网络。鼓励各种所有制龙头企业与供销社基层网络对接，合力构建农村现代流通网络。供销合作社要加大改革力度，创新体制机制，大力发展与各类龙头企业的联合、合作，加快社有资产的整合与重组，实现规模扩张。扶持发展为农民提供市场营销、信息服务、技术培训、质量标准认证等服务的行业协会、购销专业合作社及其它各种类型的农村专业合作经济组织。发展和壮大农村经纪人队伍，鼓励各县（市、区）采取长期培训和短期实训相结合的办法，开设适合当地需要的农民专业合作社、农村专业大户和经纪人培训班，对从业人员提供免费培训。

（四）发展农村新型营销业态

加快构建以“龙头企业+配送中心+连锁店”为主要模式的新型农村日用消费品流通体系和农业生产资料流通体系。培育和发展“公司+专业合作社+农户”、“公司（或合作社）+基地+农户”的农业产业化经营模式以及多种类型的农产品流通经济组织。积极探索大宗农产品的网上交易、会员制交易、代理交易、拍卖等交易形式。鼓励农村流通连锁网点采用银行卡结算，免收或降低网点刷卡费用，方便消费者使用银行卡支付。

（五）加快信息服务体系建设

以健全完善“福建三农服务网”为重点，整合各级各部门农村流通信息服务资源，建立信息共享机制。进一步做好农村市场运行监测和消费热点跟踪，加强商品供求信息发布，促进网上农产品营销，鼓励企业、个人和其它社会组织参与农村流通信息资源的公益性开发利用。充分利用现有农村信息化资源，建立乡村信息服务站点，组织信息技能培训，培育农村商务信息服务队伍，提高农民应用互联网的技能，引导广大农民运用市场信息指导生产，开展网上农产品营销。

（六）推动闽台流通业合作

重点培育一批起点高、关联度大、具有较强辐射力的闽台农产品专业批发市场、贸易企业和对台农产品物流中心，把沿海主要批发市场建成闽台农产品中转基地，发挥其商流、物流的双向辐射功能。进一步完善港口集疏运系统、口岸服务系统等综合服务体系，在福、厦、泉等沿海地区建设台湾农产品中转商流和物流基地。抓紧建设完善港口农产品物流服务体系，进一步提升港口物流服务水平，加快建设为台湾农产品商流、物流服务的储运设施、销售网络和相关物流平台。

三、加大对农村流通企业的政策扶持力度

（七）鼓励金融资金投入

根据不同业务的风险程度，制定差别化的授信条件。农业银行、农业发展银行、邮政储蓄银行、农村信用社、新型农村金融机构等要发挥农村信贷资金供应的主渠道作用，进一步加大对农村流通设施建设、农业产业化龙头企业、农村流通企业等的信贷支持力度。加快研发面向农村流通业企业多层次的金融产品，有重点地推广现金管理平台、特色产业链融资、农民专业合作社流动资金贷款等特色

产品，有针对性地为农村流通企业提供信用证开证、商业汇票贴现、应收账款保理、存货监管融资等多种融资工具。创新担保方式，推行动产抵押、股权质押、商标专用权质押，推广林权、海域使用权抵押等多种融资担保方式，落实对中小贸易企业贷款担保的担保机构补贴政策。根据农村流通企业资金需求特点，安排与其经营周期相匹配的贷款期限和还款方式，采取“整贷零还”、“自助可循环”等灵活的贷款和还款方式，促进信贷资金与农村流通企业经营现金流相匹配。各有关监管部门和金融机构要加强农村信用体系建设，建立分工合作、相互促进、共同发展的农村信用服务体系。

（八）给予企业用地支持

各级政府应对农村流通业用地统筹安排、合理布局，并与土地利用总体规划和城乡建设规划相衔接。加大土地使用权招标、拍卖、挂牌出让中农村流通业用地比例，并在土地出让金、土地征用费上给予优惠。对供销合作社长期使用至今但权属资料不全的用地，应本着尊重历史事实的原则，依法予以办理土地登记手续。在还未建设加油站的乡镇建设农村加油站的用地，由政府依据加油站建设规划确定地块进行招拍挂出让。中小流通企业缴纳城镇土地使用税确有困难的，可按有关规定向所在地县级税务机关申请困难性减免。

（九）落实工商扶持政策

对农村流通企业通过股权置换、资产收购、兼并重组等方式扩大经营规模的，在资金补助、用地安排和市场准入等方面予以支持。落实连锁经营政策，设立全资或控股的配送中心和门店，除国家规定的前置行政许可外，可持总部出具的文件，直接到设立机构所在地的工商行政管理机关申请登记注册和办理年审。逐步缩小工商企业在用电、用水、用气价格上的差别，积极推动国家鼓励类的商业与工业企业用电、用水、用气同价政策的落实，切实减轻流通企业负担。

（十）方便农村流通主体税费缴纳

对农村流通企业取得的具有专项用途的财政性资金有关企业所得税处理问题，按照《财政部、国家税务总局关于专项用途财政性资金有关企业所得税处理问题的通知》（财税[2009]87号）执行。对供销合作社以及开展农产品经营的增值税一般纳税人购进初级农产品，按照农产品收购发票或者销售发票上注明的农产品买价和13%的扣除率计算进项税额。实行连锁企业总部经审批后统一缴纳税收，税收入库可在连锁店所在地办理。农村流通企业点多面广、地处偏僻，税务部门要积极创造条件，实行“网上申报”，简化程序，方便企业。

四、发挥供销合作社在农村流通中的主导和骨干作用

（十一）赋予协调职能

各级政府要利用供销合作社点多面广、扎根基层的优势，进一步发挥其重要作用，使其成为农村现代流通的主导和骨干力量。凡国家和省对农业、国有商业、乡镇企业的优惠政策，除国家和省有特别规定外，原则上都适用于供销合作社。省经贸委会同省供销合作社、发展改革委、财政厅、国土资源厅、住房和城乡建设厅等部门开展在农村现代流通网络建设中布局规划、政策实施、项目申报、建设督导等工作。建立加快全省农村流通业发展联席会议制度，由省经贸委和省供销合作社牵头，省发展改革委、财政厅、公安厅、国土资源厅、住房和城乡建设厅、工商局、农业厅、物价局、安监局、人行、农行、农发行、国税局、地税局为成员单位，联席会议办公室设在省供销合作社，具体负责日常组织协调工作。

（十二）拓展服务领域

支持供销合作社牵头组建农村经济组织联合会，积极吸引和接纳农村各类经济组织和社会各类涉农企业、组织加入供销合作社各级联合社。鼓励供销合作社参与农业“五新”推广工作，将有关农业“五新”推广使用成效和市场对产品的技术、质

量要求等信息及时提供给农业科研、教育、农技推广等部门。以供销合作社为依托，有计划地整体推进农村综合服务社建设，为农民开展商品购销、综合维修、科技信息、文化娱乐、养老幼教、劳动就业提供便民实用的综合服务。医药、烟草、邮政、通讯、石油、建材、盐业、保险、出版等部门要充分利用供销合作社流通网络开展农村销售业务。发挥供销合作社烟花爆竹归口经营的主渠道作用，统一配送，保证质量，确保安全。

（十三）加大资金扶持

财政部支持我省商贸流通服务业发展的有关资金，由省财政厅会同经贸委、供销社等部门按照财政部相应的专项资金管理办法组织项目申报。省级财政调整支出结构，整合有关专项资金，集中财力支持农村商贸流通服务业发展，提高资金使用效益。省级财政自 2010 年起每年从财政预算资金中安排 1000 万元，专项扶持全省供销合作社“新农村现代流通网络工程”建设；自 2010 年起三年内每年安排预算内基本建设资金 1000 万元，通过配套、补助、贷款贴息等方式，专项用于每年重点扶持 10 个县和 10 家大中型流通企业的农村连锁经营网络建设；自 2010 年起三年内给予当年开展农村社区综合维修服务体系建设的县（市、区）各 50 万元的财政专项补助。

（十四）做好农资储备

进一步完善化肥淡季储备制度和化肥、农药救灾储备制度，建立农药淡季储备制度，继续实行由供销社农资企业承担化肥、农药淡季储备和救灾储备任务。根据“分级储备、分级管理”的原则，各级政府应将化肥、农药淡季储备、救灾储备所需的贴息资金列入同级财政预算。

五、营造促进农村流通业发展的良好环境

（十五）加强领导

各级政府要把农村现代流通网络建设工作成效列入政府和有关部门领导干部工作考核目标，明确任务，落实责任，及时协调解决工作中的矛盾和问题。各级发改、经贸、财政、公安、国土、建设、税务、工商、农业、金融、物价、安监、食品药品监管、粮食、烟草、通信、出版、供销社等有关部门要充分发挥职能作用，加强协作配合，形成工作合力，抓好督促落实，共同做好推进农村流通业全面发展的各项工作。

（十六）统筹规划

对影响农村流通业发展的基础设施建设，要统筹规划、科学布局、分级负责。省级负责规划具有全省性和区域性影响、辐射范围广的大中型流通基础设施、配送中心、储藏、保鲜、运输等物流设施、农产品批发交易市场建设；各设区市负责规划辖区内具有较强辐射能力的流通设施建设；县（市、区）负责对县域内农村商品流通设施进行统一规划布局，整合现有资源。

（十七）强化监管

建立覆盖农村消费品、农资产品质量监督电子监管网络，依法实行农村消费品、农资、种子、烟花爆竹经营等的市场准入制度，建立消费品、农资商品的进销台帐和不合格商品退市制度，形成质量可追溯体系。充分发挥“12315”消费维权网络、“969155”农业服务热线和“12312”商务举报投诉服务网络的作用，严厉打击制售假冒伪劣产品和欺行霸市、坑农害农等不法行为，维护市场流通秩序和农民利益，营造公平、公开、公正的市场环境。

二〇一〇年一月六日

◆福建省人民政府办公厅关于促进房地产市场平稳健康发展的通知

闽政办〔2010〕7号

各市、县（区）人民政府，省人民政府各部门、各直属机构，各大企业、各高等院校：

为进一步加强和改善房地产市场调控，稳定市场预期，促进房地产市场平稳健康发展，根据《国务院办公厅关于促进房地产市场平稳健康发展的通知》（国办发[2010]4 号），结合我省实际，经省政府同意，现就有关问题通知如下：

一、增加保障性住房和普通商品住房有效供给

（一）增加住房用地有效供应，提高土地供应和开发利用效率

各地要根据房地产市场运行情况，把握好土地供应的总量、结构和时序。各市、县人民政府要在城市总体规划和土地利用总体规划确定的城市建设用地规模内，抓紧编制 2010-2012 年住房建设规划，重点明确中低价位、中小套型普通商品住房和限价商品住房、经济租赁住房、经济适用住房、廉租住房的建设规模，并分解到住房用地年度供应计划，落实到地块，明确各地块中小套型普通住房结构比例、廉租住房配建比例等控制性指标要求。房价过高、上涨过快、住房有效供应不足的城市，要切实扩大中低价位、中小套型普通商品住房和限价商品住房、经济租赁住房、经济适用住房、廉租住房的建设用地供应量和比例。

2010-2012 年住房建设规划和 2010 年房地产开发用地供应计划应于 2010 年 3 月底前编制完成，4 月 10 日前分别报省住房和城乡建设厅、省国土资源厅备案。年度土地供应计划应及时向社会公布，对需要办理农用地转征用手续的，要加快审批工作，确保供地计划落到实处。

（二）加快中低价位、中小套型普通商品住房建设，优化住房供应结构

各地要根据市场需求状况，重点加快推出一批 90 平方米左右为主、120 平方米以下的中小套型普通商品住房用地供应。规划主管部门会同房地产、国土资源部门对拟出让的住房用地要明确中小套型普通住房结构比例，作为土地出让的前置条件，并载入国有建设用地使用权出让合同。规划主管部门要严格审查住房套型结构比例指标，对不符合土地出让合同约定的住房套型结构比例要求，不得核发建设工程规划许可证。建设（房地产）部门会同有关部门建立开发项目档案，跟踪督促项目开发建设进度。对已办理建设工程规划许可证或施工许可证未建、已建未售的普通商品住房项目，要采取促开工、促上市措施，督促房地产开发企业加快项目建设和销售。

发展改革、国土资源、规划、建设、房管、人防、消防部门以及供电、供气、供水、通讯等行业要增强服务意识，进一步简化审批环节、时限，推行并联审批制度，提高审批效率，加大项目建设协调力度，在保证质量的前提下，加快普通商品住房建设。

二、合理引导住房消费抑制投资投机性购房

（三）加大差别化信贷政策执行力度

金融机构在继续支持居民首次贷款购买普通自住房的同时，要严格二套住房购房贷款管理，合理引导住房消费，抑制投资投机性购房需求。对已利用贷款购买住房、又申请购买第二套（含）以上住房的家庭（包括借款人、配偶及未成年子女），贷款首付款比例不得低于 40%。

（四）继续实施差别化的住房税收政策

继续支持居民自住和改善性购房需求。市、县人民政府可根据本地市场需求情况，对本地居民首次

购买普通自住房的，给予购房款适当比例的财政补贴。

自2010年1月1日起，个人将购买不足5年的非普通住房对外销售的，全额征收营业税；个人将购买超过5年（含5年）的非普通住房或者不足5年的普通住房对外销售的，按照其销售收入减去购买房屋的价款后的差额征收营业税；个人将购买超过5年（含5年）的普通住房对外销售的，免征营业税。

三、加强房地产市场监管和监测

（五）进一步加强土地供应管理

各地要综合考虑土地价格、价款缴纳、合同约定开发时限及企业闲置地情况等因素，合理确定土地供应方式和内容，探索土地出让综合评标方法。

国土资源部门要加强对房地产项目履行《国有建设用地使用权出让合同》情况的监督管理，对2008年7日1日以后出让的房地产用地要严格执行国家新版合同范本的规定，在出让合同中明确约定项目开工、竣工期限和违约责任，并督促其按期开工、竣工；违反合同的，要按照国家相关规定和合同条款进行处罚。对拖欠土地价款、违反合同约定的单位和个人，违约期间不得参与新的土地出让活动。

加大对闲置土地的清理和处置力度。结合工程建设领城突出问题的排查，组织开展全省房地产开发项目土地闲置情况的清理工作。各设区市应按建设工程领域专项治理工作方案确定的方法和步骤，将本辖区房地产项目闲置土地的清理结果情况，于2010年7月10日前上报省国土资源厅。

（六）完善商品房预售制度

各级房地产管理部门要按照法定程序和许可条件，严格把好商品房预售许可关，要结合项目开发进度，对符合预售条件的项目必须按整幢整批办理预售许可，不得分层、分单元办理预售许可。房地产开发企业申请商品房预售许可时应提供包括合理定价在内的销售方案，向房地产管理部门备案。取得预售许可证后，房地产开发企业应当在10日内一次性公开全部房源，严格按申报价格，明码标价对外销售，不得捂盘或拆零分幢分层分单元预售。未取得商品房预售许可证的项目，房地产开发企业不得非法预售商品房，也不得以认购（包括认订、登记、选号等）、收取预定款性质费用等各种形式变相预售商品房。未取得预售许可证擅自预售商品房的，由房地产主管部门责令停止违法行为，没收违法所得，并可处以已收取的预付款1%以下的罚款；对不符合商品房销售条件，向买受人收取预订款性质费用的，处以警告，责令限期改正，并可处以1万以上3万以下罚款。

加强对商品房预（销）售活动的动态监管。房地产管理部门要以项目为单位建立预售许可项目档案，并将预售许可的项目名称、幢号、房号、面积、价格等信息向社会公布。要进一步建立健全对预售许可项目批后巡查制度和新建商品房、存量房交易合同网上备案制度。加强商品房预售款监管，确保专款专用于项目建设，同时要加大存量房交易资金监管力度。对不按规定公布相关信息和销售的企业，要责令限期整改，逾期仍未整改的，房地产管理部门暂停其预售资格，并作为不良经营行为记入信用档案，向社会曝光。

（七）继续整顿规范房地产市场秩序

省住房城乡建设部门要会同有关部门，开展全省房地产市场专项检查，加大对捂盘惜售、囤积房源，散布虚假信息、扰乱市场秩序等违法违规行为的查处力度，加强对住房特别是保障性住房的工程质量安全监管。国土资源部门要严格土地出让价款的收缴，深化合同执行监管，加强对闲置土地的调查处理，严厉查处违法违规用地和囤地、炒地行为。物价等有关部门要强化商品住房价格监管，依法查处在房地产开发、销售和中介服务中的价格欺诈、哄抬房价以及违反明码标价规定等行为。工商部门要加强房地产广告和销售合同监管，倡导“重合同守信用”，依法查处房地产拍卖中串标、虚假广告、广告代理单位和发布单位违法发布广告，以及房地产销售和中介经纪中违法合同、不平等合同侵害消费者权益等行为。

（八）加强市场监测分析

各市、县人民政府要继续加强房地产市场统计、分析和监测，及时针对新情况、新问题提出解决措施和办法。设区城市要进一步完善房地产市场信息系统，2010 年 9 月底实现与省级房地产市场信息监测系统链接。房地产开发规模较大的县（市）要加快本地区房地产信息系统建设，在 2010 年底前建成，并实现与设区城市房地产市场信息系统链接。

各级建设、房地产、发展改革、国土资源、财政、税务、统计、金融等部门要加强信息沟通和协调配合，进一步完善市场监测分析和动态报告制度，加强市场研判，并根据新形势适时研究对策措施，着力提高政策的针对性和灵活性。要加大促进房地产市场健康发展的政策措施及其成效的正面宣传，提高稳定市场信心，同时要加强宣传教育，引导居民树立合理、节约的住房消费观念。

四、加快推进保障性安居工程建设

（九）进一步加快廉租住房建设

各地要通过在经济适用住房以及普通商品住房小区中配建、城市棚户区改造和新建、改建、购置等方式增加廉租住房房源。合理确定廉租住房保障对象，落实廉租住房保障政策，有条件的地方可适当降低廉租住房准入门槛，并把已就业的大中专毕业生无房户纳入保障范围，扩大廉租住房保障面，加快廉租住房实物配租进度。

各地区适当增加经济适用住房供应，扩大经济适用住房供应范围，着力解决城市低收入家庭的住房困难。鼓励有条件的地区加快推进廉租住房与经济适用住房有机衔接，实行廉租住房可租可售，经济适用住房可售可租，租售并举。各地要认真执行《福建省人民政府办公厅关于进一步加快廉租住房建设的指导意见》（闽政办[2009]87 号），不断完善廉租住房保障方式，推进廉租住房出售工作。廉租住房租赁比例原则上控制在廉租住房总量的 50%以上。廉租住房出售应根据承租人的意愿，实行自愿申请、政府核准制度。廉租住房原则上按成本价出售。各地应抓紧制定并出台廉租住房出售管理办法，明确廉租住房产权管理、上市交易、资金管理等相关政策。

大力发展经济租赁住房和限价商品住房。对不符合廉租住房和经济适用住房供应条件，又无力购买普通商品住房的家庭，从当地实际出发，采取发展经济租赁住房、限价商品住房等方式，解决城市中等偏下收入家庭住房困难。

充分发挥住房公积金的使用效益，选择 1-2 个城市进行试点，在确保资金安全的前提下，利用住房公积金贷款支持保障性住房建设。鼓励有条件的设区市探索开展住房公积金贴息贷款业务，对申请住房公积金贷款购买保障性住房的低收入家庭职工，按其年度应偿还利息的一定比例进行贴补。

（十）加快推进城市和国有工矿棚户区（危旧房）改造

抓紧编制城市和国有工矿棚户区（危旧房）改造规划和年度计划，争取用三年时间基本完成我省城市和国有工矿集中成片棚户区改造任务。各市、县人民政府要抓紧编制城市和国有工矿棚户区（危旧房）改造规划和年度计划，已完成编制的要进一步完善，统筹安排，并因地制宜地制定年度项目实施方案，于每年 3 月底前报省政府批准后实施。同时，积极开展农村危房改造试点工作，增加试点户数。

各市、县人民政府要切实负起责任，认真履行稳定房地产市场、解决低收入家庭住房困难的职责，根据实际情况，按照支持居民合理住房消费、抑制投资投机性购房、增加有效供给、完善相关政策的原则，采取针对性措施，促进房地产市场健康发展。省住房城乡建设、国土资源、监察、工商、物价等部门要密切合作，加强检查和指导，督促各项措施和工作目标的落实。

二〇一〇年一月十八日

◆金融支持福建省海洋经济发展指导意见

闽政办〔2010〕135号

大力发展海洋经济是贯彻落实国务院支持福建省加快建设海峡西岸经济区《意见》和我省《实施意见》，加快海峡西岸经济区建设的重要举措，对发挥我省区位优势，充分利用海洋资源和空间，推动我省由海洋资源大省向海洋经济强省转变都具有重要意义。加大金融对海洋经济发展的支持力度，促进以海洋渔业、临海工业、船舶修造业、港口物流业、滨海旅游业、海洋新兴产业等为主体的海洋产业体系的发展，有利于我省加快发展方式转变和经济结构调整，提升海峡西岸经济区发展的质量和效益。为进一步加强和改进金融服务海洋经济发展的水平，加大金融引导资源配置力度，壮大海洋经济规模，推进海洋经济集约化发展，现提出如下意见：

一、完善金融支持海洋经济发展的服务机制

（一）强化政策引导

全省各级人民银行要加强信贷政策窗口指导，紧密结合我省海洋产业发展规划，积极运用再贷款、再贴现等货币政策工具，引导和支持银行业金融机构合理配置信贷资源，努力探索和创新适应辖区海洋主导产业发展特点的融资模式，切实加大对海洋产业发展的信贷投入。要强化央行服务职能，进一步加强征信体系和中小企业信用体系建设，为中小型海洋企业信用培育、积累提供优质服务。鼓励有条件的地区依托征信体系，与有关部门、行业协会合作，搭建守信企业互保增信平台，建立“守信企业池”，采用守信企业缴交互保金、有关部门提供风险补偿等方式，为中小型海洋企业融资提供便利。同时，要逐步建立和完善涉海贷款专项统计制度，加强政策导向效果评估，了解掌握政策传导效果，提高政策传导渠道效率。

（二）加大信贷投入

全省各银行业金融机构要发挥各自特点和优势，合理确定信贷支持海洋经济发展的切入点和着力点，加大配套金融服务与支持力度，不断提升支持海洋经济发展的信贷效率和服务水平。对切合海洋产业发展方向、符合银行信贷原则的企业和项目，各银行业金融机构要及时高效保证信贷资金供给。对基本面好、产品有市场、信用记录优良但暂时出现经营困难的海洋企业的信贷需求，要积极给予必要的信贷支持。对重大海洋产业项目和基础设施建设项目，鼓励银行业金融机构采取银团贷款模式给予大力支持。对金融服务较薄弱的沿海渔区，鼓励中长期资金来源较丰富的银行业金融机构，采取向农村合作金融机构等具有基层网点优势的中小法人银行业金融机构转贷款、签订中长期资金转让协议等方式，为渔区渔民改造旧船、建造钢质渔船、发展水产加工产业和健康养殖业等项目和产业提供较长期限的信贷支持。

（三）增强工作合力

鼓励各银行业金融机构加强与保险企业合作，充分发挥保险在分散动产抵押、应收账款质押风险中的作用，积极开发和发展各类保单嵌入式信贷产品，增加对海洋产业、涉海企业的金融支持。推动银行业金融机构加强与各类担保机构互信合作，对资信实力强、既往合作记录良好的担保机构，适当提高担保倍数；对以海域使用权、渔船、沿海沿江财产等资产为主要反担保物的担保机构，担保倍数可适当放大。积极探索构建银行业金融机构、创业投资企业、中介机构组成的科技金融服务平台，创新授信、担保等相关业务，大力发展“桥隧担保”、“担保换期权”等新型担保模式，有效满足海洋高科技产业的融资需求。

（四）完善外汇管理服务

灵活运用出口收结汇联网政策，进一步提高船舶出口等海洋产业企业预收款结汇额度，保证海洋产业企业正常资金需求；进一步简化贸易信贷登记管理、程序和方式，便利海洋产业企业出口和先进技术进口。

二、推进适合海洋经济发展的信贷产品和服务方式创新

（五）合理把握信贷支持重点

鼓励各银行业金融机构围绕海洋产业发展规划，努力优化信贷投向。一是围绕“压缩近海捕捞，积极拓展远洋渔业，努力提升健康养殖”的海洋渔业结构调整方向，重点加大对远洋渔船改造、远洋渔业龙头企业发展以及规模化、标准化养殖生产的支持力度，着力扶持一批有市场、有效益、资信好的水产品精深加工企业和流通企业，促进海洋渔业产业链的延伸。二是围绕提升企业开发和集约利用海洋资源能力，优化信贷资源配置，着力加大对海洋科技自主创新的信贷支持，努力促进我省海洋生物制药、海水综合利用、海洋能源资源开发利用、海洋科技推广和信息服务等海洋新兴产业培育和发展。三是继续支持临港产业发展。发挥我省港口资源优势，大力支持通过港口大进大出的石化、冶金、能源、汽车、船舶修造、浆纸及木材加工等产业的发展，支持培育一批具有国际竞争优势的临港产业集群。四是围绕增强海洋经济整体发展能力，重点加大对港口物流园区、现代海洋物流业、滨海旅游业等海洋服务业的信贷支持力度，继续支持港口、疏港交通网络及腹地通道建设，促进港口物流业功能的整体提升。在加大对海洋产业发展支持力度的同时，各银行业金融机构要严把环保审批关，探索建立和完善客户环保分类识别系统，对不利于海洋生态保护的项目，从严审查和审批贷款。

（六）加快信贷产品创新

鼓励银行业金融机构因地制宜研发适销对路的信贷产品，灵活多样创新信贷模式和扩大贷款抵（质）押物范围，积极探索适合海洋产业发展的多种信贷支持方式。积极拓展海域使用权抵押贷款业务，加大对以海域使用权为质押的滩涂和海水养殖、临港工业等海洋产业的融资支持。积极试点开办码头、船坞、船台等沿海沿江资产抵押贷款业务，努力满足船舶建造、港口及海洋物流企业的融资需求。继续推广和完善“渔船抵押+保单质押”的双重抵押担保模式，按照国家减船转产补贴标准，合理评估渔船价值，适当提高渔船抵押贷款额度，满足海洋渔业发展的资金需求。积极推动在建船舶抵押融资模式，鼓励银行业金融机构开办船舶出口买方信贷和保函等业务，为船舶出口、船舶修造企业技改研发提供多元化金融服务。大力发展适合海洋物流企业融资、结算特点的物流保理和联网结算等业务，促进海洋物流业加快发展。鼓励成长型海洋高新技术企业以知识产权质押融资。依托供应链和产业链中核心企业与关联中小企业的协作关系，规范发展供应链融资、应收账款质押、存货质押、组合担保贷款等贷款业务，满足海洋产业集群和海洋新兴产业、自主创新中小企业的资金需求。

（七）改进信贷服务方式

各银行业金融机构应积极简化审批手续，提升信贷审批效率；要根据海洋产业资金需求特点，合理确定贷款期限、利率和偿还方式。鼓励渔区银行业金融机构积极开展面向渔民的信贷产品咨询和相关政策宣传，并大力拓展“自助可循环”授信模式，采取“一次核定、随用随贷、余额控制、周转使用”、“整贷零还”等灵活的贷款和还款方式，方便渔民和渔业企业融资，降低融资成本。支持金融机构借助科技力量提高金融服务效率，鼓励渔区主要涉农银行业金融机构建立和完善渔民信用信息和财产信息档案，促进渔区信用体系建设，为渔民贷款提供便利。对协作关系紧密的产业链或供应链中的海洋产业核心企业和配套中小企业，鼓励银行业金融机构推行整体营销模式，提高授信审批效

率。支持银行业金融机构在风险可控的前提下，适当放宽优质海洋企业授信条件。

三、拓宽海洋产业融资渠道

（八）扩大直接融资渠道

各级人民银行要加强与地方政府有关部门配合，加强海洋产业企业利用金融工具筹资的宣传和培训工作，积极引导和支持符合条件的海洋产业企业发行企业债券、短期融资券和中期票据等债券。鼓励依托产业基地、企业孵化器、工业园区等海洋产业集聚区，探索开展福建省中小企业集合发行短期融资券或中期票据等发债工作。各级人民银行要配合地方政府有关部门，积极协调有较强实力的大型企业或担保机构为中小型海洋企业集合发债提供增信支持。金融机构要为海洋产业企业发债融资提供财务顾问和承销服务，并适当降低收费水平。鼓励金融机构加强对拟改制上市海洋产业企业的各项金融服务，支持、推动海洋产业企业利用主板、中小板、创业板及海外资本市场上市融资和再融资，进一步拓宽融资渠道。

（九）引导民间资本进入

鼓励省内信托公司发挥信托功能优势，研究开发适销对路的信托产品，引导民间资金通过信托渠道参与海洋重大基础设施和重点产业项目建设。加强银行、信托、担保等机构的合作，以专业担保公司担保等形式募集民间资金，依托银行贷款评审优势，为中小海洋产业企业提供信托贷款支持。鼓励有条件的地方发起设立海洋产业投资基金，引导海洋产业投资方向，优化海洋产业布局。促进股权投资基金、风险投资基金等各类投资基金发展，为海洋高新技术产业提供股权融资和孵化服务。支持海洋产业利用融资租赁实现设备升级改造，提升自主创新能力，对融资租赁企业购买设备可能出现的资金缺口，鼓励有关金融机构积极予以支持。

四、营造有利于金融支持海洋经济发展的政策环境

（十）完善信贷产品创新的各项配套服务

各级海洋行政主管部门要按照《中华人民共和国海域使用管理法》、《福建省海域使用管理条例》、《福建省海域使用权抵押登记办法》的有关规定，认真做好海域使用权确权和登记发证工作，促进海域使用权抵押贷款业务健康发展；要加快建立海域使用权流转交易平台，大力推进海域使用权专业评估机构发展，使海域使用权的评估结果更加可靠，海域使用权的流转更加便利，海域使用权的信贷风险更加可控。各地要根据《福建省沿海沿江财产抵押登记暂行办法》的有关规定，明确沿海沿江资产抵押登记机关，做好沿海沿江资产的确权、登记服务工作，推动沿海沿江资产抵押贷款业务发展。各级海事部门要根据《建造中船舶抵押权登记暂行办法》，做好在建非渔业船舶抵押登记工作，在抵押人出具《船舶建造合同》等有效船舶所有权证明的情况下，按程序准予办理抵押登记，为在建非渔业船舶抵押贷款提供方便。要做好在建渔业船舶抵押贷款服务工作，在抵押人出具省级以上渔业行政主管部门颁发的《渔业船网工具指标批准书》的情况下，各级渔业行政主管部门要积极予以办理抵押登记。各级海洋行政主管机关、渔港监督机关及有关部门要采取有效措施维护金融机构合法债权，对逾期抵押贷款，积极协助金融机构做好抵押海域使用权、沿海沿江资产、渔业船舶等抵押品的处置工作；各级渔港监督机关要按照《中华人民共和国渔业船舶登记办法》的有关规定，加强渔业船舶抵押登记管理，积极协助做好金融债权的维护工作，对于恶意逃废贷款本息的渔船业主，参照《福建省黑名单渔船通报与处理办法》，采取列入黑名单，不予办理渔船年检等相关措施，加大对逃废银行债务行为的惩罚力度。

（十一）探索建立财政资金引导机制

鼓励和支持各级政府在海洋渔业、海洋交通运

输等传统海洋产业领域以及海洋生物制药、海洋风力发电、海水综合利用等投资风险相对较大的海洋新兴产业领域，综合运用财政贴息、奖励、补助等方式，引导民间资金和银行信贷资金跟进投入，加快推进海洋产业体系建设，促进海洋经济又好又快发展。探索发挥财政资金在推动信贷产品创新方面的风险补偿作用，通过设立贷款、担保风险补偿金等方式，分散信贷风险，引导和推动金融机构、担保机构参与信贷产品创新，提升金融服务海洋经济的能力。

（十二）促进海洋产业各项金融服务可持续发展

各级人民银行和海洋与渔业行政主管部门要加强对金融支持海洋经济发展各项工作的协调，并根据实际需要建立必要的协作与信息交流平台和工作机制。要采取措施加强政银企信息沟通，共享海洋产业规划和发展信息，并适时组织各类形式的银企对接会，提高资金供需对接效率。要探索建立和完善有效的海洋产业信贷风险联合预警机制，共同评估海洋污染事件对海洋生态和涉海产业发展的影响，及时进行风险提示，并协助银行业金融机构及时做好信贷资产的风险防范和处置工作。同时，各银行业金融机构自身也要健全内部控制和风险管理制度，认真落实贷后检查和跟踪服务，切实提高风险防范能力和海洋产业各项金融服务的可持续发展水平。

二〇一〇年四月

◆福建省重点商品出口基地建设工作方案（2010年-2012年）

为深入贯彻落实《国务院关于支持福建省加快建设海峡西岸经济区的若干意见》，扎实推进我省外贸发展方式转变，促进出口商品结构优化，增强出口产品国际竞争力，做大做强外贸出口，特制定本方案。

一、发展目标任务

（一）增强外贸发展能力

通过建设全省重点商品出口基地，提高我省外贸出口可持续发展的能力，力争三年后在全省范围内形成“五个一批”：一批对全省外贸出口起重要支撑和带动作用的重点出口商品；一批能够带动行业共同发展、规范贸易秩序、应对贸易壁垒、提升研发水平、开拓国际市场、有效服务企业的全省性出口基地商会；一批拥有自主知识产权、自主品牌、主业突出、竞争力强的行业龙头企业；一批集运输、仓储、配送、信息为一体的高效率、低成本的产品配送国际物流中心；一批为全省同行业提供技术研发、产品检测、信息交流和人才培训的公共服务平台。

（二）提升外贸规模与质量

通过持续培育，形成一批年出口额超过50亿美元、一批年出口额超过100亿美元的重点商品出口基地，力争三年后全省基地出口总额占全省出口的比重超过80%；加快推进自主出口品牌建设，完善品牌培育促进体系，争取每个基地内获得国家级品牌荣誉称号的企业达到50家以上，获得省级品牌荣誉称号的企业达到100家以上。

二、工作责任分工

（一）加强组织领导，建立全省性、跨行业的高效协调机制

1.建立全省重点商品出口基地联席会议制度。建立全省重点商品出口基地建设联席会议制度，指导和协调全省出口基地建设工作。联席会议办公室设在省外经贸厅，办公室组成人员邀请相关部门人员参加。

（牵头单位：省外经贸厅；参与单位：省发展改革委、科技厅、经贸委、民政厅、财政厅、交通运输厅、农业厅、林业厅、海洋渔业厅、外办、工商局、质监局、信息化局、知识产权局，省国税局、福州海关、厦门海关、福建检验检疫局、厦门检验检疫局、人行福州中心支行、福建银监局、出口信保福建分公司）

2. 成立出口基地领导小组及办公室。各设区市成立出口基地建设领导小组及其办公室，负责牵头编制出口基地发展规划、目标和思路，并制定与省级相配套的促进政策措施，确定具体实施项目，制定资金使用计划等。各设区市负责出口基地建设分工情况另附表，其中龙岩市协助厦门市建设机械装备出口基地，三明市协助南平市建设林产品出口基地。两个协建市经过2到3年的建设，上述重点商品年均出口增幅应不低于20%，出口规模占全省同行业三分之一以上。

（牵头单位：各设区市政府，参与单位：省财政厅、外经贸厅）

3. 组建出口基地商会和联合会。各基地所在设区市负责组织全省行业内有影响力的龙头企业发起成立出口基地商会，广泛动员全省同行业企业加入该商会，并对全省行业发展状况进行摸底调研，全面了解出口基地会员企业生产、出口、品牌建设情况和产品质量检测中心、技术研发中心等公共服务平台建设情况，以及基地发展和会员企业经营中亟需解决的问题。全省各出口基地商会正式挂牌并有效运作后，共同发起成立全省重点商品出口基地商会联合会，负责协调各基地商会。在出口基地商会自身建设逐步完善、运作能力切实增强的基础上，出口基地办公室的相关职责逐步移交给基地商会。出口基地办公室、基地商会和联合会工作经费由省、市财政适当给予支持。

（牵头单位：各出口基地办公室和基地商会；参与单位：省民政厅、财政厅、外经贸厅，各设区市政府）

（二）建设公共服务平台，有效引导产业集聚

1. 建立基地公共商务平台。打造一批国际知名度高、对外影响力强的国际性会展平台；建设一批规模突出、门类齐全的商品批发市场；扶持一批有实力、发展前景看好的境外贸易中心；争创一批出口产品设计与贸易促进中心。

2. 建立面向国际市场的公共技术研发平台和创新平台。积极引导技术、资金、人才、管理等创新要素向出口基地集聚，提高基地会员企业的自主创新能力，推动我省重点出口商品向高、精、深方向发展。

3. 建立出口商品公共质量检测平台。为基地会员企业提供出口产品质量检测、技术咨询和质检培训等服务。

4. 建立公共信息服务平台。为基地会员企业提供国际电子商务、行业信息交流、最新动态预测、政策咨询建议、公共数据分析、进出口预警监测和产品质量投诉处理等服务。2010年内，各基地均要建立自己的门户网站。

5. 建立产业投资促进平台。以出口基地商会为依托，围绕发展壮大出口基地产业配套能力，深入挖掘和包装一批上、下游配套产品项目，充分利用各种渠道，积极寻求合资合作，把相关配套企业引进来，补齐产业链条中的薄弱环节，形成产业集中、生产配套、规模经营、信息互通、资源共享的产业集群化发展格局。

（牵头单位：各出口基地办公室和基地商会；参与单位：省发展改革委、经贸委、科技厅、财政厅、农业厅、林业厅、海洋渔业厅、外经贸厅、外办、质监局、信息化局，省国税局、福州海关、厦门海关、福建检验检疫局、厦门检验检疫局）

（三）积极拓展多元市场，提高出口质量和效益

在巩固欧、美、日发达市场和港、澳、台传统市场的同时，按照经济规模、人口总量、消费能力、市场环境等指标分类，重点加大对基地会员企业拓展拉美、中东、非洲、南亚等新兴市场和东盟自贸区市场的支持与服务；鼓励具有竞争优势的基地龙头企业到境外投资，开展境外装配生产，规避各种贸易壁垒，带动出口；支持有实力的基地会员企业采取共同出资，通过参股、合资、合作、收购、兼并等形式，开展对外投资，建立海外自主营销平台，提高海外售后服务能力，开展国际化经营。

（牵头单位：各出口基地办公室和基地商会；参与单位：省发展改革委、经贸委、财政厅、外经贸厅、外办，省国税局、人行福州中心支行、福建银监局、出口信保福建分公司）

（四）实施创新与品牌带动，提升出口产品竞争力

积极支持基地会员企业共同出资开展关键技术和共性技术研发，提高自主创新能力，鼓励和支持基地会员企业将科研创新与标准化结合，积极参与国际标准的制、修订；积极推进出口品牌建设，提高出口基地商品的质量和档次；加快培育形成一批具有国际竞争力、拥有自主知识产权及国家级自主出口品牌的基地龙头企业，带动全省同行业企业共同发展，提高我省“三自三高”（自主知识产权、自主品牌、自主营销、高技术含量、高附加值、高效益）商品的出口比重。

（牵头单位：各出口基地办公室和基地商会；参与单位：省发展改革委、经贸委、科技厅、财政厅、农业厅、林业厅、海洋渔业厅、外经贸厅、质监局、知识产权局，省国税局、福州海关、厦门海关、福建检验检疫局、厦门检验检疫局）

（五）发展服务贸易，完善基地发展环境

加强政策和资金的扶持力度，大力发展基地生产性服务业，为基地会员企业提供第三方物流、融资担保、研发设计、信息咨询等专业化服务，推动形成一批符合国际标准、服务网络健全、具备国际竞争力的服务贸易企业。

（牵头单位：各出口基地办公室和基地商会，参与单位：省经贸委、财政厅、交通运输厅、外经贸厅，省国税局、福州海关、厦门海关、福建检验检疫局、厦门检验检疫局、人行福州中心支行、福建银监局）

（六）规范对外贸易秩序，有效应对贸易摩擦

建立健全政府部门、基地商会和基地会员企业共同参与的贸易摩擦应对机制，提高贸易摩擦应对能力；加强我省出口基地应对贸易摩擦的预警机制，对出口规模较大、效益较好、竞争优势较强、易引发贸易摩擦的出口产品，加大市场动态预测和监控力度，密切跟踪国外最新的技术法规、标准和合格评定程序，提前做好应对准备；提高贸易摩擦应对能力，引导基地会员企业积极参与案件应诉，鼓励企业开展游说、交涉、抗辩工作；强化基地产业安全维护工作，完善基地产业安全数据库建设，主动运用贸易救济措施，保护我省产业安全；鼓励基地会员企业、行业建立知识产权维权组织和保护联盟，支持商会制定行业知识产权公约，组织会员企业在对外贸易中开展集体维权，形成多元化的维权援助机制；加强基地商会与境外行业商协会的联系，促进境内外、国内外商会间的交流与合作，有效化解贸易摩擦和争端，积极应对国外各类贸易壁垒。

（牵头单位：各出口基地办公室和基地商会，参与单位：省发展改革委、经贸委、科技厅、财政厅、农业厅、林业厅、海洋渔业厅、外经贸厅、外办、质监局、知识产权局，福州海关、厦门海关、福建检验检疫局、厦门检验检疫局）

三、扶持政策措施

为支持重点商品出口基地建设发展，省级财政每年安排专项资金用于支持基地建设，并根据基地建设实际情况，逐年扩大扶持资金规模。商务部每年切块下达给我省的扶持资金优先支持基地建设项目。各设区市应根据本地区经济发展和财力情况，相应出台配套资金扶持措施，共同扶持基地发展。省级扶持资金和各设区市配套资金不仅用于支持基地所在市的会员企业发展，也应一视同仁地支持全省其他设区市同行业会员企业的发展。

（一）支持出口基地商会建设

推动出口基地商会加强自身建设，对商会开展工作给予适当经费支持，促进基地商会有效运作，不断壮大发展。

（二）支持基地公共服务平台建设

优先支持基地会员企业采取共同出资的形式，建立为行业发展提供服务的研发中心、检测中心、人才培训、产业招商、外贸物流和国际市场信息等公共服务平台；支持基地建立出口产品设计和贸易促进中心，为会员企业提供符合国际市场需求的设计和海外营销渠道公共服务。

（三）支持基地会员企业发展

支持基地会员企业开展国际通行的质量认证、商标和原产地标识注册、专利申请、行业标识、品牌宣传等工作，促进自主品牌、自主知识产权产品出口；支持基地会员企业标准化管理体系建设，建立和完善出口产品质量可追溯体系；支持基地举办或参加国际专业展览会及新兴市场开拓等活动；支持基地会员企业加强品牌建设，通过参股并购、在境外设立专卖店等方式构建境外营销网络。

（四）加大金融支持力度

引导金融机构支持基地会员企业实施自主创新与品牌带动战略，提升出口产品竞争力，多元化拓展出口市场；鼓励金融机构积极创新信贷产品，开办以出口退税、出口信用保险保单等为质押的贷款业务，对列入基地建设支持范围的项目融资、保单融资、订单融资予以贴息扶持；着力扩大出口基地会员企业的信保覆盖面，推动出口信用保险采用基地或行业会员企业联保的方式，为基地会员企业提供优惠承保条件，在担保费率、限额审批、案件审理等方面予以适当倾斜；支持基地会员企业在境内外上市融资、再融资和通过发行债券等方式筹集发展资金。

（五）优先支持基地会员企业实行跨境贸易人民币结算

加大政策宣传力度，帮助基地会员企业了解跨境贸易人民币结算政策、操作流程和可获得的银行服务，增强会员企业参与意愿；鼓励金融机构对基地龙头企业制定个性化服务方案，规避汇率风险，促进贸易便利化。

（六）提升出口退税服务

对出口基地A、B类企业退税申报分别在7个、12个工作日内通过出口货物退（免）税电子化管理系统完成审核、审批；放宽出口基地会员企业A、B分类评定标准，推动会员企业加强诚信建设，提高退税申报速度，并通过与国税部门的共同培训辅导，力争三年后实施 A、B 类管理的出口企业从目前的7%提高到15%以上。

（七）优化口岸通关环境

加大力度提高通关效率和检验检疫服务效率，降低通关环节费用。积极引导会员企业加强内部管理，申请调高海关管理类别，力争三年后出口基地内海关实施 AA 类和 A 类管理的会员企业比例实现大幅增长；优先支持基地会员企业获得检验检疫直通放行、绿色通道资格，优化检验检疫监管环节，缩短检验检疫周期，在有效监管的前提下，进一步减少出口商品的抽查检测频次。同时，积极扩大福建省国际电子商务应用平台和福建电子口岸对出口基地会员企业的覆盖面。

（八）积极争取商务部支持

出口基地建设是商务部今后一段时期的重点工作和资金支持的重点方向。我省将积极推荐出口规模较大、组织管理完善、发展成效显著的出口基地获得商务部的认定和授牌，升格为国家级出口基地，并获得商务部专项资金支持。同时，积极争取一批优秀出口基地建设项目列入商务部专项资金支持范围。

四、落实检查机制

（一）工作考核机制

为全面了解全省重点商品出口基地的建设进展情况和相关政策的实施成效，推动重点商品出口基地更好更快发展，建立对重点商品出口基地的评价指标体系和考核评价机制，对基地总体发展进行考核。具体评价指标如下：

1. 主要发展指标。主要反映基地产业建设情况和目标任务完成情况。具体涉及基地会员企业数量、营业收入、进出口总额、利税总额、品牌数量以及龙头企业发展情况等方面内容。

2. 公共服务指标。主要反映基地公共服务平台的建设情况及效果。具体涉及公共技术创新平台、产品质量检测平台、公共信息服务平台的数量、建设投入、服务企业成效，以及组织会员企业开拓国际市场情况等方面内容。

3. 组织管理指标。主要反映各出口基地所在市政府对基地建设的重视情况和执行情况。具体涉及工作组织和领导、发展规划制定和执行、配套资金投入以及建立统计制度和信息报送等方面内容。

根据以上评价指标，每年年终对全省各基地的建设情况进行一次考核。省政府将对出口稳定增长、建设情况较好的出口基地进行表彰和奖励。在年度考核的基础上，2012年末，由省外经贸厅牵头组织有关部门对各出口基地3年来的建设情况进行总考核，形成全省基地建设综合评估报告。

（二）动态管理机制

按照优胜劣汰的原则，建立对重点出口商品基地动态管理的机制。经过三年持续培育后，按照基地建设评价指标体系对各出口基地进行考核，对未能达到预定出口发展目标的重点出口商品基地，以及没有配套政策、资金和扶持措施、基地办公室和基地商会工作不到位或重点商品出口规模落后于其他设区市的现有基地所在设区市，报出口基地建设联席会议研究后进行调整，将出口基地所在设区市资格调整给出口增长稳定，发展潜力较好，重视基础、产业、重点出口商品建设的设区市；同时将有市场前景、有产业支撑、有发展潜力的新兴产业出口商品列入新一轮重点商品出口基地建设的对象。

二〇一〇年七月十七日

◆福建省人民政府关于营造优良环境提供优质服务支持民营企业加快发展的若干意见

闽政〔2010〕19号

各市、县（区）人民政府，平潭综合实验区管委会，省人民政府各部门、各直属机构，各大企业，各高等院校：

改革开放以来，我省民营企业不断发展壮大，成为促进我省经济和社会发展的重要力量，在促进经济增长、增加财政收入、调整产业结构、繁荣城乡市场、扩大城乡就业、维护社会稳定等方面发挥着十分重要的作用。根据《国务院关于鼓励和引导民间投资健康发展的若干意见》（国发[2010]13号）精神，为进一步营造优良环境，提供优质服务，支持民营企业做大做强，加快福建跨越发展和海西建设，特提出如下意见。

一、优化民营企业发展的政务环境

（一）清理和规范行政审批事项

各级政府及其负责行政审批事项部门要加快

清理行政审批事项，按照合法、效能、责任、监督的原则，对应当取消的一律取消，应当调整的作出调整。能由市场机制调节的事项，坚决放给市场；应由企业自主决策的事项，一律交还企业；能由社会组织解决的事项，积极移交社会组织；应由政府承担的职责，切实履行到位。对法律、法规和国务院决定只作出原则性管理要求、没有规定设定行政许可的事项，不得设定行政许可。对需行政审批的事项，不得违反法律法规规定增设审批条件。

（二）简化行政审批程序

各级政府及其负责行政审批事项部门要制订简化审批程序的具体办法，压缩办理环节和时间，制定简明清晰的审批流程图。进一步下放项目核准或备案权限，依法可以委托下一级政府部门办理的，一律委托给下一级政府部门办理。保留的省级行政审批项目除涉密事项外，一律按照规范的环节和时限实行网上审批；对涉及多个部门的投资项目，加快实行网上并联审批，按照“牵头受理、报送相关、并联审批、限时办结”的原则，优化审批流程，加快审批进度。市、县（区）政府要充分利用行政服务中心，推行并联审批制度，为民营企业提供高质量服务。

（三）提高行政效率

企业申请办理有关行政审批事项，对符合条件、申请材料齐全的，审批部门要严格执行及时办理、限时办结制度，禁止变相延长审批时限；对申请条件不足或申请材料不齐的企业，要开展行政指导，帮助企业完善条件、补齐材料；依法不能办理的，要向企业书面说明理由。除一些尚在内部酝酿，需在一定范围、一定时间内保密的事项外，其他可以对外公布的政策、规定、办事程序和处理结果等，均应通过适当方式公之于众。强化集中审批功能，加强行政服务中心建设，推行“一站式办理、一条龙服务”，实行统一受理、统一审核、统一收费、统一送达的办理模式，提高窗口办理效率；开展预约服务、代办服务、延时服务，为企业提供全程免费服务。完善行政审批信息管理系统，实现同级部门之间的项目联网审批，推进省、市、县三级网上联动审批及电子监察。

（四）清理规范涉企收费行为

清理并取消除国家和省财政、价格主管部门发布外的行政事业性收费项目。对按规定必须收取的行政事业性收费，一律按照收费标准的下限收取。按国家政策规定，对已不体现政府支持和管理公共事业发展职能且不上缴中央财政的政府性基金项目，予以停征。对行政机关擅自将职责范围内的事务交给其他机构办理变无偿服务为有偿服务的，借用行政权力和垄断地位强制服务并收费或只收费不服务的，以及违反法律、法规强制企业到指定机构接受检测、代理查询等服务并收费等乱收费的，一律予以取消。对依托行政审批将检验、检测、评估（评价、评审）、审计、鉴定、认证、考试、培训等作为前置条件的服务，以及其他因具有垄断性服务而实施的收费，要进行全面清理；对法律、法规明确规定将上述服务作为行政审批前置条件的，收费标准要从严核定；凡没有法律、法规规定的，一律予以取消。所有涉企的收费项目和标准要及时向社会公布。严肃查处擅自提高或变相提高实行政府指导价或政府定价的经营服务性收费标准，以及扩大收费范围等违法收费行为。严格规范社会团体入会与收费管理。任何机构不得以任何理由违反国家规定向企业收费、罚款、集资、摊派等。加强对涉企收费的监督检查，严肃查处涉企乱收费行为。

（五）有效控制涉企检查

行政机关及其工作人员对企业实施监督检查，应当严格依照法律、法规、规章的规定进行。各级政府应当做好监督检查的协调工作，对企业的监督检查可以一并完成的，应当组织有关行政机关实施合并或者联合检查。除涉及食品安全、药品安全、生产安全、公共安全、金融安全、环境保护、工程质量的事项外，同一部门（系统）对同一企业的例行检查，原则上一年不得超过一次。

（六）加大监督力度

强化上级政府和部门对下级的监督，对涉及民营企业发展的政策措施及执行情况定期组织督查，保证扶持企业政策措施落实到位。加强行政效能督查，对执行岗位责任制、首问责任制、一次性告知制、限时办结制、否定报备制、同岗替代制、服务承诺制和失职追究制等机关效能建设制度情况进行检查。落实行政效能责任追究制度，严格实行效能问责，切实解决办事拖拉、推诿扯皮、“吃拿卡要”等突出问题。推行涉企政务信息公开制度，增强政府工作的透明度。开展行政效能公众评议，按照问卷调查、评议代表测评、统计分析、结果通报和督查整改等流程组织公开评价，并将评价结果作为各相关职能部门绩效考核的重要依据。提请和邀请人大和政协组织定期视察，对各级政府和部门有关民营企业发展环境、政策执行、行政办事效率等工作情况进行监督。

（七）畅通效能投诉渠道

按照“投诉有门、办理有效、结果透明、督查到位”的要求，完善投诉受理工作机制。实行全省效能投诉统一电话“968168”二十四小时受理制度，确保电话投诉“打得通、有人接、能办理”。有关部门在门户网站设立投诉栏目，及时接受并处理网上投诉。加大效能投诉件办理力度，实行限时办结制度，及时有效解决损害企业利益的问题。发挥“服务海西发展效能情况信息点”的作用，及时收集基层和企业反映的信息，督促有关部门及时解决企业的合理诉求。

二、引导和支持民营企业做大做强

（八）进一步拓宽民间投资的领域和范围

全面贯彻落实国务院和省委省政府关于鼓励和引导民间投资的一系列政策措施，各级各部门要加快研究制订具有操作性的实施细则，鼓励和引导民间资本进入法律法规未明确禁止准入的行业和领域。规范设置投资准入门槛，公开投资目录，创造公平竞争、平等准入的市场环境。市场准入标准和优惠扶持政策要公开透明，对各类投资主体同等对待，不得单对民间资本设置附加条件。

（九）鼓励民营企业发展战略性新兴产业

1.强化产业政策引导。结合国家产业振兴、区域发展要求以及我省产业调整和振兴方案的实施，加快研究制订《福建省新兴产业发展指导目录》，调整和完善产业政策，引导民营企业在节能减排、节水降耗、生物医药、海洋产业、信息网络、新能源、新材料、环境保护、资源综合利用、文化创意、服务业等领域加快发展。各级建立新兴产业发展工作联席会议制度，形成综合协调、分工负责、上下联动的工作机制，协调解决新兴产业发展中遇到的困难和问题。

2.加大资金政策扶持。制订并实施“战略性新兴产业专项金融支持计划”，针对新兴产业的特点开发新品种、新服务，对新兴产业优先给予信贷支持。对为节能环保、生物医药、新能源、新材料等新兴产业的企业提供银行贷款担保的担保机构，省级财政按年度担保额16‰的比例给予风险补偿，并优先获得省级再担保公司的再担保。加快组建海峡产业投资基金和新兴产业创业投资基金，对具有发展前景的民营企业进行股权投资。完善省级创业投资资金绩效考核体系，省级创业投资资金重点要投向新兴产业。对新兴产业进行股权投资和管理服务的创业投资机构，省级创业投资引导资金给予风险补偿和补助。对新能源产业实施价格扶持，积极争取国家电价补贴，对未列入国家补贴的项目，按照合理成本加合理利润的原则，制定相应的上网电价并报国家发展改革委审批。

3.优先保障新兴产业项目用地用海。对民间资本投资的战略性新兴产业项目，在用地规划、用地指标上给予重点保障，凡符合《划拨用地目录》（国土资源部第9号令）的用地项目，可按划拨方式提供用地。对用地节约集约的新兴产业工业项目实行优惠的地价政策，在确定土地使用权出让底价时，可按不低于所在地土地等别相对应《全国工业用地出让最低价标准》的70%执行。对重点支持的新兴产业基地和重大新兴产业项目，市县无法解决用地指标的，可由省级调剂。对省重点建设港口项目属于湾外的填海造地建设项目，比照《福建省人民政府关于科学有序做好填海造地工作的若干意见》（闽政[2010]11号）精神，海域使用金除按规定比例上缴中央财政外，上缴地方财政部分减缴幅度可以提高到50%；其他省重点建设港口项目，除按规定上缴中央财政外，上缴地方财政的海域使用金减征30%。

（十）扶持发展科技型民营企业

1.加快培育科技型中小企业。鼓励创办科技型民营企业，以专有技术、专利技术等无形资产作为自办企业资本金或在与企业合作中作价出资，最高可达企业注册资本（金）的70%。强化科技型中小企业金融服务，建立健全科技部门和金融部门合作机制，探索选聘科技专家参与科技企业贷款项目评审，建立适合科技型中小企业特点的信贷管理机制。积极组织企业申请国家科技型中小企业技术创新基金项目资金资助，省级科技型中小企业技术创新资金对符合条件的企业给予一定扶持。开展科技保险试点工作，努力满足民营企业技术创新的风险保障需求。

2.增强民营企业自主创新能力。落实鼓励企业增加研发投入的税收优惠政策，鼓励民营企业增加研发投入。支持民营企业申报各级各类科技计划项目，参与科技重大专项、区域重大项目和产学研合作重大项目建设。帮助民营企业建立工程技术研究中心、技术开发中心，增加技术储备。强化培训辅导工作，引导支持民营企业培育认定高新技术企业。鼓励民营企业创建国家级和省级创新型企业，省财政从相关部门预算中对国家级创新型企业各奖励100万元，对评估优秀的省级创新型企业各奖励 50 万元。对民营企业拥有的自主知识产权和核心技术可迅速做大或带动产业发展的产品或项目予以扶持，加速科技成果转化。进一步落实《福建省政府采购自主创新产品实施办法（试行）》，支持民营企业申报国家和省自主创新产品。实施培养和引进高层次人才的鼓励政策，开展多层次、多专业、多形式的各类技术人才培训，强化创新人才支撑。

3.提升创新服务水平。持续提升“6·18”平台功能，提高民营企业参与度和成果对接率，有效扶持创新成果转化落地。不断提高工程（技术）研究中心、重点实验室、检测检验机构，以及产业技术创新战略联盟、行业技术开发基地、科技企业孵化器、生产力促进中心等创新平台的能力，扩大科技人员服务企业行动，为民营企业提供新产品和技术研发、设计、测试、检测等公共技术服务和科技创新服务。对新建国家级科技创新平台给予一定奖励，对评估优秀的国家级检验检测机构和省级重点实验室给予运行经费补贴或奖励。完善技术经纪企业和技术经纪人制度，建立企业技术经纪组织、经纪人技术信息共享联盟。

（十一）加快民营企业转型升级

1.推进产业高端化。支持民营企业主攻产业高端发展的关键技术，实施重点突破，扶持关键技术研发推广，加快产业高端化进程。推进高技术优势产业实现核心部件、关键材料、重大专用装备由引进技术向自主创新转变。以研发设计、生产过程、企业管理、产品流通、销售服务为切入点，实施信息化技术改造，提高自动化、智能化水平。鼓励民营企业通过加速固定资产折旧等方式进行技术改造。对符合条件的重点技改项目，省级工商发展资金予以扶持。

2.推进产业生态化。引导和支持民营企业发展循环经济、低碳经济、绿色经济，实施节能、节水、环保和安全生产的技术改造，开展资源综合利用和无害化处理。支持民营企业创建省级循环经济示范企业、清洁生产企业、资源综合利用企业。全面落实节能减排税收优惠政策，完善节能技术改造、合同能源管理财政支持政策。认真执行国家产业政策和环保标准，实施淘汰落后产能计划，建立健全淘汰落后产能企业名单公告制度，落实限制类和淘汰类企业差别电价，加快淘汰落后产能。

3. 推进企业品牌化。抓好品牌、商标的培育、申报、注册、保护、宣传等服务工作，引导民营企业争创国家级和省级各种名牌，支持民营企业申请商标国际注册和境外专利。鼓励民营企业参与国际标准、国家标准、行业标准和地方标准制修订。对民营企业获得省政府标准贡献奖，以及承担国家和省专业标准化委员会秘书处工作的，给予奖励。加大知识产权申请的扶持与奖励力度，引导企业加强知识产权管理。完善知识产权行政与司法保护制度，严厉打击各种假冒和侵犯知识产权的违法行为，切实保护知识产权权利人的合法权益。

4. 推进管理精致化。大力实施民营企业“管理创新工程”，引导企业苦练内功，强化基础管理、营销和风险管理，完善治理结构。健全企业成长培训工作体系，依托社会培训资源，构建企业管理网络培训平台，开展公益型的企业精细管理培训和企业高级管理提升培训。借鉴台湾企业管理咨询服务模式，推动民营企业与咨询机构的项目对接，加大对企业管理咨询诊断项目的财政资金补助力度。培育管理创新型民营企业，宣传推广具有示范效应的管理理念、模式和手段，提升民营企业管理水平。

5. 提升产业园区发展水平。制订出台创建新型工业化产业示范基地管理办法及相关配套措施。鼓励民营企业参与创建国家级、省级新型工业化产业示范基地，“抱团”创办高水平的产业园区。对符合区域污染物排放总量控制指标要求和行业环境准入条件的产业园区，实行规划环评总体控制，简化具体项目环评内容。加快产业园区公共平台建设，对使用中长期银行贷款投资的产业园区内的公益性项目，有关省级部门专项资金给予一定贷款贴息。对服务于产业园区内各类企业的技术和信息服务的收入，符合国家规定的，免征营业税。

6. 拓展产业链。进一步整合产业链条，加快形成一批特色鲜明、分工协作、衔接有序的产业链，提高产业集中度和综合配套能力。引导民营企业围绕上下游产业链和价值链，以产业集群龙头企业为核心，建立稳定的产、供、销和技术开发等协作关系。鼓励处于产业链和价值链低端环节的加工型、劳动密集型、贴牌生产型民营企业发展零部件专业化生产。进一步做好产业梳理，在区域产业布局和大项目建设中为产业链延伸预留充分的空间。强化对龙头项目和产业链缺失环节的招商引资和项目引进，形成产业集聚效应。金融部门要引导龙头企业与协作配套企业之间推广使用商业承兑汇票，拓展企业支付手段，顺畅上下游配套协作企业间的资金流。

（十二）培育民营大企业大集团

1. 支持建设产业重大项目。对于民间投资产业带动力强的重大项目，各级政府的财政性资金给予前期费用支持。各级政府要建立健全民营企业投资重大项目联席会议制度，实行重大项目挂钩服务，加强跟踪协调服务。大力实施“闽商回归工程”，加大招商引资力度，促进要素资源有效返流，在我省投资重大项目。

2. 推动实施兼并重组。引导和鼓励民营企业利用产权市场组合各类资本，以资产、资源、品牌和市场为纽带，通过债务重组、股权收购、资产收购、合并等方式实施兼并重组，发展成为特色突出、市场竞争力强的集团化公司。支持民营企业通过参股、控股、收购兼并等方式参与国有企业改制重组。对跨地区、跨行业兼并重组，各级政府和相关部门要强化配合协调，积极创造条件促进项目顺利实施。要研究出台兼并重组和“飞地”工业的财税分成机制。金融机构要加大对企业并购重组的贷款支持力度，积极向其总行争取债权重组和呆坏账核销政策。企业并购重组需要分离或重组的资产中，由于历史原因导致权证资料不全的房产和土地，在符合建设和用地规划，工程质量、消防安全合格，以及申请登记企业出具书面具结保证书、经公告房屋土地权属无异议的情况下，准予补办相关登记手续，申领房屋、土地权证。企业在合并、分立、兼并等产权整体转让过程中发生的土地使用权、不动产所有权的转移行为，符合国家规定的，不征收营业税。对兼并国有企业、集体企业和破产企业，符合有关规定的，免征契税。

3. 引导国际化经营。贯彻落实国家鼓励企业"走出去"政策措施。支持民营企业开展市场开拓型、产业转移型、技术寻求型和资源开发型等多元化对外投资。鼓励民营企业利用自有品牌、自主知识产权和自主营销，促进品牌的国际化运作。鼓励民营企业到境外设立研发机构，吸收和利用国外先进技术与设备。支持民营企业设立境外企业或分支机构，购并营销网络和知名品牌。民营服务贸易企业在境外进行商标注册、专利申请和版权登记，按不高于实际支出的50%进行资助，单个项目的资助上限为 50 万元。鼓励有条件的民营企业充分发挥自身竞争优势，加强与经济互补性强、市场覆盖面大的国家和地区的合作，重点承接世界500强企业的先进技术、管理、人才和信息转移，培育具有自主知识产权和国际知名品牌的跨国企业集团。支持民营企业之间、民营企业与国有企业之间组成联合体，共同开展境外投资。搭建区域经贸合作洽谈会、代表团互访、展览会、电子商务等形式多样的国际交流平台，帮助民营企业拓展营销渠道。拓宽民营企业"走出去"渠道，优化出国（境）便捷服务，支持资信好的民营企业家和高级商务人员申请办理 APEC 商务旅行卡及因公出国（境）证件。

（十三）加大对民营企业的融资支持力度

1. 加大金融信贷支持。引导银行业金融机构积极开发符合民营企业特点的信贷方式和业务品种，优化信贷结构，创新信贷评审模式。对信誉好、科技含量高、发展速度快、经济效益佳的民营企业提高授信额度，并适当给予利率优惠。丰富银企会商形式，及时提供融资专业化服务。继续推行小企业贷款风险补偿机制，引导银行业金融机构支持民营企业发展。对符合国家产业政策和信贷政策的项目，鼓励银行业金融机构针对不同资金需求特征和制约瓶颈进行金融产品创新，拓展应收帐款、仓单、订单、股权、商标权、专利权、收费权、在建工程、存货等抵质押方式贷款，努力拓宽企业贷款担保物范围。积极探索民营企业以获得的政府采购合同和中标通知书作为质押凭证，向金融机构提出贷款申请。

2. 拓宽直接融资渠道。充分挖掘民营企业上市后备资源，在企业改制上市的不同阶段，有针对性地提供咨询、指导和资金扶持，帮助企业尽快实现上市融资。对使用上市募集资金投资于我省项目的，从省级上市专项资金中予以奖励。鼓励已上市的民营企业通过配股、公开增发、定向增发和发行公司债、可转换债券等形式扩大融资规模。推动符合条件的民营企业通过发行企业债、短期融资券、中期票据等方式筹措资金。支持民营中小企业以产业基地、工业园区、科技园区等产业集聚区为依托，通过银行间债券市场发行集合债券、集合票据，协调实力较强的大型企业或担保机构为中小民营企业集合发债提供增信支持。探索推进民营中小企业集合贷款信托工作。健全创业投资机制，发挥省级创业投资资金杠杆放大作用，省级创业投资资金可与各级政府性资金、各类民间资本在省内共同发起设立创业投资企业；搭建创业投资服务平台，开展省内外创业投资机构与我省成长性民营企业投融资对接活动。鼓励民营企业引进产业投资基金，主动承接境外优势产业资本和财务资本。

3. 推动融资服务多样化。加强对中小企业融资性担保机构的指导、服务和业务监管，鼓励银行与各类担保机构和企业加强互信合作，切实降低民营企业的融资成本。支持有条件的县市区组建小额贷款公司，并采取有效办法规避金融风险。支持各地发展村镇银行。大力推广融资租赁，发挥典当、信托等融资方式的作用，进一步拓宽民营企业融资渠道。

4. 培育各类权益交易平台。大力发展区域性产权交易市场，构建物权、债权、股权等权益性交易平台。完善产权交易平台在权益托管、撮合转让、电子竞价交易等方面的功能，为民营企业各类权益交割提供便利。积极申报福州、厦门高新技术产业开发区列入代办股份转让系统扩大试点，探索建立非上市创业企业产权（股权）交易市场。

（十四）帮助民营企业拓展国内外市场

1.支持民营企业参与政府主导的各类采购。鼓励民营企业产品申报纳入政府采购的节能、环保、自主创新产品清单和工程建设主要设备材料推荐目录，促进政府采购项目、政府投资建设项目和重点建设项目积极采用民营企业产品。政府采购活动中，在技术、服务等指标满足采购需求的前提下，保障民营企业平等竞争。对于一些采购规模较大，专业性要求不强的项目，允许民营企业组成联合体进行投标竞标。完善药品采购制度，对拥有自主知识产权、经评审符合条件的我省医药产品优先纳入医疗保险用药目录，支持我省民营企业生产的化学三类以上、中药六类以上新药产品纳入国家基本用药目录或本省补充目录、乡镇卫生院基本用药目录、医疗保险用药目录和新农合目录。

2.大力发展营销联盟。组织民营企业抱团参加实效性强的境内外重要展会，对发生的摊位费、公共布展费等给予一定的资助。支持我省优势民营企业建立名特优新产品连锁销售网络，在大型百货商场、超市以及市场开设销售专柜。组织省内区域之间、产业链上下游之间产品的协作采购、互采互用，省内能够提供的产品在同等条件下引导企业优先采购。支持民营企业参与全国产品下乡招投标，鼓励支持民营企业参与家电下乡以及家电、汽车“以旧换新”工作。充分发挥产业优势，发展壮大服装鞋业、古典家具、石板材、电机电器等专业商品市场，吸引更多国内外客商来闽采购。发挥重点电子商务平台作用，对列入省电子商务重点示范项目，省级部门有关专项资金给予适当补助。

3.帮助企业化解出口风险。健全外贸信息收集与预警机制，为民营企业参加国际投资、商务谈判、国际展览会等创造条件。支持商会、行业协会帮助民营企业应对知识产权纷争，以及反倾销、反补贴应诉。鼓励民营企业进行知识产权海关保护备案，加大海关知识产权侵权案件的打击力度。借助出口信用保险的损失补偿、保单融资、资信调查等功能，鼓励引导民营企业参加出口信用保险，提高我省出口信用保险渗透率。省级财政按出口企业实际缴纳出口信用保险费的40%给予扶持。对保单融资给予3%贴息，对单个企业贴息支持的最高限额为50万元。加快出口信用保险理赔速度，对案情清楚、责任明确、单证齐全的出口信用保险理赔案件，在10个工作日内核赔。强化部门协调配合，积极推进跨境贸易人民币结算试点工作，鼓励民营企业在对外贸易活动中以人民币计价结算，降低汇率风险。

4.进一步优化通关环境。深化口岸大通关建设，落实首问负责制，在重点口岸实行“七天工作制”。加快推进分类通关改革，对企业实行实时动态分类管理，大力推广网上支付、银行担保、预审价、预归类等便捷通关措施。完善海上驳运，发展海铁、海空等多形式联运业务，支持转关运输，积极扩大“属地申报、口岸验放”区域通关范围。完善关检贸协作机制，优化口岸通关流程，通过风险评估，对守法企业进一步降低口岸查验比例，提高口岸查验效率。加大检验检疫直通放行制度的实施力度，逐步实现跨省直通放行。强化检验检疫帮扶措施，对自主品牌、自主知识产权和高新技术出口产品，在推荐、分类管理、对外注册、绿色通道、信用监管、创名牌等方面给予政策优惠。加快地方电子口岸建设，全面推进检验检疫电子闸口系统建设，实现进出口货物口岸快速查验、放行。

三、加强对民营企业发展的指导和服务

（十五）加强信息引导

统计部门要建立健全民营企业的统计、监测、分析与发布制度，准确反映民营企业的发展情况。投资主管部门、行业管理部门及行业协会要及时把

握民营经济发展动态，及时向社会发布国家产业政策、发展建设规划、市场准入标准、行业动态、财税支持等信息，引导民营企业投资经营。

（十六）完善服务机制

各级政府、各有关部门要全面准确把握国家和省出台的促进和扶持企业发展的各项优惠政策，制定、完善和细化贯彻落实的操作办法和配套措施，同时采取培训、咨询、解读等形式，提高民营企业用好政策的能力。通过服务资格认定、业务委托、奖励等方式，引导中介组织、行业协会、服务机构创新服务产品，加强行业自律，提高服务质量。建立与民营企业定期联系制度，提升省工业企业服务网的服务功能，及时协调解决民营企业反映的困难和问题。

（十七）加强权益保护

加强对《福建省企业和企业经营管理者权益保护条例》和《福建省个体工商户和私营企业权益保护条例》的执法监督检查，维护民营企业合法权益。保护民营企业选择中介组织服务和参与社会团体活动的自主权。企业权益在外地受到严重侵犯可向本省司法部门申请法律援助。各级政府和有关部门在制订涉及民营企业重大权益的地方性法规和有关政策规定时，要听取有关商会和民营企业的意见和建议，充分反映民营企业的合理要求。

（十八）引导企业自律

各级政府和有关部门要引导民营企业自觉遵守国家法律法规，遵守市场规则，依法经营、安全生产、规范管理。指导民营企业建立规范的产权、财务、用工等制度，加强企业文化建设，不断提高自身素质和能力，树立诚信意识和责任意识，主动承担相应的社会责任，自觉维护社会和谐稳定。

（十九）营造良好舆论氛围

充分利用报纸、广播、电视和新闻网站等各种宣传载体，大力宣传党中央、国务院和省委、省政府关于鼓励、支持和引导民营企业发展的方针、政策和措施。每年选择一批优秀民营企业，积极宣传报道他们的贡献。对优秀企业和企业家给予表彰和奖励，在全社会营造关心、爱护、尊重创业者的良好氛围。

各设区市政府和省直有关部门要把支持民营企业加快发展摆在更加重要的位置，根据本意见要求，抓紧研究制定具体可操作的措施办法，并落到实处，努力营造有利于民营企业发展的优良环境，切实促进民营企业又好又快发展。省直有关部门制定的具体措施办法应向省政府报备。

二〇一〇年八月十六日

◆福建省引进高层次创业创新人才暂行办法

为吸引海内外高层次创业创新人才，进一步推进人才强省战略实施和创新型省份建设，根据《中共中央办公厅转发〈中央人才工作协调小组关于实施海外高层次人才引进计划的意见〉的通知》（中办发[2008]25 号）和《福建省贯彻落实〈国务院关于支持福建省加快建设海峡西岸经济区的若干意见〉的实施意见》（闽委发[2009]5 号）精神，制定本办法。

一、目标任务

（一）本办法所称高层次创业创新人才是指在国内外知名企业、高校、科研和医疗卫生机构等从事专业技术或经营管理工作，具有较强创业创新能力，学术技术、经营管理水平达到国际先进或国内领先，能引领和带动我省某一领域科技进步、产业升级、文化繁荣、社会发展的领军人才

（二）围绕海峡西岸经济区发展战略目标，用5-10年时间，依托企业、园区、高校、科研和其他事业单位，引进300名左右海外（含台港澳地区）高层次创业创新人才和一批国内高层次创业创新人才，建设两岸人才交流合作区域中心和人才高地

二、引进人才范围

（三）引进高层次创业创新人才（以下简称“引进人才”）的重点领域

1. 电子信息、装备制造、石油化工等主导产业；

2. 建材、冶金、纺织、轻工等传统优势产业；

3. 生物及新医药、节能环保、新能源、新材料、海洋工程等新兴产业；

4. 生物育种、生态农业等现代农业；

5. 信息服务、现代物流、金融业、科研教育、医疗卫生、文化创意、旅游业等现代服务业。

（四）引进人才的条件与范围

1. 海外高层次创业创新人才。在海外取得硕士研究生以上学历，年龄一般不超过 55 岁，来闽创业或引进后每年在闽工作时间原则上不少于 6 个月，并符合下列条件之一：

（1）拥有自主知识产权、发明专利或掌握核心技术，其技术成果国际先进、能填补国内空白、具有市场潜力并能进行产业化生产，自有资金（含技术入股）或海外跟进的风险投资占创业投资 30%以上的创业人才；

（2）在海外知名企业或机构担任中、高级职务，拥有能够促进我省企业自主创新、技术产品升级的重大科研成果，或熟悉相关领域和国际规则、有较强的经营管理能力，我省重点领域急需的专业技术人才和管理人才；

（3）在海外知名高校或科研机构具有博士学位、担任相当于副教授以上职务，在某一专业领域掌握世界先进技术、我省急需紧缺的学术技术带头人。

2. 国内高层次创业创新人才。重点引进下列对象：

（1）中国科学院院士、中国工程院院士；

（2）获得国家最高科学技术奖、国家自然科学奖、国家技术发明奖、国家科学技术进步奖、国际科学技术合作奖的主要完成人；

（3）承担国家科技支撑计划、国家重点工程建设项目的首席科学家或项目主要负责人；

（4）“长江学者”、国家杰出青年科学基金获得者等国家级优秀人才；

（5）掌握核心技术、拥有自主知识产权或具有高成长性项目的创业人才；

（6）在大型知名企业或著名高校、科研机构关键岗位从事研发、管理工作的高级专家或高级管理人才。

3. 我省急需紧缺的其他高层次创业创新人才。

三、政策措施

（五）来闽创（领）办企业的引进人才，享受以下优惠政策

1. 省政府给予每个海外引进人才 200 万元人民币补助（其中中央在闽单位或厦门市引进的，省政府给予每人 100 万元人民币补助）；给予省属（含市、县）单位引进的国内人才每人 100 万元人民币补助（其中厦门市引进的由其给予补助）。补助资金主要用于科技创新、创业启动和改善工作生活条件等，视同省政府奖金，免征个人所得税；

2. 落户到园区创（领）办科技型企业的，由园区提供不少于 100 平方米的工作场所，5 年内免租金；

3. 从事科技项目产业化，并由其控股或拥有不低于 20%股权的企业，各级政府创业投资资金可按有关规定给予股权投资；

4. 产品符合政府采购要求的，纳入采购目录，优先推荐使用；

5. 引进人才认定后 3 年内，缴纳个人所得税地方留成部分，当地财政全额奖励返还；

6. 来闽创（领）办企业的引进人才在职称评聘、申请科技项目、科研经费使用等方面按（六）第 4、5、6 条规定执行。

（六）受聘到我省高校、科研机构、企（事）业单位的引进人才，享受以下优惠政策

1. 省政府给予每位引进人才的补助资金按（五）第 1 条规定执行；

2. 用人单位为其提供必要的科研启动经费、科研仪器设备和稳定的科研经费支持，并在团队建设、重大科研项目申请等方面给予倾斜；

3. 可担任高校、科研机构、国有企（事）业中高级管理职务（外籍人士担任法定代表人的除外）；引进到事业单位的，不受单位编制、岗位限制；

4. 可按其业绩和能力，申报评审高级专业技术资格，聘任时不受评聘时限和岗位职数的限制；

5. 可申请省级科技项目，所获得的资金用于在闽开展科学研究或项目产业化；

6. 担任项目负责人的，在规定的职责范围内，有权决定科研经费的使用，包括人力成本投入；有权决定团队成员的聘任，所聘人员可采取协议工资制，不受本单位现有编制、工资总额和科研经费成本比例限制。

（七）引进人才享受以下生活待遇

1. 引进人才申购经济租赁房或限价住房，各地各部门给予优先安排。未购买自用住房的，用人单位为其提供不少于 120 平方米的住房，5 年内免租金，或提供相应租房补贴；

2. 引进人才的子女可按照本人意愿，选择当地公办学校就读，当地教育行政部门负责为其办理入学手续；

3. 引进人才的用人单位，应按有关规定为其缴交基本养老、城镇职工基本医疗、工伤保险等社会保险，同时为海外引进人才未就业的配偶、子女缴交社会保险；用人单位可为引进人才购买商业补充保险；

4. 在闽创业或工作期间，引进的海外人才享受二级医疗保健待遇，引进的国内人才享受省内相当条件人员同等医疗待遇，所需医疗资金通过现行医疗保障制度解决，不足部分由用人单位按照有关规定予以解决；

5. 引进人才的配偶愿意在闽就业的，由用人单位或当地政府妥善安排；暂时无法安排的，用人单位可参照本单位人员平均工资水平，以适当方式为其发放生活补贴；

6. 引进人才 5 年内境内工资收入中的住房补贴、伙食补贴、搬迁费、探亲费、子女教育费等，按照国家税收法律法规的有关规定，予以税前扣除。进境少量科研、教学物品，免征进口税收；进境合理数量的生活自用物品，按现行政策规定执行；

7. 引进人才的薪酬待遇，本着待遇从优的原则，参照引进人才回国前的收入水平，一并考虑为其支付住房（租房）补贴、子女教育补贴、配偶生活补贴等，由用人单位和引进人才协商确定。用人单位对引进人才可实施期权、股权和企业年金等中长期激励方式。

（八）引进的产业人才创新团队、研发机构创新团队和总部经济创新团队，给予以下优惠政策

1. 对承担我省重大科技项目、重大工程、重点建设项目，能突破产业关键共性技术难题，带来重大经济效益和社会效益的创新团队，省政府给予100-300万元人民币的奖励；

2. 对掌握自主知识产权且在我省进行产业化、有望形成新的经济增长点的创新团队，省政府给予300-500万元人民币的专项工作经费，当地政府给予一定配套经费。

（九）符合引进条件的台湾专家除享受以上相关政策待遇外，还享受以下政策支持

1. 设立闽台专家产学研合作资金，对闽台专家合作开展技术攻关、技术转移、学术交流等活动，给予一定的专项经费支持；

2. 台湾专家申请或与我省专家联合申请省、市科技项目的，给予优先立项；

3. 聘请台湾专家担任高校、职业院校、科研机构、文化场馆、台商投资区、保税物流园区、台湾农民创业园等单位、园区的管理职务或专家顾问。

四、引进人才程序

（十）引进人才的工作程序

1. 省人力资源开发办公室（省公务员局）定期征集汇总人才需求信息，制定年度引进人才计划，编制引进人才需求目录，经省委人才工作领导小组审核后发布；

2. 符合条件的人才与用人单位进行对接洽谈。鼓励国际知名猎头公司和人才中介机构来闽开展业务，加强与海外华人华侨社团、留学生组织等的联络，鼓励侨属侨眷和留学生国内亲属推荐、引荐海外华人华侨和留学生；邀请华人华侨、国内专家学者来闽考察交流或参加中国·海峡项目成果交易会、中国国际投资贸易洽谈会等活动，加强人才项目对接；在引进人才需求目录之外的急需人才，引进人才单位也可洽谈对接；

3. 用人单位与拟引进人才达成意向后，向所在设区的市人事部门或省直厅（局）和中央在闽单位组织人事部门申报，经所在设区的市委人才工作领导小组或省直厅（局）和中央在闽单位党组（党委）研究审核后，报省人力资源开发办公室（省公务员局）；

4. 省委人才工作领导小组聘请国家级专家、海外专家组成专家评审委员会，对申报人选进行评审认定，并通知有关部门落实相关政策；

5. 用人单位按照相关法律法规，与引进人才签订不少于3年的工作（聘用）合同，并按有关规定落实相关待遇，提供相应工作条件；

6. 涉及人才引进工作的有关部门按照各自职能优化服务，限时为引进人才办理手续和落实特殊政策。

（十一）引进人才既可采取创办企业、受聘工作、合作研究等方式引进，也可采取创新团队方式引进

符合条件的人才还可采取自荐等方式，向省人力资源开发办公室（省公务员局）申报。需要以特殊方式引进的人才，由省人力资源开发办公室（省公务员局）商有关部门后按既定程序办理。

五、条件保障与服务管理

（十二）鼓励和支持有条件的企业、高校、科研机构和经济技术开发区或高新技术产业园区建立高层次人才创业创新基地，推进产学研紧密结合，聚集海内外创业创新人才及团队

（十三）引进人才的服务管理

1. 省、设区的市人力资源开发办公室（人事部门）建立高层次创业创新人才信息库，设立引进人才专门服务机构，负责为引进人才协调办理相关手续和落实政策，具体办法另行制定；

2.用人单位负责为引进人才建设工作平台、安排岗位职务、落实配套政策，并明确专人做好服务工作；

3.授予引进人才“海西学者”称号，聘为省委、省政府咨询专家和特聘专家；

4.省委人才工作领导小组定期对各地各部门和用人单位引进人才工作进行综合考评。省委、省政府每3年表彰一批有突出贡献的引进人才和引进人才工作先进单位、先进工作者；

5.我省入选国家“千人计划”的人选，享受本办法规定的相关待遇；

6.引进人才按照“就高从优不重复”原则，同时享受《中共福建省委、福建省人民政府关于引进高层次人才和青年专业人才的若干规定》（闽委发[2000]10号）、《中共福建省委、福建省人民政府贯彻落实〈中共中央、国务院关于进一步加强人才工作的决定〉的实施意见》（闽委发[2004]11号）规定的相关待遇；

7.引进人才未能履行协议的，由所在设区的市委人才工作领导小组或省直厅（局）和中央在闽单位党组（党委）提出意见，经省委人才工作领导小组审核，终止其享受的相关待遇。

（十四）符合海外、国内引进人才条件，并做出突出业绩的在闽各类人才，经评审认定，享受国内高层次创业创新人才有关资金补助、税收返还、子女入学等方面的待遇

（十五）各设区的市、省直有关部门根据本办法，结合实际制定相应的政策规定

（十六）本办法自发布之日起实施，由省委人才工作领导小组办公室负责解释

◆工业和信息化部 国家发展和改革委员会 财政部 商务部 中国人民银行 国家工商行政管理总局 国家质量监督检验检疫总局 关于加快推进服装家纺自主品牌建设的指导意见

工信部联消费〔2009〕701号

各省、自治区、直辖市、计划单列市及新疆生产建设兵团工业和信息化主管部门、发展改革委、财政厅（局）、商务厅（局），中国人民银行上海总部、各分行、营业管理部、各省会（首府）城市中心支行，各省、自治区、直辖市、计划单列市及新疆生产建设兵团工商局、质量技术监督局：

经过改革开放30年的发展，我国已成为世界上最大的纺织服装生产国、消费国和出口国。目前，我国纺织服装行业在生产加工领域具备一定国际比较优势，但研发、设计和销售等方面与国际先进水平相比存在较大差距；促进纺织服装自主品牌发展的外部环境急需改善；纺织服装行业公共服务体系建设有待加强；纺织服装自主品牌国际化程度较低等，这些都严重制约我国纺织服装自主品牌的成长。

党的十七大提出要“加快培育我国的跨国企业和国际知名品牌”。加快自主品牌建设已经成为新时期事关经济社会发展的重要战略任务。当前，在纺织工业处于转型升级的关键阶段，在应对国际金融危机的重要时期，以服装、家纺等纺织终端产品为重点，加快推进纺织行业自主品牌建设是落实科学发展观的具体体现，是有效应对国际金融危机的重要举措，是实现由纺织大国向纺织强国迈进的必由之路，也是全面推进我国自主品牌建设的有益探索。为做好我国服装、家纺自主品牌培育工作，提出如下指导意见。

一、指导思想、总体目标和基本原则

（一）指导思想

以科学发展观为指导，形成全方位推进服装、家纺自主品牌建设的运行机制，营造良好的市场环境，加强公共服务平台建设，加快实现我国服装、家纺自主品牌国际化，增强服装、家纺行业综合竞争力，促进我国由纺织大国向纺织强国的转变。

（二）总体目标

到 2015 年，基本形成健康、规范的服装、家纺自主品牌发展的市场和社会环境；培育发展一批以自主创新为核心、以知名品牌为标志、具有较强竞争力的优势服装、家纺企业；服装、家纺自主品牌在国内国际市场占有率显著提高；形成若干具有国际影响力的服装、家纺自主品牌。

（三）基本原则

坚持以企业为主体。发挥企业创建自主品牌的主体作用，增强品牌意识，提高企业自主创新能力和研发、质量、管理、营销水平。

坚持以市场为导向。通过市场竞争，优胜劣汰，形成一批消费者认可的服装、家纺自主品牌。

坚持以政策为引导。通过政策引导、规范市场、营造环境和加强公共服务体系建设，推动服装、家纺自主品牌健康发展。

二、工作任务

（一）提高自主品牌服装、家纺企业综合实力

一是树立自主品牌意识，制定企业自主品牌发展规划。二是加强科技进步和技术改造，完善企业质量保证体系建设，提升服装、家纺行业加工制造水平和产品品种质量。三是提高自主创新能力，加大研发设计投入，着力培养设计师队伍，提升服装、家纺设计创意水平，培育服装、家纺品牌文化。四是通过管理、营销创新和信息化建设，提高自主品牌管理水平、营销水平、宣传策划水平和市场快速反应能力，大力开拓销售渠道和营销网络，扩大服装、家纺自主品牌知名度和市场占有率。

（二）营造良好的外部环境

一是营造公平规范的国内市场环境，加强和改善市场监管，实现国内外服装、家纺品牌同等市场待遇。二是打破地方保护，消除市场壁垒，减少重复检测，构建国内统一市场，为服装、家纺自主品牌开拓国内市场提供便利服务，减轻企业负担。三是充分发挥新闻媒体作用，加大对服装、家纺自主品牌建设工作和自主品牌的宣传力度，宣传自主品牌服装、家纺企业典型，形成全社会争创、发展、消费、保护自主品牌的氛围。

（三）建立和完善公共服务体系

一是加强服装、家纺自主品牌战略研究，指导和推动服装、家纺自主品牌建设。二是建立完善人才培训体系，为服装、家纺企业提供人力资源、企业管理、市场信息及员工培训等方面服务。三是加强产品研发设计和品牌推广平台建设，重点培育一批具有较大规模、较强影响力的服装、家纺设计创意中心和品牌推广中心。四是加强信息咨询和质量检测体系建设，为企业对外交流、信息咨询、技术咨询提供服务。

（四）积极开拓国内市场

一是自主品牌服装、家纺企业要明确品牌定位，以国内市场为基础，不断开发满足消费者个性化需求的产品，引导、扩大消费。二是大力发展自主品牌连锁店、专卖店、专业店、电子商务等符合现代流通发展趋势的新型流通销售模式，建立多层次的自主品牌销售渠道。三是积极推进“自主品牌进名店”活动，鼓励“自主品牌创名店”，扩大自主销售比例。四是大力开拓农村市场，发挥纺织服装专业市场的渠道作用，利用“万村千乡”市场工程，推进服装、家纺自主品牌下乡。

（五）大力开拓海外市场

一是积极引导企业“走出去”，开展国际交流合作，鼓励具备条件的自主品牌服装、家纺企业到海外投资设厂，利用当地资源、政策和市场，建立开拓国际市场的桥头堡。二是推进自主品牌服装、家纺企业跨国并购投资，获得海外销售渠道，在传统市场逐步建立国际化的研发、销售和服务体系。三是大力开拓新兴市场，以新兴市场为切入点，逐步建立服装、家纺自主品牌海外销售渠道。四是定期在有关目标市场举办服装、家纺自主品牌专题博览会、展销会、发布会，扩大服装、家纺自主品牌的国际影响力和品牌效应。

（六）实施自主品牌重点工程

按照“扶优扶强”和“公开、公平、公正”原则，依托行业组织，选择自主创新能力强、市场覆盖面广、市场占有率高、企业盈利能力强的100家左右服装、家纺自主品牌企业进行重点跟踪和培育。在跟踪培育过程中坚持“动态管理、优胜劣汰”的原则，始终保持服装、家纺自主品牌的先进性和竞争性，争取尽快形成一批国际化服装、家纺自主品牌。

三、主要政策措施

（一）支持自主品牌服装、家纺企业提高核心竞争力

支持自主品牌服装、家纺企业提高研发设计能力，建立公共研发设计平台，在信息、人才等方面向企业提供帮助，提高企业核心竞争力。

（二）为服装、家纺自主品牌建设提供金融服务

建立新型银企关系，引导金融机构创新商业运作模式，鼓励服装、家纺企业利用自主品牌作抵押，依法依规向金融机构融资，探索建立企业自主品牌信用担保制度；鼓励符合条件的自主品牌服装、家纺企业上市、发行债券，利用资本市场直接融资；鼓励企业以自主品牌为纽带进行并购重组。

（三）扶持自主品牌服装、家纺企业拓展海外市场

鼓励自主品牌服装、家纺企业“走出去”，在重点出口市场和新兴市场定期举办服装、家纺自主品牌展览会，支持自主品牌服装、家纺企业参加国际知名展会、广交会、服装服饰博览会；引导企业积极进行商标国际注册，主动使用自主商标；对自主品牌服装、家纺企业在境外商标注册、专利申请、渠道拓展等工作提供相关服务。

（四）加大服装、家纺自主品牌保护力度

加强跨区域服装、家纺自主品牌和自主知识产权保护的协调工作；加强涉外知识产权保护，逐步建立涉外知识产权纠纷预警应对机制；加强对合资合作过程中服装、家纺自主品牌的保护和管理，国外资本收购兼并我国重点品牌应经有关部门批准，防止自主品牌被恶意收购；加大对服装、家纺行业商标专用权行政保护力度，适时开展服装、家纺行业市场专项整治活动。

（五）发挥行业协会和商业企业的作用

积极支持中国纺织工业协会、中国商业联合会、中国纺织品进出口商会等社会中介组织开展服装、家纺自主品牌进名店、自主品牌推广、市场拓展、信息咨询、国际交流合作等方面的活动。商业企业对服装、家纺自主品牌实行“五优”：优惠进场、优先上柜、优先宣传、优先销售、优先结算，充分发挥商业企业管理信息系统的优势，为自主品牌服装、家纺企业提供增值服务，提高服装、家纺自主品牌适销率。

（六）加强组织领导

工业和信息化部联合发展改革委、财政部、商务部、人民银行、工商总局、质检总局、中国纺织工业协会、中国商业联合会、中国纺织品进出口商会等部门和单位建立推进服装、家纺自主品牌建设工作的会商机制，不定期召开会议，确定工作重点，协调和指导服装、家纺自主品牌建设工作。各部门要按照“统筹协调、明确责任、协同配合、全面推

进”的原则，各司其职，加强协调配合。

工业和信息化部负责综合协调，全面指导服装、家纺自主品牌建设工作；发展改革委协调支持服装、家纺自主品牌建设的技术进步等工作；财政部负责研究制定对服装、家纺自主品牌建设的财税支持政策；商务部负责推动服装、家纺自主品牌国际化工作，整顿和规范流通领域经济秩序；人民银行负责推进服装、家纺自主品牌建设的金融支持工作；工商总局负责规范商标注册与管理，加强行政执法，维护市场竞争秩序；质检总局负责加强质量宏观管理和产品质量监督工作，共同推进企业实施名牌发展战略；中国纺织工业协会、中国商业联合会、中国纺织品进出口商会充分发挥中介组织作用，协助政府部门，帮助企业做好相关工作，引导企业加强行业自律，规范有序参与市场竞争，积极推进自主品牌建设；新闻单位要积极引导舆论，宣传服装、家纺自主品牌建设工作。

各省、自治区、直辖市及计划单列市工业和信息化主管部门要联合有关部门建立相应的工作机制，切实加强对本地区服装、家纺自主品牌建设工作的组织领导，结合区域经济特点和行业发展实际，制定本地区的服装、家纺自主品牌发展规划，落实扶持政策，全面推进我国服装、家纺自主品牌建设。

工业和信息化部

国家发展和改革委员会

财政部

商务部

中国人民银行

国家工商行政管理总局

国家质量监督检验检疫总局

二〇〇九年九月二十六日

◆关于促进中小企业公共服务平台建设的指导意见

工信部联企业〔2010〕175号

各省、自治区、直辖市、计划单列市及新疆生产建设兵团工业和信息化（经济和信息化、经贸、经济、中小企业）、发展改革、科技、财政、人力资源社会保障（人事、劳动保障）、环境保护、质量技术监督局（委、厅、办），有关行业协会：

为贯彻落实《国务院关于进一步促进中小企业发展的若干意见》（国发[2009]36号）和国家重点产业调整振兴规划，推动中小企业调整结构，转变发展方式，现就促进中小企业公共服务平台（以下简称“服务平台”）建设，提出以下指导意见。

一、统一思想，明确目标，积极推动服务平台建设

（一）服务平台的含义和作用

服务平台一般是指按照开放性和资源共享性原则，为区域和行业中小企业提供信息查询、技术创新、质量检测、法规标准、管理咨询、创业辅导、市场开拓、人员培训、设备共享等服务的法人实体。服务平台在解决中小企业共性需求，畅通信息渠道，改善经营管理，提高发展质量，增强市场竞争力，实现创新发展等方面发挥着重要支撑作用。加快服务平台建设，是落实国务院促进中小企业发展政策和国家重点产业调整振兴规划的重要举措，对改善中小企业发展环境，促进社会资源优化配置和专业化分工协作，推动共性关键技术的转移与应用，逐步形成社会化、市场化、专业化的公共服务体系和长效机制具有重要现实意义。

（二）指导思想

服务平台建设要深入贯彻落实科学发展观，按照促进中小企业转变发展方式，加快结构调整的总体要求，通过统筹规划、集聚资源、营造环境、加强服务，建立和完善满足中小企业发展需求的支撑体系和良好的外部环境，促进中小企业提升创新能力和核心竞争力，实现又好又快发展。

（三）建设原则

服务平台建设要按照“政府引导、市场化运作，面向产业、服务企业，资源共享、注重实效”的原则，坚持政府引导与社会广泛参与相结合，坚持非营利服务与市场化服务相结合，坚持促进产业升级与服务中小企业发展相结合，坚持社会服务资源开放共享与统筹规划、重点推动相结合。

（四）建设目标

充分发挥现有服务平台的作用，用三年时间，在中小企业集聚的区域和行业建立、充实和完善一批服务平台，满足中小企业发展需求；重点培育一批运作规范、支撑力强、业绩突出、信誉良好、公信度高的示范平台。完善政策措施，培育服务品牌，使服务平台的布局更加合理，特色更加突出，功能趋于完善，服务质量及企业满意度稳步提升，对中小企业持续健康发展的支撑作用明显增强。

二、服务平台的基本条件和发展要求

（五）基本条件

服务平台一般应具有独立的法人资格；拥有独立的工作场所及与所提供服务相适应的条件和设施；大专及以上学历专业服务人员的比例不低于50%；具有较强的专业服务和组织社会资源能力；管理制度健全，经营行为规范，收费合理，服务内容、流程、标准、收费和时间能做到“五公开”；服务收入占营业额的比例不低于50%。

（六）加强能力建设

服务平台要加强业务培训和人才培养，提高服务人员的素质和水平。要不断增加专业服务人员的比例，建立激励机制，优化人才结构，增强服务能力。要适时更新仪器设备和设施，积极运用现代信息技术，降低成本，提高效率，扩大服务的覆盖面和受益面。要努力取得相应的专业资质认证，增强服务的可靠性和权威性。

（七）创新发展模式

服务平台要积极探索建设方式和发展模式，通过与大学、科研院所、行业协会、专业性服务机构、企业等建立战略合作伙伴关系，集聚优质资源，提升服务水平。专业机构间要加强合作，建立协同服务机制。要通过开放实验室、专业化设备共享与租用等多种形式，满足中小企业发展需求，避免不必要的重复建设。

（八）培育服务品牌

服务平台要增强服务、市场和品牌意识，建立服务质量标准，完善质量保障制度，制定品牌发展目标和战略规划，树立品牌形象。健全信用制度，注重诚信经营，树立良好信誉，不断提高信用等级。培育企业文化，提高公信力和社会影响力，实现可持续发展。

三、服务平台的主要功能

（九）针对当前和今后一个时期中小企业发展需要，鼓励服务平台具备多种服务功能

1. 信息查询：加强网络功能开发，畅通信息渠道，为企业提供法律法规、政策、技术、产品、标准、人才、市场等各类信息服务。

2. 技术创新：开展工业设计、技术咨询、知识产权战略实施、节能降耗、清洁生产和污染防治技术应用等服务，帮助企业研发新产品、新技术、新工艺，增强创新能力，形成具有自主知识产权的技术和产品。推动产学研联合，促进技术成果转化、适用技术推广和创新资源共享。

3. 质量管理：提供质量检验检测，原材料性能测试，推广先进质量管理方法和产品标准。指导企业建立质量管理体系，培养质量管理人员，提供大型加工仪器设备共享服务。帮助企业申请相关体系和产品认证，参与质量评奖活动。

4.管理咨询：提供发展战略、财务管理、人力资源、市场营销等咨询诊断，帮助企业学习、掌握现代企业管理知识和技能，提高科学决策和经营管理能力。指导企业加强现场管理，提高清洁生产水平。

5.创业辅导：为拟创业人员提供创业信息、商务计划书编制、创业培训，以及工商登记等政务代理和相关行政许可申报服务；为创办三年内的小企业提供管理咨询、项目诊断、市场营销、财务管理、筹资融资、财税申报、法律援助等辅导服务和创业场地。

6.市场开拓：组织开展各类展览展销、贸易洽谈、产品推介、国内外经济技术交流与合作活动。帮助企业建立营销网络，应用电子商务，提高产品的市场占有率。

7.人员培训：为企业经营者、专业技术人员和员工提供各类培训，提高企业人员的整体素质。

四、服务平台建设的保障措施

（十）编制建设规划

各地中小企业主管部门要根据本地区中小企业发展特点和实际需求，以及调结构、上水平、转变发展方式的总体要求，会同有关部门研究制定与区域产业及中小企业发展规划相衔接的服务平台建设规划，要合理布局，突出重点，明确目标和任务，完善相关政策措施。各有关行业协会要根据行业发展规划，在中小企业聚集区推动建立服务平台，集聚资源，为行业中小企业转型升级提供强有力的支撑服务。

（十一）加大政策扶持

发挥公共财政资金的引导作用，促进服务平台建设。各级促进中小企业发展专项资金和中央预算内技术改造专项投资要加大对服务平台建设和运营的支持，吸引和带动社会投资，加快推动服务平台建设。要研究制定示范服务平台评价标准，对信誉好、服务优、效果显著的示范服务平台，实行服务补助和奖励表彰等扶持措施，引导服务平台规范运营，不断增强服务功能，提高服务质量，实现可持续健康发展。

（十二）完善工作机制

各地要充分利用有关部门的现有工作基础，积极发挥各自资源优势，加强沟通、协调与合作，建立联合工作机制。要明确分工，加强配合，完善管理，形成合力，共同推动服务平台的建设和发展。

（十三）加强指导和宣传

各地中小企业主管部门及有关部门要加大指导和服务力度，及时调查了解服务平台建设运营情况，发现和协调解决出现的问题，总结经验，推广有效做法，培育示范和服务品牌。要发挥网络、报刊等媒体的作用，加大对优秀示范服务平台的宣传，帮助中小企业更好地利用服务平台实现又好又快发展。

工业和信息化部
国家发展和改革委员会
科学技术部
财政部
人力资源和社会保障部
环境保护部
国家质量监督检验检疫总局
二〇一〇年四月六日

◆国务院关于鼓励和引导民间投资健康发展的若干意见

国发〔2010〕13号

各省、自治区、直辖市人民政府，国务院各部委、各直属机构：

改革开放以来，我国民间投资不断发展壮大，已经成为促进经济发展、调整产业结构、繁荣城乡市场、扩大社会就业的重要力量。在毫不动摇地巩固和发展公有制经济的同时，毫不动摇地鼓励、支持和引导非公有制经济发展，进一步鼓励和引导民间投资，有利于坚持和完善我国社会主义初级阶段基本经济制度，以现代产权制度为基础发展混合所有制经济，推动各种所有制经济平等竞争、共同发展；有利于完善社会主义市场经济体制，充分发挥市场配置资源的基础性作用，建立公平竞争的市场环境；有利于激发经济增长的内生动力，稳固可持续发展的基础，促进经济长期平稳较快发展；有利于扩大社会就业，增加居民收入，拉动国内消费，促进社会和谐稳定。为此，提出以下意见：

一、进一步拓宽民间投资的领域和范围

（一）深入贯彻落实《国务院关于鼓励支持和引导个体私营等非公有制经济发展的若干意见》（国发[2005]3号）等一系列政策措施，鼓励和引导民间资本进入法律法规未明确禁止准入的行业和领域

规范设置投资准入门槛，创造公平竞争、平等准入的市场环境。市场准入标准和优惠扶持政策要公开透明，对各类投资主体同等对待，不得单对民间资本设置附加条件。

（二）明确界定政府投资范围

政府投资主要用于关系国家安全、市场不能有效配置资源的经济和社会领域。对于可以实行市场化运作的基础设施、市政工程和其他公共服务领域，应鼓励和支持民间资本进入。

（三）进一步调整国有经济布局和结构

国有资本要把投资重点放在不断加强和巩固关系国民经济命脉的重要行业和关键领域，在一般竞争性领域，要为民间资本营造更广阔的市场空间。

（四）积极推进医疗、教育等社会事业领域改革

将民办社会事业作为社会公共事业发展的重要补充，统筹规划，合理布局，加快培育形成政府投入为主、民间投资为辅的公共服务体系。

二、鼓励和引导民间资本进入基础产业和基础设施领域

（五）鼓励民间资本参与交通运输建设

鼓励民间资本以独资、控股、参股等方式投资建设公路、水运、港口码头、民用机场、通用航空设施等项目。抓紧研究制定铁路体制改革方案，引入市场竞争，推进投资主体多元化，鼓励民间资本参与铁路干线、铁路支线、铁路轮渡以及站场设施的建设，允许民间资本参股建设煤运通道、客运专线、城际轨道交通等项目。探索建立铁路产业投资基金，积极支持铁路企业加快股改上市，拓宽民间资本进入铁路建设领域的渠道和途径。

（六）鼓励民间资本参与水利工程建设

建立收费补偿机制，实行政府补贴，通过业主招标、承包租赁等方式，吸引民间资本投资建设农田水利、跨流域调水、水资源综合利用、水土保持等水利项目。

（七）鼓励民间资本参与电力建设

鼓励民间资本参与风能、太阳能、地热能、生物质能等新能源产业建设。支持民间资本以独资、控股或参股形式参与水电站、火电站建设，参股建设核电站。进一步放开电力市场，积极推进电价改

革，加快推行竞价上网，推行项目业主招标，完善电力监管制度，为民营发电企业平等参与竞争创造良好环境。

（八）鼓励民间资本参与石油天然气建设

支持民间资本进入油气勘探开发领域，与国有石油企业合作开展油气勘探开发。支持民间资本参股建设原油、天然气、成品油的储运和管道输送设施及网络。

（九）鼓励民间资本参与电信建设

鼓励民间资本以参股方式进入基础电信运营市场。支持民间资本开展增值电信业务。加强对电信领域垄断和不正当竞争行为的监管，促进公平竞争，推动资源共享。

（十）鼓励民间资本参与土地整治和矿产资源勘探开发

积极引导民间资本通过招标投标形式参与土地整理、复垦等工程建设，鼓励和引导民间资本投资矿山地质环境恢复治理，坚持矿业权市场全面向民间资本开放。

三、鼓励和引导民间资本进入市政公用事业和政策性住房建设领域

（十一）鼓励民间资本参与市政公用事业建设

支持民间资本进入城市供水、供气、供热、污水和垃圾处理、公共交通、城市园林绿化等领域。鼓励民间资本积极参与市政公用企事业单位的改组改制，具备条件的市政公用事业项目可以采取市场化的经营方式，向民间资本转让产权或经营权。

（十二）进一步深化市政公用事业体制改革

积极引入市场竞争机制，大力推行市政公用事业的投资主体、运营主体招标制度，建立健全市政公用事业特许经营制度。改进和完善政府采购制度，建立规范的政府监管和财政补贴机制，加快推进市政公用产品价格和收费制度改革，为鼓励和引导民间资本进入市政公用事业领域创造良好的制度环境。

（十三）鼓励民间资本参与政策性住房建设

支持和引导民间资本投资建设经济适用住房、公共租赁住房等政策性住房，参与棚户区改造，享受相应的政策性住房建设政策。

四、鼓励和引导民间资本进入社会事业领域

（十四）鼓励民间资本参与发展医疗事业

支持民间资本兴办各类医院、社区卫生服务机构、疗养院、门诊部、诊所、卫生所（室）等医疗机构，参与公立医院转制改组。支持民营医疗机构承担公共卫生服务、基本医疗服务和医疗保险定点服务。切实落实非营利性医疗机构的税收政策。鼓励医疗人才资源向民营医疗机构合理流动，确保民营医疗机构在人才引进、职称评定、科研课题等方面与公立医院享受平等待遇。从医疗质量、医疗行为、收费标准等方面对各类医疗机构加强监管，促进民营医疗机构健康发展。

（十五）鼓励民间资本参与发展教育和社会培训事业

支持民间资本兴办高等学校、中小学校、幼儿园、职业教育等各类教育和社会培训机构。修改完善《中华人民共和国民办教育促进法实施条例》，落实对民办学校的人才鼓励政策和公共财政资助政策，加快制定和完善促进民办教育发展的金融、产权和社保等政策，研究建立民办学校的退出机制。

（十六）鼓励民间资本参与发展社会福利事业

通过用地保障、信贷支持和政府采购等多种形式，鼓励民间资本投资建设专业化的服务设施，兴办养（托）老服务和残疾人康复、托养服务等各类社会福利机构。

（十七）鼓励民间资本参与发展文化、旅游和体育产业

鼓励民间资本从事广告、印刷、演艺、娱乐、文化创意、文化会展、影视制作、网络文化、动漫游戏、出版物发行、文化产品数字制作与相关服务

等活动，建设博物馆、图书馆、文化馆、电影院等文化设施。鼓励民间资本合理开发旅游资源，建设旅游设施，从事各种旅游休闲活动。鼓励民间资本投资生产体育用品，建设各类体育场馆及健身设施，从事体育健身、竞赛表演等活动。

五、鼓励和引导民间资本进入金融服务领域

（十八）允许民间资本兴办金融机构

在加强有效监管、促进规范经营、防范金融风险的前提下，放宽对金融机构的股比限制。支持民间资本以入股方式参与商业银行的增资扩股，参与农村信用社、城市信用社的改制工作。鼓励民间资本发起或参与设立村镇银行、贷款公司、农村资金互助社等金融机构，放宽村镇银行或社区银行中法人银行最低出资比例的限制。落实中小企业贷款税前全额拨备损失准备金政策，简化中小金融机构呆账核销审核程序。适当放宽小额贷款公司单一投资者持股比例限制，对小额贷款公司的涉农业务实行与村镇银行同等的财政补贴政策。支持民间资本发起设立信用担保公司，完善信用担保公司的风险补偿机制和风险分担机制。鼓励民间资本发起设立金融中介服务机构，参与证券、保险等金融机构的改组改制。

六、鼓励和引导民间资本进入商贸流通领域

（十九）鼓励民间资本进入商品批发零售、现代物流领域

支持民营批发、零售企业发展，鼓励民间资本投资连锁经营、电子商务等新型流通业态。引导民间资本投资第三方物流服务领域，为民营物流企业承接传统制造业、商贸业的物流业务外包创造条件，支持中小型民营商贸流通企业协作发展共同配送。加快物流业管理体制改革，鼓励物流基础设施的资源整合和充分利用，促进物流企业网络化经营，搭建便捷高效的融资平台，创造公平、规范的市场竞争环境，推进物流服务的社会化和资源利用的市场化。

七、鼓励和引导民间资本进入国防科技工业领域

（二十）鼓励民间资本进入国防科技工业投资建设领域

引导和支持民营企业有序参与军工企业的改组改制，鼓励民营企业参与军民两用高技术开发和产业化，允许民营企业按有关规定参与承担军工生产和科研任务。

八、鼓励和引导民间资本重组联合和参与国有企业改革

（二十一）引导和鼓励民营企业利用产权市场组合民间资本，促进产权合理流动，开展跨地区、跨行业兼并重组

鼓励和支持民间资本在国内合理流动，实现产业有序梯度转移，参与西部大开发、东北地区等老工业基地振兴、中部地区崛起以及新农村建设和扶贫开发。支持有条件的民营企业通过联合重组等方式做大做强，发展成为特色突出、市场竞争力强的集团化公司。

（二十二）鼓励和引导民营企业通过参股、控股、资产收购等多种形式，参与国有企业的改制重组

合理降低国有控股企业中的国有资本比例。民营企业在参与国有企业改制重组过程中，要认真执行国家有关资产处置、债务处理和社会保障等方面的政策要求，依法妥善安置职工，保证企业职工的正当权益。

九、推动民营企业加强自主创新和转型升级

（二十三）贯彻落实鼓励企业增加研发投入的税收优惠政策，鼓励民营企业增加研发投入，提高自主创新能力，掌握拥有自主知识产权的核心技术帮助民营企业建立工程技术研究中心、技术开发中

心，增加技术储备，搞好技术人才培训

支持民营企业参与国家重大科技计划项目和技术攻关，不断提高企业技术水平和研发能力。

（二十四）加快实施促进科技成果转化的鼓励政策，积极发展技术市场，完善科技成果登记制度，方便民营企业转让和购买先进技术

加快分析测试、检验检测、创业孵化、科技评估、科技咨询等科技服务机构的建设和机制创新，为民营企业的自主创新提供服务平台。积极推动信息服务外包、知识产权、技术转移和成果转化等高技术服务领域的市场竞争，支持民营企业开展技术服务活动。

（二十五）鼓励民营企业加大新产品开发力度，实现产品更新换代

开发新产品发生的研究开发费用可按规定享受加计扣除优惠政策。鼓励民营企业实施品牌发展战略，争创名牌产品，提高产品质量和服务水平。通过加速固定资产折旧等方式鼓励民营企业进行技术改造，淘汰落后产能，加快技术升级。

（二十六）鼓励和引导民营企业发展战略性新兴产业

广泛应用信息技术等高新技术改造提升传统产业，大力发展循环经济、绿色经济，投资建设节能减排、节水降耗、生物医药、信息网络、新能源、新材料、环境保护、资源综合利用等具有发展潜力的新兴产业。

十、鼓励和引导民营企业积极参与国际竞争

（二十七）鼓励民营企业“走出去”，积极参与国际竞争

支持民营企业在研发、生产、营销等方面开展国际化经营，开发战略资源，建立国际销售网络。支持民营企业利用自有品牌、自主知识产权和自主营销，开拓国际市场，加快培育跨国企业和国际知名品牌。支持民营企业之间、民营企业与国有企业之间组成联合体，发挥各自优势，共同开展多种形式的境外投资。

（二十八）完善境外投资促进和保障体系

与有关国家建立鼓励和促进民间资本国际流动的政策磋商机制，开展多种形式的对话交流，发展长期稳定、互惠互利的合作关系。通过签订双边民间投资合作协定、利用多边协定体系等，为民营企业“走出去”争取有利的投资、贸易环境和更多优惠政策。健全和完善境外投资鼓励政策，在资金支持、金融保险、外汇管理、质检通关等方面，民营企业与其他企业享受同等待遇。

十一、为民间投资创造良好环境

（二十九）清理和修改不利于民间投资发展的法规政策规定，切实保护民间投资的合法权益，培育和维护平等竞争的投资环境

在制订涉及民间投资的法律、法规和政策时，要听取有关商会和民营企业的意见和建议，充分反映民营企业的合理要求。

（三十）各级人民政府有关部门安排的政府性资金，包括财政预算内投资、专项建设资金、创业投资引导资金，以及国际金融组织贷款和外国政府贷款等，要明确规则、统一标准，对包括民间投资在内的各类投资主体同等对待，支持民营企业的产品和服务进入政府采购目录

（三十一）各类金融机构要在防范风险的基础上，创新和灵活运用多种金融工具，加大对民间投资的融资支持，加强对民间投资的金融服务

各级人民政府及有关监管部门要不断完善民间投资的融资担保制度，健全创业投资机制，发展股权投资基金，继续支持民营企业通过股票、债券市场进行融资。

（三十二）全面清理整合涉及民间投资管理的行政审批事项，简化环节、缩短时限，进一步推动管理内容、标准和程序的公开化、规范化，提高行政服务效率，进一步清理和规范涉企收费，切实减轻民营企业负担

十二、加强对民间投资的服务、指导和规范管理

（三十三）统计部门要加强对民间投资的统计工作，准确反映民间投资的进展和分布情况

投资主管部门、行业管理部门及行业协会要切实做好民间投资的监测和分析工作，及时把握民间投资动态，合理引导民间投资。要加强投资信息平台建设，及时向社会公开发布国家产业政策、发展建设规划、市场准入标准、国内外行业动态等信息，引导民间投资者正确判断形势，减少盲目投资。

（三十四）建立健全民间投资服务体系

充分发挥商会、行业协会等自律性组织的作用，积极培育和发展为民间投资提供法律、政策、咨询、财务、金融、技术、管理和市场信息等服务的中介组织。

（三十五）在放宽市场准入的同时，切实加强监管

各级人民政府有关部门要依照有关法律法规要求，切实督促民间投资主体履行投资建设手续，严格遵守国家产业政策和环保、用地、节能以及质量、安全等规定。要建立完善企业信用体系，指导民营企业建立规范的产权、财务、用工等制度，依法经营。民间投资主体要不断提高自身素质和能力，树立诚信意识和责任意识，积极创造条件满足市场准入要求，并主动承担相应的社会责任。

（三十六）营造有利于民间投资健康发展的良好舆论氛围

大力宣传党中央、国务院关于鼓励、支持和引导非公有制经济发展的方针、政策和措施。客观、公正宣传报道民间投资在促进经济发展、调整产业结构、繁荣城乡市场和扩大社会就业等方面的积极作用。积极宣传依法经营、诚实守信、认真履行社会责任、积极参与社会公益事业的民营企业家的先进事迹。

各地区、各部门要把鼓励和引导民间投资健康发展工作摆在更加重要的位置，进一步解放思想，转变观念，深化改革，创新求实，根据本意见要求，抓紧研究制定具体实施办法，尽快将有关政策措施落到实处，努力营造有利于民间投资健康发展的政策环境和舆论氛围，切实促进民间投资持续健康发展，促进投资合理增长、结构优化、效益提高和经济社会又好又快发展。

国务院

二○一○年五月七日

◆再制造产品认定管理暂行办法

第一章　总　则

第一条　为推动再制造产业健康有序发展，规范再制造产品生产，引导再制造产品消费，建立再制造产品认定制度，特制定本办法。

第二条　本办法所称再制造产品，是指采用先进适用的再制造技术、工艺，对废旧工业品进行修复改造后，性能和质量达到或超过原型新品的产品。

第三条　工业和信息化部负责再制造产品认定工作的管理和监督，制定相关制度、标准及实施方案，组织开展认定工作，发布《再制造产品目录》。

省级工业和信息化主管部门负责认定申请的初始审查，向工业和信息化部推荐符合条件的认定申请。

第四条　再制造产品认定工作遵循公开、公平、公正、科学的原则，接受社会监督。

第二章　认定申请

第五条　再制造产品认定由企业自愿提出申请，申请企业应具备以下基本条件：

（一）在中国境内注册，具有独立法人资格；

（二）产品符合国家法律法规及相关产业政策要求；

（三）国家对产品有行政许可要求的，应获得相应许可；

（四）具备再制造产品批量生产能力，采用的再制造技术、工艺先进适用、成熟可靠；

（五）产品质量达到或超过原型新品，且符合国家相关的安全、节能、环保等强制性标准要求。

第六条　企业根据本办法及相关的认定要求向省级工业和信息化主管部门提出认定申请，并提交以下申报材料：

（一）再制造产品认定申报表；

（二）法人营业执照副本复印件；

（三）依法应取得的产品生产许可证、强制性产品认证证书；

（四）执行的产品标准；

（五）产品型式试验报告和（或）相关质量证明文件；

（六）产品生产工艺流程及再制造技术说明；

（七）质量管理体系文件；

（八）其他需提供的材料。

第七条 省级工业和信息化主管部门对申报材料进行初始审查，出具审查意见，将符合条件的报送工业和信息化部。

第三章　认定评价

第八条　工业和信息化部委托具有合格评定资质的机构（以下简称认定机构）具体承担再制造产品认定工作。

第九条　按照本办法及相关要求，认定机构应：

（一）制定《再制造产品认定实施指南》，经工业和信息化部审查备案后，用于指导和规范认定工作；

（二）根据行业和再制造产品特点，选取具备相应资格条件的专家，参与实施认定工作；

（三）规范实施认定工作，出具认定报告，并对报告负责；

（四）依法保守认定产品的技术秘密，不得从事认定范围内产品的开发、生产和销售。

第十条　再制造产品认定采取文件审查、现场评审与产品检验相结合的方式进行。

（一）认定机构收到申报材料 10 个工作日内，应完成文件审查，并编制文件审查报告。

（二）文件审查合格后 20 个工作日内，认定机构应组织专家组进行现场评审；

专家组应在现场评审结束 10 个工作日内，向认定机构提交现场评审报告，并对现场评审结论负责。

（三）认定机构应依据相关的产品标准，对申请企业提交的产品型式试验报告和（或）相关质量证明文件进行审查。需要时，对申请认定的产品委托具备相应资质的第三方检验机构进行产品检验。

第十一条　认定机构在结束文件审查、现场评审和产品检验后的 10 个工作日内，完成认定报告并提交工业和信息化部。

第四章　结果发布与标志管理

第十二条　工业和信息化部对认定报告进行审查，符合认定要求的纳入《再制造产品目录》并向社会公告，同时在工业和信息化部及指定认定机构的网站上发布。

第十三条　通过认定的再制造产品，应在产品明显位置或包装上使用再制造产品认定标志。

第十四条　经认定的再制造产品的生产和管理等发生重大变化影响产品质量时，企业应及时向认定机构报告。对不再符合认定条件的，由工业和信息化部公告取消其认定资格。被取消认定资格的产品不得继续使用再制造产品认定标志。

第十五条　任何对再制造产品认定过程和结果有异议的单位和个人，可向工业和信息化部提出异议，工业和信息化部根据情况进行调查处理，并反馈结果。

第五章　附　则

第十六条　本办法由工业和信息化部负责解释。

第十七条　本办法自印发之日起实施。

二〇一〇年六月二十九日

祝贺单位

单位名称：平安银行福州分行
地　　址：福州市五四路 109 号东煌大厦 4 楼
电　　话：0591-83300763

单位名称：中国农业银行股份有限公司建阳市支行
地　　址：建阳市人民路 13 号
电　　话：0599-5822832

单位名称：福建省南平建宇建筑工程有限公司福州市分公司

单位名称：大田县兔业开发技术服务中心
地　　址：大田县均溪镇赤岩山路 10 号
电　　话：0598-7226461　联系人：卢芳仲

单位名称：中国农业银行股份有限公司浦城县支行
地　　址：浦城县兴浦路 125 号
电　　话：0599-2832099

单位名称：福建上润精密仪器有限公司
地　　址：福州市马尾科技园区茶山路 1 号
电　　话：0591-83969918

单位名称：福建篁城科技竹业有限公司
地　　址：建瓯市兴宁工业区森华集团 3 层
电　　话：0599-3737915

单位名称：福建省新黑龙食品工业有限公司
地　　址：莆田市涵江区江口镇锦江路 858 号
电　　话：0594-3696738

单位名称：平安财产保险厦门分公司
地　　址：厦门市厦禾路 189 号银行中心 11 楼
电　　话：0592-2388863

单位名称：中国银行股份有限公司晋江支行
地　　址：晋江市青阳崇德路曾井小区中银大厦

单位名称：中国农业发展银行上杭县支行
地　　址：上杭县北环路 269 号
电　　话：0597-3888938

单位名称：福建省建阳朱子家酒业有限公司
地　　址：建阳市回瑶工业园区玉田村路口
电　　话：0599-5837199

单位名称：中国邮政储蓄银行有限责任公司福建省福州市分行
地　　址：福州市鼓楼区华林路 133 号
电　　话：0591-87837216

单位名称：宁德闽东丛贸船舶有限公司

福建省隧道工程有限公司

福建省隧道工程有限公司创建于1978年，是福建省隧道业品牌一级企业，实力雄厚，人才荟萃。公司注册资金8238万元，净资产1.38亿元，年建筑总产值超10亿元。具有隧道、公路路基工程专业承包一级和水工隧洞、土石方、建筑装修装饰工程专业承包二级资质。现有中、高级职称人员135人，一、二级建造师85人，已形成一支高素质的专业人才队伍。

公司以“信守合同，业主至上”为宗旨，以“建一个项目，树一座丰碑”为理念，坚持向科技要质量、向管理要安全、向创新要效益。在“八五”至“十一五”期间，先后与中铁、中建、中水集团等施工单位密切合作，积极参与了京福、京九、沈海、渝怀、株六、宝成、甘肃三道湾、白川等公路、铁路、市政、水利水电等国家重点工程的建设。经过30多年的拼搏，公司以优质高效的服务树立了良好的社会形象，得到社会各界的信赖。

公司于2005年通过ISO9001:2000质量体系认证。曾多次获得“鲁班奖工程”、“优质工程”等殊荣；至今已连续10年被授予“福州市文明单位”，连续5年获得“福建省建筑业专业承包20强企业”、“福建省建筑业民营20强企业”、“福建省建筑业先进企业”和“福建省建筑业企业优秀经理”等荣誉，被福建省建设厅评为“福建省建筑业AAA级信用企业”，受到国家有关权威组织的高度评价。

美菰林隧道

雷打石隧道

董事长:林紫生

福清永禾米业有限公司

主导产品

福清永禾米业有限公司筹建于2006年2月，位于福清市镜洋工业集中区，公司占地面积25.46亩，目前注册资本1700万元，建筑面积6000多平方米，月生产能力达4500多吨，是一家集粮食贸易、深加工于一体的规模企业。现有员工中具有大中专学历以上的管理及技术人员约占50%。公司采用国际先进的水稻制米工艺与设备，以日本佐竹大米设备为主体，吸收了瑞士布勒公司的先进技术，主要工艺设备实现了机电一体化，自控技术、光学技术等行业高新技术。

永禾米业严格选取东北、江西、江苏、安徽、湖南等无公害优质水稻生产基地的当年产水稻为原料，主要加工生产“阿丰伯”系列的大米，生产的大米粒粒清洁，颗粒饱满，是满足现代人生活水平需求的优质绿色无公害产品。

本着对品牌的执著追求，永禾米业经福州市质量技术监督局等相关部门联合审查，全部通过QS认证要求，经福州市产品质量检验所检测，产品质量各个指标全部达到国家质量、卫生标准。同时公司主要经营的“阿丰伯”系列大米，经福建省粮食行业协会检验，产品质量符合国家规定的标准，并获得“放心粮油”和“骨干粮食加工企业”荣誉称号。

本司服务宗旨是：“优质的产品、优惠的价格、优质的服务”。

福建水口发电有限公司

福建水口发电有限公司成立于2000年8月30日，由福建水口水力发电厂改制成立，注册资本21.96亿元，由国家电力公司、福建省政府分别持有64%和36%的产权。公司现有员工1000余人，主要从事水电站的投资、开发、建设及电力电量销售；旗下监理中心和造价咨询中心均具有国家甲级资质。国家“七五”期间水电建设的“五朵金花”之一，电站工程于1987年3月开工，1993年8月8日首台机组投产发电，1995年底机组全部投入运行。整个工程投资人民币约85亿元。电站装机容量140万千瓦，年平均发电量为49.5亿千瓦时，担负着省网的调峰、调频、事故备用等主要任务，电站枢纽辖有220千伏开关站，500千伏变电站，通航规模为2×500吨级驳船的一线三级船闸和一线垂直升船机，是福建省网的主力发电厂之一。

近年来，水口发电公司立足基础，勇攀一流，始终以“保上下游防汛安全为己任，保人身、设备、电网安全”为目标，保“企业经济效益、投资者和价值最大化”为中心，充分发扬“和谐、严谨、求实、创新”的企业精神，努力开创“以人为本，依法管理，科教兴企，追求卓越”的治企新局面。并在全体员工的共同努力下，善于在优势领域中添后劲，在薄弱环节中加把劲，在紧跟潮流中抢机遇，在持之以恒中补足劲。取得了年年超额完成生产任务，经济效益逐年提高，双文明建设硕果累累的佳绩。多年来，本司获得“全国模范职工之家”、“国家电力公司双文明单位”、“福建省文明单位”、“福建省电力公司双文明单位标兵”、“中国水利电力质量管理协会质量效益型先进企业”等百余项荣誉称号，被国家电力公司命名为“一流水力发电厂”，被福建省经贸委确定为“福建省百家重点企业”之一，并在“福建省工业企业经济效益300佳”排行榜中名列第一，显示了本司较强的竞争实力。

展望未来，水口发电公司将继续本着“敢为人先的探索、不甘落后的拼搏、永无止境的追求”精神，立足福建、放眼全国，抢抓机遇、干事创业，不断巩固和发展“一流成果”，努力实现发展一体化、生产自动化、经营集约化、管理现代化，把公司建设为资产优良、效益显著、社会信誉良好的现代化、集团化公司和学习型企业，不断创造更高的社会效益和经济效益，更好地造福于社会和人民。

雪津啤酒
SEDRIN
真情的味道
11°
麦之初隆重上市
著名歌星 周华健

全国政协副主席李金华挥毫鼓励农行："服务三农　功德无量"

中国农业银行股份有限公司泉州分行

人文金融谱华章 民生关怀扬长歌

近年来，泉州农行秉承农业银行"大行德广 伴您成长"的经营信条，积极践行"人文金融 民生关怀"，主动融入区域金融生态，不断创新产品、服务和渠道，在支持重点项目和基础设施建设、民营企业创品牌调结构、服务中小企业、破解农民"贷款难"、城乡个体工商户生产经营和居民消费等领域成功实现了业务多元化拓展。2009年，各项存款余额462.49亿元，比年初增加87.07亿元；各项贷款余额359.2亿元，比年初增加78.9亿元；新增存、贷款全部服务于泉州市经济民生建设，出台《服务三农 开辟蓝海"5+2""百千万"系列工程实施意见》，持续深化服务"三农"。作为全国农行三农金融服务和小企业金融服务专营机构试点，泉州农行先后接受了全国政协李金华副主席、全国人大常委财经委吴晓灵副主任和农总行项俊波董事长、3位股权董事的检阅，得到高度评价。从不轻意题字的李金华副主席挥笔写下"服务三农　功德无量"题词夸奖。本行以绝对高分囊括了全省农行2009年综合绩效考核、领导班子考核、三农金融分部综合绩效考核全部三大项第一名，获评"全省农行2009年度优秀二级分行领导班子"，成功进级全省农行内控评价一类行。被中国金融工会评为第三届全国金融系统"学习型组织标兵单位"，授予"全国金融五一劳动奖状"，并被总行列入全国20家优先发展城市行。自主创新的金博士品牌入选"共和国60年自主创新品牌20强"、"共和国60年60个财金创新品牌"和"第七届（2009）中国理财产品客户满意十佳品牌"。

作为一家真正以可持续发展为战略的企业，泉州农行不仅关注自身的发展，更从服务社会、服务民生中实现双赢、谋求共同发展。在第六届全国农运会上，作为合作伙伴和开幕式的独家赞助商，农行赞助800万元，为农民体育运动提供有力支持。向汶川特大地震、南方雪灾、台湾"莫拉克台风"受灾、"慈善一日捐"活动捐款、捐物共250万元以上。2010年3月22日，被该行视为"天"字号的"民生工程"——全国农行首张金穗惠农社会保障卡在泉州市正式亮相，将惠及泉州市548万农民。

服务无止境，真诚永含情。泉州农行正阔步迈向充满期待充满精彩的"民生服务"新征程。

行长：林国开

林国开，中共党员，高级经济师。第十届、第十一届福建省人大代表、中国农业银行泉州分行党委书记、行长。新中国60年60位功勋企业家、共和国60年60位财金人物、第七届（2009）中国金融行业品牌建设年度人物、中国改革十大创新人物、中国经济百名杰出人物、福建省劳动模范。

“诚信人生，奉献社会”是林国开的座右铭，更是他人生的真实写照。从2001至2009年2月底，由他掌舵的中国农业银行莆田分行经营业绩连年在同行中名列前茅。2009年3月，当他离开莆田到泉州赴任时，莆田分行各项人民币存款余额达117亿元，比2001年底净增89亿元，是前21年总和的4.18倍；各项贷款余额达103.53亿元，比2001年底净增80.53亿元，是前21年总和的4.5倍，支持全市90%的重点项目、90%的品牌企业以及全市89%的农业产业化龙头企业建设。

2009年履新泉州，在多家银行盈利增长陷入泥潭之际，林国开带领泉州农行率先扭转局面，存贷款增量居泉州同业和全省农行第一；新增87亿存款、新增79亿贷款全部服务于泉州市经济民生建设，为泉州地方经济的发展、繁荣和安定做出了贡献。林国开对待工作特别认真，每一项工作都要求抓落实，正是他的严格要求和锲而不舍，金穗惠农—社会保障卡才得以落地为民生惠举。2010年3月22日，全国农行首张金穗惠农—社会保障卡在福建泉州市面市，这是全国第一张印上国徽，经过国家人力资源与社会保障部、中国人民银行、中国农业银行总行批准的社会保障卡，面向泉州市参加新型农村合作医疗的548万农民发行，真正实现“一卡在手，保障不愁”。

第九届全国政协副主席王文元和功勋之星企业家农行泉州分行行长林国开亲切合影

福建省分行党委书记、行长陈献明深入了解生产经营状况和金融需求

第一次拿到金穗惠农—社会保障卡的潮乐村农民发出会心的微笑

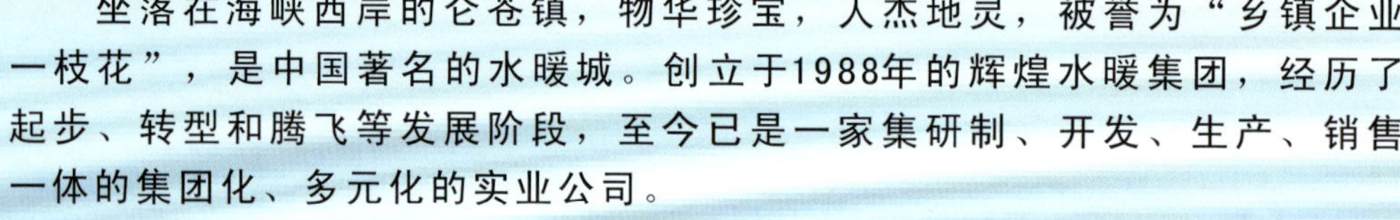

中国卫浴行业　辉煌走在前列

坐落在海峡西岸的仑苍镇，物华珍宝，人杰地灵，被誉为“乡镇企业一枝花”，是中国著名的水暖城。创立于1988年的辉煌水暖集团，经历了起步、转型和腾飞等发展阶段，至今已是一家集研制、开发、生产、销售一体的集团化、多元化的实业公司。

如今，秉承锐意拓新、与时俱进经营理念的辉煌水暖集团，正阔步行走在中国卫浴行业的前列，引领着全国卫浴潮流，成为中国水暖城里一颗璀璨夺目、光华耀世的明珠。

【喜报频传，荣耀披身】

2005年，这个在辉煌水暖集团的企业路程中注定成为特殊的年份，至今让每个辉煌人难于忘怀，现在回想起来仍倍感欣慰和鼓舞。就是在这一年，辉煌水暖集团获得“中国名牌”、“中国驰名商标”两项国家最高荣誉，收获满满，而且惊天动地。从此，辉煌水暖集团走向新的篇章，一路载歌载舞，勇不可挡，不仅喜报频传——2006年获得“国家免检产品”、2008年获得“中国环境标志认证”等国家和行业最高荣誉，而且销售业绩年年翻番。2009年荣获“2006-2008年度福建最佳信用企业”称号，2009年获得“福建企业集团100强”称号。

【品质做后盾，品牌走前列】

打造民族品牌，成为世界名牌，是所有辉煌人的奋斗目标。为此，辉煌引进了先进的品牌建设管理程序，品质意识、品牌形象等方面完善的流程和体系建立，为辉煌的品牌之路开疆辟壤。

从创立之初，辉煌就把握质量生命线，把品质作为员工素质的重点考核，从源头上把握质量关，在细节上抓品质，树立品牌意识。辉煌每一个产品都经历千锤百炼，经历层层严格质量检验，才能以最完美的姿态展现

在世人面前。为此，辉煌时刻把品质意识作为员工素质的首要要求，从源头上抓品质，细节上严把质量关，树立品牌意识。辉煌人始终扣准市场脉动，准确分析出环保、节能、人性化和智能化是卫浴产品将来的发展趋势，也朝着这个趋势不断开发出新的节能环保产品。

无数次的壮举，无数次的创新，就像辉煌水暖集团董事长王建业所说的："我们清醒地认识到，产品研发和生产、装备升级、内部管理是企业重要的竞争因素，但最终的竞争同时也是最激烈的竞争还是在终端市场和品牌文化上，所以我们主要工作就是提升品牌内涵和终端服务上"。

过硬的品质赢得了消费者对辉煌产品的信赖，这也为辉煌打造一流的品牌打开了通道。2007年底，与国家奥林匹克体育中心正式签约，成功启动了奥运营销；2008年底，牵手著名主持人陈鲁豫小姐，启动了明星营销战略；2009年夏，以"文化铸就辉煌"为理念的"品牌文化中国行"也正式上路。强势品牌和优势营销等一系列的举措，在扩大知名度和美誉度的同时，进一步在全民中树立起辉煌品牌高贵典雅的形象。

辉煌的目标不会变，因为不管是一个人还是一个企业，都要有自己的目标，这样才能进步。辉煌会始终以品质做坚实的后盾，争取早日实现打造中国民族的世界名牌卫浴产品的目标。

【真心铸文化，真情暖万家】

辉煌水暖集团一直致力于和谐企业的目标建设，关爱员工，重视企业文化建设，把"以人为本、诚信经营"作为企业的经营管理理念，提倡建设"企业与员工、企业与社会"的利益共同体，使公司与个人实现共赢。

辉煌的企业文化可以用三句话来定义，第一句就是：我们不是工人，是企业的主人；第二句话是：我们不是来打工，而是社会的分工；第三句话就是：我们不是为谁打工，而是为自己的生活务工。正如董事长王建业所说："如果你把一个员工定位于工人，他的责任心肯定是不高的，每一个人都应该是企业的主人。"所以，在辉煌，从来不把员工定位为工人，每个辉煌人都是企业的主人，每个人都为了自己的美好生活拼搏。在辉煌，随处可见美丽的花园式环境、星级的生活场所、同事间相处融洽，人文环境与生活环境和谐优美，构成了辉煌一道道靓丽的风景线。

同样地，辉煌也是个勇于承担社会责任的企业，从汶川赈灾到辉煌红十字会的成立再到帮助青海玉树筹集善款等，辉煌始终将自己与社会大众紧紧相连，起到自己作为企业公民应尽的社会责任。辉煌水暖一直注重用情暖消费者，注重把爱送到千万家，全心全意为大众打造美好生活而努力。

福建省东南造船厂

闽江边一颗璀璨的明珠

——蓬勃发展的东南造船厂

福建省东南造船厂始建于1956年，是福建省船舶设计建造的骨干企业。工厂坚持“不求最大，但求最好”的经营理念，在国家没有较大投入的情况下，能根据自身实际，科学定位，走自己的特色发展之路，抢抓市场机遇，及时调整和优化产品结构，依靠特色经营，科学管理和全体员工艰苦创业，团结拼搏，企业实现跨越式发展。2009年工业总产值、销售收入双超20亿元，创历史最好水平。

工厂坚持“提高素质，用户至上，高质拓市场，高新求发展”质量方针，狠抓质量，不断提升管理水平，2001年获得ISO9001:2000质量管理体系认证证书，同时获得英国皇家标志认可的UKAS质量管理体系证书。优良的产品质量和周到的售后服务为打造强势品牌赢得了市场，赢得了声誉。工厂以建造59M-85M大马力海洋工作拖船为主打产品，以3800T-6800T成品加油轮、23.9M-37.5M延绳钓渔船为辅助产品，产品主要出口日本、法国、希腊、荷兰、新加坡、马来西亚、澳大利亚、印度、伊朗、西非等国家；产品取得ABS、BV、LR、DNV、CCS、GL、NK等船级社的认可。主要产品曾获得“福建省优质产品”称号。其中，由工厂设计、建造的59米海洋工作拖船在东南亚市场占有率居国内船厂之首，自主研发的金枪鱼延绳钓渔船在南太平洋、澳洲及东南亚市场的占有率也居国内船厂前列。工厂在2006年福建省行业出口市场占有率50强中位列第四，2006年以来连续获“福建省工业企业300强”、“福建工业主要行业前十强”等称号。工厂坚持“以人为本，预防为主，科学管理，确保安全”的职业健康安全方针，始终把安全文明生产放在第一位，多次获得省级“安康杯”优胜企业，2006年、2008年被全国总工会、国家安全生产监督管理总局授予全国“安康杯”优胜企业。2009年工厂荣获“全国五一劳动奖状”。

当前，工厂蓬勃发展，充满生机活力，借助加快海峡西岸经济区建设东风，正积极采取措施，加大发展步伐，为进一步巩固特种船的建造优势，提升产品结构，确保“强而特”的发展方向，及时启动第三期调结构技改项目——建造2万吨级船台（列入省重点工程）。建成达产后，可新增造船能力12-15万载重吨，新增工业产值10亿元。

福建金山大道生物科技有限公司

企业简介

福建金山大道生物科技有限公司秉承“人类的健康，我们的事业”的企业宗旨，以五千年传统医学为根本，融合现代尖端生物科技，结合十年磨砺，已经发展成为一家拥有近3万平方米生产基地、万亩原材料种植基地，集产品研究、生产、销售、服务于一体的现代化大型生产企业。

公司拥有一支强大自主研发能力科研队伍，先后与国内十几家知名科研院所建立了长期战略合作伙伴，并聘请了国内外知名院士、教授组成专家委员会，为研发提供了坚强的后盾。

公司以“质量和服务”为基本方针，秉承“诚信共赢”的经营理念，坚持以“纯净天然，科技创新”的生产理念，以需求为向导，绩效为中心，全面开展361度超完美服务。传承并推进传统中医养生，引领中国绿色食品，实现民族企业品牌。

金山大道以自身实力，大步迈向现代化大型高科技企业。广泛吸纳战略合作伙伴进入金山大道发展平台，进行多元化合作，建成涉足生产、销售、研发、教育、国际贸易、电子商务健康多元化集团企业，着力打造中国海西健康产业园，把企业做大做强，为百年企业奠定更坚实的基础。

福鼎市茶业协会创办于2000年12月，现拥有会员企业单位106个，理事企业单位76个，副会长企业单位15个。10年来，在中国国际茶文化研究会、中国茶叶流通协会、海峡茶业交流协会的关心指导下，在福鼎市委、市政府的直接领导和各级各部门、茶业界企业的大力支持下，协会全体同志牢固树立中心意识、大局意识、品牌意识、服务意识，积极发挥推动促进、桥梁纽带、行业管理、行业服务作用，紧紧把握工作的计划性、目标性、时效性、主动性，遵守行业道德规范和行业自律要求，发扬爱岗敬业、一心一意、尽职尽责的工作精神，为推进福鼎茶产业尤其是白茶产业健康、快速、持续发展做了诸多工作，取得明显的工作成效。2008年1月中国国际茶文化研究会白茶研究中心在福鼎挂牌成立，福鼎市茶业协会与白茶研究中心“两块牌子，一套人马”。2009年协会积极申报、成功注册福鼎白茶为“国家地理标志证明商标”，福鼎白茶获得“福建省著名商标”称号；2010年1月福鼎白茶商标被国家工商行政管理总局认定为“中国驰名商标”，这是福鼎白茶品牌建设取得的重大成果。2009年协会还组织专家开展福鼎白茶精品——“太姥银针”标准的制定和“太姥银针”原料的评选，确定全市首批使用“太姥银针”高端品牌的企业，在第三届海峡两岸茶业博览会宁德主会场展馆亮相展示。与此同时，作为中国六大茶类的白茶代表——福鼎白茶（太姥银针）成功入选“中国2010上海世博会十大名茶。”

福安市葡萄协会

福安市位于福建省东北部，交通发达，高速公路、铁路、港口三者兼备。方圆1800平方公里，人口65万人，是一座美丽的现代化工贸型港口城市，也是我国新兴的葡萄产区。现有葡萄面积4.0万亩，产量5.0 万吨，产值3.0亿元，栽培面积占全省的45%，产量产值占全省的50%强，是我国东南沿海最大的葡萄生产基地。全市2万农户从事葡萄生产，15万人从葡萄产业中受益，葡萄生产已经成为福安市最具地方特色和发展潜力的农业优势产业。

福安市葡萄产业的发展成效得到中国葡萄学术权威机构“中国农学会葡萄分会”的充分肯定，2000年在福安市召开了“中国南方地区第二次葡萄学术研讨会”，赞誉福安为“南国葡萄之乡”，2006年5月“第十二届全国葡萄学术研讨会”再次在福安召开，中国葡萄分会和中国果品流通协会授予福安市“建海峡西岸葡萄之乡，树全国果业发展楷模”的荣誉牌匾。

福安市葡萄协会成立于2000年，是经福安市民政局核准登记的非营利性行业团体法人，下属7个乡镇葡萄分会，1个葡萄研究所，会员总数560人。内设技术服务部、营销服务部和葡萄病虫害防治协作部。几年来，在科技培训、新品种、新技术引进、示范、推广、组织会员开拓市场等方面做出了不懈努力，取得了一定成效。2008年1.7万亩巨峰葡萄通过了省级无公害农产品产地认证，2.6万吨巨峰葡萄鲜果通过农业部无公害产品认证，并向国家工商总局申请注册“福安巨峰”产地证明商标，获准使用TM。组织实施的课题《福安葡萄产业化关键配套技术研究》获福建省“2004年度科学技术三等奖”，《巨峰葡萄优质高产栽培》获福建省农业厅农牧业技术推广三等奖，组织起草的《巨峰葡萄综合标准》于2006年由福建省技术监督局发布实施，成为第一个地方葡萄行业标准。2005年选送的“高千穗”葡萄在北京市举办的第四届中国优质葡萄擂台赛上获欧亚种有核类金奖，并获2008年“奥运水果”推荐果品。2006年协会被中国科协、财政部评为“全国科普惠农兴村先进单位”，巨峰葡萄基地被中国农村专业技术协会授予“全国科普示范基地”，2007年被福建省科技厅、财政厅、科协评为“百强农村专业协会”，2008年葡萄协会当选中国果品流通协会葡萄分会常务理事单位，林青会长当选副会长，葡萄基地被中国果品流通协会、中国农学会葡萄分会评为“全国优质葡萄生产基地”，巨峰葡萄被福建省农业厅评为“福建省名牌农产品”，并进入“山姆”会员俱乐部等高端果品市场，此外协会还编辑了《福安葡萄》、《葡萄病虫情报》、《葡萄无公害栽培技术》等刊物。

今后协会将大力普及推广“五新”技术，提高服务质量，同时也希望与全国从事葡萄行业的科研、生产、经营工作者携手共进，为促进葡萄产业的发展，为农民增收，作出新的贡献！

地址：福建省福安市新华中路4号　邮编：355000　电话（传真）：0593-6570818

企业简介

福建泰德视讯数码科技有限公司位于国家AAAA旅游风景区——冠豸山脚下，是一家集DVB数字电视机顶盒、LED灯饰、LED显示屏等产品的研发、生产、销售为一体的集团公司。泰德视讯公司创建多年来，凭借雄厚的技术实力、优秀的团队协作精神及良好的售后服务，得到各级政府单位及广大客户的一致好评，成为在广电数字电视业务领域有一定影响力和知名度的公司。公司产品泰德视讯“TDVP”机顶盒先后获得国家检验检疫协会颁发的“产品质量优秀奖”及中国市场品牌监督管理委员会、中国质量监督检验中心颁发的“中国行业名牌称号”、“中国质量500强”等荣誉称号。公司先后获得国家有关部门颁发的“福建AAA等级信用企业”、“重合同守信用单位”等称号。公司“有线数字电视机顶盒生产整改及LED光电系列产品生产建设项目”被福建省经济贸易委员会列为2009年福建省重点项目。

泰德公司以专业开发生产DVB系列产品为发展方向。技术团队具有较强的技术实力、完善的售后服务体系，具备多年的数字电视开发经验和实施经验。在硬件设计上聘请了具有多年DVB机顶盒设计经验的专家，产品开发上覆盖数字电视终端各类产品包括DVB-S、DVB-T、DVB-C等各类产品。拥有专业的数字电视终端产品生产基地，生产基地员工300多人，引进国际先进的生产线，年生产能力达150万台。

公司在广电行业凭借自身强大的实力与多家大型知名企业强强联合，建立了广泛的长期战略合作伙伴关系。公司所有产品都严格遵守ISO9001质量管理体系标准，保证了所生产机顶盒的品质，并率先通过了国家多项性能测试。目前公司所生产的产品在国内多个省、市、县数字电视平移过程中广泛应用，并且远销国外。同时公司采用代理销售、出口等方式，保证了公司在国内外市场开拓的顺利进行。

公司已通过ISO9001质量管理体系认证（注册号：04508Q11003ROM），并取得国家广播电影电视总局颁布的有线数字电视系统用户终端接收机的入网认定证书（编号：035070302468），获得国家强制性产品质量认证证书（CCC），以及出口欧盟的CE认证证书，有一套完整的质量保证体系及完善的售后服务体系。

依靠科技求发展，不断为用户提供满意的产品和最优质的服务，是泰德视讯始终不变的追求。今天泰德视讯全体员工奉行“进取、求实、严谨、团结”的方针，不断开拓创新，以技术为核心、视质量为生命、奉用户为上帝，竭诚为广大用户提供高质量的产品及无微不至的售后服务。

龙海鞋业有限公司

LONG HAI FOOTWEAR CO., LTD.

针车课　　手工课

裁断课

成型课

成品仓库

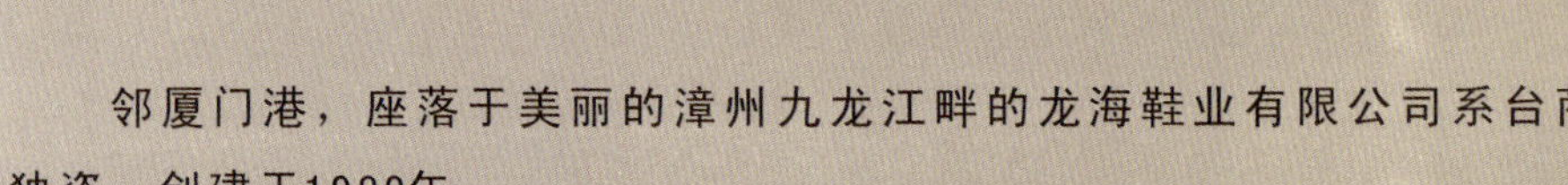

邻厦门港，座落于美丽的漳州九龙江畔的龙海鞋业有限公司系台商独资，创建于1989年。

公司活化组织运作机制，优化生产品质，吸收先进的管理理念，加强绿化厂区，美化公司整体环境。坚信在瞬息万变的大环境中，唯有坚守“以品质求生存，以产量求发展”的策略，胸怀宏伟目标，不断扩展公司业务领域，全体员工积极参与，与公司共同成长，使公司在同行业中拥有不败之根基。

从利树浆纸到利树集团/可谓凤凰涅磐/从竹木制浆到废纸再生/实乃浴火重生/
从瓦楞原纸到挂面箱板/从一十万吨到三十万吨/不变的是政府生机活力/不变的是百姓纯朴厚道/
不变的是我们对青山秀水的眷恋/不变的是成为您良朋益友的期盼……
记住这个日子
2010.11.17
福建利树集团20万吨瓦楞纸项目
奠基典礼
福建利树®集团
地址：建瓯市中国笋竹城D区 电话：400 185 6699

福建省韩阳聚艺家具有限公司

福建省韩阳聚艺家具有限公司创建于1985年，取名为“松下阁”，2007年注册为山里人根艺有限公司，于2009年被评为“福安市龙头企业”，并更名为韩阳聚艺家具有限公司，注册资金1000万元。

公司位于福建省福安市市郊，占地面积15000平方米。现有员工80多名，其中，高级工艺美术师6名，民间艺人10名。

公司主营：原木、锯材、家具、其他木制成品（木制工艺品雕刻）。共设五大车间：仿古家具车间——生产仿古家具；现代家具车间——生产现代家具；木雕车间——生产佛像雕刻、浮雕等；竹木制品车间——生产实木门、地板木、保健枕、牌匾、匾额；根雕车间——生产根书、茶几、茶盘、根画等根艺作品。公司以“精雕细琢、技艺创新”为目标；以“工艺至上、信誉第一、顾客满意、品牌兴企”为宗旨；秉承“品质缔造客户价值”的经营理念；以卓越的品质、优惠的价格开拓市场。

福建嘉能光电科技有限公司成立于2007年1月，投资人民币1.69亿元，注册资金2000万元。建成办公、研发、厂房及各类配套设施30000平方米。公司聚集了一批来自海内外的高科技人才，硕士及大中专以上学历的员工占98%，造就了一支勇于进取、善于创新的团队。

公司始终站在功率型LED照明研发、生产前沿阵地，以思维模式的转变引导二次创新，先后突破了大功率LED照明应用的光效率、光衰减、散热以及光强、光场可控等技术瓶颈，现已研发、投产注册商标为“日头牌”功率型LED路灯、隧道灯、中高杆投光灯、夜景射灯等公共照明系列、太阳能及室内照明等系列灯具，最大使用功率已超过300W/盏。

公司始终贯彻科技创新、服务人民的方针，积极推行“高新技术、高端产品、高品质服务”的经营理念，实施名牌战略和用户满意工程，构建“追求卓越、创新务实”的高素质团队，练好“内功”，注重细节，不断提升产品质量。

公司现为福建省高新技术企业（国家标准）、全国高科技企业发展LED专业委员会常务委员单位、世界杰出华商协会副会长单位、中国能源协会团体会员、福建省诚信经营示范单位、福建省高新产业促进会副会长单位，福建省光电协会、福建省光电产业联盟成员。2009年7月被中国企业改革监督管理委员会、中国质量管理体系认证中心授予“中国LED灯饰行业十强”，国家权威机构——中国企业实力诚信监评中心和环球168国际贸易促进协会评选为“LED行业生产型企业50强”。现已由国家、福建省相关部门列入“军地政府采购推荐品牌”和“政府采购目录”；被福建经贸委、发改委、财政厅、建设厅、交通厅列入“政府投资项目第一批甲控设备材料供应商名录”。

地　址：福建省三明金沙高新技术开发区长泰路D1支路　　邮　编：365500
电　话：0598-5066901　　传　真：0598-5066907
E-mail：fjjngd@yahoo.com.cn　　网　址：www.fjjnled.com